Herta Krondorfer

Ludus Vitae

Der Weg des Gladiators

EK-2 Militär

Ihre Zufriedenheit ist unser Ziel!

Liebe Leser, liebe Leserinnen,

zunächst möchten wir uns herzlich bei Ihnen dafür bedanken, dass Sie dieses Buch erworben haben. Wir sind ein kleines Familienunternehmen aus Duisburg und freuen uns riesig über jeden einzelnen Verkauf!

Mit unserem Label *EK-2 Militär* möchten wir militärische und militärgeschichtliche Themen sichtbarer machen und Leserinnen und Leser begeistern.

Vor allem aber möchten wir, dass jedes unserer Bücher **Ihnen ein einzigartiges und erfreuliches Leseerlebnis** bietet. Daher liegt uns Ihre Meinung ganz besonders am Herzen!

Wir freuen uns über Ihr Feedback zu unserem Buch. Haben Sie Anmerkungen? Kritik? Bitte lassen Sie es uns wissen. Ihre Rückmeldung ist wertvoll für uns, damit wir in Zukunft noch bessere Bücher für Sie machen können.

Schreiben Sie uns: info@ek2-publishing.com

Nun wünschen wir Ihnen ein angenehmes Leseerlebnis!

Moni, Jill & Heiko von EK-2 Publishing

Ludus Vitae

1. Lupa - Die Hure

Unruhen und Blutvergießen herrschten in Judäa zu jener Zeit. Diese zwangen den Kaiser zu drastischen Maßnahmen. So schickte er seinen Sohn Titus in die Provinz Syria, um dort die Ordnung wiederherzustellen, die bereits seit zu vielen Jahren fehlte. Diese Provinz, besonders in Judäa, entwickelte sich zu einem brennenden Ölfass und wenn es nicht rasch und nachdrücklich gelöscht wurde, drohte die Lage dort zu eskalieren.

Doch das alles berührte die anderen Provinzen nur insofern als sie Soldaten für die Legion bereitstellen und höhere Steuern zahlen mussten. Das Leben der einfachen Menschen außerhalb Syrias blieb davon weitestgehend unbelastet, so auch das Geschehen auf dem Sklavenmarkt in Ostia und in anderen Gebieten des Reichs. Auch die Gladiatorenspiele fanden sich immer noch großer Beliebtheit und der Gladiatoren gab es genug, wie auch Reiche und für eine Wiederwahl werbende Politiker, die auf dieses Instrument der Bekanntmachung zurückgriffen und sich beim Volk beliebt machen wollten. Gleichzeitig wurden die Menschen von den Missständen, die fast an allen Orten herrschten, abgelenkt.

Kassandra, Tochter der Lydia, stand auf einem Podest des Dirnenmarktes und kam sich kläglich vor. Seit der Haushalt ihres Herrn Titus Tiberion vor einem Mond aufgelöst worden war, wartete sie hier auf ihren Weiterverkauf. Titus hatte es verabsäumt, vor seinem Tod ein Testament zu machen und da es keine gesetzlichen Erben gab, fiel sein Vermögen an den Staat, dazu gehörte auch Kassandra. Ihr hochtrabender Name und ihre frühere Tätigkeit als Vorleserin erwiesen sich als ebenso hinderlich für den Verkauf wie ihr Aussehen. Erst als registrierte Lupa wurde sie gekauft, in einen geschlossenen Wagen gesetzt und weggebracht. Sie wusste nicht wohin der Weg ging und war so verängstigt, dass sie nicht zu fragen wagte. Aber es schien ihr besser zu sein, als dieses demütigende Warten. Ab und zu, wenn die Angst zu groß wurde, fragte sie sich, warum sie dem letzten Wunsch ihres Herrn nicht Folge geleistet hatte. Es wäre so einfach gewesen und sie müsste sich jetzt nicht mehr ängstigen. Aber damals waren ihr Lebenswille und ihre Neugier stärker gewesen als die Angst vor dem Unbekannten.

Endlich, nach vielen Tagen Fahrt, durfte sie aus dem stinkenden Verschlag steigen. Sie war am Ziel der Reise angelangt und staunte. Das Haus schien für sich allein auf der sanften Erhebung zu thronen. Es war von Pinien umgeben, in einiger Entfernung war ein kleiner Wald zu erkennen. Aber nicht nur die Villa zog ihren Blick an, sondern auch die zahlreichen

Nebengebäude. Es gab Ställe, Werkstätten und ein sehr großes Gebäude, aus dem der meiste Lärm drang, über dessen Tor stand „Ludus Atticus" geschrieben. Dorthin dirigierte sie ihr Käufer, ob er auch ihr neuer Herr war, wusste sie nicht, er sprach nicht mit ihr. Am großen Tor standen zwei Wachposten, die sie in Empfang nahmen. Noch immer ängstlich, überlegte sie, was sie hier wohl erwarten würde. Aber sie hatte nicht viel Zeit zum Denken. Durch ein weiteres Tor ging es über einen Hof, an vergitterten Türen vorbei, dann durch einen Säulengang und schließlich gelangte sie auf einen mit Sand und Stroh bedeckten sehr großen rechteckigen Hof. Hier kämpften halbnackte Männer mit dem Gladius und schrien sich gegenseitig an. Kassandra warf einen Blick in ihre Richtung und schaute schnell wieder weg, als die Männer in ihrer Tätigkeit aufhörten und sie musterten. Ihr Kleid war zu kurz und sie hatte keine Palla, damit sie ihren Kopf bedecken konnte, deshalb blickte sie beschämt zu Boden. Früher achtete sie stets darauf, ehrbar gekleidet zu sein. Nun merkte sie, wie ihr die Röte in die Wangen fuhr. Alle Bildung, die Titus Tiberion ihr angedeihen hatte lassen, war nutzlos. Diese Erkenntnis traf sie hart und brachte ihr Bild von sich und der Welt ins Wanken.

Aus den Augenwinkeln beobachtete sie, wie ein rotblonder Hüne auf sie zukam, dann jedoch in einem steilen Winkel abbog und auf den Säulengang zulief. Sie hörte ihn brüllen: „Verdammt, Marcus …!" Den Rest verstand sie nicht, weil sie durch einen weiteren Torbogen in die Therme geschoben wurde. Eine alte Frau stand da und lachte meckernd, als sie Kassandras ansichtig wurde. Die Alte stellte, sich als Flavia vor und war hier allem Anschein nach für das ‚leibliche Wohl' der Gladiatoren zuständig gewesen. Nun nahm sie sich nur noch des Badehauses an, wie sie Kassandra erklärte und war froh über die Ablöse. Die junge Sklavin verstand noch immer nicht was sie hier sollte, darum erklärte ihr Flavia noch einmal alles in allen Einzelheiten. „Aber ob das was wird mit dir, da habe ich so meine Zweifel. Das hier sind richtige Männer, die wollen keine kleinen Mädchen, die wollen Weiber. Was hat sich der Meister nur dabei gedacht? Nun, wir werden sehen, was ich aus dir machen kann. Auf jeden Fall werden wir deinen Namen ändern. Kassandra geht nicht, das ist viel zu prächtig für eine wie dich." Gleichmütig ließ sie das Gerede über sich ergehen, auch der genauen Musterung der Alten hielt sie stand. Erst als ihr neuer Herr das Badehaus betrat, blickte sie zu Boden. Kaum sah er sie, fing er auch schon an zu schreien: „Gavin! Du hattest recht …" Damit lief er hinaus, knallte die Tür zu und kam wenige Minuten später mit dem Hünen zurück. „Ich hab dir gleich gesagt, du kannst Septius nicht trauen. Der hat dir die billigste Ausschussware mitgebracht", wetterte der Rothaarige. „Macht nichts. Ihr werdet euch schon irgendwie arrangieren. Jetzt kann ich sie nicht mehr zurückgeben. Aber Septius wird noch von mir hören, das kann ich dir sagen. Schickt mir hier ein blasses Nichts und verkauft sie mir als erfahrene Lupa. Ich fürchte, die weiß nicht mal, was sie hier soll!" Kassandra wand sich unter den verächtlichen Worten und den abschätzigen Blicken der Männer. Flavias Gemecker trug auch nicht gerade dazu bei, dass es ihr besser ging. Sie blinzelte die Tränen weg, fasste sich ein Herz, schlimmer konnte es nicht mehr kommen, dachte sie, und sagte: „Herr – es tut mir leid, wenn ich nicht deinen Vorstellungen entspreche." Ihr Gesicht war vor Scham rot angelaufen, was die blonden Locken noch mehr betonte. Die Haare waren das einzig wirklich Schöne an ihr, alles andere war zu kantig. Sie hatte schmale Hüften und ihre Brüste waren kaum erwähnenswert. Doch Septius hatte sie als Prachtweib angepriesen. „Das nächste Mal fahre ich selbst nach Ostia", brummte er, ohne auf Kassandra einzugehen. „Das wird besser sein, Herr", wandte die glucksende Flavia ein. „Denn ich werde niemanden mehr bedienen."

„Mit dir hat keiner gesprochen! Sieh zu, dass sie halbwegs was hermacht. So wie sie jetzt aussieht … Nein, mach was." Der Herr schüttelte missmutig den Kopf, nahm den finster schauenden Gavin am Ellbogen und zusammen verließen sie das Bad.

Kassandra sah ihnen enttäuscht nach. Sie wusste nicht, was sie erwartet hatte, als der Herr eingetreten war, aber bestimmt nicht, er würde über sie reden, als wäre sie dumm oder nicht hier. Auch Flavia behandelte sie von oben herab. Aber was konnte man von einer alten Sklavin anderes erwarten? Diese scheuchte Kassandra zu den Becken mit warmem Wasser, ließ sie untertauchen und sich waschen. Danach wurde sie geschminkt, neu gekleidet und parfümiert. Kassandra fühlte sich dabei immer unwohler. „Auf die Fascia könntest du verzichten, du hat ja nichts", murmelte Flavia und verknotete das Band, das sie Kassandra um die Brust geschlungen hatte, auf ihrem Rücken. Darüber kam eine etwas zu bunte und zu kurze Tunika. „Mach nicht so ein Gesicht. Es ist einfache Arbeit, die du machst. Na ja, du wirst auch die Quartiere der Gladiatoren in Ordnung halten und die Therme hier hast du auch über, aber so viel ist das nicht." Kassandra hatte das Gefühl, einen Bienenschwarm im Kopf zu haben, alles summte und brummte und sie bekam keinen klaren Gedanken zusammen.

Bereits seit drei Jahren kämpfte Gavin Tettius unter dem Pseudonym Myrdin, der Rote für die Gladiatorenschule des Marcus Atticus. Horrende Spielschulden hatten ihn dazu getrieben, sich an die Arena zu verkaufen. Jetzt nahm er das Holzgladius wieder auf, machte einige halbherzige

Schwünge damit, senkte den Arm und blickte kopfschüttelnd zur Tür des Badehauses. „Was ist Myrdin? Ist das die neue Lupa?", fragte Tullius, der Retiarius. Gavin nickte. „Komm, lass uns an deiner Verteidigung arbeiten. Das Netz ist schwer und du sollst nicht aussehen, als würde es dir Mühe machen, einem Angreifer auszuweichen", sagte er schließlich und verwickelte Tullius in einen Trainingskampf. Er gab dem Retiarius einige Tipps zur Verbesserung der Beinarbeit, dann setzte er sich in den Schatten, trank Wasser und starrte missvergnügt auf die andere Seite des Hofs. Er war neugierig, was Flavia aus dem gerupften Huhn, wie er die Neue bei sich nannte, machen würde. Als die Schatten länger wurden, stand er auf und suchte den Gladiatorenmeister. Höflich bat er um eine Unterredung. „Geht es noch immer um die Lupa?"

„Ja, Herr."

„Du weißt, du musst mich nicht Herr nennen, Gavin, ich schätze dich und du hast mir bislang sehr gute Gewinne beschert. Nicht mehr lange, mein Freund, und du bist deine Schulden los."

„Ich weiß deine Freundschaft zu schätzen, Marcus, und danke dir dafür. Aber was diese kleine Wasweißich angeht, da habe ich kein gutes Gefühl. Es wäre besser, wenn du sie loswirst oder für irgendwelche Hausarbeiten einsetzt."

„Ich habe keine andere. Flavia ist noch da, aber die ist nun wirklich schon zu alt dafür."

„Und die Neue ist nicht mehr als ein Küken!", ereiferte sich nun Gavin. „Ich fürchte das wird nicht gut gehen."

„Mach dir nicht zu viele Gedanken. Ich habe vorhin Septius aufgesucht. Er hat mir versichert, sie war die Mätresse eines alten Mannes. Das ist nur Getue. Geh wieder, ihr könnt sie nach dem Abendessen ansehen." Gavin brummte etwas, was Marcus nicht verstand und schritt eilig davon. Er glaubte nicht, hier eine gerissene kleine Dirne vor sich zu haben. Aber er konnte sich auch irren, wie er sich eingestehen musste. Müde und wütend auf sich selbst, weil er sich für diese Unbekannte einsetzen wollte, ging er in sein Quartier. Nachdem er sie gesehen hatte, war ein verloren geglaubtes Gefühl in ihm hochgestiegen, das er tunlichst vermeiden wollte, denn mit seinem Entschluss als Gladiator seine Schulden abzutragen, hatte er für sich festgestellt, die Liebe passt nicht in sein Leben. Jetzt hatte er diese blasse dünne Erscheinung vor Augen, wie sie den Herrn um Verzeihung für ihre Person bat und sein Herz klopfte wie wild. Irgendwie musste er sie aus seinen Gedanken verbannen, doch immer wieder hatte er diese feine, gebildete Stimme im Ohr und sah die sanften Wellen ihres blonden Haars, das ihr bis zu den Hüften reichte.

Etwas später führte Flavia Kassandra über den nun leeren Übungshof zum Wohnbereich der Ludus-Sklaven. Sie konnte kaum Schritt halten und etwas betrachten, so schnell ging die Ältere voraus. „Ich bin keine Lupa", wiederholte sie ständig, was bei Flavia nur Lachanfälle auslöste. „Du bist registriert, also bist du eine", kam als Standardantwort zwischen den Lachsalven. In einem weitläufigen Atrium verlangsamte sie ihre Schritte, stieß eine mit einer Wölfin gekennzeichnete Tür auf und sagte fröhlich: „Hier schläfst und arbeitest du. Tagsüber hältst du die Gladiatorenquartiere und die Therme in Ordnung. Vergiss nicht, dich bezahlen zu lassen. Einige Kupfermünzen müssen sie dir schon geben, schließlich musst du die Kosmetik selbst kaufen. Glaub mir, Gladiatoren, zumindest die guten, haben immer Geld." Flavia schob sie in das üppig eingerichtete Zimmer. Eine, mit rotem Stoff bezogene Liege stand an einer Wand, an einer anderen ein kleiner Tisch mit Waschzeug und hinter einem Vorhang aus Holzperlen waren ein Bett und eine große Holzkiste untergebracht. In einer Wandnische fand sich ein Regal mit mehreren kleinen Gefäßen, die Massageöle enthielten. Abgetretene Teppiche zierten den Boden und auch die Wände waren mit Behängen bedeckt. Einige Leuchter standen herum und würden ein angenehm warmes Licht verbreiten, wenn die Kerzen entzündet waren. Flavia grinste ein beinahe zahnloses Lächeln, dann klopfte sie der Jüngeren auf die Schulter, stellte noch eine Amphore Wein auf den Tisch und ging. Kassandra wusste nicht, was sie davon halten sollte. ‚Hier soll ich arbeiten und schlafen. Lesen und interessante Gespräche wird es nicht mehr geben.' Verunsichert setzte sie sich auf die Liege, wartete und trank von dem Wein. Sehnlich wünschte sie sich jemanden, der ihre Angst verstand. So schluckte sie einen Teil davon mit dem Wein hinunter. Etwas später dachte sie: ‚Ich hoffe, ich finde unter den Sklaven jemanden, mit dem ich reden kann. Warum habe ich den Schierling nicht getrunken?' Für einige Minuten gestattete sie sich in Selbstmitleid zu versinken. Dann wusch sie sich das Gesicht und sah sich noch einmal in der Kammer um. Es gefiel ihr, wirkte herrschaftlich. Aber ob ihr auch die Arbeit gefallen würde, das bezweifelte sie. Lange Jahre hatte sie das Haus nicht verlassen dürfen, so breitete sich abermals Unsicherheit in ihr aus. Wie würden die Gladiatoren und die anderen Sklaven auf sie reagieren? Würde jemand mit ihr reden wollen? Sie hatte viele Fragen aber keine Gelegenheit, auf eine davon näher einzugehen. Sie wollte sie nicht betrachten und auch keine Antworten, denn das hätte sie noch mehr verängstigt.

„In drei Monden finden bei unserem Gönner Horatio Maximus Clemens Spiele statt", verkündete Marcus nach dem Abendessen. „Und weil ihr so tüchtige Kämpfer seid, habe ich für euch eine Belohnung. Heute ist die neue Lupa eingetroffen. Aber", hier unterbrach er den sich anbahnenden Tumult. „Aber, heute geht nur Myrdin zu ihr. Ansehen könnt ihr sie natürlich alle. Morgen werde ich euch beim Training beobachten und wer sich besonders hervortut …" Er brauchte nicht weiter zu sprechen. Die Aussicht auf etwas Entspannung würde die Männer zu Höchstleistungen anspornen. Dass Myrdin heute schon in den Genuss kam, wurde ihm nicht allzu übel genommen, denn er war der Beste unter ihnen – beim Üben und im richtigen Kampf. Nur Sextus wendete zornig das Gesicht ab, niemand sollte sehen, wie sehr er Gavin verachtete. Er kämpfte schon länger als Gavin für Marcus Atticus und war der erfolgreichste Gladiator gewesen. Er hielt den anderen für einen Angeber, auch dass er sich hier von allen Myrdin nennen ließ, hielt er für überheblich. Doch Sextus konnte sich gut verstellen, denn seine Position in der Gladiatorenhierarchie war nicht sicher. Langsam keimte eine Idee in ihm. Er kannte viele Leute und er freute sich auf Arretium. Dort hatte er eine gute Bekannte, eine aus Rom stammende Hure, die es weit gebracht hatte. Sie waren immer gut miteinander ausgekommen. Sextus hatte vor, sich mit ihr zu treffen. Das hob seine Laune etwas, wie auch die Aussicht, vorher noch gegen Gavin zu kämpfen und ihn vielleicht beim Exerzieren fertigzumachen. Er hatte es satt, die Nummer Zwei zu sein. Warum der Herr an Gavin so einen Narren gefressen hatte, war ihm ein Rätsel. Nun durfte er sich auch noch als erster Erleichterung verschaffen. Sextus wusste, was er konnte, und irgendwie wollte er sich sein Recht zurückholen und sich anschließend freikaufen. Aber noch immer fehlte ihm ein beachtlicher Betrag. Eifersüchtig fragte er sich, woher Myrdin so viel Geld hatte, um sich in zwei weiteren Jahren freikaufen zu können.

Der beste Gladiator bekam vom Herrn immer einen Bonus und er wusste nicht, wie hoch die Boni in letzter Zeit ausgefallen waren. Sextus hatte schon lange keinen mehr bekommen und ihn gelüstete danach, wie auch nach anderen Dingen.

Gavin stand auf und folgte Marcus, als dieser ins Haupthaus zurückgehen wollte. „Auf ein Wort", sagte er leise. „Ich glaube noch immer, es ist ein kleines Mädchen, ganz gleich, wie viel Maskerade es sich auflegt. Sie besteht nur aus Haut und Knochen. Hast du ihre Ellbogen gesehen? Die können einen regelrecht aufspießen."

„O Gavin! Sei nicht so undankbar." Marcus wurde langsam wütend. Noch nie hatte er seinen Lieblingsgladiator so widerspenstig erlebt.

„Na schön, dann werde ich dir meine Dankbarkeit beweisen, indem ich meine Lust an dieser halben Portion abreagiere."

„Gavin! Das reicht jetzt! Auch du kannst zu weit gehen! Bei aller Freundschaft, vergiss nicht, was du bist!" Marcus hielt drohend einen Zeigefinger auf ihn gerichtet. Ergeben senkte Gavin schließlich den Blick und gab nach. „Ich gehorche, Herr", brummte er, was die Laune von Marcus nicht eben besserte.

Flavia kam zurück und führte Kassandra ins Atrium. Die Gladiatoren standen lässig da und gafften. Beschämt senkte sie den Blick und versuchte, sich hinter der alten Frau zu verstecken. Diese ließ erneut ihr gackerndes Lachen hören und schob Kassandra zwischen sich und die Männer. „So, da ist sie", verkündete sie als handle es sich um ein Weltwunder. „Na, was ist Männer? Keine lobenden, netten Worte, damit sich das Küken hier wohlfühlt?" Flavia kicherte weiter während Kassandra angestrengt ihre Zehen betrachtete und nicht wusste worauf sie hoffen sollte. „Ähm … etwas dünn, aber …", begann Gavin und schloss unsicher den Mund. „Sagt auch etwas", flüsterte er den Kameraden zu. Er versuchte, nett zu sein, aber ihm fiel nichts an ihr auf, das erwähnenswert gewesen wäre oder ihn nicht bloßgestellt hätte. „Warum?", bekam er zur Antwort. „Nur weil es Flavia verlangt, sicher nicht."

„Aber die Kleine ist schon ganz verunsichert, die denkt, wir mögen sie nicht."

„Die wird schon merken, wann wir sie mögen. Viel Spaß noch Myrdin", sagte Tullius heiter und lachte anzüglich. Dann drehte er sich um und ging ins Quartier zurück. Die anderen folgten ihm. Flavia und Gavin blieben bei Kassandra, die wie festgewachsen stand. Gavin trat näher und sagte nicht unfreundlich: „Du kannst gehen, Flavia. Deine Zeit bei den Gladiatoren ist um. Der Herr wird dir Morgen deine neue Aufgabe nennen." Flavia strahlte ihn an und entfernte sich rasch. Die wilden Spiele mit den Gladiatoren würden ihr fehlen, aber sie fühlte sich ihnen auch nicht mehr gewachsen. So ging sie zufrieden lächelnd zu den Quartieren der Hausklaven und erwartete die neue Arbeit.

Myrdin betrachtete das schmale Wesen, das wie ein Schössling in der Mitte des Atriums stand und sich nicht zu rühren wagte. „So, was mache ich jetzt mit dir?", fragte er. Kassandra starrte weiterhin fest zu Boden und kämpfte gegen die aufsteigende Panik. Am liebsten wäre sie fortgelaufen, aber das ging nicht. Als sie nichts sagte, nahm er sie am Arm und führte sie in ihre Kammer. „Setz dich und dann sag mir, was du bei deinem letzten Herrn gemacht hast. Ich weiß, du wurdest als Sklavin geboren." Seine Stimme klang härter als beabsichtigt, aber diese Ziererei machte ihn nervös und reizbar, auch versuchte er auf diese Art, seine aufkeimenden Gefühle zu unterdrücken. Sie schluckte einige Male, dann blickte sie auf und ihm gerade ins Gesicht. „Ich habe vorgelesen." Gavin lachte laut und lange. „Soll ich dir das wirklich glauben?"

„Prüfe mich, Herr. Ich kann lesen und nicht nur Latein sondern auch Griechisch. Mein Herr Titus hat es mich gelehrt, denn ich wurde in seinem Haushalt geboren, wie du sicher weißt. Er hat mich zu seiner Vorleserin gemacht." Ihre Stimme klang nun trotzig und sie schaute ihm dabei fest in die Augen. „Ihr Götter!", brüllte er schließlich. „Ich wusste es! Was fangen wir hier mit einer Gelehrten an?" Haare raufend marschierte er in der Kammer herum.

Mit jeder Minute die verging, wurde Kassandra fahriger. Sie strich die Tunika über die Knie und faltete bewusst die Hände, um nicht noch mehr zu nesteln oder gar an den Nägeln zu kauen, wie sie es oft tat, wenn sie unsicher war. „Herr, Flavia erklärte mir, was ich zu tun habe. Ich fü ...."

„Ich bin nicht dein Herr. Wenn du deine Arbeit ordentlich machst, brauchst du vor keinem Angst zu haben. Wie ist überhaupt dein Name? Vorläufig läufst du bei mir unter gerupftes Huhn", sagte er freundlicher. Sie nannte ihren Namen, was einen erneuten Heiterkeitsausbruch zur Folge hatte. „Mein Herr Titus hielt ihn für einen guten Namen", rechtfertigte sie sich ärgerlich werdend. „Ich glaube dir aufs Wort. Aber hier? Na, wie du meinst, Kassandra. Hier bin ich Myrdin." Es folgte eine lange Stille, die nur von seinem belustigten Schnaufen unterbrochen wurde. „Deinem Namen nach bist du keltischer Abstammung", bemerkte sie, nur um die Gesprächslücke zu füllen, die sie nervöser machte, als sie ohnehin schon war. Sie wusste nicht, was sie mit ihm reden sollte. Er schien ihr so hart und unnahbar, beinahe feindselig gegenüberzustehen. Zustimmend brummte er, dann beendete er seine Wanderung in der kleinen Kammer und setzte sich zu ihr auf die Bank. Er hob ihr Kinn an und betrachtete sie. Was er sah war nicht hässlich, aber auch nicht schön zu nennen. Die ganze Schminke half nicht über die schmalen Lippen und das spitze Kinn hinweg. „Ich würde dir ja gerne mehr Zeit geben, um dich hier einzugewöhnen, Kassandra, aber das wird nicht gehen. Morgen beginnt für dich die wirkliche Arbeit." Er strich ihr durchs Haar, löste einige Bänder, dann ließ er die Hand über ihren Rücken gleiten. Sie saß stocksteif da. Der letzte Satz hatte sich in ihre Gedanken gebohrt und wiederholte sich dort in einer Endlosschleife. Während er ihren Rücken streichelte kämpfte sie um Selbstbeherrschung, gegen die Tränen und die Angst. Sie hatte das Gefühl, überrollt zu werden, keinen Muskel bewegen zu können, ohne hysterisch heulen zu müssen.

„Ich rate dir, etwas mehr Begeisterung zu zeigen", meinte er ungeduldig.

„Ich weiß nicht was ich tun soll", bekannte sie. Nervös kaute sie auf der Unterlippe und blinzelte heftig. Gavin merkte, sie würde gleich zu weinen beginnen, da nahm er sie kurz in den Arm. Selbst jetzt rührte sie sich nicht. Er war ein harter Mann und sie tat ihm leid, aber er war hier nicht als Tröster, das redete er sich zumindest ein. Dann schob er sie weg und befahl: „Geh in den Schlafbereich und zieh dich aus. Ich komme gleich nach." Sie tat wie ihr geheißen und wartete zitternd, nur mehr mit dem Brustband bekleidet, auf den ersten Mann in ihrem Leben. Von zahlreichen Bildern wusste sie, was auf sie zukam. Aber noch nie hatte sie einen Mann in seiner Blüte nackt gesehen. Schließlich legte sie sich ins Bett. Flavia hatte ihr lediglich gesagt, es würde für den Anfang genügen, auf dem Rücken zu liegen und die Beine breit zu machen. Das machte sie jetzt. Und es war falsch, wie sie kurze Zeit später erfuhr. „Steh auf", sagte er seufzend, ließ den Vorhang fallen und trat näher. Er stellte die mitgebrachten Becher mit Wein auf der Kiste ab und wartete. Als sie vor ihm stand, öffnete er das Brustband und betrachtete sie von allen Seiten. „Viel ist nicht dran an dir. Mit etwas mehr Fleisch auf den Rippen könntest du vielleicht sogar gut aussehen. Wenn du weiter so ängstlich und abwehrend blickst, bekommst du Probleme und wirst in der Gosse landen. Ein Stadtbordell ist sicher weniger angenehm als das hier." Abermals errötete sie. Für Kassandra war das alles neu. Es kam ihr vor, als hätte er sie beurteilt und für nicht gut genug befunden. Abermals kämpfte sie mit den Tränen, schluckte diese neuerliche Demütigung und sagte: „Bitte, Myrdin, verzeih mir, Flavia meinte …"

„Vergiss, was die alte Vettel sagt. Das hat nichts mit dir zu tun. Die ist eifersüchtig, weil du jung bist. - Du darfst mich ruhig ansehen. Ich fresse dich nicht." Er sprach jetzt wieder etwas milder. „Wie war dein letzter Herr?", fragte er, um sie von ihrer Verlegenheit abzulenken. Zuerst zögernd und dann immer flüssiger, begann sie von ihrem Leben zu berichten, das angefüllt gewesen war mit Philosophie und Geschichten, die Einsamkeit ließ sie aus, daran wollte sie nicht denken, denn der Herr hatte sie abgesondert von den anderen Sklaven gehalten. Gavin hatte den Eindruck, sie war das Produkt einer intimen Beziehung ihrer Mutter und ihres früheren Herrn. Das fragte er sich dann auch.

„Du hast recht, Herr. Ich sehe ihm sehr ähnlich …", sie wollte noch etwas hinzufügen, aber Gavin unterbrach sie brüsk: „Marcus Atticus ist dein Herr! Ich bin Myrdin für dich."

„Ja, Myrdin." Sie wollte noch mehr sagen, schluckte die Worte und den Kloß, der im Hals steckte, hinunter und blickte ihm nun in die blauen Augen. Er reichte ihr den Becher, trank selbst etwas und sagte danach: „Dieses Leben ist nun vorbei Kassandra. Er hat dir nichts Gutes getan, obwohl es auf den ersten Blick so aussieht. Trauere um ihn, wie es sich um einen guten Herrn geziemt und vergiss das andere. Hier kannst du ein gutes Heim haben, aber du musst etwas tun dafür." Grimmig dachte er: ‚Irgendwann zahle ich dir das heim, Marcus.
Verdammt, ich darf sie nichts mehr fragen, sonst verliebe ich mich wirklich in diese halbe Portion.'

Kassandra erwies sich als so unerfahren, wie er vermutet hatte. Abermals fasste er ihr unters Kinn und studierte ihr Gesicht. „Du hast schöne Augen", murmelte er und meinte es auch so. „Es freut mich, wenn dir etwas an mir gefällt", erwiderte sie und kam sich sehr dumm und hässlich vor. Er nahm ihre Nacktheit nicht sonderlich zur Kenntnis, so kümmerte es sie selbst immer weniger. „Ja, auch dein Haar ist schön", sagte er weiter und entfernte die restlichen Bänder daraus. „Ich bemerkte es bereits bei deiner Ankunft." Dann löste er seinen Gürtel und streifte mit einer Bewegung die Tunika ab. Achtlos landete sie auf dem Boden. „Freunde dich mit einem Männerkörper an, Kassandra. Ich werde versuchen, dir nicht weh zu tun. Du wirst uns nur dann Freude bereiten, wenn es dir auch Spaß macht." Für sich dachte er verärgert: ‚Bei nächster Gelegenheit töte ich Marcus, diesen elenden Hund. Ich muss aufpassen, sie ist so zart.'
Dann nahm er ihre eiskalten, zitternden Hände und führte sie über seinen Oberkörper. Er zog sie zu sich und ließ ihre Finger über seine Haut streichen. Es war erregender als er gedacht hatte. Dann nahm er sie und zwang sie, sein Glied in die Hand zu nehmen. Erschrocken wollte sie zurückweichen, aber er hielt sie fest. „Ich zeige dir, was du tun musst. So ist gut. Fass mich an." Sie versuchte, nicht zu denken und hielt ihn fest. Dann erschrak sie, als seine Finger über ihre Brüste glitten und sie kneteten. Als er zwischen ihre Beine griff, wollte sie sich losreißen. „Keine Angst, ich sagte, ich werde dir nicht wehtun. Mach du nur weiter." Abermals führte er ihre Hand vor und zurück, schloss die Augen und vergaß beinahe, wie ahnungslos sie war. „Knie dich hin", befahl er. Unsicher sank sie zu Boden, ließ ihn aber nicht los. Dann nahm er ihre Hand fort und presste seinen Unterleib an ihr Gesicht. „Mach den Mund auf", sagte er heiser. „Nein", antwortete sie und wandte das Gesicht ab. Langsam wurde er ungeduldig. Das dauerte bereits zu lange und er hatte zu tun, seine Gefühle im Zaum zu halten. Marcus hatte ihm aufgetragen, ihr alles zu zeigen und

nun weigerte sie sich. „Verdammt noch mal", fauchte er. „Nein", erwiderte sie fest.

„Es würde dir mehr Spaß machen, wenn du mitspielen würdest. Versuch es einfach." Er klang gereizt und funkelte sie zornig an. Also öffnete sie ein wenig den Mund und ließ ihn zwischen ihre Lippen. „Ist es so ekelhaft? Ich bin gewaschen und gesund, also brauchst du keine Angst zu haben", fuhr er milder fort. „Mach weiter." Abermals schloss er die Augen und dachte an nichts mehr. Er nahm ihren Kopf und führte seinen Phallus tief in ihre Mundhöhle. Für sie war es zu tief, sie würgte, begann sich zu wehren und übergab sich schließlich. Weinend und um Verzeihung bittend saß sie da und wusste nicht, was überhaupt passiert war. Es fing eben an nicht mehr ganz so widerwärtig zu sein, dann war es ihr zu viel geworden. „Nimm einen Lappen und wisch es weg. Es war mein Fehler", meinte er sanft. Rasch wischte sie die Schweinerei fort und setzte sich zu ihm aufs Bett. Seine Erregung war etwas erschlafft, nachdem sie so abrupt unterbrochen worden waren. Nun wollte er es doch etwas langsamer angehen. ‚Marcus, dafür schuldest du mir eine Menge', dachte er abermals und musste plötzlich grinsen. „Wenn ich etwas Lächerliches mache, dann sag es, Myrdin", meinte sie unsicher und hörte auf, ihn zu stimulieren. „Nein, nein, mach nur weiter. Ich habe eben an deinen Herrn gedacht und wie großzügig er ist." Gavin prustete nun los.

„Wenn du nicht sofort sagst, was so komisch ist, werde ich nicht weitermachen!" Erstaunt über ihren Ausbruch erstarb ihm das Lachen auf den Lippen und er starrte sie an bevor er erneut loslachte. Auch sie hatte erschrocken über ihren Mut, innegehalten. „So gefällst du mir besser. Ich sage es dir später. Mach jetzt lieber weiter." Langsam erkundete sie, seinen Körper. Jede seiner zahlreichen Narben zeichnete sie mit dem Finger und dann mit der Zunge nach. Sie küsste ihn und fühlte sich nicht mehr ganz so schlecht dabei. Er war irgendwie doch nett, versuchte, auf sie Rücksicht zu nehmen und es tat nicht weh. Kurz betrachtete sie sein Gesicht, es war ein gutes Gesicht, kantig, kräftig, von einer Narbe durchzogen, die es aber nicht wirklich entstellte. Gierig küsste er sie zurück und dann zeigte er ihr ihre eigenen Lustzentren. Kassandra war es unangenehm, gerade dort angefasst zu werden und sie wollte sich wegdrehen und die Beine schließen, doch er zwang sie mit sanftem Nachdruck, zu bleiben wo und wie sie war. Dann drang er in sie ein. Sie schrie auf vor Schmerz und wehrte sich gegen ihn. Sofort hielt er inne und hielt sie fest. „Sch … Ich bin vorsichtig. Entspanne dich", flüsterte er, strich ihr durchs Haar und küsste sie auf den Mund. Als sie sich beruhigte, machte er weiter. So ging es eine Weile dahin, bis sie sich nicht mehr wehrte. Krampfhaft hielt sie sich am Bettgestell fest und versuchte gegen den Schmerz und den Widerwillen anzugehen. Das fand sie nicht mehr schön. Er bemerkte es nicht, mittlerweile dachte er immer weniger an sie und wurde noch heftiger. Ihr Schluchzen nahm er nicht einmal mehr am Rande wahr. Dann ergoss er sich in sie, ließ ihre Beine los und rollte von ihr herunter. Jetzt erst sah er die Tränen, die auf ihren Wangen glitzerten. „Du sagtest, du würdest mir nicht wehtun", fauchte sie. „Myrdin, der Lügner." Zornig wischte sie sich über die Augen, stand auf und sehr steif zog sie sich die Tunika an. „Ich kann mich kaum bewegen, du Hund." Gavin lag im Bett und starrte sie an. Er hatte plötzlich das Gefühl ein großer ungeschickter Kerl zu sein. „Kassandra, es tut mir leid. Das kommt nicht wieder vor."

„Oh bestimmt nicht. Wenn es jedes Mal so ist, wird es kein zweites Mal geben!"

„Du vergisst, was du bist, Lupa!", brüllte er und stand ebenfalls auf. „Das werde ich wohl nie vergessen! Danke für die Erinnerung, du, du Kelte!", schrie sie voll Verachtung. Klatschend traf seine Hand ihre Wange. „Schlag nur zu! Ich kann mich ja nicht wehren!" Nun war sie richtig zornig. Nur mit der losen Tunika bekleidet, stand sie vor ihm. An den Oberschenkeln lief Blut hinab, sie schien es nicht zu bemerken. Die Hände hatte sie in die Hüften gestemmt und setzte eben zu einer Fortsetzung an, als er schnell sagte: „Ja, ich bin ein Hund." Er klang ehrlich zerknirscht. „Wenn du zornig bist, bist du gar nicht so hässlich!", fügte er unvorsichtig hinzu. „Raus hier!", schrie sie. „Kassandra!" Er packte sie an den Schultern und schaute ihr sehr ernst ins Gesicht. „Sei still! Wenn dich jemand hört, dann werfen sie dich noch vor dem Morgengrauen auf die Straße. Es sei denn, du bist lieber eine Straßenhure." Das saß. Sie wurde sofort ruhig und Angst machte sich in ihr breit. Niemand lebte gerne auf der Straße. „Ist das dein Ernst?" Er nickte bloß, dann zog er sich an und ging in den Vorraum. Nachdenklich setzte sich Kassandra aufs Bett. Es war nicht schlecht gewesen. Bis zu einem bestimmten Zeitpunkt hätte es ihr sogar gefallen können. Nun war sie erst recht verunsichert.

„Du hast gesagt, morgen kommen die anderen", flüsterte sie und setzte sich zu seinen Füßen, wie sie es bei ihrem alten Herrn oft getan hatte. Nachdenklich blickte er auf ihre blonde Haarpracht. Am liebsten würde er sie davor bewahren, aber er musste hier in erster Linie an sich selbst denken, deshalb sagte er nur: „Alle werden nicht kommen, das wäre zu viel. Du wirst lernen, es zu mögen. Ich muss jetzt gehen." Rasch stand er auf und schritt durch die Tür in die kühlere Nacht hinaus. Ihr Ausbruch hatte ihn mehr getroffen als er sich eingestehen wollte. Dann straffte er sich, sie war eine Lupa und hatte ihm nichts zu sagen. So lagen die Dinge nun einmal. Noch zwei Jahre dann konnte er seine Schulden abzahlen und als freier Mann von dannen ziehen, sollte er noch so lange überleben. Kassandra durfte ihn nicht weiter kümmern, er musste sie aus seinen Gedanken verbannen. Hier war sich jeder selbst der nächste und es war weit mehr als üblich, was er an diesem Abend gemacht hatte. Dennoch fühlte er Zorn auf sich, auf Kassandra und auf Marcus, der ihm erst diese Situation eingebrockt hatte.

Am nächsten Tag ließ er seiner Wut freie Bahn. Bei den Übungskämpfen schonte er weder sich noch die Kameraden. Einer nach dem anderen landete im Sand. Sextus hatte den letzten Schlag nicht mehr parieren können, weil er zu heftig gewesen war. Zornig wischte er sich den Staub vom Körper, wobei er Gavin anfunkelte. Aber er schwieg, schluckte wie sooft seinen Zorn hinunter.

„Bist du verrückt, Myrdin?", schrie Marcus, der sie beobachtete. „Hier geht es nicht um Leben und Tod. Heb dir das für die Arena in zwei Monden auf."

„Hier geht es um etwas anderes, Herr." Gavin rammte das Gladius in den Sand und stapfte zum Meister, der im Schatten saß. „Weißt du, was gestern los war? Du hast mich geschickt ein kleines Mädchen in die Welt der Lust einzuführen. Das werde ich dir nie vergessen. Das kleine Luder hat anschließend geblutet, als hätte ich es abgestochen! Weißt du, wie ich mich fühle? Wenn ich zu einer Lupa gehe, dann will ich mein Vergnügen haben und nicht aufpassen müssen, verstehst du? Denk das nächste Mal daran, wenn du so eine ersteigerst." Er wartete nicht auf eine Antwort, sondern forderte den nächsten Gegner heraus, indem er mit dem Finger auf ihn zeigte und ihn heranwinkte. Mit dem Gladius ging es nun gegen Dreizack und Netz. Rascher als erwartet entwaffnete er den Retiarius und Marcus applaudierte begeistert. „Wenn du das in acht Wochen auch so machst, dann bist du der absolute Triumphator!", jubelte er und wollte ihm auf die Schulter klopfen. Als Gavin sich wegdrehte, sagte Marcus schroff: „Vergiss nicht, du gehörst noch zwei Jahre lang mir." Er klang nicht mehr mild, sondern ließ eine Schärfe erkennen, die nur selten zutage trat, ihn aber zu einem guten Gladiatorenmeister gemacht hatte. Die Schule gehörte zwar nicht zu den größten und er hatte immer nur wenige Gladiatoren, aber er lebte mehr als gut davon.

„Du hast recht, Herr", erwiderte Gavin und neigte den Kopf. „Ich bitte dich um Entschuldigung. Du bist sehr großzügig." Dann dachte er: ‚Darüber wollte ich mir ihr reden. Dann kam der Schmerz dazwischen. So ist das immer. Verdammt. Ich muss aufhören, an sie zu denken und lieber kämpfen, sonst erlebe ich mein Leben in zwei Jahren nicht mehr und Marcus kann sich an meinem Vermögen erfreuen, dieser verfluchte Hund. Was kümmert sie mich überhaupt?' Er sah den Meister an, der lächelte, als wüsste er, was hinter seiner Stirn vor sich ging. Dann wandte er entschlossen den Blick und kämpfte weiter. Ein Schwertkampf folgte dem nächsten. Das ging so lange, bis Marcus eine Pause anordnete.

Kassandra konnte lange nicht einschlafen. Ihre Kammer hatte kein Fenster, nur die Tür zum Atrium und die wagte sie nicht, zu öffnen aus Angst vor ungebetenen Besuchern.

Am nächsten Morgen war sie müde und kam sich ungelenk vor. Sie suchte die Küche und fand sie im großen Sklavenquartier der Villa. Hier betrachtete man sie mit Argwohn, als sie schüchtern um ein Frühstück bat. Ein Mädchen gab ihr schließlich eine Schale Ziegenmilch, ein Stück Fladenbrot und etwas Honig. Vorhin dachte Kassandra noch, sie würde alles aufessen, aber bereits nach dem ersten Bissen wurde ihr übel. Die Angst vor dem Abend schnürte ihr die Kehle zu. Entschlossen schüttelte sie die Gedanken daran ab, trank wenigstens die Milch und machte sich an die Arbeit. Nach den Gladiatorenquartieren brachte sie die Therme in Ordnung. Mittags ging sie wieder in die Küche der Haussklaven und wollte sich etwas zu essen und zu trinken holen, da wurde sie vertrieben. „Hier haben nur die Haussklaven Zutritt, geh ins andere Haus", meinte der Koch hochmütig. Sie schluckte und kam sich klein und unwert vor. Die Erklärung des Kochs, der ihr den Weg beschrieb, bekam sie nicht mehr mit. Mit hängenden Schultern, müde und hungrig ging sie in die Schule zurück und suchte ihre Kammer auf. Sie wusste nicht, wo sie hingehen sollte, es war keiner hier, den sie sich zu fragen traute. Völlig eingeschüchtert wartete sie, dass die Sonne weiter zog. Erst als die Schatten im Atrium länger wurden, wagte sie sich hinaus. Abermals ging sie in die Gladiatorentherme und begann damit ein leeres Becken mit einer groben Bürste zu reinigen, das sie am Vormittag nicht mehr geschafft hatte. Der Herr sorgte gut für die Männer, denn sie waren sein Kapital und je länger sie lebten und gesund blieben, desto mehr Gewinn konnte er erzielen. Sehnlich wünschte sie sich als Mann geboren oder tot zu sein. Schon jetzt hasste sie das, was am Abend auf sie zukommen würde. Die Arbeit machte ihr bewusst, wie durstig sie war und rasch tat sie einen Schluck aus dem Eimer mit dem frischen Wasser für das Becken. Gerade da trat Myrdin ein, sah es und fuhr sie an: „Du kannst doch das nicht trinken!" Erschrocken setzte sie sich und duckte sich. „Was ist los mit dir?"

„Ich hatte nur Durst und das Wasser ist frisch."

„Geh in die Küche und hol dir etwas zu trinken und auch zu essen." Da senkte sie den Kopf noch weiter und konnte die Tränen nicht mehr zurückhalten. „Hat dich einer der Kerle schlecht behandelt? Hier herüben müssen sie sich alle anständig benehmen, sonst bekommen sie es mit mir zu tun." Leise berichtete sie, wie sie von den anderen vertrieben worden war und sie sich nicht mehr in den Essbereich der Sklaven wagte. „Du warst nur im falschen Haus. Wenn du in den Speiseraum der Gladiatoren kommst, wirst du nicht leer ausgehen." Die Lust auf ein Bad war ihm jetzt allerdings vergangen. Sie hatte furchtbar elend ausgesehen, wie sie so auf dem Boden hockte und sich vor ihm fürchtete. Das wollte er nicht.

Der Essplatz der Gladiatoren und Schulsklaven war einfach zu finden. Nun stand sie davor und wagte sich weder hinein noch zurück in ihre Kammer. Sie war hungrig und es roch gut. Da sah Gavin, wie sie im Türbogen stand und winkte sie her. „Setz dich." Sie richtete das Tuch um ihren Kopf, eine Palla hatte sie noch immer nicht, und ging zaghaft zu ihm. Der machte neben sich Platz und füllte eine Schüssel mit einem Eintopf aus Getreide und Linsen auch etwas Fleisch war darin zu finden. „Lass dir Zeit beim Essen, es nimmt dir keiner weg." Sie versuchte das Gelächter der Männer zu ignorieren und würgte mit dem Eintopf die Scham hinunter. Gavin schenkte weder den Männern noch Kassandra weiter Beachtung.

Da kam der Herr ins vordere Atrium, wo sie sich gewöhnlich aufhielten, wenn sie nicht trainierten. Hier redeten sie und besserten ihre Sachen aus. Es war der Treffpunkt, um sich auch mit den anderen Sklaven auszutauschen.

Zufrieden blickte sich Marcus um und wies die Sklaven an, einfach weiterzumachen, als wäre er nicht hier, was nicht einfach für sie war. Es kam zwar ab und zu vor, dass sich der Herr hier blicken ließ, wenn sie frei hatten, aber es verunsicherte sie, denn normalerweise kam er nur, wenn etwas Ungutes anstand. Marcus fand alles so wie es sich gehörte.

Kassandra senkte den Blick noch weiter und versteckte sich hinter dem Tuch. Dann dachte sie, am eigenen Atem zu ersticken, als der Herr zu sprechen begann. „Myrdin, Tullius und Sextus, ihr drei dürft heute die Lupa besuchen. Die anderen werden morgen ausgelost. Jeder hat eine halbe Stunde." Er sprach noch mit einigen anderen Sklaven, lobte oder tadelte, dann ging er in die Villa zurück.

Nachdem der Herr weg war, sprang Kassandra auf und lief wie von Hunden gehetzt in ihre Kammer. Ihr war so übel vor Angst, dass sie das gesamte Essen erbrach. Danach rannte sie fahrig von einer Ecke in die andere und versuchte mit zitternden Händen, sich hübsch zu machen.

Die Männer wussten nicht, ob sie begeistert sein sollten, nachdem sie Kassandra eine Weile beobachtet hatten.

„Myrdin, du hast sie gestern schon probiert, wie ist sie? Viel scheint ja nicht los zu sein mit der", meinte Tullius nachdenklich geworden. Er fragte sich, ob sich die Belohnung als solche erweisen oder eher nach hinten losgehen würde.

„Sie ist ein kleines Mädchen, das nicht weiß, was es zu tun hat", antwortete Gavin unwirsch. Dann schritt er ins Badehaus und ließ sich wohlig seufzend in das warme Wasser sinken. Ihn schmerzte jeder Knochen vom Training, doch das sollte niemand merken. Das warme Wasser wirkte Wunder. Kurz nach ihm tauchten auch Tullius und Sextus ins Becken. Eifrig befragten sie ihn über Kassandra, aber er sagte freudlos: „Ihr habt sie gesehen. Sie ist so, wie sie aussieht." Um weiteren Fragen zu entgehen, stieg er aus dem Wasser, zog sich frische Sachen an und ging in sein Quartier.

Sextus lästerte noch eine Weile über Gavin. „Er ist wohl doch nicht ganz der Mann, für den ihn hier alle zu halten scheinen, Tullius. Der regt sich wegen einer Hure auf."

„Ach, hör auf, Sextus. Ich hab genug für heute. Lass mir noch was übrig von der Kleinen, ja?" Laut lachend verließ er das Bad und einen frustrierten Sextus, der seiner Wut nicht wirklich Ausdruck verleihen konnte. ,Morgen beim Training, da werde ich ihn in den Boden stampfen', nahm er sich abermals vor. ,Aber heute erst einmal Entspannung und wenn es mit dieser kleinen Hure ist, die Myrdin so sehr zu mögen scheint. Na, vielleicht kann ich ihm ja so eine kleine Lektion erteilen.' Sextus ging ebenfalls ins Gladiatorenquartier und zog sich frische Sachen an. Dort war niemand mehr anwesend, denn alle waren erneut im Gemeinschaftsraum und arbeiteten an ihrer Ausrüstung. Kurze Zeit später war auch Sextus unter ihnen. Wie überall stach auch dort Gavin mit seiner roten Haarmähne hervor. Sextus blickte ihn böse an, dann senkte er die Lider, damit niemand den Zorn erkennen konnte.

„Heute haben wir nur wenig Zeit", sagte Gavin, als er bei Kassandra eintrat. „Das heißt, du wirst die Sanduhr umdrehen müssen, denn die anderen wollen auch ihren Spaß." Er betrachtete sie eingehend und meinte etwas freundlicher: „Wie ich sehe, hast du dich hübsch gemacht. Gar nicht so schlecht geworden." Ohne weitere Worte zu verlieren oder auf sie zu achten, ging er ins Nebenzimmer, entkleidete sich und rief: „Worauf wartest du, Lupa?" Kassandra durchfuhr ein Schmerz, als hätte sie jemand geschlagen. „Ja, das bin jetzt ich, nicht mehr Kassandra. Ich bin Lupa, die Wölfin", sagte sie leise, trank hastig von dem starken Wein und ging ihrer Arbeit nach. Es schmerzte nicht mehr ganz so viel wie beim ersten Mal, es war ihr aber immer noch unangenehm.

Als der Sand durchgelaufen war, verabschiedete sich Myrdin. Bevor er ging legte er noch einige Münzen in die kleine Schale, die neben der Tür stand.

„Du wirst lernen, es zu mögen, Kassandra", flüsterte er bereits an der Tür.

„Wir werden sehen, Myrdin. Gute Nacht."

Noch einmal drehte er sich um, lächelte, unterdrückte es aber sofort und wünschte ihr ebenfalls eine gute Nacht.

Kassandra ging wieder in die Kammer und richtete das Bett neu, dann stellte sie einen sauberen Becher auf den Tisch und wartete auf den Nächsten.

Sie musste nicht lange warten, da kam Sextus. Er lud seinen ganzen Frust bei ihr ab und ließ sie erschöpft und wund zurück, weshalb sie Tullius nur noch unter Schmerzen bedienen konnte. Aber auch er war irgendwann einmal fertig, legte einige Münzen in die Schale und ging. ‚Myrdin hatte Recht, viel hat sie nicht drauf', dachte er als er im Quartier in seinem Bett lag und sich fragte, woher sie wohl kommen mochte und warum Sextus sie so hart rangenommen hatte. Das hatte er bei Flavia nie gemacht. Kopfschüttelnd blickte er zu seinem Kollegen, der bereits leise schnarchte. Hier im Quartier war es nie ruhig, nicht einmal nachts.

Die Tage verstrichen mit Exerzieren, Duellen, dem normalen Tagesrhythmus des Sklavendaseins. Alle acht Tage hatten sie einen freien Tag und durften in die Stadt gehen. Gavin nutzte diese Zeit, um den Tempel aufzusuchen oder er schlenderte zum Hafen und sah den Schiffen zu, die sich in ferne Gegenden aufmachten. Ravenna war eine lebendige Stadt, voller Gerüche nach Fisch, Meer und Leben. Hier fühlte er sich wohl und redete sich selbst ein, ein gutes Leben zu führen, auch wenn er ein Sklave war.

Kassandra hatte ebenfalls viel zu tun. Abends weniger, denn der Herr war nicht sehr großzügig und gewährte den Männern nicht immer Entspannung bei ihr. Nach und nach hatte sie alle kennen gelernt und fürchtete sich vor den Männern. Der einzige, der mit ihr reden wollte und den sie dennoch am meisten fürchtete, war Myrdin, der eigentlich Gavin hieß, wie sie herausgefunden hatte.

Er nahm sie mit in die Stadt, weil sie sich allein nicht traute, zeigte ihr alles und sie fand ihn nicht mehr ganz so schlimm. Er lieh ihr Geld, damit sie eine ordentliche Palla kaufen konnte und auch etwas Schminke und andere Kosmetika, die sie brauchte oder zu brauchen glaubte.

‚Wenn er immer so wäre, wie jetzt', dachte sie als sie am Pier saßen und zusammen eine Fischsuppe aßen. ‚So mag ich ihn.' Gavin war an diesem Tag wirklich anders. Er fühlte sich an den freien Tagen auch anders. Es kam ihm wie früher vor, als er noch der Sohn eines wohlhabenden Mannes gewesen war. ‚Alles findet ein Ende', dachte er. Während er Kassandra beim Essen beobachtete, bemerkte er abermals dieses sonderbare Gefühl, das er tunlichst unterdrücken und vermeiden wollte. Als sie dann einmal lächelte, machte sein Herz einen Sprung und er lächelte ebenfalls, was auch aus ihm einen anderen Menschen machte. Doch das dauerte nur kurze Zeit, denn sie mussten wieder zurück.

Erst als sie wieder in der Gladiatorenschule waren, wurde er zum harten Myrdin und von Gavin war nichts mehr zu sehen.

Abends im Bett dachte sie: ‚Ich liebe Gavin, aber Myrdin fürchte ich. Wie kann es das bloß geben? Könnt ihr mir eine Antwort darauf geben, ihr Götter?'

Ein weiterer heißer Tag im Übungshof stand an. Die Zeit der Abreise zu den Spielen rückte näher. So etwas wie Aufregung verbreitete sich unter den neuen Gladiatoren, denn an diesem Tag kontrollierte der Herr die Kämpfer. Er wollte jeden Gladiator begutachten und seine Chancen bei den anstehenden Spielen abschätzen.

Gavin starrte mürrisch auf das Gladius, das ihm eben der Retiarius mit dem Netz aus der Hand geschlagen hatte, Nachlässigkeit bedeutete in der Arena den Tod. „Tullius, du wirst immer besser, wenn du Myrdin entwaffnen kannst", sagte Marcus Atticus anerkennend. „Du kommst auf jeden Fall mit, wenn wir in zwei Tagen zu Horatio aufbrechen. Heute Abend und morgen wird es noch Ausscheidungskämpfe geben. Ruht euch jetzt aus." Er drehte sich um und ging, schon halb aus dem Hof rief er: „Myrdin! Komm her." Gavin hob das Gladius vom Boden und folgte dem Herrn. Zornig funkelte er den Gladiator an. „Was sollte das, Gavin? Du lässt nach! Kämpfe, wenn dir dein Leben lieb ist! Am Abend wirst du dich ebenso der Ausscheidung stellen müssen wie alle anderen auch." Gavin hielt den Blick gesenkt. Marcus sollte den Zorn in seinen Augen nicht erkennen. „Und zum Mars, tu nicht so unterwürfig! Das warst du nie! Was kümmert dich diese Sklavin?" Jetzt hob Gavin den Kopf und zischte: „Gar nicht kümmert sie mich. Ich bin nur müde."

„Wenn du meinst. Dann ruh dich besser jetzt aus, sonst fährst du nicht mit." Gavin wusste, diese Möglichkeit bestand und wenn er nicht teilnahm, dann gab es kein Preisgeld und er würde länger im Dienst von Marcus Atticus bleiben müssen. Auch Marcus wusste das. Gavin nickte deshalb, drehte sich um und stapfte in sein Quartier. Er musste seine Kammer mit niemandem mehr teilen. Sie war klein und nur spärlich eingerichtet, ein schmales Bett an einer Wand, an einer anderen ein kleiner Tisch, ein offener Schrank mit einigen Tuniken, Beinkleidern und der Secutor-Ausrüstung, bis auf die Bewaffnung durfte er alles in seinem Zimmer aufbewahren. Auf diese feinen Arbeiten, besonders den Helm, war er sehr stolz, denn es hatte ihn eine Stange Geld gekostet, das nach seinen Wünschen fertigen zu lassen, das war mit ein Grund, warum er so heikel damit war.

Verschiedene Sandalen lagen am Boden. In einer Truhe hatte er die Ausgehtunika verstaut, die er nur anzog, wenn er in den Tempel ging oder zu einem Bankett geladen war. Um die Motten fernzuhalten, hatte er zwei Säckchen mit Lavendel mit in die Truhe gepackt. So wurde das teure Tuch nicht nur vor Schaden bewahrt, sondern es roch auch noch angenehm. Sein Wasch- und Rasierzeug befand sich in einem Beutel neben dem Bett. Auch diese Dinge hielt er in peinlichster Ordnung.

Die Kammer hatte ein Fenster zum Atrium. Dort starrte er nun missvergnügt hinaus und kam sich dumm vor. ‚Ich muss mich mehr konzentrieren, sonst …' Er dachte nicht weiter, drehte sich um, legte sich aufs Bett und zog die Decke über den Kopf. Nur die staubigen Zehen und ein rotes Haarbüschel blitzten hervor.

Kassandra schlurfte müde zu den Unterkünften der Gladiatoren. Wie immer begann sie mit Myrdins Kammer. Seufzend stieß sie die Tür auf, stellte den Eimer ab und fegte den Boden. Dann faltete sie die Kleidung, die auf einem Stuhl lag und räumte sie säuberlich in den Schrank. Dabei rezitierte sie leise Homer. Sie ahnte nicht, dass sie belauscht wurde. Nun wollte sie das Bett richten und nahm die Decke fort. Betreten blickte sie zu Boden und wäre am liebsten darin versunken. „Entschuldige, Myrdin, ich ahnte nicht …", murmelte sie und rot glühten ihre Wangen vor Verlegenheit. Gavin starrte sie an. Beinahe hätte er sie nicht erkannt. Tagsüber ließ sie sich kaum blicken, mied die Gemeinschaft mit den Gladiatoren und holte ihr Essen, wenn sie entweder noch nicht im Speiseraum waren oder bereits wieder weg. Seit ihrem gemeinsamen Stadtbesuch hatte er sie nicht mehr gesehen. Aus Angst, sich noch mehr in sie zu verlieben, mied er ebenfalls jede Begegnung mit ihr. Nun war ihm ihre Gegenwart wieder bewusst geworden und ebenso die zwiespältigen Gefühle, die er ihr gegenüber hegte. ‚Wäre ich frei, sähe es vielleicht anders aus. Hör auf Gavin, hör endlich auf zu denken und konzentrier dich auf das Wesentliche‘, befahl er sich selbst. Dann sprang er auf und sagte nervös: „Ich habe ganz vergessen, du machst ja hier um diese Zeit sauber. Mach weiter, ich warte draußen."

„Na so was", murmelte sie. Dann machte sie das Bett und ging. Erst am späten Nachmittag war sie fertig mit der Arbeit und holte sich ein leichtes Mahl. Ihr Herr war zwar nicht übermäßig freundlich, aber er behandelte die Sklaven nicht wie Tiere. Das Essen war gut, die Unterkünfte sauber und er sorgte für angemessene Kleidung. Nur die Lupa musste sich um einen Teil der Ausstattung selbst kümmern. Geld hatte sie nur wenig, denn lediglich Myrdin oder auch Tullius, wenn ihm danach war, ließen einige Münzen zurück, nachdem sie sie benutzt hatte. Die anderen gingen einfach so wieder.

Nach dem Essen wollte sie kurz das Badehaus aufsuchen, denn Flavia hatte ihr zu verstehen gegeben, abends immer sauber, geschminkt und nett angezogen zu warten. Sie trat ein, stellte die Sandalen zur Seite und hängte die Tunika an einen Haken. Dann entnahm sie ihrem Beutel ein Stück Seife und ein hartes Tuch. Sie ließ sich eben in einem der Becken nieder, da vernahm sie Stimmen die aus einem anderen Bereich der Therme zu ihr drangen. Eigentlich wollte sie nicht lauschen, aber sie wagte sich nicht mehr zu bewegen.

Gavin war ins Bad gegangen, er musste dringend die Muskeln lockern. Tullius saß bereits in einem der Becken und rieb sich die Schulter, die Gavin mit dem Scutum getroffen hatte. „Auch wenn ich dich besiegt habe, hast du mich ziemlich hart getroffen."

„Du hast die Lektionen gut gelernt, Tullius. Deine Verteidigung ist fast undurchdringlich. Aber warte nur auf den Kampf heute Abend." Er lachte siegessicher. „Hast du ein Loch in meiner Verteidigung gefunden?" Der Retiarius war unsicher geworden, denn Myrdin war als schlauer Fuchs bekannt, der sich nie geschlagen gab, nicht einmal, wenn er schon am Boden lag. Er hatte mehr als einmal bewiesen, dass der Sand nicht das Ende eines Kampfes bedeutete und eine Niederlage in einen Sieg verwandelt. „Kann sein, Mann. So, ich gehe jetzt raus hier. Ich bräuchte dringend eine Massage."

„Wem sagst du das, ich auch. Es ist eine verdammte Schande, dass dein gerupftes Huhn so gar nichts kann."

„Sie ist nicht mein gerupftes Huhn, sondern unsers und ich habe mich dabei schon ziemlich weit vorgewagt beim Herrn. Ich werde zu diesem

Thema nichts mehr sagen, Tullius. Wenn dir etwas nicht passt, dann sag es dem Herrn selbst."

„Schon gut, schon gut, reg dich wieder ab. So, ich geh jetzt auch raus. Vielleicht nach unserem Kampf am Abend noch einmal." Beide Männer erhoben sich und gingen nahe an Kassandra vorbei, die panisch untergetaucht war, um nicht gesehen zu werden. ‚Warum bin ich nicht gleich wieder gegangen', verfluchte sie ihre Neugier. Tullius war schon aus der Tür, da sagte Gavin: „Du kannst auftauchen, Kassandra." Grinsend ging er hinaus. Wenn er heute einen guten Kampf lieferte, würde er sie aufsuchen. Warum, wusste er auch nicht, denn sie war nie bei der Sache und schien froh zu sein, wenn er ging. Insgeheim wollte er sie sehen und sich selbst beweisen, sie nicht zu lieben.

Prustend kam sie hoch und schaute sich um. Als sie niemanden mehr sah, stieg sie eilig aus dem Becken und zog sich an. Um sich abzulenken, begann sie das Bad erneut zu säubern. ‚Hier mag mich wohl keiner', dachte sie trübsinnig, strich sich eine nasse Haarsträhne aus dem Gesicht und fuhr mit einer harten Bürste über den Steinboden, bis er matt glänzte. Die Arbeit war monoton und anstrengend, doch das machte ihr nichts. Jede Tätigkeit war ihr lieber als das andere.

Die Ausscheidungskämpfe begannen. Der Meister saß am Rand des Übungsplatzes und beobachtete alles genau, jede kleine Bewegung registrierte er. Gavin steckte in der Ausrüstung des Secutors. Den rechten Arm schützte die Manica, der linke Unterschenkel war mit der Ocrea versehen. Der Vollvisierhelm schränkte sein Gesichtsfeld erheblich ein, schütze allerdings Kopf und Nacken und das war beim Kampf gegen einen Retiarius unbedingt notwendig. Das Scutum hielt er schützend vor den Oberkörper. Tullius starrte ihn an. Sein linker Arm war ebenfalls mit einer Manica verhüllt, die allerdings auf der Schulter mit einem kleinen runden Schild versehen war. In seinem Gürtel steckte ein Dolch, den er erst verwendete, wenn er das Netz oder den Tridens verlor. Gavin wartete. Selten startete er einen Angriff. Er hob das Scutum gerade noch rechtzeitig und das Netz rutschte daran ab. Tullius glaubte eine Schwäche in Gavins Verteidigung entdeckt zu haben und griff erneut an. Doch Gavin kannte alle Tricks und Finten seines Gegners. Geschickt sprang er zur Seite und setzte den ersten Treffer mit dem Gladius. Tullius humpelte, aber jetzt war sein Kampfgeist geweckt. Minutenlang umkreiste er Gavin, der sich ebenfalls drehen musste, um seinen Gegner nicht aus den Augen zu verlieren. Immer wieder hob er auf Verdacht hin das Scutum, was den linken Arm ermüdete. Es war schwer und groß, schützte aber den ganzen Körper. Er übersah einen Angriff und das Netz landete auf dem Helm, rutschte ab und brachte ihn ins Taumeln. Er schwankte rückwärts, holte mit dem Gladius aus und traf zufällig, den auf sich zulaufenden Tullius am ungeschützten Arm. Sein Kopf schmerzte und er wollte das jetzt beenden. So versuchte er, die Entfernung zum Retiarius zu verringern. Laut schreiend lief er auf ihn zu, fing das auf ihn steuernde Netz mit dem Gladius ab und entwand es dem Gegner. Gladius und Netz lagen unbeachtet im Sand. Tullius versuchte nun mit dem Dreizack etwas auszurichten, aber Gavin fasste das Scutum mit beiden Händen und drückte es gegen den Dreizack, der wirkungslos zur Seite rutschte. Kraftvoll schritt Gavin weiter aus und zwang Tullius rückwärts auszuweichen. Er versuchte den Dreizack abermals einzusetzen, da holte Gavin mit dem Scutum aus, schlug damit zu und Tullius wurde zu Boden geschleudert. Rasch war er über ihm und hielt das Schild bedrohlich an dessen Hals. „Versuch nicht, den Dolch zu ziehen, dann bist du tot", keuchte er.

„Hört auf. Myrdin, geh weg, du fährst mit und ebenso Tullius. Ruht euch aus. Das war ein guter Kampf." Marcus ging auf Gavin zu, der den Helm abgenommen hatte und Tullius gerade auf die Beine half.

„Ich möchte mich heute amüsieren, Marcus, und zwar die ganze Nacht lang", flüsterte er, dabei trat er dicht an den Gladiatorenmeister heran, damit ihn die anderen nicht hören konnten. Der Herr dachte einen Moment lang nach. Gavin hatte schon lange nicht mehr um eine Stunde bei der Lupa gebeten, also sagte er: „Na schön, du hast gewonnen und somit die Belohnung verdient."

„Danke, Herr." Marcus schüttelte darüber den Kopf, denn er hatte bemerkt, dass er die kleine Hure mied wie die Katze das Wasser. Dann brüllte er: „Die Nächsten! Ansgar und Orestes! Auf die Beine, ihr müden Vestalinnen!"

Gavin setzte sich in den Schatten und schaute dem Schwertkampf der beiden jungen Gladiatoren zu. Sie waren erst seit wenigen Wochen bei Marcus Atticus und hatten noch keinen echten Kampf hinter sich. Beide waren unsicher und wirkten absolut fehl am Platz, so wie sie voreinander davonliefen. Gavin erhob sich kopfschüttelnd. „Meister, ich gehe ins Bad. Die beiden sind nur Futter für die Arena, solltest du sie mitnehmen wollen, als Provocatorii sind beide Nieten, lass sie lieber wieder als Eques kämpfen, da fällt es nicht so auf."

„Irgendwann werden sie es lernen müssen oder untergehen. Geh nur, du hast gut gekämpft."

„Ich danke dir, Herr."

Kassandra war gerade fertig mit dem Boden, sie hatte länger gebraucht, weil sie fasziniert den Ausscheidungskämpfen zugesehen hatte, als Gavin eintrat. Schon wollte sie eilig verschwinden, da hielt er sie zurück.

„Bleib", befahl er schroffer als er wollte. „Hilf mir aus der Rüstung und dann wäschst du mich." Sie war selbst müde von der Arbeit und wollte sich ausruhen, dennoch öffnete sie die Manica und half ihm, sich zu entkleiden. Mit einem leisen Seufzer tauchte er ins warme Wasser, dann stieg er heraus und ließ sich von ihr mit Seife und Schwamm abreiben. „Etwas mehr Gefühl, ich bin kein Steinboden", warf er ein. „Entschuldige", murmelte sie und verteilte weiter die Seife. „Verdammt noch mal! Hör auf!" Zornig entwand er ihr den Schwamm und warf ihn fort. „Was ist los mit dir? Bist du verrückt geworden?"

„Nein …"

„Du willst es einfach nicht lernen. Ich werde deinem Herrn empfehlen, dich raschest weiterzuverkaufen. Du …"

„Bitte nicht, Myrdin. Ich bin nur müde. Es tut mir leid", flehte sie. „Ich werde mir mehr Mühe geben." Sie holte den Schwamm und begann von neuem, diesmal sanfter. Es gab keinen Grund mehr zur Klage. Als sie fertig war und er in einem anderen Becken saß, sagte er: „Du kannst gehen. Bereite dich auf meinen Besuch vor." Bei sich dachte er: ‚Bei Venus, ich muss aufpassen, dass ich nicht den Kopf verliere.' Langsam lösten sich die Spannungen. Er genoss die Ruhe der Therme, ein seltener Luxus.

‚O nein', dachte sie und trat den Rückzug an, bevor ihr noch ein Wort entschlüpfen konnte. In ihrer Kammer begann sie hektisch damit, aus Kassandra die Lupa zu machen. Sie wusch sich mit einem wohlriechenden Öl, das ihr Flavia überlassen hatte, dann schminkte sie sich, zog die kurze Tunika an und wartete auf Gavin. Vor lauter Angst hatte sie vergessen, vorher noch in die Kantine zu gehen und so gekleidet wagte sie sich nicht ins vordere Atrium, wo die Gladiatoren und die anderen Sklaven aßen. Unsicher kaute sie auf einer Rosine. Sie hatte sich angewöhnt, immer eine Schale Trockenfrüchte und eine Kanne Wasser in ihrem Zimmer zu haben. Selten wagte sie sich unter diese sonderbaren Menschen, die sie entweder nicht wahrnahmen oder sie in beinahe beleidigender Art und Weise musterten und ansprachen, wobei ihr die derben Sprüche der Gladiatoren weniger Unbehagen bereiteten als die kaum verhohlene Abneigung der Küchensklaven, die sich für etwas Besseres hielten. Manchmal verdammte sie ihre Unsicherheit. Aber sie schämte sich so für das was sie hier tat, dass sie sich nicht einmal im Spiegel betrachten konnte, ohne angewidert das Gesicht abzuwenden.

Er kam sauber, frisch gekleidet, rasiert und mit schlechter Laune. Kassandra fragte sich, wann er eigentlich nicht reizbar war. Das einzige Mal als er mit ihr zusammen gelacht hatte, waren sie in der Stadt gewesen. An diesem Tag hatte sie sich in Gavin verliebt, leider zeigte er immerzu den harten Gladiator, der nur an sich dachte.

„Mir tut jeder Knochen weh", murrte er, zog sich aus und warf sich sogleich auf das Bett. „Heute beginnst du mit einer Massage." Gehorsam tat sie, was er verlangte und verteilte gleichmäßig ein Massageöl, das sie selbst hergestellt hatte, auf seinem Rücken. Er war erstaunt, wie gut sie das beherrschte. Ihren verstorbenen Herrn musste sie oft massieren, deshalb hatte sie genug Übung darin und fühlte sich sicher dabei. Kräftig griff sie zu und löste die Knoten in den Muskeln. Er stöhnte manchmal vor Schmerz auf, aber es tat gut, als sich die Verspannungen nach und nach lösten. Seine Laune begann sich zu heben und noch etwas anderes. Kassandra bemerkte es mit einem Schaudern. Jedes Mal, wenn er hier war, hatte er ihr wehgetan und es würde diesmal nicht anders sein. Sie wusste es, wenn sie ihn betrachtete. Es war nicht nur die Größe, die sie erschreckte, sondern auch diese unersättliche Gier, die sich in ihm breitmachte. Wie schon so oft wünschte sie sich, ein Mann zu sein und das nicht mehr machen zu müssen. ‚Wenn es einer Frau Spaß macht, dann soll die es tun, aber ich mag nicht', dachte sie heftig gegen den Widerwillen ankämpfend. Er grinste, als er ihren Blick bemerkte. „Du hast ausgezeichnete Hände, Kassandra. Wenn du den Rest von mir auch so gut behandelst, dann kann vielleicht doch noch etwas aus dir werden." Sie errötete bis zum Haaransatz, was ihn zum Lachen brachte. „Mach schon", sagte er hart, sobald er sich beruhigt hatte. Kassandra, noch immer rot im Gesicht, in die Verlegenheit hatte sich nun auch Zorn gemischt, beugte sich über sein hoch aufgerichtetes Glied und nahm es zwischen die Lippen. In Erinnerung an das letzte Mal, als es schiefging, ließ er sie das Tempo und die Tiefe bestimmen. Sein Atem ging schneller und er packte sie nun doch an den Haaren und dirigierte sie. Schließlich ergoss er sich laut seufzend in ihren Mund. Sie würgte und spukte das Sperma in einen Nachttopf, der unter dem Bett stand. Dann trank sie einen Schluck Wein, um den Geschmack aus dem Mund zu bekommen und wäre am liebsten im Boden versunken. Entspannt lächelnd sah er ihr zu, da bemerkte er einen Strohsack hinter der Truhe. Fragend deutete er darauf. „Mein Schlafplatz", erklärte sie knapp und presste die Lippen fest aufeinander. Das gab ihm zu denken, aber er wollte dem nicht mehr Beachtung schenken, deshalb drehte er sich weg und winkte sie zu sich. „Leg dich zu mir und erzähle mir die Geschichte, die du beim Saubermachen rezitiert hast. Du brauchst die Sanduhr nicht im Auge zu behalten." Sie seufzte ergeben, dann legte sie sich an seine Seite und erzählte die Geschichte ihrer verrückten Namensverwandten. Darüber döste er ein. Als er die Augen öffnete, lag sie schlafend auf dem Strohsack. Er ging zu ihr und weckte sie. „Ich habe nichts von schlafen gesagt." Also stand sie auf und sah ihm diesmal gerade ins Gesicht. Er bemerkte ihre Müdigkeit und wie sie sich beherrschte, um nichts zu sagen. Ihr kaum verhohlener Widerstand war erregend und gleichzeitig ein Ärgernis. Er wies sie an, sich hinzulegen und ohne große Vorbereitung drang er in sie. „Hör auf!", rief sie, strampelte und kratzte ihn am Rücken. „Warum sollte ich?", fragte er keuchend.

„Du tust mir weh. Bitte, hör auf", flehte sie und Tränen traten aus ihren schönen grünen Augen.

„Du bist zu unserem Vergnügen hier, es zählt nicht, was du willst. Dreh dich um." Er war so hart zu ihr, wie er beim Kampf zu sich selbst war und dennoch kam er sich schäbig vor, als er sie nun von hinten nahm. Ihre Tränen konnte er einfach nicht mehr ertragen. Mit einer Hand drückte er ihren Kopf auf die Matratze, mit der anderen schob er sie fest an sich. Ihre Schluchzer wurden nun von der Unterlage aufgenommen. Als er fertig war, stand er auf, legte einige Asse in die Schale und ging wortlos davon. ‚Warum habe ich das getan?', fragte er sich, als er sich endlich zur Ruhe begab. Lange konnte er nicht einschlafen, sogar im Traum hatte er ihr verheultes Gesicht vor Augen. Noch nie war er sich so erbärmlich vorgekommen, wie in jener Nacht und er fragte sich, warum er ihr Schmerzen zufügte, wo er sie doch liebte. Dann tadelte er sich selbst. Er durfte nicht lieben. Er musste es sich versagen, sie aus seinem Geist löschen. Aber es gelang ihm nicht. So schwor er sich, seine Lust nie wieder an ihr zu befriedigen.

2. Panem et circenses – Brot und Spiele

Zwei Tage später waren sie auf dem Weg nach Arretium. Marcus hatte fünf Gladiatoren ausgewählt, die aktiv am Turnier teilnehmen sollten und noch zwei weitere als Reserve. Sie waren gut trainiert und ebenso genährt.

Der Herr ritt den Tross voran, daneben seine Leibwache, die er für diese Gelegenheiten anheuerte. Ihm folgten sein persönlicher Wagen, die Wagen mit der Ausrüstung der Gladiatoren, dann die Gladiatoren selbst und des Weiteren noch ein Küchenwagen, dem sich die Sklaven anschlossen. Den Abschluss bildeten weitere berittene Wachen.

Seit drei Tagen zogen sie durch das Land, als sich das Wetter änderte und es unerwartet zu regnen begann. Schwarze Wolken senkten sich drohend über die Landschaft. Die Köchin und die persönlichen Sklaven des Herrn fuhren nun im Küchenwagen mit, die niederen Sklaven trotteten nass hinterdrein. Auch die Wachen waren völlig durchnässt, die Pferde und Ochsen ließen die Köpfe hängen. Endlich kamen sie an einer Taverne an. Marcus Atticus ließ halten und quartierte sich ein. Die Gladiatoren und Sklaven übernachteten im Stall und waren froh, aus dem Regen zu sein.

Kassandra verbarg sich hinter einem Heuhaufen und zog sich um, als Gavin zu ihr trat. „Sieh mich nicht so an", zischte sie, richtete die Tunika gerade und band das nasse Haar zu einem Zopf. „Ich konnte drei Tage lang kaum gehen. Wenn du mir das noch einmal antust, dann schwöre ich dir, werde ich deinen Speer abbeißen." Nur selten wagte sie Widerworte und das reizte ihn nun, obwohl er ursprünglich freundlich sein und sie um Verzeihung bitten wollte. So reagierte er jetzt ungewollt eisig. „Still. Ich wollte nur sehen, wie es dir geht. Allem Anschein nach wieder gut." Er konnte seinen Zorn über ihre Worte kaum bändigen. Sie machte einen Schritt auf ihn zu, richtete sich auf und sagte: „Oh ja, mir geht es gut. Danke, dass du dich danach erkundigst." Ihre Stimme war schneidend.

„An deiner Stelle wäre ich etwas vorsichtiger wie ich etwas sage, Lupa. Nicht jeder ist so geduldig und nachsichtig wie ich. Für diese Worte allein könntest du zumindest hart geschlagen werden." Auch seine Stimme war eiskalt. Eine Weile taxierten sie sich, dann nahm er sie an den Oberarmen, zog sie zu sich heran und drückte ihr einen Kuss auf die Lippen bevor er grußlos verschwand.

Kassandra verstand ihn nicht, er war wechselhaft wie Fortuna. Einerseits behandelte er sie wie den letzten Abschaum und auf der anderen Seite kümmerte er sich darum, dass sie ausreichend aß und Geld für ihre Auslagen hatte. Er ahnte nicht, dass sie das alles wusste, denn er wollte sich nicht bloßstellen. Einen Küchensklaven hatte er gebeten, für Kassandra immer eine Portion zur Seite zu stellen. Die Gladiatoren und auch die anderen Sklaven waren sehr hungrig und solange etwas im Topf war, wurde gegessen. So kam es, dass Kassandra, die immer wartete, bis die anderen fertig waren, leer ausging.

Tage später näherten sie sich endlich Arretium. Die Via Cassia erlaubte eine gute Reisegeschwindigkeit und in entsprechenden Entfernungen fanden sich Tavernen, wo der Reisende übernachten konnte. Die Sonne schien von einem freundlichen Himmel und die Leute der Karawane fanden ihre gute Laune wieder, die beim Regen vor wenigen Tagen etwas gesunken war.

Gavin hatte gebeten, den Wagen verlassen zu dürfen, was von einigen Kameraden mit anzüglichen Sprüchen kommentiert wurde. Aber er konnte das Herumgeschüttel und die schlechte Luft im Ochsenkarren nicht mehr aushalten. So ging er jetzt mit den Sklaven am Ende des Trosses und versuchte, eine Unterhaltung mit Kassandra in Gang zu bringen und sich endlich zu entschuldigen. Jemand wie sie war ihm noch nie begegnet und sie reizte ihn, dass es zum Ausderhautfahren war. Ab und zu entfuhren ihr spitze Bemerkungen und gerade dann, wenn er dachte, sie wüsste nun, wo ihr Platz war, kam sie mit einem Zitat daher oder beschimpfte ihn. So gebildet sie in vielen Dingen war, so wenig verstand sie vom Leben. Dieser Umstand veranlasste Gavin, sich mehr mit ihr zu befassen und er wollte seine Gefühle ihr gegenüber ergründen, herausfinden, wie tief sie gingen. Er war neugierig, aber sie erzählte nur wenig von sich. Nun schritt sie neben ihm her, hielt den Kopf gesenkt und tat, als wäre er nicht da. Er sprach über die Gegend, über Horatio Maximus Clemens und die bevorstehenden Spiele, doch sie war in ihre eigenen Gedanken versunken. Unvermittelt blieb sie stehen und sah ihn ruhig an. „Warum mögt ihr mich nicht? Ich habe niemanden etwas getan, Gavin. Ich versuche mich unsichtbar zu machen, die Arbeit zur Zufriedenheit zu erledigen und dennoch … bin ich nur der letzte Dreck für euch. Es wundert mich ja, dass du mit mir redest, wo ich doch nur ….“ Sie machte eine wegwerfende Handbewegung, schniefte lauf auf, wobei sie versuchte, sich ihre Traurigkeit nicht anmerken zu lassen. Gavin starrte sie einen Augenblick lang an, dann nahm er sie an der Hand und sagt leise im Weitergehen: „Ich mag dich, auch wenn du es mir nie glauben wirst. Nur kann es sich hier keiner leisten, jemanden zu sehr zu mögen, denn so wie es ist, lauert auf uns der Tod. Er kann schon in den nächsten Tagen an meine Tür klopfen und ich werde ihm Einlass gewähren müssen. Das Leben in einer Gladiatorenschule ist nicht einfach, aber glaube mir, besser als auf der Straße ist es allemal.“

„So habe ich das auch nicht gemeint, Gavin. Ach, vergiss es einfach. Geh zurück zu den anderen und lass mich allein.“ Ganz leise, kaum hörbar sagte sie: „Ich müsste es doch langsam gewöhnt sein, gemieden zu werden.“

„Keiner kann aus seiner Haut heraus, Kassandra. Niemand kennt hier den anderen, wir wissen nur das, was er uns sehen lässt und du zeigst am allerwenigsten etwas von dir.“

Über diese Bemerkung lachte sie und meinte dann: „Du hast von mir alles gesehen, was es zu sehen gibt. Dein Urteil stand doch schon fest, als du mich das erste Mal betrachtet hast. ‚Viel ist nicht dran an dir.‘ Ich kann mich noch genau erinnern … und an andere Dinge.“ Nur mit Mühe konnte sie die Tränen zurückhalten. Sie schluckte einmal, dann fuhr sie fort: „Ich verstehe nicht, warum ich mitkommen musste.“

„Du kommst mit, weil ich den Herrn darum gebeten habe. Ich habe ihm gesagt, wie wunderbar du massierst, da meinte er, es wäre klug, wenn du uns vor den Spielen die Muskeln lockerst und auch danach.“ Jetzt war es an ihr, erstaunt zu sein. Damit hatte sie wahrlich nicht gerechnet. Gerade von ihm hatte sie sich keine guten Worte erwartet. „Sei nicht so erstaunt, Kassandra. Ich mag dich und ich weiß deine Qualitäten durchaus zu schätzen. Außerdem hoffe ich noch immer ….“ Als er nicht weiterredete, sondern nur mit in die Ferne gerichtetem Blick weiterging, fragte sie: „Was? Was hoffst du?“

„Nichts Kassandra. Es ist besser, auf nichts zu hoffen.“ Schweigend schritten sie nebeneinander. Gavin hatte seine Hand leicht in ihre gelegt und, es fühlte sich richtig an. Mit Schrecken stellte er fest, dass seine Gefühle für sie tiefer gingen als er gefürchtet hatte. Hastig nahm er die Hand weg und verabschiedete sich mit der Begründung, wieder zu den Kameraden zu müssen. Kassandra glaubte ihm keine Sekunde lang diese Ausrede. Sie fürchtete ihrerseits, ihn beleidigt und vertrieben zu haben. So ging sie in stummer Pein weiter und fühlte sich neuerlich fortgestoßen.

Endlich erkannten sie die Keramikmanufakturen und Tonbrennereien am Stadtrand von Arretium. Diese hatten die Stadt reich und berühmt gemacht. Langsam machte sich unter den Gladiatoren Aufregung breit, denn das Spiel um Leben und Tod rückte mit jedem Schritt näher.

Die Gladiatorenschule samt Arena befand sich außerhalb der Stadt. Die Villa des Arenaherrn erhob sich über den niedrig gehaltenen Gebäuden für die Gladiatoren und die anderen Sklaven. Die Arena selbst beherbergte neben Wachmannschaften noch den städtischen Kerker und ein Bestiarium.

In den Gebäuden herrschte bereits rege Geschäftigkeit, die Gladiatoren bezogen ihre Quartiere, Sklaven verstauten die Ausrüstung und es wurde laut durcheinandergerufen. Es schien ein großes Gedränge und Gerangel zu sein, aber alles lief reibungslos und jeder fand seinen Platz. Horatio Maximus Clemens hatte alles gut organisiert und die entsprechenden Anweisungen wurden punktgenau ausgeführt.

Nachdem seine Leute versorgt waren, ritt Marcus Atticus zum Anwesen des Veranstalters und besprach mit ihm den Ablauf der Spiele. Die Verantwortung über die Sklaven hatte er Gavin übertragen, der die Anweisungen des Herrn weitergab.

Kassandra stand neben ihm, als er von einem alten Bekannten entdeckt wurde. „Myrdin, du alter Sack, ich dachte nicht, dich jemals wiederzusehen!", hörten sie eine Stimme. Sie gehörte einem riesenhaften Mann mit dunklerer Hautfarbe. Breit war sein Grinsen, als er sprach zeigte sich eine Reihe blitzend weißer Zähne, die durch zwei Zahnlücken unterbrochen wurde.

„Ganz meine Rede, Juba von Utica. Es freut mich auch, dich zu sehen. Kämpfst du noch immer mit diesem alten stinkenden Fischernetz? Neptun ist dir nicht wohlgesonnen, weil er dir keine Fische hineinlegt." Er umarmte den großen Mann, der schaute Myrdin über die Schulter, genau auf Kassandra, die staunend zusah. „Na, was hast du denn da für ein Fischlein, mitgebracht?"

„Ach, vergiss sie, das ist nur eine unbedeutende Serva, die zufällig ganz gut massieren kann, wenn schon sonst nicht viel." Kassandra stieg die Röte ins Gesicht und Juba meinte lachend: „Oh, jetzt hast du das Fischchen beleidigt." Er schob Myrdin zur Seite und ging zu ihr. Seinem Blick entging nicht, wie sie die Hände ballte, als er sie musterte. Fest biss sie die Zähne zusammen, was ihr einen kalten, strengen Ausdruck verlieh, der nur durch das Funkeln ihrer Augen übertroffen wurde. „Ah, ein kleiner Wildfang, wenn auch nicht im Bett, so doch außerhalb", er zeigte auf Myrdin, der die Daumen in den Gürtel gehakt hatte und sie leicht lächelnd betrachtete. Dann lachte der Numider und wandte sich erneut an Myrdin. „Kennst du den Witz schon, der würde vielleicht passen?" Er grinste breit und wartete, dass Gavin etwas sagte. Als der nur abwartend schaute, fuhr er fort: „Um ihn zu ärgern, sagte jemand zu einem Witzbold: ‚Ich habe heute deine Frau umsonst gehabt.' Der antwortete nur: ‚Ich bin freiwillig gezwungen, dieses Übel zu ertragen – aber du? Wer zwingt dich?'" Alle lachten, nur Kassandra nicht. Sie mochte diese Art Witze nicht besonders. „Juba, lass uns erst einmal hier ankommen. Ich muss mein Quartier beziehen und dann ist noch einiges zu erledigen, das ich machen muss, wenn der Herr nicht anwesend ist."

„Was hat dich so ermüdet? Du warst doch letztes Jahr nicht so erschöpft nach eurer Ankunft?"

„Ha! Ich bin eben alt geworden. Du wirst leichtes Spiel haben, solltest du gegen mich aufgestellt werden." Gavin lachte laut, doch Kassandra schaute entsetzt auf. Einen Moment lang hatte sie es für bare Münze gehalten, dann erkannte sie den Witz dahinter als er sie anblinzelte. Doch auch Juba hatte nicht richtig begriffen, denn er antwortete: „Na, dann hoffe ich erst recht, gegen dich antreten zu dürfen, Myrdin." Er klopfte Gavin kameradschaftlich auf die Schulter und ging dann zu den Kammern, die für die Gladiatoren aus Capua bestimmt waren.

Gavin und Kassandra blieben noch eine Weile in der Halle. Jeder hatte einen Beutel in der Hand mit den wenigen Habseligkeiten, wie Waschzeug und frische Kleidung. Kassandra betrachtete den Trubel. Es war ungewohnt für sie, so viele Menschen in einem umschlossenen Raum zu sehen. Alle liefen kreuz und quer durcheinander, riefen sich etwas zu und wenn Gavin nicht bei ihr gewesen wäre, hätte sie sich hinter der nächsten Säule versteckt und sich nicht mehr hervorgewagt. „Ich zeige dir dein Quartier, dann muss ich die Arbeiten kontrollieren und alle einteilen. Auch für dich werde ich etwas finden, das du tagsüber erledigen kannst. Hier darf kein Sklave untätig sein."

Forsch schritt Gavin aus, dann kamen sie zum Bereich ihrer Schule. Die Kameraden und Sklaven waren schon eifrig beschäftigt, die wenigen Habseligkeiten zu verstauen. Die Waffen waren nummeriert und in der Waffenkammer eingeschlossen, zu groß war die Angst vor einem Aufstand der Gladiatoren, sodass sie nie mit den echten Waffen in die Öffentlichkeit gehen durften. Gavin hielt das für einen Witz, denn wenn er es darauf anlegen würde, könnte er mit bloßen Händen töten, wie die meisten von ihnen, oder es genügte ein Küchenmesser.

„Ist bei euch alles in Ordnung, Sextus, Tullius?", fragte er. „Passt alles, Myrdin, wir haben diesmal sogar ein größeres Quartier erhalten", antwortete Tullius erfreut.

„Das freut mich, der Herr hat sich für uns eingesetzt. In einer Stunde treffen wir uns im Übungsrund." Damit ging er weiter und ließ grinsende Kameraden zurück, sie hatten Kassandra bemerkt, die an seinem Tunikasaum hing wie ein Küken an der Henne. „Seit wann hast du hier die Aufsicht über uns, Myrdin?", fragte Sextus brummig. „Der Herr übertrug mir diese Aufgabe, du warst dabei und hättest etwas sagen können, wenn es dir nicht passt", antwortete er. Dann nahm er Kassandra wieder an der Hand und ging mit ihr zum nächsten Quartier, laut Plan war das ihres. Seine Kammer lag gleich nebenan. Aber Kassandras Kammer erwies sich lediglich als Wandnische mit einem Bett. Gavin starrte darauf. „Entweder du schläfst bei Petulia auf dem Boden oder hier", flüsterte er. Kassandra blinzelte, sie hielt das für einen Scherz. Ein Bett am Gang. Dann bemerkte sie die Haken oberhalb des Durchbruchs und sagte: „Ich werde die Schlafdecke hierher hängen, dann geht es." Gavin besah sich die Sache und half

ihr beim Befestigen des Tuchs. „Womit deckst du dich zu?" Wortlos zuckte sie mit den Schultern und sah ihn dann erwartungsvoll an. „Ja, was …
ich muss dir noch eine Arbeit zuweisen. Ich weiß nicht was du kannst. In
der Küche?" Er machte einige Vorschläge, aber Kassandra schüttelte immer wieder bedauernd den Kopf. „Titus, der Scriptor, wäre nicht erfreut,
wenn du einen Teil seiner Arbeit erledigen würdest, und Iucundus würden wir tödlich beleidigen, wenn er dem Herrn nicht mehr aufwarten
dürfte. Also, was kann ich dir zur Arbeit geben, sonst muss ich den Arenaherrn fragen?" Kassandra blickte betreten zu Boden. Mit solchen Problemen hatte sie nicht gerechnet. „Wenn es dir nichts ausmacht, die Klos
zu reinigen, teile ich dich dafür ein. Hier müssen alle Schulen zusammenarbeiten, damit sich keine Krankheiten ausbreiten." Kassandra nickte, es
war zwar eine niedere Arbeit, aber sie wollte nicht als unnütz gelten.
„Gut, dann zeige ich dir noch alles. Und bitte Kassandra, vergiss nicht, zu
essen. Du wirst immer dünner."

„Ich werde mich bemühen", flüsterte sie. Er führte sie durch die engen
Gänge in der großen Anlage, im Speisesaal hielten sie kurz an und sahen
nach den Sklaven, die mit ihnen gekommen waren. Petulia hatte ihren Bereich der Küche bereits mit Beschlag belegt und scheuchte die anderen
Küchensklaven herum. „Die findet sich überall zurecht", flüsterte Gavin
grinsend. Dann ging er mit ihr zurück zu den Unterkünften wobei er weiterredete: „Wir packen jetzt erst einmal fertig aus, richten uns ein, dann
geht es einmal kurz ins Übungsrund, dann ist schon Zeit für die Cena und
den Rest des Abends haben wir frei, sofern du heute keine Arbeit mehr
hast, auch du." Ihr gegenüber verwendete er nicht mehr die vulgären
Ausdrücke, weil es sie jedes Mal in schiere Verlegenheit versetzte.

Gavin nahm sie mit zur gemeinsamen Cena, die im großen Speisesaal
der Schule abgehalten wurde. Auch wenn es nur einen Gang gab, der aus
dem üblichen Getreidelinsegericht bestand, wurde es dennoch eine fröhliche Willkommensfeier unter den Sklaven. Für Kassandra war es das erste Mal seit langem, dass sie mit den anderen zusammen aß und sie war
froh, an Gavins Seite sitzen zu können. Seit ihrem Streit in der Scheune
benahm er sich ihr gegenüber viel freundlicher, auch wenn Dritte dabei
waren, behielt er seine Höflichkeit bei.

Als alle mit Essen versorgt waren, setzten sich auch die Küchensklaven dazu und die Runde war komplett. Etwa einhundert Leute saßen hier,
lachten, scherzten und erzählten Anekdoten oder Neuigkeiten. Vielfach
fielen derbe Witze und Sprüche, die Kassandra zum Erröten brachten.
Trotzdem hörte sie interessiert auf die Gespräche, beteiligte sich auch
dann und wann, wenn Gavin sie einbezog, ansonsten blieb sie ruhig. Es

fing gerade an gemütlich zu werden und Kassandra empfand es als unerwartet angenehm, unter diesen Menschen zu sein, da trat Sextus von hinten an sie heran und flüsterte ihr etwas ins Ohr. Sie schluckte, nickte, stand auf und ging in ihre Nische. Gavin war währenddessen in ein Gespräch mit einem Sklaven aus Arretium vertieft und bemerkte ihr Weggehen nicht.

Sie ging in ihre Kammer und wartete, in der Meinung, Sextus würde zu ihr kommen. Aber dem war nicht so. Kurze Zeit später, tauchte Jubas Kopf auf und zwängte sich in die Nische. „Nein, du gehörst nicht zu Marcus Atticus Männern, dich werde ich nicht bedienen", sagte sie mutig. Doch Juba lachte lediglich und meinte: „Das werden wir schon sehen. Myrdin lässt dir ausrichten, du sollst mich erfreuen." Kassandra traten die Tränen in die Augen, das hätte sie ihm nicht zugetraut, dass er sie einfach so verschenkte. „Knie dich hin und lutsch mein Horn, danach geht's ordentlich zur Sache", knurrte er und machte sich untenherum frei. „Nein, habe ich gesagt", versuchte sie es noch einmal, diesmal wies sie ihm sogar den Weg aus der Nische. Doch der Gladiator packte sie am Handgelenk und drehte ihr den Arm auf den Rücken, sodass sie in die Knie ging. „Nein, sagst du? Das werden wir schon sehen." Er gab ihr eine Ohrfeige und zwang sie zum Fellatio. Kassandra biss zu. Sie wollte ihn nicht ernsthaft verletzen, ihn nur vertreiben. Er stieß einen Schmerzenslaut aus, packte sie an den Haaren und ließ seine Faust mehrmals in ihrem Gesicht landen. Kassandra stöhnte, dann packte er sie grob, drehte sie um und nahm sie von hinten, die eigenen Schmerzen ignorierend. Als er fertig war, drehte er sie wieder um, packte sie am Ausschnitt des Kleides und schlug erneut auf sie ein. Da kam Gavin dazu. Einen Moment blieb er wie versteinert stehen, dann griff er Juba von hinten und zerrte ihn von seinem Opfer weg. „Raus hier, du Hund!", brüllte er. Doch Juba stand jetzt der Sinn nach Rache. „Diese verfluchte Hündin! Zuerst lässt sie mich ran und dann beißt sie mein Horn beinahe ab. Was ist los mit der? Wahnsinnig?"

„Halt dein Schandmaul, Juba. Sie wird dich nicht eingeladen haben! So wie ich sie kenne, liegt ihr nichts ferner als das. Du legst jetzt den normalen Tarif in die Schale und dann gehst du und lässt dich nie wieder in meinem oder ihrem Dunstkreis blicken. Ansonsten wirst du es bereuen. Morgen früh wird dein Herr davon informiert und natürlich auch meiner. Und jetzt hau endlich ab!" Gavin war noch nie im Leben so wütend gewesen und es kostete ihn alle Selbstbeherrschung, den Numider nicht zusammenzuschlagen. Nachdem er den Mann hinausbefördert hatte, ging er zu Kassandra, nahm sie hoch und legte sie auf ihr Lager. „Es tut mir leid. Der ist ein Hund, ein richtiger Idiot. Ich würde gerne noch hier bleiben, aber ein Bote hat mir eine Nachricht überbracht, deshalb muss ich heute noch weg. Aber ich werde später nach dir sehen."

Der Bote hatte Gavin im Speisesaal gefunden und überbrachte eine Botschaft seiner Herrin. Als er sie las, erhellte ein Lächeln Gavins Gesicht. Sie hatte sich an ihn erinnert. Seit drei Jahren führte er mit ihr eine intime Beziehung, wenn er in Arretium bei den Spielen war. Zweimal im Jahr lud sie ihn zu sich ein, immer unter dem Vorwand, dass sie mit ihm über die Spende an die Schule sprechen musste. Sie war ebenso klug wie hübsch und sie mochte ein gutes Gespräch ebenso gern wie sinnliche Stunden. Rasch gab er dem Boten Nachricht, er würde erscheinen und schickte ihn, mit einer Kupfermünze zum Dank für seine Mühen, weg. Es konnte nie schaden, die Sklaven anderer Leute gut zu behandeln.

Jetzt fragte Kassandra interessiert: „Wo gehst du hin?"

„Zu einer Gönnerin. Ihre Einladung darf ich auf keinen Fall ausschlagen. Sie und ihr Gatte spendieren uns jedes Jahr neue Tuniken, außerdem sind es gute Geschäftspartner des Herrn."

„Dann musst du wohl hingehen. O Gavin, es tut mir leid, ich wollte wirklich nicht …", sie unterbrach sich selbst, weil sie einsah, dass er nicht ihretwegen bleiben würde. „Ich weiß, der stinkt aus dem Maul wie aus dem Hintern. Also nimm es dir nicht zu sehr zu Herzen. Ich kläre das morgen mit dem Herrn. Jetzt muss ich los. Wir sehen uns später, vielleicht." Dann ging er eilig weg.

Mit jedem Schritt, den er sich von der Arena entfernte, hob sich seine Laune und so ging er bald beschwingt weiter, durch die dicht besiedelten Außenbezirke mit seinen Hochhäusern, dem Gestank und dem ständigen Lärm, hinein in die Stadt in einen noblen Bezirk, die Straße der Iuno.

Um bei der Domina des Hauses einen guten Eindruck zu hinterlassen, hatte er sich sorgfältig gekleidet. Sein Herr Marcus Atticus würde nichts anderes billigen, denn Claudius Lucius und seine Gattin Julia gaben jedes Jahr sehr großzügige Spenden an die Gladiatorenschule.

Selbstbewusst ging er zum Hauptportal der Stadtvilla. Mit dem schweren Löwenkopf, der als Türklopfer diente, schlug er gegen die massive eisenbeschlagene Eichentür. Drinnen hörte er es laut widerhallen. Ein Portier öffnete. Er erkannte Gavin und sofort wurde er vorgelassen. Der

Portier, Gavin kramte in seinem Gedächtnis nach dem Namen des Mannes und fand ihn nach einiger Zeit. „Wie geht es dir, Corax?", fragte er leutselig. „Danke gut, Myrdin. Schön, dass du wieder in der Stadt bist. Die Herrin blüht immer auf, wenn es so ist."

„Das freut mich, zu hören", antwortete er mehrdeutig. Sie durchschritten einen langen Säulengang, der mit kunstvollen Statuen und Mosaiken geschmückt war, dann betraten sie das geschmackvoll gestaltete Atrium und dort erwartete ihn Julia. Sie empfing ihn mit einem warmen Lächeln. „Edle Herrin Julia", begrüßte er sie. „Es ehrt mich, dass du mich und die Schule Atticus nicht vergessen hast."

„Wer könnte dich vergessen, Myrdin?" Eine Umarmung folgte ihren netten Worten. Julia war eine Dame, die ihr Alter geschickt zu verbergen wusste und Myrdin schätzte nicht nur ihr Aussehen, sondern auch ihre Klugheit. Ihr Kleid war kunstvoll um den Busen drapiert und umschmeichelte die Taille und ihre Beine. Das Haar war in zahlreiche Löckchen gelegt und modisch hochgesteckt. Seidenbänder verzieren die herrschaftliche Frisur zusätzlich. Julia lächelte, führte ihn an einen reich gedeckten Tisch und fütterte ihn mit den Köstlichkeiten, dazu tranken sie einen leichten Weißwein, den ihr Gatte anbaute und kelterte. „Diesmal werden eure Tuniken prachtvoll ausfallen. Du wirst staunen, Myrdin. Ich hoffe, dein Herr hat nichts dagegen, wenn du etwas Zeit hier verbringst." Gavin konnte das guten Gewissens bejahen, denn sie hatten bereits im Vorfeld darüber gesprochen und ein Brief, erlaubte ihm, sich für die Zeit der Spiele frei in der Stadt zu bewegen, damit er die Termine wahrnehmen konnte, denn die eine oder andere Einladung gab es immer. Lange unterhielten sie sich über die neuesten Schriften, über die bevorstehenden Wahlen der Ädilen in Rom, auch wenn das die Provinzen nicht sonderlich berührte. Lange Zeit lagen sie und unterhielten sich über Politik. Die Unruhen in Judäa konnten sich jederzeit zu einem Flächenbrand ausweiten. Sie hofften, Kaiser Vespasian würde diesen Aufstand rasch niederschlagen können. „Ich habe gehört, er hat Titus hingeschickt. Mal sehen, was er ausrichten kann. Er soll ja ein guter Taktiker sein." So redeten sie über das Weltreich und die Wirtschaft, die Gesprächspausen wurden länger.

Als es später wurde, wurden die Themen intimer und der Wein mit weniger Wasser gemischt als Gavin lieb war. Eine Weile redeten sie über das Theater, das er schon lange nicht mehr hatte besuchen können und über die schönen Künste. Dabei griff sie immer wieder nach seiner Hand. Gavin genoss es, wenn er beim Essen liegen konnte. So vergaß er für wenige Stunden, dass er nur ein Sklave war.

Der Wein unterdessen verfehlte nicht seine Wirkung. Als Julia die Sklaven weggeschickt hatte, küsste sie ihn leidenschaftlich wobei sie ihm die Tunika auszog. Abwartend lag er auf der prachtvollen Liege. Er wusste was jetzt kam und was sie von ihm erwartete. Zärtlich strich sie ihm über den Oberkörper, fuhr mit den Fingerspitzen jede Narbe nach und er dachte dabei an Kassandra. Rasch befahl er diesem Bild, zu verschwinden und konzentrierte sich auf Julia, die ihn mit Küssen bedeckte. „Oh, mein wilder Gladiator", murmelte sie, während sie an seinen Genitalien herumspielte. Julia war erfahren und wusste genau, was sie tat und wollte. Auch Gavin kannte ihre Gelüste, hob sie hoch und wechselte den Platz. Er kniete vor ihr, schob ihr die Tunika über die Hüften hoch und spreizte ihre Beine. Dann verschwand er mit dem Kopf dazwischen und leckte ihre Blüte, bis sie vor Wonne nicht mehr weiter wusste. Sie öffnete die Verschnürungen und ließ das Kleid von ihren Schultern gleiten. Mit den Beinen klammerte sie sich an ihn und zog ihn hoch. Sein steifes Glied fand ihren Eingang und er stieß hart zu. Er wusste, wonach sie verlangte. Immer wilder waren sie zugange, da trat eine andere Frau aus den Schatten und begann seinen Rücken zu streicheln, massierte seine Hoden und feuerte beide mit ihren Worten an. „Was soll das?", fragte er irritiert. Noch nie hatten sie eine zweite Frau dabei gehabt. „Nur meine Schwester, die dich unbedingt kennenlernen will", stöhnte Julia. „Komm, nimm mich fester, Gladiator!" Sein erster Impuls war, zu gehen, doch dann zuckte er innerlich die Schultern und nahm das Angebot an.

Als er sehr viel später und leicht betrunken zur Arena zurückkehrte dachte er betrübt: ‚Ich bin auch nicht besser als Kassandra.'

Trübsinnig kritzelte er an eine Hauswand im Armenviertel: „Ich war hier und hab es mit Julia getrieben. Es geht mir trotzdem nicht gut. G.T." Darunter schrieb er: „G.T. liebt K." Er starrte darauf, dann strich er es durch. Über sich selbst den Kopf schüttelnd ging er weiter.

Kassandra hatte diese Nacht dann doch noch Arbeit. Sextus suchte sie auf, nahm sie wortlos von hinten und ging wieder. Ullrik verlangte eine Massage, weil er meinte, sich einen Krampf zugezogen zu haben und Tullius suchte jemanden zum Reden, doch dann ließ er sich doch noch blasen. „So eine saumäßige Hure wie dich habe ich noch nie gesehen", sagte er. „Es tut mir leid, Tullius, ich gebe mir wirklich Mühe. Aber ich bin auch müde", versuchte sie zu erklären. „Sei still und mach weiter", sagte er stöhnend, „das kannst du gut." Als er endlich ging, fiel sie müde ins Bett, der ganze Körper tat ihr weh und sie wusste nicht, wie sie liegen sollte. Eigentlich wollte sie noch über Gavin nachdenken und seine Verhaltensänderung, aber auch zum Denken fühlte sie sich zu abgespannt. Bis auf den Ausflug in die Stadt war es das erste Mal gewesen, dass er sich öffentlich um sie gekümmert hatte. Sie sank auf die Liege und schlief fast sofort ein.

Etwas später erwachte sie, als sie jemand an der Schulter berührte. Erschrocken blickte sie sich um, dann erkannte sie ihn.

„Nein, nicht du auch noch", murmelte sie schlaftrunken und betrachtete ihn ärgerlich. Doch Gavin schob sie zur Seite und legte sich neben sie. „Ich hab genug für heute", flüsterte er heiser kichernd. „Ich wollte dich nur sehen und einatmen. Morgen früh gehe ich gleich zum Herrn und rede mit ihm. Es geht nicht, dass dich fremde Männer einfach so überfallen. Du bist keine öffentliche Hure. Morgen Abend ist dann das Bankett des ehrenwerten Horatio Maximus Clemens, es wird auch für die anderen Sklaven etwas geben, das ist jedes Jahr so." Er redete noch eine Weile weiter, berichtete vom Bankett im letzten Jahr, von der Präsentation der Gladiatoren, doch sie hörte ihm nicht mehr zu, wunderte sich nur, warum er zu ihr gekommen war. Leicht drückte er sich an sie und atmete ihren Duft nach Schweiß und Gewürzöl ein. Er mochte diesen Geruch und er mochte Kassandra, hätte das aber nie zugegeben. Da fiel ihm das Graffiti wieder ein, das er zurückgelassen hatte. Er war froh, dass sie ihn nicht sehen konnte. Aber er rückte enger an sie.

Auch Kassandra hätte es nicht zugegeben, denn sie fühlte sich plötzlich wohl in seiner Umarmung. Es schien ihr richtig zu sein und sie schlief bald ruhig weiter.

Früh am nächsten Morgen, erwachte Gavin mit Kopfschmerzen und steifen Gelenken. Sacht befreite er sich aus Kassandras Umarmung, doch sie erwachte sofort. „Wohin gehst du?", fragte sie gähnend wobei sie eine ihrer zierlichen Hände zum Mund führte. „Zum Herrn. Ich muss den Vorfall von gestern melden. Oh, ich hab Kopfschmerzen, die Cena bei der ehrenwerten Julia war … üppig. Mach dich fertig und melde dich dann zur Arbeit. Ignatius ist für die Reinigung der Sanitäranlagen zuständig, er wird dir sagen, was du tun musst. Du findest ihn immer im Bad, oder dort ist jemand, der weiß wo er ist." Kassandra nickte. Dann befeuchtete sie die Lippen mit der Zunge und blickte ihn lange an bevor sie sagte: „Gavin, danke, dass du mir hilfst. Ich, ich, ach ich fürchte, ich … liebe dich." Mit hochrotem Kopf und stotternd hatte sie die letzten beiden Worte gesagt. „O Kassandra", flüsterte er, nahm sie kurz in den Arm, dann lief er rasch davon. Er konnte es nicht sagen, nicht einmal schreiben konnte er es.

Marcus Atticus lag noch beim Frühstück in seinen Räumen. Iucundus ließ Gavin eintreten und bot ihm auf einen Wink seines Herrn auch eine Mahlzeit an, die er gerne annahm. „Leg dich her, Gavin. Bevor du beginnst, ich sehe dir an, was du sagen willst. Juba war schneller und Sextus war auch bereits hier. Ich weiß ehrlich nicht, was ich glauben soll. Eigentlich sollte ich zornig sein, aber der Arzt hat mir jede Aufregung verboten. Also versuche ich, ruhig an die Sache heranzugehen. Deine Version bitte. Nimm dir ruhig, es ist genug da." Gavin schaute seinen Freund erstaunt an. Niemals hatte er damit gerechnet, Marcus so ruhig zu finden, wenn er erfuhr, dass jemand seine Sklaven beschädigte. Bei seinem Bericht versuchte er, ebenso ruhig zu bleiben, wie der Herr, ganz schaffte er es allerdings nicht. „Herr, wie käme ich dazu, jemandem zu erlauben, deine Sklaven zu benutzen? Viel eher hätte ich ihn verjagt, wenn ich früher dazugekommen wäre." Marcus brummte etwas, das sich anhörte wie: „So hab ich mir das gedacht."

„Herr, jemand hat dich hereingelegt und ich danke dir für dein Vertrauen. Können wir jetzt das Geschäftliche besprechen?" Erwartungsvoll blickte er seinen Herrn an. Als der nickte, begann er seinen Bericht. „Ich habe gestern alle deine Anweisungen ausführen lassen und hoffe, du bist damit zufrieden. Alle sind versorgt und wissen, was sie zu tun haben. Kassandra habe ich zum Latrinenreinigen eingeteilt, denn dazu fand sich sonst niemand und ihr ist es recht. Habe ich in deinem Sinn gehandelt?" Wieder wartete er auf die Bestätigung des Herrn. Als er sie bekam atmete er tief durch und fuhr fort: „Ich bin noch nicht ganz fertig. Der Handel mit Claudius Lucius wird zustande kommen. Die Herrin Julia ließ mich gestern noch zu einer späten Cena bitten. Ich ging hin, wie wir es bereits zuhause besprochen hatten und hoffe, auch dort in deinem Sinn gehandelt zu haben."

Iucundus stellte eine Platte mit frischen Brotfladen auf den Tisch, während sich Gavin von der Milch einschenkte. Marcus selbst trank seinen bitteren Tee, den musste er seit einigen Wochen täglich trinken, damit sein Herz ruhig schlug. Niemand außer dem Arzt und ihm selbst wusste, wie es um ihn bestellt war. Deshalb hatte sich Marcus einige Gedanken um die Zukunft seiner Schule gemacht.

Gavin trank die Milch aus und wollte sich eben erheben, da begann Marcus erneut zu reden. „Du bist ein guter Vertreter, Gavin. Ich bin froh, dich als Freund zu haben. Deshalb habe ich mir eine Belohnung für dich überlegt. Du sorgst dafür, dass alles gut funktioniert, gibst eigene Anweisungen, wenn auch in meinem Namen und bist fähig, Entscheidungen zu treffen und stehst dazu. Also, du weißt, ich habe keinen Erben für die

Schule, deshalb habe ich dich eingesetzt und ich möchte, dass du die Geschäfte sofort übernimmst." Gavin verschluckte sich vor Schreck an der Milch. Er hustete solange, bis ihm die Tränen kamen. Iucundus klopfte ihm stürmisch den Rücken. „Danke, Iucundus", keuchte er, als er wieder Atem zum Reden hatte. „Herr, was ist mit deiner Gattin, mit Lydia?"

„O, mach dir um sie keine Sorgen. Ich habe noch die Villa, die vermache ich ihr und natürlich die Hälfte des Vermögens, die andere wird unter dir, Iucundus und Titus aufgeteilt. Ihr seid meine treuesten Sklaven und natürlich bekommt ihr alle drei die Freiheit." Iucundus hatte das gehört und ein freudiges Lächeln erhellte sein jugendliches Gesicht. „Herr, du bist zu gütig, dennoch hoffe ich, dass du lange leben wirst, denn es ist eine Freude, dir zu dienen", sagte er mit bescheiden geneigtem Kopf. „Haltet noch Stillschweigen darüber. Ich will nicht, dass Gerüchte entstehen. Mit Titus rede ich später, er weiß es ohnehin, weil er das Testament aufgesetzt hat. Gavin, du bist ein freier Mann, denn nur einen Freien kann ich zum Geschäftspartner nehmen. Ich würde dir gerne noch etwas zum Geschenk machen. Vielleicht einen Sklaven, damit deine neue Stellung hier unterstrichen wird?"

„Marcus, ich weiß nicht, was ich sagen soll. Deine Güte kennt keine Grenzen. Dich getroffen zu haben, wendet jedes Unglück, und möge es noch so groß sein, in Glück. Fortuna ist mir hold. Wenn ich darf … ich werde es nicht fordern, aber ich bitte um Kassandra." Marcus schmunzelte, dann lachte er so lange bis er außer Atem geriet. „Ich wusste es. Gavin ich wusste es vom ersten Tag an, als sie zu uns kam, dass du dich in sie verliebt hast. Geh jetzt und sieh zu, dass ihr in zwei Stunden alle fertig zur Abfahrt seid. Du kümmerst dich doch um alles? Ich sorge für die nötigen Papiere, damit Kassandra in deinen Besitz übergeht, ebenso dein Vermögen, natürlich abzüglich deiner Schulden bei mir."

Gavin erhob sich, so an seine Pflichten erinnert, neigte den Kopf, dann ging er zu Marcus, beugte sich hinunter und küsste ihn auf die Wange, als wäre er sein Vater. „Wir werden in zwei Stunden die Schule in tadelloser Ordnung präsentieren, du wirst stolz auf uns sein."

„Das wollte ich hören. Am Nachmittag habe ich dann die Papiere fertig. Ich werde Titus gleich Anweisung geben. Horatio weiß übrigens schon Bescheid über deine Freilassung, also wirst du als „Freigelassener Myrdin" angekündigt, aber sprich noch mit niemandem darüber."

Als er sein enttäuschtes Gesicht sah, sagte er: „Deiner Serva darfst du es aber sagen. Sie muss wissen, wem sie ab heute gehört." Abermals küsste und umarmte Gavin den Herrn, dann lief er zu Kassandra. Er fand sie bei den Latrinen, wo sie die Sitzflächen schrubbte und die Rinne vor den Öffnungen säuberte. Dann legte sie überall frische Tücher und Schwämme aus. „Kassandra!", rief er. „Komm her, schnell, ich habe nur wenig Zeit und du auch." Sie drehte sich um und betrachtete erstaunt den strahlenden Mann. „Was ist los, Gavin? Ist etwas passiert?"

„Ja, etwas Gutes. Komm." Er zog sie in einen stillen Winkel und berichtete leise, was ihm Marcus eben gesagt hatte. Er dachte, hier im Schatten des Kloakenausgangs würde ihn niemand hören, doch er wurde belauscht. Ohren waren hellhörig geworden, als gute Neuigkeiten erwähnt wurden. So blieb der Mann länger auf dem Klo als er ursprünglich wollte, um nur nichts zu versäumen. Langsam keimte ein Plan in dem klugen Kopf.

„Dann bist du jetzt mein Herr? Ich muss nicht mehr …?"

„Nein, du musst nicht mehr als Hure arbeiten, sondern für mich."

Trotz ihrer Freude wich ihr nun die Farbe aus dem Gesicht. Gavin bemerkte ihre plötzlich auftretende Furcht, da nahm er sie in den Arm und flüsterte beruhigende Worte. „Ich werde nur mehr Gavin sein. Wenn diese Spiele vorbei sind, dann ist Myrdin tot, ich schwöre es dir. Nie wieder wird er dich belästigen." Ganz fest drückte sie sich an ihn und ließ die stürmische Umarmung zu. „So und nun wieder an die Arbeit. Ich muss mich auch fertig machen und zusehen, dass alles in Ordnung ist. Der Herr soll keinen Grund haben, seine Güte zu bedauern." Kassandra nickte und lief eilig zurück in die Latrine. Gerade als sie eintrat, kamen Sextus und Tullius heraus. Im Hof stießen sie auf Gavin, der sie zur Eile mahnte.

Beschwingt lief er in sein Quartier, kontrollierte die Ausrüstung, die er am Vortag schon auf Hochglanz poliert hatte. Dann zog er sich aus, band einen frischen Lendenschurz fest, bevor er jemanden rief, der ihm half, die Manica zu schließen. Als das geschehen war, kontrollierte er die Sandalen, den Gürtel am Lendenschurz, dann die Ocrea, schließlich steckte er das Übungsgladius in die Scheide, klemmte sich den Helm unter den Arm, nahm das Scutum in die andere Hand und schritt stolz zum Ausgang. Mit nie gekanntem Elan sprang er auf den wartenden Wagen und schwer bewacht ging es hinein in die Stadt. Vor den Wagen liefen Trommler und an den Straßenrändern standen die Menschen Spalier. Es war immer ein Ereignis, auch wenn dieses Jahr weniger Gladiatoren zu bestaunen waren als üblich. Gavin winkte als Myrdin der Menge zu. Plötzlich fühlte er eine wachsende Liebe zu den Menschen, die sowohl seinen Tod als auch sein Überleben bejubeln würden. ‚Wenn schon, dann werde ich als freier Mann sterben, das wollte ich. Mehr verlange ich nicht und ich wollte geliebt werden. Auch das habe ich erreicht. Jetzt muss ich nur noch überleben', so gingen seine Überlegungen während die Wagen auf einen

Platz einfuhren. Dort hatte sich auf einem Podium ein Sprecher eingefunden, der eine Papyrusrolle in der Hand hielt und auf ihr Eintreffen gewartet hatte. Daneben stand ein Advocatus, der die Richtigkeit der Angaben überwachte. Zahlreiche Männer der Stadtwache waren an den Straßen postiert. Noch immer geisterte in den Köpfen der Stadtoberen die Furcht vor einem Gladiatorenaufstand, wobei das bei den wenigen Gladiatoren, die hier waren, unwahrscheinlich war. Besonders Marcus Atticus Gladiatoren würden sich nie gegen den Herrn erheben, er sorgte sich wirklich um sie. An der Wand hinter dem Sprecher erkannte Gavin zahlreiche Inschriften. Wie er richtig vermutete, waren es die Namen der teilnehmenden Gladiatoren.

Nachdem sie den Bürgern präsentiert worden waren, begannen die ersten, Wetten abzuschließen. Gavin beobachtete, wie sie wild gestikulierend die Möglichkeiten und Quoten diskutierten, dabei laut verschiedene Namen riefen und über die Paarungen stritten. Juba hob den Dreizack und winkte damit Myrdin zu, sie waren als Gegner benannt worden. Ohne den Gruß zu erwidern, drehte er sich weg und starrte die Häuser an. An einer anderen Wand sah er bereits die große Ankündigung der Spiele. Es waren diesmal nur Kleine, die sich lediglich über einen Tag hinziehen sollten. Er las: „Horatio Maximus Clemens, ein edler Herr, richtet am 15. Juni die Spiele zu Ehren seiner niedergekommenen Gattin Titiana aus. Lang lebe Horatio Maximus Clemens und Caesar Vespasian auch.

Es treten an: Gladiatoren der Truppe des M. Atticus, des J. Alexandros, des J. Cassus und die aus Pisae haben gekniffen. Tierhetze, Komödianten und Sonnensegel wird's geben.

Myrdin: 102 Kämpfe, der ist jetzt freigelassen, kämpft aber trotzdem
Tullius: 50 Kämpfe
Sextus: 101 Kämpfe
Rufus: 48 Kämpfe
Decimus: 20 Kämpfe
Ullrik: erster Kampf
Juba: 100 Kämpfe
Yussef: 83 Kämpfe"

So ging es weiter, alle waren sie mit Namen genannt und daneben stand die Anzahl ihrer geleisteten Kämpfe.

Als sie zurückfuhren, bemerkte Gavin einen weiteren Schriftzug. „Myrdin soll mich vögeln. Priscilla." Solcher Art fand er mehrere. Irgendwie war es ihm jetzt doch peinlich, so zur Schau gestellt zu werden. Darunter war noch eine Zeichnung von ihm, sie hatte sogar sein Haar rot angemalt und nicht nur das Kopfhaar.

Zurück in der Arena begannen die Gladiatoren mit den Vorbereitungen für den Kampf. Nachdem sie die Muskeln gedehnt hatten, standen sich Tullius und Myrdin gegenüber. „Spar dir noch etwas an Kraft für Juba", meinte Tullius um Atem ringend, als er besiegt am Boden saß. „Der bekommt sein Fett noch weg. Mit dem werde ich nicht so verfahren, wie mit dir eben, darauf kannst du wetten." Aus seiner Stimme sprach blanker Hass. Er warf das Holzgladius neben eine Bank, setzte sich und goss sich Wasser über den Kopf. „Mann, Myrdin, geht dir das mit Kassandra so nahe? Du bist ein Dämlack. Sag ihr doch, dass du sie magst und morgen rammst du Juba dein Gladius ins Herz und die Welt ist wieder in Ordnung." Tullius war ein einfaches Gemüt. Für ihn gab es keine komplizierten Gefühle, Entscheidungen oder Probleme, alles ließ sich mit etwas Nachdruck und mit Einsatz seiner schweren Fäuste lösen, manchmal half auch Geld. So sah für Tullius die Welt aus, wer ihm blöd kam, der wurde eines Besseren belehrt, ob der Betreffende das dann überlebte, war ihm weitestgehend egal. Aber wessen Freund er war, konnte mit einer treuen Seele rechnen. Jetzt klopfte er Gavin auf die Schulter und lachte bis ihm die Tränen kamen. „Du bist wirklich nicht zu beneiden, Myrdin, wirklich, jede andere, aber die? Nein, Myrdin, das würde ich keinen Tag lang überstehen." Gavin wollte zuerst eine zornige Erwiderung loswerden, doch dann erkannte er, wie recht Tullius hatte. „In gewisser Weise stimmt es, aber wer kann schon gegen Venus an? Würdest du dich wehren können, wenn dich einer von Cupidos Pfeilen trifft?"

„Ist ja schon gut. Ich wollte dich nicht beleidigen. Machen wir weiter?" Gavin schmunzelte, nickte und zusammen gingen sie zu den Übungsböcken. Während sie abwechselnd auf das Holz einschlugen und die Beine trainierten, fragte Tullius heftig atmend: „Du wirkst sehr gut gelaunt. Ist etwas geschehen?" Gavin schüttelte den Kopf. Er wollte den Freund nicht direkt belügen, so schwieg er lieber. Sie übten, bis die Sonne hoch am Mittag stand, dann ging er mit den Kameraden in den Speiseraum. Nach dem Essen hatten sie eine Weile frei und er wollte sehen, ob er Kassandra finden konnte. Doch sie war noch beschäftigt. Es gab wohl in den Sanitäreinrichtungen dieses riesigen Geländes viel zu tun. Nicht einmal beim Essen hatte er ihren blonden Haarschopf entdecken können. So ging er in seine Kammer und legte sich eine Weile hin. Es gab viel zu bedenken, jetzt da er frei war und nach den Spielen der offizielle Nachfolger des Herrn. Wenn er Juba geschlagen hatte, dann hatte er nichts mehr zu befürchten, dann war er wieder ein geachteter Mann von Rang und Stand. Während er so lag und sich die Zukunft in bunten Farben ausmalte, verging die Zeit und Kassandra schrubbte mit einigen Frauen und Männern die Therme.

Sie füllten die Becken mit frischem Wasser, denn in wenigen Stunden würden die Gladiatoren kommen, um sich für das abendliche Bankett frisch zu machen.

„Hast du schon gehört, diesmal soll es einen Bären geben."

„Ja, hab ich. Hoffentlich ist es ein ordentliches Exemplar."

„Ignatius, haben wir nicht schon genug geschrubbt?", fragte eine Frau, die schon reichlich alt und gebrechlich aussah. Kassandra ging zu ihr und sagte: „Ruh dich aus, ich mache für dich weiter."

„Danke Kindchen, das ist nett von dir. Wie ist dein Name? Dich habe ich hier noch nie gesehen und wie eifrig du bei der Arbeit bist." Kassandra nannte ihren Namen und freute sich über das Lob. „Ich bin Aleke", stellte sich nun auch die Alte vor. Kassandra gab ihr einen Becher Wasser und machte dann den eigenen Teil und den von Aleke fertig. Sie fand es immer schöner, mit den anderen Leuten zusammen zu arbeiten. Am Anfang hatte sie sich davor gefürchtet, aber jetzt war es angenehm, nicht allein zu sein, jemanden zum Reden zu haben. Nach einer Weile kam Ignatius zu ihr und meinte: „Mach mal Pause, Mädchen. Wir gehen jetzt alle zusammen essen, weil du unter uns die einzige aus Ravenna bist, kannst du dir aussuchen, ob du mit uns gehen möchtest oder lieber zu deinen Leuten." Kassandra überlegte nicht lange, sondern nahm das Angebot des netten Sklaven an. Er war etwas älter als der Durchschnitt und war für die gesamten Sanitäranlagen der großen Arenaanlagen zuständig, dazu zählten die Villa, die Gladiatoren- und Sklavenunterkünfte, sowie die Arena selbst. „Leute! Jetzt geht's erst einmal daran unsere Bäuche zu füllen. Pause!" Alle atmeten erleichtert auf, denn es war anstrengend die ganze Zeit über am Boden auf den Knien zu rutschen und zu schrubben.

Als alle mit gewaschenen Händen bei Tisch saßen, einen Teller Linseneintopf vor sich und ein Stück Brot, da sagte Ignatius: „Heuer hilft uns Ravenna bei der wirklich anstrengenden Arbeit. Bedanken wir uns dafür. Willkommen Kassandra aus Ravenna. So und nun langt zu, denn die Pause wird nicht lange sein. Das Bad muss noch vor der Cena fertig sein. Vergesst nicht, genügend Seife auszulegen und Tücher. Irgendjemand sollte dort sein, der massieren kann. Du, Merudius, gehst auf jeden Fall hin und wir brauchen noch jemanden." Zögernd hob Kassandra den Arm. „Ignatius, ich kann das, solange ich nichts mit ihnen reden muss, aber ich möchte vorher meinen Herrn fragen, ob es ihm recht ist", sagte sie leise.

„Mach das, dann sagst du mir Bescheid. Haut rein, Leute, solange die Linsen noch schwimmen und nicht zur Pampe geworden sind."

Alle beugten sich nun über ihre Schüsseln und löffelten die Linsensuppe. Als Kassandra fertig war, stand sie auf und suchte Gavin. Sie fand ihn in seiner Kammer. Leise trat sie näher und flüsterte: „Herr, Herr." Wobei sie ihn leicht an der Schulter berührte. „Was ist los? Und nenne mich bitte nicht Herr, Kassandra", sagte er. Er hatte nicht wirklich geschlafen und sie näher kommen hören, aber er wollte, dass sie ihn berührte. „Danke, Gavin. Ignatius bittet um jemanden, der die Gladiatoren im Bad massiert. Ich habe meine Hilfe angeboten. Ist es dir recht?"

„Natürlich. Aber nur, wenn du mich nachher massierst. Ich werde warten, bis du frei bist." Sanft strich er ihr durch das wirre Haar, das Kopftuch war verrutscht und brachte den zerzausten Zopf zum Vorschein. „Danke, Herr, Gavin. Dich werde ich besonders gut und gerne massieren." Er fasste sie an der Hand, zog sie zu sich herunter und küsste sie. Zögernd erwiderte sie den Kuss. „Ich mag dich auch sehr", flüsterte Gavin. „Hast du gegessen? Ich habe dich im Speisesaal vermisst."

„Wir waren im anderen Haus drüben, weil es hier schon so voll war. Ignatius hat es mir freigestellt, mit ihnen zu essen oder hier."

„Es war klug, bei den Kollegen zu bleiben. Du wirst dich an die Gesellschaft der Leute hier gewöhnen, glaub mir, es sind gute Menschen."

„Danke nochmals, ich muss jetzt aber wieder an die Arbeit." Rasch entfernte sie sich und lief zurück in die Therme. Noch einige Stunden lang arbeiteten sie, dann war alles fertig. Merudius und Kassandra gingen in ihre Kammern und zogen sich frische Sachen an, dann trafen sie sich im Tepidarium. Sie hatte das Haar erneut hochgebunden und mit einem Tuch bedeckt. Aber sie trug nur eine leichte Tunika und Holzschuhe. Beide Masseure kontrollierten, ob genügend Massageöle vorhanden waren, dann noch einmal die Anzahl der Tücher die sie auf die Liegen legten, wenn jemand zum Massieren kam. Schließlich trafen die ersten Gladiatoren ein. Lautes Gelächter drang ihnen voraus ins Tepidarium. Juba ging eng an Kassandra vorbei und rempelte sie so an, dass sie gegen die Liege gedrückt wurde und fiel. „Das dumme Ding ist wohl schon so voll wie ein Schlauch, dass es sogleich umfällt, wenn es einen Mann sieht", höhnte er. Vielfach wurde gelacht, das sofort erstarb, als Gavin den mäßig warmen Raum betrat. Er sagte kein Wort dazu, ging zu Kassandra und half ihr auf. „Mach dir nichts draus, bei ihm konnte sich der Hintern nicht entschließen an welcher Seite er seine Öffnung haben will, leider kommen jetzt aus seinem Mund nur Furze statt Worte." Abermals wurde gelacht. Die Gladiatoren fanden es eine gelungene Antwort. Sie mochten solche Schlagabtausche, aber Juba war nicht ganz so schlagfertig mit dem Mund wie mit den Händen und beinahe wäre er auf Gavin losgegangen. Ullrik packte den Numider am Oberarm und sagte: „He, Retiarius, nur mal so eine Frage von Sklave zu Sklave. Wer ist der größere Hornochse, derjenige, der einem anderen etwas Schlechtes will, weil es ihm Spaß macht oder derjenige, der einfach nur blöd ist?" Alle lachten jetzt noch mehr, denn es war nur Unsinn, was der Teutone da geredet hatte, aber es lockerte die Spannung, die sich aufgebaut hatte. „Mann, lerne erst einmal Latein, bevor du solche Sprüche ablässt, das versteht doch kein Mensch", brüllte Tullius und hielt sich vor Lachen den Bauch. „Du hast recht, Tullius, aber was hilft es, ich kann's nicht besser. Schließlich bin ich nur Thraex! Tia, ein wunderbarer Thraex, zeigt mir einen besseren!" Jetzt wurde noch mehr gelacht, denn Ullrik hatte noch keinen Kampf mitgemacht. „Halts Maul Ullrik, und leg dich auf die Liege, Kassandra zeigt dir jetzt wie man Knoten in den Muskeln löst, dann kannst du weiterreden, wie groß der Thraex wirklich ist", mischte sich nun Gavin ein. Alle aus Ravenna warteten, um sich von Kassandra massieren zu lassen. „Ach, das kannst du gut, du kleine Hure", flüsterte Sextus. Gavin schüttelte verneinend den Kopf, als ihn Kassandra bittend anblickte. Noch würde er dazu nichts sagen können. Er hatte dem Herrn Stillschweigen versprochen, denn Marcus wollte das beim Bankett selbst verkünden. Dass Gavin ein Freigelassener war, war am Vormittag bei der Präsentation so gut wie untergegangen, worüber er nicht böse war. Als Sextus fertig massiert war, sprang er von der Liege und traf wie zufällig Kassandra mit einem Fuß im Unterleib. Stöhnend klappte sie zusammen und hielt sich den Bauch. „Was ist?", fragte er, als hätte er nichts getan.

„Es ist nichts", antwortete sie und unterdrückte die Tränen. „He, Myrdin, passt du auf dein Eigentum auf, oder wie ist das? Sie gehört doch dir? Irgendjemand hat so etwas angedeutet."

„Halts Maul, Sextus, bei dir kommt genauso viel Müll raus, wie reingeht", konterte Gavin. Doch Sextus ließ sich nicht so schnell abspeisen. Er wollte den Secutor noch etwas provozieren. „Ach, dementierst du das Gerücht jetzt, oder wie darf ich das verstehen? Wenn du dementierst und der Herr sagt uns dann die Wahrheit, dann bist du ein Lügner, dementierst du nicht und sprichst etwas aus, das der Herr unter Geheimhaltung hält, dann bist du untreu. Also, in deiner Haut möchte ich nicht stecken."

„Darf ich dich jetzt massieren, Gavin?", wandte sich Kassandra dazwischen, die sich wieder gefangen hatte und genug Luft zum Reden und Arbeiten bekam. Beinahe hätte sie sich verraten und Herr gesagt, sich aber noch rechtzeitig bremsen können. „Ja, ich komme schon. Sonst müssen die anderen noch länger warten, während wir hier vor der Liege tratschen wie alte Männer am Markt." Rasch schwang er sich auf die Liege und genoss die Berührung ihrer sanften und doch kräftigen Hände. Gekonnt massierte sie jeden Knoten aus den Muskeln und strich solange über die

Haut bis alles Öl in die Poren gedrungen war. Gavin biss sich auf die Zunge, um nicht zu viel lobende Worte loszuwerden, so sah er Merudius bei der Arbeit zu, der am übernächsten Tisch stand und dort seiner Arbeit nachging. Er hatte eine gänzlich andere Methode und man sah, dass er mehr Kraft einsetzte. Kassandra kompensierte das mit ihrer Grifftechnik. Nur ungern stieg er von der Liege und begab sich dann zu den anderen.

„Männer heute haben wir wirklichen Luxus, wie edle Herren, werden wir behandelt", sagte ein Gladiator aus Arretium, der sich eben von Kassandra durchkneten ließ und bereits wohlig seufzte. „Du hast recht Reginaldus, genießen wir es, solange wir können", antwortete ein anderer. Alle wurden massiert, denn es kam nicht häufig vor, dass sie in diesen Genuss kamen. Endlich war es geschafft. Kassandra und Merudius sahen sich müde an, aber sie lächelten zufrieden, denn nun waren sie fertig mit der Arbeit. Gavin kam noch einmal zu ihr und fragte lächelnd: „Deine Kammer liegt neben meiner, hilfst du mir beim Ankleiden?" Sie neigte den Kopf und flüsterte: „Gewiss, Herr." Schnell drehte er sich um und klapperte aus dem Tepidarium ins Kaltbad zurück, Zeit für das Warmbad blieb nicht mehr. Das machte ihm nichts, wichtiger war ihm, frisch gewaschen zu sein und sich wohl zu fühlen.

Als sie in seiner Kammer waren und Kassandra sein Haar kämmte, sagte er: „Kassandra, kommst du auch zum Bankett? Es wird eine Theatervorführung geben, sie ist zwar nicht sehr lang, aber ich war schon lange nicht mehr im Theater."

„Ich weiß nicht, Herr. Ist es den normalen Sklaven überhaupt gestattet, daran teilzunehmen?"

„Zur Aufführung kommen eigentlich immer alle. Ich fände es schade, wenn du das Schauspiel verpassen würdest." Nun reichte sie ihm die Ausgehtunika, sie war blau gefärbt und hatte an den Säumen rote Bänder aufgenäht. Dann half sie ihm in die Sandalen, die von sehr guter Qualität waren, wie Kassandra feststellen konnte, als sie die Schnallen schloss. Zu guter Letzt kam noch ein schmaler Ledergürtel mit einem Beutel an der Seite. „Du siehst gut aus, Herr", stellte sie anerkennend fest. „Wenn du erlaubst, gehe ich früh zu Bett."

„Geh ruhig, du bist sicher müde. Aber vergiss nicht, dir zu essen zu holen. Du bist zu dünn."

„Ja, Herr." Demütig senkte sie den Kopf. Sie wusste, sie war zu mager, aber das ganze Essen half nichts, denn sie erbrach sich ohnehin meistens nach den Mahlzeiten. Lediglich das Frühstück konnte sie bei sich behalten, aber das wusste niemand, sie hatte auch nicht vor, jemanden davon zu erzählen.

3. Morituri te salutant – Die Todgeweihten grüßen dich

Auf dem großen Platz vor der Arena fand das Spektakel statt. Die Gladiatoren der einzelnen Schulen aßen für sich an getrennten Tischen, die sich unter der Last an Speisen und Getränken zu biegen schienen, es gab keine einzelnen Gänge, wie bei herrschaftlichen Banketts üblich, aber als Vorspeise gab es Ei in verschiedenen Variationen, erst danach wurden die Platten mit den Hauptspeisen aufgetragen. Zur Unterhaltung spielten Musiker, und Tänzerinnen sorgten für eine ansprechende Untermalung. Etwas später am Abend gab es eine Theatervorführung, zu der alle Sklaven geladen waren. Zahlreiche Zuschauer aus Arretium waren ebenso gekommen und starrten die Gladiatoren an, wie auch die Schauspieler. Alle Kämpfer amüsierten sich prächtig, denn am nächsten Tag konnte bereits der Tod warten.

Gavin betrachtete sinnierend die übervollen Tische. Er lag neben Marcus auf einem Speisesofa und fühlte sich unerwartet gut. Horatio ließ sich nie lumpen und es gab stets das Beste vom Besten.

„Du musst mehr essen, Amicus", meinte Marcus tadelnd als er sah, dass er sich nur vom weißen Fisch, Brot, Oliven und Obst nahm. „Nimm von den Blutwürsten. Oder hier von den Kutteln?" Aber Gavin konterte leise lachend: „Marcus, ich esse nie viel vor den Spielen, du weißt das, auch die Frauen lasse ich dann links liegen. Vor einem Kampf bin ich Asket, aber du kannst mir noch von den gefüllten Weinblättern geben. Keinen Wein, lieber den unvergorenen Most. Morgen muss mein Kopf klar sein. Ich wünschte, du würdest ihnen diese Weisheit einmal einprügeln. Und lass bitte die Stierhoden liegen, ich mag sie nicht. Nein, Marcus, ich esse heute kein Fleisch. Noch einmal, keinen Wein." Er lachte und zeigte auf die anderen Gladiatoren der Schule Atticus, die eifrig dem Wein zusprachen und an einem anderen Tisch saßen. Marcus betrachtete sie grübelnd, dann meinte er augenzwinkernd: „In Ordnung, ich zwinge dich nicht zu essen, was du nicht magst. Aber wenn wir zuhause sind, dann wirst du ihnen das mit dem Wein und dem Essen sagen, Gavin. Ich halte mich dann raus. Oder denkst du ich bin verrückt und lege mich mit denen an, wenn es ums Essen geht, auch wenn ich zehnmal der Herr bin? Ich trank übrigens auch nie vor einem Kampf. Vielleicht habe ich deshalb überlebt. Hoffentlich besäuft sich Juba ordentlich." Grinsend starrte er in Richtung des gegnerischen Retiarius. Aber er konnte nicht erkennen was der Numider trank. Als die leeren Platten abserviert wurden, hob Marcus den Becher und bat lautstark um Ruhe. Dann stand er auf und hielt eine kurze Rede: „Wir danken Horatio Maximus Clemens für diese edlen Speisen und Getränke! Ein Hoch auf ihn, möge Iupiter sein Leben segnen und Iuno sein Haus und seine Nachkommen!" Becher wurden gehoben und alle jubelten. Doch Marcus war noch nicht fertig. Als wieder etwas mehr Ruhe eingekehrt war, sagte er: „Ich habe noch eine Mitteilung zu machen. Myrdin wird morgen das letzte Mal in der Arena antreten und das bereits als Freier. Er wird meine Nachfolge als Gladiatorenmeister antreten, mein fähiger Stellvertreter war er jetzt schon. Ein hoch auf Gavin Tettius, den neuen Meister!" Verhaltener Jubel war zu hören, vereinzelte Buh-Rufe mischten sich darunter. Gavin hatte damit gerechnet, dass sich wenige mit ihm freuen würden. Tullius kam und gratulierte ihm, auch Rufus und Ullrik und noch einige andere.

Sextus starrte hasserfüllt in die Menge. Seit einiger Zeit gärte sein Zorn auf Gavin wieder extrem hoch. Auch er wollte endlich als Freigelassener kämpfen und dann endlich die Arena verlassen können. Gerade als er dachte, er sähe eine Möglichkeit, wie er Gavin eins auswischen könnte, sprach Marcus weiter. Er gab die Übergabe einer Sklavin von seinem Besitz in einen anderen bekannt. Natürlich war Gavin der Nutznießer. ‚Der bekommt immer alles. Irgendwann wird ihm das das Genick brechen', dachte Sextus zornig, da bemerkte er eine verhüllte Gestalt im Säulengang, die ihm winkte. Langsam stand er auf und schlenderte auf sie zu. Es herrschte so ein Durcheinander, dass es nicht auffiel, wenn er einige Minuten weg war. Er hatte seinen Becher mitgenommen und grüßte leutselig in die Runde. Endlich stand er vor ihr. „Sei gegrüßt, Fortunata", sagte er als sie die Palla zurückschlag. „Mit deinem Besuch rechnete ich heute nicht mehr. Du hast es gehört?"

„Natürlich, es war nicht zu überhören", antwortete sie. Ihr ebenmäßiges Gesicht wirkte wie aus Stein gehauen. „Aber jetzt keine langen Reden, du weißt, was ich will." Sextus grinste und stellte sich blöd. „Welchen deiner zahlreichen Wünsche, soll ich dir erfüllen, Herrin?"

„Hör schon auf mit dem Unsinn", sagte sie, lächelte aber dabei. Rasch zog sie ihn hinter die Säulen und dort fielen sie in wilder Gier übereinander her. Es dauerte nicht lange, war dafür aber umso heftiger, gerade wegen der Einsehbarkeit des Ortes, an dem sie es trieben. Als sie fertig waren, meinte Fortunata: „Und was willst du wegen der anderen Sache unternehmen? Noch hat er nicht versucht, mich zu erpressen." Sextus richtete sich erst die Kleidung bevor er antwortete. „Wahrscheinlich ist es ihm sogar egal, wer du bist. Aber so genau kann man es bei einem Spieler nie wissen. Ich habe aber so die eine oder andere Idee. Du wirst natürlich herausgehalten und ich bin in Wirklichkeit nur ein dummer Gladiator, ein

Sklave aus den untersten Reihen. Nie im Leben wird auf uns der Schatten eines Verdachts fallen."

„Dann ist es ja gut. Wenn es erledigt ist, bekommst du deinen Lohn. Und jetzt verschwinde." Fortunata hatte es plötzlich eilig, das Fest zu verlassen. Wenn ihr Gatte erfuhr, dass sie hier gewesen war, würde das sehr viel mehr Ärger mit sich bringen, als die Sache am Ende wert war und entdeckt wäre sie außerdem. Sextus schaute sie noch einmal gründlich an, seine Augen zogen sich zu schmalen Schlitzen zusammen, als er über etwas nachdachte, dann richtete sie die Palla und tauchte in der Dunkelheit unter. ‚Diese kleine Schlampe', dachte er als er an seinen Platz zurückkehrte. ‚Wenn sie sich nicht an die Abmachung hält, steht noch am selben Tag ihr wirklicher Name an der Tempelmauer mitsamt den Namen der Freier.' Sextus kannte keine Skrupel, wenn es ums Überleben ging fiel ihm immer ein Trick ein, wie sich aus einer misslichen Lage befreien konnte. Nur diese Eigenschaft, hatte es ihm möglich gemacht, als Gladiator so weit zu kommen. Sicher war es schöner, die Nummer Eins zu sein. Aber er würde es wieder sein, nachdem er Gavin eins ausgewischt hatte. ‚Fortuna wird dir nicht mehr lange Hold sein', dachte er, hob grinsend den Becher und prostete Gavin damit zu. Der erwiderte lächelnd den Gruß. Gavin war sich nicht bewusst, wie sehr er gehasst wurde. Mit Neid und Missgunst rechnete er und seine neue Position musste er erst rechtfertigen und sich den nötigen Respekt bei der Truppe verschaffen. Aber der Herr vertraute ihm, das war am wichtigsten.

Nun trat auch Horatio Maximus in Begleitung seiner Gattin Titiana in Erscheinung. Beide sahen sehr würdevoll aus. Er trug eine edle Toga, das Haar frisch geschnitten, glänzte mattschwarz im Fackellicht. Die Qualität von Titianas Palla sah man schon von weitem. „Eine Rede ehrenwerter Herr!", rief jemand. Gavin glaubte, Julius Cassus als Sprecher zu erkennen. Andere nahmen den Ruf auf und bald schon hob er beschwichtigend die Arme. „Nun gut, Männer, Gladiatoren! Ich hoffe, ihr genießt das bescheidene Mahl, das meine Gattin euch zu Ehren ausrichten lässt." Hier brandete tosender Applaus auf und Titiana lächelte mild. „Morgen schon beginnen die Spiele, die einige von euch vielleicht nicht überleben werden, also lasst es euch heute noch so richtig gut gehen. Es gab aber eine Änderung im Ablauf. Wir haben die Spiele um einen Tag verlängert. Die Paarungen werden wie bekanntgegeben morgen gegeneinander kämpfen und am nächsten Tag dann die Sieger gegeneinander. Ob es ein Massenkampf oder wieder Duelle werden, das entscheidet am Morgen des Kampftages der Priester. Für den besten Kämpfer unter euch, den tapfersten unter den Tapferen, wird es eine Belohnung in Form von 200 Sesterzen geben, ich denke, das ist ein großer Anreiz für euch, euch ordentlich anzustrengen. Also auf interessante Spiele, möge der Bessere überleben! Lang lebe Vespasian unser Kaiser und Titus sein treuer Sohn, der derzeit in Syria weilt und gegen die Aufständischen kämpft. Seid so tapfer wie Titus und gebt euer Bestes!"

„Lang lebe Caesar!", riefen die Männer im Chor und dann „Lang leben Horatio Maximus, Titiana und ihr Sohn!" Die beiden gingen noch einmal durch die Reihen der Feiernden und zogen sich dann zurück.

Gavin wandte sich an seinen Freund und flüsterte: „Warum hängt er einen weiteren Tag an, ich dachte die Stadtkasse wäre leer oder zahlt er es diesmal aus eigener Tasche?"

„Das Wissen allein die Götter, aber ich denke um seiner Position willen, wird er diesmal höhere Auslagen in Kauf nehmen müssen. Sein Widersacher für das Amt als Quinquennale ist der Sohn eines einflussreichen und steinreichen Fabrikanten, Deciderius Felix Victor heißt er. Hast du ihn schon einmal gesehen? Ich halte ihn für einen Nichtsnutz, aber Primus Felix, sein Vater, hat haufenweise Geld und kann Horatio damit locker in die Tasche stecken. Aber noch erfreut sich Horatio großer Beliebtheit, deshalb hofft er wohl auf die Gunst der sich nur kurz erinnernden Menschen, denn die Wahlen finden bereits nächsten Iupiter statt. Du siehst also, mein Freund tut gut daran, den Spielablauf den Gegebenheiten anzupassen." Darüber dachte Gavin eine Weile nach, dann nickte er, aber erfreut war er nicht darüber. Er hatte gehofft, lediglich einen guten Kampf liefern zu müssen. So verließ er sehr früh das Bankett. Sextus und Juba folgten ihm mit ihren Blicken, doch er merkte es nicht. Auch Marcus ging bald darauf, ihm war langweilig, wenn er niemanden zum Reden hatte.

An diesen Feierlichkeiten hatte Gavin nie viel Freude, obschon er gutes Essen schätzte. Heimlich hatte er einige der Köstlichkeiten für Kassandra zur Seite gelegt, die brachte er ihr nun. Einige Zeit betrachtete er ihr im Schlaf entspanntes Gesicht. Es war glatt und eben. Sonst wurde es immer von einer steilen Falte geziert, die sich von der Nasenwurzel über die Stirn hochzog, bis zum Haaransatz. Auch der strenge Zug um den Mund war weg. Er hatte den Eindruck, als würde sie im Schlaf lächeln. Sanft strich er ihr eine Haarsträhne aus dem Gesicht. Da erwachte sie. Erschrocken fuhr sie in die Höhe. Dann erkannte sie ihn und entspannte sich wieder.

„Hast du gegessen?", fragte er und versuchte, die Milde aus seiner Stimme zu halten. Verlegen schüttelte sie den Kopf. „Du hast dich wieder einmal nicht allein unter die Menschen getraut, dabei dachte ich, du würdest deine Scheu langsam überwinden." Er stellte den Beutel neben sie und wartete. Als sie nichts sagte, meinte er: „Du sollst nicht leer ausgehen.

Ich weiß auch nicht, warum du so feige bist. Die Sklaven, die nicht bedienen, sitzen alle im Saal und unterhalten sich. Für jeden ist genug da." Sie setzte sich auf, dann griff sie in den Beutel, entnahm ihm ein Brot und biss hinein. Mit vollem Mund und halb erstickter Stimme sagte sie: „Wenn du wüsstest, wie sehr ich mich schäme, du würdest auch nicht unter die Leute gehen wollen." Das schockierte ihn und er sagte einige Zeit nichts, dann aber doch: „Es gibt nichts, weswegen du dich schämen müsstest, schon gar nicht dafür, meine Sklavin zu sein. Erzähl mir, wie es dazu kam, dass du so menschenscheu bist." Kassandra schwieg eine Weile, kauend überlegte sie und ließ den Blick in die Vergangenheit schweifen. Die guten Erinnerungen waren wie weggewischt, davon gab es auch nicht viele, nicht seitdem sie lesen konnte. Schließlich berichtete sie leise: „Titus Tiberion war ein glühender Anhänger der Vesta und er hielt mich beinahe als Vestalin. Ich kam so gut wie nie aus dem Haus."

„Das erklärt wohl einiges", murmelte Gavin. Er richtete es sich auf dem schmalen Bett etwas bequemer, damit er möglichst nahe bei ihr sitzen konnte und fragte sie weiter aus. Endlich sprach sie über ihr Leben, nicht über den Herrn oder andere Sklaven, sondern über sich. Geduldig wartete er und tatsächlich, nach einiger Zeit redete sie erneut. „Ich musste viel lesen, so lange, bis er müde wurde. Danach habe ich ihn massiert und er konnte schlafen." Sie fühlte sich in diese Zeit zurückversetzt, die noch gar nicht so lange her war und eine Gänsehaut überzog ihren Körper, während sie an die Strafen dachte, die sie erwarteten, wenn sie Texte zu interpretieren gewagt oder dem Herrn gar Widerspruch geleistet hatte. Stundenlang musste sie dann in der Sonne stehen und weitere Texte lesen. Oder er sperrte sie in eine kleine Kammer ohne Licht, dort harrte sie bis er sie abholen ließ, weil er weiterlesen wollte oder eine Massage brauchte. „Er war sehr launenhaft. Doch meistens war er gut zu mir. Ich schlief in seinem Zimmer am Boden neben dem Bett, damit ich ihm jederzeit als Vorleserin zur Verfügung stehen konnte, denn oftmals wollte er auch nachts vorgelesen bekommen." Abermals sah sie sich, wie sie zusammengerollt neben seinem prächtigen Bett auf dem Strohsack kauerte und nicht zu schlafen wagte. Titus Tiberion wurde sofort ärgerlich, wenn sie schlief und er wach lag. So kam es, dass sie auch zu den anderen Sklaven keine wie immer gearteten Beziehungen aufbauen konnte, sie war zu sehr vom Herrn vereinnahmt worden, um ein halbwegs normales Lebens zu führen. „Sie dachten wohl alle, ich wäre seine Mätresse. Wenn die wüssten, wie fern ihm alles Körperliche lag. Er wollte nur lesen: Ovid, Horaz, Homer, Cicero, sämtliche Schriften des Sokrates auf Griechisch und noch vieles mehr, das ich nicht verstand, weil er nie etwas erklärte. Ich sollte nur lesen und nicht denken." Sie schloss die Augen und sah ihn bei Tisch liegen und essen, während sie selbst vorlas und ihr vor Hunger schwindlig wurde.

Tränen verschleierten ihren Blick, als sie wieder in die Gegenwart tauchte. Rasch verschlang sie die restlichen Speisen und bedankte sich bei Gavin für seine Fürsorge. Einige Zeit blieb er noch stumm neben ihr sitzen und war in seine eigene Vergangenheit getaucht. Er war als Freier geboren, als Sohn eines wohlhabenden Bauern in der Provinz Noricum. Eben drängte sich die Erinnerung hervor, die er am meisten verabscheute und für die er sich hasste. „Ich habe meinen Bruder beinahe erschlagen", hörte er sich flüstern. Einige Zeit verlor er sich in den Erinnerungen. „Zum Glück hat er überlebt. Aber Vater hat mich des Hauses verwiesen. Niemand aus meiner Familie will seither etwas mit mir zu tun haben. Dabei habe ich ihn geliebt, diesen meinen großen Bruder Manius Decius. Trotzdem habe ich ihn im Streit geschlagen." Kassandra starrte ihn an. Nie hätte sie gedacht, dass ihren Herrn solche Bilder quälen würden. Er wirkte immer so sicher, bei allem was er tat. Jetzt bekam sie den Eindruck eines höchste verstörten, verletzten Menschen, der nicht wusste, wo er hingehörte und an dem der Selbsthass nagte. Dieser Eindruck verstärkte sich noch, als er weiterredete: „Manius hat meinen Häschern verraten, wo ich zu finden war. Als Dank für die Prügel, die ich bezog, weil ich meine Schulden nicht zahlen konnte, habe ich dann ihm eine Abreibung verpasst. Dabei wollte er mir sogar einen Teil des Geldes leihen. Aber das erfuhr ich erst später – zu spät. Es ist immer zu spät, Kassandra. Für mich in jedem Fall. Am besten, man gibt sich nicht zu sehr mit mir ab. Zu der Zeit, als Vater mich verstieß, fanden in der Nähe von Virunum Spiele statt. Ohne weiter zu überlegen, verkaufte ich mich an den ersten Gladiatorenmeister den ich traf. Es war nicht Marcus. Der hieß Julius Cassus und ist auch hier. Ihm gehört eine Schule in Capua. Marcus fand aber Gefallen an meiner Art zu kämpfen und er kaufte mich Julius Cassus ab. Seitdem bin ich bei ihm und es ist gut so, denn Julius schindet seine Gladiatoren. Er ist ein richtiges Schwein, wenn du mich fragst. Ich hoffe nur, er macht mir das Leben in Zukunft nicht zu schwer. Marcus hat vorhin alles öffentlich gemacht. Jetzt wissen alle was Sache ist." Abermals schwiegen sie und irgendwie entstand eine Form der Nähe zwischen ihnen, die sie sich nicht vorstellen hatten können. „Es tut mir leid, dass ich dich mit meinem Leben belästigt habe, wo du selbst genug zu tragen hast", sagte er etwas später. Dann nahm er den leeren Beutel und sagte bereits im Gehen begriffen: „Schlaf gut, Kassandra."

„Ich wünsche auch dir eine gute Nacht, Herr. Und …"

„Sag es nicht." Er drehte sich um und ging nachdenklich in seine Kammer. Kassandra blickte noch eine Zeitlang auf die Decke, die vor dem Türbogen hing. ‚Er ist ein guter Mann und ich mag ihn, wenn er so wie jetzt, einfach nur Gavin ist und nicht der harte Myrdin, dieser verdammte Gladiator. Ich hoffe, er kommt nie wieder hervor', dachte sie. Dann drehte sie sich auf die andere Seite und versuchte, wieder einzuschlafen. Leise drangen die Geräusche des Banketts bis zu ihr.

Früh am nächsten Morgen begann sich die Arena zu füllen. Kassandra erledigte die Aufgaben, die Ignatius ihr übertrug in Windeseile, dennoch wurde sie erst kurz vor dem Mittag fertig. Dann ging sie zur Arena und schlich sich über einen Seiteneingang hinein. Sie wollte ihrem Herrn zur Seite stehen, wenn er sie brauchen sollte. Er hatte nicht nach ihr geschickt, um ihm beim Ankleiden zu helfen, was sie wunderte. Sie huschte durch den Eingang der Gladiatoren und suchte in den verschiedenen Räumen nach ihm, endlich fand sie ihn, tief in Gedanken versunken an einer Mauer lehnen. Das Gladius in der Hand blitzte im Schein der Fackeln als er es drehte. Langsam ging sie zurück, sie wollte seine Konzentration nicht stören.

An einer Seite der Arena war ein Altar aufgebaut worden, hier fand das erst Tieropfer im Verlauf der Spiele statt. Diesmal galt die Gabe der Göttin Iuno, zum Dank für die Geburt eines männlichen Erben des edlen Horatio, wie der Priester feierlich verkündete. Mit Ehrfurcht brachte der Priester das Opfer dar, dann versprengte er Wasser in der Arena, verbrannte Weihrauch und sang dabei leise vor sich hin. Nachdem das Tier ausgeblutet und fortgeschafft war, begann eine Tierhetze. Es dauerte nicht lange dann hatten die Bestiarii die Antilopen und Rehe mit den Pfeilen erlegt. Helfer beseitigten die Kadaver während einige Komödianten heftig gestikulierend hinter den Sklaven herliefen und die Bestiarii nachahmten. Das Publikum liebte diese Einlagen, denn es entspannte und die Zeit war nicht so lang, bis der Kampfplatz geräumt war und es weiterging. Dazu spielten Musikanten laut auf. Aber die Komödianten waren einer der Höhepunkte und dieses Jahr waren sie besonders witzig, denn einige mimten Horatio und Deciderius Felix, die sich mit den Speeren gegenseitig über den Hof jagten und zu keinem Ergebnis kamen, bis schließlich doch der jüngere aus Mangel an Erfahrung nachgeben musste. Laut lachte die Menge darüber, denn der junge Viktor war nicht sonderlich beliebt und als Lebemann bekannt.

Dann wurde es in der Arena erneut laut, als ein großer Braunbär hereinstürmte. Bedrohlich stellte er sich auf die Hinterbeine und brüllte. Das

Publikum kreischte sensationslüstern, denn der Ausrufer hatte nicht zu viel versprochen. Der Bär war groß und nur der geübte Zuseher konnte erkennen, wie verängstigt das große Tier auf die Umgebung und den Lärm reagierte. Gavin sah ihm an, wie er nach einem Versteck suchte und schüttelte über diese Art des Kampfes angewidert den Kopf. Mit schalem Wasser spülte er den Geschmack nach Blut aus dem Mund, spuckte in den Sand und wendete sich ab. Dieses Gemetzel wollte er sich nicht weiter ansehen. Die Bestiarii waren in seinen Augen nichts weiter als Schlächter, die gegen dumme Tiere kämpften. Würden sie in freier Wildbahn gegeneinander antreten, sähe die Sache schon anders aus, auf jeden Fall würden sich die Chancen zu Gunsten des Tieres erheblich verbessern.

Er setzte sich in den Schatten und rieb mit einem weichen Lappen über das glänzende Metall des Kurzschwerts. Kassandra wagte sich nun vor und brachte ihm Wasser. „Danke, du bist sehr umsichtig", sagte er nicht unfreundlich, aber unbeteiligt. Er war wieder Myrdin, musste es sein. Wenn er siegen wollte, durfte er sich keine Sentimentalitäten erlauben.

Nach der Bärentötung wurden einige verurteilte Verbrecher in die Arena getrieben. Sie fochten jetzt gegeneinander, man hörte deutlich ihr Geschrei. Dort herrschte ein Tumult, als ob doppelt so viele Männer kämpfen würden, denn nicht alle Verbrecher wollten ihren nahen Tod wahrhaben. Mit einigen gezielten Schüssen brachten die Sagittarii die letzten Verurteilten um. Die Menge tobte im Blutrausch. Die Erwartung an die bevorstehende Hauptveranstaltung wurde immer höher und die Leute gierten jetzt nach wirklich guten, ehrenhaften und blutigen Kämpfen.

Händler priesen lautstark Getränke und Speisen an, die gerne angenommen wurden. In den Rängen schlossen schwitzende Männer noch die letzten Wetten ab, während die Arena von Leichen und Blut gesäubert wurde. Sklaven besprenkelten den Sand mit Wasser und auch das Publikum wurde mit Duftwasser versorgt, denn es war sehr heiß geworden und das viele Blut begann unangenehm zu riechen. Die Zuschauer waren gut gelaunt, denn die Sonnensegel spendeten Schatten und es gab genug preiswerte Erfrischungen. Und diejenigen, die sich das nicht leisten konnten, hatten Wasser und Obst mitgebracht. Feststimmung herrschte unter dem Publikum und die Erwartung nahm immer mehr zu, je länger die Pause dauerte.

Nun machte sich auch unter den Gladiatoren die Anspannung der bevorstehenden Kämpfe breit. Sie begannen unruhig auf den Kampfplatz zu starren, suchten mit ihren Blicken den Schiedsrichter. Doch erst als er hinaustrat stellten sie sich auf und warteten vor dem Tor auf das Zeichen.

Trompeten erschallten blechern und das Publikum applaudierte. Dann schritten die Trommler ein. Ihnen folgen vier Equites auf weißen Pferden. Dann kamen die Fußkämpfer. An den Mauern nahmen Sagittarii Aufstellung, lässig hielten sie die Bögen in Händen und ihre Rüstungen glänzten im Schein der Nachmittagssonne. Gavin hielt in einer Hand das Scutum und in der anderen den Helm, er war jetzt Myrdin und würde es bis zum letzten Kampf bleiben. Jetzt wollte er gesehen und bestaunt, ja, bejubelt werden. Die Leute riefen ihm aufmunternd zu, vereinzelt flogen Bänder und Rosenblüten in die Arena.

Myrdin schaute sich um, winkte den Menschen zu und lächelte siegessicher. Das gefiel ihnen und der Beifall brandete von neuem an. „Myrdin! Myrdin!", riefen sie. Seit seinem ersten Kampf hier war er der erklärte Liebling der Massen und er wollte es bleiben. Das Wohlwollen des Publikums konnte den Unterschied zwischen Leben und Tod bedeuten. Aber die Zuschauer waren schwer zu begeistern, noch schwerer zu beeindrucken und zudem noch wankelmütig. Wer schlecht kämpfte oder durch Feigheit auffiel, nach dessen Blut lechzten sie. Das war allen Gladiatoren bekannt und so versuchten sie bereits bei der ersten Präsentation ein positives Bild zu hinterlassen. Myrdin halfen sein stolzes Auftreten und sein exotisches Aussehen. Auch lächelte er stets in die Menge, so als störte es ihn nicht, dass ihm der Tod im Nacken saß.

Doch bevor es um Leben und Tod ging, mussten sie sich den Schaukämpfen stellen. Es meldeten sich jedes Jahr mehr junge Männer, die in der Arena gegen einen Gladiator kämpfen und so ihren Mut unter Beweis stellen wollten. Diese Männer erlangten dadurch viel Ehre und Ansehen. Myrdin durfte gegen den Veranstalter antreten, der es sich nicht nehmen ließ, sein großes Können mit dem Gladius zu beweisen. Horatio Maximus Clemens war ein mittelgroßer, breiter Mann, mit Adlernase und sehr dunklem Haar. Er war ein Römer bis ins Mark und ließ das auch an seiner Haltung erkennen, als ihm das Publikum zujubelte. Myrdin hob das Gladius aus Holz. Dann begab er sich in Position und als der Schiedsrichter das Zeichen gab, erwartete er den Angriff des Edelmannes. Nie führte er den ersten Schlag aus, Geduld war seine unsichtbare Waffe. Je länger er wartete, desto unsicherer wurde der Gegner. Langsam umrundeten sie sich und versuchten, einen Weg durch die Deckung des anderen zu erkennen. Dann verlor Horatio die Nerven und ging mit einem lauten Schrei auf Myrdin los, der die Schläge mit dem Schild parierte und ihn zurückdrängte. Es war fast zu einfach, gegen so jemand Ungeübten zu kämpfen. Aber er durfte nicht erkennen lassen, wie gelangweilt er war. Also führte er mehrere Finten durch und ermüdete so Horatio, der seine sichtliche

Freude an dem Schauspiel hatte. Myrdin zog es in die Länge, denn das Publikum liebte einen guten Kampf, und er ließ Horatio auch treffen, bevor er zum entscheidenden Schlag ausholte und den Mann zu Fall brachte. Er hob den Arm in der Pose des Siegers, dann ging er zu Horatio und half ihm auf die Beine. „Es war mir eine Ehre, Herr", sagte er und neigte das Haupt. „Die Ehre war ganz auf meiner Seite. Endlich hatte ich die Möglichkeit gegen den Besten zu kämpfen."

„Und du hast dich gut geschlagen, Herr", antwortete Myrdin bescheiden. „Ja, das denke ich auch. Ruh dich aus, bevor es ernst wird. Ich hoffe auf interessante Spiele."

„In der Tat, Herr, ich fürchte auch, sie werden für irgendjemanden interessant werden", meinte der Gladiator zweideutig und blickte in Jubas Richtung. Horatio nickte, er hatte verstanden. „Wenn er dich nicht im Kampf tötet, wirst du heute nicht sterben." Das hatte Myrdin hören wollen und er senkte zum Dank demütig den Kopf. Horatio Maximus nahm das Holzgladius auf, verneigte sich theatralisch vor dem Publikum und ging unter lautem Beifall auf die Tribüne, wo seine Gattin bereits mit Erfrischungen auf ihn wartete. Die Aussicht auf eine erneute Bestellung in seine Position hatte sich durch diesen Kampf eindeutig erhöht.

Die Sonne verschwand schon hinter den Mauern der Arena, da begannen die eigentlichen Kämpfe. Noch einmal erschallten die Trompeten und der Disceptator betrat den Platz. Myrdin war in der vierten Paarung an der Reihe. Lässig lehnte er an der Mauer, trank Wasser und knabberte Rosinen. Er betrachtete die Kämpfer. Kassandra stand neben ihm und wagte nicht, ihn anzusprechen. Sie verstand nichts davon, hielt lediglich seinen Helm und wartete ebenfalls.

Bis jetzt war noch kein einziger Kampf wirklich gut gewesen, aber es floss viel Blut und das begeisterte die Zuschauer. Er dehnte die Muskulatur und wärmte sich auf indem er kurze Strecken lief und sich streckte. Was von einigen mit witzigen Bemerkungen kommentiert wurde. Andere machten es ihm gleich. So erkannte man, wer schön häufiger gekämpft hatte und wer von ihnen wahrscheinlich siegen würde.

Dann wurde er aufgerufen und die Menge jubelte. Sie riefen ihm zu, den Numider in den Boden zu rammen, ihm den Schädel abzuschlagen, ihn schlichtweg zu massakrieren. Er hob das Scutum, dann den Helm und verneigte sich einmal rundum, damit alle ihn sehen konnten. Sein Haar leuchtete rot in der Abendsonne, er schien mit Feuer gekrönt zu sein. „Myrdin, der Rote!", hallte es durch die Arena. Mit einer Bewegung stülpte er den Helm über den Kopf, blinzelte und schaltete alles aus. Jetzt zählten nur noch sein Gegner und er. Kassandra stand stockstei an den Türpfosten gelehnt und schaute ihm mit wild pochendem Herzen zu. Sie merkte nicht, wie sich jemand an Gavins Wasserkrug zu schaffen machte.

‚Ich will noch nicht sterben', dachte er. Der Sand unter den Füßen knirschte. Es war jetzt ganz still. Juba trat ihm entgegen und wurde gleich noch einige Beleidigungen los. Myrdin hob das Gladius, ignorierte die Worte des anderen, darauf gab er nichts. Der Schiedsrichter gab den Kampf frei und trat zur Seite. Myrdin wartete, er fühlte wie das Herz das Blut durch die Adern pumpte. Er wurde innerlich ruhig, war völlig konzentriert und bei sich, wie immer, wenn es um Leben und Tod ging. Da kam das Netz geflogen. Juba war ungeduldig geworden. Mit einem Sprung zur Seite wich Myrdin aus und lief dann rundherum. Er wusste, die besten Chancen hatte er, wenn Juba müde oder zornig wurde. Das Netz war schwer und der Dreizack unhandlich, wenn er in Bewegung blieb, war er schwerer zu treffen. Entschlossen ging er jetzt auf den Dreizack los, tänzelte herum und hielt das Scutum vor sich, das Gladius ragte über den oberen Rand hervor. Wer gegen einen Retiarius antrat, musste schon einiges an Können mitbringen, denn einmal im Netz gefangen oder das Schild verloren und es war aus. Myrdin blickte auf das sich nähernde Netz, löste das Gladius von seinem Platz, holte aus, fing es mit der Spitze und rasch, noch während es gespannt war, zog er durch und es riss entzwei. Jetzt wurde Juba zornig. Mit vorgestrecktem Dreizack rannte er auf Myrdin los. Er versuchte das Scutum auszuheben und Myrdin somit schutzlos zu machen. Die Spitzen knallten gegen das Schild und Myrdin konnte es nur mit Mühe halten, so groß war die Wucht des Aufpralls. Dann drehte er das Scutum etwas zur Seite, der Tridens rutschte ab und Myrdin ließ den linken Fuß vorschnellen, genau in die empfindlichen Genitalien traf er den Gegner, der jaulend zusammenklappte. Sofort stürmte er vor und trat Juba die Waffe aus der Hand, dann hielt er das Gladius an dessen Hals und wartete. „Versuche nicht, an den Dolch zu gelangen, Juba, du würdest es nicht überleben", sagte er. „Soll es ehrenvoll geschehen oder wirst du winseln?"

„Ehre", keuchte Juba. Myrdin hob den Blick und wartete auf das Urteil des Publikums. „Blut!" riefen sie. Juba kniete sich hin und erwartete den Todesstoß, so wie sie es gelernt hatten. Rasch schnitt Myrdin mit nur einem Zug Juba die Kehle durch, der gab noch ein gurgelndes Geräusch von sich, dann brach er zusammen und lag still. Myrdin hob die Arme und lautes Geschrei brandete auf ihn ein. „Myrdin! Myrdin, der Rote!" Er ging einmal rundum und ließ sich bejubeln. In der Mitte der Arena hielt er an, nahm den Helm ab und verneigte sich vor den Menschen. Myrdin Rufe begleiteten ihn hinaus. Im Säulengang ließ er sich nieder, entfernte die schwere Schutzkleidung und war froh, dass es vorbei und er unverletzt geblieben war. Sobald er den Schauplatz der Gewalt verlassen hatte, wurde er zu Gavin. Aber an Tagen wie diesen nie für lange, denn es gab noch zahlreiche Verpflichtungen und den Kameraden gegenüber war er immer Myrdin, der harte, unbesiegbare Gladiator, außerdem ging es am nächsten Tag weiter. Es zahlte sich nicht aus, den Gladiator zu verdrängen. „Gib mir zu trinken", herrschte er Kassandra an. „Sofort, Herr." Schnell ging sie zu seinen Sachen und kam mit dem Krug zurück. Gierig trank er daraus. Eine Weile später wurde ihm übel. Er sank in sich zusammen. „Kassandra, mir ist nicht gut, hilf m…" Dann fiel er um, ein feiner Speichelfaden floss aus seinem Mund und sein Atem roch sonderbar. Kurz entschlossen drehte ihn Kassandra zur Seite, zwängte seine Lippen auseinander und steckte ihm den Zeigefinger tief in den Rachen, so lange und so weit bis er würgte und sich erbrach. Schweißgebadet lag er im Staub, wurde von Würgereizen geschüttelt und wusste nicht, was passiert war. ‚Irgendetwas war im Wasser. Ich muss mehr aufpassen. Heute Nacht schlafe ich vor seiner Tür', dachte sie. Gavin versuchte zu sprechen, brachte aber nur sinnlose Laute heraus. Das Schütteln nahm unterdessen noch mehr zu. „Bleib liegen, Herr. Ich sage dem Veranstalter, dass du krank bist."

„Muss morgen …", brachte er mühsam hervor, was Kassandra ein Seufzen entlockte. „Ja, Herr, aber du kannst bei der Auslosung nicht dabei sein, das muss er wissen." Also nickte er zustimmend und Kassandra rannte los. Wie von Furien gehetzt lief sie die Mauer entlang zum Aufgang der Ehrentribüne. „Ich muss dringend deinen Herrn sprechen", sagte sie atemlos zu einem Sklaven, der vor der Nische stand, in der Horatio Maximus saß. „Warte kurz, ich frage ihn." Damit ging der Sklave und kam kurz darauf mit dem Herrn zurück. „Was ist?", fragte der kurz angebunden. „Edler Herr", sagte Kassandra wobei sie demütig zu Boden blickte. „Mein Herr Gavin Tettius, der in der Arena als Myrdin kämpft, liegt in Krämpfen, ich möchte bitten, ob du ihn für die Dauer der Auslosung entschuldigen kannst. Morgen wird er kämpfen." Horatio blickte erstaunt auf, er hatte nicht bemerkt, dass es dem Secutor schlecht gegangen war, im Gegenteil er hatte recht fit und agil gewirkt. „Bitte Herr, sei so gnädig und lass meinen Herrn von seiner Übelkeit kurieren. Morgen wird er wieder kämpfen", wiederholte sie, selbst den Tränen nahe. „Geh", sagte Horatio lediglich, doch er schickte einen Sklaven mit, der sich von der Wahrheit ihrer Worte überzeugen sollte.

Gavin lag zitternd und bleich wie weißer Marmor in einer Nische. Schweiß überzog ihn und ließ ihn noch mehr frösteln, dauernd hatte er das Gefühl sich übergeben zu müssen und er würgte in einem fort. Als er verschwommen Kassandra erkannte, flüsterte er: „Marcus … hol … ihn." Sie nickte und eilte in die andere Richtung davon, Marcus war nicht unter den Zuschauern, sein Herz hielt die Anspannung nicht lange aus, so war er früh in sein Quartier zurückgegangen.

Inzwischen waren die Kämpfe beinahe beendet und der Priester hielt noch eine feierliche Ansprache. Doch Kassandra achtete nicht darauf. Rasch überquerte sie die Straße, zwängte sich durch einen schmalen Durchbruch in der Wand zur Schule, lief über einen Hof, ignorierte die Rufe der anderen Sklaven und immer schneller rannte sie durch die Schule, hinaus beim Haupttor und hinüber zur Villa. Sie hielt sich nicht mit langen Erklärungen auf, stürmte wortlos hinein, fragte im Laufen: „Marcus Atticus?" Der Portier war so erstaunt, dass er vor ihr herlief und ihr somit den Weg wies.

Marcus Atticus war mit dem Verlauf der Spiele mehr als zufrieden. Seine Gladiatoren hatten drei Siege durch Tötungen und zwei Unentschieden errungen, was seine Schule zur besten dieser Veranstaltung machte, bisher. Er überlegte gerade ob er die Schule vergrößern sollte, als ihn ein lautes Poltern vor seinen Räumen störte. Ohne zu klopfen, stürmte die Sklavin in sein Büro. „Herr!", riefen sie und der Portier gleichzeitig. „Bitte, Herr, komm sofort, mit meinem Herrn stimmt etwas nicht!", rief sie verzweifelt. „Er hat in höchster Eile nach dir geschickt."

Marcus wich alle Farbe aus dem Gesicht und er fasste sich ans Herz, nur ganz kurz gestattete er sich diese Schwäche, dann fasste er sich. „Wo ist er?"

„In der Arena, Herr. Ich führe dich hin, aber wir müssen uns beeilen, er braucht dringend einen Arzt, wenn er morgen kämpfen soll, was er will." Noch während sie redete, lief sie voraus. Es war ihr gleich, dass ihr Kleid mit Erbrochenem besudelt war, das Haar sich aus dem Knoten gelöst hatte und wild hinter ihr her flatterte, so besorgt war sie. ,Hoffentlich ist es nichts Schlimmes. Bitte, Minerva, lass es nichts Schlimmes sein', betete Marcus als er über die Straße in die Arena lief. Gavin lag noch so dort, wie sie ihn verlassen hatte, die Augen allerdings hatten sich nach hinten verdreht, sodass nur das Weiße zu sehen war. Rasch kniete sie sich neben ihn und schlug ihm einige Male heftig ins Gesicht, als er sich nicht bewegte, hielt sie ihr Ohr an seinen Mund. Sie fühlte keinen Atem. Entschlossen das ekelhafte Geschäft fortzuführen, drehte sie ihn abermals zur Seite, zwängte seine Lippen ein weiteres Mal auseinander und als sie die Zunge nach vorne zog, liefen Speichel und grüne Magenflüssigkeit aus seinem Mund. Dann tat er einen tiefen Atemzug und die Augen schlossen sich.

Marcus hatte entsetzt dabeigestanden und zugesehen, nun wurde er geschäftig. „Schnell! Bringt eine Decke! Tullius, Ullrik, Rufus … stante pede! Ich werde das nicht zweimal sagen!" Rasch war eine Decke zur Stelle, darauf legten sie Gavin und brachten ihn in sein Quartier. Währenddessen schickte Marcus nach dem Arzt und dann ging er zu Horatio, der bereits von seinem Sklaven über den schlechten Gesundheitszustand des Gladiators informiert worden war. ‚Mein Herz, mein Herz', dachte Marcus. ‚Ich muss aufpassen. Bevor ich schlafen gehe, werde ich mir noch so einen bitteren Tee bringen lassen.' Seit Monaten fühlte er immer öfter ein brennendes Stechen in der Brust, das sich über den linken Arm hinab zog, dann fürchtete er, er müsste sterben. Alles in ihm verkrampfte sich und er war gezwungen, sich hinzulegen. Wenn er dann einige Zeit geruht hatte, ging es ihm besser. Sein Arzt, der freigelassene Ajax Linus, behandelte ihn mit Weihrauch und Herzgespann, aber auch das half nicht viel, wenigstens die Verdauungsprobleme hatten aufgehört. „Ja, Marcus, ich habe bereits davon gehört. Er scheint etwas gegessen zu haben, was ihm nicht bekommt oder nimmt er berauschende Mittel? Ich habe von Leuten gehört, die solche Sachen nehmen", meinte Horatio, der eben mit dem Priester über den Ablauf des nächsten Tages gesprochen hatte. „Nein, mein Freund, er nimmt nichts dergleichen. Ich denke auch, dass ihm irgendetwas nicht bekommen hat. Zum Glück für mich, hat er den Kampf überstanden. Ich hoffe, es geht ihm morgen wieder gut."

„Das hoffe ich auch. Der Priester nimmt jetzt die Auslosung vor, der Advocatus ist auch bereits hier. Es geht gleich los. Willst du hier warten? Dann kannst du ihm sagen, gegen wen er morgen antritt." Marcus nickte und nahm neben seinem langjährigen Freund Platz.

Gavin lag lachend, keuchend, stöhnend und vor sich hin brabbelnd auf dem Bett. Er hatte keine Ahnung, was um ihn herum geschah, sah nur wirre Bilder, dazwischen hatte er das Gefühl sich erbrechen zu müssen oder keine Luft zu bekommen. Dann meinte er wieder, zu fliegen oder tief zu fallen, was ihn panisch schreien ließ und er krallte sich an allem fest, das er in Reichweite fand. Es war ihm eine Überdosis Schlafmohn verabreicht worden und weil er das Gift nicht gewöhnt war, wirkte es umso rascher. Kassandra stand mutlos daneben, erst als der Arzt kam, trat sie zur Seite, doch der konnte auch nichts machen. „Lass deinen Herrn ausschlafen. Pass auf, dass er keine Krämpfe bekommt." Das war so typisch Arzt, dachte Kassandra müde. Sie mochte die Ärzte nicht und hatte wenig Vertrauen in deren Kunst. Während Ajax bei Gavin war, rannte sie nach nebenan und holte ihre Decke. Dann lief sie rasch zum Brunnen in der Küche und füllte einen Eimer mit frischem Quellwasser, danach besorgte sie noch Tücher und lief wieder zurück. Sie war jetzt nicht mehr hektisch, sondern führte die Handlungen ruhig und gewissenhaft aus. „Wenn er Krämpfe bekommt, dann holst du mich", sagte der Arzt abschließend. Kassandra nickte bestätigend, was in Ajax Linus den Anschein erweckte, als wäre sie stumm, denn sie hatte die ganze Zeit über nicht gesprochen. Überhaupt hatte er sie noch nicht häufig zu Gesicht bekommen. Er wusste nur, dass sie bis vor wenigen Tagen die Hure für die Gladiatoren gewesen und jetzt in Gavins Eigentum übergegangen war.

Als er weg war, setzte sich Kassandra einen Moment und atmete tief durch. Sie hoffte, ihn noch einmal zum Erbrechen bringen zu können, damit das Gift aus seinem Magen gelangte. ‚Wenn ich nur besser aufgepasst hätte', machte sie sich selbst Vorwürfe. Entschlossen, das ekelhafte Werk weiterzuführen, stand sie auf. Tatsächlich schaffte sie es und er würgte den Rest heraus. Einige Male biss er sie heftig in den Finger als sie ihn zum Erbrechen zwang, bevor er ihr aber wirklich Schaden zufügen konnte, schob sie ihm ein Stück Stoff zwischen die Zähne. „Es tut mir leid, Herr, das muss sein", flüsterte sie während sie ihn noch einmal quälte und zur Seite drehte. Er hustete und würgte, dann spuckte er erneut. Schweiß stand auf seiner Stirn und er zitterte heftig. Sorgfältig wusch sie ihn anschließend, dann setzte sie sich und wartete auf seinen Patron. Irgendwann würde er mit den Ergebnissen der Auslosung auftauchen, davon war sie überzeugt.

Es dauerte bis die Dämmerung bereits in die Kammer schlich, aber dann stürmte Marcus Atticus herein. „Gavin!", rief er. Kassandra sprang erschrocken über den Lärm auf. „Herr, mein Herr ist jetzt endlich ruhiger geworden", versuchte sie Marcus zu mäßigen, aber der war zu aufgeregt. Erstaunt blickte er die Sklavin an, er hatte einen Moment vergessen, dass sie das Geschenk war, dann fiel es ihm wieder ein und er billigte sowohl ihre Anwesenheit als auch ihren Ton. „Wie geht es ihm?", fragte er sogleich. Kassandra hatte selbst keine Ahnung. „Ich weiß es nicht genau, Herr. Er ist endlich ruhig geworden und eingeschlafen. Was das bedeutet, kann ich auch nicht sagen. Aber der Arzt meinte, er müsse nur schlafen, es sei ein berauschendes Mittel, das er nicht vertragen habe. Wer könnte ihm so etwas gegeben haben, Herr?" Marcus setzte sich auf die Bettkante und starrte abwechselnd die Sklavin und seinen Stellvertreter an. ‚Ich hoffe, du überstehst diese Nacht, Freund', dachte er und sagte dann: „Wenn er erwacht, sag ihm, er kämpft morgen gegen einen Löwen und wenn er das überlebt, als Pontarius. Es wird ihn nicht freuen, das zu hören, er mag keine Tiere schlachten. Lass mich holen, wenn sich sein Zustand verschlechtert. Hast du alles, was du brauchst?" Kassandra dachte einen Moment darüber nach, dann bat sie: „Herr, mein Herr wird hungrig sein, wenn er wach wird, vielleicht kann jemand etwas zu Essen für ihn bringen, denn ich werde nicht von seiner Seite weichen. Deine Botschaft werde ich ihm ausrichten und dir Meldung machen, wenn sich sein Zustand ändert." Marcus erhob sich nun wieder. Er war erfreut, in der ehemaligen Hure eine umsichtige Sklavin für Gavin gefunden zu haben. „Du liebst ihn", stellte er fest, als er bereits halb auf dem Gang stand. „Es ist gut, macht nichts, dann kümmerst du dich wenigstens um meinen Freund und Stellvertreter. Ich schicke jemanden, der ihm Essen bringt." Schnell ging er weg, auf eine Antwort war er nicht neugierig, er wollte sich jetzt nur hinlegen und ausruhen. Sein Herz machte ihm an diesem Tag sehr zu schaffen. Er fragte sich ebenfalls, ob Gavin das Gift selbst genommen hatte, oder ob es ihm jemand eingeflößt hatte.

„Iucundus, sorge bitte dafür, dass jemand Gavin Essen in die Kammer bringt und dann richte bitte meinen Tee her." Der Leibsklave blickte verwirrt auf. „Ist dir nicht gut, Herr?"

„Es geht schon, die Aufregung war zu viel. Ich gehe zu Bett." Iucundus führte die Aufträge gewissenhaft aus, dann brachte er dem Herrn eine Schale seines Tees und dazu noch eine Suppe aus Rinderknochen mit Wurzelgemüse und dazu reichte er ihm Brotfladen. Er wusste bereits, sein Herr vertrug nichts anderes, wenn es ihm so wie jetzt ging. Stillschweigend trug er seinem Herrn auf und richtete ihm das Bett. Danach zog er sich in seine Kammer zurück, die direkt neben dem Schlafzimmer des Herrn lag, hier würde er ihn sofort hören, denn die Tür ließ er nur angelehnt. Seit Wochen machte sich Iucundus Sorgen um des Herrn Gesundheitszustand, aber er hatte schwören müssen, mit niemanden darüber zu sprechen, so war er mit seinen Gedanken lieber allein.

Stunden später erwachte Gavin mit Kopfschmerzen und Übelkeit. Er hatte das Gefühl, als hätte eine Katze auf seiner Zunge geschlafen und ihre Haare dort abgelegt. Als er sich stöhnend bewegte, war Kassandra sofort hellwach. In der Kammer war es sehr dunkel, nur eine kleine Öllampe verbreitete von einer Nische aus etwas Licht. Kassandra nahm eine Kerze und hielt sie an die Flamme. Sofort wurde es heller. „Wie geht es dir Herr? Kannst du sprechen?"

„Wasser", flüsterte er. Sie half ihm beim Trinken, wobei er sich mehrmals verschluckte. „Danke", hauchte er. „Was war das, Kassandra? Bin ich krank?"

„Nein, Herr, ich fürchte, jemand wollte dich außer Gefecht setzen. Es tut mir leid." Sie ließ ihn wieder zurück auf das Kissen sinken und setzte sich auf den Strohsack, der neben seinem Bett lag. „Was tut dir leid?" Gavin merkte, wie er langsam wieder klarer denken konnte, doch im Kopf hämmerten tausende kleine Dämonenschmiede im Rhythmus des Herzschlags. Am liebsten hätte er sie zum Schweigen gebracht. Er schloss die Augen und wartete auf eine Antwort. „Ich habe nicht aufgepasst." Gavin seufzte, dann sagte er: „Du konntest es nicht wissen. Gegen wen muss ich morgen antreten?" Kassandra war nicht sicher, ob sie ihm das jetzt schon sagen wollte, deshalb sagte sie: „Du musst etwas essen, damit du morgen nicht schwach wirst." Nach kurzem Zögern gab er nach und ließ sich von ihr den kalten Brei füttern, er war noch zu zittrig und nicht fähig, den Löffel zu halten. „Die Grütze ist leider kalt, Herr", sagte sie, nur damit geredet wurde, denn er hatte diesen Umstand längst bemerkt, trotzdem aß er. Als er fertig war, fragte er abermals nach seinem Gegner. Jetzt konnte sie nicht mehr aus und sagte es ihm. Wie sie erwartet hatte, regte er sich furchtbar auf. „Gegen einen Löwen und anschließend als Pontarius. Sind die verrückt geworden? Am liebsten würde ich gar nicht erst antreten, aber das würde Schande über mich und die Schule bringen, das geht einfach nicht. Ich kann nicht als Feigling abtreten. Ich bin Myrdin. Das bin ich doch?" Plötzlich wirkte er unsicher. Kassandra schluckte den Kloß im Hals hinunter, der sich bei seinen Worten gebildet hatte. „Ja, Herr, du bist Myrdin, morgen zum letzten Mal und du wirst als Held der Arena hervorgehen."

„O Kassandra …"

„Schlaf wieder, Herr. Du hast deinen letzten Kampf vor dir, da solltest du ausgeruht sein." Ohne auf seine Einwände zu achten, steckte sie die Decke um ihn fest und löschte bis auf die Öllampe das Licht. Dann kauerte sie sich auf den Strohsack und versuchte, ebenfalls zur Ruhe zu kommen. Aber ihre Gedanken kreisten um die Frage, wer ihrem Herrn diesen üblen Streich gespielt haben könnte. Niemand fiel ihr ein oder alle. Es gab zu viele Möglichkeiten und jede war plausibel. Jeder der Kameraden war neidisch auf ihren Herrn, sie konnte keine Ausnahmen machen. Es musste jemand sein, gegen den er nicht antreten konnte, weil ein Secutor nicht gegen ihn kämpfte, aber auch das war nicht schlüssig, weil er auch als Murmillo, Provocator und Thraex in der Arena gestanden hatte. Sie kam auf keinen grünen Zweig und die Gesichter der Gladiatoren vermengten sich zu einer unheimlichen Fratze, die sie schaudern ließ. Ihre Träume waren wirr und beängstigend, voll roher Gewalt, die nichts mit der in der Arena gemein hatte, sondern einzig von Gewinnsucht und Hass geprägt war, denn in der Arena zählten neben dem Können auch Mut, Entschlossenheit und Ehre.

Lange Zeit schlief Gavin traumlos, tief und fest, erst gegen Morgen hatte er einen Traum. Er war sonderbar, fast real. Die Gerüche hatten sich in seine Nase geprägt und ebenso die Laute, die er vernommen hatte, die Worte, die gesprochen worden waren, alles war da als er erwachte. Aber darüber behielt er stets Stillschweigen, zu unheimlich und zugleich tröstlich fand er die Erscheinung seiner Hausgöttin Minerva. Er war immer der Meinung gewesen, ein Gladiator wie er, wäre es nicht wert, von den Göttern Beachtung geschenkt zu bekommen, doch Minerva hatte ihn eines anderen belehrt.

Sein Kopf dröhnte und er musste sich mehrmals übergeben nachdem er aufgestanden war, deshalb war er sehr reizbar und er ließ seine Wut an Kassandra aus. „Geh mir aus dem Weg und schaff mir etwas gegen diese verfluchten Kopfschmerzen herbei", herrschte er sie an. Kassandra schrak hoch, so hatte sie ihn schon einige Zeit nicht mehr erlebt. Die Angst zeigte sich in einer Gänsehaut und sie lief rasch, ihm das Gewünschte zu besorgen. Müde und sonderbar gereizt saß er am Bett, ließ den Kopf hängen und versuchte gleichzeitig, die Schmerzen wegzuatmen. Es waren die Nachwirkungen des Rauschzustands, doch das wusste er nicht. Er wollte nur so rasch als möglich einen klaren Kopf bekommen, denn sonst erwartete ihn der Tod. Es dauerte eine Weile, doch dann kam Kassandra mit einem Becher Weidenrindentee, einem Stück Brot und Honig zurück. Das Tablett stellte sie neben ihn, dann wusch sie ihn, was er kommentarlos hinnahm, zog ihm eine frische Tunika an und nötigte ihm den Tee auf. „Betüdel mich nicht, verdammt noch mal", keifte er weiter. Abermals erschrak sie, sie hatte es doch nur gut gemeint. So räumte sie jetzt den Strohsack in eine entfernte Ecke und stellte sich abwartend ans Fußende des Bettes. „Hast du nichts zu tun?"

„Nein, Herr."

„Dann kontrolliere meine Ausrüstung, die Verschlüsse, einfach alles. Mach schon!" Kassandra war noch immer über seinen Tonfall erschüttert, aber sie tat, was er ihr aufgetragen hatte. ‚Myrdin ist zurück. Ob er das jemals ablegen kann? Das wird ein mühsames Leben', dachte sie während sie die Schnüre und Schnallen inspizierte, heftig daran zog und auf schadhafte Stellen prüfte. Es war alles in Ordnung. Das sagte sie ihm. Er nickte und kämpfte noch mit dem Honigbrot, das sich nicht schlucken lassen wollte, als Marcus eintrat. „Ah, dir geht es besser. Was war das gestern?"

„Jemand hat sich wohl einen dummen Scherz erlaubt, Marcus", brummte er. „Was bildet sich der Veranstalter ein, mich gegen einen Löwen kämpfen zu lassen, bin ich ein Bestiarius?"

„Lass es gut sein, Gavin, kämpfe einfach und denk nicht darüber nach. Wenn du dich aufregst, machst du es nicht einfacher, für keinen von uns. Trink deinen Tee und dann mach dich fertig, das nächste Ritual beginnt in einer Stunde und du siehst noch nicht sehr fit aus. Also halte dich ran."

„Ja, Herr, ich werde mich beeilen, sofern diese unfähige Serva mir hilft"

„Gavin! Etwas mehr Dankbarkeit könntest du ihr gegenüber schon zeigen. Sie war es schließlich, die dich vor mehr Verdruss bewahrt hat", zischte Marcus zornig. Betreten blickte Gavin einen Moment in seinen Tee, dann murmelte er: „Es tut mir leid, mir brummt der Schädel und ich weiß nicht, wo ich bin."

„Dann iss jetzt auf. Was ist das für Tee?"

„Marcus, hör auf, mich zu bemuttern." Dann blickte er Kassandra an. „Weidenrinde", murmelte sie, während sie die Ausrüstung zurechtlegte, dann schenkte sie Gavin erneut aus dem Krug nach. Marcus schüttelte über dessen mürrische Art den Kopf, sagte aber nichts dazu. Er wusste selbst, wie es war, mit Schmerzen kämpfen zu müssen, deshalb klopfte er Gavin aufmunternd auf die Schulter und ging. Die Erleichterung war ihm anzusehen, sehr hatte er gefürchtet, Gavin könnte sterben. Ihm selbst ging es auch wieder besser, der Tee den ihm Iucundus gebracht hatte, hatte geholfen und er fühlte sich dem Tag gewachsen. Aber auch in ihm brodelte ein kleines Feuer des Zorns über diese sonderbare Auslosung. Die Sache mit dem Pontarius war ja durchaus ehrenhaft, üblich und spannend aber das mit dem Löwen fand er mehr als merkwürdig. Beschwerden würden nichts helfen und nur sein Ansehen schmälern, also machte er gute Miene zum bösen Spiel und ging auf seinen Platz in der Arena, Iucundus erwartete ihn bereits dort und kredenzte ihm ein, auf seine Bedürfnisse abgestimmtes, Frühstück.

„Herr, du musst dich beeilen", drängte Kassandra vorsichtig. „Das weiß ich selbst", murrte er. „Mein Kopf platzt gleich, aber ich kann wieder normal sehen. Hilf mir beim Ankleiden, ich bin schon spät dran." Jeden ihrer Handgriffe kommentierte er ärgerlich, was Kassandra so sehr verunsicherte, dass sie doppelt so lange brauchte wie nötig, was Gavin wiederum zusätzlich verärgerte. „Na endlich", knurrte er, als sie die Bänder an den Sandalen geschlossen hatte. Langsam stand er auf, bewegte sich kurz etwas, fand, es ging schon wesentlich besser, dann drückte er Kassandra den Helm und das Scutum in die Hand und sie machten sich auf den Weg in die Arena. ‚Das ist nicht Gavin, das ist die Nachwirkung des Gifts', redete sie sich ein, während sie tapfer hinter ihm her stapfte und die schwere Ausrüstung schleppte.

„Ich wünschte, ich hätte jemanden, der meine Sachen trägt, manche haben eben ein unverschämtes Glück", lästerte Tullius, der gleichzeitig mit ihnen den Gladiatoreneingang passierte. Wachen flankierten den Weg über die Straße und vom Tor zum Warteraum im Halbkeller.

Mit lautem Pomp begann der neuerliche Einzug der Gladiatoren. In der Mitte der Arena stand bereits der Brückenbau, um den sie etwas später am Tag kämpfen würden. Sagittarii hatten abermals ihre Positionen eingenommen. Auf den Rängen saß eine laut rufende Menge. Die Sache auf der Brücke war immer amüsant und auch ein Löwenkampf war sehr reizvoll anzusehen. Die Sonnensegel verbreiteten Schatten und Sklaven liefen mit wohlriechendem Wasser durch die Reihen und besprengten die Zuschauer damit. Horatio Maximus betrat seinen Bereich, der mit einem Baldachin überdacht war. Er stand ganz vorne an der Balustrade und wartete auf den Priester.

Hörner erschallten und Trommeln wurden geschlagen, der Priester, seine Helfer, der Disceptator folgte und ihm auf den Fersen, die Gladiatoren, betrat die Arena.

In der Mitte hielt der Priester an, segnete den Platz, indem er mit einem Wedel die bösen Geister vertrieb, dann warf er etwas Weihrauch in eine Rauchschale und schwenkte sie herum. Der herbe Geruch dieses Harzes vertrieb ebenfalls die bösen Wesen. Nun lud er die Götter und die Naturgeister ein, den Spielen des huldreichen Horatio Maximus Clemens beizuwohnen und zu einem erfolgreichen Abschluss zu bringen.

Als er fertig war, schlugen die Trommler heftig auf ihre Instrumente. Der Priester und die Musiker zogen sich zurück und nur die Gladiatoren blieben in der Arena. „Ave, Horatio Maximus! Die Todgeweihten grüßen dich!", riefen sie im Chor. Einer aus Capua hatte diesen Ausspruch vor einigen Jahren mitgebracht. Eigentlich sollte so nur der Kaiser gegrüßt werden, aber sie hatten es abgewandelt. Horatio hob kurz die Hand, dann setzte er sich an seinen Platz und wartete das Schauspiel ab. Seine erneute Bestellung im Beamtenapparat war gesichert, Deciderius Felix würde keinerlei Möglichkeit haben, ihn zu schlagen.

Der Ausrufer kam in die Mitte der Arena und kündete den ersten Kampf an: „Myrdin gegen den Löwen!" Das Publikum schrie seine Begeisterung hinaus, es schien interessant zu werden. Gavin verzichtete auf einen Teil seiner Ausrüstung, damit er sich ungehindert bewegen konnte, gegen ein Tier half ein Schild wenig, denn sollte er darunter eingeklemmt werden, war es aus. Alle bis auf Gavin zogen sich in den Schutz der dicken Mauern zurück, die Tore wurden geschlossen.

Nun war er allein, fühlte das Pochen im Kopf und einen leichten Schwindel. Die Morgensonne brannte bereits unbarmherzig in die Arena. Gavin blinzelte. Er wusste nicht, von welcher Seite der Löwe auftauchen würde, da hörte er das Brüllen hinter sich. Rasch drehte er sich um und blickte die Bestie an. Der Löwe war mächtig und kurz fragte sich Gavin woher sie den hatten, dann konzentrierte er sich aufs Überleben. Er blieb ganz ruhig stehen, während der Löwe näher trottete. Er hatte seine Beute noch nicht registriert, stattdessen erblickte er nun einen unvorsichtigen Sklaven, der sich ängstlich in eine Ecke drückte, darauf lief der Löwe nun zu. Gavin bemerkte den Mann einen Moment später und er schwenkte die Arme, um die Aufmerksamkeit des Löwen auf sich zu lenken. Doch das Tier hatte sich für seine Beute entschieden, die in weiß gekleidete, kleine Gestalt. Der Löwe beschleunigte, Gavin lief hinterdrein, rief laut und warf mit kleinen Steinen nach dem Tier, das sich endlich umdrehte und Gavin zu einem Haken veranlasste. In einem weiten Bogen lief er voraus, der Löwe kam näher, schon spürte er seinen Atem im Rücken, da drehte sich das Vieh abermals um. Doch Gavin hatte die Brücke erreicht, kletterte hinauf und deckte sich mit den Steinen für den Pontarius ein. Das Gladius schob er zwischen die Gürtellagen und lief wieder hinab. Fünf schwere Steine hatte er greifen können. Einen davon warf er schwungvoll nach dem Löwen, der immer reizbarer wurde. Abermals war er von seiner Beute abgelenkt worden, schmerzvoller diesmal und er ging auf Gavin los. Schritt für Schritt, stieg der rücklings die Hühnerleiter zur Brücke hoch, dabei zielte er und warf erneut einen Stein nach dem auf ihn zuspringenden Löwen. Es krachte, als er den wuchtigen Kopf des Tieres traf. Blut spritzte, aber das Vieh lief noch immer. Abermals holte Gavin aus und warf den nächsten Stein, zwei hatte er noch übrig und der Löwe kam ständig näher. Wumm! Das letzte Geschoss traf den Löwen im Auge und er fiel. Gavin zog das Gladius und stieg vorsichtig von der Brücke. Das Geschrei der Menge hörte er nicht. Mit hocherhobenem Gladius ging er hin und hieb dem Löwen den Schädel ab. Zitternd stand er da und konnte es kaum glauben, diesen mächtigen Löwen mit einem Stein erschlagen zu haben. Es war schieres Glück, dass er dabei unverletzt geblieben war. Der Sklave, der zu langsam gewesen war und die sich schließenden Tore nicht mehr erreichen hatte können, war vor lauter Angst ohnmächtig geworden. Gavin ging zu ihm und gab ihm einen sanften Tritt. „He, aufstehen.

Sieh zu, dass du hier verschwindest, es könnte noch gefährlicher werden." Als sich der Mann nicht bewegte, beugte sich Gavin zu ihm, packte ihn an den Händen und legte sich das schmächtige Bürschchen über die Schulter. Die Menge tobte. Jetzt erst registrierte er den Lärm und die Myrdin-Rufe steigerten sich zu einem Getöse der Begeisterung, Bänder flogen und Blüten regneten herab auf den ersten Helden des Tages. Der Kampf war höchst interessant gewesen und Myrdin hatte wahrhaft Mut und Ehre bewiesen, indem er dem Sklaven das Leben gerettet hatte.

Diesmal achtete er nicht auf den Applaus, auch nicht auf die Sagittarii, die abermals Aufstellung genommen hatten. Die Tore öffneten sich und Sklaven räumten den Kadaver weg. Auf die Brücke wurden neue Steine gelegt und der Schiedsrichter kam auf Gavin zu, der schwitzend und schwer atmend auf den Ausgang zu torkelte.

„Sieger des ersten Kampfes: Myrdin!", brüllte der Disceptator. Erneutes Geschrei, auch Horatio klatschte, und Marcus in seiner Kammer, wischte sich den Schweiß von der Stirn. Kassandra hatte von dem Kampf nichts anderes als Geräusche mitbekommen. Jetzt atmete sie erleichtert auf, als sie ihren Herrn unverletzt erkannte. Sie eilte auf ihn zu, winkte einem anderen Sklaven herbei, der ihm die Last vom Rücken nahm, dann führte sie ihn weiter. Bleich wie ein Toter folgte er ihr. „Setz dich Herr, ich bringe dir frisches Wasser", befahl sie ihm und drückte ihn zugleich auf einen Hocker. „Das war knapp, das war verdammt knapp", war alles, was lange Zeit aus seinem Mund kam. Sextus grinste, noch nie war Gavin nach einem Kampf so erschüttert gewesen. „Du hast gut gekämpft, Mann", meinte Tullius und klopfte ihm auf die Schulter. „He, ich bin auch ein Pontarius, verdammt, ich will nicht gegen dich kämpfen." Gavin blickte hoch. „Ich auch nicht, mein Freund", flüsterte er. Da kam Kassandra mit frischem Wasser zurück. Aus Angst vor einem neuerlichen Anschlag war sie zum Brunnen gelaufen und hatte den Becher dort gefüllt. „Warum ist das Wasser so kalt?", fragte er unwirsch.

„Herr, es tut mir …"

„Ach, sei still und bring mir Wärmeres." Damit entleerte er den Becher über seinem Kopf und stöhnte dabei. Kassandra blinzelte ihre Enttäuschung über seiner geringschätzigen Worte weg und brachte das Gewünschte. Sextus freute sich über den Stimmungswechsel von Gavin, denn wenn er so miese Laune hatte, kämpfte er meistens sehr schlecht. Also griff sein Plan und er lächelte vor sich hin. Dann wurde er selbst aufgerufen und er kam nach nur wenigen Minuten siegreich zurück. Sein Gegner war ein Thraex aus Arretium gewesen, der nun tot im Sand lag. Der nächste Kampf war wieder gegen ein wildes Tier. Das Geschrei des

Publikums drang bis in den Warteraum, wo sie schwer bewacht auf den Fortgang der Spiele warteten. Der Provocator, der gegen einen Tiger hatte kämpfen müssen, kam nicht mehr zurück, er war von der Raubkatze zerfetzt worden.

Es war schon hoch am Mittag, als die Arena für den Brückenkampf vorbereitet wurde. Gavin schlief während der Wartezeit und Kassandra hatte versucht etwas Weidenrindentee aufzutreiben. Erst eine Vorsprache bei Iucundus hatte ihr geholfen und ein kleiner Junge brachte ihr einen Becher voll der schmerzlindernden Flüssigkeit, den sie sofort an Gavin weiterreichte. „Weidenrindentee, Herr", sagte sie leise. „Danke. Ich bin so müde, wie ich nicht sein sollte vor einem Kampf. Wer immer mir gestern das Zeug ins Wasser gemischt hat, könnte doch Erfolg haben."

„Trink den Tee, Herr und denk daran, du hast den Löwen getötet und den jungen Mann gerettet."

Kaum hatte er ausgetrunken, gingen die Spiele weiter und die vier Gladiatoren für den Brückenkampf wurden gerufen. Auf der Brücke stand Tullius, neben ihm ein Retiarius aus Capua mit dem Namen Plinius. Als Secutores kämpften Gavin und ein Mann aus Arretium, der mit dem Namen „der Gallier" aufgerufen wurde. Gavin mied es, gegen Tullius zu kämpfen und wählte die andere Seite. Er kannte Plinius nicht, hatte noch nie gegen ihn gekämpft und es war ihm egal, sollte er ihn töten müssen. Das Scutum vor die Brust haltend stieg er die Rampe hoch. Steine flogen auf ihn zu, prallten am Schild und am Helm ab. Immer wieder musste er den Rückzug antreten. Tullius schien sich gut zu verteidigen, aber er wollte jetzt nicht mehr auf seinen Freund achten. Ein Stein traf ihn auf der ungeschützten Schulter und brachte ihn ins Taumeln, er machte einen unvorsichtigen Schritt zur Seite und fiel von der Rampe. Schmerzhaft landete er auf dem Rücken. Das Gladius fiel ihm in hohem Bogen aus der Hand und lag nun unter der Brücke. Aber die Steine hagelten weiter auf ihn ein. Er hoffte, dass dem Pontarius die Wurfgeschosse bald ausgehen würden, dann war es einfacher, auf die Brücke zu gelangen. Ein weiterer Stein landete auf seinem Helm und der Aufprall verstärkte die Kopfschmerzen. Er sah Sterne vor den Augen tanzen, dann lief er schreiend auf die Rampe zu. Das Gladius hatte er vergessen, es lag unbeachtet im Sand. Plinius warf den letzten Stein und griff dann mit dem Tridens an. Gavin ging nun seinerseits rascher vor, hielt das Schild vor sich und drängte gegen den Pontarius, der die Rampe herabkam. Doch der machte eine Finte und schob den Dreizack unter das Scutum, hebelte es Gavin beinahe aus der Hand. Er fühlte den Schmerz nicht, als sich eine Zacke in sein Bein bohrte, taumelte zurück, befreite sich und lockte gleichzeitig Plinius von der Brücke.

Humpelnd versuchte er nun das Gladius zu erreichen, aber er war zu langsam. Also nahm er das Scutum als Waffe, biss die Zähne fest aufeinander und lief auf Plinius zu. Den Dreizack drückte er mit der Manica zur Seite, trat nach dem Mann und dann schlug er mit dem Schild zu und rammte es ihm in die ungeschützte Leibesmitte. So fest stieß er zu, dass das Schild im Bauchraum des Mannes steckenblieb. Der schrie wie von Sinnen, da nahm ihm Gavin den Dolch aus dem Gürtel und stieß ihn tief ins Herz des tödlich verwundeten Mannes. Dann kippte er selbst vornüber und atmete gegen die aufkommenden Schmerzen und die Übelkeit.

Tullius kämpfte noch, sein letzter Stein lag schwer in der Hand, er zielte und der unvorsichtig gewordene Secutor bekam das Geschoss direkt auf die Stirn. Im Helm entstand eine tiefe Delle, der Gallier fiel von der Brücke, die er fast erreicht hatte und landete auf Gavins Gladius. Tullius sprang ihm nach und stieß ihm den Dreizack in den Leib. Jetzt sollte er sich eigentlich um Myrdin kümmern und gegen ihn kämpfen. Doch er legte den Tridens zur Seite, ging zu seinem Freund, packte ihn am Handgelenk, zog ihn auf die Füße und machte mit ihm zusammen die Siegerpose. Einen Moment war es völlig still in der Arena, wo es vorhin, als das Gemetzel in vollem Gang war, noch laut gewesen war wie am Markttag im Forum Romanum. Horatio Maximus war aufgesprungen, Marcus hatte das Gefühl, das Herz würde ihm stehen bleiben und einen Moment war es auch so, dann schlug es wieder, als Horatio das Zeichen für die Beendigung des Kampfes gab. Erleichtert atmete Marcus auf. Seine Gladiatoren lebten.

Tullius packte sich Gavin auf die Schulter und trug ihn hinaus, Blut tropfte von dessen Bein. Marcus war bereits in den Bereich der Gladiatoren gelaufen und wartete dort auf seine Männer. „Ihr habt gut gekämpft, Sextus, Tullius und auch Myrdin. Jemand soll sich um die Wunde kümmern, und seht zu, dass er wieder auf die Beine kommt, ihr müsst noch einmal alle hinaus. Ich bin stolz auf jeden von euch, ihr habt mir viel Ehre gemacht heute." Die Gladiatoren standen um ihren Herrn und freuten sich über das Lob. Tullius ließ Gavin zu Boden und Kassandra eilte herbei. Sie hatte bereits saubere Tücher und eine Teemischung aus Eichenrinde, Kamille und Ringelblume besorgt. Damit wusch sie die Wunde sauber, danach band sie die Tücher darüber und gab ihrem Herrn, noch Weidenrindentee zu trinken. Marcus schaute ihr eine Weile zu, dann dachte er abermals: ‚Das Geschenk war gut gemacht und wurde dem Richtigen gegeben.' Seufzend wandte er sich um. Sklaven bereiteten die Arena für den Abschluss der Spiele vor, reinigten und besprengten den Sand mit Wasser, zwischen den Zuschauern wurde ebenfalls Duftwasser verteilt. Als diese Tätigkeiten abgeschlossen waren, trat der Priester abermals auf, ebenso der Schiedsrichter und der Advocatus. Horatio Maximus stellte sich an die Balustrade und winkte dem Volk zu. Jubelrufe drangen an sein Ohr. Er brauchte keine Rede zu halten, alles was gesagt werden musste, sagte der Anwalt. Die Gladiatoren gingen stolz und unbewaffnet in die Arena hinaus, dennoch standen die Sagittarii schussbereit am Rand.

Alle überlebenden Gladiatoren rief der Schiedsrichter auf. „Überlebende bei den diesjährigen Spielen: freigelassener Myrdin, einmal siegreich gegen den Löwen, einmal siegreich als Pontarius, einmal gegen den Retiarius und einmal begnadigt. Sextus, zweimal siegreich durch Tötung eines Thraex, Tullius, gegen den Pontarius und gegen den Secutor, einmal siegreich ohne Tötung gegen den Pontarius. Rufus gewann gegen den Retiarius. Menelaos begnadigt. Decius siegreich gegen Menelaos. Telemachos siegreich gegen Phillipus, der wurde begnadigt. Sibelius siegreich gegen einen Löwen. Alle anderen werden vergessen. Wer war nun der erfolgreichste Gladiator dieser Spiele?" Der Advocatus hielt dem Schiedsrichter einen Eimer hin, in dem sich kleine Wachsplättchen mit den Namen der Überlebenden befanden. Doch in Wahrheit war nur der Name zu finden, der mit den meisten Siegen aufwarten konnte.

„Myrdin! Insgesamt hat er bei den diesjährigen Spielen dreimal den Sieg durch Tötung errungen und gilt als der Tapferste, außerdem hat er einen unvorsichtigen Sklaven vor dem sicheren und höchst unehrenhaften Tod in der Arena bewahrt. Myrdin, tritt vor." Er staunte immer noch, dass er stehen und gehen konnte. Der Verband, den Kassandra ihm angelegt hatte, war sehr gut und nur wenig Blut drang hindurch. Gavin humpelte die wenigen Schritte zum Schiedsrichter und neigte den Kopf, als ihm ein Kranz aus Eichenblättern auf den Kopf gelegt wurde. Dann überreichte ihm der Advocatus einen Beutel mit den angekündigten zweihundert Sesterzen, ein kleines Vermögen. Anschließend ging er einmal im Rund der Arena und zeigte sich dem bewundernden Publikum. Als er an die Seite kam, wo die arme Bevölkerungsschicht ihre Plätze hatte, er war ohne Sonnensegel, griff Gavin in den Beutel und warf einen Teil der Münzen auf die Tribüne. „Ich danke euch!", rief er. „Ich danke euch und den Göttern, die mir beistanden, denn dieses waren meine letzten Spiele! Mein Herr gab mir die Freiheit und als Freier verabschiede ich mich von euch." Abermals flogen Blüten auf ihn herab, besonderer Applaus wurde ihm von Seiten der ärmeren Bevölkerung zuteil, denn sie wussten, er würde, wie jedes Jahr einen Teil seines Gewinns in die Sanierung der Wohnhäuser stecken. Es stürzten zu viele ein und begruben zahlreiche Menschen in den Trümmern, weil die Ziegel aus billigem Material und schlecht gebrannt waren, dabei gab es gerade hier vorzüglichen Ton. Letztes Jahr hatte er einen Brunnen finanziert und noch genug vom Preisgeld übriggehabt, um die Schuldlast, die er Marcus gegenüber hatte, zu reduzieren. Marcus billigte das, denn er war selbst in solch ärmlichen Verhältnissen aufgewachsen und wusste um die Bauweise der Häuser. In Ravenna hatte er drei Häuser errichten lassen, die etwas stabiler gebaut waren, nur wenn die Leute verbotenerweise in den Wohnungen kochten und aufgrund von Unachtsamkeit alles nieder brannten, konnte er auch nichts machen. Die Feuerwehr kam oft nicht rechtzeitig in den Armenvierteln an und in manche Gegenden lohnte es sich nicht, hinzulaufen. Horatio Maximus hatte damit nicht gerade seine Freude, aber er konnte diese Spende nicht abwenden, denn das hätte ihm das Ansehen der Plebejer gekostet. Also applaudierte er mit und setzte noch einen Betrag aus, um die Spende zu verdoppeln. Er tat dies mehr nolens denn volens, wer verschleuderte schon gern sein Geld für diese undankbaren Leute?

Zornig blickte Sextus zu Gavin, der ab dem folgenden Tag der neue Meister sein würde. Doch der Groll ging tiefer, zog sich über mehrere Jahre hin. Es war nicht so, dass sich dieser Hass langsam entwickelt hätte, nein, er war sofort, am ersten Tag ihres Zusammentreffens dagewesen. Der Neuling hatte ihn, Sextus, den erprobten Gladiator, in seinem ersten Übungskampf nicht nur entwaffnet, sondern gnadenlos durch das Übungsrund gejagt, was an sich schon demütigend genug war, hatte er ihm dann noch Ratschläge gegeben und der Herr hatte das Verhalten des Neulings gebilligt und dazu applaudiert. Gavin war eine Bedrohung und die galt es jetzt auszuschalten, je früher, desto besser. Ein Plan war fehlgeschlagen, jetzt musste der nächste greifen. Aber der war noch nicht gründlich genug durchdacht. Jetzt gönnte er sich einige Minuten, um zur Ruhe zu kommen und ging mit den anderen Überlebenden in die Therme.

Kassandra hatte unterdessen Gavins Ausrüstung zusammengepackt und wartete mit dem Bündel im Arm auf ihn. Das Scutum lehnte an der Mauer, das Gladius war mit den anderen Stich- und Hiebwaffen bereits in die Waffenkammer gebracht worden.

Endlich kam er humpelnd in den Gladiatorenbereich. „Nie wieder ein Sklave", murmelte er. „Nie wieder mein Leben sinnlos aufs Spiel setzen. Endlich frei." Niemand anderer als ein Gladiator konnte ermessen, wie er sich in dem Moment fühlte. Eine zentnerschwere Last schien von seinen Schultern genommen, aber noch konnte er sich nicht wirklich über die neugewonnene Freiheit freuen.

4. Memento mori – Denke daran, dass du sterben musst

Marcus hatte sich unterdessen kurz in seine Räume zurückgezogen. Er brauchte dringend Ruhe, dieser Kampftag und der vergangene Abend waren zu viel für ihn gewesen. Abermals rief er nach Iucundus und trug ihm auf, alle seine Termine, bis auf das Treffen mit Claudius Lucius abzusagen. „Sag auch Gavin, dass ich ihn dabeihaben will."

„Ja, Herr, ich werde alles erledigen. Soll ich dir deinen Tee bringen lassen?"

„Das ist eine gute Idee. Ich ziehe mich jetzt zurück, bitte weck mich rechtzeitig vor dem vereinbarten Treffen mit Claudius." Damit ging er in das großzügige Schlafzimmer. Auf einem kleinen Waschtisch fand er einen Krug mit frischem Wasser und eine kleine Schüssel. Sorgfältig wusch er sich die Hände und dann das Gesicht, die Füße ließ er aus, er fühlte sich nicht gut, wenn er sich bückte und sein Diener war nicht anwesend, der ihm normalerweise dabei half. So legte er sich mit schmutzigen Füßen ins Bett und entschuldigte sich gedanklich bei der Waschfrau für sein Verhalten. Eine leichte Brise brachte etwas kühlere Luft herein, dennoch stand die Hitze des Tages noch zwischen den Wänden. Iucundus musste vergessen haben, die Läden gegen die Mittagssonne zu schließen. Marcus atmete schwer, leichter wurde es erst, als er sich aufsetzte. Jetzt bekam er wirklich Angst um sein Leben, so schlimm war es noch nie. Langsam ging es ihm besser und er bekam wieder ausreichend Luft.

Seinem Leibsklaven gegenüber erwähnte er diesen Schwächeanfall nicht, er wollte niemanden beunruhigen und der Sklave wäre wieder zu Ajax gelaufen und hätte neue Medizin besorgt. ‚Nein, so ist es besser. Wenn es aus ist, ist es aus. Gut, dass ich alles geregelt habe', dachte er und legte sich abermals hin. Diesmal schlief er ein.

Claudius Lucius und Julia, seine Gattin, schlenderten entlang der Arenamauer. Dabei unterhielten sie sich über den beinahe triumphalen Abgang von Myrdin. „Eigentlich sollten wir jetzt wohl als Gavin Tettius von ihm denken und reden, meinst du nicht auch Julia?"

„Du hast recht, sonderbar, einen Menschen plötzlich mit anderem Namen ansprechen zu müssen, es ist dann so, als ob er ein Fremder wäre. Vielleicht ist er das ja auch, ein anderer, meine ich." Darüber dachten beide eine Weile nach und gingen schweigend weiter. Vor der Villa trafen sie auf Primus Felix Victor, den reichsten Mann der Gegend. Julia ekelte sich vor ihm, er war fett und redete daher, als hätte er allein alle Weisheiten für sich gepachtet. Seine Gastmähler waren ebenso ermüdend, wie sättigend und man konnte sicher sein, die nächsten zwei Tage getrost auf Essen verzichten zu können. Es war die reinste Verschwendung und Zurschaustellung seines Vermögens. Dagegen war seine Gattin Claudia eher ruhig und wirkte bescheiden an seiner Seite. Dennoch war sie als Schönheit bekannt. Vor vielen Jahren hatten sich die beiden in Rom kennengelernt, das war zu der Zeit, als Primus Felix erste Gattin an einem plötzlich auftretenden Fieber verstorben war. Deciderius Felix, der Sohn von Primus, hatte damals bereits seine Karriere als Beamter begonnen und war mittlerweile aufgestiegen. Nun bewarb er sich für ein neues Amt.

„Wie schön, dich noch zu treffen, Claudius", sagte Primus. „Du kommst doch zu meinem Gastmahl am Donnerstag?" Claudius hielt einen Moment stutzig inne. Am Donnerstag hatte er bereits eine wichtige geschäftliche Verabredung, die er nicht verschieben wollte. „Tut mir leid, Primus, diesmal werde ich leider von deiner göttlichen Gastfreundschaft keinen Gebrauch machen können." Primus wirkte enttäuscht, denn Claudius war ein überaus guter Zuhörer und dankbarer Gast. „Aber Julia kann an meiner statt daran teilnehmen", fügte er unvorsichtig hinzu, was ihm einen leichten Stoß in die Rippen einbrachte. Julia wollte dort keinesfalls allein hingehen. Aber nun war es zu spät. „Das wäre doch schön", murmelte Cornelia, die den Blick gesenkt hielt. Ihre hellbraunen Locken lugten keck unter der Palla hervor und umspielten das jugendlich wirkende Gesicht. „Es wird mir eine Freude sein", erwiderte Julia gezwungen lächelnd, doch bei sich dachte sie: ‚Na warte, Claudius, das schreit nach bittersüßer Rache.' Primus Felix lächelte und seine Schweinsäuglein leuchteten wie zwei Punkte aus dem geröteten Gesicht. „Dann ist es abgemacht. Liebste Julia, wir sehen uns dann am Donnerstag. Wenn ihr uns nun entschuldigen wollt. Wir suchen Deciderius, er müsste hier irgendwo sein. Ach, dort drüben steht seine Sänfte, gleich neben unserer." Er wies auf zwei prachtvolle Tragstühle, die überreich mit Gold verziert waren und vor denen schon zahlreiche Träger auf die Besitzer warteten. Vor Primus Sänfte schritt immer ein Sklave mit Glocken einher, damit der Weg rasch freigemacht wurde, wenn er kam. Nebenher liefen weitere Sklaven, die Duftwasser versprühten oder Kessel mit verbrennenden Kräutern schwenkten, damit der Herr nicht die verbrauchte Luft der Stadt einatmen musste.

Claudius und Julia sahen den beiden zu, wie sie umständlich die Sänfte bestiegen. Dann wandte sich Julia ärgerlich an ihren Gatten. „Wie konntest du nur? Die Cena bei ihm schafft mich, dazu noch diese langweilige Cornelia."

„Du weißt doch", begann Claudius und legte beschwichtigend eine Hand auf ihren Arm. „Er ist ein wichtiger Konkurrent und ich will wissen, was er so anstellt. Außerdem brauche ich in Kürze eines seiner Schiffe, wenn wir unsere Geschäfte ausweiten wollen. Seine Beziehungen in Rom, Capua und Syracus können uns da nur hilfreich sein."

„Ich weiß, ich weiß ... aber ohne dich wird es dort sehr, sehr langweilig sein." Claudius lächelte. Es war ihm wohlbekannt, was seine Gattin unter Unterhaltung verstand. Geistreiche, frivole Gespräche waren ihr lieber als der huldvollen Selbstbeweihräucherung von Primus zu lauschen, und die Einfältigkeit von Cornelia war ihnen allen bekannt. Cornelia war aber nicht nur dumm in vielerlei Dingen, sie war dazu noch klatschsüchtig.

Julia dachte daran, als sie müßig zur Villa des Arenaherrn schlenderten, Eile hatten sie keine. Dort angekommen, ließ sie der Portier sofort ein und brachte sie durch ein überreich verziertes Vestibül in den oberen Stock, wo Marcus bereits auf sie wartete.

Iucundus hatte wie immer hervorragende Arbeit geleistet. Seinem Herrn sah man die Schwäche nur an, wenn man ihn sehr gut kannte, der Tisch war schön gedeckt und die Speisesofas ausreichend gepolstert. Marcus war sehr zufrieden mit seinem Diener.

Gavin schickte die Gladiatoren in die Therme und humpelte selbst in seine Kammer zurück. Er hasste es, sich tragen zu lassen, so nahm er lieber diese Mühsal auf sich. Jeder Schritt bereitete ihm Pein und er wurde reizbar. Schließlich hatte er es geschafft und langte schweißüberströmt und kurzatmig in seinem Quartier an. Dauernd hatte er den Eindruck, zu fallen, schwarze Schleier verdunkelten sein Augenlicht und er fühlte einen Druck im Kopf, wie er es noch nie hatte. Dazu die pochende Beinwunde, aus der schon wieder Blut drang. Sofort legte er sich ins Bett und genoss die Kühle des Zimmers. Er schloss die Augen und versuchte, den Schwindel und alles wegzuatmen. Fest nahm er sich vor, nur ein klein wenig zu ruhen, ehe er seine restlichen Verpflichtungen wahrnehmen musste. Dass die Wunde schwerwiegend war, daran wollte er lieber nicht denken. Bevor er einschlief, befahl er Kassandra, seine feine Tunika herauszulegen und warmes Wasser zu holen, damit er sich wenigstens etwas waschen konnte. Er wusste, der Herr würde heute noch nach ihm schicken, so war es immer, nach jedem Turnier. Umsichtig legte also Kassandra die Secutor-Ausrüstung in eine Truhe und lief sogleich wieder los. Sie hatte ihn nicht mehr angesprochen, seit er so unwirsch wegen des Wassers reagiert hatte, führte lediglich stumm die Befehle aus, dabei krampfte sich ihr Herz zusammen und sie fragte sich, wohin seine Gefühle für sie verschwunden waren.

Mit einem Eimer heißem Wasser kam sie zurück. Sie stellte ihn in der Mitte der Kammer ab, ging zu Gavin und weckte ihn sanft. „Was hat da solange gedauert?", brüllte er los, erschrak selbst über seinen harschen Tonfall, konnte aber nicht mehr verhindern, dass Kassandra ängstlich zurückwich, über den Eimer stolperte und das kochend heiße Wasser ihre Füße verbrühte. Sie versuchte, nicht zu fallen, ruderte mit den Armen und schließlich saß sie doch am Boden und versuchte nicht zu schreien. Im Versuch, ihr zu helfen, wollte er aufstehen, schaffte es aber nicht und rutschte zu Boden. So saßen sie sich gegenüber und keiner konnte dem anderen beistehen. „Hast du dich verletzt?", fragte er so leise, dass er kaum ihr Schluchzen übertönte. Tapfer schüttelte sie den Kopf, doch er konnte schon die roten Brandmale an ihren Fußknöcheln erkennen, auch die Zehen waren rot und wiesen bereits Brandblasen auf. „Ihr Götter, warum hast du so heißes Wasser nehmen müssen?", fragte er, abermals ärgerlich werdend. Diesen Moment suchte sich ein Bote zum Eintreten aus. Schockiert blickte er von einem zum anderen, dann schluckte er und insgeheim dachte er, der Gladiator hätte derartig gewütet, dass er die junge Frau verletzt hatte, die heulend am Boden saß. Mit zitternder Stimme brachte er die Nachricht, dass Gavin zum Herrn kommen sollte. Eilig wollte er sich wieder zurückziehen, doch Gavin hielt ihn zurück. „Halt! Nicht so schnell. Ich habe einen Auftrag für dich. Bring Brandsalbe und nimm noch jemanden mit, der das Wasser hier aufwischt und dann gehst du zum Herrn und richtest ihm aus, ich werde kommen, mich aber verspäten. Den Grund werde ich ihm selbst erklären. Nun mach schon!" Als der Bote keine Anstalten machte, die Anweisung zu befolgen, brüllte Gavin: „Stante pede! Oder muss ich dir erst Beine machen?" Endlich kapierte der junge Sklave, machte auf dem Absatz kehrt und suchte in der Küche nach Brandsalbe und einem Kind, das die andere Aufgabe übernehmen konnte. Auf seinem Weg berichtete er eifrig, was er gesehen hatte, endlich einmal eine Neuigkeit, die sich zu erzählen lohnte und er hatte viele Zuhörer.

Mit schmerzverzerrtem Gesicht stemmte sich Gavin wieder in die Höhe, der Blutfleck am Verband vergrößerte sich zusehends, und setzte sich aufs Bett, dann sagte er: „Komm her, Kassandra. Du musst es allein schaffen, ich kann dir nicht helfen. Leg dich ins Bett. Ich muss dann weg, du hast es gehört." Kassandra gab noch immer keinen Ton von sich, aber sie stand auf und ging zu seinem Lager. Jeder Schritt war eine Qual und sie fühlte die Verbrennung wie Feuer auf der Haut. Jeder Windhauch wurde fühlbar, jede Berührung mit dem groben Stoff des Kleides, riss eine Blase auf. Dann lag sie und Gavin schob das Kleid in die Höhe. Protestierend wollte sie den Saum wieder hinunter schieben, doch Gavin blieb hart. „Stell dich nicht so an, Kassandra. Ich habe schon mehr von dir gesehen als deine Knie." Vorsichtig löste er die Sandalenbänder, wobei er eine weitere Blase unabsichtlich öffnete. Abermals suchte sich der Bote einen ungünstigen Augenblick zum Eintreten. Kassandra schrie auf vor Schmerz, als er die Sandalen von ihren Füßen streifte. „Her mit der Salbe", sagte Gavin unfreundlich, griff nach dem Tiegel und scheuchte den Mann fort. Dem mitgekommenen Mädchen befahl er, den Boden zu trocknen, damit es keine weiteren Verletzten gab. Er sah nicht einmal zu ihr hin, sondern begann umgehend damit, Kassandras Füße und Beine, dick mit Salbe zu beschmieren. Als er damit fertig war, quälte er sich in die Höhe und humpelte zu seinem Termin. An der Tür drehte er sich noch einmal um wobei er sagte: „Tut mir leid, dich so erschreckt zu haben, dass du verletzt wurdest. Bleib einfach hier liegen", und an das Mädchen gewandt, „Bring Kassandra zu essen und zu trinken, sie soll jetzt nicht laufen und lass dich nicht aufhalten. Sollte es deswegen Probleme geben, dürfen sich die Betreffenden später bei mir beschweren, aber erst nachdem Kassandra versorgt wurde." Seine Stimme klang hart und unnachgiebig, sodass das Mädchen unwillkürlich schauderte. Schnell nickte sie, um nur ja nicht in Verdacht zu geraten, sich vor der Arbeit drücken zu wollen. Gavin wartete keine Antwort ab, sondern hinkte, sich an der Mauer abstützend, davon. Er kam nicht weit und brach zusammen. Die Wunde am Bein war zu tief und wieder aufgebrochen. Allein zu gehen, schaffte er nicht, deshalb fragte er: „Hilft mir mal einer hoch?" Am Gang standen einige Gladiatoren, darunter auch Sextus, die hämisch grinsten. Das Gerücht, er hätte die Sklavin misshandelt war ihnen bereits zu Ohren gekommen, deshalb reichte ihm keiner eine helfende Hand. Gavin versuchte die feindseligen Blicke zu ignorieren und wartete auf Hilfe. Sie kam in Form von Kassandra, die ihn gehört hatte. Barfuß und sehr vorsichtig schritt sie dahin. Sie sah ihren Herrn am Boden liegen und die umstehenden Gaffer. Da wurde sie zornig, wie sie es noch nie gewesen war. „Steht hier nicht rum und haltet Maulaffen feil! Du, du da, mit dem Bart, ich habe deinen Namen vergessen, komm her und hilf dem Herrn auf die Beine!" Ullrik war fassungslos und so schockiert, dass er herbeieilte und tat, was sie verlangte. Gavin schaute ebenso verblüfft. Er hatte als einziger gewusst, Kassandra konnte auch anders als fügsam sein, aber so hatte er sie noch nie erlebt. Wie groß musste dann der Schock erst für die anderen sein? „Soll ich dich wieder in deine Kammer bringen, Myrdin?", fragte

Ullrik, als er den Kollegen geschultert hatte. „Nein, ich muss zum Herrn, er hat dringend nach mir geschickt, sonst wäre ich jetzt nicht unterwegs, wenn ich blute wie ein abgestochenes Schwein." Ullrik wollte ihn schon wegbringen, da unterbrach ihn abermals Kassandra. „Halt! Zurück in die Kammer mit dem Herrn, ich verbinde zuerst die Wunde neu, dann können wir gehen."

„Kassandra, du kannst nicht über mich bestimmen und du solltest liegen ...."

„Und wie ich das kann. Das Wohlergehen meines Herrn liegt mir am Herzen, also werde ich ihm befehlen, sich behandeln zu lassen, bevor er auf der Türschwelle verblutet wie ein Bettler." Sie trat an ihn heran und flüsterte ihm ins Ohr: „Du hast meine Wunde versorgt, jetzt versorge ich deine. Tu was ich sage und schicke einen Boten zum Herrn, er wird es verstehen." Endlich nickte Gavin und bedeutete Ullrik, ihn in die Kammer zurückzubringen. Dort machte sich Kassandra umgehend daran, einen frischen Verband anzulegen. „Du hättest mit dieser tiefen Fleischwunde nicht gehen dürfen. Jemand sollte den Arzt holen, ich fürchte, das muss genäht werden."

„Nein, das muss es nicht", widersprach Gavin scharf. Genäht werden, wollte er nicht, die Gefahr einer Entzündung war zu groß, von den Schmerzen einmal abgesehen. Doch Kassandra ließ sich nicht beirren, schickte Ullrik mit der Botschaft zum Herrn, dass Gavins Wunde keine Bewegung zulasse und er einen Arzt brauche. Als sie allein waren, setzte sie sich aufs Bett neben ihn und drückte eine Hand auf die Wunde am Oberschenkel, die eigenen Beschwerden ignorierte sie. „Du solltest ebenfalls liegen", flüsterte er.

„Später, wenn du versorgt bist."

Marcus Atticus wartete in seinen Räumen. Claudius und Julia lagen bereits bei Tisch und probierten von den Speisen, die Iucundus auftrug. Es waren lediglich Kleinigkeiten, gerade recht für den leichten Hunger am Nachmittag, wenn das Mittagessen spärlich gewesen war. „Wo bleibt nur Gavin, er ist sonst auch immer zuverlässig?", fragte Marcus eben, als Ullrik anklopfte und sogleich eintrat. Erwartungsvoll blickten ihm drei Augenpaare entgegen und dann enttäuscht zur Seite. „Wo ist Gavin Tettius, ich ließ nach ihm schicken und nicht nach dir?", fragte Marcus unwirsch. Der Gladiator blickte verlegen zu Boden. „Herr, es tut mir leid, aber ich muss dir sagen, dass Myrdins Verletzung schwerwiegender ist, als er selbst dachte. Die Wunde blutet erneut und Kassandra lässt um den Arzt für ihn bitten." Einen Moment überlegte Marcus, wer Kassandra war, dann fiel es ihm wieder ein und er nickte. „Gut, wenn der Prophet nicht zum Berg kommen kann, dann wird eben der Berg et cetera. Kommt ihr mit, meine Freunde? Ullrik, lauf zu Ajax und sag ihm Bescheid." Der Gladiator, kurzerhand zum Boten gemacht, machte sich sogleich auf den Weg, dann war er schneller fertig und hatte früher frei. Marcus, Claudius und Julia gingen unterdessen zu den Gladiatorenunterkünften.

Ajax war schneller und schon dort. Er besah sich die Wunde und entschied, es sei besser sie zu nähen. Eben entnahm er seiner Tasche eine Nadel und ein Stück Sehne, mit der er den klaffenden Riss schließen wollte. Gavin wehrte sich heftig gegen dieses Vorhaben, zu oft hatte er danach brandig gewordene Wunden gesehen. „Kassandra, lass nicht zu, dass er mir das Zeug ins Bein steckt!", rief er immer wieder. Selbst von den Verbrennungen geplagt, saß sie neben ihm und hielt seinen Kopf. „Irgendwie muss die Wunde geschlossen werden. Der Verband allein ist zu wenig, Herr, das siehst du doch ein. Bitte, lass es machen."

„Nein, schick den Kurpfuscher weg. Ich will ihn hier nicht haben!" Aber er merkte selbst, wie er durch den Blutverlust schwächer wurde. Ajax ließ sich unterdessen von dem Wutausbruch nicht beeindrucken. Er hielt die Nadel mehrere Minuten lang in ein Feuer, dann zog er die Sehne durch und gab Kassandra ein Zeichen. „Verzeih mir, Herr", sagte sie, dann kniete sie sich auf seine Oberarme und schob ihm einen Knebel in den Mund als er protestieren wollte. Er versuchte den Schmerz zu ignorieren und ihn wegzuatmen, aber es gelang ihm nicht. Kassandra kniete auf ihm, hinderte ihn dadurch, sich wegzudrehen und redete ruhig auf ihn ein. Keines ihrer Worte verstand er, lauschte ab einem bestimmten Zeitpunkt nur noch dem Klang ihrer Stimme und langsam wurde er ruhiger. Schweiß stand auf seiner Stirn und Tränen in den Augen. Es dauerte in Wirklichkeit nicht lange, denn Ajax war ein erprobter Arzt, der schon zahlreiche Gladiatoren „geflickt" hatte, wie er es nannte, aber Gavin kam es wie eine Ewigkeit vor. Noch nie war er bei einem Kampf so schwer oder unglücklich verwundet worden, dass der Arzt hatte kommen müssen. Anschließend strich Ajax noch eine Salbe aus Ringelblumen, Kamille, Weidenrinde und Weihrauch darüber, eine sehr teure und wirksame Mischung, legte den Verband an und ging mit den Worten: „Gavin, versuche ruhig liegen zu bleiben, das Bein darf jetzt mehrere Tage nicht belastet werden, damit die Naht hält. Deine Sklavin wird dir helfen, ich schätze sie sehr tüchtig ein, soviel ich mitbekommen habe. Sollte die Wunde sich entzünden oder du Fieber bekommen, Gavin, dann muss ich mir drastischere Maßnahmen überlegen. Aber sei guten Mutes, noch nie hat sich eine Naht von mir schlecht entwickelt. Gute Nacht." Schweißüberströmt und stöhnend lag Gavin im Bett und wusste noch immer nicht, wie ihm geschehen war, da kam Marcus auf ihn zu. „Gavin, es tut mir leid, ich wusste nicht, wie es um dich steht, sonst hätte ich dich nie zu mir bestellt." Kassandra wischte ihm gerade den Schweiß von der Stirn, trat dann aber umgehend zur Seite. „Ich muss dich um Entschuldigung bitten, nicht besser gekämpft zu haben, sodass ich unsere Verabredung nicht einhalten konnte."

„Mach dir deshalb keine Sorgen. Wir können jetzt reden oder auch morgen." Julia und Claudius kamen nun dazu und drängten Kassandra zur Seite, die sich in die Nische zurückzog, die ihr zugewiesen worden war. Dort wartete sie, bis die feinen Herrschaften wieder gegangen waren, oder Gavin nach ihr rief.

„Es wird schon gehen, ich kann euch nur hier nichts anbieten, nicht einmal einen Sitzplatz."

„Auch darüber mach dir keine Gedanken, Gavin. Es gibt wichtigeres als unsere Bequemlichkeit. Du weißt über meine Pläne Bescheid und leider drängt die Zeit, denn wir haben einen eifrigen Mitbewerber, der uns ausbooten will, weil er mehr Möglichkeiten hat." Gavin dachte eine Weile darüber nach, dann fiel ihm wieder ein, worüber sie vor einigen Wochen debattiert hatten, Marcus, Lydia und er. „Bekommst du kein Schiff?", fragte er deshalb vorsichtig. „Nein, nein, darum geht es nicht. Claudius berichtete mir, seine Geschäfte würden in letzter Zeit von den Behörden überwacht. Irgendjemand will ihm ans Leder und somit auch mir beziehungsweise uns." Müde schloss Gavin die Augen, was Claudius berichtete bekam er nicht mehr vollständig mit. Nur noch einzelne Wortfetzen drangen an sein Ohr, wirre Namen, die sich drehten und ein Muster vor seinen Augen bildeten, ohne Sinn. „Primus", murmelte er, „und seine Hure." Plötzlich waren alle still, hielten mitten in der begonnen Bewegung inne, dann fragten sie wie aus einem Mund: „Wer?", und redeten dann wild durcheinander. „Fortunata", war alles, was er noch herausbrachte, dann lag er still. Julia überlegte krampfhaft, wen sie mit diesem Namen kannte, aber ihr fiel niemand ein, Cornelia war viel zu ruhig und zu schüchtern für eine Hure. „Primus", sagte sie grübelnd. „Wer könnte die Hure sein? Myrdin, äh, Gavin, meintest du Primus Felix?" Doch sie bekam keine Antwort, Gavin war eingeschlafen oder bewusstlos.

„Serva!", rief Marcus. „Kümmere dich um deinen Herrn", sagte er als sie eilig eintrat.

„Gewiss, Herr. Ich werde hier wachen."

Sehr nachdenklich und sorgenvoll gingen die drei zurück. Keiner wollte glauben, dass Primus Felix gemeint gewesen sein könnte. Aber er war einfach zu mächtig und gierte immer nach mehr, gerade jetzt, wo sein Sohn ein hohes Amt anstrebte. Quinquennale wollte er werden und dann noch höher, doch dazu brauchte er Geld, sehr viel sogar. Für bestimmte Ämter musste er teure Gladiatorenspiele ausrichten und Primus war geizig. „Vielleicht ist es nicht Primus, sondern Deciderius?", überlegte Claudius, sie lagen bereits wieder bei Tisch und erörterten, wie sie das Geschäft doch noch zustande bringen könnten. Sie waren handelseinig, es brauchte nur noch die Zustimmung eines Beamten, der die Ausfuhr so großer Mengen, wie sie vorhatten, genehmigte und ein Schiff. Lange sprachen sie darüber, tranken Wein und aßen. Marcus merkte, wie ihm erneut die Luft zum Atmen wegblieb, doch erst als er dachte, ersticken zu müssen, sagte er: „Lieber Claudius, verehrte Julia, bitte entschuldigt mich, mir ist nicht gut nach all der Aufregung heute und der Tag war lang und anstrengend. Wir sind noch mindestens zwei Tage hier, bevor wir abreisen." Claudius sprang sofort auf und meinte: „Aber natürlich Marcus, krank nutzt du uns nichts, wenn ich das einmal so ausdrücken darf. Ich hoffe, du bist morgen wieder wohlauf."

„Aber sicher geht es mir morgen wieder besser. Mir fehlt nur der Schlaf." Auch Julia war aufgestanden und umarmte ihren Freund. „Ich hoffe auch für Gavin, dass er bald wieder auf den Beinen ist. Schade, um diesen hervorragenden Gladiator. Warum wurde ihm eigentlich nicht der rudis verliehen? Er ist der beste Kämpfer und ein Freigelassener ist er auch, das wäre doch passend. Ich denke, Horatio hat sich nicht getraut, er ist ja manchmal etwas feige. Aber jetzt, gute Nacht, Marcus und Grüße Gavin von uns, wenn du ihn morgen siehst."

„Das mache ich, liebe Freundin, lieber Freund. Ich gebe euch morgen Nachricht, vielleicht kann mein Diener noch etwas herausfinden." Julia lächelte, sie machte es nicht anders. Ergebene Sklaven waren in dieser Hinsicht mehr als nützlich.

Sobald die beiden weg waren, stolperte Marcus ins Schlafzimmer, dort fiel er aufs Bett und blieb liegen, wie er war.

Kassandra war froh, als die Besucher weg waren, denn nun konnte sie sich in Ruhe um Gavin und um ihre eigenen Verletzungen kümmern. Sanft wusch sie ihm das Gesicht mit klarem, kaltem Wasser, dann wickelte sie sich nasse Lappen um die Füße und legte sich auf ihren Strohsack. Müde war sie nicht, aber sie wusste nicht, was sie sonst machen sollte.

Etwas später kam das Mädchen, das ihr Essen bringen sollte mit einer Schüssel Gerstenbrei zurück. „Danke, stell es dort auf den Tisch. Kann ich für meinen Herrn noch Weidenrindentee und eine Knochensuppe bekommen?" Das Mädchen erwiderte nichts, sondern lief schnell wieder davon, kam aber wenige Minuten später mit einem Krug, einem Becher und einer kleinen Schüssel. Abermals bedankte sich Kassandra, die eben ihren Brei löffelte. Dann nahm sie den Tee, ging damit zu Gavin und ließ immer wieder ein wenig davon in den Mund tropfen. Er schluckte zwar, erwachte aber nicht. Kassandra fand, es war nicht das schlechteste Zeichen.

Erst einige Stunden später schlug er die Augen auf. Das erste was er wollte, war aufstehen, dann überfielen ihn die Schmerzen wie eine Welle und er stöhnte. Kassandra hatte nur leicht geschlafen und stand sofort an seiner Seite. Vorsichtig hob sie seinen Kopf und gab ihm, von dem kalt gewordenen Tee zu trinken. Gavin bemäkelte diesen Zustand diesmal nicht, er war froh, dass sie sich um ihn kümmerte. Irgendwie beschlich ihn das Gefühl, sie in den letzten Tagen sehr schlecht behandelt zu haben. Aber er konnte sich nicht mehr erinnern, nicht einmal den Kampftag hatte er noch im Kopf. „Liebe", flüsterte er, als sein Kopf wieder auf dem Kissen lag. „Wie meinst du, Herr?", fragte Kassandra verwirrt. Er wiederholte das Wort, dann forderte er sie auf, sich zu ihm zu legen. Erst wollte sie entrüstet ablehnen, doch als er sagte: „Ich kann und werde dir nichts tun, ich möchte dich nur neben mir spüren, damit ich besser schlafen kann", gab sie nach und legte sich an seine Seite.

In den Gladiatorenunterkünften ging es noch lange lautstark zu. Sie feierten ihr Überleben, besonders Sextus, der keine einzige Wunde davongetragen hatte, sprach eifrig dem Wein zu, den Marcus Atticus immer den erfolgreichen Gladiatoren spendierte. Er wurde immer lauter und auch dem Herrn gegenüber ausfällig. „Ich sag euch, Myrdin ist der Lustknabe vom Herrn! Warum denn sonst, bekäme er all die Vergünstigungen? Oder er bedient die Herrin Lydia. Wer von uns weiß das schon so genau? Er ist doch ständig in der Villa, wenn wir nicht arbeiten." Tullius ging zu ihm und gab ihm eine Ohrfeige, dann drehte er sich um und stapfte ans andere Ende des Tisches, von dort brüllte er: „Schämen solltest du dich, dass du solches auch nur denkst! Dein Hirn ist wohl in deine Lenden gerutscht." Sextus lachte. „Natürlich, das wäre jetzt genau das richtige, aber die Hure hat er uns auch genommen. Wer kommt mit! Ich brauche jemanden, der an meinem Speer saugt." Jubelgeschrei brandete hoch, denn dieses Verlangen teilten mehrere mit ihm. „Was, nur blasen? Mir wäre ein ordentlicher Fick lieber", grölte ein anderer. Sich gegenseitig auf die Schulter klopfend gingen sie davon. Tullius versuchte sie noch aufzuhalten, aber sie waren wild entschlossen. „Ihr dürft doch jetzt nicht raus, Männer."

„Wer sagt denn, dass wir rausgehen, wo wir doch eine gemeldete Hure im Haus haben."

„Ihr spinnt doch und setzt euch in ein Wespennest. Myrdin hat seine Hand auf ihr. Lasst sie in Ruhe, Männer." Doch sie zogen einfach davon und polterten laut singend den Gang entlang, störten alle Schläfer und drangen schließlich in Gavins Kammer ein. Sextus ging zum Bett, presste Kassandra eine Hand auf den Mund und zog sie fort. Dann übergab er sie einem anderen und flößte Gavin etwas Tee ein, in den er vorher noch ein Pulver gemischt hatte. „Das lässt ihn noch ein Weilchen schlafen", kicherte er. Kassandra strampelte, dann biss sie dem einen Gladiator in die Hand und wollte davonlaufen, doch Sextus war schneller und stärker. Rasch hatte er sie an den Haaren gepackt und drückte sie zu Boden. „Warum tust du das?", fragte sie ihn, doch sie wusste die Antwort. Offiziell war sie noch immer als Hure registriert, aber so durfte das nicht ablaufen. Sie mochte zwar etwas naiv sein, aber manche Dinge hatte sie in der Zwischenzeit gelernt, sie musste es nicht machen. Deshalb schrie sie nun lautstark um Hilfe, dann trat sie fest zu. In seinem Zorn schlug Sextus nun auf sie ein, dann griff er nach einem Dolch und schnitt ihr das Haar ab. Den anderen war aber die Lust auf ein Schäferstündchen gründlich vergangen, sie hatten nicht gedacht, die Hure würde sich wehren oder Sextus durchdrehen. Das war kein Spaß mehr, das wurde zum Kampf auf Leben und Tod. „Leg den Dolch weg, Sextus", sagte Tullius, der dem Tumult gefolgt war. Er sprach leise und ruhig, aber bestimmt. Doch Sextus, in Rage über den Tritt und die Zurückweisung, wollte nicht hören. So ging Tullius schließlich zu ihm, packte ihn an der Tunika und zog ihn von Kassandra weg, die beinahe kahlgeschoren am Boden lag und schrie. „Du Hund! Geh mir aus den Augen!" Als Antwort spuckte ihr Sextus ins Gesicht. „Du wirst schon sehen, was du an uns gehabt hast. Der ist das ganze Geld nicht wert, das der Herr investiert hat", fauchte er noch und deutete auf den schlafenden Gavin. Tullius musste seine ganze Kraft aufwenden, um den Kameraden aus dem Zimmer zu bugsieren. Am Gang hatte sich bereits ein Menschenauflauf gebildet. Kassandra stürmte ihnen zornig geworden nach. „Tritt mir nie wieder unter die Augen, du stinkender Haufen Müll! Und lass gefälligst meinen Herrn in Ruhe!" Wütend griff sie nach einer Sandale und schmiss sie ihm hinterher. Nun konnte Tullius nicht mehr anders, er musste so heftig lachen, dass er Sextus einen Moment losließ, doch bevor er weiteren Schaden anrichten konnte, hatten ihn schon andere Sklaven in ihre Mitte genommen und brachten ihn in seine Unterkunft.

Tullius wartete noch, bis sich alle zurückgezogen hatten, dann erst ging er zu Kassandra, die zornfunkelnd in der Tür stand und Wache hielt, mit einer Sandale bewaffnet. „Bravo, du hast ihm gewaltig den Schneid abgekauft. Schade, dass du nicht schon vor zwei Monden so laut geworden bist. Viel Glück mit Myrdin, du weißt ja, wie ungut er sein kann." Kassandra nickte lediglich zur Antwort, sie war sprachlos nach ihrem Ausbruch und hatte den Eindruck als würde ihr heftig pochendes Herz, ihr den Atem rauben. Erst als Tullius weg war, schloss sie die Tür, lehnte sich an die Mauer und sank erst dort weinend zu Boden. Sie brauchte einige Minuten, um sich zu beruhigen, um das Unfassbare zu begreifen. Nie hätte sie gedacht, Gavin hätte einen solchen Feind unter den Gladiatoren, der sie nun ebenfalls in diesen Kreis erkoren hatte. ‚Er wird es wieder versuchen, wenn er mich allein erwischt', dachte sie. ‚Ich muss dringend lernen, mich zu verteidigen.' Dann wollte sie sich durchs Haar streichen und der Kloß in ihrem Hals wurde noch dicker, als sie nichts als eine einzige lange Strähne fühlte, das andere war alles abgeschnitten worden. So stand sie auf, suchte den Dolch und säbelte auch die letzte Locke ab. ‚Ich sehe aus, als hätte ich Schande über mich gebracht. Aber das darf mich nicht kümmern', überlegte sie weiter. ‚Ich darf mich deswegen nicht aufregen. Außerdem bin ich stärker und mutiger als ich dachte. Titus Tiberion hatte unrecht, ich kann mehr als Texte vorlesen. Gavin hat es mir gezeigt, als ich mit ihm darüber redete. Von Anfang an hatte er recht. Warum habe ich es nicht sehen wollen? Viel Ärger hätte ich mir erspart, wenn ich nicht dem alten Leben so nachgehangen hätte.' Keuchend stand sie auf, holte die Brandsalbe und bestrich damit die roten Füße. Erleichtert seufzte sie auf als die Ringelblume und die Kamille ihre heilende Wirkung entfalteten.

Gegen Mittag des nächsten Tages öffnete Gavin die Augen. Er wusste nicht mehr, was passiert war, nur noch, dass er zusammengebrochen war. Angestrengt überlegte er, ob die Spiele schon abgeschlossen waren, ob gewonnen hatte und warum er hier mit einem Verband um den Oberschenkel lag. Immer reizbarer wurde er, während er auf Kassandra wartete, er musste dringend auf die Latrine, schaffte es aber nicht allein. Als sie dann schwer beladen mit Verbandmaterial und Wassereimer die Kammer betrat, fuhr er sie sogleich an. „Wo warst du? Du solltest doch hier bleiben! Und wie, um aller Götter willen, siehst du aus?" Rasch stellte sie die Sachen ab und bedeckte das kurzgeschnittene Haar mit einem Tuch. „Warum hast du dir die Haare abgeschnitten? Aber vorher, hilf mir aufs

Klo, bevor ich ins Bett pinkle." Kassandra ging gar nicht erst auf seinen Ton ein, sondern sagte schlicht: „Du wirst den Nachttopf nehmen müssen, Herr, denn der Arzt empfahl dir, zumindest einen Tag lang das Bett zu hüten." Zornig sank er in die Kissen zurück, ohne zu wissen, warum er diese Wut empfand. Sie war nett und fürsorglich und trotzdem hatte er das Bedürfnis, sie anzuschreien. So brummte er irgendetwas und ließ sich helfen. Die Bewegung machte ihm klar, wie recht sie hatte, das machte ihn noch wütender.

Kassandra ging ihm so gut es ging aus dem Weg, behandelte ihn schweigend, sorgte für seine Bedürfnisse und ignorierte seine brummige Art. Doch innerlich fühlte sie, wie etwas zu brechen drohte. Auf dem Weg zur Küche, sie wollte das Mittagessen für Gavin holen, begegnete ihr Sextus. Der blieb stehen, unterdrückte ein Grinsen und meinte dann kurz angebunden: „Tut mir leid mit dem Haar. Ich war betrunken." Kassandra richtete sich auf, sie hatte sich vorgenommen, sich niemals wieder zu verstecken und sah ihm gerade ins Gesicht als sie antwortete: „Gestern schon sagte ich, du sollt mir nie wieder unter die Augen treten – das hat sich heute nicht geändert. Ich trage das Mal der Schande. Deinetwegen werde ich ausgelacht. Geh mir aus dem Weg!" Der Gang war schmal, sodass sie nicht einfach an ihm vorbeigehen konnte, sie musste warten, bis er zur Seite trat, doch er blieb wo er war und starrte sie nun wieder feindselig an. Kassandra wurde nun noch ärgerlicher, den ganzen Tag schon wollte sie ihren Frust irgendwie loswerden, den Gavin in ihr auslöste. So drängelte sie sich jetzt einfach an ihm vorbei und gab ihm noch einen recht unsanften Stoß in die Rippen. „Geh mir aus den Augen, Gladiator!"

„Du bist wohl verrückt, Hure, dass du dich so aufführst!", schrie er ihr nach, als sie in der Küche verschwand. „Scher dich wohin auch immer!", rief sie, ohne sich umzuwenden. Seit letzter Nacht war sie viel mutiger geworden und sie freute sich über das neugewonnene Selbstbewusstsein, das sie aber innerlich noch zittern ließ. Noch nicht einmal ihres Herrn schlechte Laune konnte diese innere Überzeugung, das Richtige zu tun, trüben.

Zurück in der Kammer half sie Gavin beim Essen. Sie setzte ihn auf und bettete das verletzte Bein auf einem Hocker, erst dann gab sie ihm die Schale mit dem Eintopf in die Hand. Sie selbst setzte sich auf den Boden und aß ihre Ration. Er schien sie nicht weiter zu beachten. Als er fertig war, meinte er: „Ganz gleich, was Ajax sagt, ich muss später zu Marcus, es ist dringend. Irgendetwas habe ich übersehen, von den Dingen, die er mir gestern berichtet hat." Er klang nun wieder mehr wie Gavin, den sie liebte und er konnte sich auch wieder an einiges erinnern. Einen Moment lang überlegte sie, dann nahm sie ihm die leere Schüssel ab und drückte ihm einen Becher mit Weidenrindentee in die Hand. „Zuerst schläfst du noch etwas und dann werde ich dir helfen, zu ihm zu gehen." Gavin nickte ergeben, trank den Tee und ließ sich anschließend zurück ins Bett helfen. „Du bist zu gut zu mir, Kassandra und ich weiß die meiste Zeit über nicht einmal, was ich sage oder mache. Irgendetwas stimmt nicht mit mir. Sag mir bitte, was mit deinem Haar passiert ist." Doch sie wollte ihn nicht aufregen, deshalb log sie ihm eine Geschichte vor, sie hätte sich eine Strähne verbrannt und deshalb alles abgeschnitten.

„O, Kassandra, soll ich dir das wirklich glauben?" Darauf erwiderte sie nichts, denn so direkt anlügen, konnte sie ihn nicht. Als er sah, wie sie mit sich rang, meinte er versöhnlich: „Schon gut, wenn du es nicht sagen willst, musst du auch nicht."

Sextus fühlte sich durch Kassandras Reaktion noch weiter herabgewürdigt. Am liebsten hätte er Fortunata aufgesucht und mit ihr den Plan besprochen. Er musste jetzt das Weib auch noch irgendwie ausschalten, die wurde ihm zu vorlaut. Aber vordringlich war der Plan, irgendwie ließ sich schon alles unter einen Hut bringen. Fortunata konnte er in den nächsten Tagen nicht aufsuchen, sofern sie sich nicht selbst blicken ließ und sie mied tunlichst jede Begegnung mit ihm. Also begab er sich in den Exerzierbereich und trainierte solange, bis er sein Vorhaben soweit geplant hatte, dass er dachte, es musste funktionieren. Gut gelaunt ging er zur Cena und alle dachten, er hätte seinen Zorn endlich überwunden. Er redete auch nicht mehr schlecht über Gavin oder den Herrn, noch mehr, er bat die Kameraden sogar um Verzeihung für sein Verhalten. Das wurde gutmütig gewährt, denn dem Alkohol wurde schon so mancher Exzess zugeschrieben, der im Nachhinein bereut wurde. So nahmen sie ihn wieder herzlich in ihre Mitte auf und schon bald wurde erneut gescherzt und derbe Witze machten die Runde.

Doch als er zur Ruhe gehen wollte, kam ein verhüllter Bote zu ihm und brachte ihm Nachricht, er solle an dem üblichen Ort erscheinen, und zwar umgehend. Ohne Antwort zu geben, rannte er los. Damit hatte er nicht gerechnet, es musste dringend sein. Er hoffte, sein Plan würde dadurch nicht durcheinandergeraten. Aber dem war nicht so. Fortunata stand gut vermummt hinter einer Säule des Arkadengangs an der Rückseite der Villa. „Was willst du?", zischte er. „Ist etwas passiert?"

„Nein, aber wenn nicht bald was geschieht, dann drehe ich durch. Du musst jetzt handeln. Irgendjemand hat herausbekommen, wer ich bin –

und weißt du, wer das ist? Niemand anders als dein lieber Freund Myrdin. Schalte den aus, aber umgehend, und wenn du den Widersacher meines Gatten noch mitnehmen kannst, dann ist alles umso besser." Sie wich vor dem Mondlicht noch einen Schritt in den Schatten zurück und zog Sextus mit sich. „Was bekomme ich dafür, Fortunata?"

„Deine Freiheit – ist dir das nicht ein paar Unannehmlichkeiten wert, nur um als Mensch unter Menschen leben zu können und nicht als Gladiator dein Lebens aufs Spiel zu setzen?"

„Es ist viel, Fortunata, aber du könntest mir jetzt schon etwas geben." Sie seufzte, damit hatte sie gerechnet. Sextus konnte und wollte eigentlich immer, besonders gern mit ihr. „Na schön – aber nicht zu lange, du weißt ich muss vorsichtig sein."

Marcus lag noch immer bei Tisch, Iucundus hatte schon längst alles abgeräumt, aber ihm fehlte die nötige Energie, sich zu erheben, also diktierte er Titus eine Liste aller Erledigungen vor ihrem Aufbruch. Er ließ eine neue Inventarliste anfertigen, denn einiges gehörte jetzt auch Gavin, um das er sich selbst kümmern musste. Als er an den Freund dachte, durchfuhr ihn ein leichter Schmerz, noch nie hatte er ihn so gesehen, bleich und nicht wissend, was er tat. Es war am frühen Nachmittag gewesen, Marcus wollte sich gerade ins Peristyl begeben als er bei ihm eintrat. Weiß wie die Wand war er und schwer hatte er sich auf die Sklavin gestützt, die sich warum auch immer, die Haare geschnitten hatte und ein blaues Auge hatte sie auch. Marcus verstand das nicht, aber er verstand oft das Verhalten der jungen Leute nicht. Höflich hatte er Gavin eingeladen, am Tisch Platz zu nehmen. Sehr gut hatte ihm der Wein geschmeckt und Marcus fürchtete, der Jüngere hätte mehr getrunken als gut für ihn war. Er sprach über Befürchtungen, weswegen sie gestern gesprochen hatten, erwähnte ein weiteres Mal den Namen Fortunata und auch einen Deci führte er auf. Woher er den Namen kannte, wusste er nicht. Irgendwann geriet er dann in Wut, Marcus wusste nicht mehr, warum sie zu streiten begannen. Noch immer pochte sein Herz wie wild, wenn er daran dachte. Es war so unnötig gewesen, gänzlich unprovoziert, dass er es nicht verstehen konnte, nicht einmal jetzt, wo der Streit schon einige Stunden zurücklag.

Gavin hatte versucht, etwas zu erklären, was er selbst nicht richtig verstand und weil er seinem Gedächtnis nicht mehr traute, war er in Wut geraten und hatte Marcus beschimpft, sich nicht um ihn zu kümmern, wo er doch so gut für die Schule gekämpft hatte. „Es wäre dir gleich gewesen, wenn mich dieser verdammte Löwe zerfleischt oder mich Tullius aufgespießt hätte, ist es nicht so, Marcus? Viel Geld wäre dadurch in deine Tasche geraten." Darüber war Marcus in Zorn entbrannt und er hatte Gavin geraten, ihn erst wieder zu sprechen, wenn er sich der Ungeheuerlichkeit seiner Anschuldigung bewusst sei. Das hatte Gavin dazu veranlasst, Marcus alles Schlechte zu wünschen, Kassandra anzubrüllen, ihm zu helfen und dann war er zurück ins Gladiatorenhaus gehumpelt.

Marcus fühlte sein Herz langsamer schlagen. „Titus, wir machen Schluss für heute. Ich gehe zu Bett. Morgen packen wir alles zusammen und dann verbringen wir noch eine Nacht hier und wir fahren endlich nachhause."

„Ja, Herr, ich freue mich auch schon darauf." Titus verabschiedete sich höflich. Iucundus half ihm beim Ausziehen, brachte ihm noch seinen Schlaftrunk, öffnete das Fenster, damit er auch ausreichend Luft bekam und wünschte ihm eine angenehme Nachtruhe.

Am nächsten Morgen stand Iucundus verzweifelt am Bett des Herrn und versuchte, ihn zu wecken. Doch Marcus Atticus würde keinen Atemzug mehr machen, niemals wieder seine Gladiatoren in die Arena führen. Während er schlief, hatte sein Herz aufgehört zu schlagen. Friedlich, mit geschlossenen Augen und einem entspannten Ausdruck um den Mund, lag er im Bett. „Herr! Herr, du kannst nicht tot sein!", rief der Diener immer wieder, was einen weiteren Sklaven herbeilockte, der eben das Frühstück für den Herrn richten wollte. Obwohl er wusste, es hatte keinen Zweck, schickte er den Mann los, den Arzt zu holen. Währenddessen blieb Iucundus am Bett des Toten und begann mit der Totenklage. Es dauerte nicht lange und Ajax rannte ins Schlafgemach.

„Was jetzt? Wer ist nun für alle zuständig?", fragte er, nachdem er den Herrn auf Verletzungen untersucht hatte. Iucundus dachte gar nicht lange nach, sondern lief sofort weg, um Gavin, den Erben der Schule, zu holen. Er fand ihn tief schlafend in seiner Kammer.

„Gavin, wach auf!", rief Iucundus. Aber es dauerte einige Zeit, bis sich dieser auch nur regte. In der Zwischenzeit war Kassandra von ihren Besorgungen zurück. Erschrocken blickte sie Iucundus an, der verzweifelt versuchte, Gavin zu wecken. Seine Unruhe nahm immer mehr zu. Es reichte, wenn der Herr gestorben war, aber dann vielleicht auch noch sein Nachfolger, das war zu viel für ihn und er setzte sich weinend auf einen Hocker. „Was ist passiert, Iucundus, dass du in solchem Zustand hier eindringst?", fragte sie. „Ich – ich kann es nur deinem Herrn sagen", stotterte er. Kassandra ging zu Gavin und rüttelte ihn sanft an der Schulter. „Aufwachen, Herr, irgendetwas ist passiert." Endlich, nachdem sie ihn heftiger geschüttelt hatte, öffnete er stöhnend die Augen. „Was ist passiert?", fragte er, nachdem er sich orientiert und Iucundus erkannt hatte. Der Leibdiener des Verstorbenen stand auf und erklärte: „Gavin, der Herr ist tot. Du musst mitkommen, damit wir alles richtig machen." Er sprach so leise, dass Gavin einen Augenblick dachte, er hätte sich verhört. Ein Kloß bildete sich in seinem Hals und seine Augen begannen zu brennen, doch Tränen wollten keine kommen. „Ja, Iucundus, ich komme … ich … wie?"

„Ich weiß es nicht. Er hat geschlafen und ich konnte ihn nicht wecken." Gavin atmete einige Male tief durch, dann schluckte er heftig, aber der Kloß blieb wo er war. „Kassandra, hilf mir beim Anziehen und dann in die Villa. Schnell jetzt!" Eilig brachte sie ihm eine saubere Tunika und die Sandalen, dann stützte sie ihn und zusammen humpelten sie los, um sich von Marcus Atticus zu verabschieden. Iucundus hatten sie vorausgeschickt, er sollte den Arenaherrn Jubal Alexandros ebenso informieren.

„Schrecklich. Ist es wahr, Kassandra?", flüsterte er. Noch zweifelte er an den Worten des Sklaven. Er konnte sich nicht vorstellen, dass sein Freund nun kalt und steif im Bett lag und er nie mehr die Gelegenheit bekommen würde, für die harten Worte des Vorabends, um Verzeihung zu bitten.

„Es tut mir so leid, Marcus, ich wollte dich nicht beleidigen. Verzeih mir", flüsterte er etwas später, als er bereits am Totenbett saß. Kassandra hatte ihm einen Stuhl gebracht und sein Bein auf einen Hocker gelegt. Mit stoischer Ruhe hatte er sie gewähren lassen. Nun saß er da, bat den Toten um Verzeihung und hielt dessen kalte Hand. „Was wird nur Lydia dazu sagen, dass ich nicht besser auf dich achtgegeben habe, mein Freund? Arme Lydia." Im Vorraum ging Iucundus herum, Kassandra stand wie eine Säule neben der Tür und beobachtete Gavin, der ganz in seine Trauer versunken saß und nichts mehr mitbekam.

Plötzlich hörte Iucundus in seiner Tätigkeit auf.

„Wo ist Ajax?", fragte er.

Dem Arzt war etwas eingefallen, nachdem er den Toten untersucht hatte. Schnell war er in seine Kammer zurückgelaufen und hatte seine Sachen durchsucht. Ein kleiner Beutel mit einem tödlich wirkenden Kraut fehlte. Schockiert über diese Entdeckung lief er zum Hausherrn und erklärte den Vorfall. Der schickte umgehend einen Boten zum Polizeikommandanten, der wiederum einen Boten zu Horatio Maximus Clemens. Zuerst traf die Polizei ein, mehrere leicht bewaffnete Männer postierten sich am Eingang zur Villa und zwei blieben vor den Räumen des Verstorbenen stehen, während Pollux Severin, ein Ermittler, den Arzt befragte und später auch noch den Hausherrn. Erst danach ging er hoch und ließ sich in die besagten Räume führen. Kurz darauf traf auch Horatio Maximus Clemens ein.

5. Erratum - Irrtum

Iucundus setzte sich und ließ die Trauer um den gütigen Herrn zu. Niemals, hatte der Herr seinen Zorn an ihm ausgelassen, den hatten die Gladiatoren beim Training zu spüren bekommen. Aber zu ihm war er immer gut gewesen und nun bekam er noch etwas für seine treuen Dienste. Noch während er daran dachte, durch den Tod des Herrn frei geworden zu sein, stürmte die Polizei herein, angeführt von Horatio Maximus. Ohne auf den Sklaven zu achten, rannte er ins Schlafzimmer des Toten und fand dort Gavin trauernd sitzen. „Weg da!", rief er zornig, doch Gavin hörte ihn nicht. Er war zu sehr in Gedanken bei seinem Freund, sah ihr Kennenlernen vor über drei Jahren, als sie sich in den Bergen zum ersten Mal gegenübergestanden hatten. Marcus wollte ihn haben und hatte so lange mit Julius Cassus gefeilscht, bis ihn dieser hergab. Damals war er sich klein vorgekommen, ein Bittsteller an der Tür eines mächtigen Mannes, der ihm das Leben nehmen oder schenken konnte. Doch Marcus hatte sein Talent als Schwertkämpfer erkannt und ihn vom ersten Tag an gefordert und gefördert und bald war aus der Herr-Sklave-Beziehung eine Freundschaft erwachsen, die so manchen Streit überdauert hatte. Marcus hatte seine helle Freude an ihren Disputen, denn er mochte keine Menschen, die sich duckten und ihm nach dem Mund redeten, nur weil er der Herr war. Lieber war ihm ein handfester Streit, der mit einer Ohrfeige für den Sklaven endete, als ein Duckmäuser. An all das dachte Gavin und er musste lächeln, während er weinte. ‚Was hast du nur in mir gesehen, mein Freund, der du jetzt tot hier liegst?' Er seufzte, dann wischte er sich die Tränen von den Wangen und blickte blinzelnd auf.

In den Unterkünften der Sklaven und Gladiatoren hatte sich die Nachricht vom plötzlichen Tod des Herrn schon herumgesprochen. Eifrig wurde diskutiert. Ein Sklave berichtete beim Frühstück über den Streit, den er am Vorabend mitbekommen hatte und wie Gavin und Marcus im Zorn voneinander gingen. „Die Sklavin soll ganz verstört gewesen sein, als sie ihren Herrn ins Quartier zurückgeleitet hatte", berichtete der Mann weiter. Vielmehr wurde später noch dazu gedichtet und der kleine Streit weitete sich zu einer handfesten Auseinandersetzung aus, in dem angeblich der Herr Gavin enterben wollte. Sextus grinste in sich hinein, hielt dabei aber die Hände vors Gesicht, damit es niemand sehen konnte. Schnell stand er vom Tisch auf und ging in seine Kammer. ‚Ich bin neugierig, was Fortunata zu dieser Nachricht sagt. Ein Mitbewerber weniger im Geschäft.' Eifrig überlegte er nun, wie er sich den Tod des Herrn noch weiter zu Nutze machen konnte. Plötzlich hatte er eine geniale, wenn auch einfache Idee und er schritt sofort zur Tat.

Gavin blickte Horatio aus rotgeweinten Augen an. „Hat jemand einen Boten nachhause geschickt? Lydia muss informiert werden." Er klang verloren, nichts war mehr von dem harten Mann zu spüren, der in der Arena gnadenlos das Leben anderer nahm, nur um selbst nicht sterben zu müssen. „Ich werde das veranlassen. Wo ist sein Scriptor? Ich brauche das Testament."

„Herr, warum ist die Polizei hier?", fragte Gavin, der endlich die vielen Männer in den Farben der Stadtwache erblickt hatte. „Wir haben Grund zu der Annahme, dass Marcus Atticus vergiftet wurde." Gavin fuhr von seinem Platz in die Höhe, der Stuhl fiel polternd zu Boden und er stolperte über den Hocker, als er das Gewicht nicht auf dem rechten Bein halten konnte. „Was?", fragte er am Boden liegend, noch zu schockiert, etwas anderes zu denken. Er wusste niemanden, der seinem Herrn und Freund feindlich gesonnen war. Das sagte er auch Horatio, als er sich mit Kassandras Hilfe in die Höhe stemmte. Kalkweiß stand er vor Horatio, der ihn mit einer Mischung aus Trauer und Feindseligkeit musterte. „Ihr bleibt in der Stadt, bis ich herausgefunden habe, was passiert ist und jetzt geh in dein Quartier zurück", befahl er. Gavin neigte das Haupt, sah Horatio noch einmal ins Gesicht und humpelte, sich schwer auf Kassandra stützend hinaus.

Aber noch bevor sie das Atrium der Villa durchquert hatten, begegnete ihnen ein Polizist, der sie erneut aufhielt und ihnen zu warten befahl. „Ich bin müde", murrte Gavin. „Was ist denn jetzt? Reicht es nicht, dass mein Herr tot ist?" Doch der Polizist eilte an ihm vorbei, nahm immer zwei Stufen auf einmal, wobei der Dolch ein klatschendes Geräusch auf dem Leder des Gürtels erzeugte und die dicken, wie bei Legionären genagelten, Sandalen, klackten auf den Steinfliesen. Gavin blickte ihm nach. „Tut mir leid, Kassandra, das wird wohl noch etwas dauern. Geht's noch? Kannst du mich noch halten?"

„Ja, Herr, eine Weile wird es noch gehen." Stumm warteten sie in der Halle. Der Portier blickte in ihre Richtung, traute sich aber nicht, etwas zu sagen.

Von oben hörten sie lautes Gebrüll und dann polterte Horatio Maximus gefolgt von seinen Männern, die Stufen herab. „Bleib wo du bist! Du stehst vorläufig unter Hausarrest!" Gavin war schockiert, er wusste nicht was vorging. „Herr? Meinst du mich, Herr?"

„Stell dich nicht dumm! Natürlich bist du gemeint und deine Hure auch." Beide schauten sich kurz an, dann zuckte Gavin mit den Schultern. „Ich werde mich fügen, Herr, aber ich sehe den Sinn nicht. Weder fortlaufen noch sonst etwas kann ich."

„Den Grund wirst du erkennen, wenn ich meine Untersuchungen abgeschlossen habe." Dann beauftragte er zwei Polizisten, Gavins Kammer gründlich zu durchsuchen und von allen Waffen zu befreien. „Du wartest hier, bis sie zurück sind." Abermals nickte Gavin. Er sah, dass Gegenwehr keinen Zweck hatte und alles verschlimmern würde. Lediglich zu setzen, wünschte er sich und in Ruhe, um seinen Freund zu trauern.

„Herr, bitte, lass für meinen Herrn einen Stuhl kommen", bat Kassandra, doch Horatio machte keine Anstalten, sich von seinem Platz an einer Säule zu erheben oder auch nur eine entsprechende Anweisung zu geben, ihrer Bitte Folge zu leisten. Gavin merkte, lange würde er nicht mehr stehen können, so gab er Kassandra ein Zeichen und humpelte auf die Stufen zu. Sofort standen mehrere bewaffnete Männer um die beiden und wollten sie hindern, zu der Sitzgelegenheit zu gelangen. „Ich muss mich setzen, oder ihr könnt mich nachher tragen", brummte er zornig. Da traten sie zur Seite und ließen ihn gewähren. Seufzend ließ er sich auf eine Stufe sinken. Auch Kassandra sah müde aus. Lange mussten sie warten, doch dann ging es sehr schnell und Gavin wusste nicht, wie ihm geschah, als die Garde zurückkam, ihn wortlos packte und abführte. „Kassandra!", rief er fassungslos. „Was ist nur los? Herr, Horatio, was soll das?" Pollux redete unterdessen leise auf Horatio Maximus ein, dieser nickte und bestätigte den Befehl seines Untergebenen. Dann stand er auf, trat auf Gavin zu und gab ihm eine schallende Ohrfeige. „Ich weiß Bescheid. Bis zu deiner Verhandlung bleibst du im Kerker der Arena, ebenso deine Komplizin." Vor Schreck blieb Gavin der Mund offenstehen. „Was wird mir vorgeworfen, Herr?" Das Atrium begann sich plötzlich zu drehen, das Mosaik im Boden schien sich zu wölben und auf ihn einschlagen zu wollen, dann traf es ihn, als er mit dem Gesicht darauf landete. In seinen Ohren summte es und er hatte das Gefühl, als hätten die harten Worte sein Hirn entleert und stattdessen mit Ton gefüllt, so dumpf fühlte es sich an. Kassandra versuchte, zu ihm zu gelangen, aber die Polizisten hielten sie fest umklammert. „Lasst mich doch …", versuchte sie sich zu artikulieren, doch eine Hand traf ihre Wange und sie schwieg. ‚Der Patron ist tot und mein Herr und ich sollen ihn umgebracht haben. Dieser Irrtum muss sich aufklären. Ich will nicht in den Kerker', dachte sie, dann rief sie: „Ich habe nichts getan!" So lange wehrte sie sich, bis ihr einer der Polizisten eine weitere Ohrfeige gab. Gavin zerrten sie auf die Füße und schleiften ihn einfach mit. Auf dem Weg zum Kerker, begegneten ihnen zahlreiche Menschen, Sklaven, Freigelassene und Wachen, die sich diese Sensation nicht entgehen lassen wollten. So machte bald darauf die Nachricht vom Tod des Herrn und der Verhaftung von Gavin Tettius die Runde.

Claudius Lucius erfuhr durch Iucundus davon, der nicht glaubte, sein Herr sei ermordet worden. „Danke, dass du zu mir gekommen bist und ich die Nachricht nicht erst von der Wand lesen musste."

„Es war mir ein Bedürfnis, Herr, weil du meinen Herrn gut gekannt hast und er es nicht anders gewollt hätte. Ich werde dich weiter auf dem Laufenden halten, wenn es dein Wunsch ist."

„Danke Iucundus, ich denke auch, das beruht auf einem Missverständnis. Irgendwer wird etwas falsch verstanden haben. Es tut mir nur leid, dass ihr und wir alle, in der Trauer so gestört werden. Sei versichert, dort, wo dein Herr jetzt ist, wird es ihm gut ergehen." Iucundus verabschiedete sich, getröstet durch die Worte des Herrn. Rasch lief er in die Arena zurück, doch die Neuigkeiten breiteten sich immer mehr aus, wie Wellen schlugen sie höher und bald hatten sie jedes Maß verloren und Gavin stand an den Hausmauern nicht mehr als „Gladiator erster Güte, sondern als Mörder eines Mannes in der Blüte." Iucundus verfluchte sich dafür, Ajax geholt zu haben, der in seinem Übereifer wahrscheinlich eine Lawine losgetreten hatte, ohne es zu merken.

In den Gladiatorenunterkünften wurde wieder einmal gestritten. „Der Herr ist tot und Gavin soll ihn ermordet haben? Ich kann es nicht glauben", flüsterte Tullius. „Irgendetwas stimmt da nicht, Männer. Da stinkt etwas gewaltig. Es ist zu bequem, in Gavin den Schuldigen zu suchen."

„Mach dich nicht lächerlich, Tullius. Denkst du, da hat jemand was gedreht, damit der aus dem Weg ist? Wem sollte er denn im Weg gewesen sein?", fragte Sextus scharf. Rufus und Ullrik saßen stumm auf ihren Betten, da entfuhr dem Germanen: „Was zum Teutates, soll das ganze Theater? Der Herr war angeblich krank. Kann er nicht einfach so gestorben sein?" Rufus standen die Tränen in den Augen, er hatte den Herrn geliebt, er hatte ihn aus einer mehr als misslichen Lage befreit und ihm zu einem Mindestmaß an Ansehen verholfen. Seine Trauer war echt. Aber auch er konnte sich nicht vorstellen, dass Gavin so etwas gemacht haben sollte.

„Die Gier kann eine schlimme Eigenschaft sein. Wenn einer zu hoch hinaus will, kann er sehr tief fallen. Das wissen wir alle", gab Sextus zu bedenken.

„Was meinst du damit?" Tullius starrte seinen Kameraden erstaunt an. Sextus zuckte lediglich mit den Schultern, dann fuhr er fort: „Hast du vergessen, dass Myrdin der Erbe ist? Vielleicht hat er etwas nachgeholfen, um schneller an das Vermögen des Alten zu kommen? Was weiß denn ich?" Nun hob ein Stimmengewirr an. Alle redeten durcheinander. Was Sextus gesagt hatte, ergab auf einer Seite Sinn, auf der anderen wollte es keiner glauben. Alle mochten Gavin, der nie mit seinem Wissen gegeizt hatte und fair kämpfte. „Glaubt und macht was ihr wollt. Ich habe in dieser Sache meine eigene Meinung", grollte Sextus.

„Vielleicht hast du Recht", gab Tullius schließlich nach. Langsam wurde es ruhig im Gladiatorenquartier. Die Anschuldigung gegen einen der einmal wie sie war, hing in der Luft und säte Zwietracht zwischen den Kameraden. Einer unter ihnen freute sich still darüber.

Auf dem Weg zum Kerker kam Gavin wieder zu sich. Er versuchte, mit den Wachen Schritt zu halten und brachte es tatsächlich fertig. „Lasst mich wenigstens einen Anwalt suchen", bat er und wollte noch einmal Horatio Maximus zum Einlenken bewegen. Doch der hatte für sich genug Beweise gesehen. „Wenn du einen findest, der dich verteidigt, dann nur zu", meinte er gehässig. Unter strenger Aufsicht durfte er im Wachzimmer des Kerkers eine Nachricht auf eine Wachstafel schreiben. „Das soll Claudius Lucius erhalten."

„Von meinen Männern werde ich keinen schicken. Sollte sich einer der Gladiatoren bereit erklären, dann wird die Nachricht zugestellt, ansonsten eben nicht." Damit musste sich Gavin zufrieden geben. Horatio nahm die Tafel, gab sie weiter und ein junger Mann lief damit in die Gladiatorenunterkünfte. Tullius erklärte sich schließlich nach langem hin und her bereit, die Nachricht zu überbringen.

Er rannte, die Tafel fest unter den Arm geklemmt, in die angegebene Straße. Einige Male verlief er sich in den engstehenden Hochhausreihen. Auch in Ravenna gab es solche Viertel, aber die kannte er. Hier fand er sogar den Geruch anders. Alles roch irgendwie nach Erde und Feuer. Da fielen ihm die Tonmanufakturen in der Nähe ein, daher rührte der Gestank. Er vermischte sich mit Fäkalgerüchen und den Dämpfen, die aus den Garküchen und Schenken drangen. Tullius kletterte über einen Geröllhaufen und kam endlich auf eine breitere Straße. Hier waren die Häuser niedriger und der Gestank nahm ab. An einer Hauswand fiel ihm ein bekannter Schriftzug auf. „Ich war hier und hab es mit Julia getrieben. Es geht mir trotzdem nicht gut. G.T." Darunter stand durchgestrichen: „G.T. liebt K." Tullius vergaß einen Moment den dringenden Auftrag und starrte die Worte an. Ein wenig lesen konnte er und verstand es. ‚Ob das Myrdin hinterlassen hat? Er heißt doch Gavin Tettius. G.T. So unterschrieb er die Lagerlisten.' Er schüttelte den Kopf und gleichzeitig drang die bittere Erkenntnis in ihn, dass er Gavin, den er für seinen Freund gehalten hatte und noch halten wollte, nicht wirklich kannte. Dann lief er eilig weiter. Wenn er ihn je verstehen wollte, musste er den Auftrag ausführen. Bald darauf hatte er die richtige Straße gefunden und dann stand er vor der prächtigen Villa des Claudius Lucius. Zögernd stieg er die Treppe hoch und betätigte den Türklopfer. Laut hallte es in der Eingangshalle wider. Der Türsteher Corax öffnete einen spaltbreit und schaute Tullius feindselig an. „Was willst du?", fragte er barsch.

„Ich habe eine Botschaft für deinen Herrn Claudius Lucius oder wenn er nicht hier ist, für die Herrin Julia", antwortete Tullius.

„Gib mir die Tafel", forderte Corax.

„Nein, ich habe den Auftrag sie nur dem Herrn oder der Herrin auszuhändigen. Wenn du sie nicht holst oder mich hineinlässt, werde ich auf der Türschwelle warten, bis einer der beiden herauskommt. Irgendwann werden sie ja das Haus einmal verlassen und dann werde ich ihnen die dringende Botschaft geben und es wird für eine Reaktion zu spät sein." Tullius war stolz auf sich, weil ihm das eingefallen war. Ansonsten war er eher wortkarg und kannte die feine Redeweise nur vom Hörensagen. Corax schien die Rede beeindruckt zu haben, denn er öffnete die Tür weiter und ließ ihn eintreten.

„Warte hier, Bote. Ich sehe nach, ob dich der Herr empfangen kann." Damit war Tullius einverstanden. Er betrachtete den schön gelegten Boden, die Skulpturen zwischen den Säulen und die netten kleinen Wandmosaike, die das Leben am Land darstellten, besonders Dinge, die mit Wein zu tun hatten, waren abgebildet. Man sah sofort, in wessen Haus man hier war. Tullius wagte nicht, sich zu bewegen, aus Angst etwas von den wertvollen Gegenständen zu beschädigen. Aus einem Oberlicht drang ein heller Streifen Sonnenlicht herein. Er landete direkt auf dem Stern in der Mitte der Eingangshalle. Es war ein netter Effekt, den Tullius eine Weile bewunderte. Dann kam Corax zurück und forderte ihn auf, mitzukommen.

Er führte ihn ein Stück durch die Halle, bog vor dem Atrium links ab und dann einen schmalen dunklen Gang entlang bis zum Ende. Dort öffnete er eine Tür und er fand sich in einem großen, hellen Raum wieder. Augenscheinlich war es das Büro des Hausherrn. Der saß hinter einem fein geschnitzten Schreibtisch und starrte Tullius an. „Danke Corax, du kannst gehen", sagte er und musterte den Ankömmling interessiert. Der

Gladiator senkte verlegen den Blick, er kam sich schäbig vor, nicht nur seiner Kleidung wegen auch wegen der Nachricht, die er überbringen musste. „Also, du bist doch kein Bote, sondern einer von Marcus Gladiatoren."

„Ja Herr. Ich komme trotzdem als Bote."

„Einen Teil der Botschaft kenne ich leider. Der Leibsklave deines Herrn berichtete mir bereits von dessen überraschendem Ableben. Diese Nachricht betrübt mich sehr. Doch was ist so wichtig, dass es kein normaler Bote überbringen kann und du in Eile hergeschickt wirst?"

„Ich soll dir dies von Gavin Tettius überbringen." Damit trat er vor und überreichte dem Mann die Wachstafel. Eine Weile las er mit gerunzelter Stirn, dann sprang er zornig auf. „Was bildet der sich ein? Was denkt er, wer er ist?" Aufgebracht, lief er im Raum herum. Vor Tullius hielt er an und blickte ihm scharf ins Gesicht. „Dein Name und dann möchte ich wissen, wie du über die Sache denkst."

„Tullius, Herr. Ich weiß nicht, wie ich über die Sache denke. Es hat mir keiner etwas gesagt. Aber ich glaube nicht, dass er etwas mit dem Tod des Herrn zu tun hat."

„Warum glaubst du das, Gladiator?"

„Ich weiß es nicht. Es ist nur so ein Gefühl, Herr." Tullius wollte am liebsten im Erdboden versinken und er schalt sich selbst einen Dummkopf, diese unselige Aufgabe übernommen zu haben. Claudius Lucius schien ein sehr penibler Herr und leicht reizbar zu sein. Wie in der Arena kam er sich vor, wenn er einen gefährlichen Gegner abschätzen musste.

„Danke. Du kannst gehen. Ich werde mit meiner Entscheidung bis morgen warten."

„Ich danke dir, Herr", erleichtert atmete er aus, weil nicht mehr von ihm verlangt wurde.

„Ja, ja, schon gut."

Tullius verbeugte sich und verließ eilig das Büro. Über Umwege gelangte er schließlich zurück in die Gladiatorenschule. Noch nie war er so erleichtert gewesen, die umschlossenen Mauern zu sehen, die Gefängnis und Heim gleichermaßen waren, sie bedeuteten für ihn Stabilität in dieser sich rasch wandelnden Zeit.

Claudius Lucius studierte die Tafel ein weiteres Mal. „Verehrter Claudius Lucius, brauche Hilfe. Marcus tot. Werde des Mordes beschuldigt. Brauche Anwalt. Dein ergebener Diener G.T. PS Ich bin unschuldig." Er legte die Tafel auf den Tisch und lief dann nachdenklich im Büro herum. Eigentlich sollte er sich auf eine Verkaufsverhandlung vorbereiten. Aber diese Angelegenheit schien ihm nun wichtiger. Er wusste schon lange, dass Julia eine Beziehung mit Gavin hatte und hatte sie stillschweigend gebilligt. Sie brauchte eben diese Art der Abwechslung und Gavin war auch ein kluger Kopf mit dem sich gut reden ließ und was noch wichtiger war, er war nicht oft in der Stadt. ‚Wenn ich ihm helfe, dann muss er mir versichern, sich nie wieder mit ihr zu treffen.' Dann durchfuhr ihn ein Stich. Er glaubte dem Mann und dann dachte er voll Wehmut an Marcus, der tot in einer ihm fremden Stadt lag. ‚Ich brauche mehr Informationen. Morgen gehe ich zu Horatio. Er muss mich mit ihm reden lassen. Und dann überlege ich weiter.' Während er noch so nachdachte, öffnete sich die Tür und Julia trat ein. Erstaunt blickte sie ihren Gatten an. „Claudius, was ist mit dir? Du siehst so verstört aus." Erschrocken über ihr Eindringen, wandte er sich um. Stumm gab er ihr die Tafel. Es war so ruhig im Zimmer, dass sie ihren Atem hören konnten. Claudius stand hinter ihr und betrachtete ihren Rücken. Sie schien in sich zusammenzufallen, als sie den Inhalt des Textes verstanden hatte. Erst als sie alles mehrmals gelesen hatte, legte sie die Tafel vorsichtig auf den Tisch. Dann wandte sie sich um und warf sich Claudius an die Brust. Schluchzend sagte sie: „Der arme Marcus. Der arme, arme Marcus. Wer könnte ihm nach dem Leben getrachtet haben?" Claudius nahm sie in den Arm und strich ihr sanft über den Rücken. „Ich habe ihn auch gemocht. Er war nicht nur ein guter Geschäftsfreund, sondern ein wirklicher Freund", flüsterte er. Eine Weile standen sie so. Dann machte sie sich frei, wischte sich über die Augen und begann tatkräftig im Büro zu wandern. Immer schon war sie eine agile Person gewesen, Untätigkeit war ihr fremd und sie kannte keine Angst. Schon mehrfach hatte sie sich mit dem Stadtsenat angelegt und meistens auch gewonnen. Zuletzt hatte sie wegen der Sanierung der Kloaken in den Armenviertel vorgesprochen und nun waren die Arbeiten bereits in Gang. Aber nicht nur ihre wortgewandte Art auch ihr liebenswertes Wesen halfen ihr, sich in grundlegenden Dingen durchzusetzen, oder zumindest Gehör zu verschaffen. Claudius wusste, was er an ihr hatte und das lag nicht nur an dem Vermögen, das sie in die Ehe mitgebracht hatte. Sie konnte die Menschen gut einschätzen. Meistens genügte ein Blick und sie wusste Bescheid. Das hatte Claudius schon mehr als einmal vor einem Fehler bewahrt. Er machte die Geschäfte und sie beurteilte die Geschäftspartner. Diese Zusammenarbeit ließ ihre Firma blühen. Auch hatte sie dafür gesorgt, dass die Sklaven auf ihren Latifundien alle acht Tage einen freien Tag bekamen. Beide hatten festgestellt, dass sich dadurch die Produktivität erheblich steigerte und die Leute motivierter an die Arbeit gingen. Danach hatten sie die Sklavenunterkünfte vergrößert und die Riemenstrafe auf ihrem Landgut abgeschafft. Die Leute lebten länger, was wiederum ihnen zugutekam, denn sie mussten weniger Sklaven kaufen und einlernen lassen.

„Was hast du vor, Claudius?", fragte sie schließlich. „Morgen gehe ich zu Horatio. Heute habe ich noch einen Termin und wenn ich recht unterrichtet bin, du auch. Sieh mal zu, was dir Cornelia erzählen kann. Die hört doch alles, obwohl sie das Haus kaum verlässt", antwortete er. Julia war erstaunt, an Cornelia hatte sie nicht gedacht, die konnte vielleicht Informationen haben.

„Dann werde ich mich jetzt für die höchst ehrenwerte Cena des Primus Felix zurechtmachen, Claudius. Viel Glück für die Verhandlung mit Leon Dexter. Ich bin sicher, er wird uns den Wein zum vereinbarten Preis abkaufen." Damit verließ sie rasch den Raum. Beide machten sich nun fertig für ihre Verabredungen, wobei sich Julia auf ihren Termin nicht wirklich freute. Die Cena bei Primus Felix war immer sehr ausladend und die weitschweifigen Reden, die er hielt, waren nicht nur langweilig, sondern zumeist auch geistlos. Doch sie musste zugeben, das Essen war immer vortrefflich, ebenso der Wein. Meistens kredenzte er Falner, den sie selbst auch als Großhändler kauften und dann an kleine Schenken weiterveräußerten.

Horatio Maximus war nicht geneigt gewesen, Gavin weiter zuzuhören. So sehr er es auch versucht hatte, nachdem er die Nachricht schreiben hatte dürfen, waren er und Kassandra weggesperrt worden. Noch immer hatte er seine letzten Worte im Ohr: „Die Anklage gegen dich wird vorbereitet, dein Besitz und dein Vermögen werden beschlagnahmt und im Falle eines Schuldspruchs versteigert, das betrifft nicht deine ebenfalls angeklagte Sklavin. In den Kerker mit den beiden!" Nun saß er da und grübelte über das Geschehene. Er konnte nicht glauben, dass Marcus von ihm gegangen war und er beschuldigt wurde, ihn getötet zu haben.

Stunden schienen zu vergehen, die sie schweigend, jeder an einer anderen Wand gelehnt, saßen und warteten. Feucht und kühl war es in diesem Gewölbe, das Stroh war schimmelig und verströmte einen unangenehmen Geruch. Kassandra hatte den Kopf auf die Knie gebettet und versuchte, nicht in Verzweiflung oder Erstarrung zu fallen, wie sie es früher getan hatte und dieses Früher war noch gar nicht allzu lange her. Sie wollte stark sein und es auch bleiben, für sich und für Gavin.

Julia war frisch gekleidet, das Haar in hübsche Löckchen gelegt und mit Bändern verziert. Etwas dezente Schminke verhalf ihr zu einem jüngeren Aussehen. So bestieg sie die Sänfte, die sie zum Haus von Primus Felix Victor bringen würde. Sie war schon spät dran, drängelte aber nicht, denn manchmal war es besser unpünktlich zu sein und diese Gesellschaft zu der sie geladen war, schien ihr für dieses Verhalten durchaus geeignet.

Die ersten Gäste hatten sich gerade zu Tisch gelegt, als sie der Portier, ein großgewachsener Numider mit langem wallendem Haar, einließ. Er war in eine goldfarbene Tunika gekleidet und seine Sandalen zierten kleine Flügel. Julia musste ein Lächeln unterdrücken, Primus Felix hatte sich wieder allerlei Unsinn einfallen lassen, um Eindruck zu schinden. Dabei hatte er diesen Prunk nicht nötig, sein Anwesen allein sprach für seinen Reichtum. Aber er war eben ein alter Protzer, der nicht nur mit seinem Geld angab, sondern auch mit seiner hübschen jungen Frau, die, wie Julia wusste, nicht mehr ganz so jung war, wie sie sich gerne gab. Aber auch das störte sie nicht, sie selbst machte sich ebenfalls jünger, wenn es erforderlich war. Heute trug sie einen Peplos, verziert nur mit einem Gürtel aus feinen, ineinander verschlungenen Gliedern aus Gold. Um den Hals trug sie ein kleines Band, das lediglich ein winziger Bernstein zierte, der passte zu ihrem bronzefarbenen Haar. Ansonst hatte sie auf Schmuck verzichtet. Sie zierte sich selbst.

Der Portier brachte sie ins Speisezimmer, das leicht die doppelte Anzahl der Gäste hätte aufnehmen können. Schnell versuchte sich Julia einen Überblick zu verschaffen. Einige Leute kannte sie, es waren auch zwei Anwälte darunter, vielleicht konnte sie später mit einem sprechen, wenn die Gesellschaft etwas mehr durcheinandergeriet und sich die Leute Bewegung verschaffen mussten.

Üppig war ein Hilfsausdruck für Primus Gastmähler, was einen kleinen Marsch durch das Haus zwischen zwei Gängen notwendig machte.

Julia bekam ihren Platz neben einer älteren Matrone zugewiesen, Calpurnia war ihr Name und die beiden mochten sich nicht besonders, was auch allgemein bekannt war. Sie plauderten eine Weile über das Wetter und dann die allgemeine Lage auf den Märkten, scheinbar war das Brot teurer geworden, Julia hatte davon noch nichts bemerkt, ihr Händler stellte nach wie vor die gleiche Rechnung in Summe. Aber sie schwieg dazu. Dann meckerte Calpurnia erneut über das Wetter, es sei viel zu heiß. Als Julia das bestätigte, dementierte Calpurnia sofort, für einen Sommer sei es doch recht angenehm. Ihr schien diese Art der Kommunikation sehr zu gefallen, denn sie fand ständig neuen Gesprächsstoff.

Dann kamen endlich die Gastgeber. Julia musste sich ein Grinsen verkneifen. Beide waren in Rot gekleidet, das nur Cornelia stand, überreich mit Gold behängt, und wirkten alles in allem eher lächerlich als herr-

schaftlich. Doch Julia wollte sich noch kein Urteil über den Abend anma-
ßen. Langsam verspürte sie Hunger und sie freute sich auf die Vorspeise,
den ersten Gang von siebzehn, soviel war angekündigt worden.

Als die Gastgeber endlich lagen, schlug ein Gong an und Sklaven im
Federkleid brachten gackernd auf Tabletts, die mit Holzhühnern verziert
waren, gekochte Eier und Eier in allerhand Variationen. Julia versuchte
krampfhaft, nicht zu lachen, die Diener konnten nichts dafür, dass sie sich
lächerlich machen mussten. Aber die Eier waren gut, sehr gut sogar. Dazu
reichte er Honigwein, Julia fragte sich, wann er wohl den Falner auftischen lassen würde, den er so großspurig angekündigt hatte. Nach der
Vorspeise musste sie sich auf die Rede des Gastgebers konzentrieren, sie
war unvermeidlich und sorgte stets für Heiterkeit unter den Gästen. Primus richtete seinen Wollschal, der auch in Rot gehalten war und begann
gewichtig gegen seinen Kristallkelch zu schlagen, ein Sklave schlug dazu
im selben Rhythmus den Gong. Das allein war schon fast zu viel für Julia,
doch Calpurnia schien es zu gefallen. Die Matrone liebte ausgefallene Diners. Als der letzte Gong verhallt war, begann Primus: „Meine lieben Gäste, es ist mir wie immer eine Freude euch zu sehen, jeden einzelnen von
euch heiße ich in meinem bescheidenen Haus willkommen. Lasst euch die
Speisen und Getränke schmecken, die ich aus allen Teilen des Reichs habe
kommen lassen, um eure Gaumen zu erfreuen." Laute Dankesbezeugun-
gen unterbrachen ihn kurz, dann fuhr er fort: „Wie ihr wisset, bewirbt sich
mein geliebter Sohn Deciderius Felix um ein gewichtiges Amt, doch nicht
nur deshalb habe ich euch geladen, sondern auch, um euch etwas Gutes
zu tun, um euch an meinem Reichtum teilhaben zu lassen. Deciderius ist
leider heute verhindert, weil er dem Mahl des Horatio Maximus Clemens
beiwohnen muss. Muss wohlgemerkt, es ist ein Arbeitsessen und steht gerade heute unter keinem guten Stern, wie ich sagen hörte." Ein ungläubi-
ges Raunen hob an und Julia glaubte, das Herz müsse ihr stehenbleiben
als Primus den ganzen Klatsch weitererzählte und noch ausschmückte.
„Leute, die Götter sind mir wie immer hold, denn der Tod des Marcus Atticus hat mich von einer starken Konkurrenz in Ravenna befreit. Dennoch
bin ich betrübt, wie wohl jeder von uns, über das unfreiwillige Abtreten
und diesen Frevel, den dieser Gladiator einem Menschen gegenüber gezeigt hat. Meiner Meinung nach hätte er sofort den Hunden vorgeworfen
werden sollen. Was meinen die Anwälte, die unter uns weilen?" Betretenes Schweigen breitete sich aus. Priamos Lucullus, ein sehr guter Anwalt,
hob kurz seinen Becher, ließ ihn erneut mit Honigwein füllen und meinte
dann: „Weißt du, Primus, wenn ich alles glauben würde, was ich so an
einem Tag hörte, ich würde meine Beruf an den Nagel hängen und Ge-

schichtenerzähler werden. Aber zum Glück, muss ich das Geschwätz der Tauben nicht für wahr halten, sondern bin, Minerva sei Dank, noch fähig, mir selbst ein Urteil zu bilden." Julia schaute den älteren Mann kurz an. Sie hatte ihn noch nie auf einer Veranstaltung gesprochen, gesehen schon des Öfteren, aber Zeit für ein Gespräch hatte sie noch nie gefunden. Sie nahm sich vor, unbedingt seine Nähe zu suchen. „Wie du meinst Priamos", begann Primus erneut. „Aber die Sache sieht doch recht eindeutig aus. Aber, Freunde, lassen wir uns durch diese grausliche Gladiatorengeschichte nicht den Gusto auf den nächsten Gang verderben." Er gab einem Sklaven ein Zeichen, ein Gong ertönte und die zweite Vorspeise wurde abgetragen bevor der nächste Gang aufgetragen wurde. Es gab Allerlei vom Schwein, jede Menge Blut- und Bratwürste, kross gebraten, dazu Wurzelgemüse, das im Saft der Würste geschmort worden war. Es wurde genüsslich mit den Fingern gegessen. Für jeden Gast stand ein Sklave mit einer Schüssel zum Händewaschen bereit. So war es auch beim nächsten Gang, der Hühnchen verhieß und abermals von gackernden Sklaven serviert wurde. Dann erst gab es eine kleine Pause.

Julia musste sich dringend Bewegung verschaffen. Die Speisen waren köstlich, aber überreichlich und die Sklaven, sehr dienstbeflissen, sorgten solange für Nachschub, bis die Platte leer war und Julia immer höflich, verneinte selten. Nun fühlte sie sich, als würde sie gleich platzen. Nach dem Hühnchen sagte Primus: „Liebe Freunde, will jemand kurz austreten? Macht euch bitte wegen mir oder meiner Gattin keine Sorgen, das Mahl ist so üppig gehalten, dass sich keiner zu genieren braucht, wenn er einem Bedürfnis nachgeben muss. Ich mache es auch nicht." Ein mächtiger Furz folgte diesen Worten, der Julia die Schamesröte ins Gesicht trieb und sie wünschte, sie wäre weit weg. Eilig bat sie Calpurnia um Entschuldigung, die eben von den Vorzügen ihrer Tochter berichtete, die Julia nicht im mindesten interessierte, denn ihre Söhne waren beide verheiratet und die Tochter würde schwerlich ein Mädchen mit über dreißig Jahren ehelichen, und entschwand dem Speisesaal.

Am Gang stand sie einen Moment etwas verloren herum, dann erblickte sie Priamos weiße Haarpracht, der zielstrebig auf das Peristyl zusteuerte. Ihm folgte sie. Als sie ihn eingeholt hatte, sagte sie: „Wir kennen uns, glaube ich, noch nicht. Ich bin Julia, Gattin des Claudius Lucius, des Händlers und Keramikers."

„Ich weiß, wer du bist", antwortete er und sein Blick blieb wohlgefällig an ihr hängen. Er sah etwas älter aus als er tatsächlich war und die Palla ließ ihn weibisch wirken, aber es war so eine Art Markenzeichen von ihm, sie zu tragen, als wäre er ein Schauspieler oder eine Frau. Seine Homosexualität war hinlänglich bekannt und er war alt genug und auch weise genug, das nicht zu verheimlichen. Niemand beschuldigte ihn mehr, junge Knaben zu verführen, seit er eine offizielle Frau hatte, die aber ebenso wie er, tat was sie wollte. Es diente nur dazu, den Schein zu wahren. Ihre Kinder hatte er anerkannt und nun war das Familienglück besiegelt und jeder zog seiner Wege, ohne dem anderen auf die Nerven zu gehen. Priamos sah gut aus, viel zu gut für einen Mann seines Alters, fand Julia. „Deine Antwort auf Primus Anspielungen hat mir gefallen." Sie wusste nicht recht, wie sie zur Sprache kommen sollte, dann entschied sie, der direkte Weg sei am besten. „Ich suche für einen Freund von mir und meinem Gatten einen Anwalt." Priamos schaute sie erwartungsvoll an. Weil sie nicht sofort weiterredete, forderte er sie zu einem Spaziergang durch das von Fackeln erhellte Peristyl auf. Es war schön hier. Ein Springbrunnen plätscherte in der Mitte des riesigen Gevierts, zahlreiche Bänke luden zum Verweilen ein, aber sie gingen vorbei. „So, verehrte Julia, wer ist dein Freund, und wo liegt sein Problem? Wenn du mein Interesse wecken willst, muss ich schon etwas mehr wissen." Priamos war nicht mehr sehr oft als Anwalt tätig, er hatte genug Geld, um sich zur Ruhe zu setzen und er machte nur mehr, was ihm Spaß machte. So begann sie zu sprechen, erzählte von Gavin Tettius und wie sie ihn kennengelernt hatte, von Marcus Atticus und ihren Geschäftsverbindungen zueinander, ebenso von ihrer Freundschaft. „Ich bin über seinen Tod sehr betrübt und kann es noch immer kaum fassen. Aber ich glaube nicht, dass Myrdin, nein Gavin etwas damit zu tun hat. Dazu ist er zu ehrenvoll." Eine Weile gingen sie schweigend nebeneinanderher. Dann sagte Priamos: „Weißt du Julia, schon allein, um Primus eins auszuwischen, werde ich den Fall annehmen. Aber nicht nur deswegen. Du bist von seiner Unschuld überzeugt. Warum? Das frage ich dich, Julia, und ich bitte dich um eine ehrliche Antwort. Ist er dein Geliebter?" Julia ließ sich nicht erst lange Zeit zum Überlegen, sondern antwortete offen und ehrlich: „Das auch, aber ich mag ihn nicht nur, weil er ein guter Liebhaber ist. Er ist klug und ich halte ihn für überaus ehrenvoll. Nie hat er von sich aus versucht, mich zu verführen, weil er weiß, dass ich verheiratet bin und er hatte stets die Erlaubnis seines Herrn, mich zu besuchen. Auch mein Gatte kennt und schätzt ihn, auch wenn er über das andere nicht sehr erfreut ist, darüber weiß er natürlich Bescheid, ich mag keine Geheimnisse in wichtigen Dingen und Claudius ebenso wenig." Atemlos hielt sie inne und zum ersten Mal seit langem wusste sie nicht mehr genau, was sie gesagt hatte. Sie fürchtete, zu viel geredet zu haben. Doch Priamos brummte nur nachdenklich, äußerte sich aber noch nicht. Abermals gingen sie schweigend durch den Garten.

Die Fackeln warfen ein angenehmes Licht, dann erinnerte sie der Gong an ihre Pflichten als Gäste, der nächste Gang wurde aufgetragen. „Den lasse ich aber aus", verkündete Priamos selbstbewusst. „Meine Figur lasse ich mir durch Primus Prunksucht nicht verderben. Ich faste nicht gerne. Was deinen Freund angeht, werde ich dich morgen besuchen. Ich könnte mir vorstellen, ihn zu vertreten, aber dazu will ich ihn auch sehen und sprechen. Weißt du, wo er ist?" Julia verneinte, sie wusste nicht mehr, als auf der Nachricht stand und was Iucundus Claudius berichtet hatte, was wenig genug war. „Gut. Ihr habt die Nachricht aufgehoben? Dann will ich sie lesen. Wir sprechen morgen weiter, verehrte Julia."

„Ich danke dir, Priamos Lucullus, du bist sehr gütig zu jemandem, den du nicht kennst."

„Lass nur gut sein, es hört sich interessant an und die letzten Fälle, die mir zugetragen wurden, waren nur dazu da, meinen Bauch zu füllen. Also wird es vielleicht diesmal etwas sein, das mein Hirn füllt." An der Tür zum Speisesaal verabschiedete er sich mit einer angedeuteten Verbeugung und Julia begab sich zu Calpurnia, die bereits eifrig dem nun aufgetragenen Falnerwein zusprach. Julia hasste Trunkenheit, besonders bei Frauen. Sie selbst war zwar auch schon ab und zu angeheitert gewesen, aber immer nur zuhause, wenn sie sich dezent zurückziehen konnte. So mischte sie jetzt mit mehr Wasser als für den Wein gut war, nur damit ihr Kopf klar blieb, aber auch so erkannte sie die exquisite Qualität des Weins und sie lobte den Gastgeber auf das höchste. „Ja, verehrte Julia, das ist ein edler Tropfen und bald schon werde ich ihn hier in großem Maßstab vertreiben." Das war als Seitenhieb auf die eigenen Ambitionen gedacht, den Falner zu verkaufen, denn hier ließ er sich nicht anbauen. „Dann wünsche ich dir viel Glück und alles Gute, Primus Felix, und danke dir für den Genuss, in den ich heute komme."

„Du bist wirklich zu gütig, Julia. Sag einmal, wie ist es eigentlich, wenn man einen Mörder kennt?", fragte Cornelia bissig.

„Ich weiß es nicht, kennst du einen?", konterte sie, doch innerlich fühlte sie einen Stich ins Herz. Cornelia wusste also, dass sie Gavin persönlich kannte. „Nun, ich habe mir sagen lassen, du hättest ein Verhältnis mit diesem Myrdin oder wie er sich eben nennen lässt, wenn er in der Arena das Messer schwingt, oder wie man dazu sagt." Cornelia stellte sich absichtlich dumm und redete lauter als gewöhnlich, damit sie alle verstanden und genau zuhörten. Julia begann sich nun immer unwohler zu fühlen, doch bevor sie antworten konnte, sagte Priamos: „Weißt du Cornelia, eigentlich gilt doch noch immer die Unschuldsvermutung und ich ahnte nicht, wie sehr du dem Klatsch zugetan bist. Ist dir das nicht peinlich, hier vor allen Leuten, deine Tratschsucht zu zeigen? Und ich dachte bereits, meine geschätzte und geliebte Gattin, die leider heute nicht hier sein kann, wäre dem Tratsch nicht abgeneigt, aber du schlägst sie noch um Längen, also, das muss man dir lassen, liebste Cornelia und auch verzeihen, denn dein Liebreiz macht das alles wieder wett. Ein Hoch auf die verehrte Gastgeberin!" Damit hob er seinen Kelch, stand auf und prostete in ihre Richtung. Rasch taten es ihm alle gleich und es wurde auf Cornelia getrunken, dann auf Primus und seine göttliche Gastfreundschaft und schon wechselten mit dem Inhalt der Speiseplatten auch die Gesprächsthemen. Julia war Priamos für sein schnelles Eingreifen dankbar, sie hatte in ihrer Verzweiflung nicht mehr weitergewusst. In kleinen raschen Schlucken trank sie ihr Wasser, den guten Wein verbot sie sich, um nur ja ihre Sinne beisammen zu halten. Die Speisen schienen ihr nun schal zu schmecken und sie aß nur noch wenig, sprach auch kaum noch. Ihre Gedanken weilten zuhause bei Claudius, der ihr Lebensinhalt war, seid die Kinder aus dem Haus waren.

„Liebe Freunde", sagte Primus, bevor ein weiterer Gang serviert wurde. „Wie ihr wisst, liebe ich das Theater, habe aber leider zu wenig Zeit, um eine gute Vorstellung zu besuchen, deshalb habe ich heute für euch einige Schauspieler engagiert, die euch nun die Zeit, bis zum Hammelgang, vertreiben sollen." Er klatschte einmal kräftig in die Hände, dann hob er sie theatralisch, sodass jeder die Ringe an seinen Wurstfingern sehen konnte.

Es wurde ein Lustspiel aufgeführt, etwas anderes hatten die Gäste auch nicht erwartet. Die Götter wurden gemimt und wie sie sich wegen nichts stritten, es war ein eher mageres Stück in einer etwas müden Aufführung, aber es war auch schon spät und die Schauspieler sahen bereits geschafft aus, so als wäre es nicht die erste Aufführung des Tages. Pflichtschuldig applaudierten alle und lobten den Gastgeber für seinen Kunstverstand, der sich stolz die Hände an die Brust warf und nun über die schönen Künste redete.

„Bereits als kleiner Junge, als ich noch in Kampanien wohnte und nicht im schönen Arretium, mit den edlen Tonwaren und der lieblichen Umgebung, hatte ich erkannt, dass mehr in mir steckt als der Sohn eines Kleinbauern. Ich begann also eifrig zu lernen und dann, noch als Schüler, wickelte ich mein erstes Geschäft ab. Und, liebe Freunde, es ging gut. Es ging so lange gut, bis es einmal nicht so gut lief und ich alles verlor. Aber davon ließ ich mich nicht unterkriegen. Ihr sollt sehen, aus welchem Holz ich geschnitzt bin! Ich machte weiter, begann von vorne und versuchte, die Fehler nicht zu wiederholen. Es gelang mir und nun stehe ich hier, als einer der reichsten Männer der Gegend mit diesem bescheidenen Haus, das mehr als hundert Gäste aufnehmen kann, zwei Bäder hat und dazu noch zahlreiche Gästeschlafzimmer im Obergeschoss, wo ich auch mein Schlafzimmer habe und sich das Boudoir meiner Gattin befindet. Natürlich ist alles vom Feinsten ausgestattet und mein Sohn ging in Rom zu Schule – wohlgemerkt, in Rom, meine Freunde und auch einige Zeit in Capua", das berichtete er bei jedem Bankett. Um zu zeigen, wie gut informiert er war, hängte er dann noch aktuelle Ereignisse dran, die er anhand rhetorischer Fragen diskutierte und keine anderen als seine eigenen Antworten zuließ. „Doch jetzt ist er hierher zurückgekommen, um für ein wichtiges Amt zu kandidieren", fuhr er wichtig fort. „Männer wie mein Deciderius sind die Zukunft des Reichs – jung, dynamisch, ehrlich und offen. Nur durch solche Männer können wir hoffen, weiter die Weltmacht zu bleiben, die wir sind. Ihr habt doch sicher schon alle von den Unruhen in Judäa gehört. Syria ist nicht mehr sicher und unser geliebter Kaiser hat seinen Sohn hingeschickt." Diese Tatsache war allen Anwesenden hinlänglich bekannt und es breitete sich Langweile aus. Des Langen und Breiten berichtete Primus nun über die Vorzüge seines Sohnes und wie sehr er es bedauerte, keinen weiteren Sohn zu haben, den er nach Judäa hätte schicken können, um dem Kaisersohn zu helfen. Priamos quittierte diese Bemerkung mit einem Lächeln. Primus hätte keines seiner Kinder freiwillig an einen Krisenherd geschickt, dazu waren alle viel zu feige.

Als der Hammel aufgetragen wurde, diesmal waren die Sklaven in Schaffelle gehüllt und blökten, fragte sich Julia, wie sie es schaffen könnte, noch vor dem letzten Gang zu verschwinden. Gerade wollte sie abwinken und das Fleisch auslassen, da hielt sie in der Bewegung inne. Fassungslos blickte sie auf die Show. ‚Primus kennt wirklich kein Maß', dachte sie, als zwei Eunuchen eintraten, als Hammel verkleidet und einen spielerischen Kampf aufführten. ‚Das darf doch nicht wahr sein.' Sie suchte den Blickkontakt zu Priamos, doch der hatte sein Gesicht abgewandt, als sich die Sklaven der Lächerlichkeit preisgaben. So schaute sie sich weiter um und sah, wie sie Cornelia musterte, der Blick hatte etwas Abschätzendes und Julia schauderte es unwillkürlich. Sie musste dringend ihre Meinung über Cornelia überdenken, die war ganz und gar nicht dumm, das war Schauspiel. Je länger der Abend dauerte, desto anstrengender wurde er, die Gesprächsthemen verloren sich in der Oberflächlichkeit der Gesellschaft und es breitete sich zunehmend eine unangenehme Stille aus.

Ein weiteres Mal verschaffte sich Julia Bewegung, ihre Tischnachbarin leistete ihr diesmal Gesellschaft, es war vor dem Käse, dem letzten Gang. „Liebste Julia, du bist heute so schweigsam", bemerkte Calpurnia. „Ich bin nur so übersatt, Verehrteste, dass mir die Luft zum Reden fehlt, deshalb brauche ich jetzt auch etwas Bewegung." Die Matrone lachte, hakte sich bei Julia ein und zusammen schlenderten sie durch das weiträumige Atrium, das ein Saal an sich war. Das Dach wurde von kunstvoll verzierten Säulen getragen und in zahlreichen Wandnischen waren Lichtquellen verborgen, die zauberhafte Schatten erzeugten und die Halle geheimnisvoll wirken ließen. Calpurnia erzählte unterdessen von irgendwelchen gemeinsamen Bekannten, dann meinte sie: „Du weißt doch, dass die Gerüchte stimmen, die sich um Primus ranken?" Julia horchte auf, Gerüchten traute sie nicht wirklich. „Sind sie wahr? Hat er sein Geld auf unredliche Weise gemacht?"

„Nun, die erste Million mit Sicherheit, damals hat mein Mann ja noch gelebt und der war ja beim Zoll in ziemlich hoher Position. Primus soll damals bereits Wein gepanscht haben oder falsch deklariert. Aber jetzt ist angeblich alles sauber, auch wegen Deciderius, der ja ein Amt anstrebt." Eine Weile berichtete sie über den Sohn des Gastgebers, der angeblich eine Beziehung zu seiner Stiefmutter gehabt haben soll, damals in Rom wohlgemerkt. Aber da niemand etwas Genaues wusste, wurde nur hinter vorgehaltener Hand darüber getuschelt, denn Cornelia benahm sich stets tadellos und in der Öffentlichkeit sehr sittenstreng, was ihrem Gatten zupass kam, der außer Essen und Trinken keine Genüsse zu kennen schien. Während Calpurnia berichtete, revidierte Julia ihre Meinung über die Witwe. Sie war ganz und gar nicht langweilig und schien sehr viele Leute zu kennen.

Als sie Sklaven mit riesigen Platten bemerkten, die sich dem Speisesaal näherten, gingen sie rasch auf ihre Plätze zurück. Nach dem Käse endlich, verkündete Primus voll Stolz: „Meine lieben Freunde, amüsiert euch noch kaiserlich, denn unser Kaiser macht es nicht anders, lasst euch den Falner noch über das Zäpfchen laufen, sodass es vor Freude tanzt, denn meine Gattin und ich, wir ziehen uns jetzt zurück." Unter lautem Beifall und Danksagungen wurde das Mahl beendet, für Julia kaum zu früh. Jeder Gast nahm sein Geschenk, das mit dem Käse überreicht worden war, eine kleine aus Elfenbein geschnitzte Gans, eine Kostbarkeit, und suchte dann rasch das Weite. Verschiedentlich mussten Sklaven ihre Herrschaften zu den Sänften tragen, wenn diese dem Wein zu sehr zugesprochen hatten, um die Reden des ehrenwerten Gastgebers doch irgendwie amüsant zu finden.

Zuhause angekommen, verdrängte Julia ihre Müdigkeit und berichtete Claudius in allen Einzelheiten, was vorgefallen war. Nicht ein Detail ließ sie aus. „Ruh dich aus, Liebes, und vergiss die dummen Bemerkungen dieser dummen Person", meinte Claudius nur, und dann: „Auf Priamos Lucullus bin ich neugierig. Komm jetzt ins Bett."

Endlich war er eingeschlafen, sein lautes Schnarchen verreit es ihr. Schnell schlüpfte sie aus dem Bett und rannte ein Zimmer weiter, wo Deciderius bereits auf sie wartete. „Na", sagte sie herrisch. „Du wirst diesmal gewinnen, wenn das so weitergeht." Doch Deciderius stand weder der Sinn nach Reden noch nach Politik. Mit einem heftigen Kuss schloss er den Mund seiner Stiefmutter und das Gerede hatte ein Ende.

Gavins Beinwunde juckte und brannte. Er konnte keine Ruhe finden und seine Gedanken kehrten stets zu Marcus zurück. Noch meinte er, die Sache würde sich in wenigen Stunden aufklären, er seinen Besitz zurückerhalten und frei sein. Als aber die Nacht durch das Oberlicht der Zelle drang und alles in eine tiefe Finsternis tauchte und er nicht einmal mehr die Hand vor Augen sehen konnte, wich diese Überzeugung der Gewissheit, in einer Falle gelandet zu sein. Kassandra trug auch nicht dazu bei, dass es ihm besser ging. Eine Weile hatte sie versucht, sich bemerkbar zu machen und lautstark gegen die Tür gehämmert. Sie wollte Verbandszeug und Wasser für ihn erbetteln, doch alles was sie bekam, war ein Haufen Unrat, der durch das Oberlicht geworfen wurde und sie voll getroffen hatte. Seitdem saß sie in einer Ecke und redete nichts mehr.

Mitten in der Nacht, sie hatten es geschafft, doch einzuschlafen, wurden sie recht unsanft geweckt, voneinander getrennt und weggebracht.

Kassandra zitterte und die schweren Ketten, mit denen sie gefesselt war, drückten sie nieder. Am ganzen Körper bebend stand sie vor Meister Pollux, der rhythmisch mit einem Finger auf die Tischplatte klopfte, ein beunruhigendes Geräusch. Ein müder Schreiber saß neben ihm am Tisch, den Gänsekiel beflissen über das Papyrus führend.

„Sag mir, Sklavin, warum hast du Marcus Atticus vergiftet?" Kassandra wusste nicht, was der Beamte meinte und blickte ihn nur verwirrt an. Da stand Pollux auf, trat vor sie und brüllte: „Du sagst mir jetzt sofort, dass du das Gift dem Arzt entwendet hast und dann gestehst du auch den Rest, du Stück Scheiße!" Bei diesen Worten schrak Kassandra zurück, aber sie wusste ganz genau, nichts Unrechtes gemacht zu haben, also fühlte sie sich sicher und sagte wahrheitsgemäß: „Herr, ich habe nichts entwendet, niemandem habe ich etwas fortgenommen und ich habe niemandem ein Leid zugefügt."

„Lüg mich nicht an! Das Gift wurde gefunden und damit kommst du ins Spiel! Gestehe einfach, oder ich muss härtere Maßnahmen in Erwägung ziehen. So oder so, ich kenne die Antworten bereits, du machst es dir nur unnötig schwer."

„Herr, wenn du alles bereits weißt, warum fragst du mich dann danach und weckst mich mitten in der Nacht, wenn dir meine Antworten ohnehin nicht gefallen?" Zu spät kam ihr in den Sinn, besser geschwiegen zu haben.

„Du freches Stück Dreck, gibst es also zu!"

So ging es mehrere Minuten dahin, Kassandra glaubte, verzweifeln zu müssen und schließlich platzte Pollux der Kragen. Er ließ Kassandra ausziehen, den Prügelknecht holen und fragte sie abermals. Erneut verneinte sie, dann gab Pollux ein Zeichen und begann laut zu zählen, als der Prügelknecht mit dem Riemen auf sie einschlug bis sie am Boden lag. Bei dreißig fragte er sie erneut. Er gab dem Helfer ein Zeichen aufzuhören, stellte sich vor sie und wartete auf eine Antwort, doch sie schüttelte erneut verneinend den Kopf. „Du hast die Misteln genommen, gib es jetzt endlich zu, und Marcus Atticus in den Tee getan."

„Nein, Herr, ich war es nicht, bei allen Göttern, ich war es nicht!"

Ein fester Tritt traf sie in die Rippen, dann drehte sich Pollux um, wobei er sagte: „Dieses Sklavenpack, nichts als Dreck! Kettet sie unten an die Wand oder die Decke und macht so weiter, bis ihr die gewünschte Antwort habt. Ich will mir hier nicht wieder alles versauen lassen. Haut ab!" Er machte eine wegwerfende Handbewegung und ging zurück zum Tisch, dann entließ er den Schreiber für den Rest der Nacht.

Kassandra wurde gepackt und in das Gewölbe zurückgeschleppt, in eine Nische geschoben und dort mit den Händen über dem Kopf an der Decke festgebunden. Marcellus, der Prügelknecht, fragte sie noch einmal, ob sie endlich die Wahrheit sagen wollte, doch die Wahrheit wollte keiner hören. So wurde sie weitergeschlagen und ihre Schreie hallten von den Wänden wider. Er hörte erst auf, als sie keinen Ton mehr von sich gab und ließ sie schließlich in die Zelle werfen.

Gavin wurde unterdessen abermals von Horatio Maximus Clemens befragt. Etwas später gesellte sich Meister Pollux dazu und berichtete von der ergebnislosen Befragung der Sklavin. „Kein Bisschen ist aus diesem verfluchten Drecksstück herauszubekommen, Herr. Nichts als Beleidigungen und Unverschämtheiten, Herr, bekam ich zu hören." Horatio seufzte laut auf, fuhr sich durchs Haar, dann sagte er hart: „Na schön, dann sehen wir zu, dass wir den Freigelassenen zum Reden bringen. Es kann nicht sein, dass wir hier ständig belogen werden."

„Wir sagen die Wahrheit", unterbrach ihn Gavin. Er hatte nicht vor, etwas zu gestehen, von dem er überzeugt war, es nicht getan zu haben, obwohl ein kleiner Stachel des Zweifels in seiner Brust saß. Der Streit mit Marcus war doch sehr heftig gewesen und in den letzten Tagen hatte er oft nicht gewusst, was er getan hatte. Oder ob Kassandra? Doch diesen Gedanken verbot er sich, sie war nicht fähig jemandem, ein Leid zuzufügen.

Er konnte jetzt auch nicht mehr weiterdenken, denn Fäuste trafen sein Gesicht, die Augen schwollen zu, aus der Nase tropfte Blut und er fühlte die Lippen platzen, als sie getroffen wurden. Dazu hatte er den Eindruck, die Beinwunde sei aufgebrochen. Als ihn ein erneuter Schlag am Kopf und dann in die Magengegend traf, brach er zusammen. Pollux ging zu ihm, packte ihn bei den Haaren und zerrte ihn in die Höhe, dann spuckte er ihm ins Gesicht. „Du wirst schon noch gestehen, alles wirst du uns sagen. Auch wenn wir dich nicht direkt bei der Tat erwischt haben, so haben wir doch genug Beweise gegen dich, die dich als Täter überführen und deine Hure mit dir."

„Gar nichts habt ihr", keuchte Gavin stur, der nächste Tritt traf ihn am Ohr und er verlor das Bewusstsein.

6. In dubio pro reo? – Im Zweifel für den Angeklagten?

Gleich nach dem Frühstück machte sich Priamos Lucullus auf den Weg zur Villa von Claudius Lucius. Irgendwie schien die Mordsache, bereits Wellen zu schlagen und sich auf die bevorstehende Benennung des Quinquennalen auszuwirken. Das war ein Grund, warum er begann, sich dafür zu interessieren. Er drapierte die Palla kunstvoll um sein Haupt und die Schultern, dann marschierte er los, das war ebenfalls eines seiner Markenzeichen, die Sänfte verwendete nur für wirklich weite Strecken, ein Leibwächter begleitete ihn allerdings. Priamos war nicht bei allen Teilen der Bevölkerung beliebt und der eine oder andere hatte ihm persönliche Feindschaft geschworen. Meistens war es ihm egal, was Verurteilte über ihn sagten, er machte seine Arbeit und er machte sie gut.

Die Häuserwände zeigten ihm, wie der Volksmund das Verbrechen einschätzte. ‚Aha, da wird schon vor der Verhandlung geurteilt. Aber nicht alle sind sich einig', dachte er, als er im Vorbeigehen so manches Graffiti zu Gesicht bekam. ‚Kaum eine Nacht vergangen und sie wissen alle, was los ist. Na, wer dafür wohl verantwortlich ist?' Insgeheim konnte er die Frage beantworten, jedoch unterließ er es, um seine Objektivität nicht in Frage stellen zu müssen.

Corax öffnete ihm und führte ihn umgehend zu seinem Herrn, der noch bei Tisch lag. Ohne eine Aufforderung abzuwarten, legte ein Sklave ein weiteres Gedeck auf und brachte dem Ankömmling Speisen. „Bitte, Priamos, leiste uns Gesellschaft, wir sind heute etwas später dran als üblich", sagte Claudius, stand auf und bot dem Anwalt eine Liege. „Sehr gerne, nehme ich deine Gastfreundschaft an. Vielleicht reden wir dann erst nach diesem vorzüglichen Frühstück. Was ist das? Etwa eingekochte Orangen?"

„Bitte bediene dich ruhig oder wenn du Hilfe brauchst, kann ich Timo oder Quintus bitten …"

„Nein danke", winkte Priamos lachend ab, „das schaffe ich schon allein." Er beugte sich vor, versorgte sich mit Brot und eingekochten Orangen. Während sie aßen, redeten sie über Belanglosigkeiten, das Wetter, die Ernte und anschließend kamen sie auf die Lage in Syria zu sprechen, was sie wieder auf die aktuellen Ereignisse in Arretium brachte.

„Also, wenn ihr alle fertig seid, dann können wir ins Büro gehen, ich denke, dort redet es sich leichter. Julia berichtete mir gestern Nacht noch, dass du eventuell Interesse hast, diesen Fall zu übernehmen, über den ich dir gleich erzählen werde." Claudius wurde etwas umständlich in seiner Rede, deshalb wartete er auch keine Antwort ab, sondern ging voraus ins Büro. „Quintus, wir sind hier fertig, ihr könnt abräumen", sagte Julia freundlich. „Das Essen war vorzüglich", meinte Priamos, der der festen Überzeugung war, nur Lob brachte die Menschen, besonders die Sklaven, dazu, gut zu arbeiten.

Im Büro angekommen, setzte sich Claudius hinter seinen Tisch, bot Priamos einen Stuhl an und Julia lehnte sich, wie es ihre Gewohnheit war, an den Tisch. Priamos setzte sich, faltete die Hände und schlug die Beine übereinander. Dann sagte er schlicht: „Berichte, Claudius." Um sich besser auf das gesprochene Wort konzentrieren zu können, schloss er die Augen. Keine einzige Frage stellte er, ließ Claudius und auch Julia erzählen. Sie begannen mit ihrer Beziehung zu Marcus Atticus, dann auch zu der mit Gavin Tettius, hier beichtete Julia sogar ihre intime Beziehung, die sie mit ihm als Myrdin gehabt hatte. Auch da reagierte Priamos nicht, ließ sie weitersprechen. Erst als sie bei der Wachstafel ankamen, öffnete er die Augen und verlangte sie zu lesen. „Hm", machte er schließlich. „Es liest sich, als wäre dieser Gavin Tettius verzweifelt oder traurig, wahrscheinlich beides." Er gab die Tafel zurück und begann im Büro herumzulaufen. Dabei machte er eigenartige Geräusche, die ihm nicht bewusst waren. Schließlich hielt er inne und wandte sich an die beiden. „Ich gehe jetzt in den Kerker und sehe mir euren jungen Mann einmal genauer an. Dann entscheide ich, ob ich den Fall übernehme."

„Das mit der Bezahlung …", begann Julia, doch er unterbrach sie mit den Worten, „Das regeln wir ein anderes Mal. Noch habe ich den Fall nicht übernommen, ehrenwerte Dame." Damit stand er auf und verabschiedete sich. Corax ließ ihn würdevoll hinaus und verbeugte sich vor dem bekannten Anwalt.

„Wohin gehen wir, Herr", fragte der Leibwächter, der bei Corax gewartet hatte. „Zum Kerker, Ganymed, zum Kerker. Auf! Auf, wir haben Arbeit zu erledigen." Lachend schwang er sich die Palla um die Schulter und schritt forsch aus. Immer, wenn sich ein scheinbar unlösbarer Fall anbahnte, fühlte er sich frisch und jung. Ganymed lachte. „Ja, Herr, dann auf zum Kerker, geh vor, ich folge, so rasch ich kann, oder wie das heißt." Der ehemalige Gladiator Ganymed hatte den gleichen Sinn für Humor wie sein Herr und er war fast zwei Meter groß, was Priamos als sehr beruhigend empfand, als sie durch die Außenbezirke marschierten.

Eine halbe Stunde flotten Fußmarsches später erblickten sie die Arena, wo Gavin Tettius auf seine Verhandlung warten musste.

„Meister Pollux", verlangte Priamos am Tor. Der Wächter blickte kurz über die Schulter zu einem Kollegen, dann antwortete er: „Der ist in der Stadt auf der Wache. Was willst du von ihm?" Priamos schnaubte kurz, dann sagte er: „Von ihm will ich nichts. Ich will nur meinen Mandanten sehen, Gavin Tettius, er soll sich hier in Gewahrsam befinden oder mir wurde von einer Verlegung nichts berichtet." Jetzt war der Wächter verblüfft. Noch nie hatte er es erlebt, dass jemand so rasch einen Anwalt bekommen hatte, der hier heraußen einsaß und nicht in der Stadt. „Bei Iustitia, du lässt mich jetzt durch, oder mein Leibwächter wird dir zeigen, wie das mit der Gerechtigkeit gemeint ist. Kennst du die Juden, Freund?" Kameradschaftlich legte er dem Wachmann einen Arm um die Schulter, der andere fasste das Pilum fester und wartete. „Nein, Herr." Da beugte er sich zum Ohr des Wachmanns und flüsterte: „Auge um Auge, Zahn um Zahn. Weißt du, was das heißt?" Der Wachmann nickte, wobei sein Mund vor Staunen offenblieb. Dann winkte er Priamos Lucullus durch, der sagte fröhlich: „Mach den Mund zu, Freund, sonst regnet es dir eventuell noch hinein und dein Kamerad dort, kann uns zu meinem Mandanten führen und trag mich bitte in die Liste der Besucher ein. Anwalt von Gavin Tettius, Priamos Lucullus der Jüngere." Es war immer wieder erstaunlich, wie einfach es ging, wenn man nur freundlich mit den Leuten redete, aber man musste in einem fort reden und sie nicht zum Denken kommen lassen.

Gavin erwachte mit Kopfschmerzen, sie setzten sich über den restlichen Körper hin fort. Er blinzelte, konnte aber nur verschwommen sehen und auf einem Auge gar nichts. Seine Beinwunde pochte wie verrückt und juckte. Er versuchte, sich nicht zu kratzen. Dann suchte er mit den Augen den Kerker nach Kassandra ab. Es war anstrengend, schließlich erkannte er sie, nicht weit von sich entfernt als einen nackten Haufen. „Kassandra", flüsterte er. Sie regte sich nicht. Laut stöhnend kroch er auf sie zu, neben ihr sank er weinend zu Boden. „Sei nicht tot, bitte sei nicht tot, es genügt, dass Marcus von mir gegangen ist, nicht du auch noch." Da erkannte er, wie sich ihr Rücken leicht hob und senkte. Vor Erleichterung seufzte er auf und legte eine Hand auf ihren Arm. Die Anstrengung, zu ihr zu gelangen war groß gewesen und in seinem Kopf hämmerten Dämonenschmiede, als ob sie versuchten, sein Gehirn umzugestalten. Er legte sich dicht an sie, damit er sie etwas wärmen konnte, denn hier war es kühl und feucht, dann fielen ihm die Augen zu, die er ohnehin nur mit Mühe offenhalten konnte und schlief erneut ein.

So fand sie der Wächter, der Priamos den Weg wies. „Herr, willst du das wirklich sehen?", fragte er und schloss rasch die Luke im Tor. „Aber natürlich, ich habe schon alles gesehen, mach dir um mich keine Sorgen, Freund", erwiderte er gelassen. An den Gestank hier hatte er sich bereits gewöhnt, seine Nase war, was das anging, nicht sehr empfindlich, auch wenn sie ihm manchmal etwas anderes weismachen wollte. „Mach auf, lass mich rein und warte draußen bis ich dich rufe", befahl er, als der Mann keine Anstalten machte, von sich aus zu öffnen. Der räusperte sich und entfernte umständlich den Riegel. „Auf deine Verantwortung, Herr."

„Aber immer doch, Freund, und nun auf das Tor, mein Mandant wartet. Wahrscheinlich habt ihr ihn schon befragt und das bereitet dir jetzt Ungemach. Aber ich will mal nicht so sein, du kannst ja nichts dafür." Damit schob er den Wächter zur Seite, zog die Tür auf und drang in die Zelle vor. Am liebsten wäre er sofort wieder umgekehrt. Der Anblick hatte etwas grauenhaft Intimes und er fühlte sich als Eindringling. Aber er musste das machen, der Fall begann interessant zu werden, auch weil Horatio damit beschäftigt war und sich der Emporkömmling Deciderius für dessen Position beworben hatte. Gegen Deciderius hatte er nichts, aber dessen Familie war, gelinde gesagt, sehr sonderbar und wie sie zu ihrem Vermögen gekommen war, mehr als fragwürdig. „Ich poche dreimal gegen das Tor, wenn ich hinaus will", sagte er, dann schloss sich die Tür und er war mit den Gefangenen allein. Einen Moment machte er die Augen zu, atmete tief durch und weckte anschließend Gavin. Er war sein Mandant, Sklaven hatten kein Anrecht auf juristische Vertretung. „Gavin Tettius, dein Freund Claudius Lucius schickt mich zu dir. Ich bin dein Anwalt, wach auf." Energisch rüttelte er ihn an der Schulter, bis dieser die Augen öffnete und ihn anblinzelte. „Ich habe nichts getan", war das erste, das er sagte und dabei hob er abwehrend die Hände vor das Gesicht. „Mann, ich tu dir nichts, ich bin dein Anwalt, Priamos Lucullus ist mein Name." Es dauerte einige Zeit, bis Gavin verstanden hatte, dann drehte er sich stöhnend herum. „Bleib liegen, wir müssen reden, wenn ich dich vertreten soll."

„Ja, Herr. Ich habe nichts getan."

„Das habe ich bereits vernommen. Du wirst des Mordes an Marcus Atticus beschuldigt, und zwar eines gemeinen hinterhältigen Giftmordes. Das wird schwer zu widerlegen sein. Kennst du die Beweise?"

„Nein, Herr, Horatio Maximus Clemens meinte lediglich, er wüsste über alles Bescheid. Was soll ich getan haben? Ich darf nicht einmal um meinen Freund trauern, der mir wie ein Vater war." Abermals fühlte er, wie ihn die Trauer, zu übermannen drohte. Diesen Moment suchte sich Kassandra, um ebenfalls aus ihrer Bewusstlosigkeit zu erwachen. „Nein", flüsterte sie, „nicht mehr schlagen." Gavin drehte sich zu ihr, da bemerkte er die Striemen, die ihren Rücken und Hals bedeckten und erneut schluckte er die Tränen hinunter. „Bleib ruhig liegen", flüsterte er. „Hier ist jemand, der uns helfen will."

„Falsch, Gavin, dir werde ich helfen. Sklaven, so sehr ich manche schätze, vertrete ich nicht", unterbrach ihn der Anwalt. Ein wenig war ihm sein Ruf schon wert und wer sich auf die Vertretung von Sklaven einließ, konnte bald einpacken. „Wenn ich dich freibekomme, wird das schon eine große Leistung sein."

„Aber …", Gavin fühlte sich überrannt von seinem Anwalt. „Ich werde versuchen, für dich einen Hausarrest zu bewirken, zumindest bis die Verhandlung beendet ist. Ob ich das für die Sklavin auch durchbringe, das kann ich nicht garantieren." Kassandra weinte still vor sich hin, sie fühlte sich als Tier behandelt, oder weniger als das. Doch dann erinnerte sie sich, dass sie ihm gesagt hatte, alles für ihn zu tun, deshalb murmelte sie: „Wenn du freikommen kannst oder einen Hausarrest bekommst, dann nimm es an, Herr."

„Was? Das kann doch nicht dein Ernst sein, Kassandra? Ich habe einmal versucht, es dir zu sagen, weißt du noch?" Sie erinnerte sich gut daran, als er ihr seine Liebe gestehen wollte und es nicht fertigbrachte. Noch immer konnte er es nicht, sie wusste es, aber es zu hören, wäre gerade jetzt sehr gut gewesen und sie hätte sich wieder als Mensch fühlen können. „Sag nicht Herr zu mir, Kassandra." Priamos lauschte dem Dialog der beiden, da schien viel zu sein, was noch gesagt werden müsste, aber er wollte sich nicht einmischen. „O Gavin, ich versuche nicht daran zu denken, dass du mein Besitzer bist, aber es gelingt mir nicht. Denk nicht an mich, ich bin wertlos, seit letzter Nacht bin ich nichts mehr, nicht einmal mehr das Stroh wert, auf dem ich liege." Priamos fand, sie hatte die Situation sehr gut durchschaut. ‚Eine interessante Frau, schade, dass sie eine Sklavin ist. Nun vielleicht kann ich etwas bewirken, zumindest für ihn. Es ist immer einfacher, für einen etwas zu bekommen. Wenn ich für beide den Hausarrest verlange, bekomme ich ihn vielleicht für ihn. Ich muss zu Horatio', so dachte er als er sie beobachtete. Kassandra hatte sich zur Seite gedreht und strich Gavin zärtlich über die Wange. Eben sagte sie: „Versteh mich nicht falsch, Gavin, aber ich weiß nicht, ob ich eine weitere Befragung überstehe und die Wahrheit sagen kann, ich fürchte, ich werde lügen, irgendwann bestimmt."

„Nein, Kassandra, ich will nicht, dass du wieder so geschlagen wirst", auch er flüsterte nur noch und hielt ihre Hand fest in seiner. Priamos wurde ungeduldig. Es passte ihm nicht, so übergangen zu werden, wo er doch hier war, um zu helfen. „So ihr beiden", machte er sich wieder bemerkbar. „Ich brauche antworten von dir, Gavin Tettius." Eine Weile überlegte er, schockiert, über den harschen Tonfall des Anwalts. Dann sagte er flüsternd: „Ich habe ihm nichts getan, Herr. Marcus war mir wie ein Vater. Ich habe ihn geliebt. Niemals hätte ich ihm etwas antun können, auch wenn wir uns stritten." Er dachte an den letzten Streit, der so sinnlos gewesen war und aus seiner Wut herausgeführt hatte, gegen den Löwen kämpfen zu müssen. „Es wäre besser gewesen, ich wäre nicht begnadigt worden", murmelte er und abermals überrannte ihn die Trauer um seinen Freund. Schluchzend lehnte er sich an Kassandra, die einen Arm locker um ihn legte. „Ich möchte etwas tun können, uns aus dieser Lage befreien, aber ich weiß nichts. Gar nichts, kann ich dir sagen Priamos Lucullus", heulte er an Kassandras Schulter. Priamos seufzte tief auf. „Wie ich dir dann helfen soll, das kann ich noch nicht sagen. Aber ich werde versuchen, einen Hausarrest zu erwirken. Ich verlasse dich jetzt Gavin und komme hoffentlich mit besseren Nachrichten zurück." Damit pochte er gegen das Tor und der Wachmann ließ ihn hinaus. ‚Welch ein sonderbares Paar', dachte er auf dem Weg zurück. Zuhause angekommen, schickte er einen Boten zu Horatio Maximus Clemens, in dem er um Hausarrest für seinen Mandanten und dessen Sklavin bat. Wie erwartet, bekam er die Bewilligung nur für Gavin Tettius und die auch nicht sofort. ‚Der wird sich dagegen wehren, so wie ich ihn einschätze', dacht er als er die Nachricht am späten Nachmittag las. Dann schickte er Ganymed los, um Gavin zu holen. Ein weiterer Bote war unterwegs zu Claudius Lucius, in dessen Haus sollte er bis zur Verhandlung wohnen.

Kassandra versuchte tapfer die Tränen zurückzuhalten, als Gavin abgeholt wurde. „Ich bekomme dich hier heraus! Ich liebe dich!", rief er ihr durch die Tür zu, dann war er weg. Die Einsamkeit drückte auf sie nieder. Wie eine schwere Keule fuhr sie auf sie ein und ließ sie als lebendes Nichts zurück. ‚Ihr Götter, ich bin nur Staub. Warum habt ihr mich denn entstehen lassen?', dachte sie zornig auf sich und das Schicksal, das es nicht gut mit ihr meinte. Es dauerte nicht lange und Meister Pollux ließ sie zu einer weiteren Befragung holen. ‚Das überlebe ich nicht', dachte sie als sie erneut an die Decke gehängt wurde. „Na, willst du nicht endlich die Wahrheit sagen?", fragte er süffisant lächelnd. Kassandra fühlte einen dicken Kloß im Hals stecken, den sie als Angst erkannte und zu schlucken versuchte. „Dein Herr hat das Weite gesucht, also werden wir dich befragen. Du wirst uns schon sagen, was wir hören wollen. Wir haben verschiedene Möglichkeiten, dich zum Reden zu bringen, eine davon ist der Riemen, die anderen könntest du noch kennen lernen. Die Frage ist nun, willst du das? Es ist schrecklicher …." Die Stimme des Meisters sank zu einem Flüstern herab und wirkte bedrohlicher als seine lauten Fragen.

„Nein, Herr", antwortete sie schluchzend.

„Gut für dich. Dann antworte wahrheitsgemäß. Hast du Marcus Atticus ermordet?" Ein heftiger Schlag traf ihren bereits geschundenen Rücken als sie verneinte. Ein erneuter Schlag brachte die nächste Frage. „Wem hast du das Gift entwendet?" Bevor sie antworten konnte, traf der Riemen erneut sein Ziel. Kassandra schrie auf. „Niemandem." Tränen tropften über ihr Gesicht. „Sag endlich die Wahrheit!" Ihre Schreie verhinderten eine Weile eine Antwort, dann ließ der Schmerz nach und sie sagte nur ein Wort: „Wahrheit."

„Warum hast du ihn getötet?" Erneut traf der Riemen klatschend und reißend ihre Haut. „Nein." Noch einige Male fuhr der breite Lederriemen auf ihren Rücken nieder und sie kämpfte darum, bei Bewusstsein zu bleiben. Der Meister fasste zusammen, während sie weiter ausgepeitscht wurde: „Ich sage dir jetzt, was du getan hast: Du hast in deiner Wut auf Marcus Atticus, das Gift aus der Tasche von Ajax Linus entwendet, dann hast du etwas von der Mistel in den Tee des Herrn gemischt, woraufhin er zu Tode kam. Du bist eine elende Giftmischerin." Als sie nichts sagte, fuhr er sie scharf an: „War es nicht so?"

„Nein, Herr", brachte sie hervor. Meister Pollux stöhnte zornig auf, dann ließ er sie wegbringen. „So kommen wir nicht weiter. Warten wir noch einen Tag lang, dann haben wir die Wahrheit aus ihrem Mund."

„Ja, Herr, die ist bald reif und wird reden", meinte auch der Prügelknecht.

Gavin war in einem der zahlreichen Gästezimmer in der Villa Lucius untergebracht. Bei seinem Eintreffen hatte er schwören müssen, jeden Kontakt mit Julia zu meiden, sofern nicht der Hausherr zugegen war. Kleinlaut versprach er, sich an alle Vorgaben zu halten. Immerzu hatte er Kassandra vor Augen, ihren letzten verzweifelten Blick. Er wusste um ihre Angst vor dem Alleinsein in dunklen Räumen. „Herr, kann meine Sklavin nicht auch herkommen?", bat er leise. „Ich habe Angst um sie, sie werden sie schlecht behandeln."

„Das ist dort so üblich. Ich konnte es gerade so schaffen, dich herauszubekommen … und glaub mir, du willst gar nicht wissen, was ich dafür tun musste." Gavin schaute ihn zweifelnd an. „Ich bedanke mich, Herr, das ist sehr gütig von dir. Aber was wird mit Kassandra? Sie ist ohne jeden Beistand und hat ebenso wenig jemanden ermordet wie ich." Er klang fest und bestimmt, als er das sagte, ganz der willensstarke Gladiator, der gewohnt war zu siegen.

Darauf konnte Priamos nichts sagen, denn nach der heftigen Auseinandersetzung, die der Entlassung von Gavin aus dem Kerker folgte, wagte er sich nicht mehr weiter vor. Er musste Ruhe bewahren, die Sklavin würde es entweder überleben oder sterben. Den ganzen letzten Tag hatte er bei Gericht verbracht und auf Horatio eingeredet, ihm geschmeichelt und schließlich damit gedroht, Deciderius zu unterstützen, sollte er den Hausarrest nicht genehmigen. Er hatte es wider besseren Wissens auch für dessen Dienerin versucht, als Antwort lediglich bekommen: „Was gehen mich Huren und Sklaven an, sei froh, Priamos, dass ich ihn ins Haus entlasse. Befragungen bleiben ihm aber nicht aus."

„Aber ohne die Fäuste diesmal", seine Stimme klang dabei ganz sanft. „Unsere Befragungsmethoden gehen dich nichts an und jetzt geh, bevor ich es mir anders überlege." Rasch war Priamos gegangen aber nicht zuerst zum Kerker, sondern in den Tempel. Dorthin ging er gerne, wenn er Ruhe und Klarheit in den Gedanken suchte. Keines der beiden fand er an diesem Tag.

Die Gladiatoren aus Ravenna saßen auf ihren Betten, die Übungsausrüstung war ihnen genommen worden und sie durften nur mit den Gewichten trainieren. Warum genau sie alles abgeben hatten müssen, hatte ihnen der Arenaherr nicht erklärt. Tullius meinte aber: „Der hat Angst um seinen Ruf und dass wir ihm den Sandplatz ruinieren. Das ist alles und hat nichts mit uns zu tun. Aber es wird verdammt langweilig werden, Leute, wenn wir hier so gut wie nichts tun dürfen."

„Und wem haben wir das zu verdanken? Er hockt in einem feinen Haus und lässt sich bedienen und wir … was ist mit uns?", ereiferte sich Sextus. „Ich sag's euch, der hat den Alten auf dem Gewissen, ich spür's im Urin." Rufus warf ein Kissen nach ihm, traf aber lediglich das Bettgestell. „Du hast wirklich kein Augenmaß Rufus, wenn du so eine einfache Sache wie Sextus nicht triffst, der sich nicht einmal bewegt. Eine Schande, dass ich nicht mit dir üben kann", brummte Tullius, dann stand er auf und ging auf den Gang hinaus. Ullrik folgte ihm eilig. „Warte Tullius. Wo willst du hin?"

„Irgendwohin, wo bessere Luft ist. Ich will mit Iucundus reden, wenn ich ihn finde. Im Übrigen, wo sind die anderen Sklaven?" Ullrik zuckte mit den Schultern, dann gingen sie zusammen weiter, schweigend, jeder in seine eigenen dunklen Gedanken versunken. Sie merkten nicht, wie ihnen Sextus nachblickte, der junge Rufus jedoch beobachtete den älteren Gladiator genau. Diese zum Teil nur schlecht verborgene Feindseligkeit hatte ihn stutzig gemacht. Als Sextus aufstand und ebenfalls ging, folgte ihm Rufus heimlich. Doch Sextus ging nur zur Latrine. Er ging aber nicht, wie zu erwarten gewesen, aufs Klo, sondern hob ein loses Brett und zog ein Papier darunter hervor, er überflog den Inhalt kurz, nickte, zerknüllte es und warf es in die Latrinenöffnung. Es gab ein gurgelndes Geräusch, als er die Spülung betätigte. ‚Was für moderne Einrichtungen es hier gibt', dachte er, wie bereits so oft, wenn er hier war. Die Anlage wurde jedes Mal besser. Rufus hatte gerade noch Zeit, sich hinter einem Vorsprung zu verstecken, als Sextus leise pfeifend herauskam. Er schlenderte über den Hof und begann dann einige Trockenübungen zu machen, wie sie es nannten, wenn sie ohne Waffen trainierten. Rufus schaute ihm eine Weile zu, dann ging er zu ihm und machte mit. Er wollte den Kollegen nicht mehr aus den Augen lassen. ‚Vielleicht hat er etwas mit der Sache zu tun. Ich traue Myrdin keinen Giftanschlag zu, jemanden erschlagen ja, aber kein Gift', überlegte er, während er ein Gewicht stemmte.

Tullius und Ullrik hatten Iucundus nicht finden können und liefen stattdessen einige Runden auf dem Sandplatz. Beiden kam alles sinnlos vor, der Tod des Herrn, die Verhaftung des neuen Herrn und ihre Zukunft, war ungewiss. Sie wussten nicht, wie es weitergehen würde, ob sie verkauft wurden, freigelassen oder was auch immer der Staat oder die

Herrin Lydia schlussendlich machen würden, sie hatten die Folgen zu tragen. Tullius war sich dessen bewusst und er ärgerte sich, weil er nichts machen konnte und noch dazu über Gavin im Zweifel war. Sextus hatte zu gut argumentiert.

Eigentlich sollte er sich freuen, weil er in diesem schönen Zimmer im Haus von Claudius Lucius war, aber es wollte sich keine Erleichterung einstellen, dem Kerker entronnen zu sein. In seinem Kopf hatte er Kassandras Bild, die als Häufchen Elend im Schmutz gelegen war und ihn mit ihren Blicken gleichzeitig fortschickten und halten wollte.

Am späten Nachmittag, Gavin vermutete, es war kurz vor der Cena, kamen Claudius und Priamos zu ihm. Beide wirkten sehr ernst. Der Anwalt hatte sich die Beweise zeigen lassen. „Es sieht böse aus für dich", sagte er nachdem er sich auf einem Hocker niedergelassen hatte. „Ich weiß, Herr, dennoch bin ich unschuldig." Claudius lief unruhig herum, schaute immer wieder zum Fenster hinaus und kam dann zum Bett, in dem Gavin lag. „Was ist, wenn du der Sklavin die Schuld gibst?", überlegte Priamos laut, doch Gavin sprang auf, stieß einen Schmerzenslaut aus, als er das verletzte Bein belastete und sank wieder zurück. „Niemals, Herr, niemals, werde ich das machen! Sie ist ebenso unschuldig wie ich. Wenn du nur so etwas für mich zu tun gedenkst, indem du andere Unschuldige anprangerst, dann bringt mich zurück in den Kerker." Er war verärgert, schon allein die Unterstellung, Kassandra könnte mit dem Tod seines Freundes etwas zu tun haben, ließ ihn rot sehen und er wünschte sich zu ihr. „Du bist wohl verrückt. Zuerst kämpfe ich für dich, dass du dort herauskommst und jetzt soll ich dich wieder dorthin bringen?"

„Ja, bringt mich wieder hin. Ich will nicht hier sein, wo Kassandra ein Mord unterstellt wird, den sie nicht begangen hat. Sie ist der ehrlichste Mensch den ich kenne", Gavin redete sich in Wut und zählte alle guten Eigenschaften Kassandras auf, seien sie nun echt oder eingebildet. Priamos nickte bedächtig, jetzt sah er, wie verliebt Gavin in die Sklavin war und er fand es traurig. „Nun gut, mein sturer Mandant, dann soll es so sein. Ich sorge dafür, dass du einige der Sachen bekommst, die auch Gefangenen zustehen. Du hast Geld, das kann für deine Versorgung verwendet werden."

„Du glaubst mir noch immer, trotz der Beweislast?", fragte er und blickte den Anwalt aus erstaunt aufgerissenen Augen an. „Mehr denn je, mein Junge, aber es wird sich schwer beweisen lassen. Ich werde Apoll um Rat fragen, vielleicht kann er mir etwas weissagen, am Ende gibt uns sogar Iustitia noch ein Zeichen oder Minerva gießt endlich etwas Weisheit in unsere Köpfe."

„Dann danke ich dir, Herr. Aber ich habe noch eine Bitte. Ich brauche ein Kleid." Priamos lachte wegen dieser Bitte. „Wofür brauchst du ein Kleid? Ich habe nichts in deiner Größe."

„Nicht für mich", antwortete er rasch und die Schamesröte stieg ihm ins Gesicht. „Für Kassandra. Ihr Kleid wurde ihr nach der Befragung nicht wiedergegeben."

„Ist schon in Ordnung, ich werde sehen, was ich für euch tun kann. Aber – willst du wirklich zurück?"

„Ja, Herr – es ist meine Pflicht und nicht nur das, ich kann sie nicht … Sie hat Angst allein im Dunkeln." Er redete ganz leise und dachte an den Tag, als sie ihm ihre Liebe gestanden hatte. Es war vor der Latrine gewesen, sehr romantisch, wie er sich grinsend eingestehen musste. Damals war die Welt noch in Ordnung gewesen, er hatte eben den Brief über seine Freilassung erhalten, war ein freier Mann und er hatte Kassandra bekommen. Dann waren die Gladiatorenspiele gewesen, seitdem ging es ihm nicht mehr gut. Aber er sagte nichts darüber.

„Worüber lächelst du?", fragte Claudius scharf.

„Ich dachte eben … wie glücklich ich vor wenigen Tagen war und wem ich das zu verdanken hatte. Nun, das ist vorbei." Er blinzelte, dann stemmte er sich in die Höhe. Priamos erhob sich ebenfalls und ging zu seinem Mandanten. Er griff ihn an beiden Schultern und schaute ihm gründlich ins Gesicht, studierte jede Regung der kleinen Gesichtsmuskeln, jedes Blinzeln. Er hätte ihm auch gerne in die Augen gesehen, aber die waren zu verschwollen, er konnte nicht viel erkennen. Dann seufzte er und sagte: „Vielleicht kann dir deine Liebe zu dieser Frau helfen. In zwei Tagen findet die Verhandlung statt. Sie mussten den Richter erst davon überzeugen, seinen Urlaub abzubrechen. Solange werdet ihr die Befragungen aushalten müssen, denn ich werde sie nicht verhindern können." Gavin nickte, die Aussicht auf weitere Schläge war nicht angenehm und kurz überlegte er, ob es nicht doch klüger war, hier in relativer Sicherheit zu bleiben und die Annehmlichkeiten eines großen Hauses zu genießen. Dann sah er Kassandra vor sich und sein Entschluss stand fest.

Cornelia ließ sich das Haar richten, sie hatte vor, auszugehen. Alles lief bestens, Primus war guter Laune und hielt sein Nachmittagsschläfchen im Peristyl. Sie würde ihm nicht fehlen, denn etwas später kam sein Anwalt zu Besuch, dann würden sie gemeinsam das Bad aufsuchen, sich massieren lassen und über das abzuschließende Geschäft sprechen. Am nächsten

Tag wurde dann der Partner aus Capua erwartet, ein Bote hatte bereits Nachricht über sein Eintreffen gebracht. Alle ihre Anweisungen waren rasch befolgt worden und nun war das schönste Gästezimmer bereit für den ehrenwerten Gast. Aber das alles war nicht so wichtig, wie die anstehende Verhandlung. Sie hatte gehört, dass sie in zwei Tagen stattfinden sollte, dann waren bis auf Sextus alle weg, die sie mit ihrer Vergangenheit in Verbindung bringen konnten. Warum sie vor einigen Jahren Gavin in ihr Bett locken wollte, verstand sie nicht mehr. Er sah weder gut aus, noch war er sehr charmant. Aber sie wusste auch, wie sehr sie diese animalische Wildheit der Gladiatoren anzog und wenn sie schon etwas ausgehungert waren, dann waren sie noch etwas wilder und gieriger, auch wenn sie schneller zur Sache kamen. Aber sie wusste, wie man die männliche Gier zügeln konnte. Nun, Gavin hatte sie damals nicht haben wollen und ihr ins Gesicht gesagt, er wüsste, wer sie sei und er sei vor ihr gewarnt worden. Zutiefst verletzt war sie damals davongelaufen und sie hatte beschlossen alle zu vernichten, die ihre Vergangenheit aufdecken konnten, denn Primus durfte davon nichts wissen. Wie sehr er auch in den meisten Geschäftsdingen unehrlich war, so sauber war sein anderes Leben, da gab es keine Skandale, nichts, das einen üblen Ruf erzeugen konnte. So hatte sie sich eben bescheiden müssen, was ihre körperlichen Bedürfnisse anging, alles andere, was mit Geld zu kaufen war, hatte sie bekommen und bekam es immer weiter. Ab und zu wagte sie ein Schäferstündchen mit Deciderius, aber der war ebenso langweilig im Bett wie sein Vater, wenn auch ungleich jünger.

Als sie fertig angekleidet war, verließ sie das Haus über den Hintereingang und schlich zur Gladiatorenschule, sie musste dringend eine Botschaft für Sextus deponieren. Gleichmütig und mit gesenktem Kopf ging sie durch die Straßen. Niemand hätte ihr angesehen, hier eine der reichsten Frauen der Stadt vor sich zu haben. Sie lief, als würde sie in die Armenviertel gehören. Den ständigen Lärm, den Schmutz und den Gestank hatte sie lange genug ertragen müssen. Dann hatte sie sich als Hure emporgearbeitet und endlich die Subura verlassen können. Rom bot viele Möglichkeiten, dort machte sie sich an Primus heran, denn sie wusste, bei einem Senator hätte sie keine Chance, so gut war sie nicht und die feine Redeweise lag ihr damals noch fern.

Endlich hatte sie den freien Platz erreicht und ging die Kloake entlang, bis sie die Latrinen der Gladiatorenschule fand. Dort hatten sie ein Brett gelockert, unter das sie die Nachrichten schoben. Vorsichtig kroch sie in das langgestreckte Gebäude, beachtete nicht den Schmutz, der sich am Kleid festsetzte, das würde sie ohnehin wegwerfen. Ein Bündel mit frischen Kleidern und Sandalen hatte sie mitgebracht, so konnte keiner erkennen, dass sie durch den Abfluss gekrochen war. Es war ekelhaft, aber notwendig, denn sie wollte nicht gesehen werden. Schnell versteckte sie die Botschaft und ging zurück. Primus war bereits im Bad als sie zuhause ankam und sich fröhlich lächelnd ins Boudoir begab.

Gavin humpelte den langen, schmutzigen Gang entlang. Er hatte noch Julias Flehen in den Ohren, bei ihnen zu bleiben. Doch dann hatte sie erkannt, was los war und sein Verhalten akzeptiert. „Du musst tun, was du tun musst. Ein Kleid und Nahrung werde ich dir überbringen lassen. Das wird doch gehen, Priamos?" Der Anwalt hatte genickt und sich dann verabschiedet. Gavin war wieder in einen geschlossenen Wagen gesteckt und zurückgebracht worden. Die Wachen am Tor verhöhnten ihn, aber er ignorierte die feindseligen Worte.

„So bist du also wiedergekommen wie eine schlechte Nachricht, Myrdin", seinen Gladiatorennamen spie Pollux verächtlich aus. „Mir soll es recht sein. Dein Sklavenweib wird bald reden, ich hab das so im Urin, Freund Myrdin."

„Für dich, Meister Pollux, bin ich Gavin Tettius, denn, ich bin ein freier Bürger Roms", antwortete er arrogant. Er hasste die überhebliche Art, mit der Pollux sprach und ihn behandelte, auch wie er über Kassandra redete, gefiel ihm nicht sonderlich. Pollux ließ sich diese Zurechtweisung nicht gefallen und schlug ihn mit dem Knüppel nieder. Anschließend wurde er in die Zelle verfrachtet, wo Kassandra lag und aus Angst vor neuerlichen Schlägen keine Bewegung wagte.

Priamos hatte sich das Gesetzblatt herausgesucht und fluchte vor sich hin, die Chancen für einen Sieg standen gering. Sein Freund und Leibwächter Ganymed fragte eben: „Herr, warum verteidigst du ihn? Was veranlasst dich, ihm zu glauben. Viele Mörder bekunden ihre Unschuld, das haben wir schon oft erlebt. Sie schwören Stein und Bein, nicht der Täter zu sein, und wir wissen, dass nur sie es gewesen sein können. Was ist der Grund?" Die Fragen des Leibwächters hatten ihn schon oft auf die richtige Fährte gebracht. Auch jetzt überlegte er genau, was er antworten sollte. Es war eine interessante Frage und Ganymed hatte recht was die Verbrecher anging, die meisten waren schuldig, hatten lediglich Angst vor der Strafe. Bei Gavin Tettius hatte er nicht den Eindruck, er würde sich fürchten. Im Gegenteil, es sah so aus, als ob er das ausfechten wollte, bis zur letzten Konsequenz. Das sagte er jetzt. „Auch, dass er wieder in den Kerker geht, nur damit er bei seiner Geliebten sein kann, spricht für ihn.

Dort wird er verprügelt und das weiß er, dennoch geht er hin. Der Mann ist kein Feigling oder er ist der größte Schauspieler aller Zeiten." Darüber dachte jetzt Ganymed intensiv nach, dann nickte er, er hatte verstanden. Eine Weile arbeiteten sie schweigend, dann fragte der Sklave weiter: „Was hast du jetzt vor, Herr? Die Verhandlung beginnt übermorgen, da bleibt dir nicht viel Zeit für eigene Ermittlungen."

„Du hast recht, Ganymed, aber es wird schon gehen. Ich werde mir jetzt die Zeugenliste von Horatio geben lassen und dann selbst mit den Leuten reden. Mann, wie mich solche Sachen aufregen. Ich sage dir, wenn das vorbei ist, dann setze ich mich zur Ruhe! Warum nur, Ganymed, lasse ich mich immer auf solche Sachen ein?" Der Leibwächter grinste, denn das sagte sein Herr am Beginn jeder kniffligen Verhandlung und dann gewann er. „Ganymed, diesmal sieht die Sache anders aus. Die Beweise sind eindeutig. Vielleicht kann ich einen Zweifel erwirken. In dubio pro reo? Ich weiß nicht, vielleicht gelingt es. Auf zur Polizei!"

Horatio Maximus Clemens wollte eben sein Büro verlassen, als Priamos auf ihn zukam. Verärgert schnaubte er. „Was willst du noch? Er hat den Hausarrest bekommen." Priamos winkte ab und drängelte sich ins Büro, Ganymed folgte ihm etwas langsamer, wartete aber ebenso wenig auf eine Aufforderung wie sein Herr. Ärgerlich machte Horatio kehrt und schloss sorgfältig die Tür hinter sich. „Also, was willst du?" Er setzte sich nicht und bot dem Eindringling keine Sitzgelegenheit an. Der ignorierte die Unhöflichkeit und ließ sich mit einem wohligen Seufzer auf einen Stuhl sinken. „Ach tut das gut nach dem langen Fußmarsch. Gavin Tettius ist wieder im Kerker, er wollte lieber dort warten, dass ich seine Unschuld beweise. Ich brauche die Zeugenliste. Du hast doch eine, wie ich richtig annehme?" Als Horatio keine Anstalten machte, Namen zu nennen, fuhr Priamos heiter fort: „Weißt du, Horatio, ich habe guten Grund zu der Annahme, du bist in dieser Angelegenheit befangen, weil du mit Marcus befreundet warst und dich Gavin beim Schaukampf geschlagen hat." Er gähnte, wobei er eine feine Hand vor den Mund führte, es hätte weibisch wirken können, wenn er nicht so viel Geräusch bei der Aktion gemacht hätte. Das gehörte bei ihm alles zum Spiel und er beherrschte es perfekt. „Weißt du, Horatio, ich habe mich gründlich mit Gavin unterhalten und, Horatio, ich bin zu der Überzeugung gelangt, er kann es nicht getan haben. Du hast doch seine Hände und Arme gesehen. Der kann damit Bäume ausreißen, Horatio, so einer mordet nicht mit Gift, der drischt, Horatio, einem die Faust ins Gesicht und es ist aus. Verstehst du das, Horatio?" Dem Polizeidirektor ging langsam die Geduld aus, die zahlreichen Wiederholungen seines Namens waren nervend. Priamos redete mit ihm, als hätte er nicht alle Sinne beisammen. „Warum sollte ich dir meine Zeugen benennen? Hast du eventuell noch keine, Priamos?" Doch der lachte nur, schlug die Beine übereinander und faltete die Hände um ein Knie. „Setz dich doch, Horatio, wenn das so weitergeht, wird es länger dauern und du musst auf deine Verabredung in der Therme verzichten." Priamos hatte ins Blaue geschossen und gut getroffen, denn Horatio nahm nun Platz. „Aber nur, damit es schneller geht. Lass deine Spielchen, Priamos und sag deinem Wachhund er soll nicht so dämlich grinsen."

„Wie schön, Horatio, dass ich keinen Hund besitze, also kann ich ihm auch nicht befehlen, nicht blöd zu grinsen, Horatio. Also, Horatio, wo ist nun die Zeugenliste?" Endlich gab er nach und schrieb auf eine Wachstafel die Namen der Zeugen: Ajax Linus, Iucundus, Sextus und Titus. „Das sind alles Sklaven von Marcus Atticus gewesen. Ob du noch jemanden findest, der für deinen Mandanten aussagt, Priamos, das weiß ich natürlich nicht." Dankend nahm der Anwalt die Tafel entgegen und reichte sie sogleich an Ganymed weiter, der sie in den Falten seines Gewandes verbarg. Dann stand er auf und meinte: „Ich bin dir zu Dank verpflichtet, Horatio, denn Horatio, du hast dafür gesorgt, dass ich nun an die Arbeit gehen kann. Ich empfehle mich und wünsche dir noch einen von Iustitia gesegneten Tag und, Horatio, möge Minerva Weisheit auf dein Haupt regnen lassen, Horatio, ebenso wie Iuno schützend ihre Hand über dein Heim halten soll." Rasch, noch bevor der andere etwas auf diesen unüblichen, sehr langen und überaus lächerlichen Segenswunsch reagieren konnte, verließ Priamos das Büro. Ganymed konnte sich gerade noch beherrschen, doch auf der Straße lachte er bis ihm die Tränen kamen. „Aber Ganymed, worüber lachst du dich krumm?", fragte Priamos mit gespieltem Ernst. „Das weißt du, Herr." Lachend zogen sie weiter. „Die Liste gehen wir morgen durch, heute mag ich nicht mehr, mir tun die Füße weh."

„Morgen solltest du die Sänfte nehmen, Herr", schlug Ganymed vor.

Primus kam sehr aufgeräumt vom Bad zurück und richtete sich für die Cena her. Er hatte vor, es zu einem richtigen Fest zu machen, denn der Vertrag war unter Dach und Fach und am nächsten Tag würde der Partner aus Capua eintreffen, der die schnellen Schiffe hatte. Seine Waren konnten so in alle Teile des Reichs gebracht werden. Er hatte schon viel Geld doch seine Ambitionen waren weitreichender. Deciderius sollte als Quinquennale hier für einigen Einfluss sorgen, einen Senator in Rom hatte er, durch seine Spenden an ihn, fest in der Hand. Aber Deciderius war eher Lebemann als Politiker, dennoch war er angesehen, kannte sich etwas im Rechtssystem des Reichs aus und ansonsten war es nicht wichtig was er tat, Hauptsache, er hielt ihm die örtlichen Behörden fern. Seufzend strich er sich durchs schütter werdende Haar. ,Wie habe ich nur so einen unfähigen Sohn verdient?', fragte er sich nicht zum ersten Mal. Dann begab er sich zur Cena, er wollte den Anwalt nicht länger als nötig warten lassen.

„Kassandra, bitte, geh nicht von mir", flüsterte er, als er sie abermals wie leblos am Boden liegend vorfand. „Ich lasse dich nicht allein, nein, niemals, werde ich dich mehr allein lassen", flüsterte er und strich ihr über den Kopf. „Du bekommst auch wieder ein Kleid, Julia hat es versprochen." Ein wenig bewegte sie sich, dann flüsterte sie ungläubig und weinte dabei: „Du bist zurück."

„Ja, ich bin bei dir und ich werde nicht wieder gehen. Ich lasse dich nicht allein, Geliebte." Da weinte sie noch mehr und nun ließ auch er der Trauer ihren Platz und zusammen weinten sie um Verlorenes und eine Zukunft, die es nicht mehr zu geben schien. Gavin raffte sich als erster wieder auf, wischte sich die Tränen vom Gesicht, dann legte er ihren Kopf auf seine Schenkel und liebkoste ihren kahlgeschorenen Kopf. „Es tut mir leid, was du meinetwegen erdulden musst. Wäre ich in der Arena gestorben, dann hättest du jetzt Ruhe." Seine Nähe tat ihr gut und langsam beruhigte sie sich, dann sagte sie: „So ein Unsinn, Gavin, niemals hätte ich Ruhe ohne dich. Wir werden das hier schon irgendwie überstehen. Ich habe nicht vor, dich dem Untergang preiszugeben. Keiner von uns hat am Tod des Herrn Schuld."

„Wer könnte ihn sonst getötet und uns das Gift untergeschoben haben?" Darauf wusste sie keine Antwort. Lange harrten sie in der beginnenden Nacht und hofften auf etwas Schlaf. Doch Gavin konnte nicht ruhen, zu viele Gedanken geisterten in seinem Kopf herum und Kassandra fror. Da zog er seine Tunika aus und gab sie ihr. „Ich will nicht, dass du nackt hier liegen musst, du frierst mehr als ich", sagte er mannhaft, und half ihr das Hemd anzuziehen. Dann legte er sich dicht neben sie auf das feuchte Stroh und versuchte doch endlich zu schlafen.

Kaum eingeschlafen, wurden sie erneut geweckt und abgeführt. Pollux erwartete sie in einem Extraraum, der eigens zur Befragungen renitenter Gefangener diente. Auf den ersten Blick wirkte er ausgeruht, aber in Wirklichkeit war auch er müde und abgespannt. Horatio Maximus hielt ihn auf Trab. Die Anklage musste hieb und stichfest sein, deshalb drang er auf ein Geständnis und das sollte in den nächsten beiden Tagen erbracht werden. So baute sich Pollux jetzt vor den beiden auf, die mit hängenden Schultern vor ihm standen, flankiert von kräftigen Wachmännern. „Na schön, ihr habt die Wahl: entweder ihr gesteht jetzt, oder ich werde abermals den Riemen sprechen lassen. Ich habe noch Spielraum für andere Mittel. Feuer ist doch erprobt oder ich lasse jeden von euch einen Tag lang in einer dunklen Nische stehen. Das sind doch alles gute Alternativen, zum Riemen. Ihr seht, eure Schuld ist so gut wie sicher. Die Beweise gegen euch sind eindeutig. Also, wer von euch will gestehen?" Gavin blickte rasch zu Kassandra, die den Blick gesenkt hielt. Sie dachte nicht, einer dunklen Kammer gewachsen zu sein. Gavin schien ihre Gedanken zu erraten, denn er sagte: „Wir haben nichts getan – verschone meine Sklavin, die nur meinetwegen hier ist." Da lachte Pollux, denn er hatte endlich den Eindruck, ein Geständnis erpressen zu können. Die Sklavin wollte er sich vornehmen, die sah so aus, als wäre sie fertig, dann hätte er den eindeutigen Beweis und keine halben, das war wichtig für die Verurteilung und Horatio Maximus brannte darauf. Mit Gavin wollte er noch etwas warten, das schien ihm psychologisch richtiger. So nahm er sich nun Kassandra vor, ließ sie aus dem Büro entfernen und an einen anderen Ort bringen. Er war allerdings nur wenige Schritte entfernt, ein Raum ohne Fenster, nur eine Tür führte hinein und war gerade groß genug, dass sie darin sitzen oder stehen konnte. Darin wollte er sie bis zur Verhandlung festsetzen, wenn sie nicht vorher ein Geständnis ablegte. Das würde sie schon weich kochen, fand Pollux.

Entsetzt schaute ihr Gavin nach, ihr Blick war wie ein Abschied.

Panisch schrie sie, als sie in die enge Kammer eingeschlossen wurde. Von jeher hatte sie Angst allein im Dunkeln zu sein, denn dies war die entsetzlichste Strafe in ihrer Kindheit gewesen, wenn sie in die Kellerkammer gesperrt wurde. Sie fühlte wie ihr Herz in immer rascherer Folge schlug und versuchte, sich zu beruhigen, sich einzureden, hier konnte nichts geschehen. Doch als die Dunkelheit vollends nach ihr Griff, wurde sie wahnsinnig vor Angst. Sie hatte den Eindruck, nicht mehr atmen zu können und Gaukelbilder tauchten vor ihren Augen auf, die nach ihr griffen und sie fortzerren wollten. Sie lachte und schrie gleichzeitig, dann redete sie wieder mit sich selbst und verfluchte alle mögliche Götter, auch solche, die es nicht gab und die Fratzen des Wahnsinns prügelten auf ihren Verstand ein. Wie lange sie hier war, wusste sie nicht, ob es eine Stunde oder die Ewigkeit war, es war egal, auf jeden Fall war es zu lange.

Kassandras Wille brach.

Gavin allerdings wurde wieder in die Zelle zurückgebracht, ohne dass ihm ein weiteres Leid geschehen war. Dennoch stand er alle möglichen Ängste Kassandras wegen aus. Keiner hatte ihm gesagt, wo sie hingebracht worden war oder was mit ihr geschehen würde. Pollux hatte nur gemeint, ihr würde kein Haar gekrümmt und lachend die Befragung beendet. Schaudernd dachte Gavin an alle Methoden, die er kannte. Aber ihm wollte nichts einfallen, bei dem einem kein körperlicher Schaden zugefügt wurde. Pollux musste sich etwas ganz Gemeines einfallen haben lassen.

Nun lag er in der Zelle und hatte Angst, wie er sie noch nie zuvor in seinem Leben gekannt hatte, nicht einmal bei seiner Verhaftung hatte er sich so sehr gefürchtet.

Zwei Tage verbrachte sie in dieser Kammer, doch sie wusste es nicht. Sie war irre, wahnsinnig vor Angst, Durst und Hunger. Die Zunge klebte ihr am Gaumen und sie hoffte nur noch auf einen Tropfen Wasser, damit das Hämmern im Kopf etwas nachließ und die Lippen zu brennen aufhörten. Nicht einmal mehr weinen konnte sie, denn sie hatte keine Kraft dazu. Ihr Leben, schien ihr, war zu Ende. Sie war schuldig, irgendwann würde diese Erkenntnis auch ihre Lippen verlassen und sie würde es laut sagen. Aber noch fehlte ihr die Energie dazu.

Gavin wurde von Julia über einen Sklaven versorgt, der auch Neuigkeiten brachte. Es waren zumeist Kleinigkeiten, die er erzählte. Julia wollte ihn aufheitern und bei Laune halten, aber was ihm wirklich geholfen hätte, war zu wissen, was mit Kassandra geschah, wo sie eingesperrt wurde. Er ärgerte sich, weil sich niemand um ihr Wohl zu sorgte. Aber auch ihm wurde die Zeit lang und er begann zu grübeln. Einige Male hörte er Stimmen, aber was sie sagten, verstand er nicht, dazu waren die Laute zu unbestimmt. Er stellte sich unter das Oberlicht und versuchte, hinauszusehen. Heftig blinzelte er, als ihm ein Sonnenstrahl ins Gesicht fiel. Sein Bein schmerzte, dennoch sprang er hoch und zog sich am Gitter in die Höhe. Es war die Langeweile, die ihn trieb, das zu tun. Er glaubte Tullius zu erkennen, der trainierte. „Ich bin kein Mörder, Tullius!", rief er so laut er konnte. Jemand musste ihn gehört haben, denn plötzlich standen einige in Sandalen steckende Füße vor der Sonne. Eine trat auf seine Finger, die sich im Gitter festgekrallt hatten. Er versuchte, loszulassen, doch die Finger waren zwischen Sandale und Gitter eingeklemmt. „Ich bin kein Mörder", flüsterte er. „Sagt es Tullius, ich bin kein Mörder." Da stieg die Sandale von seinen Fingern und er fiel zu Boden. Die Nägel der dicken Schuhsohle hatten sich in die Haut gebohrt und zwei Finger waren gebrochen. „Lutum ad lutum, Dominus!", rief noch jemand und dann traf ihn Unrat.

Tullius hatte stumm zugesehen, nun wandte er sich um und ging in die Halle zurück, er hatte noch einiges an seiner Ausrüstung auszubessern. Rufus und Ullrik saßen schon dort. „Wann wird der Herr verbrannt?", fragte eben Ullrik. „Keine Ahnung, uns sagt ja wieder mal keiner was", brummte Tullius. Die Unzufriedenheit unter den Gladiatoren nahm mit jeder Stunde, die sie hier in Untätigkeit verbringen mussten, zu. „Ich hoffe nur, die ganze Angelegenheit kommt zu einem raschen Abschluss. Myrdin schreit immer seine Unschuld raus, ich weiß nicht mehr, was ich glauben soll. Iucundus sagte mir wiederum, er habe gesehen, wie er dem Herrn Tee einschenkte und wie sie gestritten haben. Ach! Zum Hades mit dem ganzen Scheiß, Ullrik. Ich wünschte, ich hätte ihn in der Arena getötet, dann säßen wir jetzt hier nicht fest."

„Dasselbe habe ich auch schon gedacht", murmelte Ullrik und strich sich vor Verlegenheit über den Bart. Sextus war der einzige, der nicht niedergeschlagen wirkte. Aber er verschaffte sich auch immer genug Abwechslung. Der Brief hatte ihm wieder etwas Auftrieb gegeben. „Morgen findet die Verhandlung statt", sagte er als er zu den Kameraden trat. „Dann geht es schnell, seine Schuld steht doch schon fest. Er sollte endlich etwas Verstand zeigen und gestehen. Wenn er nicht so verbohrt wäre, müssten wir hier nicht dumm rum sitzen." Dem stimmten alle zu und ihr Unmut richtete sich weiter gegen Gavin und Kassandra. „Die Hure könnte es ja auch zugeben, schließlich habe ich gesehen, wie sie in Ajax Tasche gekramt hat."

„Hast du das Horatio Maximus Clemens gesagt?", fragte Tullius.

„Natürlich. Ich werde als Zeuge gerufen, wenn sie nicht gestehen." Sextus sonnte sich einen Moment in seiner eigenen Wichtigkeit. „Deshalb bist du also von seiner Schuld so überzeugt", murmelte Rufus. ‚Ich glaube es trotzdem nicht, du falscher Hund‘, dachte er und sein Blick heftete sich an den Rücken des älteren Gladiators, bis dieser sich umwandte und ihn angrinste. Rufus drehte sich rasch weg, er fürchtete, seine Gedanken konnten erraten worden sein.

Julia rannte unruhig von einem Ort zum anderen, verstellte Gegenstände, nur um sie dann wieder an ihren ursprünglichen Platz zu rücken. „Setz dich oder leg dich hin Julia, du machst noch alle verrückt! Selbst die Sklaven werden schon nervös, wenn du so herumhuschst", sagte Claudius streng. „Ich kann nicht anders, mein Lieber. Als ich heute Vormittag zu Calpurnia ging, du weißt ja, sie lädt nur vormittags ein, traf ich auch Cornelia. Ich weiß nicht, was mit ihr ist. Sie wirkt wie eine Katze, die vor einem Käfig voller Mäuse sitzt. Ob sie etwas weiß, was wir übersehen haben? Und sie reibt sich jetzt die Hände, weil uns das Geschäft entgleitet, das mit Capua."

„Capua hat sich erledigt, mein Schatz. Das habe ich dir noch nicht erzählt. Der Handelsabgeordnete ist heute bei Primus Felix, also können wir uns das Geschäft abschminken und nur noch hoffen, die Beziehungen in Ravenna zu intensivieren. Horatio ist ja auch sehr zugeknöpft. Vielleicht treffe ich ihn später in der Therme, aber wenn er einen Fall vorbereitet, sieht man ihn nie irgendwo." Julia war einen Moment stehen geblieben, doch sie marschierte schon wieder herum. „Lass jetzt das Gerenne! Du machst mich auch ganz fahrig."

„Ich weiß, ich weiß … Morgen beginnt die Verhandlung. Ich muss dringend noch sehen, dass ich für morgen Nachmittag eine Einladung bei Cornelia bekomme. Sie sagte, sie gibt eine Gesellschaft. Der Prozess interessiert sie angeblich nicht und sie braucht dringend Ablenkung, wie sie uns erklärte. Calpurnia ist eingeladen, vielleicht kann ich ja in ihrer Begleitung hingehen. Aber jetzt muss ich für Gavin Kleidung in den Kerker schicken lassen, er soll morgen nicht wie ein Bettler auftreten."

„Du hast recht, geh zu dem Gastmahl. Ich werde im Gericht sein, Priamos ist ein interessanter Mann und sehr fähig. Was ich bislang über ihn gehört habe, ist nur Gutes. Such für Gavin etwas von meinen Sachen heraus und schick dann Corax hin. Ihn werden sie nicht so schnell abwimmeln."

„So werde ich es machen, ich danke dir, Claudius." Nun hatte sie etwas, worauf sie ihre Energien richten konnte. Zuerst suchte sie alles zusammen, was sie Gavin schicken wollte, dann beauftragte sie Corax mit der Überbringung und schließlich schrieb sie eine Botschaft an Calpurnia, die sie sogleich einem Boten übergab. Dann dachte sie, endlich ruhiger zu werden, aber sie war noch genauso hibbelig wie noch vor Stunden. Auch bei der Cena war sie unaufmerksam und verärgerte Claudius damit. Er legte Wert auf eine gute Unterhaltung, selbst wenn sie allein waren. Und an diesem Abend war Priamos anwesend. Er gab einige seiner gewonnen Fälle zum Besten und trug sehr witzig vor, was Julia aber weniger ablenkte, als vielmehr an den Prozesstag erinnerte. „Julia, du scheinst mit deinen Gedanken sehr weit weg zu sein", sagte Claudius mit gespielter Gleichgültigkeit. Sie wusste, sie hatte ihn verärgert, weil sie nicht aufgepasst hatte. „Es tut mir leid, Claudius, ich bin etwas abgespannt und müde."

„Das sehe ich und unser Gast sieht es auch. Wenn du dich zurückziehen willst, tu dir keinen Zwang an."

„Nein, nein. Ich werde das Mahl mit unserem Gast und dir, zu Ende nehmen." Sie lächelte Priamos an, der höflich nickte. „Verehrte Julia, ich kann mir denken, was in deinem Kopf vorgeht, aber das muss alles bis morgen warten." Dann wandte er sich dem Zwischengang, der aus eingelegten Artischocken und Ziegenkäsebällchen bestand, zu. Während er aß, dachte er an den Vormittag, der alles andere als zufriedenstellend verlaufen war. Wenn kein Wunder geschah, dann sah er schwarz für seinen Mandanten. Iucundus schwor, er hatte Gavin Tettius gesehen, wie er dem Opfer Tee eingoss und der Arzt vermisste tatsächlich die Mistel, seit er Gavin Tettius am Bein behandelt hatte. Dazu kam noch die schwerwiegende Aussage des Gladiatoren Sextus, der die Sklavin bei der Entwendung des Gifts beobachtet haben wollte. ‚Wenn sie zugeben würde, das alles gemacht zu haben, könnte ich ihn vielleicht freibekommen. Niemand hatte einen Grund, den Mann zu töten', überlegte er. Dann fiel ihm das Testament ein. Es war klar und eindeutig abgefasst. Gavin Tettius sollte die Schule bekommen, mitsamt dem Inventar und den Rest seine Gattin. Titus, der Schreiber und Iucundus der Leibdiener, sollten ebenfalls etwas Geld und ihre Freiheit erhalten. Ansonsten waren kleinere Beträge an verdiente Sklaven und noch die eine oder andere Freilassung geplant gewesen. Das alles lag jetzt auf Eis, bis über Gavin geurteilt war. Priamos seufzte auf, ließ sich den Becher erneut mit Honigwein füllen und stürzte sich dann auf das Fleisch, das eben hereingetragen worden war. „Du hast eine ausgezeichnete Küche, Claudius", lobte er. „Das wird Aleke, die Köchin, freuen." Claudius wandte sich an einen Sklaven und sagte: „Richte bitte Aleke aus, ihre Gerichte heute seien vorzüglich." Der Angesprochene nickte und entfernte sich rasch. Kurze Zeit später kam die Köchin mit vor Freude gerötetem Gesicht in den Speiseraum und bedankte sich für das Lob mit einer Extrakreation ihrer Kochkunst, eine aus Brotteig gefertigte Iustitia. „Meine liebe Aleke, du bist keine Köchin, sondern eine Künstlerin!", entfuhr es Priamos, was der Frau noch mehr die Röte ins Gesicht trieb. „Du bist zu gütig, Herr. Diese Kleinigkeit, möchte ich dir offerieren, wir hoffen alle, du bekommst diesen netten Gladiator frei." Das war natürlich mit Claudius abgesprochen, nur hatte er nicht gewusst, was sie machen würde. „Aleke du hast dich wahrhaftig selbst übertroffen", meinte auch Julia und vergaß einen Moment lang, über Gavin nachzudenken. „Gerne nehme ich das Geschenk an und ich werde morgen im Gericht mein Bestes geben", versprach er, mehr konnte er nicht tun. Aleke zog sich unter vielen Verbeugungen zurück. Damit war der letzte Gang auch zu Ende und Priamos verabschiedete sich.

Julia überlegte noch immer, wie sie es anstellen sollte, am nächsten Tag von Cornelia Auskünfte zu erhalten, denn diese war, wenn auch klatschsüchtig, so doch auch sehr verschlossen, gerade wenn es ums Geschäft ging. Sie drehte noch eine Runde im Peristyl, dort traf sie auf einen Sklaven, von dem sie wusste, ein Verwandter war in der Schule beschäftigt. „Thimoteos!", rief sie. Es war immer wieder ein Phänomen zu beobachten, wie die Diener auf die Herrin reagierten. Sobald ihr Name fiel, richteten sie sich auf und traten stolz auf sie zu, in Erwartung eines wichtigen Auftrags. „Herrin? Was kann ich zu dieser Stunde für dich tun?" Sie gewährte sich keine Sekunde zum Überlegen, sondern brachte sogleich ihre Bitte vor, denn nichts anderes durfte es sein. „Thimoteos, du kennst jemanden in der Gladiatorenschule, ich habe eine dringende Bitte, hör dich um, denn mir wird keiner dort etwas sagen." Der alte Mann dachte zögernd nach. Recht war es ihm nicht, seinen Bruder auszuhorchen, aber es war eine Gelegenheit, ihn wieder einmal zu treffen. Der pure Zufall war es, der sie in dieselbe Gegend verschlagen hatte und er dankte den Göttern jeden Tag dafür und auch für die gütige Herrin, die ihm oft einen Besuch bei ihm ermöglichte. So sagte er jetzt: „Mit deiner Erlaubnis Herrin, werde ich morgen meinen Bruder besuchen."

„Du hast sie und lass dir ruhig den ganzen Tag Zeit, es gibt hier nichts zu tun, das nicht ein wenig warten oder von jemand anderen erledigt werden kann. Gute Nacht." Rasch drehte sie sich um und verließ den Garten durch ein anderes Tor. Sie war ärgerlich über sich selbst, weil sie nicht eher an Thimoteos und seine Bande gedacht hatte und nun hoffte sie, noch rechtzeitig Informationen zu erhalten.

Die Angst vor der Dunkelheit in der engen Kammer und dem Alleinsein war übermächtig geworden und raubte ihr den Atem. Kassandra hatte das Gefühl, zu ersticken, dazu kamen noch ein großer Durst und die Schmerzen, die von den Peitschenhieben herrührten. In einer Ecke kauernd hoffte sie, es würde zu Ende gehen. Niemand setzte sich für eine des Mordes beschuldigte Sklavin ein. Je mehr Zeit verstrich, desto öfter hatte sie das Gefühl, Stimmen zu hören, die aber nicht von außen kamen, sondern in ihr waren. „Hört auf!", rief sie schließlich als diese Gaukelbilder und -stimmen immer lauter und heftiger wurden. „Lasst mich doch in Ruhe! Geht weg! Ich habe nichts getan!" Und die Stimmen antworteten ihr: „Bist du dir so sicher, nichts getan zu haben?" Das ging so lange bis sie zusammengerollt am Boden lag und mit dem Kopf gegen den kalten Boden hämmerte. Mit bloßen Händen versuchte sie ein Loch in den Steinboden zu graben, um sich vor den Stimmen und Bildern verstecken zu könnte. Marcus Atticus stand vor ihr und zeigte anklagend auf sie. Dann sah sie wiederum Gavin, der sie verfluchte, weil sie seinen Freund vergiftet hatte. Und viele gesichtslose Menschen, alle wandten sich ab von ihr.

Irgendwann gab sie auf, dagegen anzukämpfen und verlor sich in ihren Träumen und Ängsten. Sie wusste nicht, ob sie schrie oder weinte oder schlief. Ihre Ohren fühlten sich taub an, wo ihr Körper anfing, spürte sie nicht mehr.

Dann erschien eine Gestalt in helles Licht getaucht und sie meinte, nun vollends den Verstand verloren zu haben. Die Erscheinung sagte nichts, hob nur die Hände ans Gesicht, dann erkannte Kassandra, dass die Frau blind war. ‚Iustitia', dachte sie schockiert und fühlte sich innerlich erfrieren. ‚Ich bin es wohl gewesen und hab es vergessen', dachte sie, schluckte heftig und wehrte sich nicht mehr gegen die Erkenntnis, eine hinterhältige Mörderin zu sein. „Es tut mir leid, dir das angetan zu haben", flüsterte sie. „Ich muss bestraft werden."

„Warum lügst du?", nur diese eine Frage stellte die Erscheinung, dann war sie weg.

Früh am nächsten Morgen kam ein Sklave zu Gavin und brachte ihm einen Beutel. Darin befand sich eine saubere Tunika, Unterkleidung, Sandalen, sowie ein Stück Brot, etwas Obst und ein Krug Most. „Sag deiner Herrin und deinem Herrn meinen herzlichen Dank für diese Gaben. Ich stehe tief in ihrer Schuld." Der Mann nickte lediglich und zog sich rasch zurück, denn der Kerker an sich war schon verunsichernd genug und dann stand die ganze Zeit über ein kräftiger Wachmann neben ihm, da wollte er nicht zu lange bleiben.

Gavin dachte an Kassandra, die wohl noch immer hungern musste und er hoffte, der Wachmann habe ihr tatsächlich das Kleid gebracht, das er von Julia erbettelt hatte. Doch da hatte er eine zu hohe Meinung von dem Mann, der hatte das Kleid einer seiner Töchter geschenkt und die Lebensmittel selbst behalten. Einen gefangenen Sklaven musste man nicht auch noch gut behandeln, das stand nirgends geschrieben. Bei Gavin sah es anders aus, er war ein Freier und hatte mächtige Freunde, die durften nicht verärgert werden.

Er bekam sogar Wasser zum Waschen, nur rasieren durfte er sich nicht. So sauber war er schon viele Tage nicht mehr gewesen und er fühlte sich mehr wie er selbst, nicht mehr wie ein Krimineller. Er war kaum fertig mit der Körperpflege, da wurde er bereits abgeholt, wieder in schweres Eisen gelegt und ans Tageslicht gezerrt. Geblendet kniff er die Augen zu, als er aus dem Tor gestoßen wurde. Die Ketten klirrten leise bei jedem Schritt und Gavin hatte das Gefühl, es wären Totenglocken. Seine Kameraden und Freunde standen in der Nähe, ebenso zahlreiche andere Gaffer.

„Ich bin unschuldig", sagte er zu Tullius, der am Wagen stand, die Hände in die Hüften gestemmt und die Stirn grübelnd gerunzelt.

„Ich würde dir gerne glauben, Myrdin", entgegnete er, dann drehte er sich dann um und ging. Die ganze Szenerie hatte etwas Unwirkliches für Tullius, es kam ihm wie ein böser Traum vor, aus dem es kein Erwachen gab.

Etwas später wurde Kassandra herausgeführt. Sie sah elend aus, die Wangen waren eingefallen, sie hatte Ringe unter den Augen und ihre Hände zitterten. Auch hatte sie weder die Sandalen noch das Kleid an, das Julia ihr schicken hatte lassen. Gavin war darüber erbost, doch dann blickte er in ihre Augen und alles was er sagen wollte, erstarb in diesem hoffnungslosen Ausdruck. Aus einem Mundwinkel tropfte ihr der Speichel und sie sah so aus, als hätte sie nicht geschlafen, war verschmutzt und fahrig. Er wollte sie in den Arm nehmen, sie an sich drücken und trösten, doch die schweren Fesseln hinderten ihn daran, mehr zu tun als neben ihr zu stehen und sie an sich lehnen zu lassen. „Sie haben dir nichts von den Sachen gegeben, die Julia dir geschickt hat", sagte er leise. Sie hörte es nicht, hörte nur das höhnische Geschrei, das sie seit dem Verlassen des Kerkers begleitete. Vor sich sah sie Titus Tiberion, ihren Vater, der sie nicht anerkannt hatte und sich nun angewidert abwandte. „Vater", flüsterte sie. „Es tut mir leid." Gavin blickte sie erstaunt an, weil sie Titus Tiberion erwähnte. Aber dessen Tod lag auch erst ein Jahr zurück, soviel er wusste. Ihm kam die Zeit, die sie in der Schule bei ihnen war, schon viel länger vor. Manchmal dachte er, er würde sie sein ganzes Leben lang kennen. „Geh weg von mir. Ich bin schmutzig", flüsterte sie. Als er blieb, rückte sie ein Stück ab von ihm, doch er kam nach und sagte: „Es ist doch gleich, du …" Er konnte nichts mehr sagen, der Kloß in seinem Hals wurde immer dicker, wenn er sie betrachtete.

Sie fuhren in die Stadt zum Gerichtsgebäude. Eine Statue der Göttin Iustitia stand davor und abermals hatte Kassandra den Eindruck, sie würde mit ihr reden, sie fragen: „Warum lügst du?" Da sank sie noch mehr in sich zusammen und wagte keinen Blick hinauf zu der eindrucksvollen Statue der Manifestation.

Kassandra bekam von der Eröffnung des Prozesses wenig mit. Zahlreiche Leute waren zum Schauen gekommen, auch die sah sie nicht, ging stumm, mit gesenktem Blick die Stufen hinauf und stellte sich an den ihr zugewiesenen Platz. Was der Richter, Caecilian Gaius sagte, hörte sie ebenso wenig, wie des Anwalts Antworten, auch die Eröffnungsrede des Anklägers entging ihr. Erst als sie persönlich angesprochen wurde, schaute sie auf und blinzelte die Trugbilder weg, die vor ihren Augen tanzten und sie mit ihren Gesten verhöhnten. „Angeklagte, wir haben zweifelsfrei feststellen können, dass du das Gift genommen hast, wie bekennst du dich." Und kaum hörbar flüsterte sie: „Schuldig."

„Wie bitte?", riefen Gavin, der Anwalt und Claudius Lucius gleichzeitig. „Das glaube ich nicht, nicht eine Minute lang glaube ich dir das, Kassandra. Sieh mich an und sag es mir ins Gesicht!" Doch sie rührte sich nicht. Da fragte der Richter weiter: „Hat dir jemand bei der Tat geholfen, hat es jemand gewusst, zum Beispiel Gavin Tettius?"

„Nein."

Jetzt stürmten Horatio Maximus und Priamos Lucullus nach vor zum Richter und bestürmten ihn mit Forderungen. „Das Geständnis wurde zweifelsfrei unter der Folter erzwungen, Caecilian, ehrenwerter Richter."

„Sie wurde nur einmal ausgepeitscht", sprach Horatio dagegen. „Und das war durchaus legitim, wie du sicher weißt, Priamos, schließlich ist es nur eine Sklavin."

„Da magst du recht haben, aber ich habe so meine Zweifel und ich bin im Zweifel für den Angeklagten."

„Sie ist doch gar nicht deine Mandantin."

„Woher weißt du das, Horatio? Hast du dir die Mühe gemacht, Horatio, mich danach zu fragen? Soviel ich weiß, sprachen wir darüber nie."

„Ruhe!", befahl der Richter barsch, der merkte, Horatio würde gleich vor Wut platzen. „Wir unterbrechen hier erst einmal, das Geständnis ändert die Situation allerdings."

„Was ist mit meinem anderen Mandanten? Er ist doch jetzt vollends entlastet, wie ich es sehe."

„Gar nichts ist er", fauchte Horatio.

„Ich werde darüber nachdenken. Aber ich fürchte, das wird eine schwierige Entscheidung. Für dich hängt ebenfalls viel an diesem Fall, Horatio. Wir reden später weiter." Der Richter schlug mit einem kleinen Hammer auf den Tisch und sofort kehrte Ruhe ein.

„Ich unterbreche und werde die Verhandlung zu einem späteren Zeitpunkt fortsetzen, wann genau, kann ich noch nicht sagen. Die Gefangenen kommen einstweilen in das hiesige Gefängnis."

Brummig zog sich Priamos zurück, doch so hatte er wenigstens noch ein wenig Zeit gewonnen, um mit Kassandra zu reden, das war ihm bislang verweigert worden und das eine Mal, als er mit Gavin geredet hatte, war sie beinahe bewusstlos gewesen.

7. Expositionis - Erklärungen

Penibel richtete sich Julia für ihren unangemeldeten Besuch bei Claudia her. Calpurnia würde sie mit ihrer Sänfte abholen, damit sie zusammen eintrafen und sie nicht mehr ohne Gesichtsverlust abgewiesen werden konnte. Gerade als Calpurnia eintraf, war Julia fertig, das Haar umschmeichelte wie immer in sanften Löckchen ihr Gesicht, ihre Dienerin war eine Meisterin ihres Fachs.

Calpurnia wartete bereits in der Halle und Julia fragte sich insgeheim, wie die Ältere es schaffte, immer pünktlich zu sein. Sie selbst war meistens entweder zu früh oder zu spät. Doch das störte sie selten. Bei manchen Terminen war es besser früher einzutreffen, bei Gastmählern machte es nichts, wenn man etwas später kam.

„Liebste Julia! Du siehst vortrefflich aus", log Calpurnia, denn in Wahrheit wirkte sie abgespannt und den Schlafmangel der letzten beiden Tage konnte nicht einmal mehr das Talkum verbergen, mit dem sie das Gesicht betupft hatte. „Es freut mich auch, dich zu sehen und es ist mir eine Ehre, dass du mich mitnimmst." Floskeln wurden ausgetauscht, dann kletterten beide in die Sänfte. Die Sklaven hoben sie hoch und mit einem Ruck ging es Richtung Villa der Familie Victor. Es standen bereits einige Sänften davor als sie eintrafen. Der Portier begrüßte die Damen höflich und gab sie dann an einen anderen Sklaven weiter, der sie ins Boudoir der Hausherrin geleitete.

„Sie ist immer so exaltiert, wenn sie Damengesellschaften gibt", murmelte Calpurnia und lachte kurz gehässig auf. „Nun, meine Liebe, sie kann es sich leisten, überspannt zu sein", antwortete Julia liebenswürdig. Sie wurden ins Obergeschoss geführt. Das Vestibül war einfach nur schön zu nennen, wobei prächtig auch ein passender Ausdruck gewesen wäre. Das Geländer war aus vielen kleinen dorischen Säulen gemacht und der Handlauf mit Gold überzogen. ‚Diese Prunksucht ist ekelhaft', dachte Julia. Aber die Reliefs an den Wänden gefielen ihr, sie waren geschmackvoll und hielten sich dezent im Hintergrund, sie zeugten vom früheren Besitzer des Hauses.

Im Boudoir hielt Cornelia umringt von fünf Gästen Hof. Das war ihre Zeit, hier spielte sie die Dame von Welt, die nie etwas anderes als Luxus gekannt hatte, und sie spielte ihre Rolle sehr überzeugend. Niemand hätte ihr die niedere Herkunft angesehen, das schlechte Latein der Subura hatte sie abgelegt und sprach es nun rein, wie eine Patrizierin. Julia legte darauf weniger wert, sie war Zeit ihres Lebens reich gewesen, bildete sich aber keineswegs etwas darauf ein. Sie kannte viele Schicksale ihrer Sklaven, die entweder durch ihre Geburt oder durch andere missliche Umstände, wie eine Kriegsgefangenschaft, in die Sklaverei gekommen waren. Für sie waren es Menschen wie alle anderen auch, nur dass sie für ihren Unterhalt andere Menschen bedienen mussten. Es waren die Realitäten des Lebens. Julia nahm sie hin, auch wenn sie nicht alles für gut hielt, was so passierte.

Cornelia überging ihr unangemeldetes Eindringen, weil sie mit Calpurnia gekommen war. Mit der Witwe eines Senators wollte sie es sich nicht verscherzen, denn die kannte alle möglichen Leute und ein Wort von Calpurnia konnte das gesellschaftliche Aus bedeuten. Auch trug ihre zuweilen spitze Zunge dazu bei, dass sich die Frauen der Gesellschaft nicht mit ihr anlegen wollten. Jeder der etwas auf sich hielt, wollte mit der Senatorenwitwe gut gestellt sein. Und sie war so höflich, das stets zu ignorieren und suchte sich ihrerseits ihre Freunde, wie es ihr gefiel und in den Kram passte.

Die Damen standen in kleinen Grüppchen in der Nähe der Gastgeberin, welche die Neuankömmlinge begrüßte. „Es freut mich, dass du doch kommen konntest, Julia. Wenn ich gewusst hätte, wie wenig dich der heutige Prozess kümmert, hättest du natürlich auch eine persönliche Einladung erhalten. Durch deine Bekanntschaft mit …"

„Liebste Cornelia, wie überaus liebenswürdig von dir, mich trotzdem zu empfangen", unterbrach sie Julia rasch. Cornelia lächelte süffisant, dann wandte sie sich der nächsten Dame zu, und Julia schlenderte weiter, betrachtete die Wandmosaike und die Behänge. Sie waren sowohl geschmackvoll als auch teuer, das sah man auf den ersten Blick. Sie erkannte auch einige Vasen aus ihrer eigenen Manufaktur, was ihr ein leichtes Lächeln auf die Lippen beförderte. Cornelia wusste also nicht, wer hinter dem Firmennamen stand, das war eine erfreuliche Erkenntnis, denn sie wusste, die jüngere Frau würde nie im Leben bei einem direkten Konkurrenten einkaufen.

Als alle Damen anwesend waren, führte sie Cornelia einen Raum weiter. Ihr Reich bestand aus drei Räumen, dem Empfangszimmer, dem sogenannten oberen kleinen Esszimmer und einem Entspannungsraum, der in hellem Gelb gehalten war und auf das Peristyl hinausging, von hier aus führte über einen kleinen Balkon eine Treppe in den Garten hinab. Auf dem Vorbau blühte in Kübeln der Oleander und ein Zitronenbäumchen stand auch dort, ebenso einige Korbstühle und ein Tischchen.

„Ich freue mich so, meine Freundinnen, dass ihr meiner kleinen, bescheidenen Einladung gefolgt seid. Nun bitte ich euch in den kleinen Speisesaal, wo bereits Erfrischungen auf uns warten. Bei Tisch können wir uns

gemütlich unterhalten." Sie redete noch eine Weile über ihre anderen Bekanntschaften, die nicht gekommen waren, aus diesem oder jenem Grund
abgesagt hatten. Die Beweggründe wurden dann von der Gesellschaft
aufs gründlichste erörtert und kommentiert. Julia betrachtete einstweilen
die Wandbilder und hoffte, Thimoteos würde etwas herausfinden, denn
so wie es aussah, hatte sie hier keine Möglichkeit etwas Brauchbares zu
finden. Der Tag neigte sich bereits und es wurde langsam Zeit für die
Cena, wo sie wieder zuhause sein wollte, als sich endlich die Gelegenheit
ergab, etwas allein zu sein. Die Damen erhoben sich und zerstreuten sich.
Einige blieben im Esszimmer, andere schlenderten in den Entspannungsraum und dann ins Peristyl hinab. Das Durcheinander nutzte Julia und sie
schlüpfte hurtig durch eine Tür ins Schlafzimmer der Gastgeberin. Die
edle und sehr geschmackvolle aber auch absonderlich teure Einrichtung
beachtete sie nicht weiter, sondern ging zielstrebig zu einem Tischchen,
das wie ihr Schreibtisch aussah und suchte nach dem Geheimfach, das sie
auch sogleich fand. Triumphierend sog sie die Luft ein. Einige Papyrus-
rollen befanden sich dort. Rasch überflog sie die Zeilen. Ihr Gesicht ver-
finsterte sich und mit roten Wangen steckte sie eine Rolle hinter das Bu-
senband. Dann verschloss sie das Schubfach und ging leise zur Tür, vorsichtig spähte sie durch den Spalt und huschte dann hinaus. Später tat sie
so, als müsse sie dringend die Latrine aufsuchen. Dort las sie die Zeilen in
Ruhe und was sie erfuhr, ließ ihren Zorn auf die Familie Victor hochfah-
ren. Schnell stopfte sie das Papier wieder zwischen Brustband und Haut,
dann wusch sie sich das Gesicht mit kaltem Wasser und ging wieder zu
den Damen. Jetzt noch ein freundliches Gesicht beizubehalten, fiel ihr zusehends schwer. Aber sie hielt noch durch, bis die Glocke am Tempel
schlug. Dann suchte sie die Gastgeberin. „Liebste Cornelia, ich muss mich
leider verabschieden, die Zeit bei dir vergeht wie im Flug und du bist eine
wirklich großzügige Gastgeberin. An dir sollten wir uns alle ein Beispiel
nehmen, liebste Cornelia, aber ich muss mich jetzt verabschieden."

„Ach, wie schade. Es hat mich gefreut, dich nach so kurzer Zeit, wiederzusehen. Zu meiner nächsten Gesellschaft werde ich dich mit Sicherheit einladen, deine Bemerkungen zeugen immer von Sachverstand und
Witz." Julia hatte die Spitze verstanden, reagierte aber nicht darauf, was
die Gastgeberin aus dem Konzept brachte. Dann suchte sie Calpurnia und
verabschiedete sich auch von ihr. „Ich danke dir, liebe Freundin, komm
doch bald einmal bei uns vorbei, für dich steht die Tür immer offen." Diesmal meinte sie es ehrlich. Auch wenn ihr die Matrone oft auf die Nerven
ging, war sie die einzige Dame, die sich mit ihr auf gleichem Niveau unterhalten konnte.

Gavin war zu erschüttert von Kassandras Geständnis, um irgendwie zu reagieren, als man sie abführte. Sprachlos stapfte er zwischen den Wachmännern und starrte auf ihren nackten Rücken, der von zahlreichen Peitschenstriemen gezeichnet war. Im Keller wurden sie in eine kleine Zelle gestoßen und eingeschlossen. Kassandra fiel sofort zu Boden und bewegte sich nicht mehr. Außer Fassung humpelte er zu ihr und wollte sie schon schelten. Da erkannte er, wie weit sie von der Wirklichkeit entfernt war und nahm sie in den Arm. „Warum hast du das gesagt? Du hast Marcus ebenso wenig auf dem Gewissen wie ich. Warum, Kassandra?" Er wiegte sie und sich und fühlte die Verzweiflung wieder kommen. Alles was er wollte, war die Wahrheit und so konnte sie nie ans Licht kommen. Schluchzend lag sie da, dann sagte sie und Gavin verstand nichts davon: „Iustitia, geh weg, ich kann nicht mehr, so ist es besser für alle. Irgendjemand hat Schuld auf sich geladen und ich …"

„Kassandra, mit wem redest du?", fragte er irritiert, weil er meinte sie sei tatsächlich verrückt geworden. „Haben sie dir so zugesetzt, bis du gestanden hast? Bei Minerva! Iupiter soll diese Hunde holen, wenn sie dir noch ein Haar krümmen!" Doch sie sagte nichts darauf, durchweichte seine Tunika mit ihren Tränen und schlief schließlich ein. Gavin hielt sie fest, mehr denn je davon überzeugt, dass sie für ihn gelogen hatte.

Abermals hörte er den Richter, sah den Saal voller Menschen vor sich, die ihn mit Verachtung anstarrten, wo noch vor wenigen Tagen Bewunderung für seinen Mut in der Arena gewesen war. Ja, das Publikum war wankelmütig. Nun hatte er es zu spüren bekommen, als der Richter seine Verfehlungen in der Vergangenheit preisgegeben hatte. In aller Deutlichkeit hatte er von seiner Spielleidenschaft und den daraus resultierenden Schulden erzählt. Irgendjemand musste ihm auch von der Schlägerei mit seinem Bruder berichtet haben, denn auch diese ließ er nicht aus. Es hatte Gavin alle Kraft gekostet, ruhig zu bleiben und dem Richter weiterhin, fest ins Gesicht zu blicken. Auch als Horatio Maximus die Beweise dargelegt hatte, hielt er den Blick geradeaus auf ihn geheftet und wagte aus Angst, eine Schwäche zu zeigen, nicht zu blinzeln. Horatio hatte mit aller Härte die sofortige Hinrichtung gefordert. Noch immer hörte er ihn sprechen: „Edler Richter, sieh nur, wie stolz er vor uns steht! Obwohl seine Schuld bewiesen werden kann, zeigt er keinerlei Einsicht in sein schändliches Verhalten. Ich hätte es verstehen können, wenn er im Zorn zugeschlagen hätte, das würde man von einem Mann wie ihm erwarten, aber gerade der Giftanschlag zeugt von einer Kaltblütigkeit, die anscheinend seinem Wesen entspricht. Wir werden die Zeugen hören, die mit ihm gewohnt, ihn im Kampf erlebt haben und auch Zeugen, die die Tat beobachtet, sich aber der Tragweite des Geschehens nicht bewusst gewesen waren." Da war Priamos aufgesprungen und hatte eingeworfen: „Verehrter Richter, das ist ja alles schön und gut und klingt auch nett aus der Sicht des verehrten Anklägers Horatio Maximus Clemens, möge ihm Minerva etwas Weisheit schenken, aber noch sind wir nicht beim Plädoyer angekommen, verehrter Richter. Denn ich, verehrter Richter und mein weiser Gegner Horatio Maximus, werde euch das Gegenteil beweisen. Mein Mandant kann gar nichts damit zu tun haben …" Da hatte der Richter zum ersten Mal unterbrochen und die beiden zu sich gebeten. Den genauen Wortlaut, konnte Gavin nicht hören, denn er redete zu leise. Aber Priamos kam lächelnd zurück an seinen Platz. So ging es eine Weile hin und her, bis die Sprache auf Kassandra kam. Auch ihre Vergangenheit wurde ausgebreitet. Lang und breit wurde über das verderbliche Leben einer Hure geredet, ohne dass jemand gesagt hätte, wie ungern sie es gemacht hatte. Einmal hatte er versucht, dagegen zu reden, doch Priamos hatte ihm den Mund verboten. So hatte er schweigend zugehört, bis sie gestanden hatte. „Du hast nichts getan", flüsterte er jetzt und drückte sie noch ein wenig fester an sich. „Entweder wir gehen beide frei oder keiner."

„Das ist sehr unklug von dir, Gavin", hörte er seinen Anwalt sagen. Unbemerkt hatte er die Zelle betreten und die beiden eine Weile beobachtet. Als er die Aufmerksamkeit seines Mandanten hatte, fuhr er fort: „Leider komme ich mit einer schlechten Nachricht zu dir. Horatio Maximus war eben beim Richter und hat deine neuerliche Befragung erwirkt, nun dürfen sie drastischere Mittel anwenden, denn der Richter findet die Beweise gegen dich glaubwürdig und die Aussage der Sklavin lässt er so nicht gelten. Wegen der Beweise, Gavin, jemand hat dich angeblich gesehen, wie du Marcus Atticus den Tee gegeben hast."

„Natürlich habe ich eingeschenkt. Warum hätte ich das nicht machen sollen? Ihm war nicht gut, also gab ich ihm seinen Tee, wie er es wollte. Iucundus hat es doch selbst gehört und …" Hier brach er ab und starrte Priamos entgeistert an. „Denkst du, er lügt? Aber warum sollte er das machen? Oder warum sollte Ajax die Unwahrheit sagen? Er hat keinen Grund, mich zu hassen und noch weniger den Herrn oder gar Kassandra. Sie kann ihm doch allenfalls egal sein. Ich verstehe nichts mehr, Herr."

„Eigentlich wollte ich jetzt nicht darüber mit dir reden, sondern über die Verteidigung deiner unglücklichen Geliebten hier. Es wird schwer werden, alle zu überzeugen, dass sie nur unter Druck ausgesagt hat. Ob und wie ich das schaffe, weiß ich nicht, allein du bereitest mir mehr Probleme, als du wahrscheinlich wert bist, warum ich auch noch sie übernehme, wird mir wohl für immer verborgen bleiben. Nennen wir es einfach die gute Tat des Tages, Gavin. Warum trägt sie nicht das Kleid, das Julia ihr überbringen ließ?"

„Sie hat es nie bekommen, wir sind vorgestern getrennt worden und ich weiß nicht, was sie mit ihr angestellt haben."

„Nun gut, Gavin, ich kann leider im Moment nicht mehr für dich tun. Brauchst du etwas?" Eine Weile dachte er nach, dann sagte er entschlossen, als er Kassandra betrachtete und auch seiner schmerzenden Beinwunde gewahr wurde: „Nahrung, Wasser, Verbandszeug und vielleicht noch ein Kleid für Kassandra. Ich weiß, es ist viel verlangt, aber über Wasser würde ich mich wirklich sehr freuen."

„Ich werde sehen, was ich machen kann, Gavin. Richte deiner Sklavin meine, nein, richte ihr nichts aus." Er drehte sich um und ging auf die Tür zu, noch während er klopfte, fragte er: „Warum hast du dich gerade in sie verliebt? Sie sieht nicht wie jemand aus, in den man sich verlieben könnte." Darauf wusste Gavin keine Antwort, so sagte Priamos, bereits in der offenen Tür stehend: „Du musst nicht antworten. Gerade ich habe nicht das Recht, dich zu fragen. Ich versuche, Morgen noch einmal zu kommen. " Rasch ging er hinaus, er ertrug das besorgte Gesicht des jungen Mannes nicht mehr, der wusste, dass er früher oder später gefoltert werden würde. Priamos nahm an, eher früher. Horatio gehörte nicht zu den Leuten, die etwas auf die lange Bank schoben, gerade jetzt, wo es um die Neubenennung seiner Position ging. Viel würde er nicht mehr bewirken können, nachdem Kassandra ihre Aussage gemacht hatte. ‚Es ist das Todesurteil, zumindest ihres‘, dachte er, während er neben Ganymed einher schritt. „Herr, vielleicht solltest du den Fall abgeben, den wirst du nicht gewinnen können", meinte der Sklave nachdenklich. Da lachte Priamos einmal laut auf. „Weißt du, Ganymed, jeder andere würde das tun, aber ich verzichte auf meine Reputation, wenn ich einen Fall abgebe, nur weil es kompliziert und aussichtslos ist. Wir gehen in die Therme, Ganymed." Schon drehte er sich um und ging in entgegen gesetzter Richtung weiter. Es war zwar schon spät für ein Bad, aber er wollte auch nicht baden, er suchte jemanden, den er, wie er meinte, dort finden würde.

Ungeduldig wartete Thimoteos auf die Herrin. Er hatte seinen Bruder getroffen, doch das Gespräch war nicht so verlaufen, wie er sich erhofft hatte. Zornig und im Streit waren sie voneinander gegangen. Das erzählte er Julia als sie zuhause eintraf. „Dann bringst du also keine Informationen, Thimoteos? Nun gut, da kann man eben nichts machen, danke trotzdem und es tut mir leid, dass du dich deswegen mit deinem Bruder überworfen hast."

„Herrin, mach dir darüber keine Gedanken, es ist nicht wichtig." Er verbeugte sich und begab sich hastig in die Sklavenunterkünfte. Julia eilte ins Büro, dort fand sie Claudius noch über die Bücher gebeugt, Florianus, der Assistent, saß neben ihm und rechnete Tabellen zusammen. „O entschuldige, Claudius, störe ich?", fragte sie und wollte sich sogleich wieder zurückziehen. Claudius blickte auf, dann lächelte er zaghaft. „Florianus, wir machen Schluss für heute, das kann bis morgen warten", und an Julia gewandt, „komm nur her, meine Liebe, und setz dich. Wie war deine Verabredung?"

Julia wartete bis Florianus das Zimmer verlassen hatte, dann griff sie in den Ausschnitt und zog das Papyrus hervor. „Du hast etwas entwendet?", fragte er fassungslos, nahm das Papier mit den Fingerspitzen, als würde es ihn verbrennen, entgegen. „Wir sind ruiniert, wenn die ihren Plan durchziehen." Claudius wurde abwechselnd heiß und kalt. Zornig knallte er das Schriftstück auf den Tisch und fluchte ausgiebig. Julia verstand ihn nur zu gut. Eigentlich wollte sie Beweise für Gavins Unschuld finden, dann jedoch hatte sie etwas anderes entdeckt, etwas viel Schlimmeres, das sie direkt betraf. „Na schön, wir werden den Plan vereiteln. Gleich morgen werde ich einen Boten zu Lydia nach Ravenna schicken. Sie darf nichts unterschreiben, bevor die neuen Besitzverhältnisse restlos geklärt sind. Ich könnte platzen vor Wut!" Er sprang auf und lief im Zimmer herum. „Der ist ein gerissener Hund. Ich wusste schon immer, dass Primus Dreck am Stecken hat, aber wie weit er gehen würde, das ahnte ich nicht. Hat er am Ende den Mord an Marcus geplant, um über meine Cousine an das Geschäft in Ravenna zu kommen? Der will sich alles unter den Nagel reißen! Jetzt hat er bereits den Handel mit Capua und nun auch noch Ravenna! Was macht er als nächstes? Kauft er sich die Welt?" Resigniert ließ er sich auf den Stuhl am Schreibtisch fallen, dann begann er zu schreiben. „So, das geht an Lydia, per Eilboten, die Ärmste. Vielleicht besuchst du sie, wenn das hier vorbei ist."

„Wir werden sehen, Claudius." Damit verlief das Gespräch im Sand, Julia erhob sich und ging kurz in der Küche vorbei. Die Vorbereitungen für das Abendessen waren bereits abgeschlossen. Hier lief alles glatt und niemand brauchte Anweisungen von ihr. So ging sie zurück in ihr Zimmer und schrieb ihrerseits einen Brief an ihre Schwester, die nur selten zu Besuch kam, da sie unter ihrem Stand geheiratet hatte und einen kleinen Töpferladen besaß. Dort stand sie tagaus, tagein und hatte nur einen Sklaven, der ihr bei der Arbeit half. Auch ihr Gatte war emsig und wollte keine Hilfe seines Schwagers und seiner Schwägerin annehmen. Er war sehr stolz. Daran dachte sie nun – Stolz. Er konnte gefährlich sein. Auch Gavin war stolz, zu stolz vielleicht und sie dachte an die Beweise, die Cousine ihres Gatten, die weit weg in Ravenna saß und sicher schon die Nachricht vom Tod ihres Mannes erhalten hatte.

Beim Abendessen sprach sie mit Claudius über die bevorstehende Trauerfeier des Freundes und Geschäftspartners. „Ich weiß auch nicht. Noch ist niemand an mich herangetreten. Aber ich werde morgen früh sogleich alles Nötige veranlassen. Danke, dass du daran gedacht hast. Es wird Zeit, dass er eingeäschert wird, er muss endlich in die Unterwelt eingehen dürfen."

Gavin dachte ebenfalls an die Trauerfeier, dann wieder an die ungerechtfertigten Anschuldigungen und an Kassandras Geständnis, das ihn höchstwahrscheinlich nicht vor einer harten Befragung schützen würde. Tatsächlich dauerte es nicht lang und er wurde abgeholt.

In einem Hof erwartete ihn der Prügelknecht. Es war ein grobschlächtiger Mann, dem man die Freude an seiner Arbeit ansah. Alle, die hierher kamen waren schuldig, auf die eine oder andere Weise würde er ein Geständnis herausbekommen. Gavin wurde ein Knebel derartig in den Mund geschoben, sodass er ihn nicht schließen konnte und er ahnte, was auf ihn zukam, als sie ihm die Tunika auszogen und ihn an den Pfahl banden. „Du brauchst nur zu nicken, wenn ich dich etwas frage", sagte Meister Pollux. Als Gavin nicht reagierte, zog er ihn an den Haaren und wiederholte seine Aussage. „Nicke gefälligst, wenn du mich verstanden hast, du Dreckhaufen." Dann knallte er Gavins Kopf gegen den Pflock und er stöhnte durch den Knebel hindurch.

„Das war erst der Anfang", meinte Pollux. Gavin versuchte, nicht an die Schläge zu denken, die ihn bald treffen würden. Doch zuerst geschah eine Zeitlang gar nichts. Pollux umrundete ihn, bespuckte ihn und redete ohne Unterlass auf ihn ein, zählte die Beweise auf und wie schuldig er war, bedachte ihn mit Schimpfnamen und dann ging es Schlag auf Schlag. Der Prügelknecht waltete seines Amtes und der Riemen fand sein Ziel. Nach dreißig Schlägen hörte er auf, Pollux trat herzu, packte ihn abermals an den Haaren und zog seinen Kopf zu sich heran, spuckte ihm ins Gesicht und fragte erneut: „Gestehst du jetzt?" Gavin schüttelte den Kopf, Speichel tropfte aus seinem Mundwinkel, Schweiß bedeckte sein Gesicht und mischte sich mit Tränen. „Dann geht es weiter. Marcellus!" Abermals wurde der Riemen geschwungen, die bereits gerötete Haut am Rücken platzte und Gavin versuchte nicht einmal mehr, seine Schreie zu unterdrücken, die trotz des Knebels zu hören waren. Nach jeder Frage des Beamten wurde er heftiger geschlagen, denn er verneinte nach wie vor seine

Schuld und Pollux wurde ungeduldig. Bei hundert Riemenschlägen hörten sie auf, denn selbst Marcellus brauchte eine Pause. Gavin blieb an den Pfahl gebunden. Sein Rücken fühlte sich an, als wäre die Haut abgeschält worden und er hatte wenig Hoffnung auf eine Änderung des Zustands. Jetzt glaubte er zu erkennen, warum Kassandra gestanden hatte. Er wusste, sie war geschlagen worden. Aber nicht die Schläge hatten sie gebrochen, sondern die Angst vor der Dunkelheit und den inneren Dämonen. Aber davon wusste er nichts. Die Fesseln scheuerten an den Handgelenken, als seine Knie einzuknicken drohten. ‚Wie lange kann ich das aushalten?', fragte er sich. ‚Iustitia, Minerva, Iupiter, hört mich, ich habe nichts getan!', flehte er in Gedanken um Gerechtigkeit und Wahrheit.

Als es stockdunkle Nacht war, näherten sich Fackeln, das Feuer wurde über seine Wunden gehalten und er schrie erneut durch den Knebel, als die Hitze die Haut versengte. Er hörte jemanden lachen, dann wurde er vom Pfahl genommen und zurück in die Zelle geschleift. „Hinein mit dir, verrecken sollst du, du Scheißhaufen!" Gavin blieb mitten in der Zelle liegen und begann zu seiner Schande, zu weinen.

Kassandra hörte ihn, aber lange wagte sie nicht, sich zu bewegen. Es war so dunkel und die Angst vor dem Alleinsein war noch immer in ihr, ebenso die vor den Stimmen, die sie schon wieder hörte und ihr ihre Schuld vorhielten. Dann war ihr abermals Iustitia erschienen und hatte gefragt, warum sie denn lüge, wenn die Wahrheit doch offensichtlich war. Da hatte sie hysterisch zu lachen begonnen und erschrocken über den lauten Widerhall verstummte sie, die Hände fest vor den Mund gepresst. „Nichts, Iustitia, nichts ist Kassandra, weder Luft noch Staub, nicht einmal mehr eine Erinnerung von ihr wird bleiben."

„Nein", hörte sie jemanden sagen. „Kassandra ist." Es war Gavin. Da kroch sie auf Händen und Knien zu ihm. „Herr, was haben sie dir angetan?" Es dauerte eine Weile bis er antworten konnte, dann sagte er: „Nicht mehr als dir." Sie wollte ihn berühren, wagte es aber nicht, weil ihre Finger, von dem Versuch sich in den Stein zu graben, zerschunden waren. Auch hatte sie in ihrer Panik solange an den Fingernägeln gekaut, bis sie weg waren und nur noch die blutige Haut zu sehen war.

„Bitte, halte mich, Kassandra." Die Bitte kam so leise, dass sie sie fast nicht verstand und es kostete sie Überwindung, ihn mit ihren zerstörten Händen anzugreifen. Doch dann setzte sie sich anders hin, drehte ihn zur Seite und bettete seinen Kopf auf ihre Schenkel, so wie er es vor einigen Stunden bei ihr gemacht hatte. „Warum lügst du?", fragte er nach einer Weile. Er wollte noch nicht einschlafen, wollte die Zeit auskosten, die er mit ihr verbringen konnte und sie bewusst wahrnehmen, denn niemand konnte sagen, wie lange sie noch zu leben hatten. „Ich wollte nicht mehr lebendig begraben sein", brachte sie zwischen den Schluchzern heraus. Da raffte sich Gavin stöhnend auf und versuchte sie in der Dunkelheit, zu erkennen. Der Versuch misslang und er sackte zusammen. „Leg dich zu mir. Wir sollten schlafen", murmelte er. Einander zugewandt schliefen sie wider Erwarten doch ein.

Im Tepidarium fand er ihn schließlich. Priamos hatte sich nicht die Mühe gemacht, sich zu entkleiden. Er ignorierte die neugierigen Blicke der anderen Badegäste und ging vor Horatio Maximus in die Hocke. „Mein lieber Horatio", sagte er. „Ich wusste doch, ich würde dich hier finden. Sag mir, Horatio, willst du ein Geständnis aus den beiden herausprügeln? So sehe ich das nämlich. In meinen Augen, Horatio, sind deine Beweise nichts als warme Luft, ein Rülpser nach einer schweren Mahlzeit. Es gibt nichts Konkretes, Horatio, absolut nichts." Der Angesprochene tauchte kurz unter, dann stieg er aus dem Wasser, wickelte sich in eine flauschige Wolldecke und begab sich zu einer Liege. Er hatte vor, Priamos zu ignorieren. Aber der ließ sich nicht so einfach abwimmeln, sondern setzte sich auf die Liege daneben. „Weißt du, ich fürchte, auch wenn du ihn zusammenschlagen lässt, wirst du nichts anderes aus ihm herausbekommen als die Wahrheit." Das ärgerte jetzt Horatio und er entgegnete scharf, sodass sämtliche Badegäste zu ihnen blickten: „Die Wahrheit! Das ich nicht lache, du würdest sie nicht einmal dann erkennen, wenn sie vor deiner Nase auftauchte, Priamos, du Winkeladvokat! Ich werde ihn solange befragen, wie es nötig ist, um die richtige Antwort zu bekommen! Bei Tagesanbruch werden beide durch den Sonnengott befragt, dort bleiben sie, bis der Richter entscheidet, wie es weitergeht. Mir reicht es nämlich."

„Horatio! Bist du verrückt geworden?", Priamos war schockiert. Er wusste nicht, warum der plötzlich so gehässig geworden war. Sicher, sie hatten sich vor Gericht und auch im Bad oder sonst wo bei öffentlichen Reden gegenseitig befegelt, aber Priamos hatte es immer für ein Spiel zwischen ihnen gehalten. „Wenn du es so siehst, Horatio, dann mach dich auf eine Überraschung gefasst."

„Das ist nur leeres Gerede und jetzt lass mich in Ruhe." Priamos stand auf und verließ die Therme. Ganymed hatte draußen auf ihn gewartet und nun blickte er in das vor Ärger verzogene Gesicht seines Herrn. „Was jetzt?", fragte er.

„Zum Tempel!"

Der Leibwächter seufzte, trottete aber kommentarlos neben ihm her.

In der Gladiatorenschule ging es hoch her. Heftig wurde über Kassandras Schuldgeständnis diskutiert und ob jetzt Gavin freikäme und sie endlich nachhause gehen durften. Aber noch war alles in Schwebe und ihr Herr war noch immer nicht ordentlich der Unterwelt übergeben worden. „Es wird jetzt Zeit, dass sich jemand um die sterblichen Überreste des Herrn kümmert", knurrte Iucundus, der sich öfter bei den Gladiatoren aufhielt. „Ich werde Titus bitten, mit mir zusammen etwas zu organisieren. Es geht einfach nicht, das dauert schon zu lange. Seine Witwe wird es uns nicht danken, wenn wir ihn so lange einfach nur liegen lassen und er vor sich hin fault." Tullius stimmte dem zu und bot ebenfalls seine Hilfe an. „Ja, es wird Zeit, etwas Bewegung in die Sache zu bringen. Wenn ich daran denke, dass wir schon zuhause sein könnten, steigt die Wut in mir hoch und ich könnte hier alles kurz und klein schlagen!" So ging es allen anderen ebenfalls, und es ausgesprochen zu hören, machte es ihnen erst recht bewusst. „Sie sollten uns mit der Asche des Herrn heimfahren lassen und Gavin kann hierbleiben und versauern. Ist doch mir egal, die Witwe des Herrn wird uns schon übernehmen", knurrte Sextus, der am zornigsten von allen war. Fortunata hielt sich seit zwei Tagen bedeckt und hinterlegte auch keine Nachrichten, wahrscheinlich hatte sie Angst vor Entdeckung oder ihr Plan war aufgegangen und sie hatten den Vertrag unter Dach und Fach, was ihm eigentlich egal war, ihm ging es nur um seine Freiheit, die sie ihm versprochen hatte, wenn er ihr zu einem Geschäft in Ravenna verhalf. Nun hatte sie gute Gelegenheit, die Schule zu kaufen, wahrscheinlich sogar zu einem Spottpreis, wie er richtig annahm.

Nachts, wenn alles ruhig war, schlich er oft ruhelos herum. Nicht die Schuld trieb ihn, sondern eine innere Hast ließ ihn nicht schlafen und immer fahriger werden, auch wenn er es noch gut verbergen konnte. Aber ihn trieb auch der Wunsch, endlich frei zu sein und sein eigener Herr, der Traum eines jeden Sklaven.

Cornelia lächelte wie eine Katze, die in der Milchkammer eingeschlossen war. Eben war ein Eilbote aus Ravenna eingetroffen mit der Nachricht, der Vertrag würde unterzeichnet. Primus war ebenso erfreut über diese Information und er beschloss sobald es ging, ein Fest zu organisieren. „Nun haben wir noch einen Hafenzugang. Nach der Schule werden wir auch das Geschäft des Alten übernehmen", meinte Cornelia. Primus rieb sich die Hände, er freute sich schon darauf, aber erst musste das Urteil abgewartet werden, denn Gavin Tettius war noch ein Hindernis auf dem Weg zum großen Handelsimperium. Dann wäre es auch gleich, ob Deciderius den Posten bekam oder nicht. Primus hatte ohnehin vor, ihn mit einem Auftrag in eine weit entfernte Gegend zu schicken. Er hoffte, der Sohn würde lange Zeit nicht wiederkommen, denn er wusste, was der nachts mit seiner Frau trieb.

Gavin schlief schlecht. Wirre, furchterregende Träume störten ihn, immer wieder erschien die Göttin und sein Gladius flog ziellos in der Arena herum, bis es ihn durchdrang. Nach dem Erwachen, das um keinen Deut besser war als der Traum, hatte er nur noch ein Gefühl der Dringlichkeit, das sich auf seine Zunge zu legen schien. Das ließ ihn noch unruhiger werden und er bewegte sich stöhnend. In seinem Kopf pochte und dröhnte es, er war durstig. Aber sie bekamen nichts.

Kassandra regte sich nun ebenfalls jammernd. Sie wollte sich auf den Rücken drehen, zuckte aber sofort zurück. So drehte sie sich auf den Bauch und versuchte sich aufzurichten. Stöhnend gelang es ihr schließlich und wackelig blieb sie stehen, stützte sich allerdings an der Wand ab. Auch Gavin wollte seine Lage ändern. Er kam gerade auf alle Vier, als sich die Tür öffnete und ihn ein Fuß in die Magengegend traf, mit einem Aufschrei ging er zu Boden. Ohne viele Worte wurden sie weggebracht, hinaus auf den Hof, den Gavin bereits kannte. Dort wurden sie an den Pfahl gebunden und er wusste, dass Priamos keine seiner Bitten hatte erfüllen können. Nackt standen sie in der Sonne und konnten sich nicht gegen die Hitze wehren.

Der Druck des Holzes im Rücken verursachte weitere Schmerzen. Noch schaffte es Gavin, sie zu ignorieren. Zu gerne hätte er Kassandra noch einmal angesehen, denn er fürchtete, hier würde das Ende seines Lebens eintreten. Ihre Hände fanden sich und ihre Finger schlangen sich um seine, so blieben sie stehen.

Besonders Kassandra machte der Flüssigkeitsmangel schwer zu schaffen. Seit dem Tag an dem sie in die dunkle Kammer eingeschlossen worden war, hatte sie nichts mehr getrunken. Sie litt an Halluzinationen, hatte Koliken und wollte nur noch sterben, so wie sie es sich nach dem Geständnis erhofft hatte.

„Freunde, habt ihr gehört?", rief Rufus in die Runde. Fünf Augenpaare schauten von der Arbeit auf und starrten ihn erwartungsvoll an. „Wir werden angeblich verkauft. Ich habe eben Jubal Alexandros mit dem fetten Felix Victor reden hören. Mich ekelt, wenn ich für den kämpfen soll." Angewidert spuckte er aus.

„Das können sie nicht!", fuhr Ullrik dazwischen und zeitgleich rief Titus, der seinen Arbeitsbereich in die Sklavenquartiere verlegt hatte. „Der

Herr ist noch nicht eingeäschert und das Testament kann noch nicht ange-passt werden, solange Gavin Tettius nicht schuldig gesprochen wurde. Also, ich bin ja kein Rechtsgelehrter, aber das weiß ich auch. Verdammt!" Zornig sprang er auf. Tullius legte ihm beschwichtigend eine Hand auf den Arm und zwang ihn, sich wieder zu setzen. Ajax war bei diesen Wor-ten bleich geworden, dann fiel ihm ein, er war davon nicht betroffen. „Ich bin schon wieder ruhig, Gladiator, und mich betrifft das auch nicht, denn in seinem Testament hat er mir die Freiheit gegeben, ebenso Iucundus. Mich macht es nur zornig, weil der Wille des Herrn so mit Füßen getreten wird." Tullius schenkte ihm Wasser ein und nötigte ihn, zu trinken, dann wandte er sich an Iucundus: „So, Kleiner, stimmt es, hat Myrdin dem Herrn wirklich das Gift gegeben? Hast du es gesehen? Und wann bei allen Göttern wird die Leiche endlich verbrannt? Wie das jetzt abläuft, das ist absolut unehrenhaft und unseres Herrn nicht würdig." Iucundus wand sich, dann murmelte er: „Er hat ihm aus einer Kanne Tee eingeschenkt, das habe ich auch Horatio Maximus Clemens gesagt. Mehr nicht, ich schwöre dir, Tullius, ich habe nur gesagt, was ich gesehen habe. Aber wer Gavin am nächsten Tag am Totenbett gesehen hat, der muss ihn im Nach-hinein für schuldig halten, so wie der dreinschaute." Alle starrten jetzt den ehemaligen Leibsklaven des Herrn an. Das hatten sie noch nicht ge-hört. „Er wirkte schuldig. Wenn ich jetzt so darüber nachdenke …" Er brach ab und schaute sich verlegen um. Alle dachten in etwa das Gleiche, nur Tullius sprach aus, was ihm im Kopf herumging: „Dann hoffe ich umso mehr, dass es zu einem raschen Abschluss kommt. Denn so wie es jetzt für uns aussieht bleibt uns nicht viel Spielraum, eigentlich gar keiner. Primus Felix Victor hat keine Ahnung von Gladiatoren und ich habe we-nig Lust an den Circus Maximus verschachert und dort chancenlos mas-sakriert zu werden, nur weil es gerade modern ist, große Schlachten nach-zustellen." Sie erörterten alle Möglichkeiten und eine beinahe greifbare Angst vor der unmittelbaren Zukunft machte sich unter den Gladiatoren breit. Niemand von ihnen wollte hingerichtet werden, denn darauf würde eine große Schau in Rom hinauslaufen. Selbst Sextus kam ins Grübeln. Es stimmte, Primus hatte keine Ahnung, was Gladiatorenspiele anging. Er würde mit ihnen nach Rom fahren, weil er dort gute Geschäfte machen konnte und Leute kannte, das wusste er von früher, als Fortunata noch dort gearbeitet hatte und er ein kleiner Dieb gewesen war. Nun fragte er sich, ob er von ihr belogen worden war. Aber er hing zu tief mit drin in dem verwaschenen Geschäft, so wagte er nicht, jetzt abzuspringen, denn das bedeutete seinen sofortigen Tod. An diesem Abend ging er früh an sein Lager aber schlafen, konnte er lange nicht.

Am Nachmittag traf sich Priamos mit Horatio vor dem Gericht. Er hatte um den Termin gebeten, weil er bei der Befragung dabei sein wollte und er war schockiert. Noch nie hatte er gesehen, wie jemand befragt wurde, ohne Hand an ihn zu legen und der dennoch so aussah, als sei er stundenlang gequält worden. Vielleicht war das Stehen in der prallen Sonne eine härtere Strafe als jeder Schlag mit dem Riemen.

Kassandras Kopf hing vornüber und ihr Gesicht war mit Schweiß und Speichel verklebt. Ebenso schaute Gavin aus, doch er war wach und starrte die beiden Männer feindselig an. Verschwommen erkannte er sie, wusste aber nicht mehr sicher, ob und wer ihm helfen wollte. „Wa…", versuchte er um Wasser zu betteln, brachte es aber nicht über die Lippen. Er war völlig ausgetrocknet, seit acht Stunden standen sie an den Pfahl gebunden und die Sonne hatte sich in ihn gebrannt. Eine Hand war noch immer in Kassandras, dort harrte sie in einem sturen Krampf und wollte sich nicht mehr lösen. Er fühlte die Fingernägel, die sich in ihre Haut bohrten, konnte es aber nicht verhindern, dass sie sich noch mehr verbogen, als er eine Antwort bekam. „Wasser bekommst du, wenn du gestehst", sagte Horatio hart. Einen Moment lang überlegte Gavin, ob er sich schuldig bekennen sollte, doch dann siegte seine angeborene Sturheit und er schüttelte nur leicht den Kopf. „Na schön, wenn das deine Antwort ist, dann sehen wir morgen früh weiter." Damit drehte sich Horatio um und wollte schon wieder gehen, doch Priamos hielt ihn zurück. „Gib beiden eine Schöpfkelle Wasser", verlangte er. „Warum sollte ich das tun?"

„Weil ich dafür bezahle." Priamos kramte in einem Beutel und nahm einige Asse heraus. Doch Horatio blieb hart. „Denkst du, ich lasse mich mit ein paar Kupfermünzen bestechen? Gar nichts wird es geben, solange ich nicht höre, was ich hören will." Damit ging er grußlos davon und Priamos fühlte sich überrumpelt. Noch nie war einem seiner Mandanten Wasser verweigert worden. Er fragte sich, ob da nicht etwas im Hintergrund lief, von dem er nichts ahnte. Aber das zu ergründen, fehlte ihm die Zeit, denn für die beiden Mandanten rannte sie davon und es würde, wenn kein gnädiger Gott eingriff, rascher gehen, als sie dachten. „Gavin, ich kann euch nicht mehr helfen, ich fürchte, er will das Urteil einem Gott überlassen. Ich werde für euch opfern, mehr kann ich nicht tun. Alle meine Eingaben werden abgewiesen und niemand will mich anhören." Gavin hob langsam den Kopf und blickte den Anwalt an. „Iusti…", sagte er mühsam, die Buchstaben in der trockenen Kehle formulierend. „Ja, ich werde ihr opfern und auch Iupiter und Minerva." Gavin schloss die Augen und senkte den Kopf. Das hatte er nicht gemeint, aber es würde vielleicht helfen. Er hatte auf Gerechtigkeit gehofft, doch die würde er so nicht bekommen. Als er nichts weiter zu sagen versuchte, ging Priamos wieder. Der Anblick war niederschmetternd gewesen. Er hatte die ineinander verschlungenen Hände der beiden gesehen, wie sie sich stützen wollten. ‚Er ist für sie zurückgekommen und sie hat für ihn gelogen. Ich weiß, dass sie gelogen hat. Warum bin ich mir so sicher?' Vor dem Tor wartete Ganymed mit einer Sänfte. Er hatte geahnt, dass sein Herr jetzt müde sein würde. „Nachhause, Ganymed", befahl er matt als er im Tragstuhl lag und die Vorhänge zugezogen hatte. Er wollte niemanden mehr sehen an diesem Tag, auch in seiner Villa schloss er sich ein.

Claudius Lucius bereitete in der Zwischenzeit alles für das Begräbnis seines Freundes vor. Leider würde es nur eine kleine Trauerfeier geben, weil er hier wenig Bekannte gehabt hatte, Lydia würde das zuhause wiederholen, dann hatte er sogar zwei Feiern. Er besorgte eine schöne Urne und ließ am Sockel einen Spruch einritzen: Hier ist die Asche des Helden Marcus Atticus. Es war zwar kein sehr origineller Spruch, aber die Zeit drängte nun wirklich. Aleke war mit der Bereitung eines Festmahls beauftragt worden und Julia lud alle Leute ein, die Marcus gekannt hatten, dazu zählten auch seine Sklaven und natürlich die Gladiatoren. „Schade, dass Gavin nicht hier sein darf", murmelte sie.

Außerhalb der Stadtmauern hatten sie den Scheiterhaufen aufrichten lassen und dorthin marschierte der Trauerzug nun. Der Priester waltete seines Amtes und Claudius übergab ihm die leere Urne, damit dann dort die Asche seines Freundes und Verwandten eingefüllt werden konnte. Er selbst hielt auch noch eine kleine Ansprache und bat hernach alle, in sein Haus zu kommen und noch einmal des großen Kämpfers und gütigen Herrn zu gedenken.

Julias Schwester war gekommen, ebenso deren Gatte und natürlich die Diener und Gladiatoren. Im großen Speisesaal hatten sie Tische und Bänke aufgestellt, damit für alle genug Platz war, denn Claudius wollte nicht als kleinlich gelten und die ehemaligen Diener seines Freundes im Sklavenquartier abspeisen lassen, außerdem wäre sonst die Trauerfeier sehr kläglich ausgefallen und so sah es besser aus. Trotz des guten Weines, den er auftischen ließ, war die Stimmung gedämpft. Zu viele Sorgen plagten die Sklaven und die Freigelassenen wussten nicht so recht, was sie nun mit sich anfangen sollten, denn einen Großteil ihres Lebens hatte sie im Hause Atticus verbracht.

„Schade, dass die Trauerfeier beinahe jämmerlich war", murmelte Julia, nachdem sie die letzten Gäste verabschiedet hatte und zu Bett ging. „Ja, es war traurig, aber die Ansprache des Priesters war schön. Morgen um die Mittagsstunde werde ich die Urne abholen lassen. Ob ich sie gleich zu Lydia schicken lassen soll?"

„Überleg dir das morgen. Ich bin heute zu müde, um noch einen klaren Gedanken zu fassen. Von Priamos haben wir auch nichts mehr gehört, seit er bei uns zu Gast war." Sie kämmte sich noch das Haar und Claudius beobachtete bewundernd ihre Bewegungen. Dann trat er hinter sie und umfing sie mit seinen kräftigen Armen. „Das geht dir alles sehr nahe, nicht wahr?", fragte er. Tief atmete er ihren angenehm weiblichen Duft ein, den sie mit nur wenig Parfüm überdeckte. Julia schluckte einige Male, bevor sie antwortete: „Irgendwie schon. Marcus war ein sehr guter Freund und von Gavin will ich nicht glauben, dass er ein Giftmörder ist. Ich kann mich nicht so in ihm getäuscht haben." Claudius ließ sie los und drehte sie zu sich herum. „Solltest du dich geirrt haben, dann ist das unser geschäftliches und gesellschaftliches Ende. Hast du bemerkt, dass uns einige Leute bereits meiden?" Es war ihr aufgefallen, aber sie hatte dem nicht groß Beachtung geschenkt. „Bitte, Claudius, ich will einfach nicht mehr denken müssen." Fest umarmte sie ihren Mann und drückte ihm einen Kuss auf die Brust, denn er beugte den Kopf nicht zu ihr herunter und sie saß noch auf dem Hocker. „Komm zu Bett", sagte er schließlich mild, hob sie hoch und sorgte dafür, dass sie nicht mehr denken musste. Immer wenn er dachte, ihre Leidenschaft für ihn wäre erlahmt, brachte sie ihn mit einer Geste oder einem Wort dazu, genau das Gegenteil zu erkennen. Das Bett war breit genug für fünf Leute, aber wenn sie sich liebten, schien es für ihre Lust zu wenig Platz zu bieten. „Ich liebe dich, Claudius", murmelte sie als er zwischen ihren Schenkeln auftauchte und ihren Bauchnabel küsste, dann ging er abermals tiefer und sie stöhnte vor Begehren. „Was ist mit den anderen?", wagte er zum ersten Mal diese eine Frage, vor der er sich fürchtete. „Das war doch keine Liebe!", schrie sie und forderte mehr als er sie mit den Fingern befriedigte. „Ich weiß, Julia, aber es tut gut, das zu hören." Dann sank er vollends in sie und zusammen ritten sie einem wilden Höhepunkt entgegen, wobei sie sich gegenseitig mit ihren Worten anfeuerten und schließlich ließ er sich ermattet auf ihr nieder. Julia mochte es, wenn er so in ihr kam und sie ihn nachher noch spüren konnte, das vertraute Gewicht auf ihr und ihn noch in sich, wie er langsam erschlaffte und die Welle der Lust sich beruhigte. Das brauchte sie, um selbst zur Ruhe zu kommen. „Ich liebe dich, wirklich Claudius, nichts und niemand kann mir das nehmen, niemand und nichts wird dir das nehmen", flüsterte sie noch heiser von den Lustschreien. Langsam zog er sich zurück, hielt sie aber weiterhin im Arm. „Ich liebe dich auch, mein Schatz. Magst du etwas trinken?" Er wusste, dass sie nach dem Liebesspiel immer durstig war, so hatte er die Sklaven angewiesen, abends immer eine Kanne frisches Wasser in ihr Schlafzimmer zu stellen. Er bediente sie und eine Weile redeten sie noch flüsternd über dieses und jenes, dann wurden sie immer ruhiger und schließlich kehrte im Hause Lucius Ruhe ein.

Je länger er stand, desto schwächer wurde er. Die Nacht brach herein und brachte etwas Feuchtigkeit und Kühle mit. Da erwachte auch Kassandra für kurze Zeit, hob den Kopf und sank erneut in sich zusammen. Das Erwachen war schlimmer als der schlimmste Albtraum. Sie fühlte in sich nur noch Schmerz und Müdigkeit, eine Lähmung des Geistes, denn ihr Wille war schon vor Stunden gebrochen.

An diesem Punkt war Gavin noch nicht angelangt, obwohl ihn Träume und Erinnerungen quälten. „Vater", sagte er im Traum und er sah Manius den Älteren vor sich, wie er ihn angeschrien, geschlagen und wie einen räudigen Hund vertrieben hatte. Die harte Stimme war noch frisch in seinem Ohr: „Ich habe keinen Sohn mit dem Namen Gavin! Geh mir aus den Augen, du wildes Tier!"

„Vater! Ich wollte Manius nicht verletzen! Bitte, glaub es mir! Mutter! Wende dich nicht ab!" Er fühlte die Verzweiflung als wäre es eben erst geschehen. Natürlich hatte er Schuld auf sich geladen, nachdem er seinen Bruder bewusstlos geprügelt hatte. Da sah er sie wieder, Mutter und Vater, die mit Steinen nach ihm warfen, damit er schneller lief und sich dann demonstrativ umdrehten. Tagelang hatte er sich danach in der Gegend herumgetrieben und sich in der Nähe des Hauses versteckt gehalten, beinahe wirklich wie ein wildes Tier. Noch einmal hatte er versucht mit dem Vater zu sprechen, doch der ließ die scharfen Hunde auf ihn hetzen. Erst einige Tage später erfuhr er auf dem Markt, dass sein Bruder bei Bewusstsein war und gesund werden würde. Vor Erleichterung wäre er am liebsten heimgelaufen, doch er wagte dem Vater nicht ein weiteres Mal unter die Augen zu treten. Einen letzten Besuch versuchte er noch, denn er hatte das Bedürfnis, Manius um Verzeihung zu bitten. Doch auch diesmal trieben ihn die Hunde vom Grundstück des Vaters. Bereits auf dem Weg nach Virunum hatte ihn die Nachricht erreicht, sein Gläubiger habe ein Kopfgeld auf ihn angesetzt. Doch das Gerücht erwies sich zum Glück als falsch.

Jetzt am Pfahl fühlte er den ganzen Schmerz, die Zurückweisung und seine begangenen Fehler. Es tat doppelt weh, weil er dachte, nichts daraus gelernt zu haben. Doch das hatte er. Nachdem er bei Marcus Atticus in Dienst getreten war, hörte er mit dem Würfelspiel und den Wetten auf, das harte Training lehrte ihn Selbstdisziplin. Er lernte, seinen Zorn zu beherrschen und in andere Kanäle zu lenken und vor allen Dingen lernte er Freundschaft kennen. Und dieser wahre Freund, der ihn auch mit dem Wissen um seine Fehler angenommen hatte, war Marcus gewesen. Doch die Begegnung mit Kassandra hatte ihm klargemacht, wie wenig fehlte damit er die Beherrschung verlor und zuschlug. Das war ein Grund für sein Gebrüll, wenn ihm etwas nicht passte, so konnte er die Aggressionen abbauen, ohne jemanden zu verletzen.

Diese wiederholten Zurückweisungen, die er empfand, brachen seinen Willen. Weder die Hitze noch die Qual des langen Stehens, vermochte es, aber die aufkeimende Angst, doch Schuld am Tod des Freundes zu sein.

Als die Morgendämmerung anbrach, fühlte er sich soweit, alles zu sagen, was Horatio zu hören verlangte, nur um wieder als Mensch gesehen zu werden. Doch auch dieser Schein trog.

Er spürte seinen Körper nicht mehr, die Seile schnitten tief in die Haut und die Hand, die sich in Kassandras verkrallt hatte, fühlte er gar nicht mehr. Manchmal hatte er den Eindruck, er bestünde nur noch aus Schmerz, Müdigkeit und wirren Gedanken. ‚Iustitia lass mir Gerechtigkeit widerfahren. Ich will es wissen. Bitte Iupiter, du höchster aller Götter, wir haben doch nichts getan, hilf uns.‘ Dann weinte er stumm und ohne Tränen, bis er nicht mehr konnte und sein Geist aufgab und in Bewusstlosigkeit sank.

Am nächsten Tag, die Sonne stand bereits hoch am Himmel, traten Horatio und Pollux zu den Gefangenen. Ein Wachmann schnitt sie los und beide fielen in den Staub, dann wurden sie zurück in den Kerker gebracht. Horatio brauchte Antworten und noch lebten sie, was mehr als erstaunlich war, gerade was die Frau betraf, die schon länger ohne Nahrung und Wasser auskommen musste. In Horatio regte sich ein leiser Zweifel, aber manchmal brauchten die Götter mit ihrem Urteil eben etwas länger. Er ließ die Zwei mit Wasser übergießen und mittels Schlägen wecken. „Faules Pack! Aufwachen!", rief Pollux und trat nach Gavin, der wollte instinktiv ausweichen, war aber viel zu langsam. Stöhnend brach er erneut zusammen. „Steh auf! Und dann beantwortest du einige Fragen!" Gavin wusste nicht, warum der Mann so brüllen musste, in seinem Kopf hämmerte es dadurch noch mehr. Schwankend kam er auf alle Viere und richtete sich auf die Knie auf, weiter schaffte er es nicht. Da packte ihn der Prügelknecht und zerrte ihn hoch. Gavin wollte sich an ihn lehnen, wurde aber brüsk zurückgestoßen. Jetzt wusste er wieder, dass er Füße und Beine hatte, denn sie wollten nicht stehen und schwankten, als wären es dünne Äste, die unter seinem Gewicht zu brechen drohten. Horatio baute sich vor ihm auf, die Hände in die Hüften gestemmt, fragte er erneut: „Gestehst du jetzt, diese frevelhafte Tat begangen zu haben?" Gavin warf einen Blick auf Kassandra, dann schloss er die Augen und seufzte tief auf. Beinahe hätte er gestanden, aber er wollte Kassandra einen qualvollen Tod ersparen, gleichzeitig wusste er nicht, ob es nicht besser wäre als diese Folter. „Nein", flüsterte er heiser. Der Prügelknecht schlug auf ihn ein, bis er am Boden lag. Dort wiederholte er: „Nein." Der letzte Tritt traf ihn am Kopf und er verlor erneut das Bewusstsein.

Horatio Maximus war nicht erfreut darüber, weder über die Sturheit noch über die Bewusstlosigkeit des Gefangenen. ‚Na schön – es gibt noch andere Mittel und Wege. Mal sehen, was der Haruspex rät. Vielleicht war es der falsche Zeitpunkt.' Mit diesen Gedanken begab er sich zu seiner Sänfte und ließ sich umgehend in den Tempel bringen.

Wie es der Zufall so wollte, hatte der Priester gerade Zeit für ihn und so trug er ihm die Bitte um eine Weissagung vor. „Wie du meinst, Horatio Maximus, aber ich muss dir nicht erst sagen, wie undeutlich die Zeichen oft zu lesen sind."

„Ja, ja", entgegnete Horatio ungeduldig. „Ich nehme was ich kriegen kann."

„Sinke nur nicht zu tief, Horatio, in deiner Gier nach einem Urteil."

„Was weißt du schon davon? Du kennst die Beweise nicht." Der Haruspex lächelte, dann faltete er die Hände und ging gemessenen Schritts voran. Horatio musste sich zwingen, ebenfalls langsam zu gehen, damit er den Mann nicht in dessen Heim überholte. Insgeheim lächelte der Priester über die Ungeduld des Bittstellers. In einem kleinen Nebenraum, der nach Osten hin offen war und wo absolute Ruhe herrschte, ließ er sich nieder und forderte Horatio auf, es ihm gleichzutun.

„So, was willst du nun, soll ich herausfinden?", fragte er erneut. Horatio wollte schon ärgerlich die Augen verdrehen, zwang sich aber dann doch zu einem gleichmütigen Ausdruck.

„Sag mir bitte, wann ein günstiger Augenblick für ein Gottesurteil ist." Der Priester lächelte in sich hinein. „Komm vor dem Sonnenuntergang zurück und ich werde dir antworten, Horatio", sagte der Haruspex feierlich und übernahm das mitgebrachte Opfertier, aus dessen Eingeweiden er den Willen der Götter lesen wollte.

Horatio Maximus blieb nichts anderes übrig, als sich zurückzuziehen und zu warten. So ging er zunächst in die Therme. Dort traf er auf Claudius Lucius, den wollte er nicht unbedingt sehen, aber es wäre sehr unhöflich gewesen, dem Mann jetzt auszuweichen, da er ihm schon zugewinkt hatte. So ging er auf das Warmwasserbecken zu, in dem Claudius saß. Er schien von einigen Badegästen gemieden zu werden, denn die meisten saßen am anderen Beckenrand. „Es freut mich, dich hier zu treffen, Horatio", sagte er höflich.

„Wie war die Trauerfeier? Ich muss dich um Entschuldigung bitten, weil ich nicht gekommen bin." Auch Horatio stieg jetzt in das warme Wasser. „Es macht nichts, alter Freund." Claudius betonte das Wort „Freund" besonders und formulierte fast eine Frage daraus. Aber Horatio ging nicht darauf ein. Stattdessen erkundigte er sich nach Julia und ihrem Befinden, nach der Schwägerin und wie es wohl Lydia im fernen Ravenna ergehen mochte, jetzt wo sie Witwe war. „Wie ich leider erfahren musste, wird sie die Geschäfte nicht weiterführen. Sie will in Kürze das Kaufangebot von Primus Felix unterschreiben. Sollte Gavin für schuldig befunden werden, hat Primus ein günstiges Geschäft gemacht. Schade, dass sie nicht auf mein Angebot gewartet hat."

„Wann hast du davon erfahren?" Horatio horchte auf, irgendwie ging ihm das zu schnell und er mutmaßte, Claudius hatte den gleichen Gedanken. „Vorgestern. Julia war bei Cornelia Felix zu Gast und sie kam mit der Neuigkeit zurück. Wir sind beide erschüttert, können es aber nicht ändern, denn sie kann mit ihrem Erbe machen was sie will. Besser wäre es natürlich gewesen, wenn alles in der Familie geblieben wäre. Aber so ..." In einer hilflosen Geste breitete er die Arme aus. „Wie hatte Primus Felix nur so rasch reagieren können? Wusste er etwas, das wir nicht wussten?", überlegte Horatio laut und war zum zweiten Mal an diesem Tag verunsichert. Gedankenvoll saßen die beiden Männer nebeneinander. „Ich muss hier raus, eben sah ich Primus Felix massigen Hintern durch die Tür scheinen", meinte Claudius und stieg hastig aus dem Becken. „Ich komme vielleicht nach Sonnenuntergang noch einmal kurz bei dir vorbei", sagte Horatio. Schnell schnappte sich Claudius sein Tuch, wickelte es sich um die Hüften und schlüpfte in die Pantoffeln. Der Boden hier war sehr warm, um nicht heiß genannt zu werden. Dann ging er in Richtung Kaltraum davon, gerade noch rechtzeitig konnte er sich dort verbergen, denn er hörte Primus dröhnenden Bass sogar durch die dicke Holztür. Der prahlte eben mit seinem geschäftlichen Geschick. Angewidert schüttelte sich Claudius, dann sprang er ins Kaltwasserbecken, eine Abkühlung tat ihm jetzt gut. Aber er blieb nicht mehr lange in der Therme.

In den Gladiatorenunterkünften hatte sich die Lage nach der Totenfeier etwas beruhigt. Nun schlugen die Wellen erneut hoch. Weitere beunruhigende Gerüchte hatten die Schule erreicht und nun machte sich erst recht Unmut breit.

„Ich will nicht nach Rom gehen", verkündete Ullrik entschieden. „Da gehe ich vorher in einen Steinbruch!" Zornig warf er die Manica fort, die er eben reparieren wollte. „Was bringt es überhaupt, noch etwas zu richten, wenn wir ohnehin in Rom hingemetzelt werden?" Er trat gegen ein Tischbein und das schwere Möbelstück stürzte um. „Beruhig dich, Mann, so schlimm wird es schon nicht werden. Es ist noch nichts erwiesen", meinte Tullius beschwichtigend. Zusammen stellten sie den Tisch wieder auf und räumten die Sachen weg. „Aber es ist besser, das Schlimmste zu wissen als es nur zu ahnen, denn dann weiß man, wovor man sich fürchtet. Diese Ungewissheit ist einfach nur noch unerträglich."

„Mann, hör auf, solche Reden zu schwingen", fauchte Sextus, der sich immer mehr von den Gerüchten in die Enge getrieben fühlte. Nach Rom war wirklich das letzte, was er wollte, das wollte keiner, der halbwegs bei Verstand war. Jubal Alexandros wollte sie ebenfalls loswerden, es ging nicht an, dass er sich auch noch um diese Meute kümmern musste.

Die Sonne versank bereits hinter den Schloten der Tonbrennereien als sich Horatio Maximus erneut auf den Weg zum Haruspex machte. Dieser empfing ihn am Tor. Er war etwas unruhig, wollte es aber nicht zeigen. So führte er den Besucher in den kleinen Raum, in dem sie bereits am Vormittag gewesen waren. Hier hatte er das Opfertier ausgeweidet und die Zeichen zu deuten versucht. „Setz dich, Horatio Maximus Clemens." Er deutete auf einen Hocker und nahm dann ihm gegenüber Platz. „Die Zeichen sind vielschichtig und viel kann geschehen", begann er zu berichten. Horatio hatte nichts anderes als Mehrdeutigkeiten erwartet. Doch der Haruspex war noch nicht fertig. „In drei Tagen stehen die Zeichen für ein Urteil gut, die Götter verlangen, es selbst zu vollstrecken. Warum sie sich einmischen wollen, haben sie mir nicht verraten. Ansonsten sah ich lediglich Blindheit, ein blindes Gladius, was immer das sein mag. Mehr gibt es nicht zu sagen, Horatio Maximus Clemens." Ohne ein weiteres Wort zu verlieren, stand der Priester auf und ging. Horatio blieb noch einen Augenblick wo er war, dann ging er mit hängenden Schultern davon. Jetzt musste er einen Weg finden, ein Gottesurteil zu erwirken und das in erst drei Tagen. Jubal Alexandros nervte ihn mit seinen Beschwerden über die fremden Gladiatoren, Priamos Lucullus stichelte mit den Eingaben und Forderungen für seine Mandanten und er selbst wollte endlich etwas Zeit mit seinem neugeborenen Sohn verbringen, stattdessen hing er hier in der Stadt fest und konnte nichts ausrichten. Die sonderbaren Geschäfte von

Primus Felix waren ihm zwar ebenfalls ein Dorn im Auge, aber solange er sich an die Gesetze hielt, konnte er nichts machen. ‚Der frühe Vogel fängt den Wurm', dachte er angewidert über so viel Gier. ‚Und wer den schnelleren Boten hat, der macht das Rennen. So ist das eben, da kann sich Claudius noch so aufregen, es wird ihm nichts bringen.'

8. Iudicii - Urteile

Am nächsten Morgen besprach sich Horatio mit Caecilian Gaius wegen des Gottesurteils. Nach längerem Hin und Her kamen sie zu dem Ergebnis, die Sklavin weiter an den Pfahl zu binden und Gavin würde sich einem Kampf gegen seine ehemaligen Kameraden stellen müssen. „Das ist gerecht, dann trifft es nur Leute aus Ravenna und unsere sind aus dem Schneider. Du siehst es doch ebenso?", meinte Caecilian pragmatisch. Auch der Richter wollte wieder aufs Land fahren, wo es im Sommer angenehmer war als in der Stadt, auf jeden Fall war es bedeutend ruhiger.

Priamos erfuhr noch am selben Tag von der Entscheidung und eilte in den Kerker. „An euch wird ein Gottesurteil vollstreckt", verkündete er, noch im Eintreten. Als sich seine Augen an das Dämmerlicht gewöhnt hatten, schrak er zurück. Kassandra und Gavin kauerten eng aneinandergedrückt in einer Ecke und zitterten. „Wo ist eure Kleidung? Nahrung? Wasser?" Priamos wurde wütend über die schlechte Behandlung seiner Mandanten. „Es ist schon in Ordnung, wenn Sklaven so behandelt werden, aber dir, Gavin, sollten sie so etwas nicht antun", ereiferte er sich und kapierte nicht, wie schwer er Kassandra damit verletzt, sie noch weiter hinabgesetzt hatte, als sie durch die Befragungen und Demütigungen schon war. „Beleidige nicht meine Gefährtin", murmelte Gavin schließlich als er genug Kraft für eine Antwort gesammelt hatte. „Ich weiß deinen Willen zu helfen, durchaus zu schätzen, aber ich werde es nicht zulassen, dass meine Gefährtin herabgewürdigt wird." Priamos starrte ihn an, wie er hier in seinem Elend saß und die Sklavin verteidigte, dabei schaffte er es kaum, sich selbst zu helfen. Der Anwalt schüttelte den Kopf, war aber insgeheim doch beeindruckt, deshalb winkte er Ganymed, dann befahl er ihm, Wasser zu holen, am besten noch Nahrung und Kleidung, ganz gleich was. Ganymed nickte und machte sich umgehend auf den Weg. Als der Leibwächter weg war, ging Priamos zu den beiden mitleiderregenden Gestalten. Er wollte mit ihr nichts reden, aber eine Geste des guten Willens setzen, wenn sie die Gefährtin von Gavin war, hatte auch er sie gut zu behandeln, zumindest respektvoller. So nahm er die Palla ab und reichte sie ihr. „Wie gut, dass ich nie ohne Mantel aus dem Haus gehe", sagte er leichthin. Mit zitternden Händen legte sie sich das rechteckige Stück Stoff um, dann küsste sie ihm die Füße. Nur mit Mühe schaffte er es, still zu stehen, bis sie fertig war, aber insgeheim ekelte ihn.

Als sie wieder neben Gavin saß, berichtete er was Horatio Maximus und Caecilian ausgeheckt hatten. Entsetzt hörten sie zu. „Ich bin doch unschuldig, sehen die das nicht? Wir haben beide nichts Unrechtes getan! Und ich trauere um meinen Freund. Wenn er ermordet wurde, dann nicht von mir oder meiner Gefährtin." Priamos schritt in der Zelle herum und murmelte vor sich hin. „Du hast gesagt, er war krank. Das lässt sich doch mit Sicherheit beweisen." Er blickte zu Gavin, der bestätigend nickte. „Ajax und Iucundus wissen davon. Es war sein Herz. Ich bin sicher, er ist im Schlaf gestorben, weil sein Herz nicht mehr schlagen wollte. Seiner Krankheit wegen hat er auch mir die Leitung der Schule übergeben, er wollte nicht mehr die gesamte Verantwortung tragen müssen."

„Langsam bekomme ich ein Bild von Marcus Atticus und deiner Beziehung zu ihm. Erzähle mir alles von dir und lass um aller Götter willen nichts mehr aus, auch wenn es dir peinlich ist." Zögernd begann er zu berichten, wie er vor Jahren seinen Bruder beinahe im Streit getötet hatte und von der Familie verstoßen worden war. Abermals sah er den Vater vor sich, als er erzählte, fühlte den Schmerz der Zurückweisung und es kamen noch mehr Erinnerungen und nun wusste er auch, warum er sich immer öfter dem elterlichen Anwesen ferngehalten hatte. Als dritter Sohn und letztes von sieben Kindern hatte er nicht mehr Rechte gehabt als ein Haussklave. Er hatte lesen, schreiben und rechnen gelernt und dazwischen auf dem Gut gearbeitet. Als er älter geworden war, war er oft in das nahe Dorf geflüchtet, hatte sich mit den Kelten dort angefreundet und war in üble Gesellschaft geraten, was dem Vater eine Bestätigung seiner schlechten Meinung über den missratenen Sohn, gewesen war.

Gavin schluckte heftig und versuchte die trockenen Lippen mit der ebenfalls trockenen Zunge zu befeuchten. „Warte, ich denke Ganymed wird gleich mit Wasser zurückkommen."

Der Leibwächter brachte einen großen Tonkrug mit Wasser und eine Schüssel mit Brei. Gierig stürzte sich Gavin auf das Wasser, dann hielt er den Krug vorsichtig an Kassandras Lippen. Erst als ihr Durst ebenfalls gelöscht war, berichtete er weiter. Priamos wanderte unterdessen in der Zelle herum. Er war sich nicht sicher, was er von diesem Mann halten sollte, der in seinem Leben mehr Mist gebaut hatte als so mancher Alte. „Marcus habe ich wie einen Vater geliebt", schloss er müde den lang gewordenen Bericht. Priamos dachte eine Weile nach, dann schaute er Kassandra an, schüttelte den Kopf und sagte an Gavin gewandt: „Iss, bevor die Pampe kalt wird, etwas Besseres ließ sich leider nicht auftreiben. In drei Tagen wirst du dich dem Urteil stellen müssen, bis dahin werde ich alles versuchen, um es dir leichter zu machen. Der Richter hört mir nicht mehr zu, der will wieder aufs Land hinaus, außerdem ekelt ihn diese Geschichte an. Leider gibt es keine anderen Neuigkeiten." Bevor er ging, nahm Kassandra noch einmal allen Mut zusammen und fragte: „Herr, was ist mit mir? Wann werde ich hingerichtet?" Auf sie hatte er schon wieder vergessen, aber es fiel ihm auch leicht, sie aus seinen Gedanken zu bannen. Jetzt stellte er fest, sie hatte trotz der Torturen alle ihre Sinne beisammen. „In drei Tagen. Dein Geständnis war gut gemeint, aber wenig hilfreich. Für dich sehe ich am wenigsten eine Möglichkeit, davonzukommen, Sklavin." Mühsam rappelte sie sich auf und wollte ihm den Mantel zurückgeben. „Herr, dann nimm die Palla zurück, denn ich werde sie nicht mehr brauchen. Kümmere dich um meinen Herrn."

„Kassandra!", rief Gavin erschrocken, als ihm die Bedeutung ihrer Worte klar wurde. Doch sie hatte schon lange mit ihrem Leben abgeschlossen und das hier bildete nur noch den Schlusspunkt eines von Einsamkeit geprägten Lebens. „Nein, behalte sie", sagte Priamos rasch und lief davon.

Dankbar wickelte sie sich fester in die Palla und setzte sich wieder. Sie war verwirrt, einerseits über Gavins Bemerkung, sie sei seine Gefährtin und andererseits über seine noble Abstammung. Er war tief gesunken. Zu der Verwirrung kam noch eine bodenlose Angst, aber nicht vor dem Tod, sondern vor dem Weg dorthin.

Gavin nahm die Schüssel mit dem kalt gewordenen Brei und begann langsam zu essen.

„Du hast ihn belogen", sagte sie schließlich in die Stille hinein, in der nur seine Essgeräusche zu hören waren. Er schluckte die Pampe hinunter, schaute sie gründlich an, dann lächelte er zaghaft und sagte ernst: „Nein, es war nicht gelogen. Du bist meine Gefährtin, wenn es ginge, würde ich dich sogar Gattin nennen. Aber so wie es aussieht, wird es nie so weit kommen. Auch werde ich keine Gelegenheit mehr haben, dich zu fragen, ob du dein Leben mit mir teilen willst."

„Herr, ich bin deine Sklavin, wie stellst du dir das vor?"

„Ich stelle es mir sehr schön vor. Aber ich fürchte aus meiner Fantasie wird nichts werden. Hier iss das, es schmeckt nicht, aber du sollst nicht leer ausgehen." Damit reichte er die Schüssel an sie weiter. Unwillkürlich musste sie über seine Worte lächeln. „Herr, das sagst du immer, wenn du mir von deinem Essen gibst."

„Erstens ist es unser Essen, zweitens bist du zu dünn und drittens sag endlich wieder Gavin zu mir." Er seufzte und strich ihr über die Wange. „Es ist schön, dass du trotz allem noch lächeln kannst." Während sie langsam aß, sprach er leise weiter. „Ich bin kein Herr, habe weder Heim noch Haus. Meine Gattin soll mich außerdem mit Vornamen anreden." Er beobachtete sie eine Weile, wie sie mit dem Brei kämpfte, dann half er ihr, doch schon nach wenigen Löffeln hatte sie genug.

Sie lehnten sich aneinander, die Palla über sich gebreitet und Gavin begann erneut zu reden. Er wollte die Zeit nutzen, die ihm noch blieb und sie mit schönen Bildern füllen, die die Düsternis und Angst des Kerkers vertreiben sollten.

„Weißt du, Kassandra, ich hätte dir noch so viel zeigen wollen. Hinter dem Haus in Ravenna ist ein kleiner Hain, wunderschöne Bäume wachsen dort in den Himmel und der Wind singt in den Blättern eine Harmonie, dass man meinen könnte Orpheus wäre zur Erde zurückgekommen und machte Musik nur für denjenigen, der sich die Ruhe gönnt, sie zu hören. Dann würde ich dir noch gerne den Hafen in Ravenna zeigen, das sprudelnde Leben dort, die kreischenden Möwen. Erinnerst du dich an den Tag, als wir gemeinsam dort waren? Es war mein schönster Tag und danach tat ich dir weh." Kassandra hörte nur zu, er malte schöne Bilder, zauberte Erinnerungen in ihre Gedanken und ließ sie die Kälte und die Furcht vergessen. An die Vergewaltigung hatte sie nicht mehr gedacht, denn sie hatte es so genommen, wie es war und es lohnte nicht, noch einmal darüber nachzudenken. „Wir würden an der Pier sitzen, Krebse essen und Neptuns Symphonie lauschen. O Kassandra, dann würde ich mit dir an den Strand gehen und dir die schönste Muschel schenken als Andenken an Venus. Du bist so schön." Hier schaltete ihr Denken kurzzeitig aus und er war bereits weitergewandert, wieder zurück auf den Hügel, wo das Haus Atticus stand. „Im Frühling, Kassandra, wenn die Bäume und die Blumen blühen, würde ich dich erneut in den Hain führen, mit dir zwischen all den Blüten liegen, den Bienen lauschen und wir würden uns vom Wind küssen lassen. Ich würde mich dir zum Geschenk machen, Kassandra, für alle Zeit." Mit geschlossenen Augen lauschte sie seiner Stimme und konnte ihn kaum in Verbindung mit dem harten Myrdin bringen. Als hätte er ihr Gedanken erraten, fuhr er fort: „Myrdin ist in der Arena gestorben, Liebes, es gibt ihn nicht mehr. Ich bin nicht wirklich so wie Myrdin war und ich hoffe ich bleibe so, für alle Zeit, für dich." Immer weiter entführte er sie in fremde Gegenden, erzählte von Virunum, den saftigen Weiden, wo er die Schafe des Vaters gehütet und dumme Ideen gesponnen hatte, nur weil er weg wollte. Kurzfristig hatte er sogar überlegt, der Legion beizutreten, doch der Vater war damals noch strikt dagegen gewesen. Seine Spielsucht als junger Erwachsener schob dem allerdings einen Riegel vor. Und er erzählte von seinen Brüdern und Schwestern, die anders als er, dem Vater gehorcht und die schiefe Bahn gemieden hatten. „Ich werde wohl doch ohne Familie und in Schande sterben, wie er es mir prophezeit hat. Du hast mir viel gegeben, Kassandra."

„Das habe ich nicht, Gavin. Ich habe nichts, das ich geben könnte, das was ich hatte, hast du dir genommen."

„Doch, du hast mir viel gegeben. Du hast mir den Gavin aus der Kinderzeit wiedergebracht. Du hättest, ohne zu zögern dein Leben für mich geopfert, wenn sie es angenommen hätten. Welch größeres Geschenk gibt es, Kassandra?" Er nahm sie etwas fester in den Arm und beide dachten an die Zukunft, die nur noch drei Tage währen würde. Gavin hatte wenig Hoffnung, das Gottesurteil zu überstehen, er fühlte sich viel zu schwach, um einen Streich mit dem Gladius zu führen und wenn er starb, würde Kassandra hingerichtet werden. Er wollte nicht daran denken, deshalb sagte er: „Ich würde gerne mit dir ein Haus bauen. Es muss nicht groß sein, gerade ausreichend für uns und unsere Kinder, mit einem Stall und Schafen drin. Ich mag Schafe, wissen die Götter warum, aber es ist so. Das Haus würde ich mit meiner Liebe zu dir decken und es würde uns Schutz und Wärme bieten und dein Mut würde meine Zuflucht sein."

„O Gavin, sag nicht solche Sachen, sonst glaube ich es selbst noch. Aber wir werden wohl niemals Gelegenheit erhalten, zu erkennen, wie sich das alles anfühlt. Mein Mut, von dem du sprichst, ist nichts als Angst vor weiterer Folter." Abermals widersprach er ihr. „Nein, wenn es Angst gewesen wäre, hättest du gesagt, es wäre alles meine Schuld gewesen." Ruckartig waren sie in der brutalen Wirklichkeit angekommen und Gavin schauderte. „Wer kann uns die Misteln untergeschoben haben?", fragte Kassandra. Sie machte es sich an seiner Schulter etwas bequemer und dachte nach, aber sie kannte die Männer zu wenig. Auch Gavin dachte darüber nach, er hatte es viel zu oft in den letzten Tagen gemacht. „Mir fällt nur Sextus ein. Er war immer eifersüchtig auf meine Freundschaft zu Marcus, und dass ich ein besserer Kämpfer bin als er, war ihm auch ein Dorn im Auge. Nun bin ich weg. Aber wie konnte er wissen, dass Marcus tot in seinem Bett lag? Unbemerkt hätte er nicht ins Haus kommen können, der Portier hätte es gesehen." So gingen ihre Gedanken und Gespräche dahin und sie wussten sich keinen Rat mehr als den, aufzugeben und das Schicksal so anzunehmen, wie es kam.

Claudius Lucius beunruhigten die Nachrichten seines Stellvertreters. Es betraf nicht eben seine Fabrik, aber die viele anderer. Die Töpfer wollten erneut den Aufstand proben und suchten ein Ventil für ihre Ängste. Es gab zu viele Sklaven und die Löhne der Arbeiter sanken dadurch, das wollten sich die Fachkräfte nicht mehr gefallen lassen. Deshalb hatte er sich nun eilig zum Senat aufgemacht. Er war nicht der Einzige, der dort vorsprechen wollte. Es kam selten vor, dass sich die Gilde so spontan traf, aber nun standen sie sich vor dem Senatsgebäude gegenüber und debattierten heftig. Der Stadtsenator Theodorus Julius Crassus war herbeigerufen worden, nun versuchte er die erhitzten Gemüter zu beruhigen. Auch Horatio Maximus Clemens war anwesend. Er hatte gute Argumente zur Vermeidung eines Aufstands vorzubringen. Der Senator wies alle in den Besprechungssaal, ein Schreiber wurde geholt und er ließ alles notieren. Eine Liste der Männer, ebenso den Grund ihrer Anwesenheit. Über das Eintreffen von Priamos Lucullus waren dann jedoch alle erstaunt, aber er hatte nicht vor, sich zu rechtfertigen.

„Ruhe!", polterte der Senator und langsam wurde es still. „Das Problem mit den Töpfern ist ja nicht neu. Jedes Jahr spielt sich hier dasselbe Theater ab. Entweder ihr lasst euch jetzt einmal etwas einfallen und zahlt die Arbeiter entsprechend oder ihr nehmt nur noch Sklaven, was auf Dauer auch nicht billiger sein dürfte." Theodorus kannte die Problematik seit langem. Irgendjemand dieser Fabrikanten hatte immer Angst, zu wenig Gewinn zu machen und stellte mehr Sklaven ein, als gut für ein angenehmes Arbeitsklima war und es gab in der Stadt ohnehin zu viele Sklaven. Irgendwie musste er die Situation unter Kontrolle bringen.

„Ich kann euch für die nächsten Tage etwas Entspannung verschaffen", sagte Horatio selbstbewusst. „Bis dahin könnt ihr euch eine Lösung des leidigen Problems überlegen."

„Was sollte das sein, Horatio?", fragte Claudius, der noch nichts von dem geplanten Gottesurteil wusste.

„Ich plane ein weiteres Spiel, eine Hinrichtung als Gottesurteil. Ihr wisst ja, was sich sonst noch hier in der Stadt tut, also brauche ich euch das nicht noch weiter auszuführen. Für die Dauer der Veranstaltung sollen alle Arbeiter frei bekommen, denn die Götter selbst haben das Urteil verlangt." Ein Raunen ging durch die Reihen der Männer. Priamos sprang auf und fing sogleich zu reden an: „Horatio, Horatio! Wie kannst du nur ein Gottesurteil als Hinrichtung benennen? Pass auf, dass dir die Götter das nicht übel nehmen. Ich hoffe doch, du wirst das Urteil dann akzeptieren, Horatio. Was jetzt euch Tonwarenerzeuger angeht, ihr liebt doch das Geld allzu sehr, solltet ihr euch nicht etwas davon trennen, damit es sich vermehre?" Daraufhin wurde Priamos aus dem Raum gewiesen. Claudius hatte applaudiert und verließ mit ihm den Saal. „Lassen wir diesen kahlköpfigen Fettwänsten ihre Ideen. Ich habe jetzt Wichtigeres, worum ich mich kümmern muss. Einiges habe ich noch über deinen Freund erfahren, Claudius, aber irgendwie passt hier nichts zusammen. Es gibt nur eine Verbindung zu einem brutalen, hinterhältigen Giftmord und das ist der Beutel mit den Misteln, der unter Gavins Kissen gefunden wurde. Wenn der im Zorn ist, dann vergiftet der nicht, sondern schlägt zu! Verdammt, Claudius, das stinkt alles zum Himmel und dazu die Geschichte, die du mir erzählt hast." Claudius musste einen Moment überlegen, welche Geschichte er meinte, dann nickte er. „Ja, das Geschäft kann ich mir wohl abschminken. Wenn Gavin verliert, was immer wahrscheinlicher wird, übernimmt Primus Felix die Schule Atticus und wahrscheinlich auch noch den Handel. Aber ich glaube nicht, dass er mit dem Tod von Marcus etwas zu tun hat, dazu ist er zu gerissen, er weiß einfach die Gunst der Stunde zu nutzen und ist nicht von Trauer betäubt gewesen." Darüber dachte Priamos nach und ging dann, ohne noch etwas zu sagen.

„Herr, was ist, wenn der alte Mann gar nicht getötet wurde?", fragte Ganymed, der stolz neben seinem Herrn herlief. „Was sagst du da, Ganymed? Wie sollte er dann an die Misteln gekommen sein? Das wäre ja …!" Abrupt hielt er und starrte den Leibwächter an. „Ja, Herr, dieser Gedanken ist mir auch gekommen."

„Zurück zu Horatio! Nein, zu Caecilian Gaius!"

Doch auch eine Vorsprache beim Richter brachte nichts, nur Priamos in Rage. „So nicht, Priamos. Wo hast du nur diese hanebüchenen Ideen her?"

„Ehrenwerter Caecilian, dies ist keineswegs so abwegig wie du denkst, im Gegenteil, es ist logisch und würde das sture Beharren meines Mandanten an seiner Unschuld erklären."

Caecilian winkte ab, schickte sämtliche Sklaven aus dem Büro, dann stand er auf, kontrollierte die Läden und die Türen. Dann erst wandte er sich erneut an Priamos. „Ich kann nichts tun. Wir brauchen das Gottesurteil, so wie wir es geplant haben. Ich erwarte von dir, dass du mitspielst, oder du kannst dir in Zukunft einen neuen Tätigkeitsbereich suchen." Priamos kochte vor Wut. Nur mit Mühe beherrschte er seinen Zorn, denn ansonsten hätte er den Richter verprügelt oder die Möbel kurz und klein geschlagen. „Dann lass wenigstens meinen Mandanten ordentlich versorgen, wenn er schon als Opfer für eure Stadtpolitik herhalten muss. Ihr seid vielleicht …" Angewidert wandte er sich ab und wollte schon gehen, da sagte Caecilian: „Na schön, er wird versorgt."

„Kennst du die Wahrheit, Caecilian? Weißt du, was passiert ist? Wie ist Marcus Atticus umgekommen?", fragte der Anwalt, die Türklinke bereits in der Hand. Als er keine Antwort bekam, wandte er sich vollends ab und ging mit einem resignierten Kopfschütteln davon.

Umgehend wurde mit der Planung begonnen, denn am nächsten Tag sollte der erste von drei Feiertagen sein. Kurzfristig würde das den Unmut der Arbeiter etwas kühlen und die Keramikfabrikanten verpflichteten sich, diese Zeit auch zu bezahlen, in diesem Punkt hatte sich Theodorus durchgesetzt. Der Haruspex und ein weiterer Priester bereiteten sich ebenfalls vor. Die Veranstaltung würde nach von ihnen festgelegten Mustern ablaufen und kein Lebender durfte eingreifen, wenn es einmal am Laufen war.

Auch die Gladiatoren bereiteten sich vor. Tullius, Sextus, Rufus, Ullrik und die Ersatzmänner Ansgar und Orestes. Endlich hatten sie etwas, worauf sie ihre Energien richten konnten. Sextus wanderte trotzdem noch immer unruhig herum. Seit Tagen hatte er nichts mehr von Fortunata gehört. Er fand, es wäre an der Zeit, dass sie reagierte und ihm die Belohnung zukommen ließ, die ihm zustand. ‚Wenn sie sich nicht dranhält, dann kann sie ihr blaues Wunder erleben', dachte er grimmig. Aber er hatte auch keine Gelegenheit vor dem Gottesurteil in die Stadt zu gehen. Die teilnehmenden Gladiatoren wurden von den anderen abgesondert, ein Priester segnete sie und von dem Moment an waren sie für die Dauer des Schauspiels Iustitia geweiht. „Ich will den Scheiß nicht", murmelte Tullius, der mit Religion so viel gemein hatte, wie ein Misthaufen mit Parfüm. Schlussendlich fügte er sich und ließ den Segen über sich ergehen.

Die freigelassenen Iucundus, Titus und Ajax saßen vor ihrem Quartier und besprachen die Lage. Keiner wusste so recht, was er mit sich anfangen sollte, denn sie hatten den Rest ihres Erbes noch nicht erhalten. „Wenn ich diese verfluchten Misteln nicht vermisst hätte, könnte ich glatt sagen, der Herr ist im Schlaf gestorben. Er hatte ja ein schlimmes Herz", murmelte der dünne Arzt und seufzte dann. „Warum hast du auch das giftige Zeug mitgenommen?", fragte Iucundus scharf. „Ich habe immer alles dabei", verkündete Ajax stolz. „Das bringt uns jetzt auch nichts, Freunde, morgen wird es das Urteil geben und wir werden unabhängig." Titus sah es pragmatisch, denn er vertrat die Ansicht, selbst nichts ändern zu können, so nahm er das Leben, wie es kam und versuchte das Beste aus jeder Situation zu machen.

„Ich bin nur froh, nicht noch einmal aussagen zu müssen. Einmal vor Horatio Maximus Clemens hat genügt. Ich weiß ja nicht einmal mehr worüber der Herr und Gavin gestritten haben, irgendwas Geschäftliches muss es gewesen sein. Diese Kassandra stand die ganze Zeit über hinter Gavin und bediente ihn. Sonderbares Ding, wenn ihr mich fragt."

„Tja, etwas blass um die Nase und sie scheint sich nicht zu kümmern, wie sie daherkommt. Bei Gericht sah sie schon sehr schuldig aus."

„Du sagst es, Titus." Ajax schwieg dazu, seine Gedanken über Kassandra gingen in eine andere Richtung. Das Gespräch verstummte und die Männer machten jeder für sich Zukunftspläne.

Julia und Claudius waren in die Manufaktur gegangen, wo sie bereits von Florianus erwartet wurden. Aus Solidarität mit den anderen Arbeitern, wollten sie hier ebenfalls streiken. Der Wortführer der Fabrikarbeiter, Vibius mit Namen, trat ins Büro und neigte schüchtern das Haupt. Er fühlte sich verunsichert, nachdem er die Herrin erblickt hatte. Gegen ihre gut meinendes Handeln konnte niemand an, außerdem trat sie stets sehr bescheiden auf und sie verstand sowohl das Geschäft als auch das Handwerk, was selten genug vorkam bei den Patriziern. Noch bevor Vibius etwas sagen konnte, sprach Claudius: „Wir wissen was los ist, verstehen es aber nicht. Wir haben für gute Arbeitsbedingungen gesorgt, es gibt hier eine Schule für die Kinder und eure Häuser sind die besten in der Gegend. Warum tut ihr euch mit den anderen zusammen und fallt uns somit in den Rücken?" Vibius wand sich, er wusste, wie gut er und die anderen es hier hatten. Claudius war ein guter und gerechter Arbeitgeber, der sich nicht scheute, selbst das Brennhaus aufzusuchen, wenn ein Unglück geschah. Ab und zu hatte es schon gebrannt, wenn jemand nicht aufpasste. Wurde jemand bei der Arbeit verletzt, sorgt Julia dafür, dass der Betreffende versorgt wurde. Sie hatten auch nicht viele Sklaven für die Arbeiten in der Manufaktur, denn sie wollten Spezialisten und keine angelernten Hilfskräfte, die allenfalls den Ton kneteten und aufbereiteten. Endlich sagte Vibius: „Das stimmt alles, Herr, und wir sind dir und der Herrin für eure Güte sehr dankbar und würden für euch alles tun. Aber hier geht es darum, dass es den anderen auch so gut gehen soll wie uns, Herr. Wir wollen dir bestimmt nicht in den Rücken fallen." Claudius schnaubte, er schätzte Vibius als guten Arbeiter, dessen kunstfertige Hände machten die schönsten Keramiken. Dennoch sagte Claudius jetzt fest: „Wenn ihr denkt, ihr müsst euch mit den anderen solidarisieren, dann wird unser Geschäft hier über kurz oder lang den Bach runtergehen, Mann, dann dürft ihr euch als Arbeiter bei Primus Felix bewerben." Er wollte noch etwas hinzufügen, schluckte es aber hinunter. Vibius wusste nicht, was er darauf erwidern sollte. Das hatte er nicht gewusst. Jeder dachte, die Manufaktur stünde auf stabilem Boden und der Herr sei ein guter Geschäftsmann. „Herr, was soll ich den anderen jetzt sagen?", fragte er schließlich zitternd.

„Du sagst ihnen Folgendes: die nächsten drei Tage habt ihr bezahlt frei, denn es wird ein Spiel auf Leben und Tod vorbereitet, das den Göttern geweiht ist und von ihnen verlangt wird. Mehr gibt es nicht zu sagen. An die Arbeit."

„Danke, Herr, dass du mich angehört hast", sagte Vibius erleichtert, weil er auf diese Weise das Gesicht wahren konnte.

Abermals füllte sich die Arena mit Leben. Sie war kaum vom Schmutz der letzten Spiele gereinigt und verschiedene Sklaven waren noch immer mit der Instandhaltung beschäftigt, als bereits neuerlich ein Altar aufgebaut wurde. Diesmal stand eine Statue von Iustitia davor und entlang der Mauern wurden die Podeste für die Sagittarii errichtet. Für den Notfall hatten die Bogenschützen den Befehl, zu schießen. Das galt insbesondere dann, wenn der Delinquent zu fliehen versuchte.

An zahlreichen Hauswänden stand bereits die Ankündigung des Gottesurteils. Viele Graffiti zeigten Gavin mit einem Schwert im Herzen, darunter stand reus – schuldig.

Die Händler und Handwerker verzweifelten beinahe an den neuerlichen Feiertagen, denn da würde nichts gearbeitet werden. Einzig die Wirtsleute freuten sich darüber, denn Durst und Hunger hatten die Leute immer.

Priamos ging zum Gericht, er wollte Gavin sehen und kontrollieren, ob seiner Bitte nach Verpflegung entsprochen worden war. An der Hauswand des Gerichts las er: „Gottesurteil, kommt und lasst es euch nicht entgehen. Es kämpft ein Andabates! Jawohl eine Blindschleiche, aber gegen wen, das wissen wir noch nicht. Lasst euch überraschen und wohnt dem Schauspiel bei. Freier Eintritt." Er runzelte die Stirn beim Lesen und wollte lieber nicht denken, dass Gavin mit dem Andabates gemeint sein sollte. Dann schmunzelte er, als er weiter las, denn darunter hatte jemand anders geschrieben: „Du Genie, und wann ist das?" Das animierte den Anwalt, selbst etwas dazuzuschreiben und er kritzelte weiter: „Zweifelsfrei heute." Es war genauso ein Geniestreich, wie die anderen Aussagen und verwirrte mehr, als es erhellte. Niemand, der das am nächsten Tag las, würde wissen, welcher Tag gemeint war. Priamos mochte solche Aussagen – klar und deutlich auf den ersten Blick, auf den zweiten, kam keine Aussage zustande.

Doch nun musste er sich beeilen. Rasch durchschritt er das Tor, ignorierte gekonnt die Wachmänner und ging in den Keller, wo das Gefängnis untergebracht war. Wie immer gruselte es ihn hier, aber an diesem Tag waren wenigstens keine Schreie zu hören. Er winkte einem Wachmann, ihm die Tür zu öffnen und er befand sich abermals Gavin gegenüber. Kassandra und er standen auf, als die Tür aufging. Sie hielten sich an den Händen, so als suchten sie Trost in der Gegenwart des anderen. ‚Vielleicht tun sie das', dachte Priamos. „Setz dich, Gavin, verschwende nicht deine Kraft", befahl er barscher als er wollte. „Hast du zu essen bekommen? Kleidung haben sie dir nach wie vor verweigert, wie ich sehe."

„Ja, Herr, wir haben zu essen und zu trinken bekommen. Ich danke dir."

„Du bist sehr kleinlaut geworden, Gavin Tettius. Du hast doch hoffentlich nicht vor, jetzt noch zu gestehen. Damit würdest du alle bislang geführten Aktionen ad absurdum führen." Priamos war erstaunt über den milden Tonfall seines Mandanten. Der lächelte lediglich und meinte dann: „Nein, Herr, ich werde nicht von der Wahrheit abweichen. Ich habe mich nur mit dem Unvermeidlichen angefreundet und, wie ich zu glauben wage, Frieden mit meinem Leben geschlossen." Das hatte Priamos hören wollen und er wandte sich wieder der Tür zu. „Herr, wann werden sie uns holen?", fragte er rasch, denn er fürchtete, es würde bald sein. „Du wirst in wenigen Stunden in die Arena gebracht. Was mit der Sklavin geschieht, das weiß ich noch nicht, wahrscheinlich an den Pfahl gebunden und erschlagen oder von den Hunden gejagt bis sie tot umfällt oder von ihnen zerrissen wird." Erst als das letzte Wort seinen Mund verlassen hatte, wurde ihm bewusst, was er eben gesagt hatte. Die Sklavin war ebenso seine Mandantin, weil er sie in einer schwachen Stunde dazu gemacht hatte. Nun kam er nicht mehr heraus, so sehr er es auch bedauerte. „Es ist nur meine realistische Ansicht, ob es tatsächlich so kommt, kann ich nicht sagen", fügte er rasch hinzu. Kassandra klammerte sich an Gavin und dachte, das Herz würde ihr stehenbleiben. Sie wollte nicht so enden, zu Tode gehetzt, zerfleischt und auf den Müll geworfen. „Ich werde versuchen im Fall der Fälle das Urteil rasch vollstrecken zu lassen, mehr kann ich dir nicht versprechen." Da neigte Kassandra demütig den Kopf, sagte aber nichts. „Jetzt muss ich gehen, euch wird nicht mehr viel Zeit bleiben. Ich schlage vor, ihr verabschiedet euch voneinander." Damit drehte er sich um und gab dem Wächter ein Zeichen, ihn hinauszulassen. Noch nie hatten ihn Mandanten so deprimiert wie diese beiden.

„Ich habe Angst", flüstere Kassandra. Immer heftiger klammerte sie sich an Gavin. „Ich weiß, ich auch. Das wird heute ein Spektakel für die Zuschauer", flüsterte er. „Komm, setzen wir uns noch eine Weile und lass mich dich halten." Abermals setzten sie sich in die Ecke. Gavin hielt die Augen geschlossen und tastete Kassandras Gesicht ab, dann nahm er sie an den Händen und führte sie an seine Lippen, küsste ihre abgekauten Fingernägel und schließlich küsste er sie auf den Mund. Zu ihrer Überraschung und seiner Freude erwiderte sie den Kuss mit einer Leidenschaft, die sie nie erwartet hatte, empfinden zu können. War es die Gewissheit, dass der Tod auf sie wartete oder war es etwas anderes? Sie wusste es nicht, es war auch nicht wichtig. Vorsichtig strich sie ihm über die Wange, fuhr mit dem Finger seine Lippen nach und schmiegte sich dann an seine Brust. Ganz zart umarmte sie ihn, denn die Wunden am Rücken waren schmerzhaft und noch lange nicht verheilt. „Ich wollte … ich wünschte …", murmelte sie, konnte aber nicht zu Ende reden, denn sie begann nun hemmungslos zu weinen. „Kassandra, durch mich bist du erst in diese Situation geraten, es tut mir so unendlich leid … alles", flüsterte er ihr ins Ohr. Eine Weile hielten sie sich eng umschlungen. Kassandra fühlte ihn und hätte gerne mehr von ihm gehabt, aber nicht hier. Es war das erste Mal, dass sie das Bedürfnis verspürte, das ihn zu ihr getrieben hatte. Aber sie wusste auch, es würde ihr nichts anderes als der Wunsch danach bleiben, so klammerte sie sich an ihn und versuchte gleichzeitig ihrer Angst Herr zu werden. „Ich werde durch meine eigene Schuld hingerichtet, weil ich etwas gestanden habe, das ich nicht tat", sagte sie mit zitternder, tränenerstickter Stimme. „Es macht nichts, Gavin, wirklich, es ist nur etwas später eingetreten, als Titus Tiberion gewollt hat. Damals, als er mir den Trank gab und ich ihn verweigerte, prophezeite er mir ein übles Ende … er hatte Recht, so wie immer." Fest drückte sie ihre Nase an seine Brust und sog seinen Geruch ein, es ließ sie schwindeln. Bevor er etwas dazu sagen konnte, redete sie weiter: „Ich habe keine Angst mehr vor dem Tod, Gavin, wirklich nicht. Es macht nichts aus, ein Sklave weniger auf der Welt, das stört niemanden. Ich weiß ja ohnehin nicht, ob ich ein Mensch bin, vielleicht erfahre ich es, wenn ich gestorben bin. Was mir Angst macht, ist der Weg dorthin, weißt du, ob ich es ertragen kann, dich leiden zu sehen oder zu wissen, dass du leidest, das macht es schwer. Du sollst leben." Gavin war einen Moment zu erschüttert, um zu antworten, doch dann siegte sein Kampfgeist und er schob sie ein Stück von sich, um ihr ins Gesicht sehen zu können. „Kassandra", sagte er entschieden. „Entweder wir leben beide oder gehen zusammen unter. Ich will nicht ohne dich leben."

„Halte mich", bat sie schlicht, da nahm er sie wieder in den Arm und zusammen schwiegen sie, bis sich die Tür öffnete. Der Wächter deutete auf Kassandra, nahm ihr die Palla ab, warf sie in den Schmutz und legte ihr schwere Ketten um die Handgelenke. Verzweifelt blickte sie zu Gavin, der ebenso sie anstarrte. „Iustitia ist bei uns und alle Götter, wir sind unschuldig", sagte er stur, war sich aber keineswegs sicher, ob es stimmte.

Als Kassandra weg war, fühlte er die Furcht doppelt so schwer auf sich lasten. Doch da kamen Priamos und Ganymed zu ihm, brachten ihm noch einmal zu essen und zu trinken und redeten unentwegt auf ihn ein. Er hörte nicht zu, wollte auch das Essen nicht. „Du hast völlig auf meine Gefährtin vergessen, Herr Anwalt. Wo wurde sie hingebracht? Was ist mit ihr? Lebt sie noch?"

„Iss das jetzt, wenn du entkräftet in die Arena kommst, sinken eure Möglchkeiten, das zu überleben." Priamos machte die Sturheit Gavins wütend, er hatte mit etwas mehr Dankbarkeit gerechnet, aber auch so musste er sagen, was noch zu sagen war: „Ich glaube zu wissen, wie es geschehen ist und niemand trägt die Schuld am Tod deines Freundes. Alles, was ich herausgefunden habe, lässt darauf schließen. Er war krank, das haben mir auch sein Leibarzt und sein Sklave bestätigt. Du hattest Streit mit ihm, aber so wie ich dich erlebe und wie deine Vergangenheit war, bist du jemand, der im Zorn zuschlägt und nicht lange nach Gift sucht, um sein Opfer heimtückisch zu ermorden. Was ich noch nicht weiß: Wer hat die Gunst der Stunde genutzt? Wer will dich aus dem Weg räumen? Und was hat die Sklavin damit zu schaffen?"

Gavin starrte den Anwalt, den Löffel in der Hand haltend, stumm an. Er konnte es nicht fassen, dass jemand ein Komplott gegen ihn geschmiedet hatte und das so perfide, dass er nicht nur aus dem Weg geräumt, sondern auch noch seines gutes Rufes und der Ehre beraubt wurde. Zornig wollte er die Schüssel mit dem Brei fortwerfen, doch dann wurde ihm bewusst, dass Priamos recht hatte, wenn er zu schwach war, spielte er dem Gegner direkt in die Hände. „Sextus", murmelte er, steckte den Löffel in den Mund und schluckte ganz bewusst. Dann sagte er: „Fortunata und Deciderius."

„Was?", Priamos war schockiert. Der junge Gegner des Horatio Maximus im Rennen um den neuen Posten im Senat als Quinquennale hatte sich immer sehr bedeckt gehalten. „Wer ist Fortunata?", wollte er jetzt wissen, aber Gavin sagte nichts mehr. Stumm aß er den Brei und sein Blick wurde hart. Jetzt begann er den Plan zu durchschauen. Sie mussten schon lange darauf gehofft haben, dass Marcus etwas zustoßen würde und nun hatte Sextus seinen Tod genutzt, um selbst an die Schule zu gelangen.

„Halte dich von Fortunata fern", hatte er ihm gesagt, als er sie kennen gelernt und durchschaut hatte. Fortunata war gierig, das lag wahrscheinlich
an ihrer Herkunft. Sobald sie etwas verdient hatte, hatte sie es abliefern
müssen. Das hatte sie gründlich abgestellt, indem sie Primus geheiratet
und aufgehört hatte, als Hure zu arbeiten. „Deciderius will dem Vater zeigen, dass er auch etwas kann, aber ihn kenne ich nicht. Ich fürchte er ist so
schlau, dass er sich absetzt, bevor es gefährlich für ihn wird", erklärte er
schließlich. „Aber das Wissen wird mir kaum helfen, es lässt sich nicht beweisen."

„Leider, mein Freund, werden wir das nicht können, außer einer gesteht und das halte ich für sehr unwahrscheinlich. Zu dumm, dass deine
Sklavin, ich habe ihren Namen vergessen, gestanden hat."

„Kassandra. Sie heißt Kassandra, Herr", erinnerte ihn Gavin eisig. Er
fühlte, wie ihn die Wut, zu übermannen drohte, Myrdin war noch nicht
Geschichte, er wollte es auskämpfen und trieb ihn nun auf die Füße. „Wir
werden sehen, wie heute Abend Iustitia aussieht. Ich bin bereit", sagte er
stolz, dann fiel er um.

„Ruh dich lieber noch etwas aus, bevor du hier lange Reden schwingst,
Gavin. Ich wünschte, ich könnte beweisen, was ich herausgefunden habe
oder zu haben glaube. Gavin, die Götter mögen mit dir sein." Damit
klopfte er ihm auf die Schulter und ging, gefolgt von Ganymed in der Meinung davon, den Gladiator nie wieder zu sehen.

Nachdem die beiden ebenfalls weg waren, zwang er sich, den Brei fertig zu essen und schob jeden Gedanken an Kassandra von sich. Immer
mehr Raum gewährte er Myrdin, bis er wieder der harte Gladiator war,
denn nur so hoffte er, zu überleben.

9. Andabates – Der blinde Kämpfer

Je mehr Zeit verstrich, desto unruhiger wurde Gavin. Er versuchte die
Gedanken an das Kommende von sich zu halten, nicht an Kassandra zu
denken, wo immer sie auch sein mochte. Als er schon meinte, die Warterei
würde kein Ende mehr nehmen, kamen sie, legten ihn in schweres Eisen
und führten ihn auf die Straße hinaus. Hier hatte sich bereits eine kleine
Menschenmenge versammelt. Das helle Licht der strahlenden Sonne blen-
dete ihn und bereitete ihm Kopfschmerzen, dazu kamen der pochende
Schmerz im Bein und das Brennen des mit offenen Striemen übersäten
Rückens. Er hatte wenig Zeit, sich Gedanken zu machen, denn er wurde
an ein Pferd gebunden und vorwärtsgezogen. Die Zuschauer machten
sich einen Spaß daraus und trieben ihn mit Stöcken an, bewarfen ihn mit

fauligem Obst oder Gemüse und riefen Beleidigungen. „Peitschenmann! Peitschenmann! Sieh nur, wie er rennen kann!" Und Gavin humpelte weiter dem Pferd hinterher, das unablässig den Schweif über sein Gesicht peitschten ließ. Er versuchte den Hinterbeinen des Tiers auszuweichen, schaffte es aber nie für lange, denn die Leine, an die er gebunden war, war absichtlich kurz gehalten. Doch die Angst, von einem Huf getroffen zu werden trieb ihn einmal nach links und dann wieder nach rechts in die Arme des Mobs. Die Leute schubsten ihn erneut in die Mitte des Weges und grölten dabei lautstark. Doch das war noch nicht das schlimmste. Solange sie auf den breiten Straßen waren, ging es, doch dann bog der Reiter in eine schmale Seitengasse ein und es wurde unerträglich. Gavin kämpfte stumm um jeden Schritt und darum, die Fassung zu bewahren, als ihn von den Hochhäusern geworfener Müll traf. Sein Elend nahm noch zu, als über ihm auch Nachttöpfe entleert wurden. Er fragte sich, womit er diese Demütigung verdient hatte. Reichte es nicht, durch die Stadt getrieben und öffentlich zur Schau gestellt zu werden? Doch die Arbeiter genossen es, ihren Unmut an jemanden auslassen zu können, das Opfer war ihnen egal und ihre Schmähworte nahmen noch zu. „Peitschenmann! Solltest du nicht Urinsteuer zahlen, wenn du schon so angepinkelt bist? Stattdessen wirst du noch durch die Stadt geführt und wir dürfen für deine Sklaven sorgen, bis du endlich ins Gras gebissen hast! Ihr verdammten Händler und Leuteschinder!" Abermals peitschte der geflochtene Schwanz des Pferdes über sein Gesicht, das brachte ihn ins Straucheln und er fiel genau in ein Rinnsal aus Abwasser. Unter lautem Gelächter wurde er durch den Dreck gezogen, bis dem Reiter einfiel zu halten und er wieder auf die Füße kommen konnte. Dabei trafen ihn erneut Abfall und die Inhalte von Nachttöpfen. Gavin versuchte nicht einmal mehr den Gegenständen auszuweichen, es hatte keinen Sinn, wohin er sich auch wenden wollte, von überall her tauchten Hände auf, die ihn fort stießen, zurück in das Kloakenrinnsal. Der Albtraum schien kein Ende zu nehmen, denn nun ließ der Reiter das Pferd schneller gehen und als sie eine freie Fläche erreichten, begann es zu traben. „Nein!", rief Gavin, der nicht wusste, wie er das Tempo halten sollte und erneut fiel. Er ließ nun jede Hemmung fahren und schrie seinen Schmerz und die Wut über diese Behandlung hinaus. Nach einigen Metern hielt der Reiter und Gavin wurde von einem Wachmann in die Höhe gezerrt.

Die Arbeiter nutzten die Gelegenheit und ließen ihren gesamten Zorn über ihre eigene schlechte Lebenslage an Gavin aus. Es geschah so, wie Horatio Maximus es sich vorgestellt hatte. Solange die Leute jemanden hatten, auf den sie einprügeln konnten, hielten sie in anderen Belangen

still und diesmal hatten einige gezielte Halbwahrheiten zu einem Ausbruch geführt, der sich nun allein gegen Gavin richtete und nicht gegen
die Stadt.

Bereits seit den Morgenstunden stand Kassandra an den Pfahl gebunden. Ihre Augen waren verbunden worden, und sie fühlte nichts mehr –
kein Gefühl, keine Angst, kein Leben. Sie wartete auf den Tod, lauschte
den Geräuschen, die immer leiser wurden und schließlich verstummten
auch diese und sie vernahm nur noch ihren Herzschlag, dann war auch
der weg.

Seit den Mittagsstunden hatte sich die Arena mit Schaulustigen gefüllt,
und obwohl es sehr heiß war, hatte der Veranstalter auf Sonnensegel verzichtet. Die Zeit hatte nicht mehr gereicht, es aufzuspannen. Dafür gingen
Sklaven herum und besprengten die Menschen mit Duftwasser.
Pünktlich trafen der Haruspex und ein weiterer Priester ein, sowie einige Gehilfen, die alle gemessenen Schritts zum Altar gingen. Der Einzug
war Bestandteil des feierlichen Aktes zur Lobpreisung der Götter. Hörner
erschallten und es kehrte Ruhe ein. Nun drehte sich der Priester zum Altar, ein Helfer reichte ihm eine Holzplatte mit den Eingeweiden des Op-
fertieres, ein anderer hielt eine Schale mit Wasser bereit. Lange Zeit blickte
der Haruspex murmelnd auf die Eingeweide. Es war alles nur noch Show,
ein einstudiertes Prozedere, um die Leute abzulenken, doch ab und zu
waren die Götter willens, etwas zu sagen, also musste der Priester warten.
Schließlich beendete er die Eingeweideschau und rief: „Ihr Menschen von
Arretium! Heute ersuchen wir die Götter um ihr geneigtes Urteil! Ich bitte
Iupiter um seinen Beistand, Iuno um ihre Hilfe, Minerva um ihre Weisheit
und Iustitia um Gerechtigkeit! Die Zeichen sagen, heute ist ein guter Tag,
der Tag der Tage für ein Urteil. Wir alle werden sehen und erkennen, was
uns die Götter heißen, zu sehen und zu tun! Am Ende des Kampfes wird
für uns alle zweifelsfrei feststehen, wie das Urteil lauten muss! Iustitia
komm in unsere Mitte und schwinge das Gladius für die gerechte Sache,
denn du siehst mit dem blinden Auge der Gerechtigkeit alle unsere Verfehlungen!" In dieser Art ging es noch eine Weile dahin. Als er seine Anrufung beendet hatte, trat Richter Caecilian an die Brüstung des Balkons
und sprach mit lauter Stimme: „Möge der Gerechtigkeit genüge getan
werden!" Damit war der Kampfplatz freigegeben, die Priester zogen sich
zurück und die Gladiatoren der Schule Atticus traten ein. Nach ihnen
nahmen die Sagittarii Aufstellung und hoben die Bögen zum Gruß. „Im
Namen Caesar Vespasians eröffne ich dieses Ereignis! Bringt den Gefan-

genen heraus! Er möge sich dem Urteil stellen!", rief Caecilian Gaius mit voller Stimme und Applaus brandete auf. „Lasst uns die Götter ehren und auf ihr Wohlwollen vertrauen!"

Tullius, Sextus, Ullrik, Rufus, Orestes und Ansgar standen wartend im Sand. Jeder kämpfte mit seinen bevorzugten Waffen. Tullius der Retiarius, Sextus der Murmillo, Ullrik der Thraex, Orestes der Eques, Rufus und Ansgar die Provocatorii. Jeder für sich war gefährlich, aber zusammen waren sie unschlagbar, besonders Orestes, der vom Pferd aus angriff und erst spät abstieg, wenn es nicht mehr anders ging. Normalerweise kämpfte er nur gegen seinesgleichen. Noch konnte er das Pferd ruhig halten, es war an den Lärm gewöhnt, aber er merkte bereits am Beben der Flanken, dass es losstürmen wollte.

Endlich wurde Gavin hereingebracht und die Menge tobte. Viel war nicht mehr übrig von Myrdin, doch was er von ihm aufbringen konnte, schleppte er in die Arena. Er war barfuß, nur im schmutzigen Lendenschurz gekleidet und in schweres Eisen gelegt. Als er in der Mitte der Arena angekommen war, nahmen ihm die Wachmänner die Fesseln ab und entfernten sich. Anschließend kam der Haruspex zu ihm. Er hielt eine Weidenrute in einer und eine schwarze Augenbinde in der anderen Hand. Mit der Weidenrute segnete er Gavin und bat abermals die Götter um Wahrheit und Beistand, dann nahm er die Binde und verband Gavin damit die Augen. Nun dachte er, vollends verloren zu haben, noch bevor es begonnen hatte. „Du wirst diese Augenbinde oben lassen, bis ich dir etwas anderes sage. Hast du verstanden?" Gavin nickte. Dann merkte er, wie ihm jemand ein Gladius und ein Schild in die Hände gab.

„Myrdin der Andabates wird nach der Reihe gegen seine ehemaligen Kameraden antreten. Zuerst: Andabates versus Eques."

„Ihr Götter, lasst es schnell gehen, wenn ich schon sterben soll und bitte, helft Gavin. Lasst ihn am Leben bleiben, er hat nichts getan", betete Kassandra in einer klaren Minute. Einsam kam sie sich vor, so allein wie noch nie im Leben und sie betete weiter, Gavin möge am Leben bleiben, obwohl sie wenig Hoffnung für ihn verspürte und für sich gar keine. Manchmal dachte sie, sie habe keinen Körper mehr und bestehe nur noch aus Gedanken, die sich irgendwann im Nichts verlieren und vom Wind wie Rauchwolken verblasen und in Vergessenheit geraten würden. So richtete sie ihre letzten Gedanken auf die Arena und Gavin. ‚Myrdin bist du in der Arena und dort ist sich jeder selbst der nächste. Ich denke trotzdem an dich, denn du bist mir jetzt näher als ich mir selbst. Ich bin tot.' Dann zog sich ihr Geist in die lautlose Welt der Bewusstlosigkeit zurück.

„Verdammt", brummte Orestes. „Was ist, wenn ich mich weigere gegen den anzutreten?" Der Schiedsrichter deutete auf die Sagittarii. „Du siehst sie doch, oder? Nun, sie haben Schießbefehl, solltet ihr euch dumm aufführen. Aber du, Pferdekämpfer, du darfst auch absteigen, denn wir wollen ja einen längeren Kampf erleben. Verwunde ihn, wenn du magst, aber töte ihn noch nicht."

„In Ordnung, Herr." Damit gab Orestes dem Pferd ein Zeichen mit den Waden und er trabte auf Gavin zu. Der ließ das Pferd ganz nahe an sich herankommen, stand abwartend da und hatte den Kopf dem Geräusch zugeneigt. Als er glaubte, den Atem des Tieres zu spüren, warf er das Scutum nach dem Pferd. Das scheute und warf den Reiter ab, der nicht mit einer so frühen Aktion gerechnet hatte. Orestes landete im Sand, rollte sich geschwind ab und vertrieb das Pferd. Durch den Lärm irritiert, drehte sich Myrdin im Kreis, dabei hielt er das Gladius vor sich gestreckt und versuchte zu hören, woher der Angriff kam. Dann hörte er ihn. Es erstaunte ihn, wie viel er erkennen konnte, obwohl er nichts sah. Einzig an den Geräuschen orientierte er sich. Er hoffte, das Publikum würde leise bleiben, damit er den Gegner rechtzeitig hören konnte. Aber sie begannen erwartungsgemäß zu grölen und zu schreien. Gavin versuchte sich zu konzentrieren, hielt an, das Gladius halb erhoben und wartete auf Orestes. Er wusste, nur er konnte es sein, denn er war der Reiter unter ihnen. Mit einem lauten Schrei griff er nun an. Rasch drehte sich Gavin in Richtung des Lauts und wehrte den Angriff ab. Orestes war nicht so gut mit dem Schwert wie er selbst, aber ausgeruht, dennoch musste er diese Möglichkeit nutzen. Er fühlte sich wieder gut, das Adrenalin in seinem Blut hatte die Schmerzen weggewischt. Die Schwerter krachten aufeinander und waren in der Schere gefangen. Gavin versuchte, sich durch einen Tritt zu befreien, doch der ging ins Leere und er verlor das Gleichgewicht. Rasch rollte er durch den Sand und wich gerade noch dem Schwert aus, das auf ihn zusteuerte. Abermals trat er nach Luft und dann kam er auf die Beine, drehte sich um und schlug zu. Er wusste, wo Orestes war. „Ich habe den Herrn nicht getötet", keuchte er, senkte das Schwert und wartete erneut. Doch Orestes sagte nichts, er fasste das Gladius fester und griff an. Gavin hörte seine Schritte und sprang zur Seite. Das Publikum johlte, als ihn ein Streich an der Schulter traf und er laut aufschrie. „Ich habe den Herrn nicht getötet", wiederholte er. „Orestes, ich war es nicht. Warum glaubt mir keiner?"

„Du hast die Bogenschützen gesehen, die töten uns, wenn wir kneifen. Also kämpfe!" Gavin seufzte, dann hob er das Gladius und empfing den Angriff seines ehemaligen Kameraden. „Wenn du es nicht warst, warum kämpfen wir dann?", fragte Orestes. Abermals standen sie sich Nase an Nase gegenüber und drückten mit den Gladii gegeneinander. „Ich war es nicht!" Mit der freien Hand packte er Orestes am Handgelenk und versuchte, es umzudrehen. Das Publikum schrie und brüllte. Horatio Maximus konnte nicht umhin, ein klein wenig Bewunderung für Gavin Tettius zu empfinden. Priamos kaute an den Nägeln, was Ganymed mit kleinen Zungenschnalzern kommentierte und er ließ davon ab. „Noch hält er sich gut, Ganymed. Wollen wir hoffen, dass es so weitergeht." Julia, die neben ihm saß nickte mit dem Kopf, schwieg allerdings. Sie war viel zu aufgeregt, um zu sprechen. Gerade eben parierte er mühevoll einen weiteren Angriff als Tullius ins Spiel kam. Der Schiedsrichter hatte ihn dazu angewiesen und die Drohgebärden der Sagittarii hatten ihr Übriges dazu getan. Mit lautem Brüllen griff er an und Gavin schaffte es gerade noch rechtzeitig, sich zur Seite zu drehen und das Netz landete auf Orestes, der sich fluchend daraus entwand. „Na mach schon, Tullius! Ich stehe hier und kann dich nicht sehen. Greif an und bring es hinter dich, dann braucht sich Sextus nicht die Hände schmutzig zu machen", sagte Gavin ärgerlich. „Myrdin ist zurück", flüsterte Orestes und senkte einen Moment das Gladius. „Was meintest du damit, Sextus muss sich nicht die Hände schmutzig machen?", fragte Tullius zugleich. Doch anstatt einer Antwort humpelte Gavin das Gladius vor sich gestreckt auf ihn zu und zischte: „Denk es dir! Und jetzt mach dem ein Ende, denn lange schaffe ich das nicht mehr. Ich sterbe besser durch deine Hand als durch die eines Verräters." Auf den Rängen kehrte plötzlich Ruhe ein, jeder wollte wissen, was die Gladiatoren sprachen. „Wieso hast du das nicht eher gesagt, Myrdin?", fragte Tullius weiter, hob aber den Dreizack, als er bemerkte, wie die Bogenschützen die Pfeile auf die Sehnen legten. „Es ist eine abgekartete Sache und ich weiß nicht, wer aller mit drin steckt. Aber ihr seid des Todes, wenn ihr nicht das macht, wozu ihr hier seid." Abermals holte er mit dem Gladius aus und stach nach Tullius, der zurücksprang und nun seinerseits mit dem Tridens angriff, allerdings etwas halbherzig. „Mach schon! Oder willst du auch ein Peitschenmann werden? Sieh! Ich bin blind und halbtot! Mach schon – Feigling!" Er wusste, wie er Tullius wütend machen konnte, aber der dachte zu viel. An die Beweise dachte er und an Gavin, den er seit drei Jahren kannte und mit dem er so manchen Kampf überstanden hatte. Mehr als einmal hatte ihm Gavin im Kampf das Leben gerettet. Seine Witze und Scherze, die Geschenke, die er allen machte, wenn er von den reichen Damen für seine Gunst, Geld erhalten hatte. Während er an all das dachte, spielte er nur defensiv und sagte gleichzeitig an, woher Orestes attackierte. „Ich würde jetzt von links angreifen Orestes", war so ein Zeichen und Gavin wusste, wohin er sich wenden musste. „Ansgar! Verdammt, dein rechter Angriff war auch schon schneller." Nach und nach kamen jetzt die anderen dazu und umringten Gavin. „Lange kann ich nicht mehr, Tullius. Du musst dem jetzt ein Ende bereiten und sieh zu, dass Kassandra schnell stirbt und nicht von den Hunden zerrissen wird. Sie hat das nicht verdient." Er redete, wie er es oft bei den Übungskämpfen gemacht hatte. „Dreh dich um, da kommen Sextus, Rufus und Ullrik. Jetzt wird es spannend", meinte Ansgar. Er rannte zu Gavins Scutum, hob es hoch und drückte es ihm in die Hand. „So wird er es schwerer haben."

„Danke, Ansgar. Und was jetzt? Wer kämpft gegen wen?"

„Ich bin bei dir, Freund", sagte Tullius, packte das Tridens fester und funkelte Sextus angriffslustig an. „Was ist hier los?", fragte Ullrik, dem die veränderte Situation nicht unbemerkt geblieben war. „Frag Sextus", antwortete Orestes, der nun vor Gavin stand.

Der Schiedsrichter wurde zornig. Er hatte alle in den Kampf geschickt, damit der beendet wurde. Es dauerte schon zu lange und eigentlich sollte der Beschuldigte bereits tot auf der Erde liegen, aber der wehrte sich noch immer und redete mit den anderen, als wäre das hier nicht mehr als eine Übung. „Kämpft endlich!", herrschte er sie an. „Gladiatores! Ihr seid alle dem Tod geweiht und hier zum Kämpfen und nicht zum Reden." Gavin wandte sich ihm zu: „Ach so ist das! Ich dachte, ich wäre hier, um meine Unschuld zu beweisen! Halte dich heraus, oder soll dich mein Gladius erwischen, denn auch wenn ich dich nicht sehe, weiß ich sehr wohl, wo du stehst, alter Mann!" Er hob das Schwert und fühlte nun endlich die Wahrheit. Die Unsicherheit wich von ihm und es fühlte sich gut an, machte ihn innerlich stark. Er hatte nichts Unrechtes gemacht. Sein Freund war einfach so gestorben, weil er krank war und die Beweise waren ihm untergeschoben worden, damit er aus dem Weg geräumt wurde. Zornig hob er das Schwert und rief: „Seht! Ich kann euch die Wahrheit sagen! Hört, die ihr sie hören wollt!" Caecilian sprang von seinem Sitz und versuchte, ihn von hier aus zum Schweigen zu bringen. Auf den Rängen bahnte sich ein Tumult an, denn niemand wollte etwas von dem Schauspiel verpassen, das interessanter zu werden schien, als sie gehofft hatten. „Schweig! Du bist nicht die Stimme der Göttin!", rief Caecilian, doch der Haruspex widersprach ihm lautstark. „Sollte sich die Göttin in ihm bemerkbar machen, so wird sie uns die Wahrheit verkünden und er wird leben. Bislang hat er sich gut geschlagen. Aber es ist ja noch nicht vorbei, verehrter Richter. Und sei dir eines gewiss, manchmal sehen die Blinden mehr als die Sehenden."

„Dann sollen sie jetzt weiterkämpfen. Von mir aus nur dieser Sextus, den er erwähnte und er", brummte Caecilian. Horatio Maximus fühlte erneut den Zweifel in sich, den er schon merkte, bevor er zum Tempel ging und den Haruspex befragte. Doch nun war es für Skrupel zu spät. „In dubio pro reo", murmelte er. „Am Ende hatte Priamos doch wieder recht mit seinen Behauptungen. Ich hasse den Kerl." Laut sagte er: „Die Bogenschützen sollen sich bereithalten. Ich will, dass ordentlich gekämpft wird, sonst haben wir hier einen Aufstand und den wollte ich eigentlich vermeiden. Was hätte das Theater sonst für einen Sinn?" Der Richter und der Priester schauten kurz zu ihm, dann nickte Caecilian und gab die Anweisung an die Bogenschützen, die nun die Pfeile erneut auf die Sehnen legten und die Bögen im Anschlag hielten. Primus, der neben Horatio saß, sagte: „Ich weiß deine Weitsicht zu schätzen, Horatio. Jetzt ist ein schlechter Zeitpunkt für Unruhen, wo doch die Legionen in Syria gebraucht werden und ich denke der Imperator wäre nicht sehr erfreut, sollte es hier wegen nichts zu einem Aufstand kommen, der nur mit Gewalt niedergeschlagen werden kann." Alle staunten, weil Primus so viel Besonnenheit zeigte. Dann wandte er sich direkt an Horatio: „Was deine Position angeht, ich habe Deciderius gestern nahegelegt, auf seine Kandidatur zu verzichten. Sein Verhalten in den letzten Wochen hat sehr zu wünschen übrig gelassen, deshalb schicke ich ihn sobald es geht, mit einer Handelsdelegation nach Alexandria und dann weiter nach Syria." Ein kurzer Blick zur Seite auf Cornelia zeigte ihm eine blass gewordene Frau, die sich nur mit Mühe beherrschen konnte. „Nach Syria? Aber … Primus, dort …", sie konnte nicht weitersprechen. „Ja, dort herrschen Unruhen, meine Liebe. Willst du ihn begleiten?", fragte er süß. „Nein", antwortete sie tonlos und starrte in die Arena, wo sich gerade Sextus dem Kampf stellte. Sie wurde noch eine Spur blasser. „Was ist mit dir, meine Liebe?", fragte er heiter. Nun starrten sie auch Horatio, Caecilian, Priamos, Julia und Claudius an. Aber niemand sprach ein Wort. Sie hörten das Keuchen der Kämpfer und wandten ihre Aufmerksamkeit dem Spiel des Lebens zu.

„Sextus, erschlag mich. Ich bin blind! Willst du mich nicht mehr aus dem Weg haben, um mit deiner Gattin die Schule selbst zu führen?" Gavin wurde ungeduldig. Er wusste, das Gerede brachte nichts, machte ihn selbst nur müde, aber er wollte Sextus dazu bringe, die Wahrheit zu sagen. „Mach schon! Peitschenmann! Schlag mich endlich nieder!" Da traf ihn Sextus mit dem Scutum und er ging zu Boden, rollte sich ab und kam stöhnend wieder auf die Füße. Er fragte sich, warum er immer noch weiter machte. Dann streckte er das Gladius nach vor und wartete auf den nächsten Angriff. „Von hinten!", rief Tullius, der lässig an den Tridens gelehnt etwas abseits stand. Gavin drehte sich gerade noch rechtzeitig um und konnte den Angriff parieren. Klirrend trafen sich die Gladii. Dann bekam er Sextus am Handgelenk des Schwertarms zu fassen und bog es nach unten, anschließend rammte er ihm den Schwertknauf seines Gladius ins Gesicht. Es gab einen dumpfen Laut als das Metall das Visier des Helms traf. Durch den Aufprall taumelte Sextus einen Moment, den nutzte Gavin und trat nach ihm, traf aber lediglich das Schild. „Du hast Recht und dafür wirst du untergehen, zu lange warte ich darauf", knurrte Sextus. „Gavin, du Hund, Peitschenmann! Ha!" Er lachte, befreite sich mit einer Drehung aus dem Griff und schlug ihm nun seinerseits den Schwertknauf ins Gesicht. Blut spritzte als die Nase brach. Gavin kippte nach hinten und blieb im Sand liegen. Rasch brachte Sextus die zwei Schritte hinter sich. Bedrohlich hielt er die Spitze des Gladius an seine Kehle. „Winsle!", zischte er. Doch Gavin wollte noch nicht aufgeben. „Kassandra", flüsterte er, dann holte er mit dem linken Bein uns und traf den über ihm stehenden Sextus voll in die Weichteile. Flink drehte er sich zur Seite. Das schmerzgepeinigte Keuchen von Sextus verriet dessen Position und Gavin ging darauf los. Er ignorierte die eigenen Schmerzen und schlug auf Sextus ein, der seine Waffen fallengelassen hatte. Immer wieder hieb er mit den Fäusten auf den Jüngeren ein. Dann schlug er zurück und in einer eisernen Umklammerung fielen sie zu Boden, immer bemüht dem anderen einen Vorteil abzuringen. Sextus würgte Gavin und dieser traf den anderen mit dem Knie in die Genitalien. Erst der neugierig gewordene Haruspex trennte die beiden. Alle anderen starrten nur verblüfft. „Warte, ich will wissen, was er zu sagen hat", sagte der Priester als sich Gavin erneut auf Sextus stürzen wollte. Er winkte den Gehilfen, die sofort bereitstanden und nun Sextus auf die Füße zerrten, ihm den Helm abnahmen und festhielten. „Sprich, Gladiator. Was hast du in der Sache zu sagen?"

„Gar nichts." Sextus spuckte dem Priester vor die Füße. „Ich habe gehört, wie du sagtest, Myrdin hätte recht. Starb Marcus Atticus eines natürlichen Todes? Sprich die Wahrheit und Iustitia wird dir Gerechtigkeit widerfahren lassen, so wie du anderen Gerechtigkeit widerfahren lässt." Sextus wurde rot und dann blass, als ihm die verwirrenden Worte des Priesters aufgingen. „Ich wollte doch nur mit Fortunata zusammen sein", flüsterte er. „Sprich lauter, Gladiator, der Richter will dich auch hören."

„Der Herr wurde nicht getötet. Das Gift habe ich Gavin Tettius unter das Kissen gelegt, nachdem der Herr gestorben war. Es war einfach."

„Warum hast du das getan und wer ist Fortunata?"

Neugierig rückten die Zuschauer an die Absperrungen. Keiner wollte sich etwas von den spannenden Neuigkeiten entgehen lassen. Selten kam es vor, dass sie Zeugen wurden, wie im Reich Recht gesprochen wurde. Cornelia blieb sitzen, alle ihre Hoffnungen zerschlugen sich in einem Augenblick. Aber noch wollte sie nichts von den Plänen aufgeben, die sie für ihr Leben gemacht hatte.

„Wir wollten die Schule kaufen, dann hätte sie mich freigekauft und wir wären wieder beisammen gewesen, wie früher in Rom, bevor sie den reichen Fettsack geheiratet hat und mich die Polizei erwischte."

Primus drehte sich zu seiner Frau, die nun aufgestanden war und stumm den Kopf schüttelte. Sie konnte es nicht fassen, dass Sextus alles verriet. „Eigentlich hätte sie Primus nie heiraten dürfen, denn sie war zu dem Zeitpunkt mit mir verheiratet. Aber ich halte nicht mehr den Kopf für sie hin. Jahrelang habe ich um mein Leben gekämpft während sie in Saus und Braus lebte, das ist nun vorbei. Ich mag nicht mehr. Es tut mir leid, Myrdin."

„Hör doch endlich auf zu schwafeln, Sextus, du Memme!", rief sie von der Tribüne. Sie war so in Zorn entbrannt, dass sie nicht merkte, wie sie sich verriet. Erst als sie aller Blicke auf sich spürte, wurde ihr der Fehler bewusst. Nun half nichts mehr. „Ich habe nichts getan", sagte sie rasch und wollte nach hinten ausweichen, doch dort stand Ganymed und versperrte den Weg.

Caecilian trat noch einmal auf den Balkon und rief in die Arena: „Die Gladiatoren bleiben wo sie sind und legen die Waffen zu Boden! Sagittarii, wenn sich einer bewegt, dann schießt!" Ans Publikum gewandt fuhr er fort: „Ich fürchte, das Schauspiel geht anders als erwartet aus. Iustitia hat gesprochen, wenn auch undeutlich. So wie ich es verstanden habe, ist Gavin Tettius unschuldig und niemand trägt am Tod von Marcus Atticus Schuld. Das Gottesurteil ist beendet. Was das andere angeht, das wird noch untersucht. Räumt die Arena!" Damit wandte er sich um und ging.

Erwartungsvoll blickten die Gladiatoren auf Gavin, der sich zitternd aufrecht hielt. „Was jetzt, Myrdin?", fragte Tullius schließlich. Da entglitt Gavin das Schwert und er fiel vornüber in den Sand.

Der Schiedsrichter eilte zu ihm und untersuchte ihn. „Es ist noch Leben in ihm, wir brauchen den Arzt und eine Trage. Alles raus hier, dieser Kampf ist beendet." Damit hatte er eindeutig den Befehl des Richters missachtet, aber die Autorität des Priesters zählte in dieser Angelegenheit mehr. So verließen die Bogenschützen ihre Plätze, nahmen die Gladiatoren in ihre Mitte und führten sie zurück in die Zelle, wo sie warten mussten, bis die Zuschauer weg waren. Gavin wurde kurze Zeit später auf einem Tuch dorthin gebracht. Die Beinwunde blutete, ebenso die Wunde an der Schulter und ganz deutlich war ein Rippenbruch zu sehen. Seine Seiten und der Rücken waren blau und rot gefärbt, dazu kamen noch einige andere Verletzungen. Nachdem jemand die Augenbinde entfernt hatte, blinzelte er in die ungewohnte Helligkeit. Alles schien verschwommen. Er konnte lediglich dunkel und hell unterscheiden und beides tat weh. „Kassandra", flüsterte er als er abgelegt worden war. Der Schiedsrichter zuckte die Achseln. „Das weiß doch ich nicht. Wahrscheinlich schon hin." Es klang so gleichgültig wie er das sagte, dass Gavin endgültig verzweifelte. „Seht nur, was ist aus dem harten Myrdin geworden?", fragte Ullrik, der fassungslos den schluchzenden Gladiator betrachtete. „Ich würde sagen, Myrdin ist tot und Gavin Tettius lebt", antwortete Tullius. „Was wird jetzt mit uns, Herr?", fragte er. Doch niemand antwortete ihm. „Kassandra", flüsterte Gavin abermals und fühlte die Hoffnungslosigkeit bleiern auf sich lasten. „Na schön, ich werde sehen, ob ich Informationen bekomme", sagte der Schiedsrichter schließlich. Damit ging er fort und die Gladiatoren wurden in der Kammer eingeschlossen. Jetzt gingen alle auf Sextus los, der sie erst in diese dumme Situation gebracht hatte. Kommentarlos ließ er die Schimpftiraden über sich ergehen, als sie verstummten, drehte er sich der Wand zu. „Ihr habt ja recht", sagte er nach einer Weile. „Aber ihr wisst nicht, wie sie ist." Sein Lächeln wirkte verklärt, dann wurde sein Gesicht hart. „Verdammt soll sie sein, sie hat mich nur benutzt, um an das Geld zu kommen. Wer weiß, ob sie jemals einen Finger krumm gemacht hätte, um mich freizulassen. Aber das ist jetzt nicht mehr wichtig. Wie geht es Myrdin?"

„Der ist tot", murrte Rufus. Schockiert fuhr Sextus herum und starrte die Kameraden fassungslos an. Da bewegte sich Gavin und er atmete erleichtert auf. „Ich dachte schon, ich hätte ihn wirklich erwischt."

„Na, was nicht ist, kann noch werden. Du hast ihn böse getroffen und wir sind hier eingeschlossen, dank deiner blöden Ideen." Tullius war nicht geneigt, Milde zu zeigen. Er ging zu Gavin und versuchte die Blutung an der Schulter zu stoppen. Die ganze Zeit über fragte er nach Kassandra, das machte alle nervös und reizbar. „Hör auf, Gavin, sie hat doch alles gestanden. Mach dir keine Hoffnungen. Das ist doch nur eine Hure." Da sammelte Gavin all seine Kräfte und er stemmte sich hoch. Zornig blickte er Tullius aus verschwollenen Augen an. „Gefährtin", zischte er und plumpste hart auf den Boden. Ein Stöhnen entfuhr ihm noch, dann lag er still. „Verdammter Hundesohn, der liebt sie wirklich. Das geht nicht gut. Die ist doch schon hinüber", murmelte der Retiarius. Die anderen zuckten mit den Schultern, unternehmen konnten sie ohnehin nichts.

Priamos war Caecilian zu dessen Sänfte gefolgt. „Warte! Richter Caecilian, wann wird mein Mandant freigelassen? Seine Unschuld steht doch jetzt zweifelsfrei fest, wie auch mein geschätzter Kollege Horatio Maximus anerkennen muss."

„Welch prekäre Situation, Priamos Lucullus! Die Volksseele hier brodelt, weil die Töpfereibesitzer zu wenig bezahlen und dann wollen wir etwas Ablenkung bieten und auch das geht in die Binsen. Ich sage dir, wenn ich ihn zu früh freilasse, dann brennt morgen Arretium – zumindest die Fabriken."

„Aber mein lieber Caecilian, das eine hat doch mit dem anderen nichts zu tun. Oder sollte ich da etwas übersehen haben?" Priamos hob scheinheilig die Augenbrauen. Er wusste sehr wohl, dass Gerüchte in Umlauf gebracht worden waren, die Gavin und die Leute aus Ravenna in den Verdacht brachten, billige Arbeitskräfte für die Manufakturen zu liefern. Caecilian versuchte sich noch herauszureden, doch es half ihm nichts, er musste zugeben, dass Ravenna nichts mit den Problemen in Arretium zu tun hatte. „Am besten, du schreibst es gleich an eine Wand, vielleicht an das größte Bordell, dort verkehren die meisten Leute, wenn du weißt, was ich meine." Er wusste, der Richter war dort ein gern gesehener Gast und er hatte einen Lustknaben dort, aber zugegeben hätte er es nie. „Na schön, ich werde es machen und jetzt lass mich nachhause gehen."

Priamos hielt einen Finger in die Höhe und schwang ihn rhythmisch hin und her. „Äh, äh, Herr Richter, so einfach geht es nicht. Wir sind noch nicht fertig. Ich brauche zwei Dinge von dir: erstens Begnadigung der Sklavin Kassandra und zweitens die Freilassung von Gavin Tettius und seiner Truppe. Gehe ich richtig in der Annahme, du hältst sie noch fest und auch die restlichen Sklaven aus Ravenna?" Caecilian schnaubte verächtlich. Priamos wusste immer zu viel und er fragte sich, woher der seine Informationen bekam. Auf die Idee, dass der Anwalt gut riet, kam er allerdings nicht.

Da meinte Caecilian die Rettung in Horatio Maximus zu finden, der eben in Eile auf sie zulief.

„Hat jemand Primus Felix gesehen? Nein? Verdammt! Ich muss weiter …", schon wollte er an den beiden vorbeilaufen, da hielt er plötzlich inne. „Nimmst du mich mit zum Gericht, Caecilian? Ich muss das Weibstück noch vom Pfahl nehmen lassen, sofern sie noch lebt. Du würdest mir so manchen Schritt ersparen." Caecilian sah so eine Möglichkeit, den forschenden Fragen des Anwalts zu entgehen und sagte zu.

„Wir treffen uns dort. Komm Ganymed, jetzt aber flott." Und raschen Schritts machte er sich auf den Weg zurück in die Stadt. Wie immer war Priamos zu Fuß unterwegs. Er kannte sämtliche Gassen und Abkürzungen und so war es kaum verwunderlich, dass er noch vor der Sänfte am Gerichtsgebäude war. Mit gespielter Lässigkeit lehnte er an einer Säule und blies imaginären Staub von seinen Fingernägeln, die er anschließend an der Toga polierte. Ausnahmsweise hatte er das edle Kleidungsstück angelegt, das ihn als Angehörigen einer höheren Schicht auswies. Er war sauber rasiert und das schmale Gesicht strahlte Vitalität aus. Horatio machte dessen Eloquenz zornig und auch das Tempo mit dem Priamos an bestimmten Orten auftauchte, ließ ihn manchmal verzweifeln.

„Lass uns jetzt schnell machen, Horatio, denn sonst, mein verehrter Kollege, hast du ein unschuldiges Leben auf dem Gewissen." Priamos sprach ruhig, aber er betonte jedes Wort exakt und nahm der Sprache kein bisschen von ihrer Härte. „Ja, ja, ist ja schon gut, Priamos. Ich hab dich auch so verstanden. Dann beeile dich. Caecilian?" Horatio raffte die Toga hoch und eilte voraus. Ihm hart auf den Fersen, folgte Priamos mit Ganymed an der Seite und etwas langsamer kam Caecilian hinterher, der durch sein Alter schon etwas schwerfälliger war, manchmal spielte er das auch nur. Mit seinen Enkeln lief er wesentlich schneller um die Wette. Außer Atem kamen sie schließlich in den Hof, wo Kassandra seit den frühen Morgenstunden an den Pfahl gebunden stand. Es war nicht mehr viel, das sie mit dem Leben verband. Die Wächter hatten sie immer wieder geschlagen und mit kaltem Wasser übergossen, nun war ihre Haut stark gerötet, mit Brandblasen bedeckt, die durch die Schläge und die kalten Güsse aufgeplatzt waren. Priamos gab Ganymed ein Zeichen und er ging hin, um sie abzunehmen. Sofort eilten die Wachmänner herzu und wollten ihn hindern, aber ein Blick von Caecilian Gaius genügte und sie ließen den ehemaligen Gladiator gewähren. „Machst du jetzt die Papiere fertig, Caecilian? Und vergiss bitte nicht wieder auf das Siegel. Denn, Horatio, das lass dir erzählen, das letzte Mal, da war es wirklich peinlich für Caecilian. Für beide die Papiere, einmal Freilassung wegen erwiesener Unschuld für Gavin Tettius und einmal Begnadigung aufgrund berechtigter Zweifel, Caecilian, und bitte, Caecilian, nicht auf das Siegel vergessen." Er klang besorgt, so als wäre er nur auf das Wohl des Richters bedacht. „Hör schon auf, Priamos, deine Reden kannst du dir bei mir sparen." Caecilian Gaius wurde ärgerlich, weil ihn der Anwalt so hänselte. Aber er konnte nichts dagegen machen. Er hatte tatsächlich bei seinem letzten Klienten auf das

Siegel vergessen und die Sache wäre beinahe peinlich geworden. Aber Priamos Redekunst hatte ihn noch einmal vor einer öffentlichen Blamage bewahrt, so wie sie ihn beinahe bekannt gemacht hatte. „Ja, du bekommst die Papiere. Morgen." Caecilian verschränkte die Arme vor der Brust und wollte sich schon umdrehen und gehen, da sagte Priamos hart: „Jetzt, Caecilian. Ich brauche sie jetzt! In dieser Minute, Caecilian, will ich die Bescheinigungen in Händen halten, sonst kann ich die beiden nicht mitnehmen, Caecilian, und du bist sicher nicht scharf darauf, sie noch länger zu behalten." Murrend gab der Richter nach, besonders dieser Zusatz hatte ihm einen Motivationsschub verschafft: „Du willst doch nicht, Caecilian, dass ich die letzte peinliche Episode beim nächsten Gastmahl des Primus Felix zum besten gebe? Du weißt, Caecilian, dort sind immer sehr viele hochgestellte Persönlichkeiten zu Gast." In einer entschuldigenden Geste breitete er die Arme aus und fuhr fort: „Aber ich will dir wirklich keinen Ärger machen, Caecilian." Der Richter sah nun keinen Weg mehr, die Sache zu verschieben und Horatio blickte mehr als interessiert zu Priamos, aber wenigstens schwieg er. „Nimm sie mit und ich gebe dir jetzt die Papiere. Komm!" Priamos lächelte zart, dann gab er Ganymed die Anweisung, Kassandra in sein Haus zu bringen und anschließend einen Wagen zur Arena zu schicken, um Gavin Tettius, die Gladiatoren und alles was noch dazu gehörte, zu holen, damit meinte er die Sklaven und deren Sachen. „Schaffst du es, sie so weit zu tragen?" Ganymed schien beleidigt zu sein, denn er murmelte schlicht: „An der ist nichts dran, Herr, das schaffe ich leicht." Priamos lächelte, dann ging er mit Caecilian davon. Stumm stellte der die Papiere aus und Priamos rauschte mit wehenden Gewändern davon.

Ganymed war eben dabei, den Wagen für die Leute aus Ravenna richten zu lassen, als Priamos zurückkam.

„Hier, das wirst du brauchen, wenn du Gavin Tettius und sein Eigentum holst." Damit überreichte er dem Sklaven den Befreiungsschein. „Jetzt muss ich mal sehen, wie wir die Meute hier unterbringen." Umgehend machte er sich an die Arbeit, wies den Hausverwalter an, ein Gästezimmer für Gavin zu richten. In weiser Voraussicht ließ er dort noch ein Bett für Kassandra aufstellen, weil er richtig vermutete, Gavin würde nichts anderes wollen. Als das Zimmer fertig war, wurde sie dort untergebracht. Ein dicker Kloß bildete sich in seinem Hals als er sie betrachtete. ‚So abzutreten ist auch nicht schön', dachte er, weil er nicht annahm, dass sie noch lange zu leben hatte. ‚Besser wäre es, dem schnell ein Ende zu bereiten. Aber ich könnte es nicht.'

Kassandra fühlte lange Zeit nichts anderes als Schmerzen und dann nichts mehr. Sie war froh, als sie die Bewusstlosigkeit umfing und sie von den Demütigungen durch die gelangweilten Wachleute nichts mehr mitbekam. Diese waren schwerer zu ertragen gewesen als die Schläge. Doch nun war es vorbei und sie dachte, zu sterben. Ihr letzter bewusster Gedanke galt Gavin, der noch in der Arena stand und eben gegen Orestes kämpfte. Alle guten Gedanken, zu denen sie fähig war, sandte sie ihm und hoffte, er würde überleben. Dann gab sie sich auf.

Sie waren bereits zwei Tage im Haus von Priamos Lucullus als sich Gavin soweit erholt hatte, dass er aufstehen und dem Hausherrn seine Aufwartung machen konnte. Tullius hatte sich zu seinem Leibdiener erkoren, denn er fühlte sich schuldig, ihm nicht geglaubt zu haben.

Als er am Vorabend, mit den Kameraden, im Gemeinschaftsraum der Sklaven saß und sie über eine mögliche Heimkehr redeten, fragte Ullrik: „Weißt du wie es Myrdin geht? Wann werden wir nachhause fahren?" Tullius blickte ihn eine Weile stumm an, dann sagte er leise: „Weißt du es nicht? Myrdin ist tot, gestorben in der Arena. Aber unser Herr, Gavin Tettius, der lebt und wird uns nachhause bringen."

„Ist er wach? Hat er mit dir darüber geredet? Was ist, Tullius? Berichte!", redeten die Kameraden auf ihn ein. „Vielleicht morgen, heute nicht mehr. Ich werde die Nacht über bei ihm wachen."

„So wie jede Nacht, Tullius. Geh nur. Wie geht es Kassandra?", fragte Sextus leise, dabei hielt er den Blick verschämt zu Boden. Nur noch selten meldete er sich zu Wort. Er wusste, dass Gavin ihn bestrafen würde, wenn er gesund war. Aber er war auch dankbar, dass der Richter ihn nicht verhaften hatte lassen. Es war besser, sich mit Gavin auseinanderzusetzen, den er kannte, als mit der unbekannten Größe von Caecilian Gaius.

10. Vivere - Leben

Gavin ließ sich von Tullius beim Waschen und Ankleiden helfen. Alle seine Sachen waren wieder aufgetaucht und er entschied sich für die schöne Tunika, die er nur zu besonderen Gelegenheiten trug. Er warf einen besorgten Blick auf Kassandra. Sie wollte einfach nicht erwachen. Petulia, die Köchin, sah immer wieder nach ihr und wusch sie, denn das wollte Tullius nicht übernehmen und sie war neben Sophia die einzige Frau, die außer Kassandra noch von Ravenna mitgekommen war. Nur ungern kam sie dieser Aufgabe nach. Aber mit der Zeit gewöhnte sie sich an die fremde Tätigkeit und sie führte stumm alle nötigen Handgriffe durch. Sie verstand den Herrn nicht, der sich wegen einer Sklavin so viel Mühe machte. Doch insgeheim hoffte sie auch auf Hilfe, sollte es ihr einmal schlecht gehen.

Ein breiter Verband war um Gavins Oberkörper geschlungen und hielt die Rippen an ihren Platz. Stöhnend tat er einige Schritte, dann fasste er nach dem Arm, den Tullius ihm bot und zusammen gingen sie in den Speisesaal. Langsam begann er sich wieder als Mensch zu fühlen, aber er befürchtete, dass seine Wunden lange brauchen würden, bis sie vollständig verheilt waren.

Priamos stand überrascht auf, als Gavin eintrat. „Es freut mich, dass es dir besser geht und du mit mir speisen kannst", sagte er und bot ihm rasch ein Speisesofa an. Dann schickte er den Sklaven, der bei Tisch bediente, um ein weiteres Gedeck. „Tullius, du kannst jetzt gehen. Ich werde einige Zeit hierbleiben und ich bin es gewohnt, mich selbst zu versorgen", sagte Gavin freundlich, nachdem er endlich bequem lag und sich von den Köstlichkeiten nahm. Er kostete alle Speisen. Sie waren exquisit gewürzt, anders als er es gewohnt war aber deswegen nicht weniger vortrefflich und er lobte die gute Küche in den höchsten Tönen, was Priamos sichtlich freute. Umgehend gab er das Lob an die Köche weiter. Der Oberkoch erschien kurze Zeit darauf und bedankte sich für die Wertschätzung seiner Arbeit. Gavin wechselte einige nichtssagende Worte mit dem Mann und wandte sich dann dem Wein zu, dem für seinen Geschmack zu wenig Wasser beigemengt war.

Aber schon bald hatte er genug. Priamos hielt wenig von Fleisch und Getreide, vielmehr ließ er Käse und Gemüse zubereiten. Das Fischgericht fand Gavin interessant und er lobte abermals den guten Geschmack.

„Es tut mir leid, dass ich dir nicht mehr helfen konnte", sagte Priamos endlich, der Gefallen an Gavin fand. Gavins zurückhaltenden Bemerkungen gefielen ihm. „Es ist mehr, als ich zu hoffen wagte, Herr. Du bist zu uns allen sehr gütig und ich werde deine Gastfreundschaft nicht länger als nötig beanspruchen. Wir sind viele Leute, die du durchfüttern musst und nur wenig Gegenleistung kann ich dir bieten", antwortete er.

„Mach dir darüber keine Sorgen. Morgen werde ich einen Boten zu Claudius Lucius schicken und ihm mitteilen, dass es dir besser geht. Primus wird fluchen, weil ihm das Geschäft mit Ravenna jetzt durch die Lappen geht." Gavin lächelte, als er sich daran erinnerte. Marcus und er hatten vorgehabt, ihm das zu versalzen, nun würde er es machen, sollte Lydia mitspielen. „Ich werde mein Bestes versuchen, auch wenn ich vom Geschäft nur halb so viel verstehe wie Marcus. Aber vielleicht versaue ich ihm es auch auf eine Weise, die er nicht verdauen kann." Grübelnd hielt er inne und dachte daran, was er Kassandra im Kerker gesagt hatte. Das Haus und die Schafe hatte er plötzlich vor Augen und sein Gesicht bekam einen weichen Ausdruck. Priamos beobachtete ihn derweil gespannt. Dieser Mann interessierte ihn, er war so vielschichtig, dass er kaum zu durchschauen war. Einerseits beeindruckte er durch sein großes Erscheinungsbild, der kräftige für einen Gladiator durchaus unübliche muskulöse, beinahe athletische Körper, dann die Strenge, die er durch seine Sprache vermittelte, er nahm nur selten etwas von der Kälte, die Latein verbreiten konnte, und dann wieder dieser weiche Ausdruck, wenn er an etwas Besonderes dachte. „Wie gedenkst du, ihm die Speise zu verderben?", fragte Priamos neugierig. Genussvoll kaute er eine Feige und wartete auf eine Antwort. „Herr, das weiß ich noch nicht. Ich bin mir nicht sicher, ob es funktionieren kann. Das muss ich mir noch ganz genau überlegen." Es war spät geworden und er konnte ein Gähnen nicht mehr unterdrücken. Rasch sagte Priamos: „Geh zu Bett, Gavin, es ist das erste Mal das du auf bist und du solltest dich ausruhen." Er erhob sich und half seinem Gast, ins Zimmer zurück. Dort schlug ihnen ein übler Geruch entgegen. „Was ist das für ein Gestank?", fragte Priamos, ohne nachzudenken. „Eine Wunde an Kassandras Hals ist schwer entzündet, wie ich heute feststellen musste. Leider hat uns Ajax verlassen und geht seiner Wege, sodass wir keinen Arzt mehr haben, der sich ihrer annehmen könnte oder würde und mir fehlt das Geld, einen zu bezahlen", sagte Gavin, traurig sah er Kassandra dabei an. „Ich fürchte, meine Gefährtin wird nicht mehr lange zu leben haben." Priamos betrachtete beide eine Weile, dann verließ er sie kopfschüttelnd.

Gavin rückte Kassandra ein Stück zur Seite und legte sich neben sie. Er war müde und die Angst, sie könnte jetzt wo sie frei war, sterben, quälte ihn zunehmend. „Stirb nicht, bleib bei mir", flüsterte er und streichelte dabei sanft ihren Kopf. Es war kaum mehr als eine federleichte Berührung, mehr wagte er nicht, um ihr keine Schmerzen zu bereiten. Aber sie war zu weit weg, sie hätte es nicht bemerkt, selbst wenn er sie geschlagen hätte.

Primus Felix war noch immer voll Zorn auf Cornelia, doch er war auch auf ihre guten Beziehungen in Rom angewiesen. Sie kannte dort viele einflussreiche Persönlichkeiten und diese Bekanntschaften hatte er sich schon das eine und andere Mal zunutze gemacht. So sagte er mit eisiger Stimme: „Du wirst in Zukunft nur noch das machen, was ich anordne, ansonsten zeige ich dich wegen Ehebruchs und Bigamie an, da wird es dir auch nichts helfen, in Rom als Hure gearbeitet zu haben, denn du hast mich unter Vorspiegelung falscher Tatsachen geheiratet. Geh in deine Räume, dort wirst du bleiben, bis ich dir etwas anderes sage." Cornelia nickte und nun war sie bereits zwei Tage dort und Primus hatte sich nicht blicken lassen. Die Tür zum Peristyl war verschlossen worden, so konnte sie nicht hinaus. Stumm verfluchte sie ihre Dummheit, geredet zu haben. Aber das half nichts mehr. Nun konnte sie nur noch ihre Schläue vor mehr Schaden bewahren und sie überlegte, wie sie die Schule und das Anwesen in Ravenna doch noch bekommen konnte. Sextus war ihr bereits egal geworden, denn er hatte sie verraten, als es hart auf hart ging. Es war ihr nicht leicht gefallen, sich dem unattraktiven Primus hinzugeben und ihm Liebe zu heucheln, alles andere als einfach war es gewesen und das ständige Theater, das sie hier aufführte, nur um zur Gesellschaft zu gehören, war auch nicht gerade ein Honiglecken gewesen. Nun überlegte sie, wie Claudius am einfachsten aus dem Rennen zu schlagen war und sie hatte eine blendende Idee, wie sie fand. Umgehend rief sie einen Sklaven und ließ um ein Gespräch mit dem Herrn bitten. Da erfuhr sie, dass er nicht zuhause war und alle Anweisung hatten, sie in ihren Gemächern eingeschlossen zu halten, bis der Herr wieder im Haus war. Cornelia fluchte vor sich hin, wobei sie sich der derbsten Gossensprache der Subura bediente. Aber davon ließ sie sich nicht lange aufhalten. Schnell war die Wachstafel gefunden und dort schrieb sie auf, was sie Primus zu sagen hatte. „Primus", schrieb sie. „Es tut mir nicht leid. Was ich tat, war für mich, so wie du alles für dich machst. Aber ich habe eine Idee, wie wir Claudius aus dem Geschäft werfen können. Denke an die Unruhen – biete den Arbeitern einen Anreiz, für dich zu arbeiten. Investiere, denn Claudius hat durch die Bekanntschaft mit dem Gladiator viel an Glaubwürdigkeit eingebüßt und du hast nichts mit mir zu tun. Cornelia Fortunata." Das gab sie einem Sklaven und bat ihn, die Nachricht so rasch es ging, dem Herrn zu bringen. Mehr konnte sie nicht machen. So blieb sie eine Gefangene im eigenen goldenen Käfig, wurde bedient und gut versorgt. Sogar das Bad durfte sie aufsuchen, wenn auch nur in Bewachung. Ein Leibwächter war für sie abgestellt worden – zu ihrem Verdruss musste sie feststellen, dass es sich um einen Eunuchen handelte, der noch dazu Männer liebte. Primus hatte gut aufgepasst und seine Hausaufgaben gemacht. Er traute ihr nicht was Männer anging. Schließlich konnte sie nicht umhin, ihn doch zu bewundern. Noch niemandem war es bislang gelungen, ihr Interesse länger als wenige Stunden zu wecken. Nicht einmal Sextus hatte das geschafft und der hatte vor seiner Gladiatorenzeit wirklich gut ausgesehen. Sie ergab sich in ihr Schicksal und hoffte, Primus würde ihr mit der Zeit vergeben.

‚Die Hure und der Dieb', dachte sie angewidert. ‚Das ist vorbei.'

Am nächsten Morgen, Gavin hatte schlecht geschlafen und ihn schmerzte jede einzelne Faser seines Körpers, bekam er Besuch von Priamos, der einen Arzt mitbrachte. „Octavian, sieh dir die Frau an. Kannst du noch etwas machen?" Der Angesprochene trat ein, öffnete zuerst ein Fenster, die kühle Morgenluft drang ein und trocknete Gavins Tränen. „Herr, du bist zu gütig", bedankte er sich erneut, doch Priamos winkte ab.

„Hm", machte Octavian. Er zeigte auf die Halswunde und hielt sich die Nase zu. Dann kramte er in einer Tasche und zog einige Gegenstände daraus hervor, die Gavin erneut die Tränen aus den Augen trieben. „Warum, Heiler?"

„Er kann dir nicht antworten, er ist stumm", erklärte Priamos. „Lass ihn seine Arbeit machen, er ist sehr gut darin. Er war Legionsarzt, bis er in Ungnade fiel. Ich weiß nicht warum das so war, es ist auch nicht wichtig für mich. Ich habe ihn gekauft, weil ich einen Arzt im Haus wollte auf den ich mich verlassen kann." Gavin starrte von einem zum anderen, dann blieb sein Blick an Kassandra haften. „Na schön. Wenn du es sagst, Priamos, dann lasse ich ihn gewähren", sagte er matt.

Octavian machte ein Zeichen und Priamos wusste Bescheid, umgehend schickte er einen Sklaven, um ein Kohlebecken zu holen, heißes Wasser und viele saubere Tücher, dann ging er. Das Schauspiel des Ausbrennens wollte er sich nicht antun.

Octavian bat in Gedanken die Götter um Beistand. Er zeigte auf die Beinwunde des Gladiators und bedeutete ihm, den Verband zu entfernen. Auch diese Wunde sah nicht schön aus, aber sie verheilte. Der Arzt machte etwas Salbe darauf und legte einen neuen Verband an, dann schnürte er ihm den Brustkorb neu ein. Gavin war dankbar für die Ablenkung, so musste er nicht an das Kommende denken. Oft genug hatte er das bei anderen gesehen und auch gerochen. Der Gestank und die Schmerzen waren unbeschreiblich.

Endlich kamen Sklaven mit den angeforderten Materialien und Octavian begann sein Handwerk. Gavin schluckte einige Male, um den Kloß in seinem Hals wegzubekommen und auch die Angst, die ihm die Kehle zuschnürte. Der Arzt legte das Brenneisen in die Flamme und dort blieb es bis es rot glühte. Dann wickelte er sich ein Tuch um die Hand, nahm es heraus und wies Gavin an, Kassandra zu halten, denn niemand wusste, wie sie in ihrem derzeitigen Zustand auf den Schmerz des glühenden Eisens reagieren würde. Gavin setzte sich auf sie und hielt sie mit seinem

Gewicht fest. Er drehte ihren Kopf etwas zur Seite, damit Octavian leichter an die Wunde konnte. Es gab ein leises Zischen, als das heiße Metall die Haut traf. Der Gestank war einfach nur widerlich. Verbranntes Fleisch, Schweiß, austretender Eiter und verdampfendes Blut. Gavin würgte, beherrschte sich aber. Das ganze wiederholte der Arzt insgesamt drei Mal, dann war die Wunde sauber, die Ränder schwarz gefärbt, aber es sah so aus, als würde es heilen können. Sie hatte nur ein wenig gestöhnt, sonst aber kein Zeichen gezeigt. Nun strich der Octavian Salbe über die Brandwunde und schlang einen lockeren Verband um ihren Hals. Danach packte er zusammen und ging, ohne auf Gavins Dank zu achten.

Der starrte noch einen Moment auf die geschlossene Tür und wandte sich dann der bewusstlosen Frau zu. Ruhig sagte er: „Wir haben uns nicht gerade viele Freunde geschaffen, Kassandra. Aber Feinde scheinen wir genug zu haben. Wissen die Götter warum das so ist. Te amo – coinux, meine Gattin, ich liebe dich. Bitte, wach auf."

Tullius, der leise eingetreten war, starrte ihn verwundert an. Die hoffnungslose Liebe, die aus dessen Worten sprach, ließ den Gladiator innehalten und machte ihn nachdenklich. Er kannte niemanden für den er so viel empfinden würde, wie Gavin für diese kleine Sklavin. Nun räusperte er sich, er wollte das, für ihn, peinlichen Schauspiel nicht länger ansehen müssen. „Herr, du solltest etwas essen. Der Dominus hat unten ein Frühstück richten lassen. Oder willst du lieber hier bleiben?" Seufzend drehte sich Gavin um, ließ dabei aber Kassandras Hand nicht los. „Ich bin nicht dein Herr, Tullius. Aber wenn du magst, kannst du mir eine Kleinigkeit heraufbringen. Ziegenmilch, etwas Brot und Honig, das reicht." Er klang trostlos und verloren, müde und er sah auch genauso aus. „Gavin, was ist los? Wir müssen wissen, wie es mit uns weitergeht. Überlege es dir – wir sind laut Testament nun deine Sklaven, du kannst mit uns tun und lassen, was du willst." Als Gavin weiter nichts sagte, meinte er seufzend: „Ich hole dein Frühstück, Ziegenmilch, Brot und Honig. Nicht gerade viel für einen Herrn." Kopfschüttelnd ging er davon. Er verstand ihn nicht. Eigentlich sollte er sich über die Freiheit freuen, und darüber, der Herr zu sein. Stattdessen benahm er sich immer eigenartiger, fast zurückgezogen, wortkarger noch als früher. „Myrdin ist wirklich weg", murmelte er als er die Küche betrat. „Petulia bring ihm was zu essen, das was er früher immer hatte." Petulia runzelte die Stirn, dann goss sie Ziegenmilch in einen Krug und schnitt Brot auf, stellte alles auf ein Tablett und ging damit zu Gavin. „Such dir eine Beschäftigung, Tullius, ich will nicht, dass es von uns heißt, wir wären faul", wies sie ihn an. Der verzog hinter ihrem Rücken das Gesicht und äffte sie nach. „Das hab ich gesehen, vergackeiere dich selbst und such dir Arbeit", bemerkte sie in ihrer charmant bissigen Art, und ging vorsichtig weiter.

„Herr, hier ist dein Frühstück. Was habe ich da eben von Tullius gehört? Du willst nicht der Herr sein? Das geht aber nicht, du willst doch nicht gegen den Willen des alten Herrn handeln", sagte sie ungewohnt streng. Sie wagte das aber auch nur deshalb, weil sie ihn seit seiner Ankunft in Ravenna kannte. „Ach, Petulia, es hat doch keinen Sinn. Ich bin Gladiator, allenfalls noch Bauer, aber sonst nichts. Nein, es ist sinnlos." Klirrend stellte die Köchin das Tablett auf einem Tisch ab und ging zu ihm. Unverändert saß er an Kassandras Bett und hielt ihre fiebrige Hand. „Iss jetzt, Herr und überleg es dir noch einmal. Wenn das so weitergeht, dann geht alles was der alte Herr geschaffen hat, den Bach runter, du weißt schon, dann ist nichts mehr da." Zornig sprang er auf und fuhr die ältere Frau an: „Was denkst du dir eigentlich, mit wem du hier sprichst? Ich bin kein dummer Junge, dem man sagen muss, was er zu tun hat, Petulia! Verdammt noch mal! Was soll ich nur machen, wenn sie stirbt? Dann ist alles weg, was Bedeutung für mich hat." Schwer atmend hielt er sich die Seite, jede Anstrengung war zu viel für ihn. Petulia wollte sich am liebsten zurückziehen, aber sie wagte es nicht, sich zu bewegen. Wenn er in solcher Stimmung war, konnte jede falsche Handlung einen handfesten Krach hervorrufen. Doch er beruhigte sich wieder, humpelte zum Tisch und setzte sich auf die Liege. Den Kopf ließ er auf die Hände sinken und er schluchzte eine Weile vor sich hin. Dann schaute er auf und befahl ganz ruhig: „Schick Sextus zu mir." Zitternd nickte Petulia. Jetzt bekam sie es erst recht mit der Angst, denn wenn er ruhig war, konnte er noch gefährlicher sein als im Zorn.

Während er aß überlegte er, was er mit Sextus machen sollte. „Ich bin jetzt der Herr dieser Leute. Oje, was mache ich nur? Kassandra, du kannst mir auch nicht helfen. Aber …" So schnell es ging, stand er auf und rief einem Sklaven zu, seinen Herrn sprechen zu wollen. „Frag ihn, ob er kurz zu mir kommen kann." Der Sklave eilte weg, um den Auftrag auszuführen und Gavin setzte sich wieder an den Tisch. Er aß den Rest auf und fragte sich, ob Priamos für ihn Zeit haben würde. Er hatte, denn er kam bald darauf herein.

„Ah, Octavian hat gute Arbeit geleistet, du siehst auch besser aus. Ich werde ihn dir die nächsten Tage leihen, Gavin. Also, du willst doch etwas von mir?" Mit einer Handbewegung bat er ihn, sich zu setzen. Erst als er es sich auf der Liege bequem gemacht hatte, fragte er: „Herr, ich komme mit meiner neuen Aufgabe nicht wirklich zurecht. Was soll ich mit Sextus machen? Einfach drüber hinwegsehen? Verkaufen?" In einer hilflosen Geste hob er die Arme und ließ den Blick auf dem Anwalt kleben. „Also, an deiner Stelle würde ich ihn auspeitschen lassen und dann die Sache vergessen, auch wenn es nicht einfach werden wird. Solltest du die Gladiatorenschule weiterführen wollen, dann brauchst du erfahrene Gladiatoren und du kannst sagen was du willst, Gavin, dieser Sextus ist ein guter Kämpfer." Darüber dachte er eine Weile nach, dann stand er seufzend auf und humpelte im Zimmer herum. „Ich wollte … verdammt, Herr, ich weiß nicht was ich will, ich weiß nur, was ich sollte und ich mag es nicht."

„Dann kann ich dir auch nicht raten, junger Freund. Behalte erst einmal die Schule, bestrafe den Schuldigen und überlege genau was du tun willst." Nach diesen Worten entstand eine längere Pause, in der Gavin weiter durch das Zimmer wanderte, sich da und dort an den Möbelstücken abstützte und schließlich am offenen Fenster stehen blieb, durch das bereits die Sonne ihre wärmenden Strahlen schickte. „Heute Abend gebe ich eine Gesellschaft – nur wenige geladene Gäste, darunter werden auch Julia und Claudius sein, ich hoffe, du nimmst an der Cena teil. Wir würden uns sehr freuen – ich würde mich freuen." Gavin musste schlucken, als er den beinahe flehentlichen Blick seines Gastgebers bemerkte. „Ich werde da sein, Herr und ich danke dir vielmals für deine Güte. Sobald es geht, werden wir dich von der Last, uns bewirten zu müssen, befreien. Verfüge bitte über meine Sklaven, während unserer Anwesenheit." Nun war es an Priamos zu staunen. Er hatte nicht gedacht, dass der junge Mann so gute Umgangsformen hatte. Gavin schien seine Gedanken zu erraten und deutete die Verblüffung des Gegenübers richtig. „Herr, du hast wohl vergessen, dass ich zwar ein Landei bin, aber keineswegs ein niedriger Pleb, auch wenn ich einige Jahre als Sklave gedient habe – und das durch eigene Schuld."

„Nun, dann brauche ich dir nichts mehr zu erklären. Aber warum bist du Sextus gegenüber so unsicher? Willst du ihn mir überlassen?" Priamos lächelte geheimnisvoll, doch Gavin winkte ab. „Ich danke dir für das Angebot, mir diese Last von den Schultern zu nehmen, aber darum muss ich mich selbst kümmern." Nun lachte Priamos freudlos. „Arm ist der Mann, der sich nicht zu fragen traut. Nun … ich bin ein alter Mann und meine Freunde werden immer jünger und ich suche sie zum Teil unter meinem Niveau. Das Leben wird nicht einfacher. Aber was soll's. Ich gehe jetzt, du kommst gut zurecht." Niemand ahnte, wie einsam er sich manchmal fühlte. Deshalb gab er Gesellschaften und umgab sich mit zahlreichen Menschen, die ihn zumeist langweilten oder weit unter ihm standen und ihm gehorchen mussten. Aber auch das war ermüdend. Seit Jahren suchte er einen Partner, der es mit ihm aushielt, aber dieses Glück war ihm nicht beschieden und nach Heraklion wollte er nicht noch einmal zurück, dort war sein langjähriger Geschäftspartner und Liebhaber gestorben. Danach war er zuerst nach Rom und dann nach Arretium gegangen. Nun hatte ihm das Geschick diesen Mandanten in die Arme gelegt und der war nur an der Frau interessiert. „Schade drum", murmelte er auf dem Gang, straffte die Schultern und ging in sein Büro im Erdgeschoss. Er hatte noch einiges zu erledigen, denn Erbschaftsangelegenheiten und Familienzwiste gab es genug, die sorgten für einen angenehmen Lebensunterhalt und er musste sich wahrlich nicht viel anstrengen, um zu Ergebnissen zu kommen. Meistens genügte es, so zu tun, als wüsste er über alles Bescheid, dann einigten sich die Beteiligten rasch, bezahlten ihn mehr als gut und lobten ihn bis in den Himmel. Erst als es Zeit war, sich für die Cena herzurichten, legte er die Arbeit zur Seite. Es waren zwar keine wirklich dringlichen Angelegenheiten gewesen, aber gut genug zur Ablenkung seiner eigenen Gefühle.

Sextus betrat unsicher Gavins Zimmer. Der saß, ihm den Rücken zugewandt, am Bett der Sklavin. Nervös räusperte er sich und sagte: „Herr, du hast mich rufen lassen." Langsam drehte sich Gavin um und blickte den Gladiator aus harten blauen Augen an. „Ich weiß eigentlich nicht, wie ich dich noch bestrafen soll. Eigentlich ist es Strafe genug, wenn du für mich arbeiten musst und du täglich dein eigenes Versagen vor Augen hast. Ich will von dir nur eines – und zwar einen Loyalitätsbeweis." Sextus blickte auf, damit hatte er nicht gerechnet, eher mit einer harten Auspeitschung oder mit dem Verkauf an ein Landgut, irgend so etwas. „Ja, Herr?", fragte er nun und wunderte sich, wie dieser Loyalitätsbeweis aussehen sollte. „Ich kann Petulia nicht ständig von ihren Pflichten abhalten. Sie muss heute in der Küche helfen, weil der Dominus ein Gastmahl gibt. Du wirst dich um Kassandra kümmern, wirst sie waschen, drehen und ihr die Lippen befeuchten. Du wirst sie so gut behandeln, als wäre sie deine Geliebte. Hast du mich verstanden? Sollte ich etwas anderes bemerken und glaub mir, das werde ich, werde ich mir eine andere Strafe für dich überlegen. Ich lasse dich rufen, wenn ich dich hier brauche." Damit war Sextus entlassen, der noch immer nicht wusste, ob er sich freuen sollte, auf diese Art davongekommen zu sein. Im Sklavenquartier erzählte er den anderen davon. Einige waren sehr erstaunt, doch Rufus meinte: „Ich dachte mir so etwas. Irgendwie ist das schon Gavins Art, nicht wahr. Er war doch schon immer etwas sonderbar, besonders seit Kassandra bei uns ist. Diese weiche Art", er grinste leicht und sagte dann weiter: „Gavin Tettius – er hat sich wohl entschieden, doch unser Herr zu sein."

„Dann wissen wir wenigstens woran wir sind", sagte Ullrik, auch er klang erleichtert.

„Aber wie pflegt man jemanden? Es wäre mir lieber gewesen, wenn er mich auspeitschen lassen hätte", murmelte Sextus. „Das ist schon eine sehr hintersinnige Strafe. Jetzt darfst du dich um seine Gefährtin kümmern, der du das Haar abgeschnitten hast", stichelte Ullrik. Er fand die Strafe höchst angemessen und sehr, sehr hart. „Der Herr wird jeden deiner Handgriffe kontrollieren, das sage ich dir."

„Ja, ja, redet nur. Wenigstens verkauft er mich nicht an ein Bergwerk oder ein Landgut."

„Da hast du auch wieder recht. Aber nun, Männer, lasst uns an die Arbeit gehen. Ich habe dem Gärtner versprochen, wir helfen ihm beim Umsetzen der Sträucher." Damit stand Ullrik auf und scheuchte seine Kameraden ins Peristyl hinaus, wo der Gärtner und seine Gehilfen bereits auf sie warteten.

Am späten Nachmittag ließ Gavin Sextus erneut rufen. „Dein persönlicher Dienst an meiner Gefährtin beginnt jetzt. Sorge für sie, als wenn ihr Leben deins wäre – vielleicht ist es das auch. Wenn etwas ist, ich bin im Bad." Sanft küsste er Kassandras trockene Lippen und stellte dabei fest, dass sie sich weniger heiß anfühlte als noch am Vormittag. Aber ihm gefiel nicht, dass sie immer dünner wurde. Ihr Gesicht, von jeher schmal, wirkte eingefallen und knochig, ebenso die Hände, blau schimmerten die Adern durch die Haut. „Sextus wird sich um dich kümmern, während ich der Einladung des Hausherrn folge leiste. Hab keine Angst, niemand wird dir jemals wieder etwas antun." Entschlossen wandte er sich ab, nahm den Beutel mit den Waschutensilien und ging.

Ein Diener brachte ihn in die Therme, die im hinteren Bereich des Hauses lag. Sie war klein und fein ausgestattet mit Fließwasser und Fußbodenheizung. Er hängte seine schmutzigen Sachen an einen Haken, derer sich sofort ein Diener annahm und sie in die Wäscherei brachte, und wusch sich ordentlich, danach nahm er eine gründliche Rasur vor, was einige Zeit in Anspruch nahm. Anschließend bat er einen Sklaven, ihm das Haar zu schneiden. Erst als das alles geschehen und er mit frischem, kaltem Wasser abgeduscht war, betrat er das Tepidarium. Hier war es angenehm temperiert und er freute sich auf das warme Wasser des Bassins. Vorsichtig stieg er hinein und tauchte unter. Die entspannende Wirkung des warmen Wassers trat fast sofort ein. Er ließ sich auf einer an der Beckenwand eingelassenen Bank nieder und schloss die Augen. So friedvoll hatte er seine Umgebung schon lange nicht mehr wahrgenommen. Der harte Zug in seinem Gesicht verschwand, was ihn jünger wirken ließ als er tatsächlich war. Gerade träumte er sich eine angenehme Zukunft als er jemanden eintreten hörte. Erschrocken schaute er auf, entspannte sich aber wieder, denn es war der Hausherr, der sich zu ihm gesellte. „Wie schön, dass du die Therme nutzt, Gavin", sagte er, entledigte sich des Tuchs, das er um die schmale Hüfte geschlungen hatte und stieg ins Wasser. Mit kräftigen Zügen schwamm er einige Längen, das Becken war lang und tief genug dafür, danach setzte er sich zu ihm an den Rand. Wie beiläufig berührte er ihn an der Schulter und ließ seine Hand dann abwärts wandern, ganz sacht kam sie auf Gavins Oberschenkel zu liegen. Der wusste zunächst nicht wie er reagieren sollte und ließ den Anwalt vorerst gewähren. Doch der tat nichts weiter, lächelte nur stumm vor sich hin und genoss die Berührung. Lange war es her, dass er es gewagt hatte, einen ebenbürtigen Mann anzufassen. Wenn er genauer darüber nachdachte, waren es sieben Jahre, seit sein Geschäfts- und Lebenspartner gestorben war und er kurz darauf Heraklion verlassen hatte. Seither lebte er allein und verschaffte sich nur ab und zu Erleichterung bei käuflichen Jungs, aber das war nicht das Gleiche. Von den Sklaven ließ er tunlichst die Finger, er wollte in seinem Haus keine bösen Zungen und schon gar keine Eifersüchteleien. Es war zwar nicht verpönt, was er tat, seine Fixierung einzig auf Männer, war aber auch nicht ganz alltäglich.

Gavin blieb stumm. Noch nie war er so von einem anderen Mann berührt worden. Es war sonderbar, aber nicht abstoßend, wie er zuerst gemeint hatte. Doch Priamos tat nichts weiter. Plötzlich nahm er die Hand weg und sagte: „Komm, lass uns rausgehen, du bist schon ganz verschrumpelt. Ich habe eine gute Salbe für deinen Rücken." Behände kletterte Priamos über den Rand und Gavin folgte langsamer über die Stufen. Der Hausherr wies ihm eine Liege an. „Leg dich hierhin, ich werde dir jetzt etwas Entspannung verschaffen." Es war so unzweifelhaft missverständlich, dass Gavin im ersten Augenblick zurückweichen wollte. Da wurde sich Priamos bewusst, was er gesagt hatte und er korrigierte sich: „Ich meine, ich werde deinen Rücken behandeln, nichts weiter. Du brauchst vor mir keine Angst zu haben." Nervös lachte er auf. „Für mehr fehlt uns auch die Zeit, denn in Kürze werden die Gäste eintreffen und wir müssen uns noch anziehen. Aber den Rücken werde ich dir salben."

„Habe ich dich beleidigt? Das lag nicht in meiner Absicht", stotterte Gavin unsicher, doch er legte sich jetzt ruhig auf den Bauch und wartete. Priamos langte in eine Wandnische und entnahm ihr einen Tiegel mit Ringelblumensalbe. Ganz sanft trocknete er zuerst Gavins Rücken und begann dann die Salbe zu verteilen. Vorsichtig umging er die noch nicht geschlossenen Wunden und Gavin fühlte sich immer gelöster. Einige Male seufzte er wohlig auf, beinahe wäre er eingeschlafen, da hörte Priamos auf und sagte: „Leider müssen wir jetzt los, Ganymed hat bereits hereingeschaut. Er hat die Anweisung, mich rechtzeitig zu informieren, damit ich nicht zu spät zu meiner eigenen Feier komme." Er klang nun wieder befangen. Beim Massieren hatte er leise von seinen Fällen berichtet und dem Leben auf Kreta, das ganz anders als hier gewesen war. In Rom war alles strenger, hierarchischer. „Ich vermisse das Meer", hatte er gesagt, aber Gavin war sicher, dass er etwas anderes gemeint hatte, traute sich aber nicht zu fragen, um die Stimmung nicht zu brechen.

Priamos hatte für Gavin frische Kleidung bereitlegen lassen. Nun stand kein Gladiator mehr vor ihm, sondern ein junger Patrizier, der sich eben mit den Schnürungen an den Sandalen abmühte. „Du siehst gut aus, Gavin, eine Zierde ..." Rot werdend brach er ab und wandte sich an den Sklaven, der ihm die Toga reichte. „Gib sie meinem jungen Freund hier. Er darf sie heute in meinem Haus tragen. Bitte, Gavin, mir zu Ehren, tu mir den Gefallen." Nun war es an dem Jüngeren rot zu werden. Noch nie war er so edel gekleidet gewesen. In seines Vaters Haus hatte er zumeist die alten Sachen der Brüder getragen, nur wenn sie in den Tempel gingen, trug er die feine Tunika. Aber an eine Toga hatte er nicht einmal in seinen kühnsten Träumen zu denken gewagt. Selbst als er alt genug dafür war, hatte er keine bekommen.

„Ja, eine Zierde, Gavin", flüsterte Priamos erneut. Dann nahm er die Palla, die ihm lieber war als die längere Toga, und ging voraus.

Julia und Claudius hatten sich ebenfalls für die Cena fein gemacht. Sie waren froh, dass Gavin so weit wiederhergestellt war, dass er an Gesellschaften teilnehmen konnte. Claudius wollte diesen Abend mit ihm über das Geschäft sprechen, auch wenn Lydia noch ein gewichtiges Wort mitzureden hatte. Aber sie war nicht da und so musste er es mit Gavin abmachen, schließlich war auch dessen Anwalt anwesend. Julia ihrerseits, wusste nicht wie sie Gavin gegenübertreten sollte. Seit einigen Jahren hatten sie zu bestimmten Zeiten einige schöne Stunden verbracht und das war nun zu Ende. Er war jetzt Herr der Gladiatorenschule Atticus und bekleidete damit einen völlig neuen Status. ‚Ich weiß zu wenig von ihm', dachte sie. ‚Nie erzählte er von sich. Aber ich bin froh, mich nicht getäuscht zu haben. Er ist kein Mörder.' Liebevoll blickte sie Claudius an, der ihr aus der Sänfte half und sie zum Portal des Hauses Lucullus geleitete. Der Portier empfing sie und wies sie an einen Sklaven weiter, der sie in den Speisesaal führte. Beide kannten den Weg, aber hier hielt sich jeder ans Protokoll. Erst als sie ihre Plätze eingenommen hatten, ging er und holte die nächsten Gäste. Es waren nicht viele. Lediglich sie selbst, Calpurnia und ihre Schwester, sowie Theodorus Julius Crassus und dessen Gattin Sepia waren erschienen. Dann war da noch jemand, den sie nicht kannten, ihnen aber als Vertreter der Keramikarbeiter vorgestellt wurde, sein Name war Tiberius und er schien sich nicht sehr wohl zu fühlen. Doch Calpurnia plauderte ganz ungezwungen mit ihm und so verlor der Mann nach und nach seine Scheu vor der Gesellschaft und er redete über seine Arbeit. Eine Weile wurde über die Manufakturen und die Schwierigkeiten der Arbeiter geredet, dann kamen Priamos und Gavin. Das Mahl begann. Nach der Vorspeise sprach Priamos die ersten Worte an alle Gäste. „Verehrte Freunde, liebe Gäste. Es ist mir eine Ehre, euch heute bei mir zu haben. Ja, das ist es tatsächlich. Heute Abend können wir nicht nur die Genesung meines jungen Freundes hier feiern, sondern uns auch über wesentliche Dinge des Lebens in unserer schönen und wohlhabenden Stadt unterhalten, wie unser Freund Tiberius sicher bestätigen wird können. Theodorus hat dazu wahrscheinlich auch einiges zu sagen. Aber, liebe Freunde, lasst uns erst das Mahl genießen und uns dann den anderen wichtigen Dingen zuwenden, denn ehrlich gesagt, ich bin heute schon mehr als hungrig." Sklaven trugen voll beladene Tabletts herein und leere wieder hinaus, andere schenkten den Gästen Wein nach oder auch Wasser, wonach ihnen der Sinn stand. Hinter Gavin stand Tullius und passte auf, dass er sich nicht überanstrengte. Mit Claudius führte er eben ein angeregtes Gespräch über den Handel mit Keramik und ob Lydia mitspielen würde, da polterte es plötzlich an der Tür. Alle Gespräche verstummten, als Sextus kreidebleich in der Tür stand. „Herr! Sie ... ist ... sie ... war ..."

„Was ist los Sextus? Warum störst du hier?", fragte Gavin streng.

„Sie ..., Herr ... du hast doch gesagt, ich ... sie ..." Jetzt erst kapierte Gavin. Er hatte sich so wohlgefühlt, dass er Kassandra für einige Zeit vergessen hatte. Nun wandte er sich an den Gastgeber: „Ich muss nachsehen, ich hoffe, du verstehst das Priamos, und verzeihst, dass ich deine Tafel verlasse." Priamos schaute von Sextus zu Gavin, der ihn ängstlich anblickte. So nickte er lediglich und wandte sich dann bewusst einem anderen Gesprächspartner zu. Sextus war schon vorgelaufen, er wollte nicht mehr Zeit verlieren, in weiser Vorausschau hatte er einen anderen Sklaven gebeten, den Arzt zu holen. Jetzt stand er am Bett und deckte sie eben vollständig zu.

„NEIN!", brüllte Gavin, der das sah. „Nein, nein!" Er packte Sextus am Ausschnitt seiner Tunika und zog ihn zu sich heran. Der Gladiator wehrte sich nicht dagegen, er selbst war noch geschockt. Ihr Bild als sie starb, war noch lebendig in ihm, deshalb brachte er auch keinen Satz heraus. Er war neben ihr gesessen und hatte gedöst, da hörte er plötzlich, wie sie tief Luft holte. Noch bevor er reagieren konnte, hatte sie seine Hand gepackt und sie starrte aus großen, glasigen Augen an die Decke. Da war er panisch geworden. So etwas hatte er noch nie gesehen und er hatte um Hilfe gerufen. Es hatte einige Zeit gedauert, in der ihre Hände sich um seine krampften, bis ein Sklave seine Rufe hörte. Selbst jetzt sah er die Abdrücke noch, die langsam verblassten, aber in der Erinnerung fest bleiben würden. Den Sklaven hatte er um den Arzt geschickt und erst als der gekommen war, wagte er es, die Hand zu lösen und zum Herrn zu laufen.

Diesen starren Blick würde er sein Leben lang nicht mehr vergessen, zu schauerlich war ihr Ausdruck gewesen. Sie hatte ihn angestarrt, gelächelt, irgendetwas gemurmelt, dann noch einmal tief geatmet, es war beinahe ein erleichtertes Seufzen gewesen, dann – nichts mehr.

„Ich schwöre dir, Herr ...", begann Sextus, aber er brachte kein Wort mehr heraus. Immer wieder versuchte er es. Da ließ ihn Gavin los und ging zum Bett. Er nahm die Decke fort und küsste Kassandra auf die Stirn. „Es tut mir leid, nicht besser für dich gesorgt zu haben. Nun ist es vorbei", murmelte er. Dann sank er neben dem Bett zu Boden und vergrub den Kopf in den Händen. Hemmungslos begann er zu schluchzen, dazwischen rief er immer wieder: „Das kann es doch nicht gewesen sein? Götter, warum verlangt ihr ein Gottesurteil und dann lasst ihr sie sterben? Was seid ihr nur für Götter, wenn ihr unschuldiges Leben nehmt? Wolltet ihr noch ein Opfer? Ist nicht bereits genug Blut geflossen?"

Er fühlte eine Berührung an der Schulter und wollte die tröstende Hand wegschieben, doch sie blieb wo sie war. Dann merkte er, wie jemand neben ihm in die Hocke ging und ihn in den Arm nahm.

Kurze Zeit später hörten sie im Speisezimmer einen lauten Schrei, der von oben kam. Priamos sprang auf und lief hinaus, einige Gäste folgten ihm neugierig. Eilig stieg er die Treppe hoch und fand Gavin neben dem Bett zusammengesunken. Octavian schüttelte verneinend den Kopf und ging hinaus.

„Geht alle hinaus. Julia, sei so nett und kümmere dich um die Gäste. Ich komme, sobald es geht." Priamos sprach leise, aber bestimmt und bald war niemand mehr im Raum außer Gavin, der am Boden kauerte und von Priamos gehalten wurde. Lange saßen sie so, schwiegen, und Priamos fühlte sich an die Trauer um seinen toten Freund erinnert. Damals hatte ihm seine Gattin etwas Trost spenden können, aber auch ihr war es nicht geglückt und so hatten sie sich voneinander entfernt. Kurze Zeit später war er nach Rom gegangen und nun saß er hier mit diesem Freigelassenen auf dem Boden seiner Villa in Arretium und konnte seine eigenen Dämonen nur schwer beherrschen.

„Was mach ich nur, was mach ich jetzt nur?", schluchzte Gavin an der Schulter des Mannes, den er kaum kannte. „Alle sind tot!" Zornig riss er sich los und stieß die Fäuste in die Luft. „Götter! Wenn es euch gibt, warum tut ihr das? Warum? Warum? Was hat sie euch getan? Gebt sie mir wieder!" Priamos stand auf und hielt den Tobenden fest, der begonnen hatte, die Möbelstücke durch den Raum zu werfen. „Hör auf, Gavin, hör auf! Das bringt sie dir nicht wieder." Er sprach leise, aber eindringlich und führte ihn zu einer Bank. Darauf drückte er ihn und setzte sich neben ihn. „Sie war bereits tot als sie in den Gerichtssaal gebracht wurde. Hast du das nicht bemerkt?" Gavin schüttelte verneinend den Kopf, er sah den Anwalt aus tränenblinden Augen an und hörte zu: „Ich denke, sie wollte nicht mehr leben, deshalb hat sie sich auch schuldig bekannt. Aber sie wollte, dass du lebst. Du sollst leben, Gavin, du hast etwas, wofür es sich lohnt zu leben." Gavin wurde abermals zornig und riss sich von ihm los. Schon wollte er abermals durch das Zimmer wüten, da sprang Priamos neuerlich hinzu: „Nicht mit meinen Möbeln, junger Mann! Tobe deinen Zorn nicht in meinem Haus aus und nicht auf diese Art und Weise!" Für Gavin war es wie eine kalte Dusche und er kam zur Besinnung. Beschämt stellte er den Hocker an seinen Platz zurück und setzte sich. „Ich kann verstehen, dass du zornig bist. Du hast dir die schönsten Zukunftsbilder ausgemalt, jetzt wo du die Freiheit, die wirkliche Freiheit wiedererlangt hast und dann passiert so etwas. Mein Lieber, das ist das Leben. Es geht nicht so wie du es gerne hättest, auch wenn du es dir noch so sehr wünschst. Die Götter haben darauf, wenn überhaupt, nur sehr wenig Einfluss. Sieh her. Sieh mich an, Gavin. Ich habe dir noch etwas zu sagen." Gavin wandte sein Gesicht Priamos zu, der ihn aus ernsten grauen Augen anschaute und eben sagte: „Ich werde dir einen Gefallen tun. Du wirst keine Sklavin verabschieden, sondern eine Liberta. Noch jetzt werde ich die nötigen Papiere schreiben, dann kannst du sie als Mensch, reg dich nicht auf, aber so ist das eben hier und es wäre dir auch nicht anders ergangen, wenn du nicht freigelassen worden wärst, einäschern lassen." Es dauerte einige Zeit bis Gavin begriff, was das bedeutete. „Danke, Priamos, vielen Dank, dann kann ich sie …", erneut schluchzend, warf er sich dem älteren Mann an die Brust. Noch nie hatte er sich so gehen lassen in Anwesenheit eines anderen Mannes, aber Priamos hatte etwas an sich, das ihn alle Vorsicht fallen lassen ließ. „Komm, hör auf zu heulen, wie ein Trauerweib und lass die Frauen ihre Arbeit machen, ich gebe gleich die entsprechenden Anweisungen. Danach kannst du dich in Ruhe von ihr verabschieden. Ich bereite inzwischen alles für die Verbrennung vor." Gavin fuhr sich mit dem Handrücken über die Augen, dann wurde er sich bewusst, dass er noch immer an den Körper des Mannes gedrückt dastand. Rasch trat er zur Seite und blickte betreten zu Boden. „Es tut mir leid, Priamos, du bist sehr gütig und ich unbeherrscht. Du hast Recht, ich bin kein Klageweib."

„Das ist schon in Ordnung, so lange du es nicht an die Tempelmauern schreibst. Wasch dir das Gesicht und komm dann in mein Büro." Priamos hatte mit einem Mal das Gefühl, Gavin schon seit ewigen Zeiten zu kennen und genauso redete er nun mit ihm. Er ließ dem Trauernden noch eine Weile, um sich zu beruhigen, dann schickte er einige Frauen her, die Kassandra für die Verbrennung herrichten sollten. Er stellte ihnen dafür auch ein feines Gewand zur Verfügung. Gavins Gattin sollte nicht ärmlich in den Hades eingehen. Dann gab er dem Hausverwalter den Befehl, die Tafel in seinem Namen aufzulösen. Er selbst hielt sich nicht damit auf, sich neuerlich von den Gästen zu verabschieden, sondern ging ins Büro, um die nötigen Papiere auszustellen, wobei er beim Datum der Freilassung schummelte.

Gavin atmete tief durch und ging noch einmal zu Kassandras Leiche. Genau betrachtete er sie nun und er erkannte an ihrer ausgemergelten Gestalt, dass sie nie eine Möglichkeit hatte, diese Torturen zu überleben. „Du hast dich für mich geopfert, zumindest wolltest du es. Deine Kraft hat mir das Leben ermöglicht. Kann ich ohne dich weiterleben? Soll ich es überhaupt versuchen?", fragte er und wusste tief im Inneren, dass er es würde. Abermals seufzte er, dann redete er leise weiter: „Ich bin sicher, dort wo du jetzt bist, hast du es schöner. Ich habe dich geliebt, obwohl du es nie glauben wolltest." So redete er eine Weile mit ihr, weil er dachte, sie würde ihn noch hören. Aber nicht nur deswegen, es tat ihm gut, seine Gefühle zu äußern und zu formulieren, damit sie ihn nicht überrannten und zu unüberlegten Handlungen verführten. „Weißt du, Kassandra, Priamos schreibt eben deine Freilassung, du bist nicht als Sklavin gestorben und du wirst als freie Frau verbrannt werden, du kannst also in die elysischen Gefilde eingehen. Ich bin sicher, dass dort bereits ein Platz für dich vorbereitet ist und sie dich mit Freuden erwarten. Solltest du Marcus treffen, dann richte ihm meine Grüße und meinen Dank aus. Ja … ich komme dann später noch einmal zu dir, jetzt werden erst einmal die Klageweiber kommen und dich herrichten." Mit einer Mischung aus Widerstreben und Erleichterung machte er den drei Frauen Platz, die nun erschienen und laut Klagelieder sangen. Eine räucherte mit Weihrauch die Kammer aus, eine andere stellte eine Waschschüssel ab und die Dritte trug die Kleidung. Gavin wusste, er war nun nicht mehr erwünscht und so ließ er sich von einem Sklaven den Weg ins Büro des Hausherrn weisen.

Langsam stieg er die breite Treppe hinab, durchschritt das Atrium und dann betrat er durch eine Tür einen schmalen Gang, der von kleinen Öllampen erhellt war. Eine Tür führte in ein weiteres kleineres Atrium, und dort stand auf einer Steintafel neben einer schön geschnitzten Tür: „Priamos Lucullus, advocatus" Der Sklave klopfte kurz, öffnete und führte Gavin ins Innere, dann ging er davon.

Priamos stand auf, ging langsam auf Gavin zu, der nur drei Schritte hinter der Tür stehen geblieben war und sich nicht mehr bewegen konnte. „Es ist alles so unwirklich", flüsterte er. „Eigentlich wollte ich alles verkaufen und mit Kassandra von vorne beginnen. So wie es nun aussieht, weiß ich nicht, was ich machen soll." Sanft, aber bestimmt führte ihn Priamos weiter ins Büro und drückte ihn auf einen Stuhl, dann setzte er sich ihm gegenüber, wobei er seine Hände hielt und ihn unverwandt anblickte. „Ich habe alles fertig, mein junger Freund. Jetzt konnte ich für sie auch noch etwas tun. Aber du machst mir jetzt Kummer." Gavin blickte auf seine Knie, dann auf die breiten Hände, die in den feinen des Anwalts ruhten und wieder zurück in das schmale Gesicht ihm gegenüber, aus dem ihn graue Augen musterten. Der nächste Atemzug war tief und schwer und verbarg einen Schluchzer. Dann schüttelte Gavin den Kopf. „Du musst dir keine Sorgen machen, Priamos." Die grauen Augen sahen ihn unverwandt an, Gavin hatte das Gefühl in diesen warmen Blick hineingezogen zu werden und darin zu versinken. „Dann ist es gut", flüsterte Priamos wobei er sich ein wenig mehr vorbeugte und dann ganz unvermittelt, er wusste selbst nicht, was ihn überkam, küsste er Gavin auf den Mund. Es war keineswegs ein harmloser, keuscher Kuss, den Gavin erschrocken annahm. Als er sich dessen bewusst wurde, wich Priamos zurück und sprang auf. Geschäftig verschanzte er sich hinter dem Schreibtisch und kramte in den Papieren. Dabei stieß er das Tintenfass um und der Inhalt breitete sich über den Tisch aus, bildete eine Lache, die langsam zu Boden tropfte. Priamos starrte blind darauf. „Priamos." Es kam keine Reaktion. „Priamos!", wiederholte Gavin lauter, dann rief er: „Priamos, es ist in Ordnung! Wirklich. Mach dir keine Sorgen." Als der andere noch immer auf die Pfütze aus Tinte starrte, stand Gavin auf und humpelte um den

Tisch herum. Nun war es an ihm, den Älteren zu umarmen. „Es ist in Ordnung", sagte er abermals, leiser diesmal.

„Du bist in Trauer, ich sollte dich in Ruhe lassen und dich nicht mit meinen Gefühlen langweilen. Ich … ich … werde dir ein anderes Zimmer richten lassen", sagte Priamos schließlich heiser. Gavin merkte, der andere hatte wieder nicht das gesagt, was er eigentlich wollte, beließ es aber dabei, zu viele eigene Gedanken schwirrten in seinem Kopf herum. „Ich danke dir abermals, Priamos."

„Am besten, du gehst jetzt zur Ruhe, Gavin, bevor du … mir hier zusammenklappst. Nimm heute Nacht mein Schlafzimmer, es ist schon spät und ich will die Sklaven jetzt nicht durch die Gegend hetzen. Sieh nur, wie dunkel es geworden ist." Zusammen verließen sie das Büro, Priamos löschte das Licht, nur eine kleine Öllampe ließ er brennen, die nahm er mit, damit sie sich in dem engen Gang zurechtfanden. Auch hier löschte er alle Lampen. Als sie vor der Tür seines Zimmers standen sagte er: „Bona nox, Gavin. Vielleicht reden wir in einigen Tagen noch einmal darüber. Aber heute nicht mehr, du bist müde und ich auch."

„Gute Nacht, Priamos. Ich …" Doch der Ältere winkte ab und verschwand in der Dunkelheit des Gangs. Gavin legte sich dankbar in das Bett des Gastgebers.

Julia war schockiert über die neuesten Ereignisse. „Was das dem armen Gavin antun wird", sagte sie, als sie zuhause angekommen waren. „Er wirkte direkt entspannt beim Essen. Schade, dass das nun noch passieren musste."

„Ja und ich wollte mit ihm über das Geschäft sprechen. Jeder Tag der vergeht, spielt Primus Felix in die Hände." Sie lagen bereits im Bett. Claudius spielte mit ihrem Haar während er redete, hob einzelne Strähnen hoch und wickelte sie um seine Finger, dann ließ er sie los und machte es ebenso bei einer anderen Strähne. „Vielleicht verkauft er alles. Ach, was weiß ich. … Claudius, hör bitte auf damit, das ziept." Er war so in Gedanken versunken gewesen, deshalb hatte er fester gezogen, als er wollte. „Oh, entschuldige, meine Liebe, ich wollte dir nicht wehtun. … Wenn er alles verkauft … ich muss mir morgen Früh gleich unsere Verhältnisse ansehen. Aber ich fürchte, das werden wir uns nicht leisten können. Außerdem muss ich dringend in die Manufaktur. Ich weiß nicht, was mit den Arbeitern schon wieder los ist. Warum die so unzufrieden sind, ist mir ein Rätsel. Ich dachte, das hätte wir alles hinlänglich geklärt." Julia gähnte, seit dem frühen Morgen war sie auf den Beinen und hatte die Großreinigung der Zimmer überwacht. Sie wusste, das war eigentlich nicht notwendig, aber so kam sie sich nützlicher vor. „Ich komme mit, wenn es dir nichts ausmacht." Sie kuschelte sich etwas enger an ihn und schloss dann die Augen. „Hattest du nicht vor, morgen mit Calpurnia in die Frauentherme zu gehen?"

„Ja, richtig. Das kann ich wohl nicht verschieben, es ist wichtig und betrifft vielleicht auch die Manufaktur. Danke, dass du mich daran erinnert hast." Er strich ihr durchs Haar und flüsterte ihr leise, Liebesworte ins Ohr. Julia lächelte, aber sie war zu müde, um zu reagieren. Bald darauf schlief sie ein. Nur Claudius quälten Sorgen wegen der Manufaktur. Das Landgut lief fast von allein, aber seit Primus Felix ein Auge auf sein Geschäft geworfen hatte, schien es nicht mehr so gut zu gehen. ‚Ich werde sicher nicht an dich verkaufen, eher brenne ich es ab', dachte er bitter.

Während die beiden im Bett lagen und schliefen, spielte sich am Stadtrand ein Drama ab.

Drei Manufakturen brannten bereits lichterloh, mehrere Wohnhäuser waren ebenfalls ein Opfer der Flammen geworden. Die Feuerwehr betrieb nur noch Schadensbegrenzung. Jammernde Menschen standen im roten Schein des Feuers und sahen fassungslos zu, wie alles, was sie hatten, niederbrannte. Viele Sklaven, die in den Elendsquartieren eingeschlossen waren, verbrannten hilflos, man hörte ihre Schreie, denn durch das Krachen und Splittern des Holzes waren viele noch erwacht, bevor sie am Rauch ersticken konnten. Die Feuerwehrmänner machten sich nicht die Mühe, sie zu befreien, sie hatten genug damit zu tun, das Feuer auf die drei Brandherde zu beschränken. Erst im Morgengrauen zeigte sich das wahre Ausmaß des Unglücks. Boten wurden ausgeschickt, um die Besitzer der Brandruinen zu informieren. Einer davon war Primus Felix, der andere hieß Claudius Lucius.

Die Polizei war bereits vor Ort und befragte die ehemaligen Bewohner der Zinshäuser. Normalerweise wurde nicht so ein Aufwand betrieben, wenn hier ein Gebäude einstürzte, aber diesmal war an verschiedenen Stellen Feuer ausgebrochen, was verdächtig wirkte. Auch waren an die hundert Sklaven in der Flammenhölle umgekommen und die aufständischen Arbeiter hatten mit schwerwiegenden Maßnahmen gedroht, sollten keine Änderungen ihrer Verhältnisse eintreten. So war nun die Polizei auf den Plan getreten. Auch Horatio Maximus war informiert worden und saß bereits dienstbeflissen in seinen Amtsräumen und wartete auf die ersten Berichte, die nicht lange auf sich warten ließen.

„Alle meine Bemühungen waren umsonst", polterte Claudius Lucius, dessen erster Weg in Horatios Büro geführt hatte, nachdem er die Nachricht erhalten hatte. Umgehend beendete er das Frühstück und war, ohne sich umzukleiden, in die Innenstadt geeilt. Erst nach dem Gespräch mit Horatio wollte er zu der Brandstelle gehen. „Wer brennt denn meine Fabrik ab?" Zornig rannte er herum, fuchtelte wild mit den Armen und machte Horatio nervös, der mit dem Gänsekiel auf die Tischplatte klopfte. „Hör auf und setz dich hin, Claudius! Ich weiß noch nicht genau, was da letzte Nacht los war. Es ist auf jeden Fall ein Glück, dass nicht noch mehr passiert ist. Die meisten Leute konnten sich retten, einige sind in den Flammen umgekommen, andere wurden unter den einstürzenden Häusern begraben. Wir brauchen nicht zu hoffen, noch jemanden retten zu können. Willst du die Gebäude wieder aufbauen?" Doch bevor Claudius etwas sagen konnte, stürmte Primus Felix herein. Er war noch röter im Gesicht als sonst.

„Was soll das heißen, meine Fabrik ist abgebrannt? Horatio! Was ist nur los mit dieser Stadt? Aufstände, Brände, Morde, die keine sind!", donnerte er und schlug zur Untermalung seiner Worte mit der Faust auf den Tisch. „Wer ist der Schuldige?" Er wandte sich an Claudius und fuhr feindselig fort: „Etwa der da? Ich mag ihn zwar nicht, aber dazu würde er sich nicht herablassen!" Claudius Mund öffnete und schloss sich automatisch, aber er brachte vor Verblüffung kein Wort heraus. „Na, ist ja auch gleichgültig. Ich bin nur froh, dass Deciderius bereits auf dem Weg nach Capua ist." Er hatte kaum zu Ende geredet als ein Wachmann zögernd eintrat. Die laute Stimme von Primus Felix war weithin zu hören gewesen und der Mann hatte eine unangenehme Pflicht zu erfüllen, nun wurde sie noch unerträglicher. Mit gespieltem Eifer trat er zu Horatio Maximus und flüsterte ihm etwas ins Ohr. Der sprang entrüstet auf. „Was sagst du da, du jämmerliche Gestalt? Weißt du, was du da behauptest?"

„Natürlich, Herr, ich komme doch nicht her, ohne dass ich es beweisen könnte!" Nun war es an dem Wachmann, empört zu sein. „Wir haben ihn unweit eines Brandherdes entdeckt. Ich weiß nicht, Herr, soviel Dummheit, das muss eigentlich bestraft werden. Noch dazu wo so viel zerstört wurde." Horatio nickte bedächtig und richtete seine Aufmerksamkeit vom Wachmann auf Primus Felix, der noch immer entrüstet durch den Raum stapfte. Claudius Lucius saß stumm auf einer Bank und hielt die Hände über den Knien verschränkt. Er wirkte niedergeschlagen, beinahe erdrückt, so als wären seine Wünsche alle zerschlagen worden.

„Bring ihn herein", befahl Horatio schließlich, woraufhin sich der Wachmann eilig auf den Weg machte und kurz darauf mit einem den Anwesenden wohlbekannten Mann zurückkam. „Deciderius!", rief Primus Felix entsetzt als er seinen rußgeschwärzten Sohn betrachtete. „Wie konntest du nur so dumm sein, unsere eigene Fabrik abzufackeln?" Zornig ging er auf seinen Sohn zu und verpasste ihm eine schallende Ohrfeige. Deciderius sah zu Boden. Alles lief schief, seit er auf Cornelia gehört hatte und innerlich gegen die Oberhoheit des Vaters aufbegehrt hatte.

„Zeige wenigstens etwas Würde, wenn man dich schon dabei erwischt, wie du die eigene Familie ruinierst und sieh mir in die Augen! Hast du das angestellt?" Doch Deciderius blickte weiterhin zu Boden. Sein Auftrag war gewesen, nach Capua zu gehen und er hatte sich nicht daran gehalten aus Wut über den Vater, der ihm das hohe Amt ausgeredet hatte, zu dem er sich berufen fühlte. Nun würden sich alle Träume im Wind zerschlagen.

„Horatio, ich will das innerhalb der Familie regeln. Schließlich bin ich davon betroffen!", forderte Primus Felix. Doch Horatio schüttelte bedauernd den Kopf: „Das geht leider nicht. Nicht bei so einem großen Schaden. Es sind zahlreiche Leute ums Leben gekommen, von den Sklaven gar nicht zu reden. Junger Mann, du hast es billigend in Kauf genommen, dass Menschen zu Schaden kamen!" Horatio baute sich vor Deciderius Felix auf und hielt ihm eine Standpauke. „Du weißt hoffentlich was jetzt auf dich zukommen wird. Es ist besser, du gestehst sofort, dann können wir dir und deinem Vater die Peinlichkeit eines öffentlichen Prozesses ersparen. Was wolltest du eigentlich damit bezwecken?" Die Antwort, die er dann bekam, war ausführlich und beschönigte nichts an seinen Beweggründen.

11. Animo deficio – Den Mut verloren

Priamos wanderte lange schlaflos in seinem Haus. Er hatte keinen Plan, nur eine unendliche Sehnsucht trieb ihn weiter. „Venus, warum tust du mir das in meinem Alter noch einmal an? Du schickst diesen jungen Mann in mein Leben, was soll das? Venus, versuch nicht, mir einen Streich zu spielen!" In stummer Verzweiflung rang er mit sich. Er ging lange von einem leeren Raum zum nächsten und versuchte, einen klaren Gedanken zu fassen. Schon bei seinem ersten Zusammentreffen mit Gavin war er von ihm angetan gewesen und das hatte weniger etwas mit seiner Erscheinung zu tun, sondern vielmehr mit seinen Reden. Er war nicht unterwürfig, gab sich nicht hin und auch nicht nach. Das war selten. ‚Vielleicht zieht gerade dies mich zu dir, Gavin. Ich wünschte, ich hätte dich nie gesehen', dachte er in den frühen Morgenstunden. Müde saß er im Büro, den Kopf auf den Schreibtisch gebettet, so fand ihn schließlich Andrea, sein Schreiber. „Herr, es tut dir nicht gut, wenn du die ganze Nacht arbeitest", sagte er vorwurfsvoll. Jeder mochte Priamos, auch wenn seine scharfe

Zunge gefürchtet war. „Ich bin wohl hier eingenickt", sagte er rasch, stand auf und ging hinüber ins Haupthaus. Im Speiseraum fand er Gavin, der lustlos vor dem gedeckten Tisch saß und ebenso müde aussah wie er selbst.

Gavin hatte auch nicht viel geschlafen. In ihm herrschte ein Gefühls-aufruhr, den er sich nicht erklären konnte. Da war einerseits die Trauer um Kassandra, um Marcus und das warme Empfinden für Priamos. Es war alles so verwirrend, dazu kam, dass er jetzt der Herr über eine große Anzahl von Leuten war, die auf seine Anweisungen warteten und geführt werden wollten. Auch die Angst vor der Verantwortung plagten ihn. Noch nie hatte er so viel Verantwortung zu tragen gehabt und er wusste nicht, ob er das konnte oder wollte. Dann machte er sich immer wieder Gedanken darum, ob Kassandra noch leben würde, wenn er nicht in die Therme gegangen wäre. Diese Selbstvorwürfe plagten ihn am meisten, denn dort hatte er keinen Gedanken an sie verschwendet, sich einzig dem eigenen Wohlbefinden hingegeben. Am schlimmsten aber empfand er diese unbestimmte Angst, die tief in ihm nagte und die er nicht erfassen konnte.

„Warum bin ich nur ins Bad gegangen, statt bei ihr zu bleiben?", fragte er nun doch und versuchte in Priamos Gesicht etwas zu lesen, das ihm helfen oder wenigstens die Selbstanklage bestätigen würde. Doch nichts dergleichen sah er. Nur eine tiefe Müdigkeit und traurige Augen. „O Ga-vin, o Gavin. Es ist passiert. Menschen sterben, egal wo du bist. So ist das Leben, mein Freund. Egal was du tust oder wo du bist, egal wie sehr du sie liebst. Irgendwann sterben wir alle." Dabei war sein Blick nach innen gekehrt und seine Gedanken weilten in Heraklion. Schließlich gab er sich einen Ruck und kehrte in die Gegenwart zurück. Wie er eben Gavin ge-sagt hatte, Menschen starben, ganz gleich, was man tat oder nicht.

„Ich werde heute zum Bestatter gehen. Du kommst besser mit, damit du ihm etwas über deine Freundin erzählen kannst", sagte er in die ent-standene Stille hinein. Doch auch Gavin war mit seinen Gedanken weit weg. Er verabschiedete sich von seinen Träumen, zumindest versuchte er es, dann blinzelte er und nickte. „Gut, und jetzt trink wenigstens die Milch, wenn du schon nichts isst." Priamos lächelte als Gavin gehorsam nach dem Becher griff.

Rasch beendeten sie das Frühstück, dann machten sie sich ausgehfer-tig. Sie durchquerten gerade die Eingangshalle, da rannte ihnen der Por-tier heftig gestikulierend entgegen. Er berichtete in atemlosem Tempo von dem Brand in den Manufakturen. „Ich danke dir, Petrus. So Gavin, zuerst zum Bestatter und dann zu Claudius Lucius. Wir müssen uns beeilen."

Rasch lief er voraus, Ganymed neben sich und Gavin zögerte einen Augenblick als er an der Tür stand. Langsam stieg er die Treppe hinab. Immer weiter blieb er hinter den beiden vorauseilenden Gestalten zurück. Ihn beschlich ein eigenartiges Gefühl als er auf die Straße trat. Ängstlich blickte er sich um und wäre am liebsten wieder ins Haus gelaufen. Aber er hatte Priamos versprochen, mitzugehen. Also atmete er einige Male bewusst durch und ging weiter. Ständig ließ er den Blick von einer zur anderen Straßenseite schweifen. Er fühlte sich beobachtet, beinahe bedroht. Woher es kam, konnte er nicht sagen, doch plötzlich waren die Bilder da. Liefen ab, als würde er alles noch einmal erleben. Das ganze Entsetzen, als er durch die Stadt getrieben worden war, die Schläge, die Demütigung schnürte ihm die Kehle zu. Er sah sich selbst, wie er versucht hatte, den Geschossen auszuweichen und fühlte jeden Treffer erneut und die Worte, die sein Herz in Streifen aus dem Leib geschnitten hatten. Keuchend lehnte er sich an eine Hauswand, dort sank er zu Boden und vergrub den Kopf in den Händen. Langsam und bewusst atmete er. Gehässige Worte, schreckten ihn auf und veranlassten ihn, aufzublicken: „Scher dich fort! Wir wollen hier keine Bettler!" Gerade als er das Gesicht dem Sprecher zuwandte, traf ihn der Inhalt eines Nachttopfs. Das war zu viel für ihn und er dachte, sich vor der Welt verstecken zu müssen. Er sprang auf und lief, die Schmerzen in Bein, Seite und Rücken ignorierend, davon. Als er die gebrochene Rippe spürte, die sich schmerzhaft in die Seite bohrte, blieb er stehen. Schwer atmend hielt er an einem Geröllhaufen. Hier war vor wenigen Tagen ein Haus eingestürzt und es war noch nichts weggeräumt worden. Streunende Hunde, Katzen und Ratten tummelten sich an diesem Platz. Es stank erbärmlich. Dort verkroch er sich. Die Dämonen der Vergangenheit hatten ihn im Griff und spielten immer wieder das Schauspiel seiner Fehler, seiner grausamen Handlungen lachend vor ihm ab, bewarfen ihn in Gedanken mit Müll.

Er hörte den Vater schreien und fühlte die Prügel, die er ständig bezogen hatte, wenn ihm etwas nicht gepasst hatte. Ein falscher Blick hatte genügt. ‚Peitschenmann', dachte er. ‚Das war ich schon als Kind.' Dann sah er, wie er seinen Zorn an anderen ausgelassen hatte, die sich nicht zu wehren wagten. Er sah Manius im Dreck liegen, bewusstlos und sich selbst, wie er immer weiter auf ihn einschlug und erst aufhörte, als ihn jemand von dem Bruder wegzerrte. Tagelanges Eingesperrt sein und Prügel waren die Folge gewesen, wenn er mit den Kindern aus dem Dorf gerauft hatte und eine Tunika dabei kaputtging. „Mutter", schluchzte er nun, tief im Schatten verborgen und von einem überhängenden Mauerteil vor Blicken geschützt. „Warum hast du mich nicht lieb?" Das hatte er sie einmal gefragt und Prügel eingeheimst. Danach hatte er sich noch mehr in sich selbst zurückgezogen, stoisch seine Aufgaben erledigt und bei jeder sich bietenden Gelegenheit um sich geschlagen. Es war das einzige Ventil das er hatte und bald war er unter den anderen Jugendlichen gefürchtet und sie mieden ihn.

Unter den Steinen verborgen, rollte er sich immer mehr zusammen, versuchte sich vor der eigenen Vergangenheit zu verstecken, um die Bilder nicht sehen zu müssen, diese Abgründe vor denen er sich fürchtete. Der Gestank, der von ihm ausging, brachte ihm eine andere Wirklichkeit vor Augen, die erst wenige Tage her war. Bis vor kurzem hatte er gedacht, das alles hätte ihm nichts anhaben können und er wäre stark genug, diese Demütigungen wegzustecken und zu vergessen. Doch dem war nicht so. Die Straße hatte alles wieder gebracht. Der Anblick der Menschen, diese gesichtslose Menge, die ihn gehetzt hatte, trieb ihn immer noch mit Stöcken vorwärts, aus dem Haus des Vaters hinaus in ein noch feindlicheres Leben, dem er sich nur mit unbarmherziger Härte stellen konnte.

Dann sah er wieder, wie er seinen Bruder Manius niederschlug, er hörte Kassandras Schreie, als er sie mit Gewalt nahm und die vielen Gladiatoren in der Arena, denen er den Todesstoß versetzt hatte. Diese Bilder brachten ihn zum Würgen und er erbrach das Frühstück. So lange quälte er sich, bis nur noch Galle kam und er erschöpft zur Seite fiel.

„Herr! Halte an! Wo ist der junge Herr?", brachte Ganymed Priamos endlich zum Stehen. Der drehte sich erschrocken einmal um die eigene Achse. Als er Gavin nicht sehen konnte, schickte er umgehend Ganymed zurück, damit der ihn suchte. „Weit kann er nicht gekommen sein, Herr. Vielleicht ist es ihm einfach zu anstrengend geworden und er ist zurückgegangen."

„Such ihn und bring ihn nachhause. Ich muss weiter zum Bestatter, damit wir die Leiche aus dem Haus bekommen. Ich will nicht, dass ein eventuell unruhiger Geist bei uns wohnt." Ganymed nickte und lief rasch zurück. Den ganzen Weg bis zur Villa beobachtete er die Umgebung und die Passanten, konnte Gavin aber nicht finden. Mehrmals fragte er entgegenkommende Leute, ob sie ihn gesehen hatten. Doch niemand, schien ihn bemerkt zu haben. Fast wagte er sich nicht unverrichteter Dinge zurück, doch dann hatte er eine Idee und er rannte zum Sklavenquartier. Dort rief er die Gladiatoren zusammen. „Ihr müsst mir helfen",berichtete er. „Ich kann euren Herrn nicht finden. Wir teilen uns auf und suchen ihn, wissen die Götter, was der anstellt. Sagt mal, ist der immer so duselig?" Die Gladiatoren blickten sich verstört an. Dann liefen sie sogleich los.

„Wartet! Wir gehen immer zu zweit", befahl Ganymed und schnell teilte er die Männer ein. Er schickte Tullius und Rufus Richtung Thermen und Tempel, Ullrik und Ansgar sollten die Straßen in der näheren Umgebung und dann noch die Straßen zum Forum absuchen. Orestes und Sextus schickte er in die Armenviertel. Er selbst wollte mit Petrus das Haus durchsuchen und anschließend auf den Herrn warten, bevor er weitere Pläne machte. „Wir suchen bis Dunkelwerden, dann hat es keinen Zweck ohne Lampe", meinte Tullius und machte sich auf den Weg.

Deciderius hielt nach wie vor den Blick gesenkt. Wenn er es recht bedachte, hatte er mehrere schlimme Fehler begangen, für die er nun wider Erwarten gerade stehen musste. Da bot ihm Horatio Maximus einen Weg, der ihm ehrenvoll erschien und seinen Vater vor weiterer Schande bewahren würde. „Also gut, Deciderius Felix. Ich habe nichts gegen dich und ich denke, deine Beweggründe haben weniger mit Habgier zu tun als mit Hörigkeit. Ich verstehe schon, dass du deiner schönen Stiefmutter verfallen bist – sie ist ja auch sehr attraktiv." Dann erklärte Horatio, wie er sich das weitere Vorgehen vorstellte. Er thronte nun wieder hinter dem Schreibtisch und schickte alle hinaus, die nichts davon wissen sollten. Zurück blieben neben ihm selbst noch Primus Felix, Claudius Lucius und der junge Deciderius, der sich als wirklich unfähig für jedes Amt erwiesen hatte. Warum er sich überhaupt beworben hatte, war Horatio ein Rätsel, aber das galt es jetzt nicht zu ergründen. „In Ordnung. Setzt euch. In den Zinshäusern sind Feuer verboten, doch wie wir wissen kommt es immer wieder zu Zwischenfällen, weil sich jemand nicht an das Verbot hält und in der Wohnung kocht. So war es auch bei den Wohnhäusern letzte Nacht – zumindest wird das im Bericht stehen. Was jetzt die Manufakturen angeht: Ja, das ist schon etwas heikler. Entweder ein unzufriedener Arbeiter, das ist ganz einfach zu bewerkstelligen oder ein explodierter Brennofen. Ich würde für den Arbeiter plädieren und ihn gleich in der Flammenhölle umgekommen sein lassen." Primus Felix dachte eine Weile darüber nach, dann nickte er zufrieden. Auch Deciderius wirkte erleichtert, dennoch fühlte er, dass es das für ihn noch nicht gewesen sein konnte. Einzig Claudius Lucius wirkte enttäuscht. „Warum müssen wir schon wieder lügen? Ist in den letzten Tagen nicht genug Leid durch Lügen entstanden?" Da stand Horatio auf, ging zu seinem Freund und legte ihm die Hand auf die Schulter. „Ich weiß was du meinst, Claudius, aber wenn wir ihn jetzt verhaften, was denkst du, ist dann los? Noch weiß niemand, dass wir ihn am Brandherd gefunden haben. Deciderius wird schön den Mund halten, meine Männer gehorchen mir aufs Wort und werden ebenfalls schweigen.

Aber", hier wandte er sich an Deciderius, „damit ist es für dich noch nicht vorbei. Ich werde dich der Verantwortung deines Vaters übergeben, der soll über dich richten. So und nun zu dir Primus Felix. Überlege dir jetzt, was du mit dieser Ruine machen willst, denn bei dir konnte die Feuerwehr noch weniger retten als bei Claudius, der beim Bauen nicht so gespart hat." Nun überlegten die Männer stumm, wie es weitergehen sollte. Die Grundlage ihres Reichtums war verschwunden und so schnell ließ sich nichts Neues aufbauen. Da erhellte sich Claudius Miene und er wandte sich an seinen Nachbarn. „Primus, lass uns eine Partnerschaft eingehen. Wir arbeiten zusammen. Du hast die Beziehungen, Primus, und ich habe das handwerkliche Geschick, denn alles was meine Arbeiter können, kann ich auch." Darüber dachte der ältere Mann eine Weile nach und die Röte in seinem Gesicht wurde etwas weniger intensiv. Die Keramik seines Konkurrenten hatte er schon immer bewundert, auch dessen Sinn für Qualität, was den Rohstoff betraf. „Bei allen Musen, ja, das ist eine gute Idee, Claudius. Jetzt bin ich fast froh, dass du das Geschäft ...", er brach errötend ab und schlug abermals seinem Sohn ins Gesicht, dessen Wange noch immer die Spuren des ersten Schlags zeigte. „Wir gehen Deciderius! Zuhause wirst du deine Strafe erwarten. Es wird Zeit, dass du etwas über Verantwortung lernst." Damit stieß er den jungen Mann vor sich her hinaus aus dem Polizeigebäude. Noch nie im Leben war er so zornig auf seinen missratenen Sohn gewesen und gleichzeitig so erleichtert, dass für ihn kein größerer Schaden entstanden war.

Als sie weg waren, meinte Horatio Maximus nüchtern: „Wer hätte gedacht, dass Primus Felix ein Herz hat?"

„Der hat keins, es ist der zukünftige Profit, der ihn lockt, außerdem hat er keine Alternative. Ich lagere meine Rohstoffe nämlich nie in der Töpferei, sondern außerhalb in Erdgruben. Ich bin ja nicht blöd und gehe das Risiko ein, das Zeug austrocknen zu lassen. Also, ich hoffe doch, dass damit jetzt alles erledigt ist. Ich bedaure die vielen Todesopfer an die niemand denken wird. Wenigstens hatten sie eine Feuerbestattung."

„Du hast Recht, Claudius. Vielleicht war das Feuer wichtig, um hier wieder für Ruhe zu sorgen. Die Leute haben Angst davor, zu oft schon sind sie dort draußen abgebrannt. Gehst du heute noch in die Therme?"

„Ich glaube nicht. Wenn, dann aber nach dem Mittagessen, falls ich alle anstehenden Angelegenheiten noch erledigen kann."

„Dann halte ich dich nicht länger auf."

Claudius raffte seine Toga und erhob sich. Bevor er ging, sagte er noch: „Gut, dass sich die Unschuld von Gavin Tettius erwiesen hat. Marcus war ein guter Freund von mir." Ehe Horatio antworten konnte, ging Claudius davon.

Es war bereits dunkel als die Gladiatoren müde und verschwitzt zurückkamen. Sie hatten alles abgesucht, nahezu die ganze Stadt und keine Spur von Gavin gefunden. Niemand hatte ihn gesehen, keiner wusste etwas. Tullius hatte im Tempel sogar ein Opfer für die sichere Auffindung ihres Herrn dargebracht.

Auch im Haus war keine Spur von ihm zu erkennen. Außer seinen Sachen wies nichts auf seine Anwesenheit hin.

„Es muss ihm etwas zugestoßen sein", meinte Tullius beim Abendessen. Petulia brummte ärgerlich vor sich hin, weil niemand auf den Herrn aufgepasst hatte. „Warum musste er auch in die Stadt gehen? Was treibt ihn nur zu solchen Sachen, hm? Kann mir das mal jemand sagen?" Lautstark stellte sie die Schüssel mit dem Eintopf auf den Tisch, dann drängelte sie sich neben Ullrik und ließ sich die Teller geben. „Er ist stark, so schnell kann ihm niemand was anhaben", meinte Sextus, den das schlechte Gewissen plagte. „Das heißt nichts, wenn ihm jemand von hinten einen Knüppel über die Rübe zieht", schnauzte Rufus ungehalten. Er knallte den Teller auf den Tisch, sodass er überschwappte. „So eine Schweinerei!" Keiner wusste, ob er damit die Eintopffpfütze am Tisch meinte, oder das Verschwinden des Herrn. „Morgen suchen wir weiter", sagte Ganymed, der eben eingetreten war. „Mein Herr schickt euch diese beiden Krüge mit Wein, zur Totenfeier der verstorbenen Gefährtin eures Herrn." Tullius erhob sich. „Darf ich mich bei deinem Herrn persönlich im Namen aller bedanken?" Ganymed nickte und winkte, ihm zu folgen.

Im Speiseraum des Hausherrn war es sehr ruhig. Priamos aß allein, nur wenige Speisen waren aufgetischt und er wirkte müde und abgespannt. Der Bestatter war am Nachmittag hier gewesen und hatte die Leiche mitgenommen. Am nächsten Tag würde die Einäscherung stattfinden, er hoffte, bis dahin Gavin gefunden zu haben. „Herr", sagte Tullius und verneigte sich ehrerbietig. „Ich möchte mich im Namen der Gladiatoren und der anderen Sklaven von Gavin Tettius für den Wein bedanken und auch, dass du uns hier noch beherbergst. Bitte, verfüge über uns, bis wir unseren Herrn wiedergefunden haben oder er von selbst auftaucht."

„Schon gut, Gladiator. Ihr seid mir noch nicht zur Last gefallen. Es wird schon alles wieder recht werden." Priamos blickte ihn aus müden Augen an, dann winkte er Tullius hinaus, ebenso Ganymed. Er wollte allein mit seinen Gedanken sein. Stumm verfluchte er sich, nicht der Zeichen geachtet zu haben, die gröberes seelisches Unwohlsein angedeutet hätten. Nun konnte er nichts anderes machen, als zu warten und zu hoffen. Unruhig wie er war, beendete er das Mahl und schickte noch einmal einen Sklaven mit einer Laterne hinaus, um die nähere Umgebung auszuleuchten. Vielleicht würde Gavin das Licht sehen und nachhause kommen.

Gavin lag noch unter dem Schutthaufen und gab sich die Schuld an allem Elend. Erst als es dunkel wurde, trieb ihn der Durst hinaus. Vorsichtig geworden, blickte er sich um. Er war sicher, hier in der Nähe einen Brunnen gesehen zu haben. So stolperte er über das Geröll, stieß sich die Zehen und einmal fiel er der Länge nach hin und schlug sich die Knie auf. Ein Hund knurrte bedrohlich zu seiner Linken und er warf einen Stein in die Richtung des Geräuschs. Ein Jaulen zeigte ihm, der Stein hatte das Ziel gefunden. „Schon wieder mache ich es, schlage einfach zu. Der Hund hat mir nichts getan." Die Selbstvorwürfe wollten kein Ende nehmen. Endlich hörte er das Plätschern des Brunnens. Blind taumelte er darauf zu und tauchte zuerst den Kopf in das Überlaufbecken. Das kühle Nass belebte ihn und machte den Kopf wieder klarer. Dann trank er sich satt, schaute sich um, wobei er überlegte, wo er hier war und wie er zurück zur Villa kam, da traf ihn von hinten ein kräftiger Schlag und er ging lautlos zu Boden.

Stunden später, über den Dächern der Stadt war bereits ein hellerer Schein zu erkennen, erwachte Gavin und wusste nichts mehr. Nur im Lendenschurz lag er neben dem Brunnen. Er fragte sich, warum sein Kopf so schmerzte und auch sonst der ganze Körper. Ihm war kalt und er begann, mit den Armen zu schlagen. Da bemerkte er den Verband um die Rippen und er fragte sich erneut, was wohl mit ihm passiert war. Dann traf ihn die Erkenntnis schwer wie ein Keulenschlag und er schrie in den Morgen: „Wer bin ich?"
„Ich nicht, du Saufkopf!"
„Halt die Klappe!"
„Halt sie selber!"
„Wann ist hier endlich mal Ruhe, Saubande?"
Solcherart antwortete ihm und eine Sandale flog aus einem der Fenster. „Bist du verrückt, wirfst meine besten Schuhe zum Fenster raus! Du verdammter Schwanzlutscher, jetzt kann ich runtergehen und sie suchen!" Diese Art Gerede war Gavin fremd und er hörte interessiert zu, auch der Dialekt war ungewohnt. So stand er am Brunnen und starrte die Frau an, die halbnackt auf die Gasse eilte, eine kleine Lampe haltend.

Schnell griff sie nach den Sandalen und verschwand fluchend wieder im Inneren. Gavin hatte sie keines Blickes gewürdigt. „Serpentia, komm wieder ins Bett, du Schlampe!" Kopfschüttelnd ging er weiter. Langsam erwachte der Tag. Mit ihm strömten die Menschen aus den Häusern. Hier war alles eng und klein, die Lautstärke nahm noch um einiges zu als auch zahlreiche Kinder schreiend herumliefen, Krüge auf den Köpfen zu balancieren versuchten und von den Frauen verscheucht wurden, die zum Brunnen gingen. Garküchen öffneten ihre Pforten und ihr Geruch lockte hungrige Gäste an. Ein Bäcker hatte bereits seinen Laden geöffnet und pries lautstark sein Brot an. In Gavins Kopf drehte sich alles. Er hatte Schmerzen, Hunger und der Geruch des Brotes war verlockend. Aber er hatte kein Geld, nichts als das nackte Leben besaß er. Von links und rechts wurde er angerempelt, herumgestoßen, bis er sich hilflos im Kreis drehte. „Nein!", rief er, bedeckte den Kopf mit den Händen und wollte nur noch diesem Chaos entfliehen, das nicht nur auf den Straßen, sondern auch in seinem Kopf herrschte. So lief er weiter bis er erneut an einen Schutthaufen stieß, hier war es noch heiß vom Feuer der vorletzten Nacht. Er hatte die Stadt verlassen und irrte zwischen den Ruinen herum. Vereinzelt suchten Menschen in den Überresten nach verwertbaren Gegenständen, Kinder liefen herum oder starrten aus steinernen Gesichtern in die Welt. Ihre Existenz war vernichtet und sie standen allein. Gavin betrachtete diese Wesen und fühlte sich noch fremder. Er wusste, selbst etwas verloren zu haben. Es war mehr als nur ein Name, den er suchte. Vor einer umgekippten Statue ging er zu Boden, er konnte nicht einmal mehr erkennen, wem sie gewidmet war. Hunger, Durst und Schmerzen hatten ihn schließlich übermannt und so lag er halbnackt unter der zerbrochenen Statue Merkurs und verlor sich in wirren Angstträumen.

Die nächsten beiden Tage machten sich die Gladiatoren erneut auf die Suche nach Gavin. Keiner wollte es wahrhaben, dass ihm etwas zugestoßen sein könnte. So streiften sie weiter durch die Stadt und dehnten den Suchradius bis außerhalb der Stadtmauern aus.

Gegen Ende des dritten Suchtages, es dämmerte bereits und sie wollten zur Villa zurückkehren, da sah Sextus etwas, das ihn stutzig machte. „Wartet! Da ist was. Dort, unter der Statue." Rufus und Ganymed, der diesmal die Gladiatoren begleitete, blieben stehen, während Sextus weiterging. Hinter der Statue hatte er eine Bewegung ausgemacht. Drei Jugendliche stritten sich dort offensichtlich um etwas. Sextus trat näher und sagte leise: „Na, Jungs, was gibt's hier zu sehen? Solltet ihr nicht nachhause gehen?" Sie lachten ihn aus, denn sie wähnten sich in der Überzahl und die Beute wollten sie nicht teilen. „Hau ab, Sklave!", riefen sie und warfen einen Stein nach ihm. Doch Sextus wich zur Seite hin aus und kam noch näher. Da erkannte er die rote Haarmähne Gavins. „Fort mit euch!", rief er. „Ach, und was ist, wenn wir hier stehenbleiben?", fragte der größte der Drei. Sextus grinste, dabei knackte er mit den Fingern. Es war ein ungutes Geräusch und übertönte sogar das laute Zirpen der Grillen. „Denkst du, du könntest uns etwas tun?", fragte der Mutige weiter und hob abermals einen Stein. „Nein, ich nicht, aber vielleicht meine beiden Freunde dort hinten." Jetzt drehten sich die jungen Männer um und starrten auf Rufus und Ganymed, die leise näher getreten waren. „Ich habe ihn gefunden, Männer. Irgendjemand muss ihn ausgeraubt und dann hier abgelegt haben. So eine Saubande das. Keine Ehrlichkeit mehr unter den Dieben." Er wandte sich erneut an die Jugendlichen, doch die suchten bereits das Weite. Ein einzelner Mann ging noch, aber gegen drei so große, wollten sie dann doch lieber nicht kämpfen. Sextus lachte ihnen hinterher. Dann wandte er sich an die leblose Gestalt unter der Merkurstatue. „Helft ihr mir, ihn ins Haus zu tragen?", fragte er heiter. Rufus war erstaunt, seinen Kameraden so aufgeräumt zu erleben. Es schien nichts mehr von dem Hass den er dem Herrn gegenüber empfunden hatte, vorhanden zu sein. „Sicher, wenn Ganymed voraus läuft und eine Trage organisiert, wäre das nicht schlecht." Ganymed nickte und machte umgehend kehrt.

„So, jetzt komm, Myrdin oder Gavin, viel ist ja nicht mehr da von dir", sagte Sextus und hob ihn an den Schultern hoch. „Aber schwer bist du noch immer."

Lang kam ihnen der Weg vor, den sie zurücklegen mussten und es war schon dunkel, als ihnen Ganymed mit einer Sänfte und Laternenträgern entgegenkam. „Der Herr meinte, es ist besser, ihn so zu transportieren und auch weniger auffällig. Schafft ihn rein da und dann nichts wie nachhause. Eure Köchin hat heute für uns gekocht."

„So ein Mist, dann gibt's Linsen", murmelte Rufus als sie Gavin in die Sänfte legten und zudeckten.

Zuhause wartete der ungeduldige Priamos. Er hatte auf die Schnelle im Erdgeschoss ein Zimmer richten lassen, wo sie Gavin jetzt hinbrachten. Dann schickte er umgehend Octavian zu ihm. Anschließend wandte sich Priamos an die Gladiatoren. „Nun zu euch, wo habt ihr ihn gefunden?"

„Bei der Brandstelle, Herr. Einige Jugendliche wollten ihm wohl noch die Haut ausziehen, denn mehr hatte er nicht mehr an", antwortete Sextus. „Herr, wann denkst du, können wir nachhause gehen?" Doch darauf gab es keine Antwort. Er schickte die Gladiatoren zurück ins Quartier und ging zu Gavin, der bereits von Octavian untersucht und behandelt wurde.

„Was ist, Octavian?" Der Arzt blickte ihn ernst an, doch er nickte leicht.
„Bei allen Göttern! Was bin ich froh darüber. Bleib die Nacht über bei
ihm." Als Octavian ihn streng anblickte, auf die Tür zeigte und die Augen
schloss, lachte Priamos kurz auf und sagte: „Du meinst wohl, ich soll mich
endlich schlafen legen?" Der Arzt nickte und schob den Herrn mit sanftem Nachdruck vor die Tür. „Hol mich, wenn er wach wird." Erst als Octavian bestätigte, ging er tatsächlich in sein Zimmer und schlief erleichtert
ein. Die letzten drei Tage hatte er fast nur im Wachen verbracht und er
fühlte sich plötzlich alt.

Primus Felix hatte sich entschlossen, Cornelia und Deciderius wegzu-
schicken. Er wollte beide nicht mehr um sich haben, sollten sie tun was sie
wollten, aber nicht in seinem Haus. Er stattete beide mit etwas Geld und
dem Auftrag aus, nach Syria zu segeln. Eine Eskorte sollte sie nach Brundisium bringen, wo sie das nächste Schiff besteigen mussten. „Je eher ihr
mir aus den Augen seid, desto besser werde ich mich fühlen", hatte er ihnen nachgerufen. Dann war er zu Claudius Lucius gegangen, in dessen
Haus er nun saß und den neuen Vertrag besprach. „Wir hätten das viel
eher machen sollen, Claudius. Dein Geschick und meine Beziehungen
hätten uns schon weit bringen können", sagte er eben als Julia eintrat und
sie erstaunt ansah. „Entschuldige bitte, Claudius, darf ich dich kurz sprechen?", fragte sie noch in der Tür stehend. „Aber sicher doch. Worum
geht es?" Statt einer Antwort, wies sie auf die Tür, sie wollte nicht, dass
Primus Felix zu viel mithörte. Privates sollte ihrer Meinung nach privat
bleiben und ging einem Geschäftspartner nichts an. Sie hatte den gierigen
Blick bemerkt, mit dem er sie musterte, das gefiel ihr nicht. Als Claudius
bei ihr im Atrium stand und wartete, sagte sie leise, fast flehend: „Claudius, warum tust du das? Primus Felix hat noch niemandem etwas Gutes
gebracht. Sein Sohn und seine Frau, auch wenn beide nicht gerade als
Musterexemplare der Spezies Mensch gelten, hat er einfach so ins Verderben geschickt, denn nichts anderes ist es, sie nach Syria zu verbannen. Du
weißt, dass dort Krieg herrscht." Wütend unterbrach sie Claudius: „Was
hätte ich denn machen sollen? Warten, bis wir vollends ruiniert sind?
Nein, meine Liebe, so geht das nicht. Du bist aber sicher nicht hergekom-
men, nur um mir das zu sagen." Über seinen doch barschen Ton erschrak
sie und sie dachte, Claudius nicht mehr zu kennen. Hatte er tatsächlich
solche Angst um ihre Existenz? Sie waren doch begütert, das Landgut
warf genug ab, um ihnen ein angenehmes Leben zu ermöglichen. Warum
war er so auf Erfolg erpicht? Endlich rang sie sich durch und sagte scheu:

„Ich wollte heute Priamos Lucullus besuchen und sehen, wie es Gavin Tettius geht."

„Warum erzählst du mir das ? Sonst sagst du auch nicht immer, wo du hingehst."

„Ich wollte Gerede vermeiden, du weißt doch wie die Leute sind. Wenn sie irgendwo einen Skandal wittern, dann zerreißen sie sich die Mäuler." Darüber dachte er einen Moment nach und nickte dann. „Geh ruhig, Julia und richte ihm meine besten Wünsche aus. Ich werde ihn in den nächsten Tagen wohl auch einmal besuchen, wir müssen die Sache mit dem Geschäft noch klären, das wird ja jetzt wohl nichts mehr." Ohne eine Erwiderung abzuwarten, ging er zurück ins Büro. Julia blieb staunend im Atrium stehen. Dann schüttelte sie den Kopf, ließ sich die Palla umlegen und machte sich auf den Weg zu Priamos. Wie immer, wenn sie allein unterwegs war, begleitete sie ein Leibwächter zum Schutz.

Der Weg war nicht sehr weit, weshalb sie zu Fuß ging. Forsch schritt sie aus, wobei sie überlegte, was wohl in Claudius gefahren sein mochte, dass er so scharf auf ihre Ablehnung Primus Felix gegenüber reagierte. Sonst hatten sie auch immer über alles gesprochen, nur diesmal hatte er ohne sie die Wahl getroffen. Das machte sie wütend und traurig zugleich, sie fühlte sich ausgeschlossen aus seinen Plänen, ja sogar aus seinem Leben. Während sie dem Straßenverlauf folgte, überlegte sie, was ihn wohl dazu gebracht hatte. Aber ihr wollte nichts einfallen und sie waren auch schon am Haus angelangt. Julia betätigte den Türklopfer und Petrus öffnete. „Verehrte Dame, was ist dein Begehr?", fragte er höflich. Julia musste darüber schmunzeln, denn Petrus war immer überaus förmlich. „Ist dein Herr zuhause, Petrus?", fragte sie zurück und sie merkte, wie sich der Portier freute, weil sie seinen Namen wusste. „Sehr wohl, er ist im Haus, wünscht aber derweil keinen Besuch."

„Ach", Julia war enttäuscht. Sie hatte sich darauf gefreut, ihn zu sprechen und vielleicht Gavin zu sehen. Petrus bemerkte ihr Niedergeschlagenheit, denn er sagte rasch: „Verehrte Julia, ich werde ihn fragen, ob er dich empfangen kann. Wenn du bitte im Atrium wartest." Bevor es sich noch einmal anders überlegen konnte, schlüpfte Julia ins Haus und ging weiter ins Atrium. „Du kannst dich hierher setzen, Herrin, bis ich wiederkomme." Julia nahm dankbar das Angebot an und ließ sich auf einen bequemen Korbstuhl sinken. Derlei Möbelstücke gab es hier im Atrium einige. Das war ihr bei ihrem letzten Besuch nicht aufgefallen. ‚Oder lässt er sie wegräumen, wenn er eine Gesellschaft gibt?', überlegte sie. Ansonsten war die Halle eher leer zu nennen. Es gab nur zwei Statuen, wobei eine Iustitia zeigte und eine andere Merkur. Warum er gerade eine Merkurstatue besaß war ihr ein Rätsel, er war kein Händler und auf Reisen ging er, so viel sie wusste, nie. Priamos blieb das ganze Jahr über in der Stadt. Trotz ihrer kargen Gestaltung wirkte die Halle keineswegs ärmlich. Die Korbstühle ließen sie warm erscheinen und in Nischen standen diverse Kübelpflanzen. Julia fand das verwegen. Die meisten Leute protzten mit ihrem Reichtum und schmückten alles mit irgendwelchem Tand. Nicht so Priamos, dazu gehörte auch die einfache Palla, die er anstatt der Toga trug. Eben wollte sie sich dem Muster des Bodenmosaiks zuwenden, als Petrus zu ihr trat, dem ein weiterer Sklave folgte. „Ich soll dir ausrichten, Herrin, für dich hat er immer Zeit. Apius bringt dich zu ihm." Fast zu schnell stand sie auf und folgte dem jungen Mann. Petrus ging zurück an die Pforte und nahm seinen Platz ein.

Priamos erwartete sie im Empfangszimmer. Es war ein kleiner heller Raum mit einer bequemen Bank und zwei Korbstühlen. Auch hier standen Topfpflanzen unter den Fenstern, die zum Peristyl hinausgingen. Auf zwei kleinen Tischen standen griechische Vasen mit Schnittblumen. Schwere grüne Stoffe zierten die Fenster, ansonsten war der Raum kahl gehalten. Aber er brauchte nicht mehr Zierrat, er füllte sich durch die Präsenz des Hausherrn.

Priamos stand mit dem Rücken zum Fenster als sie eintrat. Der Sklave zog sich diskret zurück und sie waren allein. „Julia, was kann ich für dich tun?", fragte er freundlich. „Eigentlich nichts. Ich wollte nur fragen, wie es Gavin geht. Seit dem Tod des Mädchens habe ich nichts mehr von ihm gehört und sie ist auch schon eingeäschert, wie ich erfuhr." Priamos wies ihr einen Platz an und setzte sich dann ihr gegenüber auf einen Hocker. Leise trat ein Diener ein und brachte Erfrischungen. Priamos bedankte sich mit einem Nicken und sagte, als sie wieder allein waren: „Es geht ihm nicht gut. Er weiß nicht, wer er ist. Jemand hat ihn niedergeschlagen und seitdem ist er so. Wir hoffen, dass er sich bald wieder erinnert, denn so ist das kein Zustand." Er schenkte ihr von dem kühlen Wein ein und reichte ihr die Schale mit den Käsestücken. Automatisch nahm Julia die angebotenen Dinge, trank und aß, ohne sich des Geschmacks bewusst zu sein. Sie war schockiert und formulierte in Gedanken so viele Fragen, die sie verwarf und erneut gestaltete, nur um sie wieder fallen zu lassen. Schließlich fragte sie tonlos: „Kann ich zu ihm?"

„Wenn du noch etwas hier warten willst, dann frage ich den Arzt, was er meint. Aber vorher noch, ich weiß, es ist eine indiskrete Frage und du wirst sie mir verzeihen, denn in meinem Alter kann man sich solche Fragen erlauben. Magst du ihn so sehr, dass du das Risiko des Klatsches eingehst?" Julia wurde rot. Das war tatsächlich eine sehr persönliche Frage und sie überlegte lange, was sie sagen sollte. Vor Nervosität trank sie den Wein zu hastig und verschluckte sich. Sie hustete bis ihr die Tränen kamen, wobei sie etwas Wein verschüttete. „Verzeih, Julia, ich wollte dich nicht in Verlegenheit bringen", sagte Priamos, der ihr energisch den Rücken klopfte. Endlich beruhigte sie sich, Tränen glitzerten in ihren Augen und sie musste lächeln. „Danke, Priamos. Über mein Verhältnis zu ihm weißt du ja hinlänglich Bescheid, das ist Vergangenheit. Im Übrigen weiß Claudius, dass ich hier bin." Priamos blickte sie einen Moment lang erstaunt an, da fuhr sie geschäftsmäßig fort: „Außerdem habe ich ein wirtschaftliches Interesse an ihm. Wir haben Marcus Atticus immer großzügige Spenden zukommen lassen, die sind natürlich mit seinem Tod erloschen. Die Schule wird wohl pleitegehen und verkauft werden müssen, wenn er nicht weitermacht. Dann haben wir noch eine Kaufoption mit Lydia, der Witwe und eine mit Gavin. Wir wollten dort ein Landgut errichten und unseren Handel ausbauen. Das hängt jetzt alles in der Schwebe, dazu noch der bedauerliche Brand unserer Manufaktur hier in Arretium. Du siehst, Priamos, mein Anliegen ist nicht nur persönlicher Natur." Über ihren Geschäftssinn konnte er nur staunen, von einer Minute zur anderen, wurde sie zur Geschäftsfrau. „Ich frage Octavian", sagte er deshalb schlicht.

Gavin saß in einem abgedunkelten Zimmer und fragte sich wieder und wieder, wer er war und warum er sich an nichts erinnern konnte. Wenn er irgendwo sein Spiegelbild entdeckte, fragte er sich, ob das tatsächlich er war. Angst war das einzige, dessen er sich sicher war..

Sie hatten ihm einen Namen gegeben, der ihm fremd vorkam. Dann meinten sie noch, er wäre ihr Herr, das hatte ihm ein zynisches Lachen entlockt und die Leute waren verärgert gegangen, weil er ihnen nicht geglaubt hatte. Nun saß er allein in diesem Zimmer und versuchte, sich zu erinnern. Doch je mehr er die auftauchenden Fragmente erfassen wollte, desto schneller waren sie wieder weg. Er fühlte sich einsam und unverstanden. Priamos, so sehr Gavin ihn auch als Freund schätzte, drängte ihn ständig, sich zu erinnern oder mit ihm hinauszugehen, in den Garten oder sich anderweitig zu beschäftigen. Doch Gavin wollte nur allein sein.

Als Julia eintrat, rollte er sich auf dem Bett zusammen und sagte: „Geh weg, Priamos."

„Ich bin Julia. Kennst du mich nicht mehr?" Gavin blieb wie er war, rollte sich allerdings noch ein wenig mehr zusammen. Er wusste nicht, warum er sich plötzlich noch unwohler fühlte, beinahe bedrängt. „Nein, hat er dir nicht gesagt, dass mein Hirn leer ist?", erwiderte er bissig. „Geh wieder." Noch mehr rollte er sich zusammen und schloss fest die Augen. Doch Julia ging nicht, sie trat sogar noch näher und setzte sich schließlich auf die Bettkante. Leicht strich sie ihm über den Kopf und Gavin schluchzte einmal auf, blieb aber ansonsten bewegungslos liegen. „Wenn es Zeit ist, wirst du dich an alles erinnern, Gavin. Da bin ich ganz sicher."

„Was, wenn ich nicht der sein will, der ich war?" Noch immer hielt er das Gesicht an die Wand gerichtet, hatte aber die Augen geöffnet. „Du musst nicht wieder zu dem werden, der du warst. Wer sagt denn, dass sich Menschen nicht ändern können, Gavin? Weißt du, dass du auch ein großer Gladiator warst? Myrdin." Sie kicherte in Erinnerung an ihre gemeinsamen Stunden. „Was sagst du da? Sie sagten, ich sei ihr Herr und du sagst jetzt ich sei Gladiator, das passt nicht zusammen. Ein Gladiator! Der letzte unter den Sklaven, nicht mehr als ein verurteilter Verbrecher!" Plötzlich tauchte ein Bild vor ihm auf, das ihn schlucken ließ. Diese Worte, die er eben sagte, stammten nicht von ihm, jemand hatte sie einst zu ihm gesagt, nein ihn angebrüllt. „Gavin, was sagst du da?" Julia war über den feindseligen Tonfall erschrocken und wollte ihn umdrehen, ihm ins Gesicht sehen. Doch Gavin ließ diese Erinnerung kommen. Erneut schloss er die Augen und das Bild war weg. „Ja, es stimmt. Ich bin Gladiator, ein Verbrecher, der sich selbst verkauft hat, um nicht verurteilt zu werden." Da sprang Julia entsetzt auf und rief: „Gavin! Weißt du es wieder?"

„Nein", die Antwort war knapp und kalt.

„Lass mich allein", forderte er nach einer Weile, sie setzte sich wieder neben ihn und legte eine Hand auf seine Schulter. „Das würde dir so passen, nicht wahr? Aber da täuschst du dich, mein Lieber, wenn du denkst, du kannst hier in diesem Versteck bleiben und wie ein Tier deine Wunden lecken." Nun sprach auch sie kalt und hart, denn sie hoffte, ihn so zu einer Reaktion zu zwingen. Doch sie täuschte sich. „Ja, ich bin ein Hund", antwortete er leise und er sah die junge Frau vor sich, die ihn zornig anfunkelte und beschimpfte. Laut schluchzte er auf. „Kassandra", flüsterte er und nun ließ er die Tränen laufen. „Ich habe dich verloren", brachte er schließlich heraus. „Halt mich Julia, bevor ich mich auch noch verliere." Er drehte sich herum und wollte sich an sie lehnen, doch irgendetwas hielt Julia zurück, die Umarmung zu erwidern und sie erkannte es als Eifersucht. Sie fragte sich, warum das so war, sie war glücklich verheiratet und Gavin nicht mehr als eine kleine Affäre, die jetzt beendet war. Dennoch bereitete ihr sein Wunsch nach Berührung Kopfzerbrechen. „Ich kann nicht, Gavin", sagte sie schließlich, stand auf und ging grußlos davon. Heulend blieb er zurück und rief nach ihr. Aber sie verschloss sich diesem

Ruf und schickte stattdessen Octavian hinein, der vor der Tür gewartet hatte.

„Ich will nicht der gewesen sein, der ich war! Ich will das nicht sein! Ich will nicht!", brüllte er, humpelte im Zimmer herum und machte dabei Octavian nervös. Endlich erkannte der Arzt, dass sich Gavin erinnern konnte und er informierte Priamos.

Kurz darauf stürmte er zu Gavin, der noch gegen seine Dämonen kämpfte, hielt kurz inne und dann umarmte er ihn fest, drängte ihn langsam zum Bett und setzte sich schließlich neben ihn. Stumm hielt er ihn und wartete bis er sich beruhigt hatte und mit den Selbstbeschimpfungen aufhörte. Dann lag Gavin schlaff in seinen Armen und atmete schwer. „Es wurde auch Zeit, dass du deine Trauer herauslässt, junger Freund", murmelte Priamos schließlich und kam sich ungeschickt vor. „Irgendwann wird die Liebe wieder an deine Tür klopfen und du wirst staunen darüber. Aber jetzt trauere erst einmal, verarbeitete das Gewesene und widme dich dann dem Neuen. Ich bin hier, wenn du mich brauchst." Schon wollte er aufstehen und wieder gehen, da hielt ihn Gavin zurück. „Warum bist du so gut zu mir? Ich habe dir nichts zu geben und wie ich mich zu erinnern fürchte, auch kein Geld mehr. Es steckt alles in Immobilien."

„Ich sagte dir schon einmal, mach dir darüber keine Gedanken", nun klang Priamos traurig und er wollte sich aus dem festen Griff befreien, doch Gavin ließ noch nicht los. „Priamos? Ich, ich … danke." Er wusste nicht, was er sagen sollte, denn er konnte ihm nicht mehr als Freundschaft bieten. „Es ist in Ordnung, Gavin. Wenn du mir den vulgären Ausdruck verzeihst, du bist kein Schwanzlutscher, also lassen wir es dabei bewenden und ich muss selbst sehen, wie ich mit mir klarkomme. In Ordnung so?" Nach einer Weile, Gavin hielt noch immer seine Hand und starrte darauf, sagte er weiter: „Mach dich frisch und dann leiste mir etwas Gesellschaft im Peristyl. Heute scheint die Sonne und es wäre schade, den ganzen Tag im Dunkeln zu sitzen."

Tagelang haderte Gavin mit seinem Leben, fragte sich immer wieder, warum er so ein schlechter Mensch sei und warum er leben durfte und andere gestorben waren. Da wurde Priamos zornig, als sie im Garten flanierten. „Hör auf! Hör endlich auf, dir selbst leid zu tun! Das ändert nichts an den Tatsachen. Nimm es an oder lass es, aber fall mir, bei aller Liebe, die ich für dich empfinde, nicht mehr damit auf die Nerven, Gavin. Es ist unerträglich. Setz dich!" Energisch schob er seinen Freund auf eine Bank zu und setzte sich neben ihn. „Du hast Verantwortung zu tragen. Dein Leben dreht sich nicht nur um dich, da sind Menschen, die von dir abhängig sind, die du im Unsicheren lässt. Sie wissen nicht, wie es weitergeht, was mit ihnen geschieht. Du denkst nur an dich." Gavin blickte betreten zu Boden, jetzt fühlte er sich noch schlechter als vorhin. „O Gavin, jetzt schau nicht so. Jeder Mensch hat in seiner Vergangenheit etwas, das er vergessen möchte oder wünschte, dass es nie geschehen wäre. Das bringt dich nicht weiter. Lerne aus deinem Leben. Lerne daraus und mache es besser. Du kannst dich ändern, Junge, das hast du doch schon." Wütend über die harten Worte seines Freundes stand er auf, die letzten Sätze hatte er gar nicht mehr mitbekommen und schrie ihn an: „Was weißt du schon?" Priamos seufzte ob des Zorns seines Freundes und meinte leise: „Mehr als du denkst. Oder glaubst du, nur du hast jemanden verloren, den du liebtest?" Doch auch das hörte Gavin nicht, denn er ging ins Haus zurück und schloss sich in seinem Zimmer ein.

Priamos wanderte noch eine Weile im Garten, grübelte über Gavin nach und ob er nicht zu hart zu ihm gewesen war. Etwa eine Stunde ging er so herum, hielt annähernd an jeder Blume und betrachtete ihre einzigartige Schönheit. Selbst die einfachste Blüte hatte eine symmetrische Perfektion, die ihm gefiel. „Ich werde alt, Ganymed", sagte er schließlich zu seinem Leibwächter, der ihn selten allein ließ. „Nein, Herr, du wirst nicht alt, die Jahre ziehen schneller vorbei, das ist alles." Priamos schaute auf und musterte seinen Diener freundlich. „Du bist ein Philosoph, Ganymed. Ich danke dir für deine Worte, du tröstest mich." Damit gab er ihm für den Rest des Tages frei. „Ich glaube, ich gehe heute nicht mehr aus, also kannst du tun und lassen, was du willst." Ganymed verbeugte sich und verließ wortlos das Peristyl. Eine Weile erging sich Priamos noch im Garten, dann setzte er sich ins Atrium und las in einem Buch. Er mochte es, denn es war eine Komödie und das Leben bot oft zu wenig Grund zum Lachen. „O Horaz, du und dein Schwätzer. Ich bin auch so einer", kicherte er ein wenig später und las freudig weiter. Er war so versunken in seine Lektüre, dass er nicht merkte, wie Gavin in den Korbstuhl neben ihm sank. Für Priamos war das Atrium ebenso Wohnraum, wie jedes andere Zimmer im Haus, deshalb hatte er es hier etwas gemütlicher eingerichtet als gemeinhin üblich war. Hier war er lieber als in den dezent eingerichteten Zimmern, die er nur für repräsentative Zwecke nutzte, und wenn Mandanten kamen, blieb noch das Büro. Seine Freizeit verbrachte er im Peristyl oder im Atrium. So fand ihn Gavin halb hinter einer Säule und einer Topfpflanze verborgen. „Es tut mir leid, Priamos. Ich sollte dir für deine Hilfe danken und dir nicht weiter zur Last fallen. Nie im Leben werde ich dir das vergelten können, was du für mich getan hast und tust." Priamos rollte das Buch zusammen und steckte es in die Hülle zurück, dann verschloss er sie sorgfältig und legte es vorsichtig zur Seite. Erst dann blickte er seinen Gast an. Doch statt auf dessen Ton einzugehen, sagte er: „Kennst du Horaz? Ich meine nicht persönlich, sondern seine Satiren?" Gavin schüttelte verneinend den Kopf und erklärte: „Vater war gegen diese ganzen Philosophen, die das Nichtstun predigen, wie er es zu nennen pflegte." Hier lachte Gavin kurz und bitter. „Ich erdreistete mich einmal, nur danach zu fragen. Und bevor du mich wieder schimpfst, ich war ein ungehorsamer Sohn und bin es wohl noch immer. Nachts und heimlich habe ich mich in die Bibliothek von Quintius Appion, er war unser Nachbar, einschließen lassen und dann habe ich Cicero gelesen. Nur ein Buch, wirklich nur eines war es und ich konnte fast nichts erkennen, weil es so dunkel war. Oh, am nächsten Tag gab es ein Theater deswegen, ein richtiges Spektakel war das! Das kannst du dir nicht vorstellen. Ein Sklave des Quintius fand mich schlafend vor dem Kamin, die Buchrolle noch im Arm. Warum musste ich auch gleich einpennen? Das hat mich die ganzen Sommerferien gekostet und ich musste jeden Tag mit den Sklaven am Feld arbeiten und wenn ich fertig war, dann durfte ich noch bei Qunitius mithelfen. Ja, ich liebte meinen Vater dafür, das kannst du dir vorstellen." Seine Stimme troff vor Sarkasmus. Dann lachte er erneut und fuhr, den erstaunten Priamos nicht weiter beachtend, fort: „Aber wenn du denkst, ich wäre dann klüger geworden, irrst du dich, mein Freund." Nun lachte er bis ihm die Tränen kamen und es beinahe hysterisch wirkte.

„Was hast du gemacht?"

„Eines Nachts im Spätherbst, es war bereits kalt, bei uns, musst du wissen, ist es viel kälter als hier, schlich ich abermals zu Quintius Appion. Ich bestach einen Sklaven und er ließ mich in die Bibliothek." Jetzt wurde Gavin rot, doch er redete weiter, während seine Ohren mit dem rot der Haare wetteiferten.

„Ich entwendete ein Buch, das ich in Ruhe lesen wollte."

„Was? Du hast ein Buch gestohlen? Hat es sich wenigstens gelohnt?" Priamos staunte immer mehr über seinen Gast, der keine Skrupel zu kennen schien, wenn er etwas haben wollte. Nun war er froh, das nicht vor der Gerichtsverhandlung erfahren zu haben, denn sonst wären selbst ihm Zweifel an der Lauterkeit seines Mandanten gekommen. „Nun, ich gab es ihm wieder zurück, und zwar persönlich mit meinen besten Empfehlungen an die Gattin. Diese Prügel werde ich wohl nie vergessen. Ich war gerade volljährig geworden, aber Vater ließ mich von seinem Vorarbeiter verprügeln als wäre ich der geringste unter seinen Sklaven. Mein Untergang, das waren Ovid und mein loses Mundwerk."

„Jetzt sag bloß, du hast ,ars amatoria' gelesen? Du verrückter Hund, ehrlich, das muss man dir lassen, du scheust kein Risiko und stehst für deine Taten ein."

„Ich habe gelernt, dass ich nichts wert bin, das ist alles und habe alles, was ich hatte, verloren. Das haben mich die Prügel gelehrt und ich sage dir, Priamos, ich gab sie weiter, die Prügel. Ich schenkte keinem was. Aber darüber will ich eigentlich nicht mit dir reden." Er stand nun auf und lief zwischen den Säulen herum. Mehrmals wollte er beginnen und verstummte dann wieder. Da meinte Priamos plötzlich: „Weißt du was, wir gehen jetzt in die Therme – aber in die öffentliche."

„Was?" Gavin war entsetzt über die Vorstellung, hinauszugehen, Leute zu sehen, die ihn vielleicht vor nicht allzu langer Zeit bespuckt und beschimpft hatten. „Genau, Gavin, du wirst dich ihnen stellen und sie werden vor Scham die Köpfe einziehen. Außerdem lassen wir uns mit der Sänfte hinbringen." Nur widerwillig stimmte Gavin dem Angebot zu. Da geriet Priamos in Bewegung und rief nach Ganymed, damit er alles fertig machen ließ. Nur wenig Zeit verstrich und sie saßen in der Sänfte, die sie zur Therme brachte. Gavin mochte das Schaukeln der Sänfte nicht und er dachte, seekrank zu werden, so blieb er still sitzen und hielt die Augen geschlossen, während Priamos von den Errungenschaften der Hellenen berichtete.

„Ja, Priamos, ihr seid die Besten", war alles, was ihm als Antwort auf dessen letzte Bemerkung über Sokrates und sein Weltbild einfiel. „Schon gut, Gavin, wir sind da, und ich werde dich in Hinkunft von den attischen Errungenschaften verschonen. Das heißt aber auch, dass du in kein Theater mehr …"

„Schon gut, mein Freund, jetzt lass mich hier heraus, das ist ja schlimmer als der Ochsenkarren."

Die Therme war ein großes, modernes Gebäude, das links und rechts von anderen Häusern begrenzt wurde. Über einige Stufen gelangten sie zum Eingang. Ein dienstbeflissener Junge brachte sie in die Umkleideräume und wartete dann auf das Trinkgeld. Dafür gab er auf die persönlichen Besitztümer der Gäste acht.

Nachdem sie sich entkleidet und im Kaltbad gründlich gewaschen hatten, schlenderten sie ins Warmbad weiter. Hier waren die meisten Becken schon beinahe überfüllt, aber in einem fanden sie noch genug Platz für sich, dort setzten sie sich dazu und ignorierten die neugierigen Blicke der anderen Badegäste.

Das Wasser begann eben die Anspannung etwas hin wegzuspülen, als sie Claudius in einem der anderen Becken erkannten.

„Er war immer anständig zu mir, obwohl ich ein, wenn auch zweifelhaftes Verhältnis mit seiner Gattin hatte", flüsterte Gavin.

„Ist es dir peinlich?"

„Ja. Doch damals war ich nur ein Sklave und musste tun, was mir aufgetragen wurde. Nicht immer war es spaßig, das kann ich dir sagen." Er klang erneut bitter. „Als ich das letzte Mal von ihr in die Arena zurückging, wurde mir bewusst, dass ich nichts anderes als eine Hure war. Nur gewollt wegen meiner Tapferkeit. Das musst du erst einmal schlucken. Von dem anderen einmal abgesehen." Rasch tauchte er unter, um seine Verlegenheit zu verstecken. Prustend kam er hoch und strich sich das Haar aus der Stirn. „Mir müsstest du nichts vormachen", flüsterte Priamos und bedauerte sofort seine Worte. „Es tut mir leid. Ich habe mir geschworen, dir in dieser Hinsicht nicht zu nahe zu treten. Ich bin ein Schwätzer, wie dieser Mann in Horaz Satire. Hör nicht auf mich." Abermals tauchte Gavin unter, länger diesmal und wie beiläufig berührte er Priamos dabei am Bein.

Er mochte ihn, wusste aber nicht, wie sehr und wie er das mit seinen bisherigen Erfahrungen in Verbindung bringen sollte.

„Es war eine gute Idee, herzukommen", sagte er als er wieder aufgetaucht war.

Nach dem Thermenbesuch fühlte er sich lebendiger, nicht mehr von seinen Albträumen erdrückt und er war fähig, Entscheidungen zu treffen.

In den nächsten Tagen überlegte Gavin, wie es mit dem Geschäft weitergehen sollte. Er schickte einen Boten nach Ravenna, mit der Botschaft, dass sich ihre Ankunft noch etwas verzögern würde, sich aber niemand Sorgen, um die Zukunft zu machen brauchte. Dann begann er damit, das wenige Geld einzuteilen, das sie noch hatten. Er ließ sich die Inventarlisten bringen und dann beauftragte er die Gladiatoren, ihre Utensilien auf Vordermann zu bringen. Sie waren froh, ihn wieder geschäftig zu erleben und ahnten, dass es bald nachhause gehen würde.

12. Praeteritium praetereo – Von der Vergangenheit überholt

Im Sklavenquartier herrschte seit längerem wieder gute Laune und selbst Sextus, dem die Schuld an dem langen Aufenthalt gegeben wurde, wurde in die Späße miteinbezogen.

„Ich bin froh, wenn wir hier wegkommen", sagte er schließlich. Eben hatte er eine Schnalle an der Manica repariert, die ihm locker schien.

„Kannst du mir mal helfen, Rufus? Ich will die Schnallen testen, ob das auch wirklich hält."

„Halt es fest und ich mach zu. Hm?" Er zog an allen Bändern und Schnallen, dann meinte er: „Gut, das hält. Beweg den Arm. Mhm. Passt."

„Ah, wie mir das Training fehlt, hätte nie gedacht, dass das möglich sein kann", brachte sich auch Ullrik in das Gespräch ein. Dem stimmten alle zu.

„Es ist schon komisch, Leute. Da sind wir die letzten unter den Sklaven, aber ich würde mit keinem tauschen wollen."

„Weil du ein Idiot bist, Sextus", konterte Tullius lachend. „Dann kannst du mich dazuzählen", es war Ullrik, der das sagte. Rufus stimmte zu und auch Ansgar. „O Mann, lauter Verrückte, komm Orestes, lassen wir diese Vestalinnen in Ruhe ihre Tuniken richten. Mir ist eine Sabinerin beim Arsche lieber – oder von mir aus auch eine Jüdin."

„O, jetzt bist du aber ungerecht, Tullius. Hattest du schon mal eine Jüdin? Die lassen sich doch nicht fangen und werden zuhause eingeschlossen, weil sie ständig auf Männer scharf sind, und glaub mir, die sind scharf." Rufus bekam einen beinahe sehnsüchtigen Ausdruck als er an seine letzte Freundin dachte.

„Rufus! Was weißt du von Jüdinnen?"

„Der weiß mehr als er uns sagen will", bemerkte Ullrik. So wandte sich das Gespräch den Vorzügen diverser Damen des Reichs zu, es wurde heftig gelacht und debattiert, dabei verging die Zeit und sie vergaßen wie eng die Kammer war, in der sie seit Wochen hausten.

Gavin gewöhnte sich an, jeden Tag einen kleinen Spaziergang zu machen. Die ersten Male begleitete ihn Tullius, doch dann befahl er Sextus, als Leibwächter mitzukommen. Sextus lernte seine neue Aufgabe nach und nach zu schätzen, obwohl er sie am Beginn gefürchtet hatte. Auch Gavin hatte die neuerliche Begegnung mit dem Gladiator nicht eben herbeigesehnt, aber es war nötig, für klare Fronten zu sorgen.

Am achten Tag nach dem Thermenbesuch schlenderte er gemächlich durch die Stadt, immer weiter wagte er sich vom Haus fort, Sextus drei Schritte hinter ihm, da traf er Julia auf der Straße. Seit er sie weggeschickt hatte, hatten sie sich nicht mehr gesehen. Nun hielt sie an und wartete, dass er näher kam. „Herrin", murmelte Gavin, so wie er es gewohnt war, dann wurde er sich bewusst, dass sich sein Stand radikal geändert hatte und er schaute ihr ins Gesicht. „Es freut mich, dich zu sehen, My... äh, Gavin." Sein Gladiatorenname war ihr noch immer geläufiger als der Rufname. „Wie geht es dir? Du siehst schon wesentlich besser aus als bei unserem letzten Zusammentreffen."

„Es wird wieder, aber es geht langsam und ich werde rasch müde, wie ein alter Mann." Er versuchte zu lachen, aber es gelang ihm nicht. „Wie geht das Geschäft? Ich habe gehört, ihr hattet Pech und auch, dass ihr euch mit Primus Felix zusammengeschlossen habt, wurde mir erzählt. Das verwundert mich nun doch, denn ich dachte Claudius mag ihn nicht." Gavin fiel es leichter den geschäftlichen Ton zu finden, als über Privates zu sprechen und Julia ging dankbar darauf ein. „Begleitest du mich ein Stück? Ja, wir haben eine Vereinbarung getroffen. Die Frage ist nun, ob du noch mit im Geschäft bist?"

„Ich denke nicht, dass ich mit Primus Felix etwas zu schaffen haben will, außerdem gehen wir bald nach Ravenna zurück."

„Nun, dann muss sich Claudius nicht zu dir bemühen, wenn du den Vertrag unter diesen Bedingungen nicht eingehen willst."

„Er kann gerne kommen, wenn er will, aber ich werde das Land behalten und es selbst bewirtschaften. Das kommt auf die Dauer billiger, als wenn ich alles was ich brauche, zukaufen muss."

„Du wirst es dir nicht noch einmal überlegen?", fragte Julia hoffnungsvoll, doch ein Blick in sein verschlossenes Gesicht machte seine Entscheidung deutlich. „Dann wünsche ich dir eine gut Heimreise, Myrdin", sagte sie verächtlich. Schon wollte sie sich verabschieden, da unterbrach er sie: „Warte! Was ist los? Ich war der Meinung, du und dein Gatte, ihr würdet mich ebenso wie Marcus schätzen. War das nur gespielt, weil du einen Gladiator in deinem Bett haben wolltest?" Er sprach leise und dennoch blickte sie sich schockiert um. „Was soll das jetzt?", rief sie entsetzt. „Nicht hier auf der Straße."

„Wo denn sonst? Ich habe alle Menschen verloren, die mir etwas bedeuteten und nun wendest du dich auch ab. Ich will kein Verhältnis mit dir, aber … aber … ich weiß nicht, deine Achtung, ja ich will, dass du mich magst." Er hielt sie noch immer an der Hand. Nun machte sie sich ärgerlich los. „Herrin, belästigt dich dieser Mann?", fragte ihr Leibwächter. „Nein, Yussef, er wird es nicht wagen." Dann wandte sie sich erneut an Gavin. „Ich mochte dich, doch du hast dich verändert und ich weiß nicht, ob ich den neuen Gavin leiden kann, den Geschäftsmann. Der Gladiator war mir lieber." Gavin lachte, dann fuhr er sie an: „Ja, das war Myrdin, der Sklave, den man nur zu rufen brauchte und nach Belieben benutzen konnte, nicht wahr? Das war einfacher. Jetzt müsstest du dich etwas mehr um mich bemühen, denn ich hätte das Recht, nein zu sagen." Er klang regelrecht bissig, als er das sagte, aber auch eine Spur Enttäuschung, die er nur schwer verbergen konnte, schwang darin mit. „Du bist gut zu allen, Julia, merkst aber nicht, wie du die Menschen dadurch benutzt und manipulierst."

„Das sind doch Sklaven!", rief sie empört aus.

„Ach! Und was bin dann ich, meine liebe Julia? So plötzlich von einem Tag zum anderen vom Sklaven zum Mensch geworden? Jetzt sag ich dir einmal etwas: mir ist ehrliche Abneigung, ja sogar Schläge lieber als deine aufgesetzte Freundlichkeit und Güte, die dir einzig Prestige einbringen sollen! Leb wohl! Komm, Sextus, wir haben hier nichts mehr verloren." Zornig drehte er sich um und ging hocherhobenen Hauptes davon. „Sextus! Mach schon!", brüllte er und der Gladiator beeilte sich, seinem Herrn zu folgen. Er hatte erstaunt zugehört und konnte sich nicht auf alles einen Reim machen. ‚So machst du dir keine Freunde, Gavin', dachte er. ‚Aber ich kann dich verstehen, das würde mich auch zornig machen.' Langsam schwand der lang anhaltende Hass auf Gavin, um nie wiederzukehren. ‚Er will nur gemocht werden. Wer will das nicht? Verdammt, ich …', hier brach er seine Gedanken ab, weil Gavin taumelte. Er war zu schnell gelaufen und die Rippenbrüche machten ihm zu schaffen. „Warte, ich stütze dich", sagte Sextus und bot ihm den Arm. „Danke, Sextus. Wir werden bald nachhause fahren. Ich mag nicht mehr hier sein."

„Das freut mich, wir nämlich auch nicht."

„Na, dann ist das geklärt. Ich rede noch heute mit unserem Gastgeber. Sobald es geht, sind wir weg." Dann ließ er sich von Sextus in die Villa zurückbringen, wo er müde in einen der Korbstühle im Atrium sank. „Herr?", fragte Sextus, dem es eigenartig vorkam, das Wort zu Gavin zu sagen. „Ja?", antwortete er müde. „Ich weiß, es geht mich nichts an, aber was war das mit Julia?" Gavin öffnete die Augen und starrte den Frager einen Moment an. „Das ist eine lange Geschichte, Sextus, und nicht eben ruhmreich, wie du gehört hast und ich will sie nicht erzählen. Nicht jetzt." Damit musste sich Sextus zufrieden geben. „Soll ich dich noch in deine Räume bringen, Ga…, Herr?" Immer wieder wollte ihm der Name entschlüpfen, anstatt der korrekten Anrede, darüber lächelte Gavin. „Nein, Sextus, ich bleibe eine Weile hier. Danke für deine Hilfe. Nach dem Abendessen komme ich kurz zu euch und wir reden über die Abreise und was sonst noch so ansteht." Ausgelaugt fühlte er sich, leer, aller Gefühle beraubt, hatte ihn der Streit mit Julia. Aber er hatte Verantwortung zu tragen. Das Geld ging ihnen aus, die Sponsoren waren abgesprungen, nachdem sie von Marcus Atticus Tod und Gavins Verhaftung erfahren hatten. Auch nach seinem Freispruch waren sie nicht mehr zurückgekommen. Nun musste er nach neuen Geldquellen suchen. Lange saß er im Atrium und dachte darüber nach. Geldsorgen war etwas, das ihn als Sklave nicht gequält hatte, nun war er gezwungen, sich damit auseinanderzusetzen, das Wissen einzusetzen, das ihm sein Lehrer einst eingeprügelt hatte. Er hatte niemanden mehr hier, der sich mit Marcus unordentlicher Buchhaltung auskannte, denn Titus und Iucundus hatten sich mit Ajax aus dem Staub gemacht. Sie waren laut Testament frei und hatten jeder einen kleinen Geldbetrag erhalten, der Gavin jetzt dringend fehlte. Langsam stand er auf und schlurfte mit hängenden Schultern ins Büro von Priamos. Er fand aber lediglich dessen Schreiber Andrea vor, den bat er um eine Schreibtafel. Erstaunt gab ihm der Mann das Gewünschte und Gavin ging in sein Zimmer. Dort setzte er sich an den kleinen Tisch und begann mit einer Aufstellung seiner Habseligkeiten. Alle Mobilien und Immobilien, ausgenommen der Sklaven, listete er auf und den ungefähren Wert, dann zählte er das Bargeld. Viel war es nicht. Er schätzte, dass sie damit gerade so bis Ravenna kommen würden, aber dann war es aus. Schließlich erwog er sogar, das Angebot von Claudius Lucius anzunehmen und ihm das Grundstück zu verkaufen. Dann fiel ihm Primus Felix ein, der nur um des Profites willen handelte und dem die Leute egal waren und er verschloss sich dieser Vorstellung. Als er den dicken Mann zuletzt gesehen hatte, war er mit Priamos in der Therme gewesen. Es war just der Tag, an dem er das erste Mal ohne Angst, oder zumindest ohne Panikattacken das Haus verlassen konnte. Doch Primus Felix hatte ihn gar nicht bemerkt, er war mit schwingenden Fettpolstern zu den Ballspielern gegangen und Priamos hatte dabei gelästert und Witze gerissen, dass Gavin schon ganz heiß wurde vor Verlegenheit, denn Priamos hatte nicht leise gesprochen. Zum Abschluss hatte er gemeint: „Der alte Fettsack geht nicht zum Ballspielen hin, mit seinen Wurstfingern, kann er ihn doch nicht mal halten. Der sucht sich einen jungen Gespielen, hat er doch seine Gattin in die Wüste geschickt, dieser Idiot. Schau ihn dir an, Gavin! Diese feiste Überheblichkeit. Sollte ich jemals so werden, hoffe ich, dass Iupiter mich vorher erschlägt." Wie er jetzt so am Schreibtisch sitzend daran dachte, fielen ihm auch die zahlreichen Blicke ein, die ihm neugierige Badegäste miteinander tuschelnd zugeworfen hatten. Entschlossen sich jetzt nicht verrückt machen zu lassen, wandte er sich erneut den Zahlen zu. Nur wenige Denare kamen am Ende heraus. Grübelnd beugte er sich abermals darüber und rechnete die Zahlenreihe nach. Dann versuchte er einen Sparplan zu machen. Sie mussten Futter für die Ochsen kaufen, den Mietstall zahlen und die Sklaven brauchten ebenso zu essen, wie er selbst und die Rechnung für die Einäscherungen von Marcus und Kassandra waren auch noch zu begleichen. Auch von der Stadtkasse hatte er eine Rechnung erhalten, was er als Frechheit empfunden hatte. Trotzdem hatte er bezahlt, und Alexandros, der Arenaherr hatte ihm auch eine saftige Forderung für die Unterbringung und Verpflegung der Sklaven präsentiert, die er von seinem Gewinn beglichen hatte. Abzüglich der bereits geleisteten Spende waren seine Einnahmen aus diesen Spielen gleich Null.

„Verdammter Mist, das geht sich hinten und vorne nicht aus, oder doch so knapp, dass ich mir was überlegen muss. Wir werden nächstes Jahr durch das Land ziehen müssen, um uns bekannt zu machen und jede noch so lächerliche Herausforderung annehmen." Heftig spürte er nun sein Herz gegen das Brustbein schlagen, als er daran dachte, eine begrenzte Zeit ein Nomadendasein führen zu müssen. Die Vorstellung daran behagte ihm nicht, aber es ließ sich wohl nicht vermeiden. Nur so konnte die Schule überleben, andernfalls würde er sie verkaufen müssen und der Lebenstraum von Marcus Atticus war verloren. Ebenso sein eigener, wie er sich eingestehen musste. „Na schön, bis Ravenna werden wir den Gürtel enger schnallen, sehr eng sogar und dann werde ich das eine oder andere Möbelstück verkaufen. Aber kein Land, kein Land. Nie wieder will ich ein Landloser sein", flüsterte er, dann ließ er die Faust auf den Tisch knallen und bedauerte es sofort, denn es gab ihm einen Stich in die Seite, was ihm seine noch nicht verheilten Rippenbrüche bewusst machte. „Hoffentlich überlebe ich das. Ich sollte wohl ein Testament machen", überlegte er, ohne daran zu denken, den Verlust Kassandras angenommen und nicht mehr den Wunsch zu haben, an ihrer Stelle gestorben zu sein. Die Trauer war dennoch sehr real und würde nicht so schnell verschwinden. Oft dachte er, wenn Priamos ein Buch erwähnte, ob sie es gekannt und gemocht hatte. Dann wurde er traurig, weil er sie nie mehr danach fragen konnte. Nun verbot er sich alle Gedanken an sie und konzentrierte sich erneut auf die Zahlen. „Ich wünschte, Marcus wäre hier", seufzte er, griff sich an die Seite und legte sich dann doch ins Bett. Es hatte keinen Sinn, weiter über den Beträgen zu brüten, sie änderten sich dadurch nicht. ‚Ich werde viel arbeiten müssen, um wieder halbwegs auf die Beine zu kommen. Gavin, was hast du alter, fauler Sack dir da aufladen lassen?', fragte er sich müde.

Erst als es Zeit für die Cena wurde, stand er auf, kleidete sich um und ging zu seinem Gastgeber.

Octavian hatte die Verletzungen so gut behandelt, dass nicht mehr viel zu sehen war. Der Rücken wies zwar einige hässliche Narben auf, aber die meisten Wunden waren schön abgeheilt, die gebrochene Nase hatte er allerdings nicht richten können und die Rippenbrüche versorgte er noch immer zweimal täglich.

„Schönen Abend, Priamos", sagte er bei seinem Eintreten. „Auch dir, mein Freund, einen angenehmen Abend. Wie immer freut es mich, dich zu sehen. Doch du wirkst so nachdenklich?" Priamos hob fragend eine Augenbraue, was ihm einen ironischen Gesichtsausdruck verlieh und die exakt gestutzte Braue verschmolz mit den Stirnlocken, die in einem akkuraten Muster ins Gesicht hingen. „Ja, Priamos, ich habe nachgedacht, über Vieles. Manches gefällt mir nicht." Er lachte kurz auf und fuhr rasch fort: „Eigentlich gefällt mir nichts von dem, was ich erkannt habe und was ich tun muss, um über die Runden zu kommen." Priamos wies ihn an, sich hinzulegen und vor Staunen, vergaß er zu kauen. Gavin legte sich zu Tisch und sagte nun, ohne lange Einleitung: „Wir reisen ab." Ohne zu überlegen, schluckte Priamos den ganzen Brocken Brot, den er im Mund hatte und erstickte beinahe an dem folgenden Hustenreiz. Gavin stand auf und klopfte ihm lange und fest den Rücken, bis er sich beruhigt hatte. Tränen glänzten auf Priamos Wangen, ärgerlich wischte er sie fort. „Ich fürchtete bereits, dass es dazu kommen würde, mein junger Freund. Aber bitte, leg dich wieder hin. Ein Sklave hätte mir auch auf den Rücken schlagen können, ich danke dir für deine Fürsorge." Gavin wusste jetzt nicht, was er sagen sollte. Einerseits bedauerte er, die Tatsache der Abreise so brutal ausgesprochen zu haben, andererseits wusste er nicht, wie er es anders hätte sagen sollen. „Ja, verzeih mir, Priamos, aber ich kann deine Gastfreundschaft nicht länger so schamlos ausnutzen."

„Ich habe von deinem Streit mit Julia gehört …", begann Priamos, wurde aber von Gavin unterbrochen. „Das ist doch wirklich wie auf dem Dorfe hier! Alles wird sofort zerredet. Wer hat es dir gesagt?" Priamos lachte und meinte dann: „Der Bäcker."

„Der was …?" Jetzt war Gavin aber erstaunt, dass Priamos selbst zum Bäcker ging und einkaufte. Die wenigsten Patrizier führten Bargeld mit sich, das taten die Sklaven und die kauften auch ein und machten diese niederen Tätigkeiten, für die sich normalerweise kein Reicher hergab. „Ich hatte Hunger und habe mir ein Stück Kuchen gekauft, oder darf ich das nicht? Du sollst nicht eben leise geredet haben und ihr Sklave drohte dir Prügel an, wenn du seine Herrin weiter belästigst."

„Also … Das darf doch nicht wahr sein!" Gavin sprang auf und lief mit dem Weinkelch in der Hand zwischen den Liegen herum. „Leg dich hin. Es ist doch gleich, was die Leute reden, mein Freund. Für Julia mag es ganz heilsam gewesen sein. Ich bin Grieche, ich sehe die Sache anders als ihr Italer, Latiner oder auch Noriker. Ihr seid viel strenger mit euren Leibeigenen. Doch was soll's. Reden wir lieber über deine Abreise. Wann willst du los? Und bitte, leg dich jetzt hin! Du machst mich ganz fahrig mit deinem Herumgehopse." Priamos überspielte seine Enttäuschung mit viel Geschwätz, dann wies er einen Sklaven an, Wein zu bringen, jedoch ohne Wasser vermischt. „Ich riskiere einen schweren Kopf, aber mir ist jetzt danach, mich zu betrinken." Gavin legte sich an seinen Platz und griff nach einer Bratwurst. „Du hast dich auf Würste verlegte, Priamos?", doch noch während er fragte, erriet er die Antwort, die Fleisch- und Wurstwaren hatte Priamos für ihn zubereiten lassen. Er wollte noch etwas sagen, doch da kam der Wein und er unterließ es. Stattdessen brachte er einen Trinkspruch aus. „Lass uns saufen, Priamos, bis unsere Bäuche, voll sind wie die Schläuche." Da lachte der ältere Mann und prostete sogleich Gavin zu. „Nun denn, auf einen weinseligen Abend, junger Freund." Priamos hatte einen alten, schweren Falner bringen lassen, der eigentlich nicht zu den Speisen passte aber der Gelegenheit mehr als angemessen war.

Viel zu schnell trank Gavin und bald schon war er betrunken, denn er war den unvermischten Alkohol nicht gewöhnt. Müde sank sein Kopf auf das Kissen zurück und er merkte nicht, wie sich Priamos neben ihn legte und ihn sanft mit einem Arm umschlang, während er trank und redete. Plötzlich begann er zu weinen, ließ die Tränen laufen wie er es nicht einmal als Kind getan hatte. Priamos, etwas hilflos geworden, nahm ihn fester in den Arm, aber Gavin entwand sich ihm. Schwankend stand er auf und wollte in sein Zimmer gehen, aber er fand den Weg nicht mehr zur Tür hinaus und prallte gegen eine Säule. „Gavin! Pass auf, sonst verlängert sich dein Aufenthalt noch einmal", meinte Priamos streng.

„Lass mich. Ich bin pleite, ohne Freunde, ohne Ziel", lallte er mit schwerer Zunge, dann begann er hemmungslos zu lachen. Mit dem Rücken zur Säule blieb er stehen, lehnte sich an und sank langsam zu Boden. Er achtete nicht der Sklaven, die noch im Raum waren und eben die Tische abzuräumen begannen. Verstohlen beobachteten sie ihn und schüttelten stumm den Kopf über diese Trunkenheit. „Ich bin abgebrannt …
tot … hahaha … ja, tot, Priamos. Hahaha …" Schluchzend legte er den Kopf auf die Hände und wiederholte: „Ich bin tot. Tot, tot, tot." Da trat Priamos zu ihm und sagte: „Freund, ich bringe dich zu Bett. Es war wohl keine so gute Idee, mit dem Wein." Entschieden verscheuchte er die Sklaven, die ihm helfen wollten und zog den viel größeren und breiteren Mann auf die Füße. „Du dummer Junge, wenn du nichts verträgst, solltest du nicht so viel trinken. Hilf mit, sonst schläfst du im Atrium." Schwankend und langsam kamen sie vorwärts, immer wieder stießen sie gegen Säulen, weil Gavin die Richtung nicht halten konnte und unablässig lachend und gleichzeitig schluchzend wiederholte: „Tot, Herr, ich bin tot."

Endlich hatten sie es bis zu seinem Zimmer geschafft und Priamos hievte ihn ins Bett. „Hör jetzt auf zu reden und denk nicht mehr nach, Gavin."

Niemals erfuhr Priamos, welche Dämonen ihn ritten, als er Gavin auf den Mund küsste und ihn zu streicheln und sanft zu entkleiden begann. Später, als der jüngere Mann nackt vor ihm lag, wurde ihm seine Tat bewusst, denn der andere blickte ihn erstaunt, ernüchtert und verängstigt an. „Priamos? Ich ...", begann Gavin, doch er konnte nicht weiter sprechen. Er fühlte sich wie gelähmt. Abermals küsste ihn der Anwalt und Gavin fand nicht die Kraft, sich ihm zu entziehen, obwohl der andere viel schwächer war als er selbst. „Willst du mich jetzt auch benutzen, Priamos? Ich kenne es nicht anders – entweder ich wurde benutzt oder ich vergriff mich an anderen. Nur zu, es wäre die gerechte Strafe für mein Verhalten Kassandra gegenüber", sagte er als er wieder frei war, traurig und beinahe tonlos war seine Stimme. „Ich kann das nicht mehr aushalten." Das ernüchterte Priamos und er starrte nun seinerseits entsetzt auf Gavin, der ihn noch immer aus tränenblinden Augen anschaute. „Ich weiß nicht, was über mich gekommen ist. Ich liebe dich. Ach, zum Hades! Ich gehe besser."

Erst als er weg war, bedeckte sich Gavin und dann schaute er auf die geschlossene Tür und kam sich verloren vor, einsamer als je zuvor in seinem Leben.

Erst Vier Tage später waren sie zum Abmarsch bereit. Gavin hatte die Ochsen verkauft, damit er die Stallmiete begleichen konnte und von dem Restgeld noch Verpflegung erstanden. Julia und Claudius hatte er nicht mehr gesehen, er legte auch keinen Wert auf eine Fortführung dieser Beziehung, seit sie sich mit Primus Felix zusammengetan hatten. Priamos war auch nicht mehr zu sehen gewesen, ihm war sein Verhalten peinlich. Doch zur Verabschiedung reichte er Gavin die Hand und sagte: „Mein Freund, einerseits freue ich mich, dass es dir gut genug geht, nachhause zu reisen, andererseits hätte ich dich gerne näher kennen gelernt. Ich habe gestern Merkur für eure sichere Heimkehr geopfert." Gavin blickte zu Boden. Wie sie den Weg ohne Wagen schaffen wollten, wusste er nicht. Jeder trug einen Teil der Ausrüstung auf dem Rücken, ebenso er selbst und wie er das aushalten sollte, war auch so eine Frage, auf die er am liebsten keine Antwort hätte. Aber es ging nicht anders. „Danke für die guten Wünsche, Priamos, sie helfen bestimmt."

„Ich hätte die Stallmiete gezahlt, mein Freund, ein Wort von dir hätte genügt. Aber nun ist es eben so." Damit drehte er sich um und verschwand im Haus.

Gavin straffte sich, atmete tief durch und sagte: „So Leute, jede Reise beginnt mit dem ersten Schritt und den werden wir jetzt machen. Es geht nachhause. Wir haben Merkur geopfert und Priamos tat es auch. Schultert eure Packen und los." Er griff einen schweren Stock auf den er sich stützen konnte und marschierte dem Zug voran.

Die halbe Strecke schafften sie in einem guten Tempo. Das Wetter war mild und sie waren keinen Wegelagerern begegnet. Die Tavernen mieden sie, denn dafür fehlte es an Geld, so lagerten sie unter freiem Himmel und hofften, das Wetter würde weiterhin halten. Gavin teilte immer zwei Wachen ein, die im zweistündlichen Rhythmus wechselten, damit jeder ausreichend Schlaf bekam, dennoch waren alle immerzu müde und langsam wurde die Truppe reizbar. Besonders ungehalten wurden sie als es eines Nachts zu stürmen und zu regnen begann. Sie versuchten, ihre Habseligkeiten vor der alles durchdringenden Nässe zu schützen und packten eben ein, als aus dem Wald hinter ihnen Lärm drang. Straßenräuber brachen durch und versuchten Gavin und seine Leute zu überrennen. Es wäre eine fette Beute gewesen, wenn auch keine Wertsachen oder doch sehr wenige, hätten die Sklaven einiges an Gewinn beschert. Doch sie wehrten sich heftig. Mit allem was sie in Händen hielten, schlugen sie auf die Angreifer ein. Gavin benutzte seinen Stock und den Dolch, den er immer an der Seite trug und ging damit auf den Anführer der Bande los. Lieber wäre ihm das Gladius gewesen, doch das lag, wie alle anderen Waffen auch, in einer verschlossenen Holzkiste. Mit viel Mühe gelang es ihm, dem Bandenführer mit einem gezielten Stockschlag zu entwaffnen und ihn zu Fall zu bringen. Als seine Kumpane das bemerkten, nahmen sie Reißaus und liefen in den Wald zurück. Gavin stand, einen Fuß auf dem Brustkorb des Räubers, schwer atmend und sich auf den Stock stützend, bedrohlich da. Tullius eilte herbei und stütze den Herrn, während die anderen alles zusammenrafften was in dem Durcheinander wieder auseinandergeflogen war. Einiges hatte der Sturm davon geweht und konnte nicht mehr gefunden werden.

„Herr, was machen wir mit dem Abschaum da?", fragte er. Gavin blinzelte, einen Moment hatte er gedacht, in der Arena zu stehen und um sein Leben zu kämpfen. Doch dieser Mann unter ihm war kein Gladiator und kannte nichts von dem Ehrenkodex. Er wimmerte und heulte und bettelte unentwegt um sein Leben. „Ich werde dir dein kümmerliches Dasein nicht nehmen, dazu ist mir jede Klinge zu schade. Aber du wirst gefesselt an einen Baum harren müssen, bis dich jemand losbindet. Sextus! Tullius! Los – bindet ihn!" Seine Stimme war hart, und unbarmherzig zerrten ihn Tullius und Sextus fort. Mit wenig Milde führten sie den Befehl des Herrn aus. „Manchmal ist er mir unheimlich", sagte Sextus woraufhin Tullius ihn fragend anblickte. „Gavin, der Herr, meine ich. Weißt du, dass er jede Nacht laut schreiend aufwacht?" Tullius nickte, das wussten alle. Er war neugierig worauf Sextus hinauswollte. Doch der zog erst den Knoten fest, damit der Gefangene auch an Ort und Stelle blieb. Dann ging er fort und winkte Tullius, ihm zu folgen. Erst als sie ein Stück gegangen waren, sagte er: „Ich konnte ihn in der Arena nicht erschlagen, beinahe hätte ich es getan, aber ich konnte nicht. Irgendetwas zwang mich, die Wahrheit zu sagen."

„Die Göttin", meinte Tullius einsilbig, der sich fragte, warum sich gerade ihm Sextus anvertraute. „Ich weiß nicht", antwortete er nach längerem Überlegen. „Wie er mit verbundenen Augen unter mir lag, schon mehr tot als lebendig aber immer noch nicht am Ende, da … ja irgendetwas hielt mich davon ab. Vielleicht war es die Göttin." Tullius brummte etwas und ging zurück zu den anderen. Ein wenig später kam Sextus nach und schaute nach Gavin. Wie er vermutet hatte, hatte der sich wieder seinen Packen umgeschnallt und befahl eben den Abmarsch. Rasch holte Sextus seinen Beutel und sagte: „Gavin, verzeih, Herr, lass mich deine Sachen tragen. Erstens gehört es sich nicht für einen Herrn, beladen wie ein Sklave durch die Gegend zu rennen und zweitens sind deine Verletzungen noch immer nicht ganz verheilt. Du solltest dich mehr schonen."

Gavin überlegte eine Weile, dann stimmte er Sextus zu. Es war ihm tatsächlich beinahe unmöglich mit dem Rucksack noch zu marschieren.

Sie nahmen wieder ihre Marschordnung auf und gingen auf die Straße. Dort sagte Gavin: „An der nächsten Taverne halten wir, ganz gleich ob Tag oder Nacht. Wir müssen die Sachen trocknen und ich denke auf einen Tag mehr oder weniger kommt es nicht an." Die Gesichter der Sklaven leuchteten hell im Dunkeln und wirkten nun nicht mehr so vergrämt und ärgerlich. Er seufzte. Wie er das bezahlen sollte, wusste er nicht. Quartier für zwölf Sklaven und für sich, dazu die Verpflegung, da würden einige Münzen den Besitzer wechseln. Sein Blick fiel auf den Ring, den ihm Marcus zu seiner Freilassung geschenkt hatte. Zur Not würde er ihn als Bezahlung verwenden.

Es wurde bereits Morgen und der Wind ließ merklich nach, als sie in der Ferne ein Haus erkannten. Nur undeutlich war es in der Dämmerung zu erkennen und Nebel lag über den es umgebenden Feldern. Alle gingen nun schneller, denn die Aussicht, einen Tag lang im Trockenen zu sein, war verlockend.

Endlich erreichten sie die Taverne. Gavin pochte an die Tür, die noch abgeschlossen war und verlangte Einlass. Nach langen Minuten des Wartens öffnete ihnen ein mürrischer Portier. Er weckte den Wirt. Der kam, noch säuerlicher blickend als der Portier, ans Tor. Die Schürze spannte um seinen Bauch und die Augen, die die nasse Schar begutachteten, schienen rot zu sein. Das lag aber nur am schummrigen Licht und der Übermüdung des Wirts. „Was wollt ihr hier um diese Zeit?", fragte er unhöflich. Wieder einmal fühlte sich Gavin herabgewürdigt, wie so oft in letzter Zeit. Aber er straffte sich und sagte betont höflich: „Ein Lager für mich und meine Sklaven, Wirt. Dies ist doch eine Taverne und ihr bietet Nachtlager an? So steht es zumindest an der Tür!"

„Nachtlager", brummte der Wirt. „Doch keines am Tag. Wovor lauft ihr davon?"

„Vor den Wegelagerern, guter Mann, vor den Wegelagerern." Er zeigte in die Richtung, aus der sie gekommen waren und sagte weiter: „Dort hinten haben wir den Anführer einer Bande überwältigen können und ihn an einen Baum gefesselt. Vielleicht frisst ihn ein wildes Tier oder es kann ihn jemand abholen und an die Polizei übergeben." Gavin klang nun noch hochmütiger, er brachte alles an Arroganz auf, dessen er mächtig war. „Aha", der Wirt ließ sich nicht beeindrucken. „Und wer sagt mir, dass nicht ihr die Wegelagerer seid?" Jetzt wurde Gavin zornig. Er raufte sich das Haar und brüllte: „Weil wir dann schon längst in deiner elenden Hütte wären und du würdest draußen stehen und heulen – elender Fettwanst und jetzt gib mir ein Zimmer und Quartier für meine Leute – rasch! Wir sind die halbe Nacht lang im Regen marschiert!" Das Gebaren überzeugte schließlich den Wirt und er ließ sie eintreten. „Die Sklaven in den Stall", schlug der Wirt vor. „Die Sklaven in die Zimmer neben meinem", konterte Gavin. „Ich habe nicht vor, die volle Leistung zu bezahlen und dann nur die halbe zu bekommen." Brummend drängte er sich an dem Wirt vorbei in die Schenke und winkte den anderen, nachzukommen. Dann nahm er den Ring vom Zeigefinger und knallte ihn auf den Tresen. „Hier. Ich bin etwas knapp an Bargeld, aber das müsste genügen." Je mehr Zeit der Wirt verstreichen ließ und dabei den Ring genauestens begutachtete, desto wütender wurde er. „Jetzt mach die Zimmer fertig, Wirt, oder ich werde meinen Gladiatoren befehlen, hier einmal für Ordnung zu sorgen!" Die Erwähnung von Gladiatoren ließ den Wirt erbleichen und er brüllte seine Leute zusammen. „Wie sieht es mit einem Bad aus?", forderte Gavin weiter. „Entschuldige, Herr, mit einem Bad kann ich nicht dienen, wir sind nur ein kleines Haus. Aber ich kann dir einen Zuber aufs Zimmer bringen lassen und eine Sklavin dazu, falls das dein Wunsch sein sollte", antwortete der Wirt anzüglich.

„Sehe ich so aus, als ob ich den Wunsch nach einer Frau hätte, nass und schmutzig wie ich bin? Spar dir deine Angebote und sieh lieber zu, dass wir die Schlafplätze bekommen. Den Zuber auf mein Zimmer und dann warmes Essen für alle!" Daraufhin wurde der Wirt ruhig. Leise wies er die Sklaven an, was sie zu tun hatten und kurze Zeit später waren sie in den Zimmern untergebracht. „Sextus! Zu mir!", befal Gavin, noch immer in dem barschen Tonfall. Erst im Zimmer wurde er ruhiger und ließ sich erschöpft auf das Bett fallen. „Ich kann nicht mehr."

„Du solltest dich ausruhen, Gav…Herr", murmelte Sextus während er ihm aus den Sandalen half. Danach kramte er in den Packen nach einer frischen Tunika und einer Bandage für den Brustkorb. Während ihm Sextus aus der Kleidung half und ihn wusch, sagte er: „Weißt du, dass wir praktisch pleite sind?" Sextus überlegte, warum er das erfahren musste. Er konnte nichts ändern und dennoch fühlte er sich jetzt schuldig und wand sich innerlich. „Es …", begann er, doch Gavin unterbrach ihn, der das Unwohlsein seines Sklaven erkannte. „Lassen wir das. Ich versuche es zu vergessen. Hilf mir lieber und schnüre mir den Brustkorb ein. Du hast einen verdammt harten Schlag."

„Und du verflucht gute Ohren, denn du bist mir gekonnt ausgewichen."

„Nun, wohl nicht gut genug. Schluss jetzt. Hilf mir beim Anziehen."

Gavin zog sich eben die Tunika über, als es an der Tür klopfte und ein Diener mit dem Essen eintrat. Es roch köstlich und Gavin schickte Sextus zu den anderen. „Ich komme nach dem Essen noch einmal zu dir, Herr." Der Blick, den er Gavin zuwarf, wirkte besorgt, doch der Angesprochene winkte ab und wandte sich den Speisen zu. ‚Wirst schon sehen. Dir geht es schlecht, du kannst mich nicht täuschen, dazu kenne ich dich zu gut, Myrdin', dachte er im Gehen, schloss sorgsam die Tür und ging zu den anderen, die bereits am gedeckten Tisch saßen und eine warme Speise genossen.

„Schnell, Sextus, sonst ist nichts mehr von der Suppe da", scherzte Rufus, wobei er ihm eine volle Schale vor die Nase hielt. „Riecht gut, nicht wahr? Setz dich und iss." Lachend nahm Sextus die Schale entgegen und machte sich neben Tullius breit. „Ich bin so müde", jammerte Petulia. „Wir alle sind müde und gehen dann schlafen, so hat es der Herr angeordnet", meinte Sextus bestimmt. „Wie geht es ihm? Er hat ja härter gekämpft als gut für ihn ist." Sextus schluckte den letzten Rest der Suppe und wischte die Schale mit einem Stück Brot sauber, dann antwortete er: „Nicht gut. Ich geh jetzt wieder zu ihm, bin ja sein Leibwächter geworden, wohl eher Kindermädchen. Wenn er nicht mehr aufpasst, werde ich ihn an mich binden müssen." Alle schauten ihn erstaunt an, denn gerade von ihm hatten sie so eine Rede nicht erwartet. „Du nimmst deine neue Pflicht scheint's sehr ernst", sagte Tullius verblüfft. Sextus nickte lediglich, dann stand er auf und ging erst einmal an dem, ihm zugewiesenen Schlafplatz. Dort zog er sich trockene Sachen an und suchte dann Gavin auf.

„Ich sagte doch, ich brauche dich heute nicht mehr, Sextus."

„Das glaubst du doch selbst nicht, Gavin. Ich sehe, dass es dir schlecht geht. Du hast dich die letzten Stunden zu sehr verausgabt. Warum tust du das? Was kümmert es dich, wie es einem Sklaven geht? Du bist der Herr! Wir hätten auch im Stroh geschlafen, das weißt du, hast du selbst auch oft genug gemacht." Gavin war viel zu perplex, um zu antworten, deshalb fuhr Sextus fort: „Wie lange werden wir hierbleiben? Ich hoffe doch, bis morgen, dann sind unsere Sachen trocken und Petulia hat ihre gute Laune wiedergefunden. Die jammert nur noch herum, weil ihr die Füße wehtun."

„Das kann ich mir denken. Ja, wir bleiben bis morgen früh. Mit dem Ring habe ich das alles bezahlen können." Gavin nahm sich noch etwas Brot und ließ Honig darauf tropfen. Dann legte er es weg und starrte es nur an. Ihm war übel geworden. Schon seit einigen Wochen hatte er Mühe, das Essen bei sich zu behalten. Er war hungrig, doch kaum stand es vor ihm, begann der Magen zu rebellieren und verkündete, jetzt doch keine Mahlzeit zu vertragen. „Leg dich hin, Gavin. Du bist zu müde zum Essen und überhaupt, schaust du aus wie deine eigene Leiche." Sextus nahm sich kein Blatt vor dem Mund. Was gesagt werden musste, musste eben und es war niemand anders da, der es tat. Schon wollte Gavin etwas scharf erwidern, da erkannte er, der andere hatte recht. So stand er auf und begab sich zu Bett. Kaum lag er, fielen ihm die Augen zu. „Warum kümmerst du dich jetzt um mich? Ich habe dich das schon einmal gefragt."

„Du solltest jetzt wirklich schlafen, Gavin und nicht so viel reden oder denken. Wenn du magst, bleibe ich hier, während du schläfst, oder willst du vorher doch noch etwas essen?" Sextus wartete keine Antwort ab, richtete sich eine Bank und ging dann zum Tisch. Dort schnitt er das Brot in kleine Stücke, die er dem protestierenden Gavin in den Mund stopfte. „Wenn du zusammenklappst, Gavin, Herr, dann ist keinem geholfen. Das ist mein Beweggrund", schimpfte er. Er sagte nicht, dass er so etwas wie Respekt für ihn empfand, das würde er nie fertigbringen, aber er zeigte es auf seine Weise. Jemand, der in der Subura Roms aufgewachsen war, zeigte keine Gefühle, er war stark oder ging unter im Lärm der Großstadt. Manchmal dachte er an die verstopften, verschmutzten Straßen, die schreienden Händler, die brüllenden Ochsen, welche die schwerbeladenen Karren durch die viel zu engen Gassen zogen und mit viel Pech den einen oder anderen Passanten mit ihrer Ladung erschlagen hatten. Er war froh, diesem Chaos und dem ständigen Gezänk der Leute dort, entronnen zu sein. Marcus Atticus war ein guter Herr gewesen und er hatte sich um seine Leute gekümmert. Nie gab es Anlass zur Klage. Das Essen war gut, die Unterkünfte angemessen, er hatte sogar mehr Platz als in der Wohnung in der Subura, wo sie sich sogar das Essen auf der Straße kaufen mussten, denn wegen der ständigen Brandgefahr, durften sie nicht kochen. Seit er Gladiator war, war auch die Kleidung immer sauber und er konnte sogar die hauseigene Balnea benutzen, was mehr war, als er in Rom geschafft hatte. Einmal im Monat, wenn er genug Geld hatte aufbringen können, war er ins Kaltbad gegangen, ins Tepidarium hatte er sich schon nicht mehr gewagt, wegen der Senatoren, die oft dort verkehrten, wo die lockeren Damen waren und in seinem Viertel waren die Damen sehr locker. Immer wenn er an diesen Punkt der Erinnerung gelangte, dachte er an Fortunata. Es gab ihm einen Stich, weil sie ihn so kalt abserviert hatte. Rasch schüttelte er die Erinnerung daran ab und dachte lieber daran, dass ihn Gavin nicht wirklich bestraft hatte. Sein Vertrauen musste er aber erst gewinnen.

Als Gavin die Hälfte des Brotes gegessen hatte, hörte er auf, ihn zu füttern, deckte ihn gut zu, schloss die Fensterläden gegen die aufkommende Schwüle und den Lärm. Danach machte er es sich auf der Bank bequem.

Es dauerte nicht lange und sie schliefen trotz des Lärms der vom Hof heraufdrang, ein.

Unruhig warf sich Gavin im Bett herum. Dunkle Träume quälten ihn. Er sah sich, gejagt von einer gesichtslosen Menge, die schemenhaft vor ihm auftauchte, ihn aus reißzahnbewehrten Mündern angrinste und ihm dabei feurigen Atem ins Gesicht fauchte. Immer schneller lief er und er spürte das Herz heftig schlagen. Sooft er sich umwandte, sah er sie näherkommen. Viel zu langsam war er, um diesen Alptraumgesichtern zu entrinnen. Dann waren sie über ihm. Klauen tauchten aus der Dunkelheit auf und rissen ihm die Haut aus dem Rücken, Streifen für Streifen bis er am Boden lag, blind und taub vor Schmerz und er sich in der Arena wiederfand. Das Johlen der Menschen hallte in seinem Kopf, füllte die Brust und er merkte nicht, wie ihn ein Schwert durchbohrte. Dann änderte sich das

Bild, wurde friedvoller, aber dennoch nicht weniger erschreckend. Kassandra tauchte milde lächelnd vor ihm auf. Sie winkte ihm, ihr zu folgen. Freudig rannte er ihr nach und fiel in den Abgrund, den seine Schuldgefühle für ihn bereitet hatten. Er fiel und fiel in die Schwärze seiner eigenen Ängste und landete vor dem Haus des Vaters. „Nein!", rief er. „Du Versager! Du elender Versager und Brudermörder!", brüllte der Vater und abermals wurde er von den Hunden gehetzt. „Nein! Ich bin kein Mörder! Vater, glaub es mir, er lebt! Er lebt, Vater! Nein!" Da fühlte er eine Berührung und auf die stürzte er sich in seiner Panik, umklammerte den Hals, des ersten Hundes und fand sich auf Sextus sitzend wieder. Der starrte ihn panisch an und brachte nur ein Röcheln zustande. Rasch ließ Gavin los, brachte aber kein Wort der Entschuldigung hervor. Fassungslos starrte er auf seine Hände, dann stand er auf und ging stumm zum Bett zurück. Sextus rappelte sich hoch und flüsterte heiser: „Du hast so geschrien im Schlaf, da wollte ich dich wecken. Sonst nichts, Gavin, Herr. Ich wollte dir nichts tun." Sextus konnte es nicht glauben, so überrumpelt worden zu sein und die Kräfte, die Gavin entwickelte hatte, waren enorm. „Du bist ein Berserker, Gavin. Ich möchte lieber nicht dein Feind sein." Sextus hatte für den Moment allen Respekt fallen lassen, dann sah er ihn sich genauer an. Zusammengesunken saß er am Bett und brachte kein Wort hervor. Aus seinen Augen sprach blankes Entsetzen. Schließlich murmelte Gavin: „Ich wollte dir nicht wehtun. Es war der Traum." Noch lebhaft sah er die Bilder vor sich, den drohenden Vater und die ihn jagende Meute. Seine Stimme klang tonlos als er fortfuhr: „Ich sah nicht dich, Sextus, ich würde dir nichts antun." Nach einer Weile, in der jeder stumm vor sich hinstarrte, fuhr er fort: „Schlaf besser woanders, hier geht das nicht gut für dich, ich bin zu unruhig. Und schließ mich ein. Ich traue mir nicht, wenn ich träume." Sextus starrte noch immer, reagierte nicht. Er war bestürzt über Gavins Aussehen, er wirkte grau, selbst das flammendrote Haar hatte an Glanz verloren.

„Du hast schon zu lange schlechte Träume und du brauchst den Schlaf ebenso wie wir anderen", versuchte Sextus einzulenken. „Geh in ein anderes Zimmer, schlaf von mir aus mit Petulia aber lass mich allein."

„Herr!", rief Sextus, der langsam wütend wurde.

„Keine Widerrede, Gladiator, du tust jetzt was ich sage oder ich jage dich hinaus", er hatte versucht streng zu sprechen, aber er wurde immer leiser und schließlich verstummte er ganz und blickte auf seine Finger, die gekrümmt in seinem Schoß lagen.

„Ich wollte dir nur helfen. Du hast mir diese Aufgabe übertragen, aber einfach machst du mir das nicht, Gavin, Herr." Das letzte Wort spie er ihm verächtlich vor die Füße, doch Gavin begann unerwartet zu lachen. „Das wollte ich nie sein, Mann. Einfach frei zu sein, hätte mir genügt. Aber du hast recht, ich bin undankbar. Bitte, geh, ich entbinde dich bis morgen früh von deinen Pflichten." Murrend gab Sextus schließlich nach und suchte sich einen anderen Schlafplatz. Er brachte nur seine Sachen unter und ging dann vors Haus. Dort traf er auf Tullius und die anderen, die ihn misstrauisch musterten. „Was?", brüllte er. „Nichts, du siehst nur so eigenartig aus", antwortete Tullius. „Ich hab, verdammt noch mal, kaum ein Auge zugetan. Gavin schläft so schlecht, der schreit in einem Fort und wirft sich von einer Seite auf die andere und zu allem Überfluss hätte er mich noch erwürgt als ich ihn wecken wollte." Das konnten die anderen nicht glauben und sie begannen darüber zu streiten. „Er hat mich hinausgeschickt und seine Tür musste ich auch abschließen. Was weiß ich, was mit ihm ist. Auf jeden Fall plagen ihn Alpträume, dagegen dürften meine eigenen ein lauer Furz sein."

„Vielleicht hast du recht, Sextus. Komm setz dich zu uns in den Schatten. Der Wirt ist recht freundlich und wir werden gut versorgt. Unser Herr ist großzügig, dass er uns im Haus schlafen lässt", sagte Petulia versöhnlich, auch weil gerade eine weitere Reisegruppe hier Rast machte und sie die erstaunten Blicke der Sklaven gesehen hatte, die bereits geschäftig hin und her rannten, während es sich der Herr in der Gaststube gemütlich machte.

„Woher kommt ihr?", fragte einer der fremden Sklaven. „Aus Arretium", antwortete Tullius knapp. „Ich bin verwundert, ihr seht wie Sklaven aus und sitzt hier gemütlich wie die Herren im Schatten", fuhr der neugierige Mann fort. Noch bevor einer der Gladiatoren antworten konnte, wurde er von einer energischen Frauenstimme wegbefohlen. „Na, da ist wohl eine Xanthippe unter den Sklaven", meinte Rufus scherzend. „Haben wir ein Glück mit dir, Petulia. Dein Mundwerk ist so gut wie deine Küche." Sie unterhielten sich noch eine Weile, dann kontrollierten sie die Decken und die Kleidung, die sie zum Trocknen ausgelegt hatten. Es würde noch eine Weile dauern, so setzten sie sich wieder in die Nähe ihrer Sachen und ruhten sich aus.

Gavin wanderte unruhig im Zimmer herum. Er fühlte sich müde und schwach. „Ich bin ein Tattergreis geworden", sagte er als er merkte, wie ihm die Knie zitterten. „Und ein Feigling, wenn ich mich vor einem Traum fürchte." Er gähnte herzhaft und aß das restliche Brot. Langsam kaute er und schluckte bewusst, dann trank er einen Becher Wasser und legte sich wieder hin. Müde wälzte er sich in den Laken, wagte es aber nicht mehr, einzuschlafen. Nachdem einige Zeit verstrichen war, öffnete er das Fenster und schaute hinaus. Unter ihm saßen seine Leute im Schatten eines Olivenbaumes. „Sextus!", rief er hinab. „Komm bitte hoch." Es dauerte nicht lange und er hörte wie der Riegel weggeschoben wurde. Auf den fragenden Blick des Sklaven sagte er lediglich: „Ich komme zu euch hinunter, schlafen mag ich nicht mehr." Unwillkürlich schüttelte es ihn. So einen schlimmen Alptraum hatte er noch nie. Seit Jahren quälten sie ihn ab und zu, aber der hier hatte alles Bisherige in den Schatten gestellt. Sein gesamtes Versagen als Mensch fühlte er auf sich lasten und sah keine Möglichkeit mehr, etwas davon wieder gut zu machen.

Langsam folgte er Sextus, der am Treppenabsatz auf ihn wartete. „Soll ich dich stützen?", fragte er, doch Gavin schüttelte den Kopf. „Ich gehe allein, aber danke für das Angebot." Gavin fühlte sich bemüßigt, etwas freundlicher zu sein, nachdem er Sextus so grob behandelt hatte.

Tullius hatte einen bequemen Stuhl organisiert, dorthin führte ihn nun Sextus. „Ein Hoch auf unseren Herrn! Den Bezwinger von Gladiatoren und von Räuberbanden! Den großzügigsten Herrn unter den Herren!", riefen sie im Chor, was Gavin die Röte ins Gesicht trieb. „Seid still, Leute. Was sollen die anderen von uns denken?"

„Natürlich werden sie denken, dass wir einen großzügigen Herrn haben, der sich zu wehren weiß", antwortete Petulia bestimmt. „Unsere Sachen werden alle trocken. Welch ein Glück, dass es heute nicht mehr regnet", fuhr sie weiter fort. „Es sieht auch nicht so aus, als hätten wir durch den Sturm viele Einbußen gehabt. Eine Decke ist weg, aber das werden wir überleben."

„Ihr seid schon eine lustige Truppe. Morgen früh reisen wir weiter. Jetzt sind es nur noch einige Tagesmärsche bis Ravenna. Wie geht es euch nach der nächtlichen Attacke und dem Marsch in Sturm und Regen?"

„Ich sag's ja, er ist der beste Herr, erkundigt sich nach unserem Wohlbefinden!", brüllte Rufus begeistert. Einige Sklaven, die ihre Ladung kontrollierten und bewachten starrten zu ihnen herüber. „Wir erregen wohl sehr viel Aufsehen", sagte Tullius leise. Ullrik brummte zustimmend und zog den Kopf etwas ein. „Natürlich tun wir das", meinte Petulia entschieden. „Sophia und ich reisen hier mit lauter gutaussehenden jungen Männern durch die Lande, kein Wunder, dass die neidisch sind, würden wohl selbst auch gern so gut aussehen." Sie grinste über das Gesicht und ihre runden Wangen röteten sich dabei. „Petulia, du bist die Beste", sagte Ullrik und drückte sie fest an sich. „Du bist natürlich der Hübscheste von allen." Sie wurde noch röter, denn das hatte sie eigentlich nicht sagen wollen. „Na, mein Mädchen, das freut mich aber", flüsterte er ihr ins Ohr und küsste sie dann schmatzend auf die Wange. Was er ihr danach zuflüsterte bekam niemand mit aber Petulias Blick sprach für sich.

„Ich denke, wir werden heute Nacht die Schlafordnung etwas anders einteilen", meinte Gavin. Heftig zwinkerte er die Tränen weg, weil er an Kassandra denken musste. Wie gerne hätte er so mit ihr gescherzt, wie es Ullrik und Petulia nun taten. „Geh weg, du ungeschlachter Kerl. Ich muss nach der Wäsche sehen", sagte sie eben. „Ach, vorhin war ich noch gutaussehend und nun?" Theatralisch hob er die Arme und verdrehte die Augen dabei. „Ich helfe dir, damit du nicht sagen kannst, dich um alles allein kümmern zu müssen." Schon rannte er ihr lachend nach und holte sie ein.

Gavin beobachtete sie eine Weile, wie sie die Wäsche kontrollierten und die trockenen Stücke falteten. Dann wandte er sich ab, stand auf und ging ein wenig herum. Wie er halb erwartet hatte, folgte ihm Sextus, er blieb aber immer drei Schritte hinter ihm.

„Gavin, Herr, was ist mir dir?", wagte er sich schließlich zu fragen. „Es ist nichts, Sextus, was die Zeit nicht heilen würde", antwortete er traurig. „Ich bin ihnen ihr Glück vergönnt, nur erinnert es mich zu sehr an etwas anderes." Er seufzte tief auf, lehnte sich an den Stamm einer Pinie und meinte weiter: „Ich will so etwas nie wieder erleben müssen. Sag mir, Sextus, ist sie ruhig gestorben und wie war die Einäscherung, hattet ihr eine Trauerfeier?" Flehend war sein Blick, sodass Sextus erst einmal schlucken musste bevor er sich zu einer Antwort durchrang. „Sie ist einfach eingeschlafen", log er, während er sie vor sich sah. Nur dieses eine Mal war sie erwacht, hatte ihn angestarrt, ohne ihn zu sehen, dann wurde sie von einem heftigen Krampf geschüttelt. Es dauerte lange, bis sie sich beruhigte und dann war sie weg, wurde schlaff und tat keinen Atemzug mehr. In Erinnerung daran erschauerte er kurz. Schnell unterdrückte er den Impuls und sagte weiter: „Die Trauerfeier hat Priamos ausgerichtet. Er hat uns alle in den Hauptsaal eingeladen und es gab gute Speisen, wie ich sie noch nie gegessen habe. Dazu servierte er uns Wein. Der Redner bei der Einäscherung sagte nur Gutes über sie und auch wir sagten das, was wir von ihr wussten. Es war feierlich und ich bin sicher, sie ist gut im Hades angekommen und hat es nun besser. Mach dir deswegen keine Sorgen." Abermals hatte er gelogen. Die Einäscherung war schnell erfolgt, alle hatten kurz etwas über sie gesagt, dann hatten sie sich wieder zerstreut und weiter nach Gavin gesucht.

„Das freut mich", antwortete Gavin, der die Lügen sehr wohl durchschaut hatte.

„Ich trage die Schuld daran. Diese Last werde ich wohl mein Lebtag mit mir herumschleppen."

„Nein, Sextus. Ich glaube, sie wollte schon lange nicht mehr leben und das war eben der Schlusspunkt eines von Gewalt geprägten Lebens. Am Ende hast du die Wahrheit gesagt, darauf kommt es an. Wer bin ich, dass ich über dich richten würde oder könnte? Wir haben alle unsere Packen zu tragen, Sextus, ob es uns gefällt oder nicht, was geschehen ist, kann nicht mehr geändert werden. Aber, Sextus, wir können daraus lernen und versuchen, das Beste daraus zu machen. Es bleibt uns nichts anderes übrig. Die Strafe für deine Lüge, Sextus, wird sein, mir zu dienen, doch das weißt du bereits. Wenn wir allein sind, kannst du mich Gavin nennen, aber niemals, wenn wir unter Leuten sind, hörst du." Es waren eigentlich harte Worte, aber sie kamen teilnahmslos und Sextus schaute ihn verwundert an. „Ich habe dir für heute frei gegeben, wie den anderen. Morgen nach dem Frühstück gehen wir weiter." Sextus kämpfte mit sich, ob er etwas dazu sagen sollte, entschied sich dann aber dagegen. Er würde jetzt ohnehin nicht zuhören wollen. „Ja, Herr, das mache ich und danke." Es war ihm sichtlich schwergefallen, das zu sagen, doch nun war es getan und er kehrte Gavin den Rücken, ging langsam zu den Kameraden, die lachend und scherzend unter dem Baum saßen. Nachdenklich setzte er sich dazu.

Langsam wanderte Gavin den Weg ein Stück entlang und fragte sich, ob er richtig handelte. Doch im Grunde hatte er sich entschieden, die Schule weiterzuführen. Er musste nur mit beinahe Null beginnen. Sponsoren zu finden, würde schwierig werden, davon ging er aus. ‚Wir werden wirklich durch die Lande ziehen müssen und nicht geladen werden. Aufs Geratewohl werden wir gehen und das Beste hoffen. Marcus, warum bist du gestorben und hast mir diese Last aufgebürdet? Weißt du nicht, dass sie zu schwer für mich ist? Ich bin nicht wie du, ich weiß nicht, ob ich das kann', dachte er im Gehen. Dann setzte er sich ins hohe Gras, richtete den Blick in den Himmel und sagte leise: „Marcus, ich kann das nicht. Ich bin allein, wie soll ich das machen? Es ist nichts mehr da – alles ist weg, mein Freund, nur noch die Immobilie und die will ich nicht verkaufen." Er seufzte tief auf, dann legte er sich zurück, die Hände hinter dem Kopf verschränkt und schaute den Wolken zu. Eilig schoben sie sich gegenseitig über das Blau des Himmels. Ab und zu konnte er einen Vogel erkennen, aber er konzentrierte sich auf Innen, lauschte den Stimmen der Vergangenheit. „Ich will nicht aufgeben", sagte er schließlich, als er genug gehört hatte. „Nicht bevor ich nicht alles versucht habe, der Schule wieder eine gute Basis zu verschaffen. Ich bin es den Leuten schuldig, die für mich ihr Letztes geben." So tief war er in Gedanken versunken, dass er nicht merkte, wie jemand neben ihn trat. Erst als er ein paar behaarte Beine neben sich erblickte, fuhr er in die Höhe. Blinzelnd schaute er in das dazugehörende Gesicht und konnte ihn vorerst nicht erkennen. Dann erschrak er und wollte aufspringen. Doch der andere drückte ihn zu Boden. „Was machst du hier, so weit weg von zuhause?", fragte Gavin. Der Mann lachte, dann antwortete er einfach: „Geschäfte, Namenloser, ich mache für meinen Vater hier Geschäfte, treibe Handel und verdiene mir auf ehrliche Weise meinen Lebensunterhalt. Und was ist mit dir? Du siehst aus, als wärst du der letzte unter den Sklaven." Seine Stimme war eisig.

„Ich bin Gavin und ich besitze eine Gladiatorenschule. Wir befinden uns auf dem Heimweg, Manius. Bruder, es …" Er bekam auch jetzt keine Gelegenheit, seinen Bruder um Vergebung zu bitten, denn der schlug mit der Faust zu und rief: „Verdammt, ich habe keinen Bruder, der Gavin heißt! Der hat sich von mir losgesagt, als er mich halbtot geprügelt hat und jetzt kannst du erleben, was es heißt, so zusammengeschlagen zu werden!"

„Was glaubst du, was ich die letzten Jahre gemacht habe? Ich war Gladiator! Ich weiß, was es heißt, zusammengeschlagen zu werden, im Sand zu liegen und nicht zu wissen, ob man sterben wird. Ich weiß, was es heißt, mit Schmerzen zu kämpfen, den Tod im Nacken sitzen zu haben. Du kannst mir nichts beibringen, was ich nicht schön wüsste. Aber, Manius, ich bin verletzt, wenn du mich schlagen willst, dann nur zu, ich kann dir heute nichts entgegensetzen." Kaum ausgesprochen, landete die Faust des Bruders erneut in seinem Gesicht. „Du lügst!", schrie Manius in einem fort. „Du bist ein Landloser, ein Verstoßener, namenlos!" Wild geworden beugte er sich über Gavin und prügelte auf ihn ein. Der hob die Arme vor das Gesicht, um es zu schützen und zog die Beine an. Ein Tritt hätte genügt und Manius wäre abermals besiegt zu Boden gegangen, aber Gavin hatte keinen Willen mehr dazu. Da hörten sie eine Stimme. „Na, Herr, du bringst dich, mir scheint's, immer wieder in Schwierigkeiten. Soll ich dir bei dem Fettwanst helfen oder packst du den selbst?" Verärgert hielt Manius inne, die Faust noch zum Schlag erhoben. „Wer bist du?", brüllte er. Sextus verschränkte die Arme vor der Brust und erwiderte kühl: „Sein Leibwächter." Das genügte Manius. Die Art, wie Sextus stand und sein überlegenes Lächeln, nahmen Manius allen Mut. Nun kamen weitere kräftige Männer dazu, die so aussahen, als könnten sie es jeder mit zehn auf einmal aufnehmen. „Wer ist euer Herr? Dass sich ein Rechtloser als Herr ausgibt, muss bestraft werden!", ereiferte er sich weiter.

„Wer unser Herr ist, willst du wissen? Du hast auf ihn eingeprügelt, wer immer du auch sein magst", antwortete Sextus scharf, dann an Ullrik gewandt: „Bring den Herrn in sein Zimmer, ich komme gleich nach und dann sehen wir, was dieser Fettwanst hier angerichtet hat. Ich hoffe, es ist kein allzu großer Schaden entstanden." Während er redete, taxierte er den fremden Mann, dann bekam er einen grimmigen Ausdruck, als er die Ähnlichkeit mit Gavin entdeckte. Bis auf die Haarfarbe und die rundliche, etwas kleinere Gestalt, hätte er Gavin sein können. Die gleichen Augen, die gleiche Nase und der gleiche Mund. „Bei Cerberus!", rief er aus. „Und alle Nornen zusammengenommen! Jetzt verstehe ich, warum er sich nicht gewehrt hat. Verdammt!" Erbost drehte er sich um und ging zu Gavin. Betreten blickte Manius nun von einem zum anderen, dann ging auch er ins Haus. Dort scheuchte er die Sklaven herum, herrschte seine eigenen Leute an, die Waren schärfer zu bewachen und suchte dann den Wirt auf.

Gavin fühlte sich nicht schlecht, als ihn sein Bruder schlug. Es war eigenartig, aber er hatte den Eindruck, endlich Abbitte zu leisten, die ihm Manius nicht anders gewähren konnte. Wie aus weiter Ferne vernahm er Stimmen und als ihn Ullrik auf die Beine zog, ging er wie in Trance mit, um erst wieder im Zimmer so richtig wach zu werden. Nur langsam wurde das Klingeln in den Ohren leiser, es war unangenehm und schmerzte sogar in den Zähnen. Stöhnend rieb er sich die Stirn und fragte nach Manius. Ullrik schaute ihn nur verständnislos an, dann erklärte Gavin: „Der Mann, der auf mich einschlug, wo ist er?" In dem Moment kam Sextus hereingestürmt. „Der steht unten im Schankraum und macht die Leute fertig", verkündete er zornig.

„Ich gehe zu ihm. Ah! Mein Kopf will noch nicht. Hilft mir mal einer."

„Herr! Das geht so nicht! Setz dich später mit dem auseinander."

„Nein! Das kann nicht warten."

„Doch, er ist bis morgen hier, weil irgendein Tier lahmt und jetzt wollen sie länger als beabsichtigt bleiben." So gab er schließlich nach, auch zwang ihn sein Körper zurück ins Bett. Sobald er saß, drehte sich alles um ihn herum und die Wände wollten auf ihn einstürzen. Ullrik holte einen nassen Lappen, den legte er auf Gavins rechtes Auge, das bereits zuschwoll. Mittlerweile hatte sich das Zimmer gefüllt und alle Sklaven seiner Schule standen ihm ihn herum. Sie fragten sich, ob sie am nächsten Morgen würden weitergehen können. „Setzt euch, euer Herumgescharre mit den Füßen macht mich nervös", fuhr er sie an. Gerade, als alle saßen und etwas Ruhe einkehrte, klopfte es an der Tür. „Ja!", krächzte Gavin. Als sich nichts rührte, sagte er: „Herein." Die Tür öffnete sich und spuckte

Manius ins Zimmer, der beim Anblick der Gladiatoren wohl am liebsten umgekehrt wäre.

„Schick dein Pack hinaus", befahl er harsch. Eine Weile überlegte Gavin, doch dann sagte er: „Sie können ruhig hierbleiben und zuhören, wenn sie wollen.", An die Sklaven gewandt: „Wer will kann bleiben. Ich habe keine Geheimnisse", und er dachte, ,jetzt nicht mehr.' Manius drehte sich zu den Sklaven, die staunend saßen und warteten, was geschehen würde. „Steht gefälligst auf, wenn ein Herr eintritt!", herrschte er sie an, doch Gavin wiegelte ihn ab. „Du brüllst meine Truppe nicht an, verstanden? Bleibt ruhig wo ihr seid, außer natürlich ihr wollt gehen." Doch niemand wollte den Herrn mit diesem unbeherrschten Mann allein lassen. „Nun, Manius, was hast du mir zu sagen? Du bist sicher nicht nur gekommen, um meine Leute anzubrüllen." Vorsichtig änderte Gavin seine Lage und unterdrückte ein Stöhnen. Die gebrochenen Rippen machten Probleme und würden es wohl noch längere Zeit, wenn er nicht mehr Ruhe hatte. Manius überlegte eine Weile dann sagte er: „Ich will von dir Genugtuung dafür, dass du mich um ein Jahr meines Lebens betrogen hast. Nein, nicht betrogen, du hast es mir gestohlen."

„Was soll ich tun, Manius? Was könntest du dir vorstellen, könnte schlimmer sein, als von der Familie fortgestoßen zu werden? Was, Manius, könnte schlimmer sein, als der unbedeutende, letzte Sohn eines Landadeligen zu sein?" Gavin richtete sich nun auf und schaute seinen großen Bruder an. „Du hast mich doch damals verraten, weshalb ich in Rage geriet."

„Das war kein Grund, mir die Beine zu brechen!", ereiferte sich Manius nun. „Ha! Lüg dir keine Märchen zusammen. Die Beinbrüche hast du dir selbst zugezogen, weil du nicht aufgepasst hast. Ich sehe es noch ganz deutlich vor mir." Und nun berichtete er, wie er den Kampf erlebt hatte. „Wir standen auf dem Geröllfeld, weißt du noch, Manius? Ich hatte mich dort versteckt, weil ich wusste, die Männer meines Gläubigers waren hinter mir her und du hast sie zu mir geführt. Dort oben war es schwierig zu kämpfen, denn die Steine gaben immer wieder nach und brachten uns ins Rutschen. Als ich sah, wen du mitgebracht hast, geriet ich in Zorn und ich stürzte mich auf dich. Weißt du noch, den Stock, mit dem du auf mich eingeschlagen hast? Dieser Stock wurde dir zum Verhängnis. Erinnere dich, Manius. Ich werde mir aber nicht verzeihen, dass ich weiter auf dich einschlug, als du bereits am Boden lagst. Wenn mich nicht einer der Häscher aufgehalten hätte, wärst du vielleicht noch schwerer verletzt worden. Du bist über deinen eigenen Stock gefallen, als du auf dem Schotter ausgerutscht bist. O, deine fünf Begleiter gaben auch mir noch eine ordentliche Tracht Prügel, die Vater zuhause fortsetzte. Du weißt es nicht, Manius, aber er ließ mich wie einen Sklaven an den Pfahl binden und von seinem schärfsten Aufseher auspeitschen. Damals dachte ich, ich müsste vor Scham und Schmerz eingehen. Aber das war nichts gegen das, was noch folgte, als er mich aus dem Haus trieb. Nein, Manius, du weißt nichts von mir."

„Ich weiß genug, dass du Vater immer nur Kummer gemacht hast. Du bist ein undankbarer Bastard, der sich in fremde Häuser schleicht und Bücher stiehlt." Gavin lachte leise. „Ich habe das eine Buch zurückgebracht. Du hättest es wohl selbst gerne gelesen. „Die Kunst des Liebens", welch schönes Buch. Danach hatte ich keine Gelegenheit mehr zum Lesen. Vater trieb es mir aus und mich in die Arme der Spieler. Aber das ist nun vorbei. Manius, ich stehe auf eigenen Beinen. Du kannst mir nichts anhaben und auch nichts antun, das mir nicht schon angetan worden wäre." Er stand nun auf und ging auf seinen Bruder zu. „Willst du nicht mit mir Frieden schließen? Vielleicht war es der Wille eines Gottes, der uns hier in dieser Taverne zusammengeführt hat. Manius, ich reiche dir die Hand." Doch Manius war nicht geneigt, sie zu nehmen. „Du machst es dir zu einfach. So geht das nicht."

„Warum nicht? Warum nicht einfach einmal das Vergangene ruhen lassen und von vorne beginnen?" Doch Manius starrte ihn nur hasserfüllt an. Gavin sah schon, so würde er nichts bewirken. So fragte er nach dem Befinden seiner Eltern, da brach die Wut aus Manius erneut hervor. „Eltern? Welche Eltern? Du Sohn einer namenlosen Sklavin und meines Vaters!" Mit Genugtuung bemerkte er, wie Gavin zusammenfuhr. Heftig blinzelte er und versuchte das Zucken um seine Mundwinkel zu unterdrücken. „Da staunst du, du Sklavenhund! Auf dem Boden solltest du vor mir knien und mich um Verzeihung bitten und dich nicht als Herr aufspielen! Nichts Besseres hat Vater jemals getan, als dich zu vertreiben." Gavin war fassungslos, ungläubig schüttelte er den Kopf, als könnte er so das Gehörte vertreiben. „Manius? Was sagst du da? Mutter ist nicht …? Wer ist sie?"

„Ach, das war irgend so eine Schlampe, die Vater für die Feldarbeit gekauft und sofort gevögelt hat. Nur er kam als Erzeuger in Frage und weil er noch einen Sohn wollte, hat er dich anerkannt. Zeit seines Lebens hat er diese Tat bereut, du elende, namenlose Sklavenbrut." Gavin taumelte zurück, versuchte sich zu setzen, verfehlte das Bett und landete recht unsanft am Boden. „Wie kannst du es wagen, so mit meinem Herrn zu sprechen?", fuhr ihn Sextus an, der seine Pflichten sehr ernst nahm. „Lass ihn, Sextus, es wird schon stimmen. Dennoch – das ist alles vergangen. Hilf mir bitte auf." Er reichte Sextus die Hand und unter viel Gestöhn kam er auf die Beine. Vorsichtig setzte er sich aufs Bett. „So? Ist es das? Vergangen? Nein, ich bin noch nicht fertig mit dir!" Manius deutete mit einem Finger auf ihn, als würde er ihn damit erdolchen wollen. „Was willst du mir noch an den Kopf werfen, das schlimmer sein könnte?", fragte Gavin müde. Manius rieb sich die Hände und trat näher. „Du hast wohl gedacht, dich bei Vater einschmeicheln zu können, aber er hat dich nie gemocht, weil dich Mutter, meine Mutter, verachtet hat und es noch tut, nein, jetzt nicht mehr. Du bist für beide tot, hast nie existiert. So ist das, Gavin, Namenloser."

„Du bist doch sein ältester Sohn, Manius und wirst es bleiben. Ich werden den Namen Tettius ablegen", antwortete Gavin matt. Die Wut und der Hass seines Bruders hatten ihn ausgelaugt. Er fühlte nichts mehr, nur noch die eisige Faust, die sich in seinen Magen zu bohren schien. „Das würde ich dir auch raten, Sklave!" Da entflammte in Gavin erneut der Zorn über die Ungerechtigkeit des Bruders und er schleuderte ihm entgegen: „Ich bin Gavin auch bekannt als Myrdin und jetzt geh aus meinem Zimmer, bevor ich meine Männer bitte, dir die Tür zu zeigen."

„Herr, soll ich ihm die feine Redeweise beibringen, du weißt, ich würde das gerne übernehmen", erbot sich Orestes, der stets Wert auf eine schöne Umgangssprache legte und dem nur selten ein Schimpfwort über die Lippen kam. „Nein, Orestes, er wird selbst gehen. Manius, an deiner Stelle würde ich das jetzt machen. Wenn du mir nichts anderes als Schmähworte geben kannst, dann verlasse mich jetzt, ich lege darauf keinen Wert." Orestes und Sextus standen auf und stellten sich Schulter an Schulter vor Manius, Petulia hielt ihm die Tür auf und schloss sie sorgfältig wieder, als er laut fluchend die Treppe hinab stieg. Von unten hörten sie ihn noch brüllen: „Solltest du jemals wieder ins Haus meines Vater kommen, dann töte ich dich, du Bastard!" Im Schankraum wurde es still, der Wirt duckte sich und alle wichen zur Seite, als Manius an ihnen vorbei ins Freie stürmte.

Schwitzend saß Gavin am Bett. Mit dieser Feindseligkeit hatte er nicht gerechnet, fassungslos schüttelte er immer wieder den Kopf. Er hatte alle Energie aufgebraucht, um diese Begegnung würdevoll zu überstehen, nun sank er in sich zusammen.

„Welch ein Glück, dass wir hier waren, der hätte dir die Birne weichgeklopft, Herr", meinte Sextus in seiner gewohnt respektlosen Art. „Ich hätte es vielleicht anders gesagt, aber er hat recht", mischte sich nun der sonst eher stille Ansgar ein. Die anderen nickten bestätigend. „ Herr, leg dich bis zum Abendessen hin. Ich bleibe, denn diese Kerle hier", Petulia deutete unbestimmt in den Raum, „sind viel zu grob. Ullrik, du kannst uns etwas zu trinken holen." So geschah es, denn Gavin hatte es die Sprache verschlagen. Er hatte noch Manius hasserfüllte Stimme im Ohr. ‚Und das nach all den Jahren der Verbannung. Ich bin ein Niemand, tot für die Familie', dachte er, ließ sich von Petulia Wasser geben und ins Bett legen.

„Wir alle und besonders die Gladiatoren würden für dich durchs Feuer gehen, Herr. Besonders nachdem du gestern trotz deiner Verletzung wie ein Berserker für uns gekämpft und uns einen Platz im Haus verschafft hast."

„Jetzt übertreib nicht, Petulia. Ihr habt alle gekämpft. Meine Bewährung steht noch an. Wenn wir keine Sponsoren auftreiben, bin ich zum Verkauf gezwungen."

„Das wird schon alles werden, Herr. Jetzt ruh dich aus, ich lege dir einen feuchten Lappen auf die Stirn und das geschwollene Auge." Petulia ließ ihm keine Möglichkeit zur Gegenrede, sie handelte einfach. Einige Zeit später schlief er trotz heftiger Gegenwehr endlich ein. Abermals war sein Schlaf unruhig, doch diesmal drehten sich die Träume um sein Versagen als Sohn und Bruder. Er merkte nicht, als er zu weinen begann. Petulia setzte sich an sein Bett und flüsterte beruhigende Worte.

Gavins Sklaven saßen abermals unter dem Olivenbaum und unterhielten sich flüsternd. „Also, dieser Typ ist mir nicht geheuer, wenn der Gavin so Angst machen kann, dass er auf seinen Namen verzichtet. Nein, da muss mehr vorgefallen sein als das", meinte Sextus.

„Ich denke eher, er ist es leid, an die Vergangenheit zu denken", setzte dem Tullius entgegen.

„Oder er hat wirklich nur Angst, wie Sextus meint", überlegte auch Orestes. Dann schwiegen sie wieder lange Zeit und jeder hing seinen Gedanken nach. Die Sonne zog ihre Bahn, trocknete die letzten Kleidungsstücke und verkündete die Zeit zur Cena. Bevor sie gingen, sagte Sextus leise: „Sogar ich weiß, wer meine Mutter ist. Verdammt, diese elende, ewig besoffene Hure, aber ich hab sie geliebt und sie hat für mich gesorgt, wenn sie nüchtern war." Erst als ihn alle anstarrten, wurde er sich bewusst, laut geredet zu haben. „He, schaut mich nicht so an, ich bin ein Kind der Subura." Auf Ansgars und Ullriks fragende Blicke hin, erklärte er: „Ein Stadtteil in Rom, nicht sehr erbaulich, Leute. Es ist Tag und Nacht über laut. Ständig stürzen irgendwelche Häuser ein oder Leute werden von Ochsenwagen niedergefahren, wenn sie nicht gerade von einer kippenden Ladung erschlagen werden. Nein, dort ist es nicht schön. Die Leute leben von der Hand in den Mund sozusagen. Die meisten sind froh, wenn sie als Tagelöhner Arbeit finden. Ich möchte nie wieder dorthin zurück. Es ist die Hölle."

„Musst du auch nicht, Kamerad", sagte einer der sie begleitenden Sklaven und klopfte ihm auf die Schultern. „Ich weiß Bescheid. Lieber bei Gavin Sklave als noch einmal in die Subura."

„Du sagst es, Brutus. So und wie wäre es jetzt mit essen? Ullrik, holst du Petulia und den Herrn?", schlug Tullius vor. Das war das Zeichen für alle, sich zu erheben.

Bereits früh am nächsten Morgen kamen sie in den Schankraum. Sie wollten der anderen Reisegruppe so gut es ging, aus dem Weg gehen. Leider ließ sich ein neuerliches Zusammentreffen der Brüder nicht verhindern. Gavin hatte versucht, ihm auszuweichen, er fühlte sich ihm nicht gewachsen, zu schwer lastete die Schuld auf ihm. Bereits am Vorabend hatten sie alles für einen frühen Aufbruch vorbereitet, denn Gavin hatte gesagt, er wolle im Morgengrauen weiterziehen, womit alle mehr als einverstanden waren.

Sofort nach dem Frühstück schulterten sie ihre Packen und wollten aus dem Hof gehen. Doch dort stand Manius und versperrte den Weg. „Geh zur Seite, Manius", forderte Gavin. Doch der tat so als hätte er nichts gehört. „Geh aus dem Weg, Manius", nun mit mehr Nachdruck. Manius wandte ihm weiterhin den Rücken zu, und sagte schließlich: „Du weißt, was ich hören will, Sklave." Gavin schluckte die Beleidigung. Er hatte es eilig, von hier wegzukommen und er wollte sich nicht auf das Spiel einlassen. „Geh zur Seite Manius Tettius", wiederholte er seine Forderung. „Nein! So nicht, Sklave." Manius drehte sich um und spuckte ihm ins Gesicht. Gavin verzog keine Miene, zwinkerte lediglich den Ekel weg und wiederholte seine Forderung.

„Auf den Bauch mit dir, du Sklavenbastard, und dann werde ich vielleicht zur Seite treten." In Gavin stritten sich verschiedene Impulse, alle unterdrückte er, gab seinen Leuten ein Zeichen, sich still zu verhalten und legte sich auf den Bauch. „Na, es geht doch", lachte Manius. Gavin dachte schon, damit hätte es sich jetzt, doch dann traf ihn ein warmer Strahl in den Rücken. Er zwang sich, still liegenzubleiben und schwor sich, das würde der Bruder irgendwann bereuen. Aber hier wollte er keinen Streit mehr anfangen. Als Manius fertig war, stieg er über Gavin hinweg und meinte: „Dieser Feigling da soll euer Herr sein? Ein Gladiator? Dass ich nicht lache!" Da wandte sich ihm Ullrik beherrscht zu: „Unser Herr ist mutiger als du, Herr. Denn es gehört viel Kraft dazu, diese Demütigung zu schlucken, noch dazu vor den eigenen Leuten. Ich respektiere meinen Herrn." Dann ging er zu Gavin, löste den Zopf und trocknete die feuchte Stelle mit seinem Haar. Auch die anderen gingen nun zu ihm, halfen ihm auf und sie ließen einen erstaunten und noch zornigeren Manius zurück. Er wollte den Bruder, diesen verhassten Bastard in den Dreck drücken und dann funktionierte das nicht. Gavin hatte ihn nicht einmal eines Blickes gewürdigt. Er hakte sich bei einem seiner Männer ein, nahm sein Bündel und ging davon.

Sie waren schon ein Stück gegangen, die Taverne war außer Sicht, da gab Gavin dem Schmerz in der Seite nach und er stützte sich schwerer auf Sextus. „Ich fürchte dieser Hund hat die gebrochene Rippe erneut verschoben. Kannst du mir den Verband richten?"

„Dieser verdammte Mistkerl! Soll ich zurückgehen und ihn verprügeln, so wie er es verdient?"

„Nein, Sextus, das hätte ich auch machen können. Ich habe mich aber entschieden, ihm aus dem Weg zu gehen. Er ärgert sich jetzt sicher mehr, als wenn ich ihn verprügelt hätte, denn dann wäre ich für ihn wirklich nicht mehr als ein hirnloser Prügelsklave. Ich danke euch", fügte er an alle gewandt hinzu.

Die Tage zogen nun ereignislos dahin. Abermals mieden sie die Tavernen und gingen oftmals bis weit nach Dunkelwerden weiter. Nachts drängten sie sich zusammen, um sich warm zu halten, denn sie machten kein Feuer. Dennoch gab es unter den Leuten kein Gemurre, denn sie sahen, dass Gavin genauso darunter litt wie sie selbst. Zweimal täglich schnürte ihn Sextus ordentlich ein, damit er gehen konnte, die Rippe war abermals gebrochen und machte ihm nun mehr Probleme als vorher. Jammern half nichts, also biss er die Zähne zusammen und schritt aus.

Endlich sahen sie das Dach der Schule zwischen den Bäumen auftauchen. Eine kühle Brise wehte vom Meer und brachte einen leicht salzigen Geruch mit.

„Heute Abend können wir an einem Feuer sitzen, warmes Essen genießen und in einem Bett schlafen. Also, Leute, noch ein paar Schritte und wir sind zuhause", versuchte er sich selbst und alle anderen zu motivieren. Aber das brauchte niemand mehr. Die Aussicht, endlich zuhause anzukommen trieb die Leute zu einer letzten Anstrengung. Die großen Kisten mit der Ausrüstung fühlten sich plötzlich nicht mehr so schwer an und der Weg wurde mit jedem getanen Schritt kürzer.

13. Nihil interit – Nichts geht zugrunde

Die Dämmerung zog bereits herauf, als sie vor dem schweren Tor der Schule standen. Es war verschlossen. Gavin blickte sich verwirrt um. Hatte niemand ihre Botschaft erhalten? Laut hallte das Geräusch des Türklopfers wider, aber nichts rührte sich. Gavin versuchte es erneut, fester diesmal. Wieder nichts, nur der Eindruck von Leere, der sich auch in den Sklaven und in ihm breitmachte.

„Was ist da los? Aus dem Schornstein dringt kein Rauch?", fragte er leise. Alle sahen sich verwundert an. „Wartet hier, ich gehe zur Villa hinüber." So schnell er konnte, rannte er den Weg ein Stück weiter zu dem hell erleuchteten Herrenhaus.

Dort war man sehr erstaunt über sein Erscheinen, denn sie hatten keine weiteren Nachrichten erhalten. „Ich will deine Herrin sprechen, Livius", forderte er den Portier auf. Der nickte, ließ Gavin stehen und rannte in den hinteren Bereich. Kurze Zeit später kam er mit Lydia zurück. Sie war ganz in weiß gekleidet und sah viel jünger aus als in seiner Erinnerung. Gavin hielt sich nicht lange mit Erklärungen oder einer Begrüßung auf. Er war zornig und müde, verstand nicht, warum sein Eigentum gesperrt war.

„Was ist mit meiner Schule?", fragte er sogleich. „Wer hat sie geschlossen und wer gab den Auftrag dazu?" Lydia schluckte. Sie hatte nicht gerechnet, ihn noch einmal zu sehen, besonders nach den erhaltenen Nachrichten und dem Vertragsangebot. „Sie ist geschlossen. Verkaufsverhandlungen laufen bereits", antwortete sie.

„Das ist mein Eigentum! Wie kommst du dazu, meine Schule zu verkaufen? Marcus hat sie mir vermacht, damit ich sie in seinem Sinn weiterführe! Du gibst mir jetzt die Schlüssel und morgen früh wirst du alle Kaufinteressenten über deinen Irrtum aufklären. Ich bin es leid, mich ständig mit so einem Unsinn herumplagen zu müssen." Fordernd hielt er ihr die Hand entgegen. Als sie nichts tat, herrschte er sie an: „Na wird's bald, Lydia? Du kannst mein Eigentum nicht verkaufen! Die Schule gehört nachweislich mir. Ich habe sämtliche Besitzurkunden bei mir, sie lauten alle auf meinem Namen, das Testament unterstützt das noch. Also, her mit den Schlüsseln! Und dann sagst du mir, was mit den Sklaven geschehen ist. Das Inventar ist hoffentlich noch da." Lydia schluckte. Einige Gäste ihrer Abendgesellschaft waren bereits, angelockt von dem Gebrüll, ins Atrium getreten. Gavin kannte die meisten von ihnen, aber er achtete nicht auf sie, sondern fuhr fort: „Für alles, das du verkauft hast, will ich einen Nachweis und den Erlös. Morgen früh! Und jetzt die Schlüssel." Widerstrebend fügte sich Lydia und winkte schließlich einem Sklaven. Die Schlüssel wechselten den Besitzer und wutschnaubend ging Gavin zurück. Mittlerweile war es stockdunkel geworden und er hatte Mühe den Weg zu finden. ‚Ich hätte mir ein Licht mitgeben lassen sollen', jammerte er in Gedanken. Dann erkannte er vor sich eine kleine Lampe. Seine Leute waren klug genug gewesen, die Laterne neben dem Tor noch vor der Nacht zu entzünden.

„Später", sagte er ihren Fragen ausweichend. Knarrend öffnete sich das Tor und sie traten durch. „Tullius, die Lampe und dann schließt die Tür ab, legt den Balken vor. Ich will nachts keine Überraschungen." Gavins Stimme war hart und kalt. Die eisige Faust in seinem Magengriff hoch und drückte ihm die Luftröhre zu. Alles war still. „Seht euch um. Petulia, geh in die Küche und schau, was du aus unseren Vorräten noch machen kannst. Ich fürchte nämlich, auch die Speisekammer ist leer." Er seufzte, während Petulia nickte und sich mit zwei weiteren Sklaven auf den Weg in die Küche machte. Gavin hatte recht gehabt, die Vorratskammer war leer, bis auf einen angebrochenen Sack Getreide, an dem sich aber bereits Mäuse gütlich getan hatten. Die Köchin roch den Kot der Tiere und machte sich eine gedankliche Notiz dazu. Etwas später, das Feuer war endlich heiß, hängte sie einen Wasserkessel auf das Gestell und weichte Gerste darin ein. Sie seufzte, etwas anderes würde es für lange Zeit nicht geben. Dann entschloss sie sich aus einem Rest Mehl, noch Fladenbrot zu machen.

Gavin ging ins Büro. Der Raum war nicht verschlossen und sah noch genauso aus, wie er ihn in Erinnerung hatte. Gründlich sah er sich um, öffnete alle Laden und Türen. Schließlich fand er was er suchte, die Liste der Sponsoren. Damit setzte er sich an den Tisch und schaute der Reihe nach die Namen an. Die meisten strich er sofort wieder, weil sie ihn nicht mochten. Es blieben noch zwei übrig, ein reicher Schiffbauer aus Ravenna und ein ortsansässiger Weber. Mit den beiden würde er Kontakt aufnehmen, beschloss er. Danach ging er die Liste der für die Bewirtschaftung des Landguts nötigen Personen durch. Zornig hämmerte er mit der Faust auf die Tischplatte und fragte sich, warum Lydia die Schule geschlossen hatte, obwohl ihr nichts davon gehörte. Abermals grübelte er darüber nach, warum ihn keiner wirklich mochte. „Jeder will immer etwas von mir", murmelte er. „Wenn es nur um mich ginge, würde ich hier alles hinschmeißen und mich aus dem Staub machen. Aber es hängen zu viele Leben dran. Ich muss sehen, wie ich uns wieder auf die Füße bringe." Hoffnungslos blickte er in das flackernde Licht der Öllampe. Doch auch sie gab keinen Hinweis darauf, wie er das Unmögliche schaffen sollte. Er schrak hoch, als er eine Stimme sagen hörte: „Lass dir Zeit, Gavin." Sextus war unbemerkt eingetreten. „Wir haben keine oder nicht viel, Sextus. Wenn mir Lydia den Schaden nicht ersetzt, dann stehe ich mit leeren Händen da und kann euch weder ernähren noch kleiden. Es wird dann auch kein Dach über dem Kopf mehr geben." Sextus kam näher und schaute sich in dem kümmerlichen Licht um. Er sah leere Schränke, ein vernageltes Fenster, einen abgenutzten Boden und einen ebensolchen Schreibtisch. Lediglich ein Stuhl, auf dem Gavin saß und ein Hocker boten eine Sitzgelegenheit. Das Licht warf zitternde Schatten an die schmucklosen Wände und es roch muffig nach abgestandener Luft und dem verbrennenden Öl. „Mir scheint, du hast viele Feinde", murmelte er.

„Es sieht so aus. Doch mein schärfster Gegner bin ich selbst. Setz dich." Nachdem er Platz genommen hatte, sagte er: „Gegen dich kannst du doch etwas unternehmen, du kennst dich. Aber richte dir von mir schöne Grüße aus und sage dir, davonlaufen bringt nichts. Du wirst dich wieder einholen, hast es ja erst kürzlich erlebt." Gavin schüttelte den Kopf. Sextus war respektlos wie immer, aber er hatte recht. „Ich habe nicht vor, wegzurennen. Was ich brauche, sind ein Plan und Geld."

„Um beides werden wir uns zur rechten Zeit kümmern. Aber du brauchst Schlaf. Unausgeruht wirst du kaum etwas gegen diese Hyänen ausrichten können. Vergiss nicht, Gavin, du stehst nicht allein. Wir stehen neben dir und stützen dich. Ich weiß auch nicht warum, aber wir vertrauen dir." Er war selbst erstaunt, sich das sagen zu hören und Gavin nicht minder. Der klappte ungläubig den Mund auf und zu. „Schau nicht so. Ja, du hast auch meinen Respekt", verdeutlichte er seine Worte. „Du wirst schon sehen, auch wenn uns ein rauer Wind entgegen bläst, so schnell geben wir nicht auf. Wir sind Gladiatoren! Deine Gladiatoren, Gavin, und dies hier ist deine Schule. Wie wirst du sie nennen?"

„Ich weiß es nicht, doch das ist das Problem mit der geringsten Wichtigkeit", antwortete er müde. „Es ehrt mich, dass ihr zu mir haltet. Die ganze Zeit überlege ich bereits, wie ich euer Vertrauen verdient habe."

Sextus lachte, stand auf und klopfte ihm aufmunternd auf die Schulter. „Du hast dich sehr verändert, bist noch ernster geworden und noch nie habe ich dich auf eine Beleidigung so ruhig reagieren sehen wie in der Taverne. Ich an deiner Stelle, hätte ihm wohl die Kehle durchgeschnitten. Aber du lässt dich anpinkeln und zuckst nicht einmal mit der Wimper, das hat den Kerl aber die Sprache verschlagen und Ullriks Ansprache natürlich auch."

„Mich hat so furchtbar geekelt. Und denke nur nicht, dass ich ihn nicht schlagen wollte. Ich habe Minerva um Selbstbeherrschung angefleht und sie hat sie mir gegeben. Aber reden wir nicht mehr davon. Ich gehe schlafen, zum Essen braucht ihr mich nicht zu wecken. Meine alte Kammer wird vorerst genügen. Ullrik und Petulia sollen sich die Kammer der Wölfin teilen, solange sie sich vertragen. Ihr anderen bekommt das alte Quartier." Damit stand er auf, nahm die Öllampe und scheuchte Sextus vor sich her. Sorgfältig schloss er das Büro ab und ging durch das leer geräumte Atrium in den Übungshof, bog dort rechts ab, während Sextus nach links in die Küche ging. Dort zeigte ein heller Lichtschein Feuer, Wärme und Menschen an. Auch roch man schon das frisch gebackene Fladenbrot. Aber Gavin stand jetzt nicht der Sinn nach Gemeinschaft. Müde schritt er im Schein der kleinen Lampe zu seinem Zimmer. Der Schrank war leer, die Bettdecke fehlte, nur die Möbel standen noch da. Ein weiterer Seufzer entrang sich seiner Brust und so wie er war, ließ er sich auf das Bett fallen und schloss die Augen. Es dauerte nicht lange und er schlief ein.

Die letzten zwölf Sklaven der Schule Atticus saßen in der Küche zusammen und waren trotz der schwierigen Situation froh, zuhause zu sein. „Was sagt der Herr?", fragte Petulia. Sie stellte die Schüsseln mit dem Gerstenbrei auf den Tisch und dazu einige Fladenbrote. „Will er nicht zum Essen kommen oder soll ich ihm was bringen?"

Sextus hob den Blick, er war die ganze Zeit über still dagesessen und hatte den Kopf auf der Tischplatte ruhen lassen. „Er will nichts, nur schlafen. Morgen überlegt er dann, wie es weitergeht. Verdammter Mist das alles. Wenn er eingeht, dann sieht es für uns hier schlecht aus, Leute." Er sagte nicht, worüber sie sonst noch geredet hatten, teilte lediglich die Schlafplätze laut Anweisung zu, dann nahm er seinen Brei und würgte ihn im Rekordtempo hinunter. Während des Essens schwiegen alle. Jeden drückte die Angst, hier wegzumüssen und die Gemeinschaft aufzulösen, die sich im Laufe der letzten Wochen gebildet hatte. Noch nie war es vorgekommen, dass die Gladiatoren, sonst von den anderen Sklaven eher gemieden, so in die Gemeinschaft eingebunden worden waren. Sie hatten erkannt, hier konnten sie nur gewinnen, wenn sie zusammenarbeiteten.

Lydia war, über das Auftauchen Gavins entsetzt, ebenso einige andere Leute, die an ihrer Gesellschaft teilgenommen und ihn gesehen hatten. Sie wusste, dass sie voreilig gehandelt hatte. Wenn er nur einige Tage später eingetroffen wäre, dann wären die Verträge unter Dach und Fach gewesen und sie eine reiche unabhängige Witwe. So musste sie sich mit einem Teil des Vermögens und der Villa zufrieden geben. Das war ihr nicht genug. Zu lange hatte sie mit Marcus Atticus zusammengelebt, den sie wenig mochte. Ihr war das ganze Theater, das er ständig um die Gladiatoren gemacht hatte, ein Dorn im Auge, und nun wollte Gavin, dieser ehemalige Sklave, den Traum ihres verstorbenen Gatten fortsetzen. Das gefiel ihr nicht. Aber solange er alle Dokumente hatte, war es ihr nicht möglich, dagegen vorzugehen. „Er ist einfach zu gerissen, Deciderius, da werden wir nichts ausrichten können." Der junge Mann räkelte sich auf den Kissen und grinste sie an. „Schade, dass es uns in Arretium nicht gelungen ist, ihn auszuschalten. Die Gelegenheit war mehr als günstig und Cornelia ein willige Mitspielerin. Ich hoffe, sie kommt heil in Syria an", sagte er gelangweilt. „Ach, du! Was meint dein Vater? Claudius hat er jetzt im Sack. Es ist einfach zu dumm, dass Gavin so loyal ist. Er sollte mehr das Geld im Auge haben, das wir ihm bieten könnten."

„Dieser ehrpusselige Typ, mir läuft es kalt den Rücken hinab, wenn ich den auch nur sehe."

„Irgendwie wird es uns schon gelingen, ihn weichzuklopfen. Auf jeden Fall muss ich ihm morgen den Erlös aus dem Sklavenverkauf übergeben. Er hat das Recht auf seiner Seite."

Deciderius beugte sich zu ihr, nahm sie um die Mitte und zog sie zu sich auf das Sofa. „Komm her zu mir, Süße. Ich habe nicht so lange den Dummkopf gespielt, nur um mich jetzt geschlagen zu geben. Na, komm schon, Schätzchen." Er zog sie auf seinen Schoß und küsste sie heftig. Die anderen Gäste waren nach Gavins Erscheinen aufgebrochen, die Übernachtungsgäste lagen bereits in ihren Betten, nur noch Deciderius und sie waren im Speisesaal. Doch die Sklaven räumten noch auf und die hörten sie. Unter ihnen war eine alte Frau mit Namen Flavia, die den Herrn geschätzt hatte und auch den neuen Herrn der Schule gut kannte. Sie nahm sich vor, sobald es ging, Gavin zu warnen. Auf eine alte Sklavin achtete niemand, so hörte sie das Getuschel der beiden und machte sich ihren Reim darauf. Flavia, die ehemalige Gladiatorenhure, spitzte die Ohren. Doch die Zwei redeten jetzt nur noch über die Vergangenheit und säuselten sich Liebesschwüre ins Ohr. Sie bekam noch mit, wie Deciderius dem Schicksal und Lydias Vetter dankte, der sie zusammen geführt hatte, ohne es zu wollen. Seit fünf Jahren waren sie ein heimliches Liebespaar. Doch Lydia war stets auf ihren Ruf als ehrbare Ehefrau bedacht. ‚So ein Luder', dachte Flavia angewidert. ‚Lieber eine ehrliche Lupa als so eine Ehebrecherin. Na warte, den Herrn so zu hintergehen.'

Gavin hatte wie immer schlecht geschlafen, dennoch fühlte er sich ausgeruhter als in den letzten Tagen. Alles war still, zu still wie er fand. Er reckte sich, stand auf und ging in die Küche. Hier war es auch noch ruhig. Das Geschirr vom Abend stand auf dem Tisch. Müßig suchte er nach etwas Essbarem. Aus dem Küchenbrunnen holte er Wasser, um seinen Durst zu löschen, danach fand er noch ein Stück Fladenbrot. Damit setzte er sich an den Tisch. Er hatte vor, heute die Sklaven ausschlafen zu lassen, denn die letzten Tage hatten sie sich mit dem Gepäck sehr gequält und er hatte sie angetrieben, wobei er sich ebenso wenig geschont hatte. Während er aß, dachte er an die nächsten Stunden. Er fürchtete die Begegnung mit Lydia. Sie war eine ehrgeizige, geschäftstüchtige Frau, die man nicht unterschätzen durfte. Ebenso wie Primus Felix sah sie nur das Geld, das lag vielleicht an ihrer Herkunft. Doch darüber wusste Gavin zu wenig, um sich ein Urteil zu erlauben. Er beendete eben sein Frühstück, als Petulia mit geröteten Wangen erschien. Erschrocken blickte sie ihn an, als er aber nichts weiter tat, als das Geschirr wegzuräumen, entspannte sie sich. Sie begann das Chaos vom Vortag zu beseitigen, dann richtete sie ein Frühstück für die anderen. Das Schweigen wurde schon unangenehm, und Gavin machte weder Anstalten zu gehen noch zu reden, deshalb sagte sie: „Herr, soll ich dir noch etwas Warmes zubereiten?" Er war so in Gedanken versunken, dass er sie zuerst nicht hörte. Erstaunt schaute er auf, schweigend schüttelte er den Kopf. Dann ging er ins Büro. Er hatte schlecht geträumt, wieder einmal und der Traum steckte noch in seiner Erinnerung. Selbst im Wachen verfolgte er ihn und je mehr er darüber nachdachte, desto schlimmer wurde das Bild. Es brannte sich ein in seine Gedanken und schnürte ihm die Kehle zu, während es sein Herz anzuhalten drohte. Die eisige Faust im Magen dehnte sich aus, abermals griff sie hinauf nach seiner Kehle und drückte zu. Es kostete ihn erhebliche Mühe, normal zu atmen, aber sprechen konnte er nicht. Im Büro ließ er sich einen Moment lang gehen und er würgte und stöhnte. ‚Das ist zu viel für mich.' Er fasste sich an den Kopf und jammerte: „Diese Träume, diese Träume, die machen mich verrückt. Bitte, irgendein Gott, stellt das ab." Haare raufend sank er auf die Knie und kauerte schluchzend vor seinen inneren Dämonen.

Ein lautes Klopfen, das vom Tor kam, schreckte ihn schließlich auf. Er fürchtete bereits, es könnte Lydia sein. Rasch stand er auf und sah aus der Tür ins Atrium. Petulia und Ullrik zogen den Riegel weg und herein trat Flavia. Verwundert zog Gavin die Augenbrauen hoch. Die drei Sklaven wechselten einige Worte, dann ging Flavia Richtung Büro. Vorher hatte sie noch einen bauchigen Beutel an Petulia übergeben.

Rasch zog sich Gavin ins Innere zurück und setzte sich an den Schreibtisch. Er fuhr sich mit der Hand über das Gesicht und durchs Haar. Was würde nun auf ihn zukommen? Er hoffte, alles würde sich bereinigen und in Frieden regeln lassen. Seit seinem Einsatz als Andabates war er es leid zu kämpfen, er wollte endlich Ruhe haben.

Flavia trat ein und sogleich bis zum Schreibtisch vor. Hier war sie noch nie gewesen. Marcus Atticus hatte nie gewöhnliche Sklaven in sein Heiligtum gelassen, hier durften nur Iucundus und Titus herein und auch Gavin. Scheu blickte sie sich in dem dämmrigen Raum um. Die Fenster waren noch vernagelt. Durch die Ritzen drang etwas Tageslicht, das die Staubpartikel in der Luft glitzernd tanzen ließ. Feine Lichtlinien waren auf dem Boden und den Wänden gezeichnet.

Gavin blickte Flavia an, innerlich war er auf eine Gemeinheit gefasst. „Was willst du?", fragte er unhöflich. Jetzt war sie doch verlegen, was ihr nicht oft passierte. „Ähm", begann sie. Gavin hob fragend die Augenbrauen, weil sie nicht weiterredete. Sie räusperte sich einige Male und begann dann zu berichten. Währenddessen vergrub Gavin das Gesicht in den Händen und sagte immer wieder: „Nein, nein, nein. Ich will es nicht glauben."

„Leider ist es so. Die Herrin, ich kann's nicht anders sagen, ist ein gemeines Luder."

„Das Letzte will ich überhört haben, Flavia. Danke, dass du mich gewarnt hast. Jetzt weiß ich wenigstens, sie wird mir das Geld geben – zumindest einen Teil davon. Ich glaube nicht, dass sie mir die volle Summe auszahlen wird. Deciderius Felix Victor. Diese Aasgeier. Ein wenig werden sie sich noch gedulden müssen." Er redete mehr zu sich selbst, dann schaute er auf, lächelte etwas, was Flavia nach wie vor gefiel, und mahnte sie: „Halte dich ruhig, du gehörst zu ihrem Haushalt und jetzt lauf zurück, damit dich Lydia hier nicht findet. Leider kann ich dir nichts zum Dank geben."

„Ach, mir ist es Dank genug, wenn diese Leute einen Denkzettel verpasst bekommen. Außerdem hat es mich gefreut, dich wieder zu sehen." Schnell drehte sie sich um und lief hinaus.

Während er auf Lydia wartete, fertigte er eine Liste mit den notwendigen Erledigungen an. Das wollte er nun täglich machen, bis das Schlimmste überstanden war. Er war gerade fertig, als es neuerlich laut durch das Atrium schallte. Diesmal ging er nicht zur Tür, sondern wartete gespannt. Nach einiger Zeit klopfte es leise und Sextus steckte den Kopf zur Tür herein. „Herr, die Dame Lydia ist hier und möchte dich sprechen."

„Führe sie bitte herein, Sextus."

Kurze Zeit später stand sie vor ihm, die Palla eng um den Körper geschlungen, so als wollte sie sich am Stoff festhalten. „Sextus, bleib bitte hier, ich möchte einen Zeugen, nur für den Fall der Fälle, liebe Lydia", sagte er liebenswürdig, dann bot er ihr einen Sitzplatz an. Doch sie blieb stehen. „Wie du meinst, Lydia. Was ist mit dem Geld? Es waren dreißig Sklaven hier und noch einige Tiere, denn die Landwirtschaft gehört zur Schule. Ich gebe dir die Liste, ich habe sie abgeschrieben, dann kannst du mir die Dinge ersetzen, die fehlen. Alles konnte ich noch nicht kontrollieren, aber das ist das Wichtigste, alles andere können wir, sofern es nicht überdurchschnittlich wertvoll ist, außer Acht lassen." Damit überreichte er ihr ein Papyrus. „Du bist hart, Gavin", murmelte sie.

„Nein, das bin ich nicht. Ich will nur mein Eigentum zurück. Wo ist das Geld?" Er blickte sie stumm an, zwinkerte kein einziges Mal und sie war nicht fähig, zu antworten oder sich zu bewegen. Wie eine Schlange, die ihr Opfer fixiert, bevor sie zuschlägt, kam er ihr vor. Dann endlich gab sie ihm einen Beutel mit Münzen. „Damit sind wir quitt. Aber glaub ja nicht, dass es vorbei ist", zischte sie verachtungsvoll. „Ist schon gut, Lydia, vergiss die Tiere nicht und richte bitte dem kleinen Deci meine besten Wünsche aus. Schade, dass er nicht nach Syria gegangen ist. Der Kaiser könnte solch fähige Männer wie ihn in Judäa jetzt brauchen. Ach ja, und vergiss bitte nicht, unsere Latrinen sind getrennt. Ich habe nicht vor, für deinen großen Haushalt die Pinkelsteuer zu bezahlen." Darauf sagte Lydia nichts mehr. Sie hatte Gavin bisher nur als Sklaven gekannt und ihn auch nur wenige Male gesehen, als er in geschäftlichen Dingen ihren Gatten aufgesucht hatte. Noch nie hatte sie ihn leiden mögen und jetzt noch weniger. Sie fühlte sich durchschaut.

Wutschnaubend rauschte sie hinaus, Sextus folgte ihr wie ein Schatten und ließ sie durch das Tor. „Einen schönen Tag noch, Herrin!", rief er ihr nach, was sie mit einem zornigen „Pah!", quittierte. Sorgfältig schloss er ab und ging ins Büro. „So Herr, ich hoffe, sie hat dir alles zurückbezahlt und die Tiere wird sie hoffentlich auch bald bringen, dann gibt's auch wieder Milch und vielleicht sogar Käse", sagte er leise lachend. „Außerdem hat uns Flavia einen Schinken gebracht und einen Krug Most, wenn wir ihn mit Wasser verlängern, haben alle was davon. Komm mit, Petulia richtet für alle …"

„Danke, Sextus, lasst es euch schmecken. Ihr habt heute frei, aber ich bitte euch trotzdem, hier nach dem Rechten zu sehen und alle Räume und die Inhalte zu kontrollieren. Ich werde jetzt zu Phillipus Textor gehen."

„Du schiebst wohl nichts auf die lange Bank, was? Warte einen Augenblick, ich komme mit." Damit lief Sextus davon und kam kurze Zeit später mit zwei Streifen Schinken und einer Toga zurück. Er kaute genussvoll auf dem Fleisch herum während er Gavin das Kleidungsstück umlegte. „So ist es besser, Gavin. Sie steht dir. Wir können los."

Während sie Richtung Stadt gingen, nötigte Sextus Gavin, das Stück Fleisch zu essen. Als sein Hunger gestillt war, merkte er, wie auch der Schrecken des Albtraums schwächer wurde, aber alle Gedanken behielt er für sich, was den Marsch für Sextus langweilig machte.

Ganz leicht wehte ihnen der salzige Geruch des Meeres entgegen. Von irgendwoher drang das Blöken von Schafen und jemand sang ein Lied, vielleicht der Schäfer. Stumm schritten sie die Straße entlang an deren Rand da und dort kleine Schreine standen. Zumeist waren deren Besitzer in einer Urne dort untergebracht und Inschriften wiesen auf das vergangene Leben hin. Manche enthielten auch eine Warnung, sich nicht an den Mauern zu erleichtern, denn es könnte einen die Strafe Iupiters treffen.

Kurz vor den Stadtmauern standen die Gebäude der Weberei, in der Nähe waren auch eine Ziegelfabrik und ein großer Steinmetzbetrieb angesiedelt. Große Ballen Flachs und Wolle lagerten in einem umzäunten und von scharfen Hunden bewachten Hof. Der Lärm der Spinnerei und der Weberei war kaum zu übertönen und Gavin spürte das Klopfen des Flachses sogar über die Fußsohlen in sich dringen. Sie umrundeten die Fabrik und gingen zum Vordereingang, der im Stil einer prächtigen Villa gehalten war und die offiziellen Räume des Inhabers enthielt. Nachdem sie an den Lagern vorbeigegangen waren, hatten sie weiter hinten die Quartiere der Sklaven bemerkt, die sich niedrig an das Fabriksgebäude schmiegten.

Gavin stieg die Treppe hoch, öffnete die Tür und sofort umfing sie der unverkennbare Geruch nach nasser Schafwolle, Holz und Schweiß. „Hier sollte mal einer die Fenster öffnen", murmelte Sextus. „Still", zischte Gavin. Er atmete tief durch und ging dann weiter zum Büro, in dem er hoffte, Philippus zu finden. Er klopfte und öffnete, bevor ihn der Mut verließ. Das Glück stand ihm an diesem Tag zur Seite, denn Philippus war anwesend. „Ja, was willst du?", sagte der, ohne aufzublicken. „Ave, Philippus. Ich bin Gavin, der neue Besitzer der Gladiatorenschule Atticus und ich wollte dich bitten, wieder als Sponsor bei uns einzusteigen." Jetzt schaute der Weber doch auf. Sein Gesicht war gerötet und er wirkte übermüdet, so als würden ihn Sorgen niederdrücken. Aber er zwang sich zu einem

Lächeln, als er Gavin erkannte. „Ah, der Gladiator. Es tut mir leid, aber ich fürchte, im Moment geht das nicht. Ich habe bereits eine andere Schule in Vertrag genommen." Gavin schluckte heftig. Er hatte mit Philippus gerechnet, denn der war immer ein guter Freund von Marcus gewesen. „O, nun …", stammelte Gavin und wollte sich schon umdrehen, da sagte Philippus: „Gehe ich richtig in der Annahme, Gavin, dass du in Geldnöten steckst?" Statt einer Antwort nickte er verlegen. „Nun, vielleicht können wir uns gegenseitig helfen und so doch ins Geschäft kommen." Gavins Gesicht hellte sich etwas auf. So sehr seine Welt auch dunkel war, jetzt sah er endlich etwas Licht am Horizont auftauchen. Was immer das für ein Geschäft sein sollte, er würde sein Bestes geben. „Worum geht es, Philippus?"

„Um meinen jüngsten Sohn. Er spricht nicht und ist ein richtiger Weichling. Ich weiß nicht, was ich mit ihm machen soll. Vielleicht hilft es, wenn er eine Weile unter Gladiatoren lebt. Er wäre auch nicht zu weit weg, so könnte ich seine Fortschritte im Auge behalten." Erstaunt blickte Gavin zu Sextus, doch der hatte den Blick abgewendet. Eine Weile dachte er darüber nach, dann sagte er: „Ich will den Jungen sehen, ehe ich eine Entscheidung treffe." Philippus hatte es auch nicht anders erwartet, wenn er sofort zugesagt hätte, wäre aus dem Geschäft nichts geworden, also waren die Geldsorgen nicht ganz so dringend oder er war ein Spieler. So stand er jetzt auf, gab seinem Leibwächter ein Zeichen und er forderte Gavin auf, ihn zu begleiten. „Wir gehen in mein Haus hinüber, dann kannst du ihn sehen." Auf dem Weg überlegte Gavin, was es mit dem Jungen auf sich haben könnte. Er war immer der Meinung gewesen, Philippus hätte nur einen Sohn und der war schon volljährig.

„Wie heißt er und wie alt ist er?", fragte er nun. Philippus schrak hoch, schon lange hatte ihn keiner mehr nach dem Namen des Sohnes gefragt. In den letzten Jahren war er immer nur „he du", gerufen worden, weil er auf sonst nichts mehr reagierte. „Titus, nach dem Sohn unseres Kaisers", antwortete er. „Aber er ist leider etwas … nun, du wirst selbst sehen. An Jahren zählt er elf."

„Das ist fast noch etwas jung, um bei uns zu sein. Aber ich werde es mir überlegen, wenn ich ihn gesehen habe."

Philippus Leibwächter lief voraus, denn sie hatten die Villa erreicht, und öffnete die Tür, damit sein Herr ungehindert eintreten konnte. Kaum durch die Eingangshalle getreten, rief er schon: „Alkmene! Bring den Jungen herunter!" Philippus presste die Lippen fest aufeinander, hielt sich sehr gerade und die Hände hinter dem Rücken verschränkt. Abwartend stand er an der Treppe und vermied es, Gavin anzublicken. Der schaute sich interessiert im Atrium um. Alles kündete vom Beruf seines Besitzers. An den Längsseiten zwischen zwei prächtigen dorischen Säulen stand je eine Götterstatue, eine stellte Merkur dar, die andere Pluto. In der Mitte befand sich ein kleiner Brunnen mit kreisrundem Becken, der mit Delphinen überreichlich verziert war. Alles schien friedlich und ruhig. Gavin fand es zu ruhig, es wirkte nicht echt. Dann wurde sein Blick auf die Treppe gelenkt. Es war eine prächtige Freitreppe, aus kunstvoll geschnitztem Eichenholz war der Handlauf, und die Trittflächen waren mit roten Teppichen ausgelegt. Leise kamen sie herab. Der Junge klammerte sich an die Hand der jungen Frau und blickte ängstlich von seinem Vater zu Gavin, dann auf seine Begleiterin. Sie lächelte ihn ermunternd an und sagte leise: „Los, junger Herr Titus, geh zu deinem Vater." Nur widerstrebend ließ er die Hand los und ging die restlichen Stufen allein hinab. Er war ein zierlicher Junge, Gavin hätte ihn jünger geschätzt, und er wirkte eingeschüchtert. „Titus, du wirst mit Gavin mitgehen, er wird dich von nun an lehren, damit du ein Mann wirst." Gavin wollte protestieren, da hörte er Alkmenes unterdrückten Aufschrei. „Was? Alkmene, willst du ihn begleiten? Du kannst gerne auf den Luxus hier verzichten und die nächsten Jahre in der Gladiatorenschule arbeiten. Ich leihe sie dir, wenn du den Jungen nimmst und solltest du einen Mann aus ihm machen und nicht so eine Memme, die den Mund nicht aufkriegt, dann bekommst du eine Prämie." Gavin war entrüstet über den Umgangston. Deshalb beugte er sich zu dem Kind hinab und schaute ihm ins Gesicht. „Titus, willst du, dass Alkmene mitkommt, dann hättest du jemanden, den du kennst?", fragte Gavin sanft. Stumm nickte Titus und bekam dabei feuerrote Ohren, auch die schmalen Wangen waren von feinen roten Linien überzogen. Aus den braunen Augen sprach Panik, aber er sagte nichts. „Alkmene", wandte sich Gavin an die Sklavin, „ich fürchte, der junge Herr will nicht allein gehen und ich werde das Angebot deines Herrn Philippus annehmen und dich mitnehmen. Pack deine Sachen und die des jungen Herrn und dann warte auf uns. Titus, du gehst bitte zu Sextus, der steht dort an der Säule, und wartest, bis ich mit deinem Vater gesprochen habe." Damit wandte er sich an Philippus und sagte weiter: „Ich werde für die beiden sorgen müssen und Titus alles lehren was ich kann." Er seufzte und überlegte krampfhaft, wie viel Geld er dafür verlangen sollte. Er hob den Blick zur Decke und dachte nach. Dann sagte er: „Für zwei Wochen im Voraus, 20 Denare und eine Ziege." Das war ziemlich hoch gegriffen und er war aufs Feilschen eingestellt, aber Philippus war sofort einverstanden. „Sollte er nach den zwei Wochen bleiben wollen und sich ein Erfolg zeigen, verhandeln wir erneut. " Philippus nickte, er war froh, das Problemkind an jemanden übergeben zu können, dem er dann die Schuld am Versagen des Sohnes zuschieben konnte, deshalb hatte er auch den hohen Preis akzeptiert. „Das Geld bitte sofort und die Ziege lässt du zu uns in die Schule bringen." An Titus gewandt fuhr er freundlicher fort: „So nun zu dir, junger Mann. Es wird ein kleiner Fußmarsch werden, aber danach ist der Hunger umso größer und Petulias Spezialeintopf wird dir noch einmal so gut schmecken. Alkmene, beeil dich, sonst musst du allein gehen!" Mit verheultem Gesicht kam sie die Treppe heruntergelaufen, in jeder Hand einen Beutel mit dem Notwendigsten. Gavin tippte ungeduldig mit dem Fuß auf den Boden, denn er wartete noch auf die Münzen. Endlich und nun doch widerstrebend rückte Philippus die geforderten Münzen heraus. Gavin zählte nach, was eigentlich überflüssig war, aber Philippus ärgerte, erst dann steckte er sie zu den anderen Münzen in den Beutel.

Gavin und Sextus gingen vorneweg und dahinter, sich fest an Alkmene klammernd, stolperte der entsetzte Titus dahin. Als sie außer Sichtweite des Hauses waren, flüsterte Sextus erbost: „Herr, jetzt haben wir diesen Knirps an der Backe und noch eine Sklavin, wie …?"

„Still, Sextus! Dafür haben wir Geld bekommen, das wir dringend brauchen können und heute bekommen wir die Ziege, also gibt es morgen zum Frühstück Milch. Reg dich ab, außerdem ist die Entscheidung darüber, meine."

„Gewiss, Herr, ich wollte dich nur an unsere Lage erinnern."

„Das musst du nicht. Aber ich brauche jetzt deinen Arm und vielleicht noch deine Hilfe mit dem Kind", fügte er flüsternd hinzu. Schwer stützte er sich auf Sextus, während sie zur Schule hochgingen. Den Rest des Weges legten sie schweigend zurück. Gavin überlegte, was mit dem Jungen los sein mochte. Er hatte bislang kein Wort gesprochen. Vielleicht war er stumm, überlegte er, oder schwachsinnig, auch das kam ab und zu vor.

An der Schule angekommen, wurden sie bereits von Tullius erwartet, der ihnen entgegenlief. „Herr!", rief er. „Herr! Die haben fast die gesamte Schule leergeräumt. Wir haben alle Räume, auch den Keller abgesucht. Es ist nichts mehr da, nur noch einige Möbel." Dann hielt er erstaunt inne, weil er die Begleitung bemerkte. „Schon gut, Tullius, mit nichts anderem habe ich gerechnet. Aber wir haben eine neue Aufgabe übernommen. Mehr darüber bei der Cena." Somit scheuchte er alle ins Innere und wies Tullius und Sextus an, das Tor zu verriegeln. „Lasst aber die Tür offen, wir bekommen heute noch Besuch. Ich brauche Petulia und irgendwann ein Bad." Tullius lachte erleichtert, denn er hatte mit sehr schlechten Nachrichten gerechnet. „Die Therme haben wir gesäubert und lassen eben Wasser ein. Im Heizkessel brodelt es schon munter. Wohin soll ich Petulia schicken?" Ohne auf eine Antwort zu warten, lief er Richtung Therme davon und Gavin brüllte ihm nach: „Ins Büro, du verrückter Kerl!" Dann wies er Sextus an, zu den anderen zu gehen, er wollte sich den Jungen und Alkmene genauer ansehen und einige Informationen von ihnen bekommen. Er drängte sie ins Büro, wies den Jungen an, sich zu setzen, holte den anderen Stuhl und platzierte dort die Sklavin. Selbst fühlte er eine innere Unruhe, die ihn hin und her laufen ließ. „Also, Titus, ich muss einiges über dich wissen, damit wir mit dem Training beginnen und den normalen Schulstunden fortfahren können. Kannst du dir denken, warum dich dein Vater zu mir geschickt hat?" Lange Zeit kam nichts aus Titus Mund, doch dann sagte er mit heiserer Stimme, so als hätte er sehr lange Zeit nichts gesprochen: „Tata." Dabei hatte er Tränen in den Augen. Alkmene sprang von ihrem Sitz und rief: „Ich wusste, dass du reden kannst, die ganze Zeit über wusste ich es und sie haben mir nicht geglaubt!" Fest umarmte sie den Jungen der sich heftig dagegen wehrte. Mehr sagte er allerdings nicht. „Lass ihn los!", befahl Gavin und Alkmene fuhr zurück. Beschämt blickte sie zu Boden und setzte sich wieder. „Also, was ist das? Du willst nicht sprechen. Gut, das musst du auch nicht, solange du deine Aufgaben erfüllst. Einfach wird es nicht werden, junger Mann. Hier weht ein rauer Wind. Das Quartier und die Kost sind einfach und du wirst nur alle acht Tage frei haben. Wenn du willst, kannst du nach den ersten zwei Wochen zu deinen Eltern zurückkehren, das stelle ich dir frei, Titus. Solltest du bleiben wollen, wirst du dich für ein Jahr lang verpflichten, hier zu lernen." Gavin hatte beschlossen, mit ihm wie mit einem Erwachsenen zu reden und ihn auch so zu behandeln, so hoffte er, ihn aus seiner Sprachlosigkeit zu locken. Er wusste es noch nicht, aber in dem Jungen steckten sowohl ein fester Wille als auch ein wacher Geist, der sich nur entschlossen hatte, mit der Welt nicht mehr zu reden, denn die Welt war böse. „Na gut", sagte Gavin weiter. „Dann werden wir einmal ein Quartier für euch besorgen. Soll deine Sklavin bei dir schlafen, Titus?" Abermals wartete er einige Minute, ob der Junge nicht doch antworten würde. Auch Alkmene sprach nichts, sie wollte nicht für den jungen Herrn reden. „Ich mache dir einen Vorschlag: die ersten vier Tage kann Alkmene", er wandte sich kurz an die junge Frau und fragte, „Das ist doch dein Name?" Erst als sie bestätigte, fuhr er fort: „Also, Alkmene soll die ersten paar Tage bei dir schlafen, wenn du dich dann überall auskennst geht es auch allein. Ist das für dich in Ordnung? Ich frage nur einmal, sonst geschieht das was ich anordne!" Eifrig nickte nun der Junge und Alkmene atmete erleichtert auf. Sie war ängstlich, noch nie war sie aus dem Haus gekommen, immer schon hatte sie sich um Titus gekümmert, der seit vielen Jahren in seinen Räumen beinahe als Einsiedler lebte und zumeist nur sie zur Gesellschaft hatte, besonders seit auch der letzte Lehrer aufgegeben hatte. Dennoch fand sie es aufregend, jetzt hier zu sein. Der fremde Herr schien sehr streng zu sein, aber auch müde, sie erkannte das an den hängenden Schultern und den steifen Bewegungen. ‚Ein Bad würde dem abhelfen, aber er hat ja ohnehin nach einem verlangt. Ich würde ihm gerne dabei helfen', dachte sie und fühlte, wie ihr die Röte in die Wangen fuhr. Noch nie hatte sie sich bei solch anrüchigen Gedanken ertappt. ‚Alkmene', schalt sie sich selbst, ‚hör auf, so an den Mann zu denken. Er ist für die nächste Zeit dein Herr ...', hier brach sie die Gedanken ab.

Gavin stand vor ihnen und starrte sie abschätzend an. Alkmene schätzte er auf sein Alter, vielleicht etwas jünger. Sie war eine nette Erscheinung, die Palla hatte sie über den Kopf gelegt und tief ins Gesicht gezogen, sodass er von ihr nicht viel sehen konnte. Bereits im Haus war ihm aufgefallen, dass sie, ebenso der Junge von erschreckender Blässe waren, so als kämen sie nie an die frische Luft und die Sonne. Er beschloss, das radikal zu ändern.

Ein Klopfen riss ihn aus seinen Gedanken und er drehte sich der Tür zu. Eben trat Lydia ein, gefolgt von Deciderius. Gavin hob eine Augenbraue. „Ach, liebste Lydia, was verschafft mir die Ehre? Würdest du mit deinem Begleiter noch ein wenig draußen warten, bis ich hier fertig bin?" Die Frage war ein Befehl und jeder wusste es, doch Lydia war entschlossen, es zu ignorieren. Das hatte sie bei Marcus nicht anders gehandhabt, doch Gavin wollte sich nicht in die Enge treiben lassen. „Raus jetzt, bis ich die holen lasse", bellte er, da kam schon Sextus angerannt und wies ihnen mit sanftem Nachdruck den Weg vor die Bürotür. Gavin wollte die beiden Gäste bereits in ihre Kammer bringen lassen, aber nun zögerte er es noch ein wenig hinaus, erzählte von den bevorstehenden Trainingseinheiten und wie er sich den Ablauf vorstellte. „Du wirst aber auch lesen, schreiben und rechnen müssen, junger Mann. Ich habe hier zwar keine Bücher mehr, was schade ist, aber in meinem Gepäck müsste noch eines sein, mit dem können wir anfangen. Was weiter ist, werden wir sehen, wenn es so weit ist. Nur nicht zu weit voraus planen, sage ich immer. Also, Sextus bringt euch zu eurem Quartier. Es ist zwar klein, weil wir hier nur Sklavenquartiere haben, aber der junge Herr wird dort nur die Nächte verbringen." Er ging zur Tür, öffnete und rief nach Sextus. „Bring die beiden in meine Kammer. Ich werde heute Nacht bei euch schlafen. Anschließend bittest du Lydia und Deciderius zu mir. Aber nicht vorher. Petulia brauche ich jetzt doch nicht, das hat sich erübrigt."

Titus nahm, wie er es gewohnt war, Alkmenes Hand und folgte dem Gladiator, der ihre Sachen trug. „Hier ist das Leben einfach. Ich werde dir auch noch ein Lager richten lassen, Alkmene", sagte Sextus, während er vorausging. Rasch waren sie durch den Hof und das große, sehr karge Atrium gegangen. Dann öffnete Sextus eine Tür. „Das ist dein Zimmer, junger Herr", sagte er. Damit es etwas heller wurde, öffnete er den Laden vor dem Fenster. Stumm standen Alkmene und Titus in der Mitte des Raumes. Er war sehr klein, Kammer war der richtige Ausdruck. Viel mehr als ein Bett, ein Schrank und ein Tisch hatte nicht Platz. „Junger Herr, das hier ist dein Bett. Ich werde dir noch eine Decke organisieren. Wenn du in die Therme willst, das Wasser ist noch nicht warm genug, aber nach dem Abendessen wird es passen." Dann verschwand er und ließ die beiden verdutzt zurück. Kurz danach, Titus saß auf dem Bett und Alkmene schüttelte die Kleidungsstücke aus, die sie mitgebracht hatte, kam Sextus mit Petulia zurück. Sie hatte eine Schlafunterlage aus Stroh in der Hand und einige Decken. „So, Mädchen, mehr geht auf die Schnelle nicht. Vielleicht kann ich bis zum Schlafengehen noch was auftreiben. Kommt jetzt erst mal mit." Petulia behandelte Titus nicht anders als die anderen Leute hier in der Schule. Er war ein Esser, der versorgt werden wollte, noch dazu einer, der noch ordentlich wachsen musste.

Gavin raufte sich das Haar. Er hatte nicht erwartet, Lydia so rasch noch einmal zu begegnen, noch dazu in Begleitung. Unruhig lief er herum und verfluchte sich, weil er keine Anweisung gegeben hatte, das Fenster zu öffnen. Nun war es zu spät dazu. Als Sextus mit den beiden eintrat, hatte er sich allerdings so weit in der Gewalt, dass er nicht mehr zitterte und ruhig atmete. Beherrscht saß er hinter dem Schreibtisch und blickte sie bemüht gelangweilt an.

Julia und Deciderius unterdessen, waren wütend geworden, weil sie warten mussten. „Ich habe es mir überlegt. Ich werde das Testament anfechten, Gavin. Du wirst in den nächsten Tagen von meinem Anwalt hören." Lydia warf den Kopf in den Nacken, raffte die Palla um den linken Arm, sodass sie in wohlgefälligen Falten fiel und schritt, dicht gefolgt vom grinsenden Deciderius hinaus. „Na schön! Versuch es!", rief er ihr nach, dann sank er in seinem Stuhl zusammen und wollte nur noch heulen. „Dieses geldgierige Miststück!", jammerte er, wobei er nicht wusste, wen von beiden er meinte und mehr verachtete. Sextus hatte leise den Raum verlassen und ging nun kopfschüttelnd in die Küche, wo schon alle beisammen saßen und nur noch auf Gavin warteten. „Hat er nicht gesagt er isst mit uns?", fragte Petulia, dieses hin und her ging ihr auf die Nerven.

Das Essen wurde durch die ständige Warmhalterei nicht besser, es war ohnehin schlecht genug und viel war auch nicht da. „Ich habe nicht gewagt, ihn anzusprechen, nachdem die Herrin Lydia gegangen war. Wenn ihr mich fragt ..."

„Das macht aber keiner", unterbrach ihn Tullius mit einem Seitenblick auf die beiden Gäste, die schüchtern am Ende der Tafel saßen. „Der junge Herr bekommt jetzt auf jeden Fall etwas von dem Schinken ab. Nehmt eure gierigen Finger weg von dem Fleisch aber schnell, das teile ich aus", fauchte Petulia und dann ganz sanft zu Titus, „junger Herr, wir haben zwar nicht viel, aber du bekommst das beste Stück. Junge Männer wie du, brauchen viel Fleisch, damit sie stark werden, nicht wahr?" Sie gab ihm gleich zwei dünne Scheiben. Den Rest des Fleisches hob sie für Gavin auf, der immer dünner wurde. Zum Fleisch gab sie ihm Linsen, die sie bereits am Vortag eingeweicht und dann den halben Tag lang gekocht hatte, damit sie auch bestimmt weich waren. Leider war es nun ein Brei, weil sie vergessen hatte, den Kessel vom Feuer zu nehmen. Aber das störte niemanden, denn der Geschmack war trotzdem gut. Titus stocherte lustlos in der Pampe herum bis Gavin kam. Er sah grau aus und niedergeschlagen. „Lasst es euch schmecken. Hast du noch von dem Fladenbrot, Petulia?" Er setzte sich an den Rand, neben Alkmene und wartete, dass ihm die Köchin seine Ration gab. „Esst ihr immer alle zusammen?", fragte sie erstaunt über dieses ungewohnte Szenario. Normalerweise hielten sich die Herren von den Sklaven fern und aßen andere Speisen, auch lagen sie beim Essen und der hier saß wie ein gewöhnlicher Sklave bei Tisch und stopfte das in sich hinein, was er vorgesetzt bekam. Sie wunderte sich sehr darüber. Gavin schaute sie einen Moment überrascht an, dann lachte er freudlos. „Bis vor wenigen Wochen war ich einer von ihnen", erklärte er und weiter, „außerdem, warum sollte ich allein essen und wo denn? Hier ist es gemütlich. Einer von euch soll nach dem Essen die Fenster im Büro öffnen, ich will dort etwas Licht und Luft haben und einer muss die Latrinen wieder in Gang bringen." Brutus hob die Hand und sagte: „Die Latrinen funktionieren wieder, ich bin heute Vormittag in die Kloake gestiegen und hab sie repariert. Die Bürofenster mache ich dann noch, Herr."

„Du bist ein Genius, Brutus. Ich danke dir. Funktionierende Latrinen sind das Um und Auf einer gesunden Gemeinschaft", meinte Gavin, dem langsam die Farbe ins Gesicht zurückkehrte. „Wie sieht es mit der Therme aus?", fragte er weiter.

„Nach dem Essen müsste es eigentlich im Tepidarium warm genug sein, Herr", antwortete ein anderer Sklave. „Auch dir, Apion, danke ich. Was macht der Übungsplatz?"

„Wir sind noch immer dabei den Sand zu reinigen, aber morgen Nachmittag dürften wir fertig sein, Herr."

„Tüchtig, Ullrik. Wie sieht es mit den Vorräten aus?"

„Nicht gut, Herr", antwortete Sophia, eine ältere Sklavin, die sich nie beschwerte und ganz selten sprach, sie war so etwas wie das Mädchen für alles. „Wir haben noch zwei Säcke Weizen gefunden, aber kein Mehl und einen halben Sack Linsen, sowie einen Krug Öl. Kerzen haben wir keine mehr, wir müssen also sparsam sein. Seife nur das, was wir aus Arretium mitgebracht haben. Wasser ist zum Glück kein Problem und Oliven können wir bereits ernten. Ich werde morgen darangehen."

„Wie umsichtig von dir, Sophia. Für den Mangel an Vorräten kannst du nichts. Aber ich denke, morgen Abend werden wir Oliven aus dem eigenen Garten essen. Wächst sonst noch etwas, das wir verwenden können?"

„Den Garten habe ich mir noch nicht angesehen, Herr", antwortete Petulia. „Aber ich denke, irgendwelche Obstbäume müssten schon reife Früchte tragen und Beeren haben wir auch, soviel ich weiß. Brutus und Sophia ernten die Oliven und ich werde mit einem anderen dann noch nach dem Obst sehen und ernten was reif ist."

„Gute Idee. Den Rest der Arbeit teilen wir morgen beim Frühstück ein und nun gib mir bitte noch etwas von den Linsen, denn ich bin heute hungrig. Der junge Titus isst so wenig, da bleibt mehr für mich." Er versuchte leichthin zu sprechen, damit dem Jungen die Scheu verging, auch seine Begleitung schien sehr schüchtern zu sein. „Ihr seid eine gute Truppe und ich bin stolz darauf, euer Herr zu sein", sagte er bevor er sich erhob. „Ich versuche jetzt das Tepidarium, Titus, willst du auch baden?" Der Junge nickte und folgte Gavin. Die Frage, ob sie mitkommen sollte, erübrigte sich, denn Titus ergriff bereits Alkmenes Hand und zog sie mit sich. „Herr Gavin, ich hoffe, es macht dir nichts aus, wenn ich dabei bin", flüsterte sie und merkte abermals, wie sie rot wurde. Leise kicherte er vor sich hin, damit hatte er nicht gerechnet. Er war neugierig, wie sie ohne dieses übergroße Stück Stoff aussah, in das sie sogar beim Essen gewickelt war und die züchtig ihren Kopf bedeckte. Dann musste er an Kassandra denken, die auch immer so zum Essen erschienen war, wenn er sie denn einmal dort gesehen hatte, sogar beim Saubermachen, hatte sie ein Tuch um den Kopf gehabt, und das Lächeln gefror ihm im Gesicht. Entschlossen schüttelte er diese Gedanken ab, er wollte den Knaben nicht noch mehr erschrecken, wenn er ein finsteres Gesicht machte.

„Warst du schon einmal in der öffentlichen Therme?", fragte er, um sich abzulenken. Titus schüttelte verneinend den Kopf. „Habt ihr zuhause eine Therme?" Der Junge nickte. „Dann weißt du auch, dass wir uns zuerst im Kaltbad waschen. Hier ist es etwas kleiner und wir gehen sofort ins Balnea und waschen uns dort, bevor wir in das Becken mit dem warmen Wasser steigen." Nun schaute Titus kurz erschrocken auf und er zog Alkmene an der Hand, diese nickte und erklärte: „Titus ging auch zuhause nicht in die Therme. Er hat sich in seinem Zimmer gewaschen." Gavin merkte, wie er erboste. Wie konnte man ein Kind nur so zurücksetzen? Aber er beherrschte sich und sagte freundlich: „Nun, junger Herr, hier halten wir es anders. Die Therme steht jedem frei, aber zuerst komme ich. "

„Natürlich, Herr", antwortete Alkmene automatisch. Sie wusste nicht, wie sie mit dieser Großzügigkeit umgehen sollte.

14. Discipulus – der Schüler

Die nächsten Tage waren arbeitsreich. Lydia ließ sich zwar nicht blicken, aber das wollte nichts heißen. Ein Bote brachte zwei Ziegen mit den besten Wünschen von Philippus. Die Tiere wurden sogleich im Stall untergebracht und alle jubelten, weil sich eine Verbesserung der Situation ankündigte.

Gavin war in die Stadt gegangen und hatte mit verschiedenen Händlern gesprochen, doch keiner wollte zu dieser Zeit die Gladiatorenschule unterstützen. Viele waren erbost über die Latrinensteuer, doch zahlen mussten sie, denn der Kaiser brauchte das Geld, um die horrenden Staatsschulden abzutragen. So pinkelten viele wieder im Freien und der Gestank in der Stadt nahm zu. Frustriert über diese Misserfolge kehrte Gavin in die Schule zurück. Mit einem Bäcker hatte er allerdings ein Geschäft abgeschlossen. Er würde nur bei ihm einkaufen und dafür bekam er einmal wöchentlich das Brot ins Haus geliefert. Auch der Preis war annehmbar und mit nur einem Ass pro Laib mehr als gut.

Die Aufgabe, als Lehrer zu fungieren, behagte ihm gar nicht. Er fühlte sich belastet und er überlegte auch, wann sie mit dem anderen Training beginnen sollten und wie es am besten zu gestalten war, um weder den Jungen noch sich selbst zu überfordern.

Für Titus war es ein Abenteuer, das er fürchtete. Er hatte vor sehr vielen Dingen Angst, besonders vor Menschen. Einzig Alkmene vertraute er. Sie brüllte ihn nicht an und verstand ihn, auch wenn er nichts sagte. Titus hatte sich das Reden abgewöhnt, da konnte er gerade einmal laufen. Bei einem Treppensturz war er so unglücklich gefallen, dass ein Arm und die

Nase gebrochen waren. Als er vor Schmerz brüllte, war der Vater erschienen und hatte ihn geschimpft. Dann schimpfte er auch noch mit der Mutter, weil sie nicht fähig war, in seinem Haus für Ruhe zu sorgen. Mutter hatte ihn hochgenommen, aber anstatt ihn zu trösten, ihn Alkmene, die damals auch noch mehr Kind gewesen war, in die Arme gedrückt. Anschließend war sie wieder an ihre Arbeit gegangen. Alkmene hatte dann dafür gesorgt, dass seine Verletzungen gerichtet wurden und er etwas gegen die Schmerzen bekam. Von dem Tag an war sie sein Kindermädchen. Sie sorgte für ihn, und Titus hatte keinen Ton mehr von sich gegeben. Alle meinten, er wäre mit dem Kopf so hart angeschlagen, dass er stumpfsinnig geworden war, aber das stimmte nicht. Er hatte lediglich Angst davor, wieder angebrüllt zu werden.

Nun versteckte er sich zumeist in der Kammer, die Gavin ihm zugewiesen hatte. An dem Tisch, der am Fenster zum hinteren Atrium stand, saß er und machte seine Aufgaben. Alkmene saß am Bett und nähte irgendetwas. Sie suchte sich immer eine Beschäftigung bei der sie in seiner Nähe sein konnte.

Titus schwitzte über einer schwierigen Arbeit und wusste nicht weiter. Immer wieder drehte er sich zu Alkmene um, aber die beachtete ihn nicht. Sie konzentrierte sich zu sehr auf ihre Arbeit. Auf ihre Hilfe musste er jetzt verzichten, wenn er nicht reden wollte, also versuchte er es erneut allein. Eine Flächenberechnung hatte er noch nie gemacht und er verzweifelte fast daran. Eben wollte er doch aufstehen und zu Alkmene gehen, da verdunkelte der Schatten einer Person das Fenster. Erschrocken blickte er hinaus und konnte einen Aufschrei gerade noch unterdrücken. Es war das bärtige Gesicht dieses Teutonen, der mit den langen Haaren. So jemanden hatte Titus nie zuvor gesehen. Der Mann schien immer guter Laune zu sein. „Na, Kleiner", sagte er und Titus ärgerte sich über die lässige Anrede. „Brauchst du Hilfe?" Als der Junge nickte, öffnete Ullrik die Tür und ging zu Alkmene. „Du, dein Schützling hat ein Problem, bei dem ich ihm auch nicht helfen kann", meinte er lachend. Hastig sprang Alkmene auf und wollte sich schon entschuldigen, doch Ullrik kam ihr zuvor: „Der junge Herr scheint sehr eigenwillig zu sein, mit wem er spricht. Nun eigentlich hat er recht. Ich würde auch nicht mit jedem reden wollen. Ach Mist, ich gehe wieder. Machs gut, Kleiner." Titus war versucht etwas zu dieser lächerlichen Anrede zu sagen, wagte es aber dann doch nicht. So zeigte er Alkmene die Aufgabe und sie ging mit ihm Schritt für Schritt die Formel durch. Endlich hatte er verstanden und lächelte. Als er die Aufgabe fertig hatte, kam Gavin in die Kammer. „Na, wie ich sehe, lächelst du Titus. Das freut mich. Ein Junge in deinem Alter sollte mehr lachen, wahrscheinlich ist dir das gründlich abgewöhnt worden. Nun, lassen wir das. Wo sind deine Übungen?" Eifrig hielt ihm Titus die beiden Tafeln hin und Gavin überflog sie. Die Schreibaufgabe war gut geworden, beim Rechnen hatte er einige Fehler gemacht, aber die übersah Gavin an diesem Tag, denn er hatte noch etwas anderes vor. „Gut, Titus. Jetzt lassen wir dieses Stubenhocken und gehen hinaus. Du kannst uns im Garten helfen und Alkmene auch, aber vorher probieren wir den frischen Ziegenkäse, den Petulia gemacht hat. Bist du auch neugierig, ob sie das kann?" Ohne zu überlegen, nahm er Titus an der Hand, winkte Alkmene, ihnen zu folgen und ging in die Küche. Für jeden Schnitt er eine Scheibe Brot ab und belegte sie dann mit dem weichen weißen Ziegenkäse. Zur Krönung streute er noch Petersilie darüber. „Sic! Ich kann kochen!", rief er theatralisch aus und präsentierte sein Werk. Er wollte in Gegenwart des Jungen gute Laune zu verbreiten und manchmal hielt das dann den ganzen Tag. Selbst die Sklaven bemerkten das und freuten sich darüber.

„Jetzt lassen wir es uns aber schmecken, nicht wahr Titus, denn Kopfarbeit ist auch schwere Arbeit und du bist im Wachsen, also … genießen wir, was wir haben. Ach, du lieber Iupiter, ich rede und rede und lasse euch nicht zu Wort kommen!" Noch immer spielte er Theater und Titus grinste. „Alkmene, sag mir, wie mundet dir Petulias Ziegenkäse, gemacht nicht aus Ziegen, doch aus der Milch einer selbigen", er ahmte nun den Stil verschiedener berühmter Redner nach und alles mit vollem Mund. Alkmene konnte nicht mehr, sie lachte lauthals heraus. „O Herr, der Käse ist einfach wundervoll!", rief sie, hob das Brot in einer beschwörenden Geste, führte es an den Mund und sagte weiter: „Eigentlich zu schade, es zu opfern, aber ich bringe dieses Opfer gerne und mein Magen wird es danken. Doch sag mir, Herr, wie mundet dir das Stückelchen, das du noch hast? Denn wie ich richtig sehe, außer meine Augen wären blind, hast du das Brot und diesen Käse bereits genossen, die Krümel an deiner Kleidung zeugen davon." Nun lachte auch Titus, denn sie sah ihn so ernst an und kaute dabei geräuschvoll auf dem Brot herum. „Alkmene", flüsterte er und verstummte sofort wieder. Abermals wollte sie ihn umarmen, aber Gavin gab ihr einen energischen Stoß und tat so, als hätte er nichts gehört. „So, wenn alle fertig sind, dann können wir jetzt gehen!", rief er, klatschte in die Hände und pfiff, als würde er eine Schafherde dirigieren. „Mir nach, Truppe! Hinaus an die Luft, ihr seid zu blass um die Nase." Sie gingen über den Trainingshof, wo Tullius und Ansgar eben einen neuen Übungspflock in den Boden schlugen, durch das hintere Atrium und dann durch eine kleine Pforte hinaus in den Garten. Titus hatte halb und halb erwartet hier ein richtiges Peristyl vorzufinden. Doch das war kein

Garten wie in den feinen Häusern, es war ein Nutzgarten. Auf einer Wiese wuchsen Bäume, an der Hauswand empor schlängelte sich Wein, auch Gemüsebeete gab es und Petulia hatte schon begonnen die Beete herzurichten und mit Samen zu bestücken, die vielleicht noch im Herbst keimen würden, dann hätten sie mit viel Glück bei einem milden Winter Gemüse zu ernten. „Wir gehen in den Wald, Pilze sammeln", erklärte Gavin jetzt, dann gibt es heute statt dieser elenden Gerstenpampe eine gute Pilzsuppe, das heißt, wenn wir genug für alle finden, sonst sage ich Petulia, dass sie die Beute für dich anbraten soll." Gavin redete dahin, erklärte allerhand über giftige und essbare Pilze und er merkte nicht, wie Titus auftaute. Auch ihm selbst tat die Beschäftigung mit seinem Schüler gut, lenkte ihn von den anderen Problemen ab und machte seinen Kopf frei.

Über zwei Stunden ging Gavin mit ihnen durch den Wald und sie fanden genug Pilze, um eine Suppe daraus zu machen. „Leider, haben wir nun alle etwas davon, junger Herr", sagte Gavin beim Nachhause gehen. „Du wirst auf deine gebratenen Pilze verzichten müssen, denn wir sind alle hungrig." Zu ihrer aller Erstaunen sagte der Junge: „Macht nichts."

„Na, dann ist es ja gut", rang sich Gavin schließlich durch, zu sagen und zwang sich, so zu tun, als sei nichts Besonderes passiert. „Alkmene wird den Korb in die Küche tragen und wir beide laufen bis zu diesem Baum dort vorne. Siehst du den, der so für sich allein steht? Ich muss unbedingt wieder in Form kommen. So darf kein Herr einer Gladiatorenschule aussehen – schwach und schwabbelig." Schon rannte er los und Titus hinterdrein. Sie liefen so rasch sie konnten und Titus lachte befreit auf. Doch Gavin merkte seine körperliche Schwäche, und die Schmerzen in der Seite, von denen er gedacht hatte, sie wären weg, wurden wieder stärker. Schwer atmend lehnte er sich an den Baumstamm. Besorgt blieb Titus bei ihm stehen. „Das geht gleich wieder, Junge. Es ist nur die gebrochene Rippe. Ich bin ein alter Mann", versuchte er zu scherzen, dann sank er am Stamm hinunter und blieb regungslos sitzen. Nach einigen Minuten, in denen nichts besser wurde, rang sich Titus durch und lief zum Haus. „Alkmene!", rief er so laut er konnte. Aus allen Richtungen stoben nun die Menschen heran, denn sie wollten wissen, was den Jungen zum Reden gebracht hatte. „Alkmene, Gavin ist umgefallen", sagte er in atemloser Hast. „Schnell! Titus und Rufus, holt eine Trage", ordnete Sextus an und dann fragte er den Jungen: „Wo ist der Herr? Führ mich hin und dann lauf zurück und zeige den anderen den Weg." Titus nickte, so als wären diese wenigen Worte bereits zu viel gewesen und rannte los. „Gavin, Herr, du verrückter Kerl, du sollst noch nicht laufen", schimpfte Sextus, als sie am Baum anlangten. Der Gladiator brachte Gavin in eine sitzende Position.

„Geht schon", keuchte er. Aber so konnte er keinen Schritt machen, nicht einmal aufstehen konnte er.

Alkmene kam mit den anderen dazu und Titus meinte plötzlich, an allem schuld zu sein und zog sich wieder in sich zurück. Stumm kehrte er den anderen den Rücken und ging ins Haus. Die Freude über die Pilzsuche war ihm vergangen. ‚Immer mache ich alles falsch', warf er sich vor. ‚Er ist so nett zu mir und ich bringe ihn fast um. Ich bin ein schlechter Mensch. In Zukunft werde ich ganz still sein und mich nur mehr bewegen, wenn es sein muss.'

Gavin wurde ins Bett gebracht, worüber er sich furchtbar aufregte. „Was soll das? Mir geht es gut! Ich bin die Bewegung nicht mehr gewöhnt", schimpfte er. „Lasst mich in Ruhe, ihr Besserwisser!" Doch Sextus ließ keine Widerrede gelten. „Die Suppe bringt dir dann jemand, Herr. Und ruh du dich jetzt aus. Wir wollen morgen mit den Exercitii beginnen."

Titus hatte sich in seine Kammer verzogen und versteckte sich unter der Bettdecke. Dort fand ihn Alkmene. Sie setzte sich auf die Bettkante und flüsterte: „Junger Herr, es ist nicht deine Schuld. Er hat sich selbst überschätzt. Komm bitte hervor und sieh mich an." Doch Titus zog die Decke fester um sich. Seufzend stand sie auf. „Ich lasse dich eine Weile allein, aber zum Essen hole ich dich, denn die Pilze musst du schon probieren." Damit ließ sie ihn allein und ging zu Gavin.

Murrend saß er im Bett und starrte die nackte Wand an. Quälende Gedanken zogen an ihm vorüber. Wenn er nicht bald wieder fit war, würde Lydia leichtes Spiel haben und ihm die Schule unter den Fingern wegreißen. „Das darf nicht geschehen", murmelte er, da sah er Alkmene im Türrahmen stehen. „Komm herein", sagte er. „Was ist mit Titus? Ich fürchte, ich habe ihn erschreckt." Zögernd kam sie näher und blieb dann mit gesenktem Kopf neben der niedrigen Pritsche stehen. „Er versteckt sich, Herr", antwortete sie leise. Gavin seufzte, damit hätte er rechnen müssen und er ärgerte sich über sich selbst, weil er nicht an seine gebrochenen Rippen gedacht hatte. Es war ihm so gut gegangen und Titus hatte begonnen, aufzutauen.

„Setz dich. Und dann erzähle mir etwas über den Jungen." Sie tat wie ihr geheißen und berichtete alles, was sie wusste. Lange redete sie und sie stockte oft, doch Gavin unterbrach sie nicht und drängte auch nicht. So erfuhr er von dem verhängnisvollen Treppensturz, nach dem Titus nicht mehr gesprochen hatte. Da wurde sein Blick hart und er nahm sich vor, den Jungen weiterhin nett zu behandeln, ihn aber dennoch zu trainieren und viel an die Luft zu bringen, am besten den ganzen Tag lang.

Noch während ihres Berichts fielen ihm immer wieder die Augen zu. Es ärgerte ihn, so schwach zu sein und nichts dagegen unternehmen zu können. Gerne hätte er mit dem Training begonnen und es geleitet, nun war er abermals zur Untätigkeit gezwungen. Alkmene schaute ihn immer wieder an, als wäre sie in Sorge, ihn zu sehr zu ermüden. Als sie fertig war, wollte sie sich deshalb sofort erheben und wieder zu Titus gehen, aber er hielt sie zurück. „Warte, bleib noch einen Moment. Ich bin es leid, wie ein Kranker behandelt zu werden."

„Aber du bist krank, Herr", widersprach sie.

„Ich bin nicht dein Herr, das ist Titus oder auch Philippus Textor. Du kannst mich Gavin nennen." Verunsichert saß sie noch eine Weile stumm neben ihm und betrachtete sein Gesicht. Eine verblasste Narbe zog sich über eine Wange, die Nase war schief, doch er hatte einen schönen Mund. Das Haar war etwas zu lang und fiel ihm in Strähnen in die Stirn, doch er war glatt rasiert. Als er die Augen aufschlug, war es ihr peinlich, so gestarrt zu haben. „Gefällt dir, was du siehst?", fragte er heiser. „Ich weiß es nicht", antwortete sie wahrheitsgemäß, sie wusste tatsächlich nicht, ob er ihr gefiel oder ob sie ihn mochte. Er war zu widersprüchlich, konnte von einem Moment auf den anderen einen Wutausbruch haben, der ebenso schnell verflog, wie er gekommen war. Das hatte sie an ihrem ersten Tag hier erlebt. „Es ist auch nicht wichtig, Alkmene. Ich sollte dich nicht von deinen Pflichten abhalten. Richte dem jungen Titus aus, er muss sich keine Gedanken um mich machen. Ich bin selbst schuld." So an ihre Aufgabe erinnert, stand sie auf und nickte. „Das werde ich, Herr." Schnell verließ sie das Gladiatorenquartier und rannte zu Titus, der sich noch unter der Decke versteckte, aber eingeschlafen war. Die ungewohnte Bewegung an der frischen Luft hatte ihn müde gemacht. Er träumte davon, durch die Wälder zu laufen und Spaß zu haben, dann sah er Gavin rennen und zusammenbrechen und er war schuld. Doch bevor er aufwachen konnte, änderte sich das Traumbild und er war zuhause. Mutter stand vor ihm. „Matris", flüsterte er flehend und hob die Arme hoch, damit sie ihn hielt, doch sie kehrte ihm den Rücken. „Matris! Tata!"

Alkmene war es, die ihn hielt, als er weinend erwachte. Sie sagte nichts, hielt ihn nur bis er sich beruhigt hatte. Dann flüsterte sie ihm ins Ohr, was Gavin ihr aufgetragen hatte, zu sagen. „Du trägst keine Schuld, Herr. Er hat selbst nicht aufgepasst. Er ist der Erwachsene und muss wissen, wie weit er gehen kann. Komm, Ansgar hat vorhin schon zum Fenster herein geschaut. Die Pilze sind fertig und es dämmert bereits." Titus nickte schniefend. „Magst du nicht mehr mit mir reden?" Darauf wusste er nicht, was er machen sollte. Er wollte schon gerne reden, hatte aber Angst, etwas Falsches zu sagen, deshalb hielt er nur ihre Hand und zusammen gingen sie in die Küche.

Hier war es warm und hell. Die Leute saßen lachend um den großen, blank gescheuerten Tisch und Petulia teilte eben die Suppe aus. „Ah, hier ist er!", rief sie und Titus erschrak, weil er dachte, sie würden ihn dafür verantwortlich machen, dass es Gavin so schlecht ging. „Er hat unseren Herrn gerettet! Zur Belohnung bekommst du eine Extraportion, das habe ich nur für dich gemacht." Titus blinzelte die aufsteigenden Tränen weg und wand sich verlegen. Er war noch nie als positives Beispiel genannt worden. Diese Sklaven in einem fremden Haus behandelten ihn fürsorglicher und höflicher als seine eigenen Eltern, das rührte ihn. „Danke", krächzte er schließlich, was bei Petulia einen Freudentaumel auslöste. „Beruhig dich und stell dem Kleinen was zum Essen hin", sagte Ullrik wobei er ihr auf das ausladende Hinterteil klopfte, was ihm einen Schlag mit dem Kochlöffel einbrachte. „He, wenn ihr streitet, dann bekommt der junge Herr das Zimmer der Wölfin, der Herr bekommt seins zurück und wir können wieder ruhig schlafen", kommentierte Rufus grinsend.

„Schweig!", herrschte ihn Tullius an. „Darüber machen wir keine Witze." Jeder wusste über die Alpträume des Herrn und sie kosteten alle viel Schlaf, denn seine nächtlichen Schreie ließen niemanden zur Ruhe kommen.

„Wer bringt ihm die Suppe?", fragte Sophia schließlich. „Soll ich das heute übernehmen?"

„Nein, das mache ich", sagte Alkmene. „Es macht dir doch nichts aus, hier eine Weile, ohne mich auszukommen, Herr?", fragte sie, wobei sie ihn ängstlich musterte. Sie hoffte, er würde sie gehen lassen. Es war wichtig, dass er auch einmal allein in Gesellschaft anderer Leute war. Doch bevor er reagieren konnte, hatte Petulia seine Schüssel gefüllt und meinte: „Geh ruhig. Ich bin hier und passe auf den jungen Herrn auf, damit es ihm an nichts mangelt. Nicht wahr, Herr Titus, ich habe hier eine köstliche Pilzsuppe und dann bekommst du noch etwas Besonderes." So redete sie dahin und Titus war das erste Mal ohne Alkmene mit fremden Menschen zusammen. Für sich überlegte er, warum Sklaven nicht als Menschen galten. Er fand sie nett, zumindest Alkmene und die hier, sie behandelten ihn nicht, als wäre er schwachsinnig.

Als jeder vor einem gefüllten Teller saß, sagte Tullius: „Heute möchte ich mich einmal richtig bedanken für dieses köstliche Mahl, das bei Kaiser Vespasian auch nicht besser ausfallen könnte. Ich fühle mich wie ein König. Danke, junger Herr, für die Pilze und ein Danke an Petulia und Sophia, die sie zubereitet haben. Haut rein, Leute!"

Sophia hatte für eine Nachspeise gesorgt, es gab Weintrauben, die sie mit Honig beträufelt hatte.

„Heute habe ich die Bienenstöcke gefunden. Ich bin zwar kein Imker, deshalb bin ich auch oft gestochen worden, aber der Honig ist gut. Wir alle mögen ab und zu etwas Süßes." Gierig stürzten sich alle darauf, denn Honig hatte hier jeder gern, auch Titus, und er leckte sogar den Teller sauber. „Kann ich noch etwas haben?", fragte der Junge unvermittelt. Sein feines Gesicht und die langgliedrigen Finger waren mit Honig beschmiert und er sah jetzt nicht mehr so ernst aus wie sonst. „Natürlich!", rief sie und brachte ihm eine weitere Portion. Alle fanden Sophias Ausflug zu den Bienenstöcken hatte sich gelohnt, sogar Sextus, der von dem süßen Zeug nichts aß.

Als Alkmene zurückkam wirkte sie zunächst sehr nachdenklich, dann sah sie in das honigverschmierte Gesicht ihres Schützlings und musste lächeln. „Honig, Alkmene", sagte er. „Probier mal. Sophia ist gestochen worden und sie hat nicht geweint", erzählte er weiter und er erfand eine haarsträubende Geschichte über Sophias Gang zu den Bienen und wie sie ihren Nektar verteidigt hatten. Zuerst versuchten sie ernst zu bleiben, doch schließlich lachten alle über die fantasievollen Ausschmückungen des Jungen. Es schien so als wäre ein Damm gebrochen und er reden musste.

„Aber jetzt gehst du zuerst ins Bad und dann ins Bett. Morgen beginnt das Training, denn nur vor den Büchern zu sitzen ist langweilig, meinte dein Lehrer." Titus schaute nun doch wieder erschrocken drein. „Ich dachte … ich dachte … er ist böse mit mir, weil er so geschrien hat", murmelte er.

„Nein, nicht auf dich ist er böse, auf sich selbst", hörten sie ihn sagen. „Du solltest liegenbleiben, Herr!", fuhr ihn Sextus an. „Was? Und mir den ganzen Spaß hier entgehen lassen? Bekomme ich morgen früh endlich Honig zum Frühstück? Na, das sind ja mal erfreuliche Aussichten." Er zwinkerte Titus fröhlich zu und wandte sich dann ernster an Sextus und Tullius. „Seid ihr fertig? Kommt bitte mit." Er hakte sich bei Sextus unter und zu dritt gingen sie auf die Therme zu. „Ich brauche jemanden, der mir morgen hilft. Der Junge soll laut seinem Vater ein Mann werden. Was für ihn wohl so viel heißt, dass er Muskeln bekommen soll und abgehärtet wird. Wie würdet ihr vorgehen?"

Sextus und Tullius überlegten eine Weile, während sie Gavin beim Waschen halfen. Erst als er in das Warmwasserbecken gestiegen war und leise seufzte, meinte Tullius unsicher: „Ich weiß auch nicht, Gavin, entschuldige, Herr. Vielleicht wäre es gut, wenn er zusätzlich noch eine Aufgabe bekäme, so als wäre er ein Lehrling."

„Ist er dafür nicht noch etwas zu jung? Steht dort nicht so rum, kommt lieber zu mir ins Wasser, ich mag den Kopf nicht die ganze Zeit zu euch hochheben." Rasch entledigten sich nun die Gladiatoren ihrer Kleidung und sprangen ins Becken, nachdem sie sich selbst gewaschen hatten. „Ich würde ihn zuerst einmal viel an der Luft lassen, auch seine Lese- und Rechenübungen kann er bei gutem Wetter draußen erledigen. Er kann ja im Übungshof lernen, dann sieht er gleichzeitig, was wir machen und wir können ihn mit einbeziehen. Aber zuerst braucht er wohl ein Übungsgladius."

„Ich werde seinen Vater bitten, ihm eins anfertigen zu lassen. Sollte er vorher nicht ringen lernen und die Muskeln etwas aufbauen? Ich kann leider noch nicht mit ihm üben. Wer von euch will das übernehmen, oder wen haltet ihr geeignet dafür?" Abermals überlegten sie, Sextus setzte einige Male an zu reden und verstummte wieder. Dann war es Tullius, der eine Idee hatte: „Wir machen es alle. Jeder von uns kann etwas anderes. Aber den Anfang werde ich machen, denn ihr könnt sagen was ihr wollt, im Ringen und Laufen bin ich der Beste." Jetzt lachte Gavin und meinte wehmütig: „Das weiß ich nur zu gut. Wie oft bist du vor mir davongelaufen, den Tridens von dir gestreckt und ich konnte dich nicht erwischen?"

„Ja, Herr, Angst kann einem Flügel verleihen, nicht wahr. Selbst bei den Übungen. Ich bin froh, nicht mehr gegen dich antreten zu müssen."

„Du hattest Angst vor mir? Das wusste ich nicht. Ich habe im Training nie jemanden ernsthaft verletzt. Oder etwa doch und niemand hat es mir gesagt?" Gavin war jetzt unsicher geworden. Schnell beruhigte ihn Tullius: „Nein, damit hat es nichts zu tun, aber du hast schon einen gewaltigen Schlag drauf, selbst ohne Waffen bist du gefährlich." Gavin lachte auf und bespritzte Tullius mit Wasser. „Jetzt nicht mehr", sagte er. „So Leute raus jetzt, Titus kommt gerade herein und seine Sklavin begleitet ihn."

„Ich gehe erst raus, wenn sie sich umdreht", murmelten Sextus und Tullius wie aus einem Munde. Alkmene bemerkte die Verlegenheit der beiden Gladiatoren, deshalb beugte sie sich zu Titus und flüsterte ihm etwas ins Ohr, danach ging sie hinaus. „Sehr taktvoll deine Sklavin, die versteht, ohne dass man ihr etwas sagen muss", meinte Gavin, der sich nun ebenfalls erhob. „Ich gehe auch. Das Bad gehört dir, sobald wir fertig sind. Wenn du willst, schicke ich Alkmene dann wieder herein." Titus nickte. Auch er hielt den Blick abgewendet. Schnell zogen sich die Gladiatoren an. Gavin ließ sich dann von Sextus die Rippen bandagieren, anschließend holte er Alkmene herein. Er selbst blieb noch und ruhte auf einer der Liegen. „Morgen sorgen wir dafür, dass du ein eigenes Zimmer bekommst, Titus. Meine Kammer ist nicht angemessen für dich."

„Für dich auch nicht", konterte der Knabe, der bereits sauber geschrubbt im Becken saß und mit den Füßen Wellen schlug. „Du hast recht, aber ich bin diese Kammer gewöhnt und ich gehe auch nur zum Schlafen dorthin. – Alkmene, du kannst auch baden, wenn du magst."

„Danke Herr. Vielleicht später." Sie hatte gemeint, sich gut genug verborgen zu haben. Halb hinter einer Säule stand sie mit dem Rücken zu den beiden. „Na schön, dann werde ich jetzt gehen", sagte er schließlich, zog sich die Tunika über, nahm die Sandalen in die Hand und verließ langsam die kleine Therme. ‚Sehr seltsam, alle beide. Was mag sonst noch dahinterstecken? Die Erklärung mit dem Sturz kommt mir dagegen etwas mager vor. Morgen gehe ich zu Philippus. Titus braucht ein Übungsschwert. Lydia verhält sich auch sehr ruhig die letzten Tage. Was mag sie nur vorhaben?', überlegte er.

Lydia war sehr beschäftigt. Sie suchte einen Anwalt, der sich ihres Problems annehmen würde. Aber die Sachlage war klar und deutlich, sodass sich keiner bereitfand. Sobald sie das Testament erwähnte, winkten sie ab. Das war frustrierend und sie ließ ihren Zorn darüber auch an Deciderius aus, dem der Spaß an der Sache allmählich verging.
„Mäßige dich, Lydia!", schrie er, weil sie ihn beschimpft hatte. „Ich kann nichts dafür, dass diese Anwälte lauter Waschlappen sind."

„Ja, ja, ist ja schon gut, Deciderius. Bei Clivius Flavius Metris war ich noch nicht. Aber für den ist es heute schon zu spät."

„Gut, dann gehen wir morgen zu ihm und jetzt komm ins Bett, Schätzchen und sei eine nette Gastgeberin." Lydia ließ sich ins Bett ziehen und bald schon vergaß sie in Deciderius Armen ihren Zorn. Er war zwar kein sehr ausdauernder Liebhaber dafür aber umso feuriger. Auch kannte er einige Kunstgriffe, die Lydia jedes Mal in höchste Höhen schweben ließen. Diese Techniken hatte er von Cornelia gelernt, die auf diesem Gebiet sehr bewandert war und immer zu ihrer Lust kam. „Ah, Deciderius, du bist ein toller Hengst", feuerte sie ihn an, weiterzumachen. „Ja, gib mir den Rest! Endlich!", keuchte und schrie sie, als er hart zustieß und schließlich befriedigt aus ihr glitt. Einen Moment ruhte er auf ihrem Rücken, massierte ihre Brüste dann gab er sie frei und zog sie zu sich. Seite an Seite lagen sie ermattet aber befriedigt in ihrem großen Bett. „Ah, Deci, du weißt schon, wo du mich anfassen musst." Nun schnurrte sie beinahe und auch Deciderius brummte befreit vor sich hin. „Ja, Schätzchen, du bist wirklich die Beste und morgen nach dem Frühstück gehen wir zu diesem Anwalt." Lydia schmiegte sich eng an ihn und murmelte etwas Zustimmendes. Ob sie ihn tatsächlich mitnehmen würde, wusste sie noch nicht. Bislang hatte er sich zwar als guter Liebhaber aber sonst als wenig nützlich erwiesen. ‚Nun, immerhin bin ich entspannt', ein feines Lächeln umspielte ihre Lippen.

Bereits früh am nächsten Morgen holte Gavin Titus ab. Der Knabe hatte noch wenig Lust, aufzustehen, aber er fügte sich nach anfänglichem Murren. „Wir werden vor dem Frühstück ein wenig exerzieren, Junge. Unser beider Appetit wird dadurch angeregt werden."

Die Sonne stieg gerade über den Horizont, da standen sie schon im Übungshof. Auch die anderen Gladiatoren waren anwesend und hatten Aufstellung genommen.

„Ihr macht die Gruppenübungen. Nehmt die Gladii hoch und sucht euch einen Partner! Zuerst greift der Linke an, dann Wechsel! Versucht die Scuta, dabei nicht fallen zu lassen! Los!" Die Männer stellten sich auf und bald krachten die Übungsgladii auf die Schilde und laute Schreie hallten über den Hof. „Gut so, etwas langsam seid ihr noch, aber das gibt sich wieder!" Titus rieb sich den Schlaf aus den Augen und Alkmene stand staunend daneben. Sie hatte noch nie Gladiatoren beim Kämpfen zugesehen. So holte sie sich einen Hocker aus der Küche und schaute den Männern und Titus zu, der sich durch den Sand mühte. Gavin zeigte ihm einfache Schritte und hatte ihm ein Stück Holz in die Hand gegeben, mit dem er nun auf einen Holzpflock einschlug. „Rechte Hand vor", kommandierte er. „Linker Fuß zurück. Streck den Arm und stich zu. Jawohl, so geht das." Titus tat gehorsam, was Gavin von ihm verlangte und hieb mit dem schweren Stock auf das Holzgestell vor ihm. Langsam wurde er müde und er begann zu schwitzen. „Nein. Vergiss nicht, vor und gleich wieder zurück. Du darfst nicht stehen bleiben nachdem du einen Angriff gestartet hast." Titus nickte und versuchte es noch einmal, da riss ihn eine scharfe Stimme aus der Konzentration. Sie hatten nicht bemerkt, wie jemand den Übungsbereich betreten hatte.

„Steh auf, du faules Stück!", brüllte Philippus und zog die Gerte über Alkmenes Gesicht. Sie unterdrückte einen Schmerzenslaut und sprang auf die Füße, nur um sich dann vor seinen Füßen in den Staub zu werfen und um Verzeihung für die Nachlässigkeit zu bitten. „Auspeitschen sollte man dich! Was ist das hier für ein Laden? Die Köchin muss einen einlassen!"

Gavin winkte Tullius heran. „Mach mit dem Jungen weiter, bis ich ihn rufe. Er soll hier nicht alles mitbekommen", flüsterte er streng. Tullius nickte und führte das Training fort, während die anderen Gladiatoren mittels Bleigewichten ihre Muskeln stählten. Gavin ging zu Philippus. Mit Mühe ignorierte er Alkmene, die zitternd vor dem Herrn kniete.

„Du bist schon früh unterwegs, Philippus. Wie du siehst, arbeiten wir. "Bei sich dachte er: ‚Hau ab, du Hund und lass uns in Ruhe, du störst.' Aber er zwang sich zu einem Lächeln.

„Arbeiten nennst du das? Dieses Sklavenstück hier sitzt nur herum und starrt Löcher in die Luft. Die soll sich gefälligst ihr Essen verdienen!" Dem Ausruf folgte ein Tritt, der genau in Alkmenes Unterleib traf. Vor Schmerz traten ihr die Tränen aus den Augen und sie krümmte sich zusammen. Das hatte auch Titus gesehen und er lief zornig auf seinen Vater zu. Seinen Übungsstock hielt er drohend erhoben und er rief mit brüchiger Stimme: „Lass sie in Ruhe. Alkmene gehört mir! Du hast sie mir gegeben!" Philippus war zuerst so perplex, dass er nicht reagieren konnte, dann klatschte er seinem Sohn die Hand ins Gesicht. Titus Wange brannte, aber er hatte genug davon, sich als Dummkopf hinstellen zu lassen. Wenn er alt genug war, um weggeschickt zu werden, war er auch alt genug, sich zu wehren, wenn er ungerecht behandelt wurde. „Philippus, das hier obliegt meiner Verantwortung. Du hast die beiden in meine Obhut gegeben und ich handle nach eigenem Ermessen", sagte Gavin mit erzwungener Ruhe, nur wer ihn gut kannte, wusste, wie schwer es ihm fiel so beherrscht zu sein.

„Dann soll er doch hier bleiben", unterbrach in Philippus. „Auch wenn er jetzt wieder sprechen will, wird aus dem Schwächling nichts werden. Ich brauche kräftige Männer in der Weberei!"

„Philippus, jetzt bist du ungerecht. Dein Sohn ist gerade einmal elf Jahre alt, er wächst noch. Und was seine Sklavin angeht, sie ist hier, um ihm beim Lernen zu helfen und bringt uns Wasser, wenn wir danach verlangen. Im Übrigen, Philippus, bin ich dir über die Vorgehensweise meines Trainings keine Rechenschaft schuldig." Gavins Stimme wurde immer eisiger. „Ich bitte dich zu gehen, die nächsten acht Tage ist Titus meine Angelegenheit und somit auch die Sklavin. Wir können weiter reden, wenn die acht Tage um sind." Und zu Titus gewandt: „Geh zu Tullius, ich habe dir nicht erlaubt, mit den Übungen aufzuhören!" Gehorsam aber hocherhobenen Hauptes ging er zurück zu Tullius, der ihn grinsend erwartete. Der klopfte dem Jungen auf die Schulter und sie machten weiter.

„Darf ich dich noch zur Tür begleiten?" Mit sanftem Nachdruck führte Gavin den ungebetenen Gast ins Atrium. „Warum bist du heute schon gekommen?", fragte er nun eisig. „Ich machte einen Ausritt und kam hier vorbei. Da hörte ich das Geschrei und dachte, ich sehe mal nach, was ihr mit meinem Kind anstellt."

„Wie du gesehen hast, geht es ihm gut."

„Ja, sehr gut sogar. Wenn er in acht Tagen bleiben mag, soll er."

„Wir machen uns am besten Besuchszeiten aus, damit Titus nicht aus dem Training fällt. Das regeln wir dann beim nächsten Mal. Vale." Damit hatte ihn Gavin vor die Tür geschoben und erleichtert legte er den Riegel vor. „Was für ein gemeiner Hund der sein kann. Das hätte ich nicht gedacht", flüsterte er. Dann eilte er zurück ins Übungsrund.

Alkmene war weg, doch die Männer trainierten eifrig weiter, so als wäre nichts geschehen. Auch Titus machte, was Tullius sagte.

Alkmene stand am Brunnen im Garten und wusch sich das Gesicht mit kaltem Wasser. Die Wange brannte wie Feuer. Dann sank sie zu Boden und weinte. Noch nie zuvor hatte er sie geschlagen, damit gedroht hatte er oft oder sie eingesperrt. Fassungslos vor Schmerz saß sie da und hoffte, den Herrn nie wieder zu sehen.

Nachdem Gavin das Training für das Frühstück unterbrochen hatte, ging Sextus hinter Alkmene her. Er hatte sich nur mühsam beherrschen können, als der Webermeister zugeschlagen hatte. Auch verstand er nicht, warum Gavin so mild mit ihm verfahren war. Darüber wollte er ihn noch befragen, doch jetzt war Alkmene wichtiger.

Er fand sie zusammengesunken neben dem Brunnen sitzen. „He, Mädchen", sagte er und setzte sich neben sie. „Dein Herr ist ein Arsch. Sei froh, dass du hier sein kannst." Sie schluchzte und schaute auf. Bislang hatte sie Gavins Schatten, wie sie ihn bei sich nannte, nur wenig beachtet. Sie sah in ein paar grüne Augen und das dazugehörende Gesicht strahlte Wärme aus. Um seinen Mund lag ein leichtes Lächeln, so als würde er jederzeit zum Scherzen aufgelegt sein. Wie Gavin trug er das Haar kurz, nur war er dunkelhaarig.

„Danke", sagte sie nur.

„Er ist ein Arsch. Gavin ist nicht so. Komm frühstücken bevor die anderen alles wegfuttern." Er reichte Alkmene die Hand. Zögernd griff sie zu und schloss die Finger um seine. Seine Hand lag warm und kräftig in ihrer, es fühlte sich gut und vertraut an.

„Danke", flüsterte sie abermals.

„Aber gerne. Kannst du auch noch etwas anderes sagen?"

„Was denn?"

„Na, zum Beispiel: Mir tut die Wange so furchtbar weh, auf die dieser Vollidiot von Herr mich geschlagen hat. Oder auch: Schön, dich kennen zu lernen, Sextus, du bist ein netter Kerl." Während er sprach hatte er ihr fest in die Augen geschaut und ihre Hände festgehalten. „Du hast recht, das könnte ich sagen. Aber ich werde jetzt nur das sagen: Danke, dass du gekommen bist, Sextus." Er legte einen Arm um ihre Hüfte und führte sie ins Haus.

Das Dach der Schule war löchrig und musste dringend saniert werden. So kletterte Apion hinauf und reparierte es soweit, dass es den Winter überstehen würde. Alkmene half bei der Wäsche, nachdem sie eingesehen hatte, hier mehr Aufgaben übernehmen zu müssen, denn Titus entglitt zunehmend ihrer Verantwortung.

Manchmal machte sie sich um ihren Schützling Sorgen, dann sah sie ihn wie er mit Tullius arbeitete oder konzentriert über einer Rechenaufgabe saß, und sie merkte, er war hier gut aufgehoben. Aber ob sie hier eine Zukunft haben würde, war noch ungewiss.

Titus mauserte sich während der nächsten Tage zu einem überaus talentierten und gelehrigen Schüler, der alle Aufgaben, auch die unangenehmen, erledigte. Er half den Gladiatoren, die Manicae zu reparieren, stopfte sie mit Rosshaar und polierte die Helme.

An einem Morgen kam Jitzchak freudestrahlend ins Büro gelaufen und verkündete stolz: „Herr, wir haben Möbel gefunden, sogar einen Spiegel!"

„Wo? Wo habt ihr das gefunden, Jitzchak?"

„Am Speicher, Herr. Ganz hinten in einer Ecke, von Decken verhangen. Es stehen noch verschiedene Truhen dort oben, die wir noch nicht durchgesehen haben. Ich wollte dich dazu holen, damit du dir die Schätze selbst ansehen kannst." Er klang richtig aufgeregt, so ließ Gavin die Papiere liegen und ging mit.

Über dem Stall war ein Speicher untergebracht, der nur über eine Leiter zu erreichen war. Eine Luke führte in das dämmrige Innere. „Wie seid ihr darauf gestoßen?"

„Als wir das Dach reparierten, schauten wir auch hier nach und da fanden wir es." In dem diesigen Licht stolperten sie dahin und kamen schließlich in den hinteren Bereich. Tatsächlich, dort stand ein breites Bett, sogar eine Matratze war noch da, aber die war von Mäusen angenagt und unbrauchbar. „Das werfen wir weg", sagte er, als er sie betrachtete.

„Ebenso die Tücher, da waren die Motten dran. Hast du eine Laterne?" Jitzchak verneinte, denn Licht schien ihm hier zu gefährlich zu sein. „Gut, du hast recht. Dann schafft alles hinunter. Wir sehen uns im Tageslicht an, was ihr hier gefunden habt." Gavin ging wieder und schickte Brutus, Hector und Apion hinauf. Zusammen und mithilfe einer Seilwinde schafften sie endlich alles in den Stall. Das Bett bereitete die größten Schwierigkeiten, aber schließlich war auch das geschafft. „Ich sollte mir die restlichen Räume hier auch noch etwas genauer ansehen", murmelte Gavin.

„Das Gebäude ist so groß, irgendwo wird sich wohl ein besseres Zimmer für mich finden und dann kann jemand anders meine jetzige Kammer haben."

Neugierig standen alle um die verschlossenen Truhen herum. „Wahrscheinlich sind sie leer oder es sind mottenzerfressene Fetzen darin", kommentierte Brutus. „Wir werden gleich sehen." Entschlossen öffnete Gavin die erste Truhe. Hier befanden sich verschiedene Tuniken, feinsäuberlich gefaltet und mit Lavendel bedeckt. Gavin nahm die erste hoch, schüttelte sie aus und betrachtete sie skeptisch. „Na, das sieht doch noch recht ordentlich aus." Zustimmendes Gemurmel hob an. „Alles was brauchbar ist, werden wir untereinander aufteilen. Ich hoffe, dass genug dabei ist, damit keiner leer ausgeht." Damit öffnete er die nächste Kiste. In ihr befand sich ein wahrer Schatz und Gavins Augen begannen zu leuchten. „Bücher", seufzte er wobei er ehrfürchtig in die Knie ging. Er nahm eine Rolle heraus und las den Titel: „Ilias. Bei Iupiter, ich dachte nicht, einmal Gelegenheit zu haben, dieses Buch zu lesen." Vorsichtig legte er es zurück und schloss den Deckel. Jetzt war er noch fester entschlossen, einen Raum für sich herrichten zu lassen. Es war an der Zeit, hier wie ein Herr zu leben, der Rector und Besitzer dieser Schule und nicht wie ein Sklave. In der nächsten Kiste befanden sich wieder Kleidungsstücke und in der vierten Kiste entdeckte er, eingewickelt in ein Stück Leder einen Beutel mit Goldstücken. Misstrauisch betrachtete er das Geld. „Hm", machte er zweifelnd, dann erkannte er das Konterfei des aktuellen Kaisers und sein Gesicht strahlte. „Leute, für die nächste Zeit sind wir einen Teil der Sorgen los, zumindest um Geld brauchen wir uns keine Gedanken zu machen." Neben den Kisten und dem Bett hatten sie noch ein Regal, mehrere Korbstühle und eine Liege gefunden. „Herr, dafür brauchst du jetzt einen schönen Raum, dann richten wir den für dich her", sagte Jitzchak nicht ohne Stolz in der Stimme. Endlich würde der Herr angemessen wohnen können. „Und ich habe schon eine Idee, welches Zimmer es werden wird", meinte Apion leise. Dann winkte er den anderen und sie tuschelten eine Weile. Es wurde gelacht und Gavin kam sich einen Moment lang ausgeschlossen vor. Dann zuckte er die Achseln, nahm „Ilias" und einen der Korbstühle, so ging er in den Garten hinaus. Unter einen Baum setzte er sich und war so vertieft in seine Lektüre, dass er alles um sich herum vergaß. Manchmal sah er beim Lesen Kassandra vor sich, dann verschwamm das Bild und Alkmene erschien. Das verwirrte ihn und er konzentrierte sich wieder auf die Buchstaben. Als er von Achilles und Patrokolos las, schlich sich Priamos in seine Gedanken, auch der Trojaner hieß so. Er schloss die Augen und dachte an den Anwalt. Seine Berührungen waren nicht unangenehm gewesen, nur ungewohnt. ‚Wer bin ich?', dachte er über sich selbst. ‚Ich weiß es nicht.' Die eisige Faust, die er ab und zu in seinem Magen fühlte, machte sich wieder breit und griff an sein Herz. Schwer atmend schloss er die Augen und schlief schließlich ein. Im Traum sah er sich durch das große Gebäude wanken. Es war leer, der Wind fegte durch die Zimmer, die nur von Geistern bewohnt waren, die ihn anklagten und mit drohenden Fingern auf ihn zeigten. Knochendürre, bleiche Gestalten wehten und klapperten um ihn herum bis er schreiend das sturmgepeitschte Haus verließ. Er rannte bis er glaubte, das Herz würde ihm aus der Brust springen, und immer waren ihm die Geister auf den Fersen. Heulend riefen sie seinen Namen und wollten ihn wegziehen, fortzerren in die Unterwelt in den dunklen Bereich, der für ihn vorbereitet war. „Nein!", schrie er. „Lasst mich endlich in Ruhe!" Mit einem Ruck erwachte er und fand sich am Boden sitzend wieder. Noch völlig orientierungslos packte er das Buch, das zu Boden gefallen war und lief davon. „Lasst mich!", schrie er abermals, weil er merkte, jemand war hinter ihm her. „Bleib doch stehen, Herr!", flehte eine Stimme. „Gavin! Verflucht noch eins, halt an!" Dann wurde er von hinten gepackt und umgerissen. Verzweifelt rollte er sich herum, wollte in das Gesicht des Angreifers sehen, erkannte aber nur die ihn anklagenden Knochenfinger. „Nein! Ich hab ihn nicht getötet! Ihr könnt mich dafür nicht bestrafen!" Er drückte das Buch an sich, so als könnte es ihn beschützen. „Du hast niemanden getötet, Herr. Dein Verstand wackelt etwas", versuchte ihn die Stimme zu beruhigen. „Wer bin ich?", fragte Gavin nun laut. „Mein Herr bist du, Gavin, der auf seinen Namen verzichtet hat, damit er Frieden findet, aber der Friede findet ihn nicht."

„Sextus?", langsam kehrte er in die Welt zurück und der Traum verblasste zur schrecklichen Erinnerung. „Ja, Herr. Du hattest wieder einen Alptraum. Jetzt müssen wir aber hineingehen, ein Sturm zieht auf. Jitzchak, Brutus, Apion und Hector haben eine Überraschung für dich." Damit zog er ihn auf die Beine und führte ihn ins Gebäude zurück. „Weißt du, Gavin, du solltest etwas gegen diese Alpträume unternehmen. Du bist fast ständig müde und sie quälen dich derart, dass sie dich auch hemmen, wenn du wach bist. Ich sehe dir an, wie du dich immer wieder umdrehst und nach Verfolgern Ausschau hältst."

„Es tut mir leid, dass ich euch störe."

„Deswegen habe ich das jetzt nicht gesagt, Herr. Wir machen uns Sorgen um dich." Darauf wusste Gavin nichts mehr zu sagen. Er fühlte sich tatsächlich wenig ausgeruht und das bereits seit Wochen. Einzig, wenn er mit Titus trainierte oder mit ihm lernte, ging es ihm gut und er war fröhlich. Der Fund am Vormittag hatte ihn kurzzeitig in Hochstimmung versetzt, doch nun hatte der Traum wieder alles zunichte gemacht.

„Was hat Jitzchak gemacht?", fragte er, um sich von den Traumbildern abzulenken. „Du wirst es gleich sehen, Herr." Sextus dirigierte ihn an der Küche vorbei in den vorderen Bereich der Schule und dann sah er bereits was sie gemacht hatten und er roch das Essen. „Petulia hat heute Würste gebraten, dazu hat sie irgendein Kohlgemüse gemacht. Du riechst es bestimmt. Die Linsen rollen uns ja bereits bei den Ohren heraus und Getreide kann auch keiner mehr sehen."

„Dann sind meine Anweisungen alle befolgt worden und der Fleischer hat geliefert. Sehr schön. Aber was ist das hier?"

„Dein Reich, Herr." Gavin klappte der Mund auf und zu. Der vordere Raum war als eine Art Empfangs- und Speisezimmer hergerichtet, in dem auch die Bücher in einem Regal untergebracht waren. Titus zupfte ihn an der Tunika und sagte aufgeregt: „Gavin, die Bücher, ich habe sie sortiert, darf ich mir eines ausleihen?"

„Natürlich darfst du, Titus. Welches möchtest du zuerst lesen?" Gavin lächelte über den Jungen, der in den wenigen Tagen, die er hier war, bereits sein Vertrauen gewonnen hatte. Aufgeregt rannte er nun zum Bücherregal und zog eine Rolle daraus hervor, die reichte er Gavin. „Interessant. Du darfst sie lesen, aber gib bitte Obacht darauf. Warum gerade diese Geschichte?"

„O, Gavin, Odysseus war ein Held! Ich möchte auch ein Held sein", er errötete und flüsterte, „so wie du", dann rannte er mit dem Buch hinaus. „Titus!", rief Gavin ihm nach, aber der Junge hörte ihn nicht mehr. Also zuckte er die Achseln und wandte sich den beiden Räumen zu. Unter dem Fenster, das nach Westen hinausging, stand das Speisesofa, davor der bereits gedeckte Tisch. Alles sah sauber und behaglich, wenn auch noch ein wenig kahl aus. Dann ging er weiter ins Schlafzimmer. Jitzchak hielt die Tür grinsend auf und im Inneren warteten die Sklaven. „Bei allen … was ist denn das?", rief Gavin erstaunt. Was er sah, war ein Bett, von der Größe eines Mannschaftszeltes der Legionen, zumindest kam es ihm so vor und es stand inmitten des Zimmers. Die Kissen und die Decke nahmen sich auf dem Ungetüm geradezu mickrig aus. An einer Wand, in eine Nische eingepasst, war ein Regal, das seine Secutor-Ausrüstung beinhaltete, daneben stand der Spiegel, wieder auf Hochglanz poliert. In den Truhen befand sich seine Kleidung. Unter dem westlichen Fenster stand ein schmaler Tisch, davor ein Hocker. Gavin drehte sich im Kreis und begutachtete alles. Er war erstaunt, was seine Leute in dieser kurzen Zeit alles geschafft hatten. „Ich danke euch", sagte er ergriffen und weiter, „aber jetzt lasst uns erst einmal essen." Er scheuchte die Männer hinaus und wollte ihnen schon in die Küche folgen, da deutete Titus, der zurückgekommen war auf den Tisch. „Was?", fragte Gavin beinahe ärgerlich. Er wollte nicht allein essen. „Nun, Gavin, du bist doch der Herr hier und solltest dich auch so benehmen. So weiß jeder, woran er ist." Er wusste, Titus hatte recht mit dieser Bemerkung, dennoch ärgerte sie ihn. „Was ist mit dir, Titus? Was hält dich davon ab, hier mit mir zu speisen?" Der Knabe wand sich verlegen, er fühlte sich in der Küche viel wohler, dann sagte er würdevoll: „Ich bin ein Kind, mir steht es nicht zu, mit Erwachsenen an einem Tisch zu liegen."

„Aha! Na schön, geh", brummte Gavin, er kam sich gleichzeitig undankbar und abgeschoben vor. Er setzte sich auf die Liege, stützte die Ellbogen auf den Tisch und ließ den Kopf auf den Handflächen ruhen. „Das hab ich nun davon, der Herr zu sein – ich bin allein."

Die Nacht war furchtbar. Die Erinnerung an den letzten Traum kam wieder hoch und die Geister der Vergangenheit klopften an Gavins Bewusstsein. Stundenlang stand er am Fenster und starrte in die Dunkelheit. ‚Ich brauche Gesellschaft', sagte er sich. ‚Jemand, der nicht ständig Herr zu mir sagt.' Dann dachte er an Titus und wie gut er sich machte. In ein paar Tagen würde sein Vater herkommen und dann wollte der Junge hierbleiben. Siedend heiß kam ihm Lydia und ihre Drohung unter. Inständig hoffte er, sie hätte noch keinen Anwalt gefunden. Plötzlich wurde ihm kalt und er ging zu Bett. Die Decke zog er hoch bis unters Kinn. ‚Myrdin Hasenfuß', dachte er lächelnd, das ihm rasch verging, denn als er die Augen schloss, sah er die Knochenfinger, die mit eisigen Fingernägeln an seinem Verstand kratzten.

Der eifrige Schüler Titus genoss seinerseits das Beisammensein mit den Sklaven. Sie taten was er sagte und Petulia bemühte sich besonders um ihn, was er grinsend zur Kenntnis nahm und geflissentlich ausnutzte. Besonders wenn er sich hanebüchene Geschichten ausdachte, hörte sie aufmerksam zu und dann gab es Honigmilch und frisches Brot mit Ziegenkäse oder in Honig eingelegte Nusskerne, was er auch gerne mochte. Aus Gavin wurde er nicht schlau, er mochte ihn einerseits und die Geschichten, die die Sklaven über ihn erzählten, waren geradezu abenteuerlich, andererseits verhielt er sich oft so unberechenbar. Dennoch mutierte Gavin zum Held eines Heranwachsenden, der ihn glühend verehrte und sich in dessen Gegenwart befangen fühlte.

Er dachte eigentlich nie an zuhause, nur als ihn Alkmene auf den bevorstehenden Besuch des Vaters ansprach, erinnerte er sich daran und sein Lachen erlosch. „Ich gehe nicht wieder zurück, Alkmene", sagte er bestimmt. „Das wirst du auch nicht müssen, Herr, du weißt, was abgemacht wurde." Sie neigte den Kopf und blinzelte etwas. „Werde ich auch bleiben dürfen, Herr?" In den letzten Tagen hatte sie begonnen, ihn nicht mehr junger Herr zu nennen, denn er schien ihr gereift zu sein. „Von mir aus gerne, Alkmene, aber das letzte Wort wird Vater haben, schließlich gehörst du ihm. Aber ich werde ihn um dich bitten."

„Danke, Herr." Sie half ihm, sich zu entkleiden und massierte seinen Rücken. Auf das tägliche Bad im Tepidarium musste er verzichten, denn Gavin hatte angeordnet, das Warmbad aus Sparmaßnahmen nur noch einmal wöchentlich zu heizen. Aber das Kaltbad durfte jederzeit aufgesucht werden. Wem es nicht zu kalt war, der konnte auch ins Tauchbecken springen, denn das Wasser wurde ebenfalls nicht so oft gewechselt. „Ah, das tut gut. Heute hat mich Tullius ganz schön rangenommen."

„Das hat er, Herr, und du hast deine Rechenaufgaben rasch und richtig gelöst. Herr Gavin ist sehr zufrieden mit dir."

„Magst du ihn?", fragte Titus eifrig.

„Er ist der Herr hier, es ist unerheblich, ob ich ihn mag oder nicht."

„Du hast recht, Alkmene. Ich mag ihn, er ist ein guter Lehrer."

„So soll es auch sein, Herr. Wie fühlt sich dein Rücken an?" Sie hatte lange genug die Schultern und die Seiten massiert, dabei die blauen Flecke bemerkt, die er sich bei seinen Trainingseinheiten zugezogen hatte. Wehleidig war er nicht. „Dein Vater,wird erfreut sein, dich so guter Gesundheit vorzufinden, Herr", sagte sie als sie die letzten Handgriffe erledigte. Titus schwang die Beine vom Bett und stand stolz vor Alkmene. „Ich denke auch, er muss seine Meinung über mich jetzt ändern. Auch wenn ich erst elf Jahre alt bin, kann er mich nicht mehr wie ein Kleinkind behandeln. Und ich werde Gavin sagen, dass ich weiter hier lernen will." Er war so eifrig und so unbekümmert, wie ihn Alkmene in all den Jahren nie gesehen hatte. ,Wie lange bin ich seine Ersatzmutter? Seit sieben Jahren und nie sah ich ihn lachen, bis er hierher kam. Ich wünschte ich könnte auch lachen. Aber ich habe Angst', dachte sie als sie ihm beim Anziehen half. „Nimmst du heute die Cena mit dem Hausherrn ein?", fragte sie ihn wie jeden Abend und er antwortete, wie immer: „Die Götter bewahren, das wäre mir viel zu langweilig." Alkmene hatte es befürchtet. „Herr, denkst du nicht, dass der Dominus es als unhöflich empfindet, wenn du ihn beim Essen meidest?", redete sie ihm ins Gewissen, denn sie wollte endlich einmal unbeobachtet mit Sextus reden. Viel zu selten konnte sie ihn sehen und sprechen schon gar nicht. Doch Titus fühlte sich nun ertappt und er beugte sich doch dem Willen der Sklavin. „Du hast recht, Alkmene, daran habe ich nicht gedacht. Zuhause aß ich auch immer mit dir und wurde nie an den Tisch gebeten."

„Ich weiß, Herr, aber hier ist es anders. Leiste ihm wenigstens einmal in der Woche Gesellschaft, so kannst du auch noch etwas lernen und wirst ein feiner junger Herr, der sich in Gesellschaft zu benehmen weiß. Wenn du älter bist, werden dich die jungen Mädchen umschwärmen." Titus errötete über diese Worte, denn an Mädchen dachte er so gut wie nie.

„Gut, Alkmene, wenn du denkst, es ist wichtig, werde ich es einmal in der Woche ertragen." Damit stand er auf, besah sich im Spiegel und ging dann zu Gavin.

Der war sichtlich erfreut über die unerwartete Gesellschaft. Bis zu Titus Eintreten hatte er eher lustlos in seinem Essen herumgestochert. „Komm, Titus, welche Freude, setz dich oder besser noch, leg dich zu Tisch." Er redete dahin, einfach aufs Geratewohl heraus, lobte seine Fortschritte im Kampf und seine Hartnäckigkeit bei den Rechenaufgaben. Und plötzlich verstummte er. Er fühlte einen dicken Kloß im Hals und schämte sich, für die so übergroß gezeigte Freude. In Gedanken sah er Priamos vor sich, der ihn anstrahlte. Er schluckte einmal kräftig, atmete tief durch und sagte: „Titus, wenn du lieber deinen Spaß mit den anderen haben willst, du bist nicht gezwungen, mir Gesellschaft zu leisten." Titus hatte sich aber vorgenommen, bereits jetzt ein guter Gesprächspartner zu werden. So sagte er fest: „Einmal in der Woche kann ich gerne mit dir essen. Dann können wir uns über das unterhalten, was ich gelesen habe, wenn du magst, Gavin."

„Natürlich freut es mich, wenn du hier bist, vergiss nur nicht, das Leben besteht auch aus Spaß und der endet noch früh genug. Meine Sklaven sind allesamt lustig und dem Leben gegenüber positiv eingestellt, was sehr erfreulich ist und dir auch geholfen hat, dein Schneckenhaus zu verlassen. Was ist, wenn morgen dein Vater kommt, bleibst du hier?"

„Mit Sicherheit gehe ich nicht nachhause zurück. Vater kann sich schon einmal darauf einstellen, bis zu meiner Volljährigkeit auf mich zu verzichten, was ihm nicht schwerfallen wird." Gavin war erstaunt, der Junge klang sehr erwachsen. Danach drehte sich ihr Gespräch um Odysseus und seine Abenteuer.

Alkmene war froh, endlich einmal nicht den Herrn am Rocksaum hängen zu haben. Fröhlich lachend saß sie neben Sextus. „Wenn morgen dein Herr kommt, glaubst du, nimmt er dich wieder mit?", fragte er eben. „Ich weiß es nicht. Titus hat versprochen, dass er sich für mich einsetzen will, aber bei Philippus weiß man nie, wie er reagieren wird. Er ist sehr launisch."

„Ach, wäre das schade, wenn ich dich nicht mehr sehen dürfte", flüsterte er, dann nahm er sie um die Hüfte und drückte sie eng an sich.

„Geht ihr beiden und amüsiert euch, Petulia wird etwas zu essen für euch aufheben", schlug Tullius ernst vor. Erstaunt blickte Sextus auf, dann grinste er über das ganze Gesicht, nahm Alkmene bei der Hand und ging mit ihr in den Stall. Dort war es warm und das Heu roch würzig und frisch. Alkmene lehnte sich mit dem Rücken an die Tür und schaute Sextus erwartungsvoll an. „Ah, du bist so schön, so wunderschön", flüsterte er und bedeckte ihr Gesicht mit kleinen Küssen. „Ich hoffe, er lässt mich bleiben", sagte sie, dabei löste sie den Gürtel um seine Tunika. „Ja, ich auch. Komm mit nach hinten." Leise lachend liefen sie zu den Heuvorräten und ließen sich in das duftende Grün sinken. Hier vergaßen sie ihre Angst vor einer Trennung und erforschten sich gegenseitig. Sextus fand, er hatte noch nie eine so schöne Frau gesehen, wie Alkmene. Ihre Haut war sehr hell und ihr Haar wirkte im Gegensatz sehr dunkel, obwohl es hellbraun war. „Am liebsten würde ich dich den ganzen Tag lang ansehen. Oder auch das mit dir machen", meinte er kichernd, dann ließ er seinen Kopf zwischen ihren Beinen verschwinden. Zuerst wollte Alkmene erschrocken zurückweichen, doch er hielt sie mit genussvollen Lauten und einem energischen Ruck seiner Arme fest. Einen Moment hörte er auf, sie zu lecken und murmelte: „Hab keine Angst und lass mich dich schmecken, ich werde dir Genuss bereiten, du kleine Honigblüte." Alkmene konnte darauf nicht mehr antworten, denn er versank erneut zwischen ihren Blütenblättern. „Ich bin eine Biene", nuschelte er. Ihr Stöhnen wurde lauter und Sextus merkte, er tat das Richtige. Um ihr noch mehr Lust zu bereiten, nahm er nun noch die Finger zu Hilfe, bis sie so weit war und ihren Höhepunkt hinausschrie. Dann fasste sie nach ihm und zog ihn zu sich heran. Sein Glied lag steif und fest in ihrer Hand. „Mh, was für ein Schwänzchen", murmelte sie und begann daran zu saugen. „O du meine Güte", japste Sextus erschrocken auf und merkte, wie sich seine Geilheit noch steigerte. Bald darauf lagen sie in wilder Umklammerung aufeinander und rollten durch das Heu. „Ich liebe dich", keuchte Alkmene, woraufhin Sextus sie leidenschaftlich küsste und festhielt. „Bleib bei mir, die ganze Nacht", bat er, die Tränen in der Stimme konnte er kaum unterdrücken. „Was wird dein Herr dazu sagen, wenn du nicht an deinem Platz bist? Und erst meiner?"

„Vergiss sie, wenigstens heute. Gavin ist kein Hund, der gönnt einem schon sein Leben. Wie es mit dem Kleinen aussieht, das weißt du besser als ich. O, lass uns hier zusammen sein."

„Du hast wenig Respekt vor dem Herrn", sagte Alkmene streng, da musste er lachen. „Wenn du wüsstest, wie wir uns auf dem Sandplatz geprügelt haben, du verstündest es. Aber lass uns jetzt nicht an die Herrschaften denken, ich will die Zeit mit dir auskosten – dich kosten, du köstliche Blüte."

„Was, du willst schon wieder die Biene sein?", fragte sie, mit geheuchelter Entrüstung, worauf sie sich lachend in die Arme fielen. „Ja, sei meine Biene, die mich bestäubt und ich bin die Blüte, die dich mit ihrem Honig lockt."

Es war schon tiefschwarze Nacht als sie im Heu einschliefen und nur mehr das leise Meckern der Ziegen war zu hören.

Titus war zwar erstaunt, dass sich Petulia um ihn kümmerte als er zu Bett ging, aber er fragte nicht weiter nach. Er meinte, es gehörte zum Lehrplan, damit er selbstständig wurde. Um Gavin zu gefallen, würde er alles tun. So zog er sich aus und ging zum ersten Mal seit Jahren allein schlafen. Petulia schaute noch einmal bei ihm vorbei und brachte ihm eine Tasse Honigmilch. „Junger Herr, ich habe hier noch etwas für dich, damit du gut schlafen kannst. Dein Lieblingsgetränk." Sie zwinkerte und lächelte freundlich. Gierig griff Titus danach und sofort erhellte sein charmantes Lächeln das Gesicht. „Danke Petulia, du bist die Beste. Jetzt werde ich gut schlafen."

„Ja, Herr, das denke ich auch. Gute Nacht." Trotz der mutigen Worte und der beruhigenden Wirkung der Honigmilch war Titus nervös und schlief schlecht. Die Begegnung mit seinem Vater lag schwer auf seiner Brust und noch schwerer auf den Gedanken.

Auch Gavin schlief unruhig. Schon während des Essens hatte er das Gefühl, etwas liefe nicht richtig. Titus schien ihn zum Helden erklärt zu haben, das gefiel ihm nicht und er versuchte, dagegen zu reden. Doch es half nichts, in Titus Augen war er der Größte. Dann redeten sie über

Odysseus und dessen abenteuerliche Reisen und erneut sah er die traurigen Augen von Priamos vor sich, der ihm die Hand reichte als sich jeder andere abgewendet hatte.

Jetzt im Traum war es diese Hand, die sich ihm helfend entgegenstreckte und als er sie ergreifen wollte, zerfiel sie zu Staub und nichts als ein trockenes Lachen, wie raschelndes Laub vom letzten Herbst blieb zurück. Selbst am Tag blieb der Eindruck von Verlust, den der Traum in ihm ausgelöst hatte. Oftmals, wenn er sich unbeobachtet wähnte, schaute er sich forschend um und die eisige Faust, die er häufig in seinen Eingeweiden fühlte, lähmte sein Denken.

Durch Zufall erfuhr Lydia von den Alpträumen die Gavin Nacht für Nacht heimsuchten. Das wollte sie zu ihrem Vorteil ausnutzen. Schließlich hatte sie einen Anwalt gefunden, der sich ihrer annahm. Clivius Flavius Metris hatte sich bereit erklärt, gegen das Testament vorzugehen. Jetzt würde sie angreifen und den Emporkömmling, als den sie Gavin gern bezeichnete, fertig machen. Das Erbe stand nur ihr zu, jahrelang hatte sie unter der Gleichgültigkeit von Marcus gelitten, der nur Interesse für die Schule und höchstens die anderen Geschäfte zeigte, die sie nebenher tätigte. Aber an ihr als Person hatte er wenig Gefallen gefunden. Dieser Umstand ärgerte sie noch immer, auch wenn sie sich anderweitig die Bestätigung geholt hatte, eine begehrenswerte Frau zu sein, fehlte etwas, wenn der eigene Gatte einen links liegen ließ. Oft genug hatte sie sich darüber geärgert, aber immer wieder gute Miene zum bösen Spiel gemacht. In wenigen Tagen schon würde Clivius seinen Antrag bei Gericht einbringen und Gavin das Haus verlassen müssen. Lächelnd wandte sie sich Deciderius zu, auch ihn würde sie bald nicht mehr brauchen.

Am Vormittag erschien Philippus in der Schule. Zwei Sklaven begleiteten ihn, sie trugen eine Kiste, die sie Titus gaben. „Wie verabredet, kann der Junge bleiben. Das mit der Sklavin habe ich mir überlegt. Er muss lernen, allein zurecht zu kommen. Alkmene!" Als sie nicht kam murmelte er: „Wo ist dieses faule Stück nur? Ich sollte sie auspeitschen lassen." Gavin hörte ihn und meinte beschwichtigend: „Alkmene hilft bei der Ernte. Ich lasse sie holen." Er schickte Brutus los damit er ihr Bescheid gab. Dann bot er Philippus einen Sitzplatz an. Stumm warteten sie. Gavin ärgerte Philippus Aggressivität den Sklaven gegenüber, er fand es übertrieben und hässlich.

Endlich kam sie. Ihr Blick hing flehend an Gavin, der bemerkte, dass hinter der Tür Sextus wartete. Das wunderte ihn, auch der bittende Blick der beiden machte ihn stutzig. Dann erkannte er ihr Dilemma und seufzte innerlich.

Alkmene wurde von ihrem Herrn mit einer Ohrfeige empfangen, weil sie den Kopf zu wenig gesenkt hielt. „Philippus, in meinem Haus wird niemand geschlagen, wenn ich es nicht anordne. Wenn sie dir so wenig nützlich ist, dann kaufe ich sie dir ab. Ich brauche ohnehin Personal. Wie viel willst du dafür haben?" Philippus entblößte eine Reihe gelblicher Zähne als er gierig grinste. Er nannte eine Summe, die Gavin für total übertrieben hielt. „Was? Dir ist sie nutzlos und mir willst du sie zu einem absoluten Wucher anbieten? Nein, nein." Gavin nannte nun seinerseits eine Summe, die Philippus zu gering war und so feilschten sie mehrere Minuten dahin, beschimpften sich auf nette Art und Weise. Doch Gavin kämpfte gegen den wachsenden Zorn an, er wusste, dass vor vielen Jahren Julius Cassus mit Marcus Atticus so um ihn gehandelt hatte. Es schnürte ihm noch immer die Kehle zu, wenn er daran dachte, wie ein Sack Mehl verschachert worden zu sein. Schnell unterdrückte er den Gedanken daran, denn er musste sein Spiel weiterführen. Langsam gab Philippus nach und der Preis ging in vernünftige Höhen. Eine Weile verhandelten sie noch weiter, bis sie sich schließlich auf einen Betrag einigten. Geld und Sklave wechselten den Besitzer. „Nun haben wir aber noch eine Angelegenheit zu regeln, Philippus. Die Sache mit deinem Sohn. Wenn ich ihn erziehen soll, dann musst du mich vernünftig bezahlen. Ich dachte an 25 Denare pro Monat und natürlich kommt dann noch das Essensgeld dazu. Auch die Ausstattung, sollte ich sie ihm besorgen, wirst du bezahlen müssen." Darüber dachte Philippus eine Weile nach und stimmte dann zu. „Gut, dann will ich jetzt meinen Filius sehen."

„Er trainiert im Hof mit Tullius. Wenn du ihm dabei zusehen willst, du kennst den Weg. Anschließend hat er eine Pause und dann sind schreiben, rechnen und lesen an der Reihe. Dazwischen ist die Mittagspause und am Nachmittag hat er Rhetorik, ich werde dafür noch einen Lehrer engagieren. Vor der Cena trainiert er mit mir, falls ich Zeit habe, ansonsten ist um diese Zeit Rufus sein Partner. Nach der Cena, die er entweder hier bei mir oder in der Küche einnimmt, darf er einmal wöchentlich das Tepidarium aufsuchen und dann ist Schlafenszeit. Diese Regeln werden strikt eingehalten. – Alkmene, du kannst wieder an die Arbeit gehen und nimm Sextus mit, ich brauche ihn jetzt nicht." Schon wollte er mit Philippus in den Übungsbereich gehen, als Brutus mit einem fremden Sklaven im Schlepptau hereinkam. „Was ist nun wieder los?", fragte Gavin müde und an Philippus gewandt: „Geh ruhig vor, ich komme dann nach."

„Ich bin ein Bote von Clivius Flavius Metris, er ist Anwalt und hat folgende Botschaft für dich", damit überreichte ihm der Bote eine Papyrusrolle. Bedächtig öffnete sie Gavin und dann wurde er ärgerlich. Nur mühsam unterdrückte er seinen Zorn. Er drehte sich um, bat den Mann einen Moment zu warten und kam mit einer Kupfermünze zurück. „Du brauchst nicht auf eine Antwort zu warten, selbst wenn dir dein Herr den Auftrag dazu gegeben hätte, ginge es jetzt nicht." Der Bote nahm die Kupfermünze dankend entgegen, noch nie hatte er beim Überbringen einer schlechten Nachricht, ein Geldstück bekommen.

Sextus stand hinter Gavin und stützte ihn. Er hatte gewartet als er Brutus mit dem Boten gesehen hatte und seine böse Vorahnung hatte sich bewahrheitet.

„Komm mit, Herr. Lege dich hin, du bist weiß wie die Wand. Ich kümmere mich um deinen Gast."

„Nein, Sextus, es geht schon wieder. Ich kann mir jetzt keine Schwäche erlauben. Hier lies das …" Ohne weitere Worte zu verlieren, überreichte er Sextus das anwaltliche Schreiben. Nachdem Sextus den Inhalt genau studiert hatte, fluchte er lang und ausgiebig. „Ja, danach ist mir auch zumute. Wie haben die nur von den Alpträumen erfahren? Oder dass ich auf dich losgegangen bin?"

„Soll ich einen Boten nach Arretium schicken?"

„Daran habe ich selbst schon gedacht, aber das ist zu weit und dauert zu lange." In einer hilflosen Geste strich er sich durch das Haar. „Was soll ich jetzt nur machen? Die wollen mich für verrückt erklären und mir alles wegnehmen." Er wurde immer leiser und flüsterte schließlich nur noch. Mit hängenden Schultern ging er in sein Schlafzimmer. Sextus starrte ihm zornig hinterher. Die Wut richtete sich gegen Lydia, die hier irgendwie spionierte und alle Informationen für sich ausnutzte. Rasch lief er zum Übungsplatz und bemühte sich um Selbstbeherrschung.

Die einzigen, die sich an diesem Tag mehr als freuten waren Titus und Alkmene. Titus strengte sich besonders an, als er seinen Vater bemerkte und er ging erst zu ihm als ihm Tullius das Zeichen für das Ende der Übung gab. Danach lief er auf seinen Vater zu und blieb einige Schritte vor ihm stehen. Stumm neigte er den Kopf und schaute ihm dann gerade ins Gesicht. „Titus, du kannst hier bleiben. Mache mir keine Schande."

„Herr Vater, ich werde dir keine Schande machen. Wie lange darf ich bleiben?"

„Bis Gavin sagt, du hast genug gelernt. Ich soll dich von deiner Mutter grüßen und ebenfalls von den Schwestern. Also, lerne fleißig und vergiss nicht der Mund ist nicht nur zum Essen da, sondern auch zum Sprechen."

„Jawohl, Herr. Ich werde dir keine Schande machen."

„Sehr schön Titus." Eine Weile starrten sie sich an, dann seufzte Philippus und ging nachhause.

Titus lebte auf, nachdem die Sache mit seinem Verbleib geklärt war, auch dass Alkmene an Gavin verkauft worden war, störte ihn nicht im Geringsten, denn für ihn änderte sich dadurch nichts. Sie bediente ihn weiterhin, massierte seinen Rücken und die müden Beine, wenn er von einem Waldlauf zurückkam und sorgte für seine Honigmilch zum Schlafengehen. Nur manchmal fühlte er sich hier einsam, aber meistens war er so beschäftigt, dass er nicht an andere Kinder dachte. Er hatte nie mit anderen Jungen seines Alters gespielt oder gerauft, also ging es ihm nicht wirklich ab. Es war eher eine undefinierte Sehnsucht, die ihn manchmal das Bild eines anderen Titus zeigte, der fröhlich lachend mit seinen Geschwistern spielte. Dann sagte er sich: „Titus, die haben dich nur abgeschoben, denk nicht an sie, die verschwenden auch keinen Gedanken an dich." So tröstete er sich mit der Idee, ein Held zu werden, wie Gavin einer war.

15. Salutatio repentis – Unerwarteter Besuch

Die Tage vergingen und Gavin wurde zunehmend blasser und unruhiger. Oft schaute er sich verstohlen um, denn er meinte, nun auch tagsüber Stimmen zu hören. Manchmal machte ihn das Gelächter, welches er zu hören vermeinte, schier verrückt, dann presste er die Hände gegen die Ohren und kniff die Augen zu. Wenn es ganz schlimm wurde, verkroch er sich den ganzen Tag in seinem Zimmer. Doch dort war die Stimme noch lauter und eindringlicher.

Alle machten sich Sorgen um ihn, denn der Tag der Anhörung rückte näher und Gavin hatte noch keine Anstalten gemacht, einen Anwalt zu suchen, der seine Rechte vertreten würde.

„Sextus, rede mit ihm, oder du Tullius. So geht es nicht. Was ist, wenn er sich nicht wehren kann? Seht ihn euch nur an, wie ein Geist läuft er herum. Er ist nicht mehr der Mann, den wir aus Arretium mitgebracht haben, auch wenn er da schon verändert war", maulte Rufus. „Er trainiert nicht einmal mehr und das hat ihm immer Spaß gemacht."

„Du hast recht, Rufus, aber mehr als mit ihm reden kann ich nicht."

Es war der Tag, an dem ein schwerer Sturm aufzog. Die Wolken hingen tief über dem Haus und die Bäume bogen sich in den Böen. Titus fand es gruselig. Bereits den ganzen Tag über waren die Wolken tief und rasch dahingezogen. Im Übungshof hatten sie nur morgens trainiert, dann abbrechen müssen, denn der aufwirbelnde Staub nahm ihnen sogar hier die Sicht.

Am Abend weitete er sich zu einem regelrechten Unwetter aus. Gavin zog sich früh in seine Räume zurück.

„Leistest du mir heute Gesellschaft?", fragte er Titus. Doch der verneinte. „Es tut mir leid, aber ich habe Petulia versprochen, ihnen heute nach dem Essen etwas vorzulesen." Gavin war enttäuscht. Er ließ sich nichts anmerken, sondern sagte: „Das ist eine gute Idee und wird sowohl dein Lesekönnen als auch deine Stimme schulen. Ich bin stolz auf dich, Titus. Dann bleibt mir für heute nichts weiter, als dir eine gute Nacht zu wünschen. Vielleicht isst du morgen mit mir?" So schnell fiel Titus dann keine Ausrede ein, die nicht lächerlich geklungen hätte. Gavin bemerkte, wie er sich wand und so sagte er: „Wir reden morgen darüber. Aber für morgen früh gilt: Training auch bei Regen. Schlaf gut, Titus." Damit drehte er sich um und entfernte sich vom Übungsgelände.

Sextus, der mit Titus trainiert hatte, blickte ihm bedauernd nach. ,Mist, er ist so verdammt einsam, dazu diese Träume', dachte er und schluckte heftig. Dann sah er Alkmene. Er lächelte ihr zu und vergaß den Herrn. Titus hüpfte im Sturm herum und versuchte, den Staubfontänen auszuweichen, die vom Wind aufgewirbelt über den Boden tanzten. Dann begann es zu regnen. Schwere Tropfen klatschten zu Boden und machten kleine Krater im Sand. Alle liefen rasch in die Küche, wo Petulia bereits mit dem Essen auf sie wartete. „Na, ihr. Heute habe ich nur Reste für euch. Wer wartet dem Herrn auf?" Wie so oft in den letzten Tagen wollte sich keiner melden. Gavin war sonderbar geworden, ihnen nicht mehr ganz geheuer. „Ich gehe", sagte Sextus schließlich, stand auf und nahm das Tablett mit der Vorspeise. Als er ins Atrium trat, hörte er ein Geräusch. Jemand klopfte energisch gegen die Tür. Sextus erschrak darüber so, dass er beinahe das Tablett aus den Händen fallen ließ. Auch Gavin war alarmiert aus seinem Zimmer gekommen. Eine Decke hatte er um seine immer dünner werdende Gestalt gewickelt und mit ängstlichem Blick starrte er auf die Eingangstür. „Geh ins Zimmer, Herr. Wenn es was Ungutes ist, werde ich schon fertig damit." Er stellte das Tablett ab und öffnete. „Was wi…", begann er unfreundlich, dann erkannte er die Person. „Herr! Welche Ehre! Komm herein, rasch! Und auch deine Begleitung. Dein Erscheinen ist wie ein Geschenk der Götter!" Priamos war erstaunt, so empfangen zu werden. „Was ist geschehen, Sextus? Ich dachte euch hier sicher und friedlich mit Gladiatorendingen beschäftigt, doch stattdessen wartest du dem Herrn auf und machst den Hallendienst? Was ist geschehen?"

„Einen Augenblick, Herr. Kommt erst einmal herein. Die Sklaven können auch hier durchgehen. Es gibt nur diesen einen Eingang." Er ließ die Tür offen, und der Sturm wehte die Ankömmlinge mitsamt dem Staub der Straße ins Innere. Priamos reiste nur mit einer kleinen Truppe, selbst sein treuer Diener Ganymed begleitete ihn diesmal nicht. „Die Pferde?", fragte er nun.

„Einen Moment, Herr, ich hole Brutus, der kümmert sich um die Tiere" Er ließ die Gäste stehen und rannte in die Küche. Schnell sagte er Bescheid und Petulia begann, leise fluchend erneut zu kochen. Doch diesmal halfen Sophia und Alkmene mit. Brutus versorgte die Tiere, Hector, Apion und Jitzchak richteten Gästezimmer und Quartiere für die Sklaven. Alle hatten das Abendessen unterbrochen, doch die Ankunft des befreundeten Rechtsanwalts schien es wert zu sein, auch auf das gesamte Essen zu verzichten.

Gavin stand noch immer an der Tür und dachte er sähe erneut Gespenster. Da schritt Priamos in seiner Eingangshalle und eine Frau stand nahe der Tür. Mehrere Sklaven waren mit dem Transport seiner Habseligkeiten beschäftigt und brachten es in die Gästequartiere. Gavin kratzte sich am Kopf. „Priamos?", fragte er leise. Doch der hörte ihn und drehte sich in seine Richtung. Er erschrak, als er Gavin sah, eingewickelt in eine Decke, die Wangen eingefallener noch als nach der Folter, dunkle Ringe unter den Augen als würde er nie schlafen. Seine Hände zitterten als er sie nach dem Anwalt ausstreckte. „Was ist mit dir, mein junger Freund?", fragte Priamos besorgt. „Lydia will mich fertig machen und es gelingt ihr. Sieh mich an. Wenn ich so in zwei Tagen zur Anhörung erscheine, dann bin ich das hier los. Meine ganze Anstrengung war dann umsonst." Er ging vor in das kleine Empfangszimmer und sagte: „Komm doch herein, oder willst du dich zuerst umziehen? Du und deine Begleitung, ihr könnt euch im Nebenzimmer frisch machen. Dort ist genug Platz." Er lachte, aber es schwang zu viel Trauer darin, um fröhlich zu sein. Priamos winkte der Frau. „Darf ich dir meine Nichte vorstellen? Gavin Tettius, das ist Polyxena Leandra." Sie streckte Gavin die linke Hand entgegen und murmelte etwas Unverständliches, woraufhin Priamos sagte: „Na, etwas freundlicher wäre es wohl auch gegangen, Polyxena."

„Es ist mir eine Ehre, Herrin Polyxena", sagte Gavin artig. Dann bot er ihnen sein Schlafzimmer an. „Ich bitte euch, schlaft diese Nacht dort und kümmert euch nicht um mich. Mein Haushalt ist leider etwas geschrumpft. Setzt euch oder macht es euch so bequem wie es eben geht. Ich bin sofort wieder hier …" Er lief hinaus und in die Küche. Dort fand er alles in heller Aufregung, aber ihm wurde versichert, dass in Kürze serviert werden würde. „Herr, wir machen auch ein Gästezimmer, aber das wird noch etwas dauern", meinte Apion, der bei der Tür hereinschaute. „Bring einfach Bettzeug in mein Schlafzimmer. Das Bett ist groß genug, damit Priamos und seine Nichte dort schlafen können. Ich finde mir schon einen Platz. Seht zu, dass wir warme Getränke und Speisen bekommen, und zwar flott." Damit ging er zurück.

Polyxena lehnte mit missmutigem Gesichtsausdruck an der Wand und starrte in die Dunkelheit hinaus. Als Gavin eintrat, verbarg sie ihr Gesicht noch mehr hinter der Palla. Er verbeugte sich vor den Gästen, wickelte sich fester in die Decke und wagte erst jetzt ein zaghaftes Lächeln, das ihn sogleich jünger erscheinen ließ. „Es tut mir wirklich fruchtbar leid, dass hier alles so schleppend geht. Nehmt doch Platz. Verehrte Dame, wenn ich dir die Liege anbieten darf? Priamos, dir kann ich leider nur diesen Hocker geben, aber er ist sehr bequem."

„Das ist sehr nett, mein Freund. Und was ist mit dir?" Priamos hatte den nassen Mantel abgelegt und die Reisetunika gegen eine trockene gewechselt, das eisengraue Haar stand in Stacheln um seinen Kopf, er hatte sich nicht die Mühe gemacht, es zu kämmen. Polyxena war in eine dunkelblaue Palla gehüllt, die sie fast vollständig bedeckte. Gereizt wirkte ihre ganze Körperhaltung. „Ich bitte dich, Polyxena, benutze mein Schlafzimmer und zieh dir die durchnässten Kleider aus, bevor du krank wirst", sagte Gavin freundlich. „Ich weiß, hier scheint alles recht ungastlich, aber fühle dich willkommen. In Kürze wird es auch ein warmes Abendessen und warme Getränke geben. Ich bitte euch nur um etwas Geduld."

„Mein lieber Gavin, wir müssen dich um Verzeihung bitten, wenn wir so unangemeldet hier auftauchen und dich in deiner Routine stören", erwiderte Priamos, dabei umarmte er Gavin kurz und heftig. „Mein Freund, wie mager du bist!", rief er entsetzt. „Hast du kein Geld? Ich weiß, dass du Schwierigkeiten hattest als ihr von mir aufbracht."

„Nein, das ist es nicht, Priamos. Ich fürchte … ich fürchte, mein Freund, ich werde verrückt." Er senkte die Stimme weiter, bis sie nur noch ein Flüstern war. „Nachts höre ich Stimmen und manchmal auch tagsüber. Es ist schrecklich. Ich kann nicht mehr schlafen und ständig habe ich das Gefühl, beobachtet zu werden. Priamos, du hast deine Nichte in ein trauriges Haus gebracht. Warum ist sie überhaupt mitgekommen? Ich dachte immer, du bleibst nur unter Männer?"

„Ich werde der Sache auf den Grund gehen, Gavin. Vielleicht spielt dir jemand einen Streich, wir werden sehen." Er unterbrach sich, seufzte einmal und fuhr dann fort, jedoch ohne die Stimme zu senken: „Polyxena ist hier, weil ihr Vater sie zu mir geschickt hat. Ich soll ihr einen Mann suchen! Gerade ich! Wie komme ich dazu? Sie ist so furchtbar schüchtern, nun ja, du wirst schon noch sehen warum. Das ist auch der Grund, weshalb sie sich so verhüllt. Aber lassen wir das jetzt. Ich will deine Geschichte Gavin."

„Nach dem Essen. Ihr könnt heute mein Schlafzimmer benutzen. Für Morgen werden euch eigene Gästezimmer hergerichtet."

„Das Bett scheint mir groß genug für uns alle drei zu sein."

„Das wäre es, wenn ich nicht immer alle Leute wecken würde. Es ist besser, wenn ich woanders schlafe."

„Wie du meinst. Ah, da kommt Poly. Meine Liebe, es freut mich, dass du auf die Palla verzichtest." Sie blickte verlegen zu Boden. Einerseits war sie dem Onkel dankbar, dass er sie auf diese spontane Reise mitgenommen hatte, andererseits hasste sie ihn dafür, weil er sie zwang, sich immer wieder öffentlich zur Schau zu stellen. Sie fand sich hässlich. Aufgrund einer Lähmung hing ein Mundwinkel nach unten, was ihr einen missmutigen Gesichtsausdruck verlieh. Diese Lähmung bereitete ihr auch Probleme beim Sprechen. Gavin lächelte sie an, nun verstand er, warum sie sich versteckt hatte. Er nahm sich vor, freundlich zu ihr zu sein.

Als sie bei der Nachspeise angekommen waren, es gab wie so oft in Honig eingelegte Nusskerne und Trauben, dazu gedünstete Äpfel und Birnen, sagte Gavin, um die Frau ins Gespräch einzubinden: „Polyxena, du bist aber keine jungfräuliche Priesterin, oder?" Er bemerkte wie sie rot wurde und bereute seine unvorsichtige Frage. „Wie ungeschickt von mir. Verzeih. Ich sollte meinen Mund halten und lieber schweigen, kommt ohnehin nur Unsinn heraus in letzter Zeit." Sie sah ihn kurz an, erkannte die Müdigkeit und den bitteren Zug um den Mund. Ein geschlagener Mann saß da vor ihr auf einem Kissen am Boden und kämpfte mit den Worten. Ein kaum erkennbares Lächeln erzwang sie sich, als sie langsam antwortete: „Keine P-p-p … nutzsslos."

„Du klingst als wärst du vom Leben enttäuscht. Aber du bist noch so jung, Polyxena."

„Nneinnn, Gavvin Tett." Rasch unterbrach er sie: „Herrin, ich trage den zweiten Namen nicht mehr, aber das kannst du nicht wissen. Priamos hat mich so vorgestellt und ich habe nicht darauf reagiert. Es tut mir leid."

„Warum hast du auf deinen Namen verzichtet? Wegen der Geschichte mit deinem Bruder? Was ist passiert?", fragte Priamos neugierig geworden. „Es ist keine schöne Sache, aber ich erzähle dir davon." Er beachtete Polyxena nicht mehr, sondern wandte sich nun voll Priamos zu, der konzentriert auf dem Hocker saß. Die Beine übereinandergeschlagen und die

Augen geschlossen, wartete er auf den Bericht. Gavin ließ nichts aus, erzählte auch von Lydia und dem Brief des Anwalts, der bevorstehenden Anhörung und den Stimmen.

Polyxena lag schweigend da und wagte nicht, sich zu erheben, damit sie die Konzentration der Männer nicht störte. Sie war Zeit ihres Lebens ein Anhängsel gewesen, seit sie die schwere Krankheit überlebt hatte, der sie die Lähmung verdankte, war sie noch nutzloser geworden. Schon vor der Erkrankung war sie keine Schönheit gewesen, aber sie hatte einen Mann gekannt, der sie zur Frau wollte, auch wenn sie mutmaßte, es war nur der Mitgift wegen. Doch dann war die schwere Krankheit dazwischen gekommen und er hatte sich anderweitig umgesehen. Dabei hatte sie ihn gemocht und es lange nicht verstanden, warum er sie nie besucht hatte, als sie mühsam erneut sprechen und gehen gelernt hatte. Nur noch ein Nachziehen des rechten Beins zeigte die Lähmung an und auch nur dann, wenn sie müde war. Polyxena haderte oft mit den Göttern, die ihr so viele Krankheiten in den Weg gelegt hatten. Aber alles Jammern half nichts.

Als Gavin eine Pause einlegte, sagte sie so rasch es ging: „Müüütä." Rasch sprang er auf und reiche ihr die Hand. „Wie gesagt, ich biete dir mein Schlafzimmer für diese Nacht. Ruf laut, wenn du etwas brauchst." Polyxena bedankte sich mit einem schiefen Lächeln und schloss rasch die Tür hinter sich.

„Danke, dass du so freundlich zu ihr bist", meinte Priamos müde. „Warum sollte ich nicht höflich sein? Sie hat mir nichts getan und ist mein Gast – also sehe ich keinen Grund, unhöflich zu sein." Priamos gähnte verhalten, doch Gavin bemerkte es. Schon wollte er den Freund bitten, zur Ruhe zu gehen, da hörten sie einen lauten Schrei aus dem Schlafzimmer. Priamos stürmte ins Innere und schaute sich um. „Was ist los, Poly? Was ist geschehen?" Zitternd saß sie im Bett, die Beine hochgezogen und hatte die Bettdecke um sich gewickelt, als könnte sie Dämonen damit abwehren. „Mürdin, Mörder – Sch-schtimm ... Ahhh! Wer? Mürdin" Gavin hatte Tränen in den Augen und fühlte die eisige Faust in seinem Magen zuschlagen. „Ich", sagte er schlicht. „Ich bin Myrdin, oder sagen wir, ich war Myrdin, der Gladiator." Priamos war unterdessen zum Fenster gelaufen und brüllte hinaus. „Ich sehe dich, du Witzbold und ich bin Rechtsanwalt, also hör mit diesen Späßen auf, oder du hast eine Klage wegen Ruhestörung am Hals!"

„Du erkennst mich doch gar nicht!", rief die Stimme unvorsichtig geworden zurück. Jetzt lehnte sich Priamos an die Wand und begann herzlich zu lachen. „Ich wusste schon immer, dass du dein Hirn auf der Zunge trägst. Manche Männer haben es ja in den Hoden, die wenigsten dort, wo es hingehört aber noch weniger tragen es auf der Zunge. Richte deiner verehrten Freundin Lydia Atticus aus, sie kann sich schon mal warm anziehen, ich bin hier und schärfe meine Zunge. Und, Deciderius, pass auf, dass dir das Glück mit den Frauen nicht einmal das Genick bricht. Ich denke, Cornelia ist über dein Fortgehen nicht sehr erfreut." Ein zorniger Zischlaut war zu hören, dann flog ein Stein in ihre Richtung und prallte nur wenige Zentimeter neben dem Fenster auf den Putz. „Jetzt ist aber genug, Deciderius! Hau ab, sonst hast du tatsächlich eine Klage wegen Ruhestörung am Hals oder soll ich sie ausweiten auf Körperverletzung?" Er hörte ihn nur noch durch den Sturm davonlaufen. „So, den sind wir los. Menschenskind, Gavin, setz dich, du bist weiß wie die Wand!" Rasch drückte er ihn aufs Bett und deckte ihn zu. „Du zitterst auch wie Espenlaub, Poly. Was ist denn los?" Polyxena wickelte sich fest in die Decke, bevor sie antwortete, schluckte sie mehrmals: „Essssss war … grässlich, On-kel." Sie bemühte sich ordentlich zu sprechen, was ihr wieder einmal vor lauter Aufregung nicht gelang. Zornig, weil er sie nicht sofort verstand, sprang sie auf, packte ihn an den Schultern und blickte ihn fest an, wobei sie „Schrecklich" sagte. Endlich verstand er, was sie meinte und er nickte: „Gut, ich hab kapiert, Poly. Was machen wir jetzt? Irgendjemand sollte hier bleiben und ihn bewachen." Polyxena nahm ihre Kleidung, wickelte sie notdürftig um sich und ging auf den Gang, dort rief sie laut: „Skla-ve!" Es dauerte einige Minuten, bis jemand kam. Müde schlurfte sie den Gang entlang, sah aber entzückend aus. „Was kann ich für dich tun, Herrin?", fragte Alkmene. „Ich brauche doch ein Zimmer für mich und dann schicke jemanden her, der hier saubermacht und deinem Herrn hilft", das wollte sie sagen, aber sie brachte wieder nicht die richtigen Worte heraus und Alkmene starrte sie an, als wäre sie dumm. „Z-i-m-m-e-r m-i-c-h", sagte Polyxena betont langsam und versuchte, ihre Ungeduld im Zaum zu halten. „On-kel!", rief sie verzweifelt, weil die Sklavin noch immer nicht reagierte. Priamos trat aus dem Schlafzimmer, sah Alkmene, lächelte über deren gelösten Aufzug und meinte: „Zeig meiner Nichte das Gästezimmer und dann schicke jemanden her, der hier aufräumt und bring warme Milch für deinen Herrn." Alkmene nickte und sagte: „Sofort Herr. Herrin, folge mir. Dein Zimmer ist fertig." Polyxena seufzte, wie einfach war das Leben, wenn man verstanden wurde. In ihrem Kopf waren die Worte immer richtig, doch kaum erreichten sie die Lippen kamen die Buchstaben wie sie wollten und sie verstand sich selbst nicht. Verachtenswert fühlte sie sich, wenn andere sie ansahen, als wäre sie dumm wie Stroh. Jetzt als sie dieser hübschen Sklavin folgte, kam sie sich noch dazu linkisch vor und sie fragte sich, warum der Onkel sie auf diese Reise mitgenommen hatte. Es war ja nicht gerade so, dass sie eine begehrte Jungfrau war, viel eher würde es darauf hinauslaufen, entweder in einem Tempel zu enden oder auf kurze Sicht, dem Onkel den Haushalt zu führen oder auch, er bezahlte jemanden, der sie heiratete. Mehr Perspektiven sah sie nicht für sich. Ihr Leben war gelaufen, mit nicht einmal zwanzig Jahren fühlte sie sich alt und wertlos. Doch gerade diese Gefühle machten sie launisch und aggressiv.

Alkmene ging stumm voran, sie hatte den Ruf gehört als sie sich zu ihrem Treffen mit Sextus begeben wollte. Er würde schon ungeduldig warten, aber er wusste auch, dass die Herrschaften Vorrang hatten. So schnell sie es wagte, lief sie vorneweg, es war nicht weit, doch das Atrium war groß und mit vielen Säulen bestückt. Neben dem Büro hatten sie ein kleines Zimmer hergerichtet. Es machte nicht viel her, war aber sauber, soviel Alkmene wusste. Als Polyxena eingetreten war, fragte sie: „Hast du noch einen Wunsch, Herrin?" Polyxena wollte, um etwas zu trinken bitten, brachte aber wieder einmal nicht die richtigen Worte heraus und so jagte sie schließlich zornig geworden, die junge Sklavin hinaus. Eingeschüchtert über diese ungerechte Behandlung lief Alkmene davon. Weinend warf sie sich schließlich Sextus in die Arme. „Die ist so ungerecht. Ich weiß ja nicht, was sie will, weil sie nicht richtig sprechen kann und dann wirft sie mit Sachen nach mir."

„Morgen rede ich mit Gavin darüber. Das geht nicht. Wenn sie nicht sprechen kann, dann kann sie dich nicht dafür verantwortlich machen."

„Ich habe mir wirklich Mühe gegeben, sie zu verstehen. Titus habe ich doch auch immer verstanden." Sie klang verzweifelt und ließ sich gerne von Sextus trösten.

Gavin kauerte auf dem großen Bett, gut zugedeckt und mit warmer Milch versorgt.

„Gavin, ich sehe gute Chancen, dass du diese Anhörung gewinnst. Du ruhst dich morgen den ganzen Tag aus, am besten schläfst du so viel es geht. Ich werde mich hier um alles kümmern. Ich denke, dein Leibwächter wird mir den gewohnten Ablauf sagen können." Erwartungsvoll blickte er Gavin an bis dieser nickte. „Ich bin tatsächlich müde, wie noch nie im Leben, Priamos. In den letzten Tagen habe ich oft an dich denken müssen. Ein glückliches Geschick, das dich hierher gebracht hat, mein Freund."

„Ja, das war es." Priamos legte sich nahe an ihn heran und wärmte ihn mit seinem Körper, hielt ihn umschlungen, bis er ruhig atmete. Das erste Mal seit langem schlief Gavin friedlich und ohne Alpträume.

Wie gewohnt wollte ihn Sextus noch vor der Morgendämmerung wecken. Erstaunt über das Bild hielt er in der Tür inne. Der ältere Mann hielt Gavin wie tröstend im Arm und beide schliefen ruhig. Lautlos zog er sich zurück und segnete erneut das Auftauchen des Anwalts. „Dann eben ohne den Rector", meinte er grinsend bevor er den Schüler weckte.

Titus war die reinste Freude. Er war bereits früh am Morgen fröhlich und verbreitete gute Laune. „Herr, deine morgendliche Lektion werde heute ich übernehmen. Gestern sind hier Gäste eingetroffen und der Herr schläft noch", meinte Sextus. „Ich weiß, ich hab sie beobachtet", erwiderte Titus lächelnd. Dann nahm er ein kurzes Holzschwert und zusammen gingen sie, um ihre Übungen zu vollführen. Sextus war voll des Lobes über die Fortschritte des Knaben. „Wenn du so weitermachst, dann wirst du mich in einem Jahr besiegen können, denn dann hast du auch die nötige Kraft dazu." Dieses Lob freute Titus und er strahlte über das ganze Gesicht. „Was ist heute mit meinen anderen Lektionen?"

„Das wird Alkmene übernehmen, Herr. Komm, Petulia winkt dir schon mit dem Honigtopf." Auf dem Absatz drehte sich Titus um und lief jubelnd voraus.

Von dem ungewohnten Lärm geweckt, stand Polyxena auf und spähte vorsichtig ins Atrium. Sie konnte niemanden erkennen, aber der Lärm von schreienden Männern war zu hören, laufende Schritte, jemand sang und irgendwo wurde das Frühstück gerichtet. Lautlos zog sie sich ins Zimmer zurück und kleidete sich an. Sie war froh, Kleider zu tragen, die sie allein anziehen konnte, so war sie nicht auf fremde Hilfe angewiesen. Das Haar ließ sie offen über den Rücken hängen. Eine Strähne fiel ihr dabei ins Gesicht, sodass ihre gelähmte Gesichtshälfte etwas verborgen war. Sie hatte einen guten Orientierungssinn und gelangte problemlos in Gavins Empfangszimmer. Höflich klopfte sie, öffnete und trat ein. Hier war es noch ruhig, aber auf dem Tisch stand eine Kanne mit Wasser. Seufzend schenkte sie sich ein. Dann ging sie zur Schlafzimmertür und lauschte. Auch hier war es ruhig. Leise öffnete sie und machte die Tür schnell wieder zu, als sie den Onkel und Gavin Arm in Arm schlafen sah. Beide wirkten entspannt. Abermals seufzte sie. Ihr Magen knurrte und erinnerte sie daran, gestern Abend vor lauter Aufregung, kaum einen Bissen gegessen zu haben. Abermals trank sie Wasser, dann suchte sie ein Buch aus dem Regal. Leise öffnete sie die Tür zum Schlafzimmer und holte den Korbstuhl heraus, den sie gesehen hatte. Die Männer schliefen weiter und ließen sich auch von ihrem Gepolter nicht wecken. Schließlich saß sie mit dem Buch und einem Becher Wasser neben dem geöffneten Fenster und las. Aufs Geratewohl hatte sie ein Buch ergriffen. Während sie die Buchstaben betrachtete, die vor ihren Augen tanzen wollten, dachte sie: ‚Es ist lange her, ich glaube, ich kann nicht mehr lesen.' Doch es ging, mit etwas Konzentration hatte sie die Buchstaben schnell unter Kontrolle und konnte auch den Sinn erfassen. ‚Wie konnte ich nur dieses Buch erwischen?', dachte sie errötend. Eben wollte sie aufstehen und es wegräumen, als Gavin aus dem Schlafzimmer trat. Verschlafen reckte er sich und war sich nicht bewusst, dass jemand im Raum war. Er gähnte lautstark, dann trat er auf den Gang und rief laut nach Petulia. „Ah! Ich muss mir dafür einmal etwas einfallen lassen. Mann, Priamos! Du bist der beste Freund, den man sich wünschen kann." Polyxena versank im Korbstuhl, sie saß mit dem Rücken zu ihm und duckte sich nun noch ein wenig mehr. ‚O je', dachte sie und wollte am liebsten heulen als Priamos Gavin umarmte und auf den Mund küsste. Gavin fühlte, wie die eisige Faust in seinem Körper zu schmelzen begann. Priamos tat ihm gut und er mochte den älteren Mann mehr als gern.

„Ich habe schon für Frühstück gesorgt. Was ist mit deiner Nichte? Soll ich sie wecken lassen?"

„Nein, lass sie schlafen, Gavin. So haben wir noch etwas Zeit für uns." Polyxena wollte am liebsten im Boden versinken. Aus Angst vor Entdeckung wagte sie kaum, einen Atemzug zu tun.

„Wer hat den Korbstuhl herausgetragen?", fragte Gavin, doch da kam Sophia mit dem Frühstück und Polyxena blieb weiterhin unentdeckt. Das Gespräch der Männer wandte sich dem Tag zu. Priamos riet Gavin, gründlich auszuruhen, damit er für die Anhörung fit war und nicht mehr so blass und krank aussah. „Du hast ja einige prächtige Sklaven und der junge Sextus scheint sehr in diese kleine Maid verliebt zu sein."

„Du hast ein scharfes Auge, mein Freund. Ich werde ihnen erlauben, zusammen zu schlafen. Ullrik und Petulia haben ebenfalls ein gemeinsames Zimmer. Wenn das so weitergeht, haben wir hier lauter Paare, zumindest unter den Sklaven. Aber Alkmene sieht schon unverschämt gut aus."

„Da stimme ich dir zu. Eine Zierde für jedes Bett, da könnte sogar ich noch einmal schwach werden. Schau nicht so erschüttert, ich tu ihr schon nichts." Gavin lachte erleichtert auf, da schockierte ihn Priamos ein weiteres Mal: „Du hättest sie wohl selbst gerne als Bettwärmer, nicht wahr?" Gavin verschluckte sich an der Milch. „Nein, nicht nachdem sie mit Sextus zusammen ist. Ich werde ihm nicht mehr in die Quere kommen, auch wenn ich der Herr hier bin. Aber verlockend ist der Gedanke allemal. Ja, ich sollte mir wieder einmal Entspannung verschaffen." Jetzt lachte Priamos laut heraus, stand auf und ging zum Fenster. Dort fand er Polyxena, die so tat als schliefe sie, die Buchrolle auf dem Schoß liegend. „Himmel noch mal", flüsterte er und legte den Zeigefinger auf seine Lippen. Vorsichtig schlich er zurück und zog Gavin mit sich ins Schlafzimmer. „Verdammter Mist", zischte er dort. „Poly sitzt am Fenster. Hoffentlich hat sie unser Gerede nicht mitbekommen." Gavin war verwirrt. Sie hatten nichts Schlimmes gesagt, doch Priamos schüttelte nur traurig den Kopf, danach ging er hinaus. „So, ich beende jetzt mein Frühstück und dann werde ich mir deine Urkunden ansehen und du, mein Freund, ruhst dich aus. Ich will dich erst wieder zum Mittagessen sehen." Polyxena hatte die Zeit genutzt und war gegangen. Sie fühlte sich wieder einmal gedemütigt und schlecht. Das Buch hatte sie liegenlassen und nun spazierte sie heimlich zwischen den Säulen herum. Als sie sah, jemand hatte die Haustür geöffnet, ging sie hinaus in den Sonnenschein. In den frühen Morgenstunden hatte sich der Sturm gelegt und der Regen hatte die Natur sauber gewaschen. Es war ein schöner, aber kühler Herbsttag. Nachdenklich wanderte sie die Straße entlang, umrundete dann das große Gebäude und drang schließlich in den kleinen Wald ein, in dem Gavin und Titus Pilze gesucht hatten. Sie ging bis sie an eine kleine Lichtung kam, dort setzte sie sich auf einen umgestürzten Baumstamm und ließ den Tag verstreichen. Niemand würde sie vermissen.

Am späten Vormittag kam Lydia. Sie verlangte dringend, Gavin zu sprechen, aber Priamos wiegelte ab. „Wenn es um die Erbschaft geht, dann bin ich der Ansprechpartner und alles läuft über mich. Ich bin sein Anwalt in dieser Angelegenheit." Priamos stand auf, bat Lydia aber nicht, Platz zu nehmen, sondern führte sie am Ellbogen sanft vor die Tür. „Wir sehen uns morgen bei der Anhörung. Ich hoffe, mein verehrter Kollege Clivius Flavius wird die Niederlage ebenso gekonnt wegstecken, wie Deciderius gestern Nacht seine Entlarvung. Ich hoffe doch, Lydia, dass du nicht wirklich zu solch schändlichen und unehrenhaften Mitteln greifen musst", fuhr Priamos im Plauderton fort. Dann schob er sie vor die Tür und verriegelte sie.

„Mann, dagegen ist Cornelia ein Waisenkind. Diese steinerne Miene, dieser gleichgültige Gesichtsausdruck als ich von Deci sprach. Wenn die auf die Tränendrüse drückt, dann kann ich einpacken. Das ist eine Schauspielerin." Er ging zurück ins Büro und sah sich sämtliche Besitzurkunden genauestens an. Einige waren auf Tontafeln, andere auf Papyrus geschrieben. Mit allen diesen Dokumenten musste er vorsichtig umgehen. Auf einer Wachstafel machte er sich Notizen.

Sextus ging, wie er es versprochen hatte, zu Gavin und erzählte ihm, wie Alkmene aufgelöst zu ihm gekommen war. „Entschuldige, dass ich dich damit behellige, aber …" Gavin starrte ihn an und musste einen Moment überlegen, was genau er meinte, dann sagte er seufzend: „Gut, ich rede mit ihr. Aber bedenke, Polyxena ist mein Gast und als solcher hat sie Vorrang." Damit gab sich Sextus zufrieden und er lief in die Küche zurück. Dort beruhigte er Alkmene. Titus sagte eben mit vollem Mund: „Wenn man nicht reden kann, soll man eben schweigen." Er urteilte so hart, wie es nur Kinder können. „So lange die hier ist, esse ich in der Küche. Es ist mir gleich, wenn ihr mich für unhöflich haltet! Ich habe sie nur kurz gesehen und mir ist es kalt den Rücken hinunter gelaufen."

„Jetzt bist du aber ungerecht, Herr", schalt ihn Petulia. „So entstellt ist sie auch wieder nicht. Sicher, das Gesicht ist etwas schief … aber sie hat es ohnehin hinter dem Schleier verborgen."

„Trotzdem … ich bleibe bei euch. Mit Gavin esse ich ganz gerne, er ist klug und ich glaube, der Anwalt ist auch gescheit und kann Geschichten erzählen."

„Na, vielleicht überlegst du es dir noch einmal und es freut mich, dass du mich für intelligent hältst", unterbrach ihn Priamos, der eben zur Küchentür hereinschaute. „Wer immer hier der Koch ist, er kann servieren und hat jemand von euch meine Nichte gesehen?" Alle blickten betreten zu Boden, denn sie wussten nicht, wie viel Priamos gehört hatte und sie schüttelten verneinend die Köpfe. Priamos seufzte. Es war überall das Gleiche. Das bekümmerte ihn, denn Polyxena war im Grunde genommen ein netter umgänglicher Mensch, der sich nach der schweren Krankheit immer mehr zurückgezogen hatte oder sehr aggressiv reagierte.

„Ich werde sofort auftragen, Herr", sagte Petulia eifrig und scheuchte die Leute herum, die ihr im Weg standen. Priamos nickte und begann nun doch Polyxena zu suchen. So viel er wusste, hatte sie nicht gefrühstückt, denn in ihrem Zimmer stand das Tablett noch unberührt. Er fragte sich, wo sie wohl stecken mochte. Weit konnte sie nicht sein, denn aufgrund der Lähmung war sie langsam und ermüdete rasch, doch im Haus war sie nicht. Priamos fand es erstaunlich, wie rasch sie sich nach der schweren Erkrankung, die ihren gesamten Körper gelähmt hatte, wieder erholt hatte. Er hatte gelernt, sich mit ihr zu verständigen und es klappte ganz gut. Leider mieden sie die meisten anderen Mensch.

Schließlich brach er die Suche ab, er dachte, sie würde schon auftauchen, wenn sie hungrig und müde wurde und ging zu Gavin ins Esszimmer.

„Konntest du dich ausruhen?" Gavin saß schon bei Tisch und bot Priamos die Liege an. „Wo ist deine Nichte? Ich muss mit ihr sprechen." Priamos seufzte, doch erst als er bequem bei Tisch lag, meinte er: „Ich weiß nicht, wo sie ist. Worüber willst du mit ihr reden?"

„Ach, die Sklaven haben sich beschwert, weil sie sich ungerecht behandelt fühlen." Jetzt, da er es ausgesprochen hatte, kam er sich kleinlich vor und er errötete leicht deswegen. „Ist schon gut. Das ist wohl überall so. Mist, sie ist so klug und kann sich nicht ausdrücken. Aber etwas anderes. Ich habe mir die Besitzurkunden angesehen. Es ist alles eindeutig, auch das Testament." So wendete sich das Gespräch geschäftlichen Dingen zu und sie vergaßen die junge Frau, die noch immer in dem Waldstück saß. Die Sonne schien warm von einem blauen Himmel. Zögernd hinkte sie in die Mitte der Lichtung, dort legte sie sich auf den sonnenwarmen Waldboden und schaute in den Himmel hoch. Nie zuvor hatte sie sich die Muße gegönnt, die Wolken zu beobachten. Dabei fühlte sie sich endlich ruhiger werden. Die Erde unter ihr war kühl und noch feucht vom nächtlichen Unwetter, aber das störte sie nicht. Irgendwann fielen ihr die Augen zu und sie schlief ein.

Am Nachmittag kontrollierte Gavin die Aufgaben seines Schülers. Anerkennend klopfte er ihm auf die Schultern. „Du wirst immer besser, Titus. Was hältst du davon, wenn ich heute eine Gesellschaft für dich gebe?"

„Ähm, das ist nett von dir Gavin, aber ..." Gavin verstand sofort und er erwiderte hart: „Ich erwarte deine Anwesenheit heute Abend." Danach ging er in die Küche und gab entsprechende Anweisungen. „Von euch hätte ich doch etwas mehr Höflichkeit meinen Gästen gegenüber erwartet! Richtet ein Esszimmer für vier Personen. Kümmert euch darum, dass die Herrin Polyxena in ihrem Zimmer etwas zu trinken hat und stellt Blumen hinein, der Raum ist viel zu kahl, um sich wohlzufühlen. Irgendjemand soll auch das Geschirr abräumen. Rasch! Ich will hier keine untätigen Leute sehen! Ach ja, und heizt das Tepidarium." Er klatschte in die Hände und ging ins Büro. Priamos war bereits wieder geschäftig. Die Rede hatte er fertig, er würde sie noch anpassen, wenn der gegnerische Anwalt gesprochen hatte, aber das Grundgerüst stand. Er gab es Gavin zu lesen, der grinste und meinte schlicht: „Du bist ein penetranter Schwätzer, mein Lieber."

„Ich weiß." Der Rest der Antwort ging in einer Umarmung unter. „Ich habe dich vermisst, Gavin. Das ist der Grund, warum ich die Reise auf mich genommen habe, obwohl ich nie wieder einen Fuß auf eine Landstraße setzen wollte."

„Dann hoffe ich, du bleibst jetzt recht lange hier, auch wenn es etwas unbequemer als in deinem Haus ist."

„Dein Bett gefällt mir, also bleibe ich so lange du mich erträgst." Gavin antwortete lachend: „Ich dachte nicht, nachdem ich dich so brüsk abgewiesen hatte, du würdest dich noch einmal in meine Nähe wagen. Jetzt freut es mich umso mehr." Dann steckten sie abermals die Köpfe zusammen und überlegten, wie sie Lydia ins Handwerk pfuschen könnten. Priamos erzählte alles, was er über Deciderius Felix Victor wusste, es war ein sehr umfangreicher Bericht, den er noch um die Erkenntnisse der letzten Nacht ergänzte. Er hatte vor, das alles in seine Rede einzubauen, damit Gavin als der große Held dastand, der das Lebenswerk seines verstorbenen Herrn weiterführen wollte.

Langsam dämmerte es und fröstelnd erwachte Polyxena. Im ersten Moment wusste sie nicht, wo sie war. ‚Ich hätte nicht in der Sonne liegen sollen', schimpfte sie in Gedanken, denn über die Lippen kam nur Unsinn. ‚Jetzt liege ich hier und bin steif wie ein Brett. Hoffentlich sucht mich jemand.' Ihre Hoffnung stütze sich auf den Onkel, der in einem Fall vertieft, seine Umgebung völlig vergaß, einem unbekannten Gastgeber, der selbst mit sich zu kämpfen hatte und vielen anderen unbekannten Faktoren. Die anderen zum Haushalt gehörenden Personen, würden sie ebenfalls nicht suchen. Entschlossen, hier nicht kampflos liegen zu bleiben, stemmte sie sich mit der gesunden Hand ab und drehte sich auf den Bauch. Danach zog sie den gelähmten Arm unter dem Bauch hervor und legte ihn zur Seite. Einige Male atmete sie tief ein und aus, wischte sich die Tränen aus dem Gesicht und griff fest in das Erdreich vor ihr. Das gesunde Knie rammte sie in den Boden und zog sich hoch. Langsam kroch sie vorwärts und näherte sich den Bäumen. Endlich erreichte sie eine Wurzel, nach der griff sie und zog sich weiter. Sie hörte ein Reißen als die Tunika an der Wurzel hängenblieb. Aber sie war an einem Baum, wo sie sich hochziehen konnte. Erschöpft lehnte sie schließlich an den Stamm und atmete in kleinen von Schluchzern begleiteten Stößen. Es wurde bereits dunkel und sie hatte nur noch eine vage Erinnerung, wo das Haus lag. Aber sie war nicht weit in den Wald gegangen, nur ein kleines Stück, also musste sie bald wieder draußen sein, redete sie sich Mut zu. Ihre rechte Körperhälfte fühlte sich eiskalt und tot an, so leblos wie schon lange nicht mehr. Nur mit einer enormen Willensanstrengung hob sich der Fuß vom Boden und sie konnte weitergehen. ‚Verdammtes Bein! Heb dich doch!', dachte sie zornig, griff mit dem linken Arm zu und wollte es hochheben, in dem Moment verlor sie das Gleichgewicht und sie fiel hart zu Boden. Sterne tanzten vor ihren Augen, doch sie gab sich noch nicht geschlagen. Niemand hatte eine Ahnung wo sie war, so kroch sie weiter.

Eines der anderen Zimmer war in ein Speisezimmer umfunktioniert worden, aus einem Bett hatte Brutus eine Liege für den Essbereich gemacht und an die Wände hatten sie einige Behänge getan. So wirkte der Raum nicht mehr ganz so kalt und nüchtern. In einem Kohlebecken brannte ein Feuer und zahlreiche Kerzen spendeten ein wohliges Licht. „Wo bleibt nur Poly?", fragte Priamos, unruhig werdend. „Ich werde jemanden ausschicken, sie zu suchen. Wo kann sie nur sein?"

„Sicher irgendwo in der Nähe des Hauses oder im Haus. Es ist groß genug, um sich zu verlaufen." Gavin stand auf, hieß Titus zu bleiben wo er war, der Junge hatte eine Gelegenheit gewittert und wäre gerne verschwunden, aber Gavin passte zu sehr auf. „Du leistest unserem Gast Priamos etwas Gesellschaft, während ich nach der Herrin Polyxena schicken lasse." Titus schnaubte verächtlich, hielt sich aber mit einer Bemerkung zurück.

Gavin schickte alle Sklaven, bis auf diejenigen, die in der Küche arbeiteten, hinaus. Er glaubte zwar nicht, sie dort zu finden, aber etwas zog ihn zum Wald. Langsam ging er weiter, ließ den Blick schweifen, dann rief er: „Polyxena! Wo bist du?" Angestrengt lauschte er, dann meinte er, ein leises Wimmern zu hören, das wie eine Antwort klang. Er lief weiter. „Polyxena! Sag etwas, irgendetwas, damit ich mich orientieren kann!" Abermals hörte er das Wimmern und er änderte die Richtung, ging nun mehr nach rechts. Endlich fand er sie. „Leid", schluchzte sie. Gavin ging neben ihr in die Hocke und sagte: „Es muss dir nicht leidtun." Dann drehte er sie auf den Rücken, hob sie hoch und trug sie zum Haus zurück. „Brecht die Suche ab. Die Herrin ist in Sicherheit!", rief er als er aus dem Wald trat. Schwer lag sie in seinen Armen als er sie zum Haus trug. „Ab", sagte sie und deutete mit dem gesunden Arm zu Boden. „Du willst gehen?", fragte er sicherheitshalber. Bestätigend nickte sie, da ließ er sie sanft zu Boden gleiten. „Warte, ich richte nur deine Tunika etwas." Sextus kam auf sie zugelaufen, neigte den Kopf in einer Art und Weise, die nicht viel Respekt erkennen ließ und fragte, ob er behilflich sein könne. „Ja, Mann, richte das Bad und sag Alkmene sie soll der Herrin beim Waschen und Ankleiden helfen. Und zackig diesmal!" Sextus murmelte etwas, das Gavin lieber überhört hätte, doch auch Polyxena hatte es vernommen und sie blinzelte heftig. Sie hielt an und blickte Gavin ins Gesicht, dann mühte sie sich ab, um die Worte richtig mit den Lippen und der Zunge zu formen, so wie sie in ihrem Hirn waren, sollten sie auch klingen. „Nnn-ich-t … d-uuuummmm", brachte sie heraus. „Du bist nicht dumm, Polyxena, aber schmutzig und unterkühlt. Lass uns später reden." Gavin zog sie mehr, als dass sie selbst ging und als sie den Übungshof überquerten rannte ihnen Priamos entgegen. „Poly! Ich habe mir schon Sorgen um dich gemacht." Kurz umarmte er sie, dann meinte er: „Und vor dem Essen gehst du ins Bad, und zwar schnell." Schniefend nickte sie. Sie kam sich schon wieder dumm und ungeschickt vor. ‚Er redet mit mir als wäre ich ein kleines Kind', dachte sie müde und schüttelte den Kopf darüber. ‚Solange ich nicht reden kann, bin ich gefangen in meinem Kopf.' Sehnsüchtig blickte sie Gavin nach, der sie im Bad an Alkmene übergeben hatte und wieder ging. ‚Ja, gefangen und einsam.' Dann sperrte sie sich gegen diese selbstquälerischen Gedanken und ließ sich von Alkmene waschen. Am ganzen Körper hatte sie Abschürfungen, die mit Ringelblumensalbe behandelt wurden. Sie verzog keine Miene obwohl sie müde war und beim Waschen stehenblieb. „Ich bin fertig, Herrin", sagte Alkmene. „Welche Tunika wünschst du, anzuziehen?" Sie hielt der Herrin zwei beinahe identische Kleidungsstücke hin. Wahllos griff sie nach einem Teil und die Sklavin half ihr hinein. Als sie angekleidet war, wollte ihr Alkmene noch den Spiegel bringen, aber sie winkte entschieden ab, begleitet von einem herrischen „Nnnnein!" Die Sklavin zuckte zusammen, als wäre sie geschlagen worden, sagte aber nichts weiter. Ohne noch ein Wort zu verlieren, ging sie davon. Zumindest versuchte Polyxena gerade zu gehen, aber es gelang ihr nicht und ihr Humpeln war sehr stark erkennbar, was ihr einiges an Würde nahm, deshalb reckte sie den Kopf und wollte sich hoch aufrichten, was sie abermals ins Straucheln brachte und einzig Alkmenes schnelle Reaktion rettete sie vor einem Sturz. Sie wollte sich bedanken, brachte aber das Wort nicht über die Lippen, so verzog sie den Mund zu einer Art Lächeln und hoffte, bei der anderen würde das so ankommen, wie es gedacht war. Aber Alkmenes Vorurteil war bereits etabliert und sie hielt das schiefe Lächeln für eine feindselige Grimasse und so ließ sie schnell los und rannte weg. Polyxena seufzte noch einmal und humpelte weiter. ‚In dieser Welt muss man funktionieren, sonst geht man unter. Ich hasse das!' Am liebsten wollte sie diese Gedanken laut hinausschreien, aber nichts anderes als leere Worthülsen stolperten über ihre Zunge und die Lippen. Frustriert über ihre mangelnde Körperbeherrschung schlug sie mit dem Kopf gegen die Wand. Erst der einsetzende Schmerz ließ sie innehalten und weitergehen.

Im Speisesaal waren sie bereits bei der Nachspeise angekommen. Sie hatten der Jugend nachgegeben und mit dem Mahl begonnen, dabei unterhielten sie sich vortrefflich und Titus genoss die scharfen Bemerkungen des Anwalts, der ihn immer wieder erneut herausforderte, besonders, wenn es um die Unabhängigkeitsbestrebungen in Judäa ging. Der Junge war Feuer und Flammen für die Unabhängigkeit, konnte aber den Argumenten und Fragen des Gelehrten nichts entgegensetzen. Auch Gavin beteiligte sich an der Diskussion und sie lachten viel, wenn Titus in seinem jugendlichen Eifer über das Ziel hinausschoss und beleidigend wurde. Gerade lachten sie wieder über seine Hoffnungen, Judäa möge frei werden, als Polyxena schwer atmend eintrat. Sie erkannte den Witz der Situation und versuchte nun ihrerseits ein Lachen, aber es geriet wieder zu einer Grimasse. Als sich der Junge erschrocken an Gavin wandte, ließ sie ihre Mimik erstarren und ließ eine Haarsträhne ins Gesicht fallen. „Bessssssa?", fragte sie, nicht ohne etwas Selbstironie in der Stimme. Priamos bestätigte: „Natürlich, meine liebe Polyxena, du hast wunderschönes Haar." Gavin stand auf und half ihr an ihren Platz. Dann bot er ihr Wein, den sie ablehnte, obwohl sie die berauschende Wirkung gerade jetzt gebraucht hätte, um die Schmerzen zu betäuben. Anschließend reichte er ihr von den bereits erkalteten Speisen. So hungrig sie sich vorhin gefühlt hatte, so wenig konnte sie nun essen. Die Blicke des Knaben hingen an ihr, auch wenn er seine Augen immer wieder weg zwang, wanderten sie trotzdem ständig zu ihr und beobachteten jede der linkischen Bewegungen.

„Sag mir, Titus, wie würdest du als Kaiser reagieren, wenn ein Gebiet die Unabhängigkeit fordert?", fragte Priamos, um den Jungen von Polyxena abzulenken. „Ich würde sie fragen, warum sie unabhängig sein wollen", antwortete der Junge kühn. „Aha! Und was machst du, wenn sie sagen, weil wir ein Volk sind und ihr unser Land besetzt! Schert euch zu wem auch immer – verreckt einfach." Priamos sprach jetzt sehr aggressiv und funkelte über den Tisch hinweg Titus an, der wurde langsam rot, weil er nicht wusste, was er sagen sollte. „Ich würde, ich würde … sie trotzdem fragen, wie sie das bewerkstelligen wollen, wo doch wir die ganze Infrastruktur haben." Priamos erhob triumphierend die Hand und rief: „Junge! Vorhin in der umgekehrten Fragestellung, hattest du diesen wichtigen Punkt übersehen. Die Leute sind auf ihre ‚Besetzer' angewiesen, denn die haben erst den Wohlstand gebracht, über den sie jetzt schimpfen. Nun … lassen wir es für heute enden, junger Titus. Schärfe deinen Verstand, wir können ein anderes Mal weiter disputieren. Wenn du willst, kannst du dich zurückziehen. Wir Alten, werden wohl noch ein wenig beim Wein bleiben, für den du allerdings noch zu jung bist. Bona nox, Filius." Titus fühlte sich wichtig und erwachsen, als der Anwalt so mit ihm redete. Auch die Diskussion, die er eigentlich verloren hatte, war anregend gewesen und keineswegs beleidigend verlaufen. „Schlaf gut, Titus", sagte auch Gavin. Der Schüler erwiderte den Gruß und lief rasch hinaus. Es war wirklich nur halb so schlimm gewesen wie er gefürchtet hatte. Polyxena hatte nichts mit ihm geredet und er hatte sie nicht ansehen müssen, weil entweder Priamos oder Gavin mit ihm geredet hatten. Noch bevor er zu seinem Zimmer kam, rief er nach Alkmene, die mit zerzaustem Haar angelaufen kam und ihren Atem nur schwer unter Kontrolle bringen konnte. Sie war eben mit Sextus zusammen gewesen und er hatte sie nur sehr widerwillig freigegeben. So sah sie jetzt noch zerzaust aus und ihre Wangen waren gerötet. Zum Glück war Titus mit sich selbst so beschäftigt, dass er es nicht bemerkte. Rasch half sie ihm ins Bett und sagte abschließend: „Jetzt wirst du erwachsen Herr, ich merke es jeden Tag ein Stück mehr. Schlaf gut, Herr."

„Danke Alkmene. Nichts Besseres hat Vater je getan, als mich hierher zu schicken. Aber jetzt gehe ich ins Bett, denn morgen weckt mich Sextus wieder vor der Morgendämmerung und wenn ich nicht ausgeschlafen bin, dann bekomme ich mit Gavin Ärger."

Rasch zog sie sich zurück und Titus schlief bald ein.

Polyxena lag vor dem gefüllten Teller und wusste nicht, wie sie essen sollte, ohne sich zu bekleckern. Mit der rechten Hand konnte sie nichts halten und auf der linken ruhte sie. So ruckte sie jetzt herum, bis sie am Rücken zu liegen kam, streckte die gesunde Hand aus, und griff nach dem Ei. Endlich hatte sie die Vorspeise erwischt. Es war schon spät und sie wurde wütend, weil sie wieder einmal allein essen musste, denn Priamos zog sich nun zurück und bat Gavin, ihn zu begleiten, denn er wollte noch wegen der Anhörung mit ihm sprechen. ,Ich muss widerlich sein. Morgen bleibe ich nur im Zimmer, dann braucht sich keiner mehr zu ängstigen', dachte sie bitter und voller Selbstmitleid. ,Ihr Götter! Sagt mir, welch ein Leben ist das, wenn man im eigenen Körper gefangen ist und nichts dagegen unternehmen kann? Was hab ich euch getan, dass ihr mich so straft?' Sie war noch immer nicht weiter als bis zum Ei gekommen, da begann Sophia bereits damit, die Reste des Essens abzuräumen. „Herrin, darf ich schon abservieren?", fragte nun doch die Sklavin und verstand die Antwort falsch. Polyxena sagte: „Fertig" und meinte „Ich bin noch nicht fertig." Noch bevor sie ihre Gedanken sammeln konnte, war der Tisch leer geräumt und sie lag frustriert, hungrig und sehr ärgerlich allein auf der Liege, die einmal ein Bett gewesen war. Laut war der Schrei, den sie losließ und ihre gesunde Faust trommelte auf den Tisch, bis die Handkante schmerzte. Gavin und Priamos stürmten alarmiert herein aber als sie Polyxena scheinbar wohlauf vorfanden, gingen sie wieder. „Alt!", rief sie ih-nen hinterher. „Alt!" Gavin drehte sich um und wartete, ob sie noch etwas sagen würde, sie sah auch so aus, als läge ihr etwas auf dem Herzen, aber es kam nicht heraus. Einer Eingebung folgend nahm er eine Tafel und reichte sie ihr. „Schreib es auf, wenn du es nicht sagen kannst." Einige Zeit kritzelte sie auf der Wachstafel, dann gab sie sie Gavin zurück und er las: „Ich bin hungrig und alles ist weg." Gavin grinste: „Das kann ich ändern." Rasch lief er in die Küche und kam mit einem Teller zurück. „Leider ist es kalt", entschuldigte er sich, wobei er bei sich dachte, sie hätte auch früher etwas sagen können oder einfach schneller essen. Damit es leichter ging, setzte sie sich auf und aß mit den Fingern. Es sah nicht eben appetitlich aus, aber das machte ihr nichts. Endlich hatte sie das Gefühl, sich einmal satt essen zu können. Noch einmal griff sie zur Tafel, schrieb etwas und reichte es Gavin. Sie wagte nicht, ihn anzublicken, denn er sollte nicht se-hen, wie sehr sie sich nach Gesellschaft sehnte. Lange schaute er auf die Schriftzeichen, dann sagte er leise: „Vielleicht morgen, aber ich muss jetzt wirklich schlafen gehen. Soll ich Alkmene noch zu dir schicken, damit sie dir hilft? Findest du in dein Schlafgemach?" Sie schrieb ihm die Antwor-ten auf seine Fragen auf, dann nahm sie etwas Brot mit und humpelte ent-täuscht davon. Sie dachte, nie wieder Freude empfinden zu können. Der Nachmittag auf der Lichtung war weltentrückt gewesen, nur die Sonne, die Wolken und sie. Dann hatte Gavin sie gefunden und zurückgetragen. Noch jetzt hatte sie den Eindruck seiner Berührung auf der Haut. Lange brauchte sie, bis sie eingeschlafen war und niemals würde sie jemanden von ihren Sehnsüchten erzählen. Fest verschloss sie sich vor der Welt, denn die Welt verletzte die Verletzbaren.

Gavin freute sich, einen Weg gefunden zu haben, um mit Polyxena zu kommunizieren. Das erzählte er Priamos, der den Freund überschwäng-lich lobte und zusammen tüftelten sie an einer Verbesserung der Tafel. „Ich gehe jetzt ins Bett", sagte Gavin schließlich. Ihm tränten die Augen vor Müdigkeit und seine Schultern hingen müde hinab. Auch Priamos sah nicht anders aus und so begaben sie sich schließlich zur Ruhe.

Früh am nächsten Morgen begann Gavin sich für die Anhörung herzu-richten. Das Bad war angenehm temperiert, ebenso das Wasser im Tauch-becken. Nachdem ihn Alkmene ordentlich den Rücken gewaschen, ihn ra-siert und die Haare geschnitten hatte, ließ er sich ins warme Wasser glei-ten. „Danke, Alkmene. Kümmerst du dich heute um den Jungen, damit er seine Aufgaben erledigt, während Priamos und ich in der Stadt sind?"

„Gewiss, Herr", antwortete sie leise. Gavin wollte zuerst nicht auf ihren Tonfall eingehen, doch dann fragte er: „Was ist los? Hast du Streit mit Sextus?" Sie lächelte über diese Annahme und versicherte, dass mit Sextus und ihr alles bestens sei. „Vielen Dank, Herr, dass ich hier sein kann – dass du mich gekauft hast." Gavin drehte sich im Becken so, dass er sie ansehen konnte. Sie wirkte viel frischer, hatte die Haare zu einem lockeren Zopf gebunden und verzichtete auf die Kopfbedeckung. Sie gefiel ihm und er merkte wie er sie anstarrte. „Dann gibt es keine Klagen?", fragte er. „Nein Herr, ich bin zufrieden", antwortete sie vorsichtig. „Dann ist es gut. Du kannst gehen, den Rest schaffe ich allein." Sie verneigte sich rasch und ging langsam aus dem Bad.

Gavin fühlte sich ausgeruht und frisch, das Bad, die Rasur und der Haarschnitt taten das Ihrige dazu. Eben betrachtete er sich im Spiegel des Schlafzimmers, er hatte die Toga umgelegt, als Priamos eintrat. „Gavin, du siehst zum Anbeißen aus!", rief er bewundernd. „Warte, lass mich dein Haar an der Stirn noch etwas in Locken legen. Wenn man dir nun noch einige Schriftrollen in die Hand drückt, dann siehst du aus wie ein Gelehrter." Mit geschickten Fingern machte sich Priamos ans Werk und schon bald war Gavins Gesicht von Locken gesäumt. Abermals betrachtete er sich im Spiegel, richtete die Toga etwas und fand, Priamos hatte recht, nicht einmal die gebrochene Nase störte das Gesamtbild.

Priamos wies seine Sklaven und die Leibwache an, die Pferde zu satteln und sich bereit zu halten. „Zwei Männer bleiben hier und bewachen das Haus und die Herrin", befahl er. Dann ließ er sich auf das Pferd helfen, richtete den Umhang, grinste breit und ließ das Tier auf der Hinterhand tänzeln. „O Priamos, du wirkst fast wie ein Kentaur. Schön und wild." Der Anwalt lachte fröhlich. „Heute bin ich zu einem Wortgefecht aufgelegt. Bist du ausgeschlafen? Ja, denn du siehst gut aus – strahlend, mein Freund." Ein Sklave half Gavin in den Sattel und sie trabten in die Stadt.

Lydia wartete bereits vor dem Gebäude. Sie war in Trauerkleidung gewandet, die ihr sehr gut stand. Das Gesicht verbarg sie hinter einem dünnen Schleier. Deciderius Felix hielt sich einen Schritt hinter ihr und neben ihr standen dienstbeflissen zwei Leibwächter. Eine Sänfte, umgeben von acht kräftigen Sklaven, wartete am Fuß der Treppe, um sie nachhause zu tragen. Die letzte Nacht hatte sie schlecht geschlafen. Deciderius wollte nicht mehr mit ihr das Bett teilen, nachdem sie ihn geschimpft hatte, weil er entdeckt worden war. „Sollten wir heute verlieren", zischte sie,

„werde ich andere Maßnahmen ergreifen." Deciderius lief es kalt den Rücken hinab, ihre Wut auf Marcus verstand er noch, denn es war nicht eben angenehm, als Ehefrau so vernachlässigt zu werden, wie sie es worden war. Das hatte er mehr als einmal beobachten können. Im Nachhinein betrachtet verstand er Marcus nicht wirklich. ‚Wer eine schöne Frau zuhause hat, der muss sich nicht noch anderweitig umsehen', dachte er, dann fiel ihm die junge Sklavin von Gavin ein und er revidierte seine Einstellung. Die wäre es wert, untreu zu sein. Jetzt aber blieb ihm vor Staunen der Mund offen stehen, denn Priamos, Gavin und die Leibwache ritten heran. Lässig schwang der Anwalt das rechte Bein herum und schaute sich erst einmal alles vom Rücken des Pferdes aus an. „Du hast recht Gavin, Ravenna ist eine schöne Stadt." Dann sprang er vom Ross und gab einem Leibwächter die Zügel. Gavin war bereits abgestiegen und hatte das Theater, das sein Begleiter aufführte, genossen. Jetzt richtete Priamos noch die Palla. Gavin hatte nicht gewusst, dass er sie angelegt hatte, denn beim Reiten hatte er sie wie einen Umhang umgelegt gehabt. „So, mein Freund, Priamos der Schwätzer taucht eben auf", flüsterte er zwinkernd. „Dir macht das eine Riesenfreude, nicht wahr?", fragte Gavin ebenso leise. „Ja, es ist nur schade, dass es für dich mit so viel Ärger verbunden ist." Dann gingen sie die Stufen hoch. Zornig drehte sich Lydia um und ging voraus ins Gebäude.

Es war ein informeller Rahmen, in dem die Anhörung stattfand. Priamos fand das erstaunlich und sehr positiv. Nur ein Vorsitzender, ein Schreiber und zwei Sklaven waren zugegen, abgesehen von den beteiligten Personen. Zuerst wurden ihre Namen genannt und die wichtigsten Verwandtschaftsverbindungen aufgezählt. Lydia konnte auf eine schöne Reihe zurückblicken, auch Claudius Lucius fand dabei Erwähnung. Bei Gavin stockte der Mann, denn er hatte nur den Rufnamen. Nun griff Priamos ein. „Verehrtes Gericht, mein Mandant, hat aufgrund einer Familienfehde auf seinen vollen Namen verzichtet und auf mein Anraten hin einen anderen Beinamen angenommen. In den Akten soll ab heute stehen: Gavin Myrdin Alpinus Optimus." Lydia hielt sich den Mund zu, denn sie dachte sie müsste gleich laut loslachen. Auch Gavin wollte protestieren, doch Priamos trat ihm auf den Fuß. „Lass Optimus weg und wir können darüber reden", flüsterte Gavin entschieden und an den Richter gewandt: „Ähm, mein Anwalt meint es wohl zu gut mit mir, Gavin Alpinus wird für die Akten reichen." Als die Sache mit den Namen geklärt war, begann Lydias Anwalt mit seiner Ansprache. In bunten, lebhaften Farben schilderte er das armselige Dasein seiner Mandantin, wie sie unter der Vernachlässigung gelitten hatte und jetzt endlich könnte sie den Anblick der Gladiatorenschule aus dem Blickkreis ihres Hauses verbannen. „Verehrter Herr, meine Mandantin möchte nur ihr Erbe geltend machen, um das sie dieser Erbschleicher gebracht hat. Es ist doch wohlbekannt, dass besagter Gavin", er räusperte sich und schluckte, bevor er fortfuhr, „Alpinus bereits in jungen Jahren hohe Spielschulden hatte und sich deshalb verkaufen musste. Das wird auch der Grund sein, warum er seinen Namen ablegen musste. Er ist mit Sicherheit nicht geeignet, der Erbe des höchst ehrenhaften Marcus Atticus zu sein. Seht euch nur meine Mandantin an, wie sie vor Trauer beinahe umkommt. Sie geht nicht mehr aus dem Haus und ihr Herz ist vor Gram gebrochen. Eine einsame Witwe, noch jung an Jahren, die ansehen muss, wie das Erbe ihres Gatten in den Schmutz gezogen wird. Auch haben wir gehört, besagter Gavin soll sehr unbeherrscht sein, die Sklaven grundlos verprügeln, nächtliche Schreie wurden vernommen und er soll auch tagsüber sehr sonderbar, wenn nicht gar beängstigend sein. Meine Mandantin fürchtet auch um ihre Sicherheit, sollte das Testament so belassen bleiben."

Clivius Flavius strich sich über die Toga, und wischte sich dann etwas auffällig die Schweißperlen von der Stirn. Höchst selten hielt er solche Ansprachen, aber er fand sie gelungen. Dann hatte Priamos das Wort. Bedächtig erhob er sich, zog am linken Zipfel der Palla, bis sie ordentlich um die Schulter hing. Wie ein Schauspieler trat er nach vorne und hielt den Blick streng auf den Vorsitzenden. „Verehrter Herr, mein ehrwürdiger Kollege hat bereits einige Ausführungen zum Thema gemacht, auf die ich später noch im Detail eingehen werde. Aber zuerst einmal, mein Mandant ist weder unbeherrscht noch seltsam. Ich kenne ihn bereits eine ganze Weile und könnte mich nicht beklagen. Aber das sei nur am Rande erwähnt. Hier geht es um die Erbschaft. Diese wunderbare Schule der Gladiatoren, die nun auch einen jungen Mann beherbergt, der dort lernt. Es ist der Schüler Titus Textor, der jüngste Sohn des bekannten und allseits beliebten Webers Philippus Textor. Meinem Mandanten ist es in seiner Schule gelungen aus dem schweigsamen Knaben einen redseligen, wortgewandten Jungen zu machen, auf den jeder Vater mit Stolz blicken kann. Also, du siehst, Vorsitzender, es handelt sich nicht nur um eine Gladiatorenschule, die bringt nur das Geld, es ist auch eine Erziehungseinrichtung geworden. Die Ausbildung zum Schwertkämpfer bringt Disziplin und Ordnung in das Leben. Ich bin mir sicher, die von allen verehrte Lydia wird das einsehen und kein Kind von Stamm und Ansehen von seinem Lehrplatz trennen wollen." Priamos ließ sich noch weiter über die Vorzüge einer Ausbildung zum Kämpfer aus, philosophierte über den rituellen

Kampf und wie heilig dieser der Göttin Minerva war. Dann ließ er sich auf Marcus Atticus ein, lobte seine Disziplin und sein geschäftliches Geschick, bevor er auf die Vorzüge der nunmehrigen Witwe zu sprechen kam. Er wusch jetzt schmutzige Wäsche, und zwar alles, was er wusste oder beinahe alles, packte er aus und breitete dabei jedes Mal mit einer Unschuldsmiene die Arme aus. Der gegnerische Anwalt wollte ihn unterbrechen, doch Priamos meinte süffisant lächelnd: „Mein Herr, du hast meinen Mandanten als verrückten Schläger hingestellt und ich sage dir jetzt, was deine Mandantin damit zu tun hat, denn ihr geht es nicht um die Erhaltung des Gebäudes und des Andenkens ihres verstorbenen Gatten. Ihr und Deciderius Felix Victor geht es einzig und allein um den Erwerb des Geldes, das durch den Verkauf der Liegenschaften an Primus Felix Victor erzielt werden kann. Vor meiner Abreise aus Arretium ging das Gerücht um, es habe bereits Vorverhandlungen mit besagtem Töpfereibesitzer gegeben, auch eine unterschriebene Option soll bereits in Umlauf sein. Also, ich bitte dich, Clivius Flavius, halte dich zurück und recherchiere das nächste Mal etwas ordentlicher, wenn du einen Fall übernimmst. Verehrter Vorsitzender, mein Mandant möchte die Schule im Sinne des Gründers weiterführen und sie auch zu einer Erziehungsanstalt für junge Herren machen, die dort ein Jahr die Disziplin des Schwertkampfs lernen wollen, ohne gleich der Legion beitreten zu müssen." Er wandte sich nun um, blickte Gavin lange an, der verlegen zu Boden starrte, dann holte er zum Schlusswort aus. „Seht, mein Mandant, ihm wurde alles genommen. Mit nichts als einem Dutzend Sklaven kam er hier von Arretium an, wo sein Herr und Freund im Schlaf verstarb. Kaum zuhause angekommen, musste er erkennen, dass das Haus zum Verkauf stand und nur mit viel Fleiß hat er es geschafft, die Miesere abzuwenden und ist wieder auf die Füße gekommen. Mein Mandant, Gavin Myrdin Alpinus Optimus, geboren als Gavin Tettius in Virunum, ist der rechtmäßige Erbe. Marcus Atticus hat es so gewollt. Es steht in sämtlichen Urkunden und ist so bezeugt." Jetzt hakte Clivius ein, so schnell gab er sich nicht geschlagen. „Ja, verehrter Kollege, die Rede ist von einem gewissen Gavin Tettius. Wer sagt uns denn, dass dieser Mann hier derjenige ist? Er nennt sich sogar anders, als im Testament beschrieben. Ich finde das höchste zweifelhaft." Heftig gestikulierend lief Clivius im Saal herum, wobei die Toga außer Form geriet, was ihm etwas an Würde raubte. Aber er ließ sich davon nicht beirren. „Also, wer ist dieser Mann?", anklagend zeigte er auf Gavin. „Ich sage euch allen hier, er ist ein Niemand, ein Namenloser, jemand der sich empor geschlafen hat. Nicht besser als eine Hure hat er sich seine Position mit seinem Körper erkauft." Gavin wollte schon empört aufspringen, doch Priamos hielt ihn an der Schulter fest. „Schweig und versuche diesen Unsinn kalt über dich ergehen zu lassen", flüsterte er. „In seiner unbeherrschten Art hat er beinahe seinen Bruder getötet …" Jetzt griff Priamos aber doch ein. „Ach mein lieber gegnerischer Freund!", rief er mit gespielter Heiterkeit. „Was du hier von dir gibst, ist doch allen wohlbekannt, das mit dem Beschlafen spiegelt dann wohl eher den Charakter deiner Mandantin wider, nicht wahr? Über das Wesen meines Mandanten, der ab und zu, das räumen wir gerne ein, eine Hure besucht oder auch von anderen Damen in ihre Gunst genommen, sagt das nichts aus, es beweist nur, dass mein Mandant ein normaler Mann ist, der mit seinen Trieben umgehen kann. Im Übrigen und auch im Besonderen, verehrter Herr Vorsitzender, hat dieser geschauspielerte Firlefanz der Witwe, des Hausfreundes, o verzeih mir, Lydia, des Freundes des Hauses Atticus, wobei ich einräumen muss, die Familie Victor war bei Marcus nicht sehr angesehen. Jetzt habe ich den Faden verloren." Er rieb sich konzentriert über die Stirn, doch auch diese scheinbare Gedankenlosigkeit war genau bemessen. „Ja, die Familie Victor und Marcus Atticus waren nicht gut aufeinander zu sprechen, wenn ich das einmal so nennen darf. Die nunmehrige Witwe, diese vortreffliche Schauspielerin des Elends und des Kummers, wird nicht verneinen können, dass Marcus Atticus vehement gegen den Verkauf eines Grundstücks an Primus Felix Victor war. Ach, verehrte Herrin, zieh deine Klage zurück und halte dich vom Anwesen meines Mandanten fern, der dort nur in Ruhe seiner Arbeit nachgehen will. Er nimmt von weiteren Forderungen Abstand, denn wie du weißt, fehlt es an einer großen Anzahl Möbelstücken, die er dringend brauchen würde. Aber er verzichtet im Sinne einer gutnachbarschaftlichen Übereinkunft auf einen Ersatz." Er räusperte sich vernehmlich, richtete sich gerade auf, zog die Palla ein Stück nach unten und lächelte den Vorsitzenden an. „Ich bin fertig mit meinen Ausführungen. Mein Mandant wird persönlich nichts dazu sagen." Der Vorsitzende richtete den Blick auf Clivius Flavius, der seinerseits seine Beweisführung für beendet erklärte. „Kommt in drei Tagen wieder, dann gebe ich mein Urteil bekannt. Und wehe einer von euch fragt mich schon vorher auf der Straße danach!", polterte er, dann schlug er mit einem Hammer auf den Tisch, was nicht nötig war, denn im Saal war es ruhig, aber es wirkte imposant, danach ging er hinaus.

Gavin war nass geschwitzt. Diese Verhandlung hatte ihm einiges an Selbstbeherrschung abverlangt. Priamos hatte allerdings die Fäden fest in der Hand gehalten. Sie warteten bis Lydia und ihre Begleitung den Raum verlassen hatten, erst dann erhob sich Gavin und ging hinter dem fröhlich pfeifenden Priamos her. „Warum bist du so guter Laune?"

„Mein junger Freund, das bin ich doch immer!", verkündete er lachend. „Ich bin kein missmutiger Menschenfeind, dem man aus dem Weg gehen muss und du bist das ebenso wenig. Also, mein Freund, lass uns nachhause reiten. Wer zuerst dort ist bekommt einen Preis." Gavin lachte nun ebenfalls. „Und was soll dieser Preis sein?"

„Das sag ich dir nicht." Er warf ihm eine gezierte Kusshand zu und schwang sich dann mühelos in den Sattel. Kaum saß er, gab er dem Pferd die Zügel frei. „Warte! Du verrückter Hund! Warte auf mich!" So rasch es ging, kletterte Gavin in den Sattel, was aufgrund seiner Rippenverletzung etwas länger dauerte und galoppierte hinterher. Die Leibwache hatte zu tun, die beiden nicht zu verlieren.

Donnernd überholten sie die Sänfte in der Lydia und Deciderius in die Villa gebracht wurden.

„Hei, was für ein rasanter Ritt!", rief Priamos freudig aus. Gekonnt dirigierte er das Pferd aus der Stadt und erst auf der Landstraße gab er ihm die Zügel endgültig frei und das Tier schoss nur so davon. Gavin, knapp hinter ihm, beugte sich über den Hals des Pferdes, damit es schneller ging. Erst als das Haus in Sichtweite kam, wurden sie langsamer. Gavin strahlte über das ganze Gesicht, all der Ärger der letzten Tage und Wochen war vergessen. Vor dem Tor sprang er ab und lief zu seinem Freund. „Danke, ich kann dir nicht genug danken, mein Lieber", sagte er und seine Augen glänzten vor Freude.

Den ganzen Vormittag über saß Titus an seinen Rechenaufgaben. Er kam einfach nicht weiter, irgendwo hatte sich ein Fehler eingeschlichen und er fand ihn nicht. Alkmene war mit irgendwelchen anderen Aufgaben beschäftigt, Gavin und Priamos waren in der Stadt und sonst war niemand da, den er fragen konnte, außer … Ja, außer Polyxena und die wagte er nicht, anzusprechen. So grübelte er weiter, sah den Gladiatoren zu, wie sie ihre Muskeln stärkten, Fallübungen machten oder gegeneinander rangen. Viel lieber hätte er mit ihnen trainiert, aber er musste diese Übungen fertig haben, bis Gavin zurückkam. Seufzend beugte er den Kopf über die lästigen Rechenbeispiele. Da traf ihn der Schatten einer Person und er hob erschrocken den Kopf. Er sah nichts weiter als ein Stück Stoff und eine Nasenspitze daraus hervorschauen. Es war Polyxena. Mit der linken Hand zeigte sie auf ein Beispiel, das er noch nicht gelöst hatte, er hatte es übersprungen, weil er es zu einfach fand. Sie nahm die Schreibtafel und schrieb etwas darauf. Dann gab sie ihm die Tafel zurück und ging weg.

Zitternd las der Junge, was sie geschrieben hatte, doch da stand nichts gefährliches, nur: „mach zuerst das dritte Beispiel fertig; Lösung für Beispiel IV brauchst du."

Polyxena blieb lange in ihrem Zimmer. Jemand hatte eine Blume hineingestellt, die traurig den Kopf hängen ließ. ‚Nun, du siehst aus wie ich, Blümchen.' Nach dem Frühstück, das sie allein eingenommen hatte, ging sie im Haus spazieren. Gerne hätte sie auch einen Ausritt gewagt, aber ihr Pferd hatte Gavin genommen. Aus der Ferne beobachtete sie die Trainierenden und den Schüler. ‚Titus', schalt sie sich. ‚Er hat einen Namen und er scheint nicht weiterzuwissen.' Entschlossen, ihm auf irgendeine Art zu helfen, ging sie hin. Er bemerkte sie erst, als sie im Licht stand. Den enttäuschten Seufzer konnte sie eben noch unterdrücken, als der Junge zurückzuckte. Dennoch schrieb sie ihm die Vorgehensweise in Stichworten auf. Links zu schreiben fiel ihr schwer, denn sie hatte immer alles mit der rechten Hand erledigt. ‚Ich bin nichts mehr wert', dachte sie in ihrem Zimmer. Sinnierend betrachtete sie den Dolch, den sie ständig mit sich führte. Langsam setzte sie sich an den Tisch, legte den tauben Arm auf die Platte und schloss die Augen. Zuerst stellte sie sich das Gefühl vor, wenn das kalte Metall die Haut berührt. Sie wusste, spüren würde sie nichts oder nur sehr wenig. Bedächtig öffnete sie die Augen und schaute den rechten Arm an, die gekrümmten Finger, die in die Handinnenflächen gepressten Fingernägel, die blutige Spuren hinterließen, wenn man sie nicht ab und zu streckte. Jetzt ließ sie die Krallenhand wie sie war und legte die Schneidefläche des Dolchs an die Schlagader. ‚Ein zu tiefer Schnitt und ich bin nicht mehr.' Mehrere feine Linien waren hier bereits zu erkennen und ließen erahnen, wie oft sie schon versucht hatte, etwas zu fühlen oder zu sterben – weder das eine noch das andere war ihr bislang geglückt.

Entschlossen drückte sie die Klinge in die Haut. Nichts fühlte sie und kalt blickte sie auf das Metall, das sich seinen Weg durch die Hautschichten bahnte, die Lebensader öffnete und den roten Saft freigab, der nun aus einer geöffneten Vene troff. Wie unbeteiligt beobachtete sie das Geschehen, betrachtete genau die Art, wie das Blut über den Unterarm floss und dann langsam, Tropfen für Tropfen auf der Tischplatte landete. ‚Ich fühle nichts, bin taub – ganz und gar abgestorben', sagte sie sich. Dann presste sie ein Tuch über die Wunde und wartete darauf, dass es aufhörte. Langsam durchtränkte sich das Tuch mit dem roten Lebenssaft und sie wurde immer müder, legte den Kopf auf den Tisch und dachte weder ans Leben noch an den Tod. In diesem Moment war ihr alles Einerlei.

Sie erwachte, als ihr jemand einen kalten Lappen an die Stirn presste. Unsicher blinzelte sie und fragte sich, was passiert war. Sie wusste nur noch, dass sie den Dolch in der Hand gehalten hatte, dann nichts mehr. Jetzt blickten sie blaue Augen besorgt an. Polyxena fühlte sich schuldig, zum einen, weil sie ihrem Onkel Sorgen bereitete und zum anderen, weil sie noch am Leben war. ‚Hätte ich doch tiefer geschnitten‘, dachte sie, dann sah sie wieder in das Gesicht, das sich noch immer über sie beugte und schluckte schwer. „Ga …“, sie holte tief Luft und probierte es noch einmal. „Gavin, dan-ke.“

„Danke nicht mir, Herrin. Du solltest Alkmene danken, die dich fand und den anderen Sklaven, die dir das Leben gerettet haben.“ Als sie den Namen dieser Sklavin hörte, spürte sie einen irrationalen Zorn in sich aufsteigen. Am liebsten hätte sie die Frau geschlagen, ihr das perfekte Gesicht zerkratzt, stattdessen schluckte sie alles hinunter, denn sie wollte Gavin nicht gegen sich aufbringen. Sie merkte, dass sie sich in ihren Gastgeber verliebt hatte und suchte, es zu verbergen. „Danke ihr …“, brachte sie mühevoll heraus. „Du kannst es ihr aufschreiben. Alkmene ist wirklich nett und gebildet. Du würdest sie mögen, wenn du ihr die Möglichkeit dazu gibst, Herrin. Aber ich habe vorerst Sophia beauftragt, dir zu dienen oder wäre dir einer aus der Mannschaft deines Onkels lieber?“ Darüber dachte sie eine Weile nach, dann sagte sie: „Onk-el.“

„Willst du deinen Onkel sehen oder soll einer der Sklaven deines Onkels bei dir sein?“ Entnervt schloss sie die Augen. Es war immer das gleiche, sobald sie etwas sagte, wurde zu schnell ein Schluss gezogen und sie hatte keine Möglichkeit mehr, zu einer Fortführung des begonnenen Satzes. Sie holte tief Luft, sammelte sich, schloss die Augen und sagte: „Onkel … Sklllav.“ Beinahe fehlerfrei hatte sie die beiden Worte herausgebracht, was sie sehr freute, doch niemand schien ihre Mühe zu würdigen. „Gut, dann frage ich Priamos, wen seiner Leute er entbehren kann.“ Abermals fühlte sie sich abgeschoben. ‚Warum denken die Leute nie nach, wenn sie etwas sagen?‘, fragte sie sich. ‚Onkel muss einen seiner Leute entbehren, damit er mir hilft, oder Gavin muss auf einen seiner Sklaven verzichten. Ich bin, scheint's, nur Ballast, der abgeworfen werden muss. Hättet ihr mich doch sterben lassen.‘ Gavin drehte sich bereits um und wollte gehen, da krallte sich ihre gesunde Hand in seine. „Bleiben“, flehte sie und hasste sich dafür. Doch Gavin fühlte sich in ihrer Gegenwart unwohl. Er versuchte, freundlich zu sein, doch es fiel ihm nicht einfach, auch weil sie Alkmene schon einige Male vor den Kopf gestoßen hatte. „Ich richte Alkmene deinen Dank aus und schaue später wieder nach dir.“ Resigniert ließ sie ihn los. Er würde wieder nicht bleiben und sie hasste sich immer mehr und die Götter, die ihr diese Krankheit aufgezwungen hatten, die sie wie ein Dummkopf dastehen ließ während ihr Verstand normal arbeitete.

Priamos lief ruhelos in Gavins Schlafzimmer herum. Er hatte geahnt, irgendwann würde sie eine Dummheit begehen, doch jetzt hatte er nicht damit gerechnet. Gerade als sie fröhlich lachend die Halle betreten hatten, war ihnen heulend Alkmene entgegen gerannt, ihr folgten Sextus und Apion. Alle Drei waren mit Blut verschmiert und wirkten in atemloser Hast gefangen. Als sie Priamos erkannten hielten sie sofort inne und redeten durcheinander. Erst Gavin brachte sie zur Ruhe und folgte ihnen ins Gästezimmer. Priamos, der kein Blut sehen konnte, war gar nicht erst mitgegangen. „Was hat mich nur getrieben, sie mitzunehmen?", fragte er die Leere des Schlafzimmers. „Du wolltest ihr zeigen, was sie noch alles kann", antwortete Gavin, der am Türrahmen lehnte und seinen Freund betrachtete. „War es so gut? Ich weiß nicht, ich hätte sie nachhause schicken sollen. Vielleicht mache ich das noch." Er lehnte sich ans Bettgestell und schaute sinnierend zur Decke hoch. „Was sie jetzt braucht, ist ein Leibdiener. Schicke einen deiner Sklaven, meine will sie nicht." Priamos lachte, dann sagte er erklärend: „Ich kann mir schon vorstellen, dass sie Alkmene nicht mag, so gut, wie die aussieht, wenn sogar ich alter Schwanzlutscher noch schwach werden könnte. Nein, im Ernst … ich schicke einer der Männer zu ihr, erfreut wird keiner sein. Aber was soll ich machen? Vielleicht wäre es besser gewesen, sie verbluten zu lassen." Das entsetzte Gavin und er schrie seinen Freund an: „Wie kannst du nur so von deiner Nichte reden?"

„Ich habe sie erlebt, wenn sie einen ihrer Wutanfälle hat. Völlig unbeherrscht schlägt sie auf alles und jeden ein, den sie erwischt, dann sitzt sie wieder stundenlang in einer Ecke und wagt sich nicht hervor. Es ist nicht einfach mit ihr und ihr Vater, mein verdammter Bruder, schickt sie zu mir, dieses von allen Göttern verlassene Frauenzimmer, damit ich ihr einen Gatten suche! Was bildet der sich ein? Ich kann keine Wunder vollbringen!" Während seiner Rede war er immer lauter geworden, raufte sich das kurz geschorene Haar und schlug schließlich auf die Wand ein. „Nein, keine Wunder, Gavin! Verdammt! Ich sollte sie nachhause schicken." Müde sank er schließlich auf das Bett und ließ den Kopf hängen. Gavin setzte sich neben ihn, nahm seine Hand und streichelte sie geistesabwesend. Die ganze Zeit über dachte er daran, wie ihm sein Freund geholfen hatte, sich für ihn eingesetzt und nicht nachgegeben hatte. Nun wollte er etwas für ihn tun.

„Nur mit der Ruhe, Priamos. Beruhige dich. Wir finden eine Lösung."
Nur wie und wo, das wusste er selbst noch nicht.

Sie schauten auf, als Polyxena eintrat. Müde ließ sie sich auf das Bett
sinken und schaute die beiden Männer eine Weile an. Dann senkte sie den
Blick beschämt zu Boden und überreichte Priamos eine Wachstafel. Mit
einer Geste hieß sie ihn mit dem Lesen zu warten, bis sie gegangen war.

Erstaunt schaute er ihr nach. Sie hatte sehr ruhig gewirkt, beinahe ent-
rückt, so als hätte sie eine Entscheidung getroffen, eine verhängnisvolle.
Er las, was sie geschrieben hatte, dann reichte er die Tafel an Gavin weiter.
„Ehrenwerter Onkel, es tut mir leid, dir Kummer zu bereiten. P.L." In diesem Moment kam Titus freudestrahlend angerannt. Endlich hatte er seine
Aufgabe lösen können. Schritt für Schritt war er es noch einmal durchge-
gangen und dann hatte er endlich kapiert, was ihm Polyxena hatte sagen
wollen. „Gavin! Du hast mir aber eine schwierige Aufgabe gestellt! Sieh
nur! Ich konnte sie lösen. Wo ist Polyxena? Ich muss mich bei ihr bedanken!" Die beiden Männer blickten den Knaben erstaunt an. „Schau mal in
ihrem Zimmer nach.", sagte Gavin und stand auf. Titus nickte und rannte
sogleich davon. Gavin blickte Priamos ratlos an. Er wusste weder, was mit
Titus war, noch was das Schreiben von Polyxena sollte. Dann lief er dem
Jungen hinterher.

Sie fanden die junge Frau schließlich im Stall. Zornig drosch sie auf
einen der Sklaven ein, der die Pferde versorgte, dabei geriet sie immer
wieder ins Straucheln, aber sie fing sich und blieb aufrecht stehen. „Pffff-
rd!", befahl sie ihm und marschierte auf eines der Tiere zu. „Herrin, bitte,
sei vernünftig und lass das. Bis du auf der Straße bist, ist es dunkel, Herrin", versuchte der stämmige Mann sie zu beruhigen. Dann hatte er genug, packte sie um die Hüfte und hob sie hoch. Laut keifend schlug sie auf
seinen Rücken ein. Es war ein entwürdigendes Schauspiel. Wenn sie gewusst hätte, dass um diese Zeit jemand im Stall weilte, hätte sie auf das
Pferd verzichtet und wäre zu Fuß gegangen. So wie die Dinge nun lagen,
war es ihr nicht vergönnt, abzuhauen.

„Ajax, setz sie ab", sagte Priamos, der ihnen eine Weile zugesehen hatte. Sofort stellte sie der Mann auf die Füße und blickte zu Boden. Kaum
stand Polyxena, verpasste sie dem Mann eine Ohrfeige. Dann packte sie
den rechten Arm der sich hinter ihrem Rücken am Gürtel verhakt hatte
und zog ihn vor, dabei löste sich der Verband an ihrem Handgelenk und
sie blutete erneut.

„Herrin, ich will dir doch nur helfen", murmelte Ajax. Doch sie drehte
sich zur Seite und ging stolpernd in den Hof hinaus. ‚Mist', dachte sie, ‚alles läuft heute schief.'

Priamos schaute ihr kopfschüttelnd nach. Damit hätte er rechnen müssen und er dankte Ajax für seine Umsicht. „Halte heute Nacht Wache an ihrem Zimmer, wechsle dich mit einem anderen ab." Dann ging er hinter ihr her. Rasch hatte er sie eingeholt und hielt sie am Arm fest. Schon wollte sie ihn abschütteln, aber es fehlte ihr an Kraft. „Polyxena Leandra, schau mich an. Wenn du noch einmal versuchst, zu verschwinden, dann verprügle ich dich, das schwöre ich dir so wahr ich hier stehe! Jetzt geh in dein Zimmer und benimm dich nicht wie ein Kleinkind. Übrigens wartet dort ein junger Herr auf dich." Verwirrt und verärgert ließ sie sich von Ajax in ihren Raum bringen. Langsam trat sie ein, Gavin und Titus standen am Fenster. „So, Titus und jetzt sag was du mir gesagt hast", forderte ihn Gavin zum Reden auf. Titus blickte verschämt lächelnd zu Boden, dann meinte er leise: „Danke für die Hilfe bei der Mathematik-Übung. Ich glaube, ich hätte das allein nie geschafft." Dann schaute er ihr kurz ins Gesicht und rannte hinaus. „Kinder", seufzte Gavin. „Setz dich und lass dir den Arm verbinden." Stumm ließ sie sich ihm gegenüber nieder. Die Art, wie sie den Kopf gesenkt hielt, verursachte ihm ein schlechtes Gewissen. So nahm er ganz sanft ihre rechte Hand und befestigte den Verband. Dann fasste er ihr unters Kinn und schaute ihr zum ersten Mal fest ins Gesicht. Bisher hatte sie es immer vermieden, angesehen zu werden. Sie hielt sich für unansehnlich und hässlich. „Du hast wunderschöne Augen, Polyxena", flüsterte er. „Warum versteckst du dich?" Sie wies auf die Narben und den hängenden linken Mundwinkel und sagte: „Darum." Gavin ging um den Tisch herum und kniete sich vor sie, nahm ihre Hände in seine, die er sinnierend betrachtete. Die Finger der rechten Hand streckte er einen nach dem anderen, bis die Hand flach auf ihrem Schoß lag. „Du hast so schöne Hände. Warum willst du dir wehtun?" Abermals sagte sie: „Darum."

„Ach, du versteckst dich, machst es dir einfach. Ich kenne dich nicht, weiß nichts von dir und du nichts von mir. Aber ich sage dir, wenn du dich weiterhin vor der Welt versteckst, wirst du die Welt nicht mehr erkennen, wenn sie bei dir zum Fenster herein sieht." Er nahm ihre Hände fester in seine und drückte sie. Mit der linken Hand erwiderte sie den Druck und sagte das, was sie am meisten vermisste: „Fühlen können … reden." Sie setzte sich nun ebenfalls auf den Boden, damit sie ihm besser in die Augen sehen konnte. Immer auf der Hut und aus Angst vor Verletzungen hatte sie sich so lange verborgen, dass sie nicht so einfach aus sich herausgehen konnte. Aber sie hoffte diesmal wäre ihr Vertrauen gerechtfertigt. „Priamos, dein Onkel hat es geschafft, mich wieder ins Leben zu holen, wieso sollte ihm das bei dir nicht auch gelingen? Sieh diese Reise als einen ersten Schritt in ein neues Leben." Er ließ nun ihre Hände los und stand auf. Polyxenas Blick glitt nach oben, sie versuchte noch einmal seine Augen zu sehen, zu erkennen, was er meinte und nicht nur das was seine Worte sagten. „Polyxena, dein Onkel will dir wirklich helfen, aber du musst es zulassen. Ruh dich aus, du hast viel Blut verloren. Zum Abendessen lasse ich dich holen." Nun senkte sie die Augenlider. Ergeben streckte sie ihm den gesunden Arm entgegen, damit er ihr aufhalf, aber er hatte sich schon weggedreht und das Zimmer verlassen. Sie schaffte es auch allein hoch und ins Bett. Es dauerte lange bis sie einschlief, aber dann schlief sie tief und lange. Bis in die Mitte des nächsten Tages ließen Gavin und Priamos sie ruhen, erst dann weckten sie sie.

Titus wartete voller Ungeduld, denn er hatte eine Frage zu einer Rechenaufgabe, die ihm Gavin nicht beantworten wollte. „Ach, ich dachte, mit ihr kann man nichts reden", meinte Priamos, als Titus ihn nach einer Lösung des Rätsels fragte. Daraufhin wurden Titus Wangen feuerrot und verschämt blickte er zu Boden.

„Nun, tun wir es als jugendlichen Übermut ab, junger Mann. Ich hoffe, dich heute Abend wieder zu einem Disput zu treffen." Titus schluckte, dann nickte er. Einerseits freute er sich darauf, andererseits hatte er in den letzten beiden Tagen das Lesen der Schriften etwas vernachlässigt und war lieber mit Sophia Weintrauben ernten gewesen oder Pilze sammeln. Er hatte auch gelernt, wie man eine Ziege von der Milch befreit, wie er das Melken nannte. Mit Sophia war er gerne zusammen, sie sprach nicht viel, tat aber umso mehr. Petulia versorgte ihn mit allerlei Leckereien und die Gladiatoren sorgten dafür, dass er neue blaue Flecken bekam. Aber das machte nichts, denn Alkmene massierte ihn vor dem Schlafengehen. Jeden Tag gefiel es ihm hier besser und er dachte nicht mehr an seine Zeit des Schweigens und auch nicht an den Grund dafür.

Nun war er hibbelig, weil er auf Hilfe wartete, die nicht kam. Mittags ging er in den Speiseraum der Erwachsenen, der sich etabliert hatte. „Gavin, ich komme nicht weiter", maulte er unzufrieden und ließ sich auf einen Hocker fallen. „Junger Mann, seit wann bist du bei deinen Aufgaben auf Hilfe angewiesen?", fragte Gavin streng. „Und steh bitte auf, ich habe dir nicht gestattet, dich zu setzen." Erschrocken sprang der Junge auf die Füße und blickte zu Boden. Aber er entschuldigte sich nicht, was Gavin wortlos zur Kenntnis nahm. Da trat Polyxena ein und Gavin verschlug es die Sprache. Eben wollte er Titus über den Wert selbstgetaner Arbeit belehren, aber ihm erstarb jedes Wort auf den Lippen und er stammelte zusammenhanglos daher. Selbst Priamos war erstaunt, verbarg es aber besser.

Das erste Mal seit ihrer Erkrankung hatte sie sich die Mühe gemacht, sich zu pflegen, das Gesicht mit Talkum zu pudern, die Augen zu betonen und das Haar hochstecken zu lassen. Alkmene war ihr behilflich gewesen. Nachdem sie alles aufgeschrieben hatte, wusste die Sklavin, was von ihr verlangt wurde. „Meine Liebe, ich bin sprachlos", sagte Priamos schließlich. „Setz dich doch bitte." Er stand kurz auf und bot ihr seinen Hocker, der für sie bequemer als die Liege war. Doch sie schüttelte den Kopf und wies den Onkel an, sitzen zu bleiben, auch Gavin bedeutete sie, zu bleiben wo er war. „Arten", sagte sie, schloss die Augen und konzentrierte sich kopfschüttelnd, dann sagte sie erneut: „Wart-en." Sie seufzte einmal auf und langsam begann sie zu sprechen. „I-ick mache dir Kum-mer. On-kel, schick mich heim." Befreit atmete sie tief durch, sie hatte es geschafft und alles gesagt, wenn auch nicht ganz so, wie sie es vorhatte, aber verständlich. Nun wollte sie wieder gehen, denn sie sah auch Titus, der noch immer interessiert den Boden betrachtete.

„Nicht so schnell, junge Frau!", bellte Priamos. „Du setzt dich jetzt zu uns an den Tisch und siehst gefälligst die nächste Stunde hübsch aus! Dann werden wir uns überlegen, womit wir deine Zeit anfüllen. Dir ist nur langweilig, das bringt dich auf absurde Ideen. Während der Herreise warst du auch nicht so morbid." Sie musste sich eingestehen, dass Priamos recht hatte, die Reise und die dazugehörenden Aufgaben hatten ihr geholfen, über ihre Behinderung hinwegzusehen oder sie zu vergessen. Dann rang sie sich ein halbes Lächeln ab und nickte. „So gefällst du mir schon besser und weil unser junger Herr hier so schlecht in Mathematik ist und du einen guten Kopf dafür hast, wirst du ihm die Aufgaben erklären, sofern unser verehrter Gastgeber nichts dagegen hat." Gavin grinste und machte auf der Liege Platz für Priamos. „Lass die Herrin auf den Hocker setzen und komm zu mir, Priamos. Titus, du kannst wieder gehen, das mit deinen Lektionen ist somit geklärt", meinte er. Elegant erhob sich der Anwalt, umrundete den Tisch und legte sich vorne Gavin, der um einiges größer war und leicht mit einer Hand nach vor greifen konnte. Polyxena beobachtete diese vertrauten Berührungen der beiden mit einer Mischung aus Faszination und Bedauern, das sie als Neid erkannte. Als wäre es das Natürlichste auf der Welt schmiegte sich Priamos an Gavin und dieser drückte ihn etwas an sich. Lächelnd flüsterte ihm Gavin etwas ins Ohr. „Oho, mein Lieber, welch ein Angebot, das ich gerne annehme", sagte Priamos, drehte sich um und küsste Gavin auf den Mund. Polyxena wendete verlegen den Blick. Mit dieser Art der Freundschaft zwischen den Beiden hatte sie nicht gerechnet. Nun musste sie erneut ein keimendes Gefühl der Liebe begraben. ‚Besser jetzt als später', sagte sie sich. ‚Ich werde mich in irgendeine Arbeit stürzen, irgendetwas wird sich finden', nahm sie sich fest vor. Gerade überlegte sie, was sie alles tun konnte, was mit einer Körperhälfte möglich war, da riss sie Gavin aus ihren Gedanken. „Wa?", fragte sie. „Reitest du morgen mit uns in die Stadt?", wiederholte er seine Frage. „Morgen gibt der Richter seine Entscheidung bekannt." Verblüfft über diese Möglichkeit zog sie die linke Schulter hoch. „Weiß nich. On-kel?"

„Ich habe nichts dagegen, Polyxena." Abermals starrte sie die Männer an, die wie ein Liebespaar aneinandergeschmiegt bei Tisch lagen. Priamos fütterte Gavin mit frischen Trauben, was dieser mit kleinen Küssen quittierte. „Gehe", sagte sie schließlich. Da wurde Gavin bewusst, wie unhöflich er sich verhalten hatte. Zuerst forderte er sie quasi auf, zu bleiben und dann ignorierte er sie in einer unverzeihlichen Art und Weise. „Ich bitte dich um Entschuldigung, Polyxena, für mein unfreundliches Benehmen", sagte er, stand auf und verbeugte sich tief vor ihr. Vor Verlegenheit wurde sie rot, stand trotzdem auf und flüsterte heiser: „Liebe … gehe."

Gavin schaute Priamos erstaunt an, der war ebenso verdutzt, dann lachte der Ältere und meinte: „Na, sie hat auf jeden Fall ein scharfes Gespür für den richtigen Zeitpunkt. Du solltest deine Männer jetzt beim Training beobachten und ich sehe mir noch einmal alle Akten an, damit ich Morgen gerüstet bin." So an seine Pflichten erinnert, ging Gavin zuerst in sein Schlafzimmer und kleidete sich um. Er trug nur eine kurze Tunika, darunter den Lendenschurz mit dem breiten Gürtel und die genagelten Caligulae, wie sie die Legionäre hatten. Auf Schutzkleidung verzichtete er, denn er wollte nicht mit den Waffen trainieren, sondern nur Kraft und Ausdauer. Laut wurde er bejubelt als er das Übungsgelände betrat.

„Der Rector ist wieder da! Na endlich, Herr!", rief Tullius wobei er den Tridens hoch hob und das Netz über dem Kopf kreisen ließ. „Pass auf, dass du dich nicht selbst einfängst, Tullius", lachte Gavin. „Ja, jetzt kann es richtig losgehen. Wir schaffen das, Männer! Wir sind Gladiatoren!" Diese Anfeuerung wurde mit lautem Gebrüll und Schlägen gegen die Scuta quittiert. Gavin ließ die Männer weitermachen und ging selbst zu den Gewichten. „Du wirst morgen einen Muskelkater haben, Herr", sagte Rufus grinsend, der in seiner Nähe trainierte. „Ich fürchte auch. Aber es muss sein", antwortete er mit gespielter Leidensmiene.

Titus saß genervt vor der Tafel und wusste sich noch immer keinen Reim auf die Rechenaufgabe, als er endlich Polyxena entdeckte und ihr winkte. „Bitte, Polyxena, kannst du mir helfen?", rief er und lief ihr schon mit wehender Tunika entgegen. „Por… Prop… Prp…?"

„Ja, ich habe Probleme, große sogar! Ich kann das nicht!" Zornig warf er die Tafel zu Boden und stampfte mit dem Fuß auf. Streng blickte ihn Polyxena an und deutete mit dem Zeigefinger der gesunden Hand auf die Tafel. Seufzend bückte sich Titus und hob sie auf. „Komm", befahl sie ihm und ging vorneweg in ihr Zimmer. Titus folgte zögernd nach. „Setz … Titus." Und der Junge plumpste auf einen Hocker. „Sehen und denken", riet sie ihm. Doch er verstand nicht, was sie damit meinte und blickte nur gelangweilt auf die Wachstafel. Polyxena beobachtete ihn von der Liegestatt aus. Einige Minuten ließ sie verstreichen, dann ging sie zu ihm und zeichnete ihm die richtige Vorgehensweise auf ihrer Tafel auf. „Sic!", rief sie und ließ den feinen Stab von einer Formel zur nächsten wandern. Dann wandte sie sich um und setzte sich an ihren Platz. ‚Ich sollte mir ein Buch holen, so ist es mir zu langweilig', dachte sie und setzte diese Gedanken sofort in die Tat um.

Früh am nächsten Morgen stand Gavin bereits wieder im Übungshof. Er hatte gut geschlafen, nachdem er mit Priamos intim geworden war. Lächelnd dachte er an die Ausdauer seines Freundes, die gierigen und dennoch sanften Küsse. Es war erregender gewesen als er sich vorstellen hatte können. Aber einzig an einen Mann wollte und konnte er sein Herz nicht hängen.

„Du bist ein Mann, der lieben kann, und zwar den Menschen und nicht das Geschlecht", hatte Priamos stöhnend gesagt während sie sich liebten. Etwas später, als beide entspannt nebeneinander lagen hatte Gavin gemeint: „In Arretium hatte ich Angst vor dir und den Gefühlen für dich, weil ich dachte, ich könnte nie wieder eine Frau interessant finden, doch das stimmt nicht." Dabei war sein Grinsen immer breiter geworden.

„Oh, ich weiß, an wen du denkst." Mit Gedanken an Alkmene war Gavin schließlich eingeschlafen.

Nun stand er im Übungshof und redete mit Alkmene, sie sah so frisch aus, so voller Leben. „Heizt das Tepidarium, wenn ich heute Abend aus der Stadt zurückkomme, will ich ein Bad und eine Massage. Das wirst du mir besorgen, Alkmene." Erschrocken blickte sie ihn an, weil er schärfer als gewöhnlich gesprochen hatte. „Gewiss, Herr." Eilig wandte sie sich ab und lief zur Therme, um mit der nötigen Arbeit zu beginnen. Der Ofen brauchte einige Zeit, bis er heiß genug war und das Wasser in den Leitungen aufheizen konnte.

16. Stigmosus – Gebrandmarkt

Nachdem sie weg war, nahm er seine Übungen auf, auch wenn jeder Muskel schmerzte und gegen die Bewegung protestierte. Etwa eine Stunde arbeitete er an seiner Kondition und ignorierte die Gladiatoren und auch Titus, der wieder mit Tullius die Ringergriffe übte. Bevor er seine Übungen beendete, schaute er ihnen einen Moment lang zufrieden zu. Dann ging er zu Titus und sagte: „Deine Aufgaben lege ich dir ins Zimmer, denn wir sind heute in der Stadt." Der Junge schaute enttäuscht auf, er wäre ebenfalls gerne in die Stadt gegangen. „Wir werden reiten, Titus, ich kann dich nicht mitnehmen. Weißt du was, vergiss heute die Lese- und Rechenaufgaben. Mach dir einen schönen Tag und erkunde das Haus. Vielleicht findest du noch irgendwo einen verborgenen Schatz. Hier taucht ja allenthalben etwas auf, das wir noch nicht kennen." Sofort erhellte sich die Miene des Jungen. „Danke, Gavin. Ja ich werde mich auf die Suche nach dem Goldenen Vlies machen." Gavin lachte und klopfte ihm auf die Schulter. Auch die Gladiatoren lachten über den Unternehmungsgeist des Knaben. „Dann pass auf und nimm dir einen Argonauten mit, junger Herr", scherzte Rufus, der sofort seine Worte bereute als ihn der Blick des Jungen traf. „O nein, ich muss heute mit dem Gladius …", wollte er sich widersetzen, aber Titus Augen wurden zu schmalen Schlitzen und sein Grinsen ging immer mehr in die Breite. „Na schön … ich bin ein Argonaut. Aber erst nach dem Training, sonst packt mich noch der Rector an den Eiern." Gavin drehte sich um und meinte lachend: „Das hättest du wohl gerne, Rufus." Ein Klaps auf den Hintern des Gladiators folgte den Worten. „Herr! Ich bitte dich, zu dieser Sorte Mann gehöre ich wirklich nicht", meinte Rufus. „Schon gut, Mann, ich lass dir deine Hoden." Vor sich hin lachend ging Gavin davon, er musste sich umziehen und mit Polyxena wollte er ebenfalls noch vor dem Frühstück sprechen.

Am Sandplatz wurde über Gavins gute Laune diskutiert. Erst als sich Titus hüstelnd bemerkbar machte, kehrte betretene Ruhe ein. „Ich sag es ihm nicht weiter, aber dafür seid ihr alle meine Argonauten", meinte er grinsend. Schnell hatte er kapiert, wie er den starken Männern die Schneid abkaufen konnte und er setzte sich meistens durch, wenn es nicht gerade um die Wiederholung einer Übung ging.

Leise klopfte Gavin an Polyxenas Tür. Er wartete keine Antwort ab, sondern trat sofort ein. „Begleitest du uns in die Stadt?" Erschrocken wandte er sich um, denn sie stand nackt mit dem Rücken zu ihm. „Oh … o, entschuldige, i … ich gehe schon." Doch sie lachte nur leise. „Beib", sagte sie so rasch es ging. „Elfen", bat sie ihn und hielt eine Fibel hoch. „Natürlich, einen Moment. Wo ist der Sklave, der dir helfen sollte?", fragte er hektisch.

„E ... Essn olen."

„Ach so. Ähm ... Polyxena, solltest du nicht vorher das Untergewand anziehen?"

„Geht nich allein."

„Dreh dich herum, ich helfe dir." Er wollte es eigentlich nicht, aber er starrte ihren schiefen Körper an, der so schlank und wohlgeformt wäre, wenn nicht die rechte Seite, schief und verkrümmt, das Gesamtbild störte. „Ässlich", sagte sie traurig, als er den Gürtel um ihre Mitte schloss. Darauf konnte er nichts erwidern, das nicht falsch geklungen hätte. So schwieg er und nahm die Fibel, die sie ihm reichte. Die Stola war aus gelber ägyptischer Baumwolle gewebt und mit orangefarbenen Bändern und Perlen am Ausschnitt verziert. „Kannst du damit reiten?"

„Nein." Entschlossen hob sie die Tunika und sagte: „So." Gavin lachte und fragte weiter: „Wie kannst du auf dem Pferd bleiben, wenn du nur eine Seite spürst?"

„Zai-gen – spät-ta."

„Weißt du, du bist erstaunlich, Polyxena, ich kenne nicht viele Frauen die so reiten würden oder es überhaupt können, was übrigens auch für Männer gilt." Er atmete einmal tief durch, um seiner Verwirrung Herr zu werden und fuhr dann fort: „Lass uns zu Priamos gehen, er wird schon warten." Höflich bot er ihr den Arm und zusammen gingen sie ins Speisezimmer.

Priamos lag schon bei Tisch, stand aber auf, als die beiden eintraten. „Wie ich sehe, mein Freund, wirst du mir untreu, sobald du eine junge Frau erblickst. Aber nun steht hier nicht lange herum, das Frühstück wird kalt. Polyxena, du kommst doch mit in die Stadt?" Er wartete nicht erst auf eine Antwort, sondern belud einen Teller mit Leckereien für seine Nichte und schenkte aus einem Krug warme Ziegenmilch. „Hier, iss ordentlich, du bist viel zu mager. Das gilt übrigens auch für dich Gavin." Er grinste anzüglich bevor er fortfuhr: „Aber ..."

„Jetzt reicht es, Priamos. Ja, ich werde essen und auch Polyxena wird essen. Und was ist mit dir? Du redest! Leg dich hin, dann werde ich uns etwas richten."

Es dauerte eine Weile bis alle satt waren, besonders Gavin war nach dem Training hungrig und aß als hätte er tagelang fasten müssen. Danach kleidete er sich sorgfältig um und Priamos befahl den Sklaven die Pferde zu satteln. „Die Herrin wird doch wohl nicht mit kommen?", fragte Ajax besorgt. Doch Priamos lachte nur darüber und sagte: „O und wie sie mitkommt. Du wirst uns auch begleiten. Alle anderen sollen sich hier nützlich machen. Fragt Brutus, er organisiert hier alles." Damit drehte sich der Herr um und führte sein weißes Pferd vor das breite Eingangsportal. Er wartete bis Polyxena und Gavin erschienen. „Na, das wird heute ein Fest werden", meinte er schmunzelnd als die beiden endlich aus dem Haus traten. Ajax wartete bereits mit den anderen Pferden. Ein weiterer Sklave half Polyxena in den Sattel. Zuerst dachte Gavin sie würde sofort auf der anderen Seite hinabrutschen, aber sie gab sich einen Ruck und saß fest. „Sic, Gavin!", rief sie stolz und ließ das Pferd etwas gehen. „Ich sehe es und ich glaube es trotzdem nicht", antwortete er verblüfft. „Na dann, glaube oder nicht, Gavin, wir haben einen Termin einzuhalten." Das war sein Zeichen und er schwang sich ebenfalls auf das Pferd. „Ajax!", befahl Priamos, der stämmige Sklave saß auf und sie ritten zuerst gemächlich, damit Polyxena leichter das Gleichgewicht halten konnte. Doch schon kurze Zeit später ließ sie ihr Pferd antraben und sie überholte die Männer mit einem Freudenschrei. Immer schneller wurde sie und das Haar wehte in langen Flechten hinter ihr. Gavin blieb etwas zurück, während ihr Priamos nach galoppierte. „Wenn man sie so sieht sollte man nicht glauben, wie krank sie eigentlich ist, nicht wahr Herr", sagte Ajax, der neben Gavin ritt. „So ist es. Nun denn, so holen wir sie nie ein. Hopp!" Damit gab er Ajax das Zeichen und sie erhöhten das Tempo.

Am Stadtrand holte Priamos seine Nichte ein. Gelöst lächelnd saß sie im Sattel und schien ihren Trübsinn abgelegt zu haben. Aber so war es immer, wenn sie auf einem Pferd saß. Dann dachte er daran, in welchem Zustand sie bei ihm eingetroffen war. Völlig verschmutzt war sie in einem geschlossenen Karren gesessen und hatte vor sich hingestarrt. Priamos musste ihre Ankunft bestätigen, erst dann zogen die Kerle ab, zurück nach Attika, wo sein Bruder lebte. Er hatte sie nicht gefragt, aber sie sah nicht so aus, als wäre sie von den Leibwächtern fürsorglich behandelt worden. Niemals nahm er sich damals fest vor, würde er sie danach fragen. Der Begleitbrief des Bruders war eindeutig gewesen, er wollte sie loswerden, entweder sollte er einen Mann für sie suchen oder sie bei sich aufnehmen, dafür würde er ihm eine bestimmte Summe bezahlen. Priamos war nahe dran gewesen, sie postwendend zurückzuschicken, so erboste ihn das Ansinnen des Bruders. Dann dachte er, es könne nicht schaden, sie eine Weile aufzunehmen, so hätte er wenigstens etwas Gesellschaft, denn es war langweilig geworden, nachdem Gavin fortgezogen war.

Durch die Straßen ließen sie die Pferde im Schritt gehen. Sie hatten Glück, denn in manchen anderen Städten war das Reiten verboten, weil die Pferde die Straßen verschmutzten und es zu Stauungen kam, wenn Reiter, Fuhrwerke und kleine Handwagen an Kreuzungen aufeinandertrafen. In Ravenna ging es noch, obwohl auch hier manchmal der Verkehr ziemlich schleppend dahinging, besonders in Hafennähe, wenn ein Schiff eingetroffen war und die gelöschte Ladung von den Lagerhäusern abtransportiert wurde.

Gemächlich ritten sie zum Forum, wo an diesem Tag ein großer Markt stattfand. „Ah, das trifft sich günstig, ich brauche einige Dinge", murmelte Gavin und war froh, Geld mitgenommen zu haben.

Sie hielten vor dem Gebäude das Iustitia geweiht war und stiegen sofort zum Eingang hoch. Gavin hatte abermals Polyxena den Arm geboten und führte sie an Lydia vorbei. Sie war wie beim letzten Mal mit der prächtigen Sänfte gekommen, Clivius Flavius stand bereits neben ihr und flüsterte eifrig auf sie ein. Deciderius war nirgends zu sehen.

„Wenn du magst, gehen wir später zusammen auf den Markt", flüsterte Gavin was Polyxena sowohl ein erfreutes Nicken als auch ein fröhliches Lächeln entlockte. „Schön. Priamos und Ajax nehmen wir mit – irgendjemand muss die Waren schließlich transportieren, die ich zu erstehen gedenke." Sie klopfte auf seinen Unterarm, damit er sie ansah, erst dann zwinkerte sie schelmisch und sagte: „Du-u-u kei-ne Witz." Er lächelte zurück. „Ich pflege nicht zu scherzen, wenn es ums Einkaufen geht."

Ajax half Polyxena auf einen Sitzplatz und stellte sich dann hinter sie. Priamos und Gavin waren an ihren Plätzen weiter vorne und neben ihnen thronte bereits Lydia, wieder in Trauerkleidung und das Gesicht verschleiert. Sie konnte es nicht verhindern, doch ständig wanderte ihr Blick zurück zu der fremden Frau. Es sah Gavin durchaus ähnlich, solche Kreaturen aufzunehmen und zu beherbergen. Angewidert schüttelte sie sich und sprach dann mit ihrem Anwalt. Der nickte, stand auf und trat zum Vorsitzenden. Ein gewispertes Wortgefecht folgte, dann ging Clivius triumphierend zurück.

„Bevor ich meine Entscheidung bekanntgebe, hat mich Clivius Flavius noch einmal um das Wort gebeten. Er ist der Meinung, es sei eine neue Beweislage eingetreten. Nun, er soll sprechen." Jetzt sprang Priamos auf und rief erbost: „Ich bitte dich Vorsitzender! Wenn die Beweise nicht vorher erbracht werden, kann doch jeder tun und lassen was er will. Das ist doch erbärmlich." Doch der Vorsitzende gab dem Kläger das Wort und Priamos hatte das Nachsehen.

Clivius trat vor und blickte weder Gavin noch Priamos an, er schaute genau auf Polyxena, die sich unbehaglich zu fühlen begann. Er räusperte sich vernehmlich, strich sich über den Bauch und dann begann er zu sprechen. Langsam und bedächtig, betonte er jedes Wort übergenau, so als hätte er es mit schwerhörigen oder geistig schwerfälligen Leuten zu tun. Priamos hob die rechte Augenbraue, dann ging ihm ein Licht auf. Aber er wollte hören, was Clivius zu sagen hatte.

„Verehrter Vorsitzender. Zwei Dinge gebe ich zu bedenken. Erstens: Besagter Gavin Alpinus, wie er sich nun nennt, kann nicht erbberechtigt sein, da er nicht verheiratet ist und zweitens: du siehst diese Gestalt dort?" Er wies mit der ausgestreckten Hand auf Polyxena, die mit den Tränen zu kämpfen begann. „Meine Mandantin ist der Meinung, dass so eine Kreatur nichts im Haus ihres verstorbenen Gatten zu suchen hat. Wer weiß, was bei so einer Behinderung im Geist vonstattengeht? Am Ende zündet sie noch das Haus an! Du verstehst mich doch?" Bei der letzten Frage beugte er sich vor und schaute ihr fest ins Gesicht. Polyxena kämpfte um Selbstbeherrschung. Innerlich verfluchte sie sich, mitgekommen zu sein. Trotzig erwiderte sie den Blick des Anwalts, dann tippte sie ihrem Onkel auf die Schulter und machte das Zeichen für Schreiben. Der nickte und reichte ihr eine Wachstafel. Sie klemmte die Tafel unter den rechten Arm und schrieb, dabei ließ sie sich nicht von den bohrenden Blicken des Anwalts und der anderen Anwesenden stören. Als sie fertig war, reichte sie die Tafel an den Onkel weiter und bat ihn, vorzulesen oder sie Clivius zu geben. Priamos überflog den Inhalt, lächelte und gab die Tafel Clivius. „Mein verehrter Kollege wird das hier sicher gerne vorlesen, damit es nicht heißt, ich hätte etwas dazu gedichtet. Und zum ersten Punkt: Dieser Beweis ist doch so etwas von lächerlich, denn das Gesetz wird nur äußerst selten wirksam angewendet, noch dazu wo mein Mandant bislang keine Gelegenheit hatte, eine ehrbare Frau kennen zu lernen." Er setzte sich wieder, richtete die Falten seines Überwurfs und wartete. Clivius las und vergaß dabei, was er noch sagen wollte. Angesichts des Geschriebenen wich ihm die Farbe aus dem Gesicht. Dann räusperte er sich als der Richter ungeduldig mit den Fingern auf die Tischplatte trommelte

„Also, verehrter Vorsitzender, diese ähm, Person schrieb Folgendes: ‚Ich bin was ich bin, habe ein schiefes Gesicht, einen humpelnden Gang aber gerade Gedanken. Wer aufgrund des Aussehens eines anderen urteilt, hat den Pfad der Weisheit verlassen.' Ähm … ähm … ja Vorsitzender, das hat sie geschrieben." Der Richter hielt fordernd die Hand ausgestreck und Clivius legte die Tafel hinein. Schmunzelnd las der Mann, dann sagte er: „Nun, Clivius Flavius, damit hast du eine Antwort und deine Beweisführung ist somit abgeschlossen. Ich kann nicht erkennen, dass sie eine Gefahr darstellen würde. Vielleicht kein sehr erquickender Anblick, aber man muss seine Augen nicht überall haben." Er scheuchte Clivius Flavius an seinen Platz zurück und meinte weiter: „Dann kommen wir jetzt zu meinem Urteil." Er räusperte sich, breitete die Hände auf der Tischplatte so aus, dass die Finger wie Fächer lagen und schaute alle der Reihe nach genau an. „Ich dachte zuerst, ich sage heute, wem was gehört. Aber … das werde ich nicht tun. Ich will mir zuerst die Schule ansehen, dann werde ich einen neuen Termin anberaumen." Priamos stand auf und wollte protestieren, aber Gavin hielt ihn zurück. „Wann willst du uns besuchen, Ehrwürdiger?", fragte er. „Das sage ich nicht. Ich werde einfach erscheinen, damit das Bild ungetrübt ist." Gavin neigte den Kopf zum Einverständnis. „Herr, es wird mir eine Ehre sein, dich in meiner Schule begrüßen zu dürfen, zu jeder Zeit, ganz wie es dir beliebt."

Der wichtige Mann erhob sich und beendete die Sitzung. Erst als er weg war, atmete Gavin laut aus und ließ den Kopf hängen. ‚Wie wird das nur gehen? Wir sind zu wenige Leute, wenn die Gladiatoren trainieren sollen und wie soll ich heiraten?', dachte er trübsinnig. Da berührte ihn jemand von hinten an der Schulter. „Leid", flüsterte sie, weil sie dachte, es wäre ihre Schuld. „Nein, es ist nicht deinetwegen. Wenn du nicht hier gewesen wärst, hätten sie sich etwas anderes ausgedacht." Sie griff ihm unter das Kinn und hob seinen Kopf. „Och", meinte sie entschieden. „Öna Mann. Och Kopf." Priamos hatte ihr zugehört und sagte nun auch: „Genau, trag den Kopf hoch. Das wird schon alles werden." Er nahm Gavin an der Hand und zog ihn fort. „Arkt?", fragte Polyxena. „Ich weiß nicht, mir ist die Lust auf einen Spaziergang verleidet." Polyxena schüttelte verneinend den Kopf. „Makt", brachte sie beinahe stöhnend heraus. Es war sehr anstrengend für sie, die Worte so zu formen, dass sie verständlich klangen, was mit ein Grund für ihre zum Teil unangemessen wirkenden Reaktionen war. „Einkaufen müssen wir, du hast recht." Priamos wandte sich an Ajax. „Kümmere du dich um die Pferde. Warte vor dem Haus auf uns aber such dir einen schattigeren Platz. Hier sind noch einige Münzen, damit du dir Wasser und etwas zu essen kaufen kannst." Ajax bedankte sich und lief gleich los. Etwas langsamer folgten Gavin und seine Begleiter. „Ich habe trotzdem kein gutes Gefühl. Lydia traue ich jede Gemeinheit zu."

„Aufen! Etz, nich denk." Dabei fasste sie sich an die Stirn und schüttelte den Kopf. „In Ordnung, Polyxena, ich höre schon auf."

„Wird auch besser sein. Was brauchst du alles? Gehen wir zu einem Tischler? Möbel wären nicht schlecht."

„Mein lieber Freund, dafür wird mein Geld nicht reichen", erwiderte Gavin.

„Das wird mein Gastgeschenk. Komm, Polyxena, wir suchen einen Tischler und geben eine kleine Bestellung auf." Er bot seiner Nichte den Arm und ließ einen völlig verdutzten Gavin zurück, der kopfschüttelnd über den Markt schritt. An einem Stand kaufte er einen Ballen warmen Wollstoff, der Händler versprach, ihn umgehend zu ihm in die Schule zu bringen. Der Stoff war nötig für sein Vorhaben nach der alpinen Schneeschmelze. Dann kaufte er einen Krug Wein, den würde er heute beim Abendessen servieren lassen, denn es war ein guter Wein aus seiner Heimat, wenn auch aus einem nördlicheren Anbaugebiet. Dem Bäcker stattete er einen Besuch ab, erneuerte die Bestellung und lobte sein Brot in den höchsten Tönen, worüber sich der Mann sichtlich freute, denn er verbeugte sich ziemlich oft und sagte ständig „Verehrter Herr", was nun Gavin verlegen machte. Viele Leute hatten das Lob gehört und der Bäcker würde seine Produktion wohl in den nächsten Tagen steigern müssen. Danach suchte er den Fleischer auf und auch hier bestätigte er seine bisherigen Bestellungen, handelte aber den Preis noch etwas herunter. Dann ging er wieder zum Forum. Dort fand er einen kleinen Schmuckhändler, der nicht viel mehr als einen Bauchladen trug. Zu ihm ging er und besah sich die Stücke. Es war weder Gold- noch Silberschmuck was der Junge feilbot. Gavin lächelte über die bunte Vielfalt an bemalten und aufgefädelten Holzperlen. Dann nahm er eine dünne Kette und ein etwas breiteres Armband, handelte etwas und gab dem Knaben weit mehr als die Stücke wert waren. „Danke Herr, vielen Dank. Merkur möge deine Wege segnen", rief er ihm nach. Gavin fand den Segen nett und seine Laune besserte sich erheblich.

Im Schatten des Iustitia geweihten Hauses fand er Ajax mit den Pferden stehen. Der Sklave aß ein Stück Kuchen, was Gavin an seinen Hunger erinnerte, aber jetzt hatte er alles Geld ausgegeben. Er würde es aushalten müssen, sagte er sich selbst. Aber es war hart, dem Sklaven beim Essen zuzusehen. So sagte er nach einer Weile: „Ajax, ich reite zurück. Pass gut auf deinen Herrn auf, hoffentlich verirren sie sich nicht in den unbekannten Gassen."

„Ja, Herr. Soll ich dir mit dem Beutel helfen?"

„Sei vorsichtig damit, da ist Wein drin, und zwar ein teurer." Schon saß er auf dem Rücken des Braunen und nahm den Beutel entgegen. Langsam ritt er los.

Er war froh, als er endlich die Schule vor sich auftauchen sah. Einer von Priamos Leibwächtern stand am Tor. Als er Gavin bemerkte rannte er ihm entgegen und half ihm beim Absteigen. „Wo ist mein Herr?", fragte er alarmiert. „Er hat noch Besorgungen zu machen. Lass das Pferd versorgen und schick Alkmene zu mir." Der Sklave nickte. Gavin ging in seine persönlichen Räume, dort packte er die Einkäufe aus. Auf den Wein freute er sich, er hatte vor, den am Abend mit Priamos zu trinken. ‚Aber mit viel Wasser', sagte er sich grinsend als er an seinen letzten Rauschzustand dachte und wie ekelig es ihm am nächsten Tag ergangen war. Sinnierend schaute er aus dem Fenster, da holte ihn ein sanftes Klopfen aus den Gedanken. Erst nach seiner Aufforderung trat sie ein und blickte demütig zu Boden. „Ah, Alkmene, wie sieht es mit dem Bad aus?"

„Herr, es ist noch etwas zu kühl, ich meine das Wasser. Aber ich kann dich massieren, wenn du willst." Im ersten Moment war er ärgerlich, dann dachte er sich, es sei im Grunde genommen egal, ob er zuerst massiert würde und er winkte ihr, ihm zu folgen. Im Schlafzimmer zog er sich aus und legte sich aufs Bett. „So und nun steh hier nicht lange herum. Im Schrank ist ein Fläschchen mit Duftöl, das kannst du zum Massieren verwenden."

Ihre Hände waren eine Wohltat für seine Muskeln und er entspannte sich zunehmend. „Du bist wirklich eine Zierde für jeden Haushalt, Alkmene", murmelte er. Das Lob ließ sie erröten, aber sie massierte stumm weiter. „O ja und schade, dass ich Sextus versprochen habe, ihm nicht mehr in die Quere zu kommen", flüsterte er weiter. Dann griff er zur Seite und tätschelte ihren Hintern. Alkmene errötete noch mehr, hielt jetzt aber in ihrer Tätigkeit inne. Er wartete eine Weile und als sie nichts weiter machte, schwang er die Beine aus dem Bett und betrachtete sie wohlgefällig. Ohne Scham marschierte er nackt vom Bett zum Regal, dort hatte er einige der erstandenen Waren untergebracht. „Komm her." Zögernd befolgte sie die Anweisung. „Ich möchte dir etwas schenken. Aber glaube nicht, dass ich mir deine Gunst erkaufen will, denn du weißt, ich bekäme es so oder so." Alkmene blinzelte und schluckte, denn es war die Wahrheit, er hätte sie jetzt auf der Stelle haben können und wie sie bemerkte, war er dazu auch durchaus fähig. Schnell wandte sie den Blick von seinen Genitalien ab und schaute auf seine Hand. Er hielt ihr eine zierliche Holzperlenkette hin, dann legte er sie ihr um den Hals und sagte: „Denke gut von mir, die Kette soll dich dafür entschädigen, dass du dich in den letzten Tagen sooft anschreien lassen musstest."

„O, Herr, das war doch nicht dein Fehler. Es ist mir eine Ehre, Herr, in deinem Haushalt zu dienen", flüsterte sie ergriffen. „Dann sieh jetzt zu, dass es im Tepidarium schön warm ist, denn ich will heute meinen Gästen ein Warmbad anbieten und nicht diese kalte Pfütze, in der wir sonst baden. Und Alkmene – du bedienst heute bei Tisch."

„Gewiss, Herr, danke." Er lächelte, was ihn ungleich sympathischer aussehen ließ und sie bedauerte es einen Moment, nicht mit ihm intim geworden zu sein. Doch dann dachte sie an Sextus, verglich ihn mit Gavin und kam zu dem Schluss, dass ihr der Gladiator besser gefiel als der Herr, er war auch umgänglicher, trotzdem machte sich ein verräterischer Gedanke in ihr breit.

Lydia war mit dem Ausgang des Termins nicht ganz zufrieden. Ihr wäre eine eindeutige Aussage des Richters lieber gewesen als diese schwammige, die er letztendlich gemacht hatte. Aber das gab ihr eine Gelegenheit, in den nächsten Tagen etwas zu unternehmen.

Sie ließ sich nachhause bringen. Die Villa am Land würde sie nicht mehr lange behalten, sie wollte in der Stadt wohnen, hier gab es genug schöne Häuser, die nicht so abgelegen waren und vor allen Dingen nicht diese Schule und die lauten Gladiatoren als Nachbarn hatten. Außerdem ärgerte es sie, dass diese schiefe Frau klug war. Dann breitete sich ein gemeines Lächeln auf ihrem Gesicht aus. „Deciderius!"

Müde, aber zufrieden lächelnd trat Priamos schließlich zu Gavin ins Schlafzimmer. „Du hättest den Möbelhändler erleben sollen, als ich ihm sagte, wohin er liefern soll", meinte er, dann ließ er sich seufzend aufs Bett fallen. „Ich bin hundemüde. Langsam werde ich wohl alt, Gavin." Der lachte nun seinerseits. „Du wirst dein Lebtag nicht alt, mein Freund. Wo ist Polyxena?"

„Die ruht sich aus, ich habe sie ziemlich schnell laufen lassen und auch der Ritt war nicht ohne."

„Sie hat heute gut gekontert."

„Ja, das hat sie." Priamos gähnte, dann kratzte er sich am Gesäß und drehte sich anschließend auf den Bauch. Er stützte den Kopf auf die Hände und betrachtete Gavin, der nur im Lendenschurz bekleidet herumwerkte. „Was machst du da?"

„Ordnung. Meine Ausrüstung muss dringend verbessert werden und ach … hier habe ich noch etwas für dich." Mit gespielter Gleichgültigkeit ging er zu seinem Freund und überreichte ihm das Armband. Priamos war gerührt, es traf genau seinen Geschmack und die Farben passten gut zu seiner orangeroten Palla. „Mach es mir um bitte." Sofort kam Gavin dieser Aufforderung nach und dann betrachteten sie die Holzperlen, die sich wie Liebespaare aneinanderschmiegten. „Perfekt, wie für dich gemacht", murmelte Gavin. Dann kontrollierte er weiter seine Sachen, polierte endlich den Helm, dessen Metall bereits angelaufen war. Diese Dinge erledigte er lieber selbst, als sie einem Sklaven zu überlassen.

Kurze Zeit später klopfte es und Alkmene trat schüchtern ein. „Herr, das Tepidarium ist jetzt warm genug. Soll ich die Herrin und den jungen Herrn auch informieren?" Priamos schaute sie gründlich an und mit einem Lächeln stellte er fest, dass die Kette, die sie trug, von derselben Machart war wie sein Armband. ,Dieser Galan macht ihr den Hof', dachte er grinsend. ,Warum auch nicht?'

„Sag nur Titus Bescheid, die Herrin mag dann nach uns das Bad aufsuchen." Sie nickte und eilte davon.

Als die Männer ins Bad kamen, saß Titus schon im Becken. Übermütig spritze und plantschte er herum. Immer wieder tauchte er unter und kam prustend hoch. „Na, du Wassermann", sagte Gavin fröhlich. „Was haben du und deine Argonauten heute so getrieben?"

„Wir waren im Keller und haben die fürchterliche Medusa gesehen. Dann suchten wir weiter nach dem goldenen Vlies, fanden aber im Stall nur zwei gefleckte Ziegen und jede Menge gefiederte, Eier legende Gackerviecher. Ich konnte dann eine der Ziegen von der Last ihrer Milch befreien, was diese mit einem Hörnerstoß quittierte. Ansonsten durfte ich einige neue blaue Flecke ernten, denn Ansgar ist einer der schrecklichsten Lehrer, die du hast, Gavin, außerdem ist er frech." Alle lachten nach diesen genauen Ausführungen. „Du hast dir dein Bad heute reichlich verdient, junger Mann." Nach einer Weile, die sie in stummer Eintracht im Wasser verbrachten, gelegentlich störte Titus mit seinem Plantschen die Ruhe, sagte Gavin: „Damit Polyxena auch noch etwas davon hat, sollten wir jetzt das Feld räumen." Priamos wäre beinahe eingeschlafen, jetzt schreckte er hoch. „Ach", jammerte Titus, „ich wäre noch gerne hiergeblieben." Doch Gavin kannte kein Erbarmen. „Raus jetzt, du bist schon ganz aufgeweicht." Er wickelte sich in ein weiches Wolltuch und rief nach Alkmene, die auch sofort erschien. „Du kannst die Herrin informieren, dass die Therme für sie bereit ist. Und hilf ihr." Sie gab keine Antwort, sondern lief gleich los.

Der Tag hatte Polyxena bislang gut gefallen. Endlich kam sie sich wie ein Mensch vor. Sicher, der fremde Anwalt und die Frau hatten sie beleidigt, aber danach war sie über den Markt gegangen und hatte die schönen Dinge bewundert. Einige Zeit war sie sogar allein zwischen den Ständen geschlendert. Bei einem kleinen Jungen, der einen Bauchladen trug, hatte sie Holzperlenschmuck erstanden. Sie mochte kein Gold, es kam ihr zu kalt vor auf der Haut und zu viel Unrecht geschah des Goldes wegen, das keinerlei Nutzen hatte, außer zu glänzen. Die Kette wollte sie am Abend tragen, sie passte gut zu der gelben Stola, auch passende Ohrringe hatte sie gefunden. Sie war froh, eigenes Geld zu haben, denn so musste sie den Onkel nicht um Erlaubnis bitten. Gerade legte sie die Stola zurecht und bewunderte die kunstvoll geschnitzten Perlen, als es klopfte. „Ähm, ich soll dir vom Herrn ausrichten, ähm, du kannst die Therme aufsuchen, wenn du magst." Abwartend blieb sie in der offenen Tür stehen. „Omm eich." Als die Sklavin nicht ging, fragte sie etwas unwirsch: „Was noch?" Alkmene blickte kurz auf, da sah Polyxena die Perlenkette, sie glich der ihrigen, war also beim gleichen Händler erstanden worden. „Ähm, Herrin, soll ich dir behilflich sein?"

„Neinnnn … alllleinn. Geh." Als die Sklavin weg war, nahm sie die Kette und räumte sie weg, sie würde sie wohl doch nicht tragen. Dann stopfte sie alles, was sie für das Bad brauchte in einen Beutel, den sie an den Gehstock band und ging los.

Es war nicht sehr weit, aber sie musste den Exerzierplatz überqueren und dort wimmelte es noch von Gladiatoren und anderen Sklaven, die hier arbeiteten. Meistens hielt sie sich ganz am Rand, damit sie niemanden in die Quere kam, doch diesmal hatte sie keine Lust, sich zu verstecken. Geradeaus ging sie zwischen den Männern durch. Tullius musste mitten im Angriff innehalten, weil sie plötzlich vor ihm stand. Mit scheinbarer Lässigkeit hob sie den Stock und schob den Tridens zur Seite, der ihr den Weg versperrte. „Herrin", murmelte Tullius. „Ich hab dich zu spät bemerkt. Jungs! Macht mal kurz Pause", rief er rasch und alle blickten zu ihnen herüber. Polyxena fühlte, wie ihr die Röte in die Wangen fuhr und sie war versucht, den Kopf zu senken. Dann sagte sie sich: ‚Augen geradeaus, Kinn nach vor, du bist keine Sklavin.' Dennoch kam sie sich sonderbar vor als sie das Bad betrat. Wie sie halb und halb erwartet hatte, war es leer. Mit einem leisen Seufzer ließ sie den Beutel zu Boden gleiten und wäre nun doch über etwas Hilfe froh gewesen. Es war mühsam, mit nur einer beweglichen Seite aus der Kleidung zu schlüpfen und sie schwitzte bis sie es endlich geschafft hatte. Auch das Waschen war so nicht einfacher, aber sie hatte einige Tricks, mit denen es dann doch ging. Um den

Stock wickelte sie einen feuchten, eingeseiften Lappen und schrubbte sich den Rücken damit. Danach kam noch das Haar und zum Schluss spülte sie alles mit warmem Wasser ab. Wohlig war ihr Seufzer, als sie sich endlich in das warme Wasser sinken ließ und untertauchte. Sie fand es nur schade, hier allein zu sein. Etwas Gesellschaft hätte ihr gefallen, aber nicht diese gutaussehende Sklavin, die sie ständig daran erinnerte, wie ungestalt und unbeholfen sie selbst war.

Ein Klopfen zeigte ihr an, dass sie sich fertig machen musste. „Herrin, soll ich dir helfen?", fragte der Sklave vor der Tür höflich. „Nein, ank", antwortete sie und hoffte der Mann verstand die Worte. Offensichtlich nicht, denn die Tür öffnete sich einen Spaltbreit. „Herrin, brauchst du tatsächlich keine Hilfe?", fragte Ajax erneut. „Nein – aus ier. Allein." Ajax ergriff die Flucht, weil sie mit einem nassen Lappen auf ihn zielte. „Gewiss Herrin", antwortete er. „Ich warte vor der Tür, ruf mich, wenn du Hilfe brauchst." Polyxena bedauerte schon ihre scharfen Worte, aber in der Eile ging es nie besser, immer kamen die Worte nur halb aus dem Mund und klangen hart wie Wurfgeschosse. Für diese Unfähigkeit zur Kommunikation wollte sie sich am liebsten den ganzen Tag lang verfluchen, aber das änderte nichts an den Tatsachen. So trocknete sie sich ab und schlüpfte in die Tunika. Dann ging sie zur Tür und winkte Ajax, damit er ihr die Stola an der Schulter befestigen konnte. Dazu reichte sie ihm eine kunstvoll geschnitzte Holzfibel. Er fragte sich oft, warum sie keinen Goldschmuck trug, denn Geld hatte die Familie genug, so hätte sie sich etwas aufwerten können.

Ungeschickt steckte er ihr das noch nasse Haar hoch und sie war fertig. Auf den Mantel hatte sie verzichtet und statt Sandalen trug sie Pantoffeln, die sie einfach an- und ausziehen konnte.

„Dan-kä, Ajaks", sagte sie schließlich und bot ihm die gesunde Hand. Lächelnd nahm er sie und beugte sich darüber als wollte er sie küssen, unterließ es dann aber.

Deciderius war über Lydias Ansinnen nicht erfreut, heftig schimpfend lief er in ihrem Zimmer herum. „Du bist ja verrückt, Lydia! So einer bin ich auch wieder nicht! Wie stellst du dir das vor? An die komme ich doch gar nicht ran." Doch Lydia lachte nur, packte den Umhang, in den er gehüllt war und zog ihn fort. „So wie du aussiehst, mein Lieber, verführst du jede Frau – jede!" Deciderius lächelte nun etwas, er wusste, dass er gut aussah und er nutzte das auch weidlich aus. „Ich überlege es mir", sagte er schließlich versöhnlich. Zur Belohnung verwöhnte sie ihn nun mit dem Mund, was sie sonst eher mied. Viel zu früh für seinen Geschmack hörte sie wieder auf und massierte ihn mit der Hand weiter, auch das war nicht schlecht, aber eben nichts gegen ihr Mund- und Zungenspiel. „Du bist eine kleine Hündin, weißt du das, Lydia", murmelte er, packte sie am Hinterkopf und zog sie zu sich heran. „Und du ein elender Köter", konterte sie, dann biss sie ihm in die Lippen. „Au! Bist du verrückt?"

„Nein, aber du wirst dieses Frauenzimmer verführen, die wird dir jeden Wunsch von den Augen ablesen und dir zu Willen sein, ich schwöre es dir, wenn du sie nur erst an der Leine hast." Deciderius wischte sich über die blutende Lippe, saugte daran und meinte anschließend: „Na, ich hab da so meine Zweifel und ich habe auch meine Grundsätze. Keine Sklavinnen und keine Entstellten. Schließlich habe ich auch einen Ruf." Damit stand er auf, wickelte die Toga um sich und verschwand würdevoll aus ihrem Schlafzimmer. Lydia grinste ihm hinterher. Das mit den Sklavinnen glaubte sie ihm keine Sekunde lang. Er würde tun, was sie von ihm verlangte, früher oder später, tat er das immer.

An diesem Abend hatte Gavin im kleinen Empfangszimmer anrichten lassen. Er fand es hier etwas intimer. Titus durfte in der Küche bleiben, was mit einem Jubelschrei aufgenommen wurde. Alkmene und Sophia brachten eben die Hauptspeise als Polyxena eintrat. Am liebsten hätte sie kehrt gemacht, als sie die junge Sklavin erblickte und weil die Männer nicht auf sie gewartet hatten. Doch sie zwang sich zu einem Lächeln und nahm dann auf dem Hocker Platz, der für sie bereitgestellt worden war. Bewusst winkte sie Alkmene und wies sie mit einer energischen Handbewegung an, das Tablett noch einmal herzustellen und ihr vorzulegen. Danach bedeutete sie der Sklavin zu gehen.

„Wie ich sehe hast du uns alle mit diesem vorzüglichen Holzschmuck versorgt", meinte Priamos, der die kleinen Gehänge an Polyxenas Ohren bemerkt hatte. Polyxena griff sich an die Ohren, sagte aber nichts. Sie blickte nur Gavin an, der es nicht wagte, ihr ins Gesicht zu sehen. Zuerst hatte er vorgehabt, ihr die Kette zu schenken, sich dann doch anders entschieden. Jetzt bedauerte er, nicht an sie gedacht zu haben. Er murmelte etwas, woraufhin Priamos fragte: „Was hast du gesagt, Gavin? Das Gemurmel versteht doch keiner."

„Ähm … ich sagte nur …", begann er stockend, doch Polyxena rettete ihn aus seiner Verlegenheit in dem sie das Thema wechselte. „Rav-enn-ah … öhne … Scht…", sagte sie stotternd. Wie erwartet, beachtete nun niemand mehr den Schmuck und sie redeten über die Vorzüge der Hafenstadt.

Es war ein langweiliges Essen. Nachdem das Thema Ravenna erschöpfend behandelt worden war, schwiegen sie. Priamos und Gavin verschlangen sich mit den Blicken oder schäkerten mit Alkmene, dazu tranken sie eifrig den starken Wein. Polyxenas Versuche, sich in die Unterhaltung einzubringen, wurden nicht wirklich zur Kenntnis genommen und so gab sie es schließlich auf. Noch bevor sie beim Käsegang waren, bat sie sie zu entschuldigen, erhob sich und ging.

In ihrem Zimmer angekommen, riss sie die Ohrringe heraus. ‚Welch dumme Idee, sie zu tragen', schalt sie sich selbst. Sie hatte so fest gezogen, dass die Ohrläppchen gerissen waren und nun blutete sie auf die Kleidung. ‚Ad lutum!', dachte sie angewidert, zog hektisch an der Fibel und endlich glitt die Stola von den Schultern. Dann nahm sie ein Tuch und drückte es abwechselnd gegen die Wunden. Schließlich ging sie fluchend ins Bett. Dass sie sich diese kleinen Verletzungen unabsichtlich zugefügt hatte, würde ihr keiner glauben.

Am nächsten Tag kam nach dem Mittag ein großer Wagen zur Schule hoch gerattert. Er war schwer beladen und sein Erscheinen versetzte die Bewohner in helle Aufregung. Es waren die von Priamos bestellten Möbel, zumindest die, die der Tischler vorrätig gehabt hatte. Priamos rieb sich freudig die Hände und nun konnte er ans Einrichten gehen. Er liebte schöne Dinge und er liebte es, sie zur Geltung zu bringen.

„Zuerst dein Arbeitszimmer, Gavin", sagte er. „Den alten Schreibtisch kannst du dem Jungen geben, dann hat er etwas Ordentliches, im Übrigen könnte er hier nebenan, im ehemaligen Zimmer des Scriptors seine Studien machen." Die Sklaven begannen bereits, nach den Anweisungen die Zimmer einzuräumen. Priamos hatte bei Philippus Textor noch einige Wandbehänge erstanden, die sich besonders im Esszimmer gut machten. Stolz und zufrieden betrachtete er am Abend sein Werk. Der Tisch und die Speisesofas passten nun wunderbar zusammen, das Zimmer des Jungen war neu eingerichtet worden und entsprach nun seinem Stand.

Die von Gavin bestellte Stofflieferung war ebenfalls eingetroffen und alle staunten über die warme Wolle, die er ausgesucht hatte. Die neugierigen Fragen wehrte er mit einer Handbewegung ab. „Das erfahrt ihr noch früh genug, zuerst müssen die Besitzverhältnisse geklärt werden. Aber Sophia und Alkmene können sich schon mal an die Arbeit machen und warme Beinlinge und Tuniken für die Gladiatoren herstellen." Damit mussten sie sich zufrieden geben und es begannen Gerüchte zu kursieren.

„Ich sag euch, er geht mit uns auf große Reise, und zwar in seine alte Heimat", sagte Tullius.

Doch noch war an Kämpfe nicht zu denken, die Gladiatoren waren nicht gut in Form, sie waren zu dünn und nicht schnell genug selbst für einen Übungskampf. Die Gerüchte erhärteten sich als Gavin kurz darauf mit einem Trainingsplan anrückte. „Das ist hart, Herr", murmelte Rufus. Das Exerzieren sollte bereits vor der Morgendämmerung beginnen und alles würde von Gavin überwacht werden. Auch der Essensplan änderte sich radikal. Doch alles Murren half nichts. „Ruhe!", donnerte er in das Durcheinander. „Ich kann hier auch andere Saiten aufziehen und wir lassen es so laufen, wie Marcus das getan hat. Wer ist für die Prügelstrafe? Ich habe den Riemen hier! Jeder, der meckert kann sich sofort für zehn Schläge anstellen!" Das ließ sie verstummen und umgehend wurde mit der Arbeit begonnen. „Der Herr ist wieder er selbst", flüsterte Sextus grinsend. „Ja, sind wir froh darüber. Also lasst uns ordentlich arbeiten", antwortete Tullius.

Deciderius hatte sich in den nächsten Tagen unauffällig der Schule genähert. Jeden Tag spazierte er in diese Richtung und wartete, ob er eine bestimmte Person erspähen würde. Einmal war er Flavia gefolgt, sie war angeblich einmal Hure bei den Gladiatoren gewesen, aber die hatte sich nur mit der Köchin unterhalten. Dann hatte er die gesuchte Person am Fenster stehen sehen. Aus der Ferne sah sie nicht schlecht aus. Aber er fragte sich, wie er sich an sie heranmachen sollte, wenn sie immer im Haus war. Es sollte wie zufällig erscheinen. Inoffiziell bekam er keine Gelegenheit, sie kennen zu lernen und er legte auch keinen großen Wert darauf.

Sie räumten eben die letzten Bücher in das neue Regal als der Richter angekündigt wurde. Einen aus Priamos Sklaven hatten sie zum Torwächter auserkoren, der hatte ihn angemeldet.

„Edler Herr, sei willkommen. Darf ich dir eine Erfrischung anbieten", hieß ihn Gavin eintreten.

„Vielen Dank, vielleicht später. Ich will mich nur umsehen und dann wieder zurückkehren. Doch sag mir, Gavin Alpinus, wie hast du vor, wieder ins Gladiatorengeschäft zu kommen? Ich hörte alle Sponsoren seien abgesprungen und du hast noch keine Aussichten auf Kämpfe."

„Nun, das stimmt allerdings, Herr, und es stimmt mich auch sehr betrüblich. Aber wir werden nach der Schneeschmelze in den Norden ziehen, sollte sich hier nichts ergeben. In Noricum erfreuen sich die Spiele großer Beliebtheit, auch wenn in den Provinznestern der Gewinn nicht so hoch ausfallen wird wie in den italischen Metropolen. Ich werde wieder bei null anfangen, Herr. Nun, nicht ganz bei null, denn ich habe sehr gute und erfahrene Gladiatoren." Während er von seinen Plänen berichtete, führte er den Mann durch das Haus. Er ließ keinen Raum aus, zeigte ihm das Tepidarium mit dem Hinweis, dass es aus Holzmangel derzeit nur einmal wöchentlich zu seinem eigentlichen Zweck genutzt wurde, ansonsten aber als Kaltbad gute Dienste erfüllte. „Du bist praktisch veranlagt", murmelte er, als Gavin vom Pilz- und Beerenreichtum des Waldes berichtete. „Ja, Herr, meine Köchin ist sehr einfallsreich, wenn es um meine Ernährung geht. … Hier geht es jetzt zu den Ställen, Herr. Ich habe zwei Ziegen, mehrere Hühner und die Pferde meines Anwalts stehen auch dort." Nach der Inspektion des Stalles gingen sie in den Garten. Sophia und Apion ernteten Obst. Fröhlich winkten sie Gavin zu, der den Gruß lachend erwiderte. „Sie scheinen dir sehr ergeben zu sein", murmelte der Richter. „Ja Herr, das sind sie und es würde mich schwer ankommen auch nur auf einen von ihnen zu verzichten. Aber komm, du hast die Küche und die Wohnräume noch nicht gesehen. Wir fangen am besten bei den Sklavenquartieren an, denn da gehen wir jetzt vorbei." Und er machte eine komplette Hausführung, zum Schluss zeigte er ihm noch das Büro und die Kammer in der Titus noch an seiner Aufgabe saß. Der murrte eben, weil ihm Polyxena nicht bei der Lösung half. „Neinnnn, elber", sagte sie streng. „Das sagst du immer. Aber ich kann es nicht. Gavin, hilf du mir", bettelte er, als er seinen Lehrer sah. Doch der lachte ihn aus und meinte nur: „Du wolltest einen anderen Lehrer, du hast ihn bekommen. Beschwere dich nicht, denn Polyxena kennt sich damit besser aus als ich." Bevor sie gingen sagte er noch: „Du bist heute von deinen abendlichen Verpflichtungen entbunden, außer du willst uns Gesellschaft leisten. Es wird aber keinen Disput geben, Titus." Der Junge überlegte eine Weile, dann sagte er: „Dann esse ich lieber in der Küche, denn dort wird immer über irgendetwas gestritten und wenn es nur darum geht, wer die Schüssel auslecken darf."

„Und ich weiß, du gewinnst dieses Wortgerangel. Schluss jetzt und wieder an die Arbeit." Damit wies er den Richter hinaus und in sein Empfangszimmer. Dort lag Priamos mit einem Buch in der Hand und schlief augenscheinlich.

„Darf ich dir noch eine Erfrischung anbieten?", fragte Gavin erneut. Diesmal nahm der Richter das Angebot an. Gavin rief nach Alkmene und orderte Wein für drei Personen, denn er nahm an, dass Priamos bald erwachen würde.

„Dafür, dass das Haus so groß ist, ist es gut in Schuss und deine Sklaven sind eifrig bei der Arbeit. Bewundernswert. Etwas würde mir die Entscheidung erleichtern." Gavin horchte auf und betrachtete den Mann etwas genauer. Der strich sich eben über den sorgsam gestutzten grauen Bart und fuhr erklärend fort: „Wenn du eine Gefährtin und einen Erben hättest, dann wäre es einfacher für dich." Das erboste Gavin und er sagte, wobei er seine Stimme nur mühsam ruhig halten konnte: „Herr, das Testament meines Freundes ist doch klar und deutlich formuliert. Da ich zum Zeitpunkt des Todes von Marcus Atticus Gavin Tettius hieß, ist damit alles geklärt. Einzig Lydia will nicht einsehen, dass ich die Schule bekommen habe. Wissen die Götter, was sie mit dem ganzen Geld machen will. Vom weiteren Vermögen habe ich nichts geerbt, Herr. Nur die Schule mit den Sklaven und den Mobilien – und als wir hier ankamen waren das Haus verschlossen, die Zimmer leer und keine Menschen da. Es sollte zu dem Zeitpunkt schon verkauft sein und nur die Verspätung des Interessenten hat mir mein Eigentum bewahrt. Du siehst, edler Herr, ich kam keinen Tag zu früh hier an."

Endlich kam der Wein, Alkmene hatte auch Brot und Honig auf einem Tablett dabei, denn sie wusste wie sehr der Herr die milde Süße des Honigs liebte. „Danke, Alkmene, du kannst gehen", sagte er.

Der Richter blieb noch eine ganze Weile, denn nun war auch Priamos erwacht und bediente sich mit Honig, Brot und Wein. Anschaulich berichtete er von seinen Reisen und den Menschen, die er kennengelernt hatte, darunter waren einige Senatoren aus Rom. Das beeindruckte den Richter wiederum. Aber schlussendlich blieb er bei seiner Meinung, Gavin solle sich eine Gattin nehmen und schnellstens einen Erben zeugen. „Was hat das jetzt mit dem Erbe zu tun?", fragte Priamos interessiert. Damit ihm nichts entging richtete er sich gerade auf und neigte in seiner typischen Art den Kopf etwas zur Seite. „Nun, wenn er eine reiche Frau findet, die hier mitfinanziert, dann hat die Klägerin weniger Angriffspunkte und du kennst selbst die Lex Iulia."

„Du hast Recht. Trotzdem, man muss sie nicht anwenden, wenn die Sachlage so eindeutig ist." Eine Weile diskutierten sie herum, dann meinte der Richter allerdings und das brachte sie zum Verstummen. „Wenn du auf Reisen gehst und hier alles einem Sklaven zur Aufsicht lässt, dann kann sie dir Vernachlässigung des Erbes vorwerfen. Und was ist, wenn du auf der Reise stirbst? Du weißt, wie schnell das geschehen kann." Darüber dachte Gavin eine Weile nach. Diese Argumentation hatte einiges für sich. „Den Rest der Woche bin ich auf meinen Latifundien, also nicht erreichbar. Wenn ich zurückkomme, besuche ich dich wieder und wir reden noch einmal darüber. Das Erbe ist deins und du behandelst es gut und im

Sinne von Marcus, den auch ich kannte. Ich werde das mit Lydia klären. Such dir eine Frau."

„Ich danke dir", sagte Gavin. Dann begleitete er den Richter hinaus.

Deciderius war nicht zugegen, als Lydia die Entscheidung des Richters erfuhr. Sie konnte sich kaum beherrschen, aber sie lächelte dennoch freundlich bis der Richter gegangen war.

Nun war ein Handeln ihrerseits mehr als notwendig, wenn sie die Sache nicht auf sich beruhen lassen wollte. Deciderius bemühte sich auch nicht gerade sehr, das Frauenzimmer kennen zu lernen. Energisch schritt sie in ihren Gemächern herum und dachte nach. Sie kaute auf der Unterlippe und ihre Augen wurden zu schmalen Schlitzen als sie einer Lösung all ihrer Probleme auf die Spur kam. Aber das erforderte jede Menge Mut und Verschwiegenheit. Dann überlegte sie, wem ihrer Sklaven sie trauen konnte. Nicht einmal ihrem langjährigen Geliebten würde sie in diesem Punkt trauen. Ob es ihr gefiel oder nicht, sie musste selbst tätig werden. Einige Tage gab sie sich allerdings noch Frist für eine andere Lösung. Energisch strich sie eine Haarsträhne nach hinten und befestigte sie in dem goldenen Haarnetz. Sie war eine überaus attraktive Frau und noch keineswegs zu alt, um nicht noch einmal zu heiraten. Außerdem war sie tatkräftig und entschlussfreudig. Wenn auch ihr Handeln manchmal unüberlegt wirkte, hatte sie in der Vergangenheit doch einige geschäftliche Erfolge erzielen können und sich den Ruf einer harten Verhandlungspartnerin errungen, die geschickt ihre Reize einzusetzen vermochte. Das gedachte sie jetzt auch zu tun.

Zwei Tage später war es so weit. Sie hatte Gavin und dessen Gäste zu einer Versöhnungscena geladen, wie sie es nannte. Ursprünglich hatte Deciderius heftig dagegen protestiert, dann aber grinsend nachgegeben. So würde er Gelegenheit haben, sich an diese Frau heranzumachen, ob er etwas tun würde, wusste er allerdings noch nicht. Wahrscheinlich ließ er es auf sich beruhen, er mochte keine hässlichen Menschen.

In der Gladiatorenschule gewöhnte man sich an die neuen Trainingszeiten und auch an die Ernährung. Aber es würde noch viele Wochen dauern, bis die Gladiatoren wieder in ihren Waffengattungen kämpfen konnten.

Priamos hatte die Einladung unkommentiert gelassen, sich aber eine eigene Meinung dazu gebildet. Dann versetzte er Gavin in Erstaunen, in dem er sagte: „Du solltest heiraten und wenn es nur pro forma ist. Der

Richter hat schon wahr gesprochen. Als richtig ehrbar wirst du erst dann gelten, wenn du verheiratet bist." Gavin lachte laut heraus. „Und wen, mein Freund, sollte ich deiner Meinung nach heiraten? Du erwartest doch nicht von mir …!" Gerade noch hatte er sich gebremst und nicht weitergesprochen, denn Polyxena saß lesend im Atrium, wo er sich ebenfalls mit Priamos aufhielt. „Ich erwarte nichts von dir, Gavin. Überlege es dir nur." Brummend ging Gavin weiter in den Übungsbereich. Dort griff er ein Holzgladius und begann damit auf den Pflock einzuschlagen.

Polyxena hatte kurz aufgehorcht. Sie war schon über das Alter hinaus in dem eine Frau gewöhnlich heiratete und sie hegte die Befürchtung, allein zu bleiben. „On-kel?", fragte sie nun. Priamos kam zu ihr und sagte: „Wäre es schlimm für dich mit Gavin eine Ehe einzugehen?" Heftig blinzelte sie. Sie wollte schreien: „Schlimm? Es wäre das Schrecklichste und Schönste zugleich!" Aber sie brachte nur ein leises „Nein" heraus. „Dann ist es ja gut, Mädchen. Es wird Zeit, dass du gut untergebracht und versorgt bist." Diese Bemerkung machte sie zornig, sie stemmte sich hoch, knallte ihm das Buch, in dem sie bis vor wenigen Minuten gelesen hatte, vor die Brust und ging davon. „Was ist nun schon wieder in sie gefahren? ", murmelte er. Doch er rief ihr noch nach: „Mach dich heute hübsch, wir sind zu einem Gastmahl eingeladen."

„Pah!", machte sie verächtlich und verschwand in ihrem Zimmer. Als sie weg war, suchte er erneut Gavin. Das mit der Ehe war keine so schlechte Sache. Auch er war verheiratet, zumindest formell, informell lebte jeder wie es ihm beliebte, seine beiden Kinder waren schon erwachsen und weit weg. Keiner kümmerte sich um den anderen und es war erstaunlich, dass sich sein Bruder an ihn erinnert hatte. Als er das Gesicht des Bruders in der Erinnerung vor sich sah, musste er lächeln. Wie dumm würde der aus der Wäsche schauen, wenn er erfuhr, dass Polyxena einen Mann gefunden hatte. Dass die beiden etwas dagegen haben könnten, auf diese Idee kam Priamos gar nicht erst. Polyxena fand ihn nicht abstoßend und das war für eine Ehe mehr als genug. Gavin würde sich anderswo Ablenkung suchen, dessen war sich Priamos sicher.

„Gavin, wir müssen reden", rief er ihm über den Platz hin zu. „Sie ist reich und bestimmt nicht schlechter als andere Frauen." Gavin warf das Gladius fort, herrschte die Männer an, weiterzumachen und schritt zu Priamos. „Nein, sagte ich."

„Schau mich an", Priamos fasste ihn grob an den Schultern und drehte ihn so, dass sie sich in die Augen blicken mussten. „Würde ich sie dir anbieten, wenn sie ein Monster wäre? Es ist nur pro forma und du bist auf einen Schlag ein ehrbarer Bürger und alle deine Sorgen los. Am liebsten würde ich heute eure Verlobung bekanntgeben, damit diese Lydia keine Ränke mehr schmieden kann. Der traue ich doch alles zu." Gavin schaute ihn kopfschüttelnd an, dann sagte er leise: „Du verlangst viel von mir." Priamos nahm ihn am Ellbogen und ging mit ihm in den Garten hinaus. Eine kühle Brise wehte vom Norden herab und kündete vom nahen Winter. Gavin wusste, nun fiel in den Bergen der erste Schnee und er musste sich entscheiden, wenn er seine Pläne nicht aufgeben wollte. Lange starrte er auf den kleinen Wald hinter dem Haus. Dorthin wollte er mit Kassandra gehen und den Frühling genießen. Nun würde er sie nie wieder sehen, keinen Frühling, keine Blumen, keine Kassandra, nur Polyxena. Die Schafe wurden um diese Zeit von den Sommerweiden getrieben, er sah den Bruder vor sich, den Vater, die Schwestern. Alkmene.

Priamos stand stumm dabei und sah sich selbst, als er vor vielen Jahren vor dieser Entscheidung gestanden hatte. Aber er hatte es nie bereuen müssen. Seine Ehe war so gut gewesen wie jede andere auch und nun gingen sie schon viele Jahre getrennte Wege. Als sein langjähriger Freund und Geliebter verstorben war, hatten sie sich getrennt, denn er hielt es mit ihr allein nicht mehr aus. Und sie hatte nichts dagegen gehabt. Die Kinder waren groß und versorgt, also gab es keinen Grund mehr, sich länger zu verstellen.

Stumm stand er neben Gavin und wartete, ließ sich den Wind durch das Haar wehen.

Lange standen sie so und Gavin schien sich nicht entscheiden zu können. Doch er dachte nicht an Polyxena auch an sonst keine Frau. Er dachte an die Berge, an deren Hängen er aufgewachsen war, und dass er sie vielleicht schon bald wiedersehen würde. Das ferne Blöken der Schafe hallte in seinem Kopf und er hörte das Lied des Schäfers, das leise Murmeln des Baches am Wegesrand. Dann kam er mit einem Ruck zurück in die Gegenwart.

„Gut", sagte er schlicht und einfach.

„Was?"

„Du kannst die Verlobung bekanntgeben. Die meiste Zeit des Jahres werde ich ohnehin unterwegs sein." Priamos klopfte ihm auf die Schulter. „Ich stehe tief in deiner Schuld, Gavin und weiß es zu schätzen", sagte er feierlich, aber er konnte nicht verhindern, dass Erleichterung in seiner Stimme mitschwang.

„Hoffen wir, dass etwas Gutes daraus entstehen wird", murmelte Gavin, ließ die Schultern hängen und trottete davon.

Polyxena kontrollierte die Aufgaben von Titus. Erfreut stellte er fest, dass er sich an ihre Vorgaben hielt und die Beispiele zu kopieren trachtete. Das würde sie ihm abgewöhnen und sie überlegte sich für den folgenden Tag etwas schwierigere Übungen, die sich nicht auf diese Art lösen ließen. Dennoch lobte sie ihren Schüler überschwänglich. „Gut, Titus. Geh pielen", sagte sie. „Danke, Polyxena. Bis morgen, heute sehen wir uns ja nicht mehr."

„Nein, Ti-tus. Orgen, neu Auf-ga-be. Geh." Dass er gehen sollte, ließ er sich kein weiteres Mal mehr sagen, sondern flitzte sogleich aus dem Zimmer, wobei er auf dem Fliesenboden ins Rutschen kam und die Kurve schaffte er nur, weil er sich an einer Säule festhielt und herumschlitterte. ‚Verrückter Junge', dachte sie lächelnd. Dann fühlte sie einen Stich, es war, als würde ihr etwas genommen, das sie nie haben würde, aber hätte haben können, wenn sie normal wäre. Rasch drehte sie sich um, schloss sorgfältig die Tür zum Studierzimmer und ging in ihre Kammer. Sie wunderte sich, warum Priamos noch immer keinen eigenen Raum hatte, dann fielen ihr die Blicke ein, die sich die beiden zuwarfen und dann war ihr auch das klar. ‚Ich weiß nicht worauf ich hoffen soll', dachte sie, während sie sich für die Cena zurechtmachte. ‚Hilfe wäre jetzt passend, aber wenn ich rufe, kommt nur diese Alkmene.' Als sie nach mehreren Minuten noch immer nicht die Fibel aus dem Überwurf gebracht hatte, ging sie doch vor die Tür. Da kam gerade Gavin vorbei, ihn wollte sie anhalten, doch dann sah sie sein Gesicht und ihr stockte der Atem. Etwas musste geschehen sein, etwas Schreckliches, wenn er so aussah. Er wirkte regelrecht versteinert, als wäre ihm Medusa höchstpersönlich begegnet. Rasch zog sie sich zurück. Jetzt konnte sie ihn nicht mit ihren lächerlichen Problemen belästigen.

Gavin schaffte es, sich bis zum Gastmahl zu beruhigen und ansehnlich herzurichten. Priamos sah stattlich in seiner Toga aus, die ganz entfernt an eine Senatorenausstattung erinnerte. „Du weißt zu beeindrucken, mein Freund", sagte Gavin. Dann schaute er auf, als Polyxena dazukam. Sie hatte ihr Gesicht unter einem Schleier verborgen, der nur den Mund freiließ. Die rechte Seite war unter der Palla versteckt und niemand würde so die verkrümmten Finger sehen können. Dafür hatte sie auf edlere Stücke verzichtet. Aber ihr kam es in erster Linie darauf an, sich so gut es ging, zu verbergen. „On-kel?", fragte sie leise, wobei sie es nicht wagte, einem der Männer ins Gesicht zu blicken. „Was ist, Poly?" Statt einer Antwort hielt sie ihm drei Fibeln hin. „In Ordnung. Komm her, ich befestige sie für dich. In Zukunft wirst du Gavin darum bitten dürfen." Fragend schaute sie ihn an, aber er redete nicht weiter. „So! Wir können gehen."

Die Abendgesellschaft gestaltete sich mühsam. Deciderius hielt sich zurück, sprach beinahe kein Wort, machte nur Lydia den Hof, denn die Nichte des reichen Anwalts tat den Mund kaum auf. Gavin bemühte sich zwar, aber ihm wollten keine witzigen Bemerkungen einfallen, einzig Lydia und Priamos bestritten die Unterhaltung. In eine Gesprächspause hinein, sie waren bereits beim siebten Gang, sagte Priamos: „Weil die Streitigkeiten geklärt sind, habe ich die Ehre, euch die Verlobung meiner Nichte, der ehrenwerten Polyxena Leandra mit Gavin Myrdin Alpinus Optimus bekannt zu geben." Er strahlte über das ganze Gesicht, Gavin rang sich ein Lächeln ab, nur Polyxena blieb weiterhin hinter dem Schleier verborgen. „Na, das freut mich aber für dich, Gavin. Es wurde auch Zeit, dass du dir eine Frau nimmst. Ich hoffe, nur sie ist so gut im Bett wie sie aussieht." Diese Spitze traf und Polyxena wollte schon aufstehen und gehen, doch Gavin hielt sie zurück. Süffisant lächelte er und erwiderte: „Liebste Lydia, wie immer bist du nur um mein Wohl besorgt. Doch sag mir, wann willst du die Villa verkaufen?" Jetzt wurde sie blass um die Nase, denn über dieses Ansinnen hatte sie noch nicht einmal mit Deciderius gesprochen. „Ich verkaufe die Villa nicht, diese Lage ist einfach unbezahlbar", erwiderte sie lächelnd. „Dann ist es ja gut. Der Wein ist vorzüglich, Lydia."

„Wann wollt ihr die Far ... äh, den Ritus vollziehen?", fragte Deciderius, der auf ein exquisites Schauspiel hoffte. „Das werden wir den Haruspex noch fragen", antwortete Priamos rasch, denn ob sie den Ritus durchlaufen sollten, dessen war er nicht sicher, er erwog sogar, lediglich einen Vertrag aufzusetzen, das würde genügen und die beiden waren vorerst versorgt.

Polyxena wollte auch etwas dazu sagen, aber niemand achtete ihrer und sie hatte erhebliche Mühe, sich unter den doch eher feindselig eingestellten Menschen halbwegs verständlich auszudrücken. So schwieg sie und schluckte allen Ärger hinunter, tat so als wäre das alles normal und nicht weiter ein Ärgernis. Gavin zu heiraten, war auf jeden Fall besser als von Vater einen der alten Männer ausgesucht zu bekommen, die sie als Ersatzmutter für ihre Kinder wollten und sie schlecht behandeln würden. ‚Liebe ist nicht so wichtig', dachte sie. ‚Zumindest ich mag ihn. Das ist immerhin etwas.' Sie seufzte, dann setzte sie sich auf und streckte sich, wobei ihre Lähmung deutlich sichtbar wurde. Vorsichtig erhob sie sich, neigte den Kopf und versuchte, um Entschuldigung zu bitten, weil sie gehen wollte. Gavin stand nun ebenfalls auf, wie auch Priamos. „Ich fürchte, meine Nichte ist lange Abendgesellschaften nicht mehr gewöhnt. Du wirst uns doch entschuldigen, liebst Lydia? Ich hoffe, wir werden das wiederholen können, am besten doch in der Schule."

„Aber natürlich, verehrter Priamos. Jemand mit dieser Verkrüppelung braucht ausreichend Ruhe, ich würde mich nur verstecken oder mich umbringen. Nun – ich hoffe, Gavin wird glücklich mit ihr und dir wird diese Farce nicht zu teuer", zischte sie boshaft. Doch der alte Mann lächelte nur und erwiderte in normaler Lautstärke: „Ach verehrte Dame, du sorgst dich zu viel um Dinge, die dich nichts angehen. Sei gegrüßt."

Polyxena wusste, sie hatte keine Wahl, sie musste nehmen, wen ihr Onkel für sie vorsah, da ihr Vater dieses Recht an ihn abgetreten hatte. Ärgerlich war sie trotzdem darüber. Diese weite beschwerliche und mehr als entwürdigende Reise von Attika bis nach Arretium, nur, um dann vom Onkel sofort wieder auf Reisen geschickt zu werden. Sie hoffte, endlich einmal Ruhe zu finden, irgendwo anzukommen. Seit über einem Jahr war sie unterwegs von einem Ort zum anderen. Sie hatte genug davon, ebenso von den Beleidigungen.

Gavin trottete mit hängendem Kopf dahin. Er verstand nicht, warum es Priamos plötzlich so eilig hatte, seine Nichte zu verheiraten. Jetzt fuhr er ihn an: „Wie konntest du mich nur so bloßstellen, Priamos? Ich dachte, du wärest mein Freund?"

„Genau deshalb war es nötig, um ihr den Wind aus den Segeln zu nehmen. Sieh es nicht so schwarz, du könntest es schlimmer treffen."

„O nett", fauchte Polyxena, die müde hinterher humpelte, aber keiner beachtete sie. Priamos würde als ihr Vormund einen Vertrag aufsetzen, Gavin würde unterschreiben und dann war sie eine verheiratete Frau.

Als Gavin am nächsten Morgen die Sklaven vor vollendete Tatsachen stellte, wollte sich schon Gemurre breitmachen, doch er unterband das strikt. „Wer sich der neuen Herrin gegenüber ungebührlich benimmt, bekommt es mit mir zu tun! Verstanden?" Betretene Blicke zu Boden waren die Folge. Gavin wartete gar nicht länger, sondern schickte die Sklaven zurück an die Arbeit und ging in den Herrschaftsbereich. Doch er kam nicht weit, Sextus hielt ihn auf. „Gavin, Herr, auf ein Wort!"

„Was? Fass dich kurz, Sextus. Ich wünsche keine Diskussionen!"

„Schon in Ordnung, Herr. Wie …? Ach, wie soll das gut gehen? Die Sklaven sind nicht so gut auf sie zu sprechen."

„Dann gewöhnt euch dran", Gavin klang hart. „Und jetzt geh an deine Arbeit oder willst du bei den nächsten Spielen auf der Liste der Gefallenen stehen?"

„Nein, Herr, das will ich nicht." Er senkte den Kopf, murmelte noch etwas und lief dann zu den anderen. Keinen der Sklaven passte diese Entwicklung, viel lieber hätten sie es nur mit Gavin zu tun gehabt, er war eine bekannte Größe und durchaus fähig seine Angelegenheiten zu regeln.

Polyxena ließ sich den ganzen Tag nicht blicken, sie verstand nicht, warum Gavin so ablehnend reagierte. Einige Male hatte sie den Eindruck gewonnen, er würde sie mögen und dann wieder diese Zurückweisung. Sie wusste, dass Priamos vorhatte den Vertrag so rasch als möglich aufzusetzen und einige Zeugen waren ebenfalls berufen worden. ‚Ich werde hierbleiben müssen, ob es mir gefällt oder nicht und hier mag mich keiner.' Trostlos saß sie am Bett und kam sich verloren vor.

Priamos wusste, was er den beiden antat, aber so war jedem geholfen, denn seine Zeit hier war nur noch begrenzt. Doch er hatte vor, so lange er es aushielt, in Ravenna zu bleiben, sollte ihn Gavin hier haben wollen. Er hoffte es inständig. Als er jetzt den Vertrag aufsetzte, starrte er immer wieder auf den Platz, wo vor einer Minute noch Gavin gesessen war, dann wanderte sein Blick zum Fenster und dort verharrte er, starr auf den Rücken des Freundes gerichtet. „O Gavin, ich weiß, was ich von dir verlange und ich habe nicht das Recht, dich dazu zu zwingen." Gavin drehte sich herum. Seine Augen brannten, weil er wusste, wie es ablaufen würde. „Du bezahlst mich, damit ich sie nehme. Weißt du", eine Traurigkeit klang in seiner Stimme mit, derer er sich nicht für fähig gehalten hatte. „Weißt du, Priamos, mir tut sie leid. Jemand, der mich zum Mann bekommt, hat von vornherein einen schlechten Wurf gemacht. Aber …
aber … ich werde den Vertrag unterschreiben, es ist das einzig Möglichkeit, um die Schule langfristig zu halten. Auf kurze Sicht könnte ich es schaffen, aber nicht über Jahre hinweg. Der Richter hatte recht, ich brauche einen Erben. Die Frage ist nur, kann sie Kinder bekommen?" Er seufzte, strich sich durchs Haar und schaute dann den Freund lange und eindringlich an. „Was ist mit uns beiden?", fragte er traurig. Priamos lächelte leicht: „Meine Liebe zu dir hat doch damit nichts zu tun. Ich hoffe doch, dass du mich auch weiterhin in dein Bett einlädst." Darüber dachte Gavin eine Weile nach, schließlich nickte er: „Wo ist der Vertrag?"

„Warte, nicht so schnell. Wir wollen das etwas feierlicher gestalten, damit Polyxena auch etwas davon hat. Sie sollte sich an einen schönen Tag erinnern. Hast du etwas, das du ihr schenken möchtest?"

„Nein", Gavin war es wieder einmal unangenehm, nicht an ein Geschenk gedacht zu haben. Ständig vergaß er darauf. „Aber ich könnte ihr etwas für die Zukunft schenken." Priamos lachte, das war typisch Gavin. „Und jetzt gehe ich in die Küche und gebe Anweisung, dass heute für ein Festmahl zu sorgen ist. Fleisch ist genug vorhanden, ich gehe noch einmal mit Titus in den Wald, vielleicht sind uns Wachteln in die Fallen gegangen oder wir finden noch Pilze. Auf jeden Fall brauche ich die Bewegung und Titus wird es nicht schaden."

„Mach das, Gavin. Bis dahin habe ich das hier fertig und ich muss auch noch an meinen Bruder schreiben. Schließlich muss er die Mitgift herausrücken, wenn ich schon für sein Kind den Vormund machen soll, gratis mache ich es nicht." Gavin hörte ihm nicht mehr richtig zu, packte seinen Umhang und rief bereits im Laufen nach Titus. Der Junge kam auch prompt gelaufen. „Was ist los? Polyxena schimpft, wenn ich die Aufgaben liegen lasse", fragte er, aber er freute sich über die Unterbrechung der langweiligen Abschreibübung. „Zieh dir was über und komm mit. Wir sehen nach den Wachtelfallen und Pilze suchen wir auch." Ohne eine Antwort abzuwarten stapfte Gavin weiter in die Küche und gab dort seine Anweisungen. Alle gackerten durcheinander, am lautesten Petulia. „Still! Hier regt sich niemand wegen ein bisschen Mehrarbeit auf, verstanden? Jeder der glaubt, er kann hier aus der Reihe tanzen, darf sich gerne bei mir anstellen und sich eine Tracht Prügel abholen." Sofort herrschte Ruhe unter den Sklaven. So kannten sie den Herrn nicht und sie merkten, wie der alte Myrdin, dieser übelgelaunte Gladiator wieder die Überhand gewann.

Er schickte Titus voraus, der wusste, wo sich die Vogelfallen befanden. Fünf Vögel hatten sie erbeutet und sie fanden noch einige Pilze. Mit dieser Ausbeute gingen sie zurück. Gavin war währenddessen schweigsam und nachdenklich gewesen, ließ den Jungen viel allein erkunden, auf Bäume klettern und allerlei anderen Unsinn anstellen.

„In wenigen Jahren bist du so weit, dass sie dich verheiraten können, genieße dein Leben, Junge", murmelte er.

„Was sagst du, Gavin?", kam es aus einem hohen Baum. „Komm runter da! Wir gehen heim." Sein Zuhause fühlte sich mit einem Mal fremd an, nicht mehr zu ihm gehörig. Hier würde bald noch jemand mit ihm leben. ‚Ich will nicht', dachte er trotzig, dann, ‚aber ich muss nicht. Ich kann Priamos noch immer sagen, dass ich sie nicht nehme, nicht für alles Gold der Erde.' Dann kaute er nachdenklich auf der Unterlippe. Fast war er versucht das zu tun. ‚Wenn sie keine Kinder bekommen kann, dann kann ich mich immer noch von ihr trennen. Nichts ist einfacher als das', redete er sich selbst zu. Dann waren sie im hinteren Atrium und hörten die Gladiatoren arbeiten. Sie trainierten wieder eifrig, nachdem sie die Aussicht auf Kämpfe im Frühjahr frisch motiviert hatte. Gavin schickte Titus mit der Beute in die Küche, dann befahl er Alkmene zu sich. Er hatte vor, sich noch einmal richtig gut massieren zu lassen, bevor er den Vertrag unterschrieb.

„Onk-el", sagte Polyxena als sie ins Büro trat. Etwas erstaunt schaute er auf, denn er hatte erwartet, sie wäre mit irgendwelchen Vorbereitungen beschäftigt. „Was gibt es, Polyxena?" Er hob fragend die rechte Augenbraue, was ihm ein strenges Aussehen verlieh. Seufzend ließ sie sich auf den Hocker am Tisch nieder und schaute ihn trübsinnig an. Dann griff sie nach der Tafel und einem Griffel. Eine Weile überlegte sie, dann schrieb sie: „Onkel, ich kann das nicht. Warum bestrafst du mich?" Er las das und antwortete: „Kind, ich bestrafe dich doch nicht! Es ist nur zu deinem besten." Abermals fasste sie nach der Tafel, löschte das andere und schrieb: „Warum tust du das dann deinem Geliebten an?" Die Zornesröte stieg ihm in die Wangen und er gab ihr eine Ohrfeige. „Sag so etwas nie wieder", zischte er. Die Wange schmerzte, fest biss sie die Zähne aufeinander damit sie nicht darauf reagierte, denn sie war noch nicht fertig. Diesmal wollte sie Antworten, koste es was es wolle. Noch einmal löschte sie das Geschriebene und formulierte eine neue Frage: „Was, wenn ich mich weigere?" Priamos las und zog abermals die Augenbraue hoch. „Wenn du dich weigerst, dann schicke ich dich in einen Karren gesperrt nachhause und dort wird dich dein Vater an irgendeinen alten fetten Pleb verschachern, dem du den Haushalt machen kannst und dessen Brut du großziehen darfst, der dich nach Strich und Faden verprügelt und kein gutes Haar an dir lässt." Das hatte sie sich gedacht, deshalb nickte sie, nahm die Tafel erneut und schrieb: „Ich werde mich fügen, Onkel. Aber erwarte keinen Dank." Sie drückte ihm die Tafel in die Hand und ging hinaus. Fluchend blieb Priamos sitzen. „Weiber! Allesamt Dämonen und der schrecklichste heißt Polyxena!" Resigniert ließ er den Kopf auf die Tischplatte sinken. Es war das einzig Mögliche. Nur so konnte er Gavins Status in der Gesellschaft erhöhen und Polyxena war eine Frau, die standesgemäß über ihm war, das Aussehen war egal und Gefühle zählten nicht. ‚Wenn es nur nicht so schnell gehen müsste.' Das war ein Umstand, der ihm auch nicht sonderlich gefiel.

Polyxena ging nach ihrer Unterhaltung mit Priamos in Gavins Zimmer. Dort wartete sie, bis er von seinem Ausflug zurückkam. Sie wollte noch einiges Aussprechen, bevor es für einen Rückzug zu spät war. Es dauerte lange und sie wurde des Wartens müde und doch zwang sie sich zur Ruhe.

Endlich kam er verschwitzt herein, sah sie und sagte sogleich: „Nicht jetzt. Wir reden später." Doch sie hatte nicht vor, sich abwimmeln zu lassen. „Gav-in. Arte." Sie wollte ihn am Ärmel packen, doch er ging einfach weiter, nahm den Beutel mit dem Rasierzeug und gab es an Alkmene weiter, die stumm eingetreten war, des Weiteren drückte er ihr noch eine Tunika in den Arm und das Massageöl. „Nach dem Bad, Polyxena", wimmelte er sie ab. Zornig stapfte sie mit dem Fuß auf und folgte ihm. Doch er drehte sich im Atrium so plötzlich um, dass sie zusammenstießen. „Nach dem Bad, sagte ich." Ohne ihr weiter Beachtung zu schenken, ging er davon. Alkmene schaute kurz zu der jungen Frau, die mit hängenden Schultern im Atrium stand. Der Ausbruch des Herrn hatte sie auf eine Idee gebracht, wie sie sich das Leben als Sklavin etwas leichter gestalten könnte.

Polyxena ging ins Studierzimmer, nahm eine Wachstafel und schrieb etwas darauf, dann ging sie zum Bad, klopfte und legte die Tafel hinein.

„Was war das?", fragte Gavin, der schon entspannt auf der Liege ausgestreckt auf die Massage wartete. Alkmene drehte sich um, ging zur Tür und kam mit der Tafel zurück. Sie hatte nur einen kurzen Blick darauf geworfen. „Herr, ich denke, das ist für dich." Er fluchte leise, nahm aber die Tafel und las. Dabei kam er sich immer dümmer vor, beinahe schändlich fühlte er sich, als er alles gelesen hatte und er war versucht, sich bei Polyxena zu entschuldigen. Das wollte er aber auch nicht, denn sie sollte wissen, wie hier der Haushalt lief, er hatte das Sagen und sie war nur geduldet. Er gab Alkmene den Brief zurück und sagte: „Warte noch mit der Massage, ich gehe doch zuerst ins Wasser." Als er untergetaucht war und dann bequem saß, begann Alkmene zu lesen. „Gavin, ich weiß, du magst mich nicht und es tut mir leid wie alles gekommen ist. Du kannst dich nach einem Jahr scheiden lassen und alles behalten was ich mitbringe. Außer in der Hochzeitsnacht musst du mich nicht anfassen. Behandle mich nur nicht wie ein wertloses Ding. P.L." Alkmene starrte auf das Schreiben, dann auf den Herrn, der mit geschlossenen Augen und gerunzelter Stirn im Becken saß. Sie kam zu dem Schluss, das Leben hier würde nicht einfach werden, wenn der Herr weiter so angespannt war und so bemühte sie sich besonders um ihn. Sie zog sich aus und stieg zu ihm ins Wasser, wo sie ihn zu massieren begann, sanft streichelte sie ihn zuerst zwischen den Beinen, dann die Brust und die Schultern. Immer wieder begann sie von oben nach unten zu streicheln. Vorerst reagierte er nicht auf diese Berührungen, dann erwiderte er die Zärtlichkeiten und schon bald kostete er Alkmene aus, ihre Willigkeit nahm ihn gefangen, fesselte ihn und ließ ihn alles vergessen, was ihn bedrückte. Er ließ sich von ihren kundigen Lippen verwöhnen. Sich küssend stiegen sie aus dem Wasser und sie drückte ihn auf die Liege. Stöhnend lag er unter ihr, fühlte die Lust weiter wachsen, während sie ihn mit ihrem Zungenspiel fast zum Höhepunkt brachte. Kurz bevor es soweit kam, schob er sie von sich, hob sie auf die Liege und drang mit einem heiseren Aufschrei in sie. Alkmene war erstaunt über sich, weil sie auf ihn in dieser Art reagierte, es machte zwar nicht so viel Spaß wie mit Sextus, aber es war nicht schlimm. „Oh, du bist so wunderschön", murmelte er, dann drückte er sie fest an sich. „Nicht nur schön, auch klug." Heftig kam er in ihr und es war wie eine Erlösung als er sich an sie klammerte bis er sich beruhigt hatte.

Danach kicherte er entspannt, als er sich erschlafft aus ihr zurückzog. „Du weißt genau, wie du mich kühlen kannst. Aber jetzt wasche ich mich noch einmal." Er stand auf somit konnte sie sich ebenfalls ankleiden. „Du kannst gehen Alkmene und Danke, den Rest schaffe ich allein." Verschämt blickte sie zu Boden, doch dann erkannte sie, dass sie ihn in der Hand hatte. Mit seinem Begehren war er ihr ausgeliefert. Über diese Macht dachte sie eine Weile nach. Sie erkannte, nicht mehr ganz das willenlose Werkzeug zu sein, das ein Sklave normalerweise war.

Nach dem Bad ging Gavin kurz zu Polyxena. Er öffnete die Tür und sagte: „Du bist großzügig. Ich werde es mir überlegen." Noch bevor sie eine Silbe hervorbringen konnte, war er schon wieder weg. Ihr gegenüber hatte er ständig ein schlechtes Gewissen und er wusste nicht warum, deshalb ging er ihr so gut es ging aus dem Weg. Die Schule würde sich vergrößern, am Vormittag war der Bote eines reichen Kaufmanns erschienen, der seinen Sohn ein Jahr lang bei ihm zur Schule schicken wollte. Auch darüber musste er noch nachdenken. Das Geld konnte er gut gebrauchen, aber an Sklaven mangelte es entschieden, denn die Gladiatoren hatten eindeutig andere Aufgaben und waren noch immer das Hauptgeschäft der Schule. Dann hellte sich sein Gesicht auf, wenn er mit Polyxena verheiratet war, dann war er einen Teil der Sorgen los. Und erneut bohrte sich der schlanke Pfeil des schlechten Gewissens in sein Herz, jedes Mal ein wenig tiefer. Entschieden drängte er das Gefühl zur Seite, es gab jetzt wichtigeres zu bedenken.

Er fand Priamos im Büro. Grau wirkte der Freund und alt, aber er lächelte als er Gavin erblickte. „So, ich habe den Vertrag fertig. Du solltest dir einen Schreiber zulegen, das wird mir zu mühsam."

„Ich brauche noch einige andere Sklaven, darunter Lehrer und Schwertmeister, wenn ich den Sohn des Händlers aufnehmen sollte. Dann brauche ich noch jemanden, der die Zimmer hier alle in Ordnung hält und die Latrinen säubert. Mann, da gibt es viel zu bedenken, von der Landwirtschaft ganz abgesehen. Da brauche ich mindestens zehn Sklaven, um den Betrieb wiederaufnehmen zu können und an Vieh fehlt es ebenso."

„Du hast dir viele Gedanken gemacht. Wie sieht es mit deiner Heirat aus? Der Vertrag ist fertig. Wann willst du die Feier machen? Ich an deiner Stelle würde den Ritus vollziehen."

„Du hast wieder einmal recht, mein Freund. Die Küche weiß allerdings schon Bescheid. Heute Abend feiern wir Verlobung, nur wir drei. Oder brauchen wir Zeugen dafür?"

„Nein, das brauchst du nicht. Ich habe einen Ring, den du ihr geben wirst. Du kennst doch den Ritus?"

„Aber der ist doch nun wirklich nicht nötig, eine kurze Feier, nur wir und zwei Zeugen, das hätte doch auch genügt", beschwerte sich Gavin, der das Formelle so rasch als möglich abgewickelt haben wollte.

„Es ist notwendig. Wir werden die Nachbarn einladen und dann gibt es ein schönes Fest und fertig. Wir werden einige Tiere und Körner opfern, alle werden lustig sein und sich an eine nette Feier erinnern, was dann noch so kommt, ist letztendlich gleichgültig. Aber alle werden wissen, dass du die reiche Polyxena Leandra geheiratet hast. Punkt."

„Du bist nicht mein Vormund, Priamos …"

„Nein, aber Polyxenas und als dieser verlange ich die Feier. Mach mir die Freude, Gavin."

„Na schön. Ich kann dir einfach heute nichts abschlagen." Gavin lächelte nun.

„Ah, gehe ich richtig in der Annahme, dass du dir heute Entspannung von anderer Seite geholt hast?", fragte Priamos grinsend. Er hob die Arme, verschränkte sie hinter dem Kopf, dabei wippte er mit dem Stuhl vor und zurück und ließ Gavin keinen Moment aus den Augen. „So ist es", antwortete Gavin und wandte den Blick, doch dann richtete er ihn wieder auf Priamos und lächelte schelmisch. „Es hat dir gut getan und nun reden wir nicht mehr davon. Was willst du mit dem Händlerjungen machen? Nimmst du ihn auf?" Das Gespräch wandte sich dem Geschäft zu und etwas später spazierte Gavin durch das Haus. Alles war so wie es sein sollte. Im Speisesaal wurde für die Verlobung alles hergerichtet, die

Gladiatoren trainierten, Titus saß mit einem Buch in der Sonne. Eben sah er Alkmene auf das Übungsgelände zugehen. Freudestrahlend winkte sie Sextus und Gavin fühlte sich von seinen Leuten ausgeschlossen. ‚Ich bin der Herr hier und trotzdem allein.' Dann dachte er an Priamos und sofort fühlte er sich weniger einsam. Wenn er die Schule behalten wollte, musste er auf die Liebe verzichten. Nun hatte er Kassandras Bild vor Augen: mehr tot als lebendig lag sie bleich im Bett, erkannte niemanden und war nicht einmal mehr durch Schmerz erreichbar. Jede Nacht war er an ihrer Seite gelegen, dann als er das Leben genießen wollte, war sie gestorben. Dieser Umstand schmerzte noch immer, deshalb dachte er so wenig wie möglich daran. Leise seufzte er. Niemals wieder würde er für eine Frau so viel empfinden.

Entschlossen aus dieser Zweckehe das Beste zu machen, ging er in die Küche, besprach noch einmal die Speisenfolge und machte sich gedankliche Notizen für das eigentliche Fest. Er würde einen Haruspex herbitten müssen, denn es würde alles hier stattfinden. Das bedeutete drei Tage lang feiern. Die Nachbarn wollte er ebenso einladen wie Philippus Textor und den Bäcker, der sollte einen Kuchen mitbringen.

Die Verlobungsfeier war traurig. Polyxena beteiligte sich nicht an der Unterhaltung und ging früh zu Bett. Ihr stand nicht mehr der Sinn danach, Gavin zu gefallen, er mochte sie nicht und daran würde sich nichts ändern. Es blieb ihr einzig, sich in ihr Schicksal zu fügen und keine Forderungen ans Leben zu stellen. ‚Alle Bildung hilft nichts, als Frau ist man trotzdem nicht frei, ganz gleich wie frei man glaubt zu sein.' Langsam schloss sie das Fenster und da sah sie jemanden mit einer Laterne auf die Stallungen zulaufen. Schon wollte sie Gavin darüber informieren, doch dann dachte sie, es wäre unsinnig, ihn wegen nichts zu stören. So ging sie selbst hinaus. Alles war ruhig, nur Alkmene bediente noch bei Tisch, doch auch sie würde bald zu Sextus gehen dürfen. Das kümmerte Polyxena nun auch nicht, sie ging weiter über den leeren Hof, vorbei an den unheimlich wirkenden Übungspflöcken, den Sklavenquartieren aus denen leise Schlafgeräusche drangen. Durch die hintere Pforte gelangte sie in den Stall. Es roch frisch nach Heu und Pferden. Dann hörte sie leises Wiehern und das Stampfen der Tiere wurde lauter als der Brandgeruch zunahm. Polyxena wollte um Hilfe rufen, aber in der Aufregung brachte sie kein Wort hervor. So schnell es ging, rannte sie zum Tor, doch das war von außen mit einem Riegel verschlossen worden. Jemand hatte Feuer gelegt und wollte sie als die Schuldige hinstellen, wurde ihr plötzlich bewusst. Sie schluckte einige Male und überlegte, was sie nun machen konnte. Währenddessen wurden die Tiere immer unruhiger. ‚Die Pferde, die armen Tiere', dachte sie. ‚Ich muss sie retten und die Leute warnen.' Mit einer Satteldecke schlug sie vorerst auf einen Brandherd ein. Als das nichts nutzte, versuchte sie es mit Wasser, aber es war für sie zu anstrengend und es war auch zu wenig vorhanden. Die Tiere scheuten bereits und es wurde gefährlich. Entschlossen ging sie zu ihrem Pferd, fasste mit der linken Hand in die Mähne und zog sich daran hoch. Immer wieder rutschte sie ab, doch endlich schaffte sie es auf das tänzelnde, scheuende Pferd. Mittlerweile waren die Flammen kaum mehr zu übersehen. Die Pferde wieherten, die Ziegen meckerten und liefen immer wieder gegen die Wand. Auch Polyxena hatte etwas in der Art vor. Sie dirigierte das Pferd zu einer verschlossenen Seitentür und ließ es mit der Hinterhand dagegen schlagen. Sie dachte, sie würde jeden Moment fallen und unter die Hufe des, vor Angst beinahe rasenden, Pferdes geraten, da gab das Holz endlich nach und das Pferd zwängte sich hindurch. Auch die anderen Tiere fanden rasch den Ausgang. Durch den Lärm geweckt standen bald sämtliche Sklaven im Hof und begannen das Feuer zu löschen. Auch Gavin, Priamos und Titus beteiligten sich an der Löschaktion. Mit Tüchern schlugen sie auf die Feuerherde ein und einige bildeten eine Eimerkette. Weil das Feuer so rasch entdeckt worden war, konnten sie das Gebäude retten und der Schaden hielt sich in Grenzen.

„Welch ein Glück! Fortuna ist mit uns!", rief Gavin aus. „Wer immer das Feuer entdeckt hat, bekommt einen zusätzlichen freien Tag und eine Goldmünze." Niemand rührte sich. „Na? Will sich niemand die Belohnung abholen?", fragte er verwundert. „Die Pferde stürmten auf einmal in den Hof, Herr. Davon wurden wir wach und begannen sofort mit dem Löschen", erklärte Tullius. Gavin ging zur Stalltür. Es war noch deutlich zu sehen, dass der Riegel vorgeschoben gewesen war. Verblüfft runzelte er die Stirn. Das konnte er sich nicht erklären, auch nicht, wie alle Tiere sicher herauskommen konnten. Denn in Panik stoben besonders Pferde einfach davon. Er überlegte noch, wie dieses Rätsel zu lösen sein könnte, als Sophia mit einer angesengten Holzfibel daherkam. „Wer kann das verloren haben, Herr?", fragte sie. „Mir gehört sie nicht und sie sieht so aus, als wäre sie von einer Sklavin." Petulia und Alkmene wurden herbeigerufen. Auch sie besahen sich die Nadel genau, niemandem schien sie zu gehören. „Wem immer diese Fibel gehört, hat entweder das Feuer gelegt oder die Tiere gerettet und somit uns alle", sagte Gavin. „Also, wem gehört sie?" Seine Stimme klang streng und hallte durch die Nacht.

„Mir", hörten sie eine krächzende Stimme undeutlich aus den Schatten dringen. Humpelnd trat Polyxena vor und griff nach der Nadel, danach drehte sie sich wortlos um und ging auf ihr Zimmer.

„Verdammt!", rief Gavin, dann zeigte er auf zwei von Priamos Sklaven und befahl ihnen, den Stall zu bewachen und besonders auf Glutnester zu achten. Brutus schickte er zu einer letzten Kontrolle durch den Stall und anschließend ans vordere Tor. „Hier soll in den nächsten Tagen nichts unbewacht bleiben! Wissen die Götter, wer hier sein Unwesen treibt! Der Brand ist nicht von allein entstanden." Er scheuchte Titus vor sich her und schickte auch alle anderen zurück in die Betten. „Morgen helfen alle im Stall. Die Tiere müssen wieder sicher untergebracht werden", sagte er und ging in seinen Bereich des Hauses.

Müde war er, voller Ruß und jetzt musste er noch zu Polyxena gehen und sich entweder bei ihr bedanken oder sie wegen Brandstiftung verhaften lassen.

Ohne zu klopfen drang er bei ihr ein und sagte sogleich: „Wenn du das Feuer gelegt hast, dann verlässt du im Morgengrauen mein Haus." Durch die Müdigkeit und die Angst um seinen Besitz klang seine Stimme schroffer als er wollte. Polyxena sprang auf und rief: „Nein! Nein, i-i-i…" Konzentriert schloss sie die Augen und atmete tief und bewusst durch, dabei hielt sie die linke Hand in einer beschwörenden Geste ausgestreckt. Dann begann sie noch einmal zu sprechen: „A! I … abe … gesehn … emand … Schtalll … Feuer … einschperrrt …" Müde setzte sie sich und schlang den gesunden Arm um sich. Kurz nur gönnte sie sich diese Schwäche, dann nahm sie die Tafel und schrieb auf, was sie gesehen hatte. Die Angst saß ihr noch im Nacken und sie wollte nicht allein sein. Doch als Gavin gelesen hatte, sagte er lediglich: „Danke für dein Eingreifen, das nächste Mal sagst du aber jemandem Bescheid. Am besten du ruhst dich jetzt aus und wir reden morgen weiter." Rasch machte er kehrt und ging in sein Zimmer. Priamos hatte für warmes Wasser zum Waschen gesorgt. Dann fragte er, was Polyxena gesagt hatte und Gavin reichte ihm die Tafel, die er gedankenlos mitgenommen hatte.

„Verdammt", fluchte er als er gelesen hatte. „Gut, wir kümmern uns darum, wenn es hell ist. Jetzt solltest du aber schlafen."

In dieser Nacht quälten Gavin wieder Alpträume. Er lief in einem Strudel aus Rauch und Feuer, das Gladius erhoben, kämpfte er gegen unsichtbare Dämonen, die ihre Klauen aus den Flammen auf ihn richteten und ihn zu zerfleischen drohten. Dann hatten sie ihn gepackt und zerrten ihn in einem Feuersturm davon. Das Gladius hielt er vor sich und versuchte auf die Klauen einzuschlagen. Schließlich versagte ihm die Kraft und er gab nach. Grässliches Lachen vernahm er und dann trat sie auf ihn zu, die schiefe Gestalt, mit Kassandras Gesicht. Sie hob eine verkrüppelte Klaue und bohrte sie in seinen Kopf. „Kassandra!", rief er laut, doch er hörte nur dieses unheimliche Gelächter, das sich zu entfernen schien und sich dann von allen Seiten näherte und auf seinen Hörsinn einschlug, wie Schlegel auf eine Trommel. „Kassandra! Hilf mir!", flehte er. Dann stand sie vor ihm, so wie er sie kennen gelernt hatte und für einen Moment ließ die Hitze des Feuers nach: „Ich bin immer hier, doch helfen kannst du dir nur selbst. Vertrauen solltest du." Dann war sie weg und das Feuer loderte wieder hoch, leckte an seinen Sandalen und den Zehen.

Schreiend und um sich schlagend erwachte er schließlich. Schwer atmend und in Schweiß gebadet saß er im Bett und konnte sich nicht orientieren. Priamos stand an der Tür und blutete aus der Nase. Fassungslos schaute er Gavin an, dann brüllte er: „Jetzt werd doch endlich wach!" Gavin schüttelte sich, rieb sich die Augen und fand langsam in die Welt zurück. Bestürzt sah er den blutenden Freund an, während die Erkenntnis zu ihm durchdrang, Priamos geschlagen zu haben, verblasste der Traum und nur eine unbestimmte Furcht blieb zurück. „Die Alpträume sind wieder da", flüsterte Gavin. „Ich dachte, es wäre vorbei. Überall war Feuer, Priamos. Verzeih mir, dass ich dich geschlagen habe. Soll ich woanders schlafen?"

„Nein, es wird schon gehen. Du hast einen verdammt harten Schlag drauf, mein Junge." Damit legte er sich wieder ins Bett und hielt Gavin fest, der zu zittern begonnen hatte.

Die Aufräumarbeiten am nächsten Tag gestalteten sich einfacher als gefürchtet, denn alle halfen kommentarlos mit, selbst Titus ließ sich zu keiner Bemerkung herab. Stumm trieb er die Tiere auf die Weide und blieb bei ihnen. Das Feuer hatte ihm mehr Angst eingejagt als er sich eingestehen wollte.

In allen herrschte die Furcht vor einem neuen Brandanschlag, doch sie konnten keine Anzeichen finden, nichts Verdächtiges war im Stall gewesen, keine Kerze, keine Lampe, nichts. Gavin wollte rein auf Polyxenas Bericht hin auch niemanden verdächtigen, denn damit hätte er der Sache zu viel Aufmerksamkeit geschenkt und womöglich alles noch schlimmer gemacht.

Polyxena hielt sich die nächsten Tage zurück, kam nur selten aus dem Zimmer und wirkte alles in allem sehr verängstigt. Erst jetzt kam ihr die Ungeheuerlichkeit zu Bewusstsein, die sie begangen hatte, die Gefahr, in der sie geschwebt war. Aber niemand schien ihr Handeln zu honorieren, alle waren mit ihren Arbeiten mehr als beschäftigt.

17. Nuptiae – Hochzeit

Die Vorbereitungen für das Fest waren bereits im Gange, da traf der Richter abermals bei ihnen ein. Er war auf dem Rückweg von seinem Landgut und freute sich zu sehen, dass sein Rat so rasch befolgt wurde. Nur über die Brautwahl war er doch erstaunt. „Nun, sie bringt dich wenigstens in Stand und Würde, Gavin. Wann findet die Feier statt? Ihr macht doch eine?" Lächelnd berichtete Gavin, dass sie mitten in den Vorbereitungen steckten und nun war er froh, doch ein Fest zu veranstalten, denn das betonte seinen Status als Herrn und strich die Wichtigkeit der Schule in der Bevölkerung heraus.

„Du und deine Gattin, ihr seid natürlich zu der Feier geladen. Sobald uns der Haruspex ein günstiges Datum nennt, werde ich die Einladungen aussenden." Der Richter verabschiedete sich noch wortreich bei Priamos, dann bestieg er die Sänfte und kehrte in die Stadt zurück.

Am Vormittag des nächsten Tages traf der Haruspex ein. Es war ein alter Mann, mit gebogener Nase, der so aussah, wie das Geflügel, aus dessen Eingeweiden er zu lesen pflegte. Der Hals war lang und schmal, die Augen blickten scheinbar leer aus den Höhlen und die Arme hingen wie leblos an der Seite herab. Gekleidet war er in ein weißes Leinengewand, das ihm um die Figur schlotterte. Trotzdem war er würdevoll, denn sein ganzes Leben lang las er schon die Zukunft aus den Tieren, die ihn noch nie enttäuscht hatten.

Starr saß er im Empfangszimmer und wartete auf den Hausherrn, den Vormund der Braut und die Braut. Er wollte alle sehen, bevor er mit der Beschau begann, denn sonst war es möglich, dass er die Lage der Innereien falsch deutete und das würde seinem Ruf als Wahrsager schaden.

Endlich trafen sie ein und nun wusste er auch, warum sie so lange gebraucht hatten, die Frau konnte nicht ohne Stock gehen. ‚Nicht gut', dachte er. Grübelnd streichelte dem toten Huhn über den Kopf.

„Es ist uns eine Ehre und ich bitte dich um Verzeihung, weil wir dich warten ließen, verehrter Haruspex", sagte Gavin feierlich. Der Wahrsager winkte ab, dann starrte er einen nach den anderen stumm an und machte sich im Geist Notizen. Nach einer Weile schnaufte er vernehmlich und schloss dann bewusst die Augen. Den Anwesenden kam es so vor, als würde eine Tür geräuschvoll geschlossen. Es war eine Fähigkeit, die er sich in jahrelangem Training angeeignet hatte und sie funktionierte perfekt. Er öffnete die Augen einen Spaltbreit, nickte und wies die Brautleute und den Vormund an, ihn allein zu lassen. Dann erst breitete er seine Utensilien aus und begann mit der Eingeweideschau.

Gavin hatte sich unter den Blicken des Mannes mehr als unbehaglich gefühlt. Es war ihm so, als hätte er ihm tief in die Seele geblickt, sie gewendet, ausgeschüttelt, gewogen und für gering befunden.

Am Vortag hatte er das Gästezimmer, das Polyxena seit ihrem ersten Abend hier bewohnte, als ihr eigenes einrichten lassen. Doch sie hatte sich geweigert, etwas zu verändern, lediglich Vorhänge hatte sie akzeptiert und eine neue schön geschnitzte Truhe für ihre Kleidung. Er verstand nicht, warum sie nichts von den schönen Dingen wollte, die ihr Onkel und er für sie einzukaufen bereit waren. Doch sie hielt von dem nutzlosen Tand, wie sie es nannte, wenig und hatte es mit Mühe geschafft ihnen alles auszureden.

Schon jetzt kam sich Polyxena nutzlos vor. Früher, bevor die Lähmung sie erfasst hatte, waren spinnen, nähen und sticken ihre Lieblingsbeschäftigungen gewesen. Bereits als kleines Mädchen hatte sie schöne, gleichmäßige Fäden drehen können, und sie hatte es geliebt komplizierte Muster zu sticken. Keines der Dinge konnte sie nun mehr machen. So hoffte sie, dass sie ihm wenigstens einen Erben schenken konnte, obwohl die Aussicht darauf gering war.

Verunsichert standen sie nun im Atrium beisammen und warteten darauf, dass der Wahrsager endlich fertig war. Gavin dachte an die vielen Erledigungen, die mit der Hochzeit noch verbunden waren, auch an die Fertigstellung von Polyxenas Zimmer dachte er. Er konnte sie nicht ansehen, zu sehr ärgerte er sich, weil er sich zu dieser Verbindung genötigt sah. Da kam Alkmene mit einem Tablett auf ihn zu. Ehrerbietig hielt sie es vor ihn und neigte den Kopf. „Danke, Alkmene, du bist die Rettung", seufzte er und griff erleichtert nach einem Kelch, der mit gewässertem Wein gefüllt war. Auch Priamos bot sie davon an. Polyxena übersah sie geflissentlich, was mehr als unhöflich war, es war ungehörig, wurde aber von den Männern übersehen, denn Gavin war von der Anmut der Sklavin so angetan, dass er nur sie anschaute. Heftig schluckte er, als er an den vergangenen Abend dachte. Sie war sehr willig gewesen, als er sie abermals im Bad genossen hatte.

Erst als er Polyxenas Blick auf sich ruhen fühlte, wandte er sich um und versuchte ein Lächeln in ihre Richtung, doch sie starrte ihn nur fassungslos und traurig an. Sie wusste genau, wie er seine Abende verbrachte und machte sich keine Illusionen über den künftigen Verlauf ihrer Ehe. Mit einer Mischung aus Wut und Trauer blickte sie auch Priamos an, der sich lieber dem Wein zuwandte. Auch er wusste, was Gavin abends so trieb. Ob er es gutheißen sollte oder nicht, dessen war er nicht sicher. Auf jeden Fall hatte er danach seltener Alpträume. Es war eine verfahrene Situation und Priamos hatte die Sklavin in Verdacht, die Gelegenheit für sich auszunutzen, um in der Hierarchie aufzusteigen, es vielleicht bis zur Mätresse des Herrn zu schaffen. Aber er konnte ihr nichts nachweisen, denn sie war immer dienstbeflissen und in allem eifrig bemüht, dem Herrn und auch ihm selbst zu gefallen. Mit Polyxena schien sie sich allerdings schwer zu tun.

Endlich kam der Diener des Haruspex ins Atrium und winkte sie ins Empfangszimmer zurück. Dort saß der Wahrsager am Boden, die blutigen Eingeweide vor sich ausgebreitet und murmelte. Nun gab der Diener den Anwesenden ein Zeichen. Als sie endlich saßen, sprach der Haruspex. Seine Wahrsagung war bezahlt, denn sonst hätte er von einer Verbindung abgeraten, so aber sagte er: „In fünf Tagen stehen die Gestirne günstig und die Ehe kann unter Umständen Glück verheißen." Erleichtert aufatmend schloss er seine Weissagung, stand auf und verneigte sich vor dem Hausherrn, dann bedeutete er seinem Diener aufzuräumen und ging hinaus. Er wollte hier nicht mehr verweilen, das Haus schien ihm unter keinem guten Stern zu stehen und die Ehe dieser beiden schon gar nicht. Dennoch, der Vormund hatte bezahlt, also hatte die Wahrheit verdreht werden müssen. Nicht immer waren die Eindrücke so explizit wie an diesem Tag und dann musste er lügen. Die Brautleute taten ihm leid, aber das war nicht seine Angelegenheit und meistens funktionierten diese arrangierten Ehen nicht so schlecht und er sagte sich, er könnte genauso gut daneben liegen.

Vor dem Haus wartete er auf den Diener, der zum Glück rasch erschien und sie eilten in die Stadt zurück.

„In fünf Tagen also", murmelte Gavin, dann drehte er sich um und ging in sein Büro. Er musste die Einladungen fertigmachen und einen Boten aussenden. Das war schnell geschehen und Ajax ritt mit den Botschaften zu den genannten Bürgern.

Priamos hatte den Vorschlag unterbreitet, den Ritus etwas zu verändern, ihn zu vereinfachen, denn das Vaterhaus der Braut war zu weit weg und sie hatten auch keine alte Verwandte hier, die ihre Hände aneinander binden würde. Polyxena weigerte sich außerdem bei der Feier etwas zu sagen, damit sie Gavin und sich selbst nicht noch mehr der Lächerlichkeit preisgab.

Die nächsten Tage vergingen rasch und waren mit viel Arbeit angefüllt. Der Sohn des reichen Händlers war bereits eingetroffen und hatte sich mit Titus angefreundet. Er hieß Valerius Septius und war etwas älter als Titus. Die Knaben hatten aber bis nach der Hochzeit frei, was für sie hieß, sie scheuchten die Sklaven herum und ärgerten die Gladiatoren bis diese sich bei Gavin beschwerten.

„Ignoriert die Bengel oder bezieht sie mit ein", knurrte er, denn jetzt hatte er andere Sorgen als verärgerte Gladiatoren. „Herr", wandte Tullius ein, „es geht ja nicht nur darum, dass sie uns in die Übungen laufen, sie klauen Teile der Ausrüstung oder verstecken sie irgendwo. Ich habe ehrlich gesagt keine Lust, so zu trainieren und dabei wollten wir dir zu deiner Hochzeit einen schönen Schaukampf liefern ... aber so wie es aussieht, wird das nichts."

„Ach Tullius, lass nur ... ein Gladiatorenkampf passt zu einem Begräbnis und man könnte das als schlechtes Omen ansehen. Aber ich werde mir die Jungs vorknöpfen. Etwas Disziplin auch an den freien Tagen muss sein. Geh wieder an deine Arbeit." Doch Tullius blieb stehen, den Blick zu Boden gesenkt und stammelte: „Herr, darf ich ganz offen sprechen?" Darüber staunte Gavin, er dachte, der Gladiator hätte bereits offen geredet, so also sagte er einfach: „Natürlich. Was gibt es noch?" Verlegen trat Tullius von einem Fuß auf den anderen, dann murmelte er: „Können wir wohin gehen, wo nicht jeder zuhören kann?" Sie standen mitten am Übungsgelände und es herrschte dort reger Betrieb. Das machte nun Gavin neugierig und er bedeutete Tullius, ihm zu folgen. Sie gingen ins Büro und erst als die Tür geschlossen war und sich Herr und Gladiator gegenüberstanden sagte Tullius: „Herr, es ist so. ... Mann, es ist mir wirklich unangenehm, aber irgendjemand sollte es dir sagen ..." Betreten blickte er abwechselnd zu Boden und an einen Punkt an der Wand hinter Gavins linker Schulter. Er seufzte laut auf und fuhr sich durchs Haar bevor er fortfuhr: „Herr, ich fürchte, die Sache mit Alkmene ... ich meine ... Herr, sie spielt sich schon sehr auf und Sextus scheint so zufrieden. Ich weiß nicht und es geht mich auch alles nichts an, Herr, aber ... das kommt mir so eigenartig vor. Mir tut die Herrin leid, so wie Alkmene sie behandelt ... das steht ihr nicht zu ... ich meine Alkmene steht es nicht zu, die Herrin zu übersehen."

„Wie meinst du das?", fragte Gavin scharf. Tullius schaute noch betretener drein und wusste nun nicht mehr, wie er sich aus dieser misslichen

Lage befreien sollte, in die er sich selbst gebracht hatte. „Ähm ... Herr, hast du nicht bemerkt, dass sie ständig an der Herrin vorbeigeht und so tut, als wäre sie nicht hier? Herr, Alkmene führt sich auf, als wäre sie die Herrin im Haus. Das ist so seit ... seit ... o Herr, ich weiß, es geht mich nichts an und es steht mir auch nicht zu ... aber ... aber es passt einfach alles so gut zusammen. Bitte gib acht auf dich und auch auf die Herrin."

„Ich denke darüber nach, Tullius, und ich danke dir für deine Offenheit. Macht zu meiner Hochzeit keine Spiele, aber vielleicht fällt dir etwas anderes ein, womit ihr die Braut erfreuen könnt."

„Ja, Herr und ich danke dir, dass du mir die offenen Worte nicht übel nimmst. Ich werde mir für die zukünftige Herrin etwas überlegen. Darf ich wieder an die Arbeit gehen?" Gavin nickte. Als er allein war, setzte er sich an den Tisch und überdachte alles, was ihm Tullius erzählt hatte.

Lange saß er da und vergaß die Hochzeit, Polyxena, Alkmene, die Schule mit den ganzen Verpflichtungen. Traurig dachte er an Kassandra und wie sehr er sie geliebt hatte, den Weg, den sie zusammen gegangen waren. Er hatte ihr nichts gegeben, nur Schmerz und Leid und trotzdem war sie die einzige gewesen, die stur zu ihm gehalten hatte.

In einem hatte Tullius recht, musste er sich schließlich eingestehen, Alkmene benahm sich manchmal schon sehr schnippisch und sie begann, Forderungen zu stellen. Das war nicht gut. Nun überlegte er, ob er diese Beziehung nicht beenden sollte, es genügte, wenn er sich ab und zu mit Priamos vergnügte. ‚Ach Kassandra, wärst du noch, wäre alles viel einfacher. Wir hätten geheiratet und Schafe gezüchtet ....' Er seufzte schwer, legte den Kopf auf die Tischplatte und schluchzte leise vor sich hin. „Ach Kassandra", murmelte er. Dann trocknete er die Tränen, von denen er nicht gewusst hatte, dass er sie noch weinen konnte, sah auf und fasste einen Entschluss.

Je näher die Hochzeit rückte, desto verlorener kam sich Polyxena vor. Als Hausherrin konnte sie aufgrund ihrer Behinderung mit keinerlei Fertigkeiten aufwarten. Alles, was sie einmal gelernt hatte, war nutzlos. Zum Spinnen brauchte sie beide Hände, zum Nähen ebenfalls, einzig Bänder besticken würde sie noch können, mit einem entsprechenden Gestell. ‚Ach, das wird ein langweiliges Leben, denn die Schüler werden auf lange Sicht einen Magister bekommen', dachte sie betrübt. Sorgsam legte sie die Kleidung zurecht, die sie zur Hochzeit tragen wollte. Ein weißes Untergewand, das als Tunika recta herhalten musste, denn sie hatte keine selbstgewebte zur Hand und auch keine, die ihr ihre Mutter hätte geben können. Dazu legte sie eine gelbe Stola und einen durchsichtigen Schleier in orange. Seufzend betrachtete sie das alles und es kam ihr mickrig vor, so wie sie selbst. ‚Alles was zählt, sind mein Stand und mein Geld. Wenn ich wenigstens richtig sprechen könnte. So wird es anstrengend.' Dann kramte sie weiter und suchte einige Kleidungsstücke, die sie am Vorabend der Hochzeit der Göttin Vesta und den Schutzgeistern opfern wollte. Spielsachen als Opfergabe hatte sie keine, die waren an die jüngeren Geschwister übergeben worden. ‚Welch traurige Hochzeit. Ich habe es mir anders vorgestellt, so wie bei Myrsini, das war lustig. Wir haben so viel gelacht und gescherzt als wir ihr das Haar geflochten haben und sie hat sich so auf die Ehe mit Hector gefreut. Sie konnten es beide kaum erwarten, verheiratet zu werden. Ich habe niemanden hier der mich mag. Das wird ...' Rasch brach sie den Gedanken ab, auch den an ihren Bruder und die Schwägerin und befahl sich, nicht so negativ zu denken. ‚Alles wird gut werden, Polyxena, du musst nur daran glauben. Du hast auch wieder laufen gelernt', redete sie sich selbst gut zu. Aber es fiel ihr schwer, positive Gedanken zu formulieren. Abermals richtete sie den Blick auf das Hochzeitskleid und seufzte. Sie hoffte, irgendjemand würde ihr am nächsten Abend beim Ankleiden und Frisieren helfen, denn sie wagte es nicht mehr, einen der Sklaven anzusprechen, nachdem ihr Gavin zu verstehen gegeben hatte, sie sei hier nur geduldet.

Am nächsten Tag wurde schon früh das Tepidarium geheizt und in der Küche wurde eifrig gekocht. Am Vortag war eine große Lieferung an Würsten und Fleisch eingetroffen, denn die Gäste am nächsten Tag wollten versorgt werden. Auch für diesen Abend waren bereits einige Leute geladen, wenn auch ungleich weniger. Die Gladiatoren waren von ihrem Training entbunden und halfen mit, die wenigen Gästezimmer zu richten und die eintreffenden Bürger zu versorgen. Bald schon war es in der Schule laut, und geschäftig eilten Sklaven herum, die ihre Herrschaften bedienten. Im großen Atrium, gleich hinter dem Eingangsbereich hatte Gavin alles für die große Gesellschaft herrichten lassen, denn noch fehlte es hier an einem herrschaftlichen Speisezimmer. Trotz der fehlenden Mittel konnte sich das Ergebnis sehen lassen. Es gab genug Liegen und Tische, dazwischen war ausreichend Platz für die bedienenden Sklaven. Auch für die Tänzerinnen, Musiker und Schauspieler war Raum vorhanden. Aber die kamen erst am eigentlichen Hochzeitstag zum Zug. Dieses kleinere Fest gab Gavin nur für sich und einige Herrschaften, die er gerne als Sponsoren gewinnen wollte. Polyxena musste dem Fest noch fernbleiben, denn sie wurde erst am nächsten Tag der Gemeinschaft präsentiert.

Gegen Mittag suchte sie ihren zukünftigen Gatten. Überall liefen Leute herum, die etwas lieferten oder die Möbel aufstellten. Es wurde gelacht und gescherzt. Alle freuten sich auf die Hochzeit, denn für sie war es ein Fest, eine Unterbrechung im Alltag, das ein Festmahl am Abend bedeutete, auch wenn die Arbeit bis dorthin mehr war.

Schließlich fand sie Gavin in seinem Zimmer. Missgelaunt blickte er auf, versuchte aber ein Lächeln als er sie sah. „Päta?", fragte sie und wollte wieder gehen. „Nein, bleib nur. Was hast du auf dem Herzen?" Sie wusste selbst nicht genau, was sie wollte. Eigentlich suchte sie nur Gesellschaft, aber das wollte sie ihm nicht sagen. Es hätte so geklungen als würde sie sich beschweren. So wie es aussah gab er sich Mühe mit der Hochzeit. Als sie nichts sagte, fragte er: „Irgendetwas muss doch sein, sonst würdest du nicht zu mir kommen?" So atmete sie tief ein, konzentrierte sich und sagte schleppend wie immer: „Eute … Abend … Oper … Opfer … fü … La-ren un Ve-sta." Gavin bewegte langsam die Lippen mit, damit er sie auch richtig verstand. „Du willst Vesta und den Schutzgeistern heute Abend opfern? Warum nicht? Es ist sicher eine gute Idee und gehört zum Ritus. Leider können wir nicht alles so durchführen, wie es sein sollte. Aber wir werden uns bescheiden, nicht wahr. Brauchst du Hilfe? Soll ich eine der Sklavinnen zu dir schicken?" Er hatte unerwartet mild gesprochen, was Polyxena freute, denn sie hatte immer Angst, er würde sie anbrüllen oder was noch schlimmer war, sie übersehen.

„Ofia", sagte sie schnell, denn vor der alten Frau schämte sie sich weniger. „Ich schicke dir Sophia. Willst du mir eine Weile Gesellschaft leisten? Dein Onkel probiert den Wein und unterhält sich mit Philippus Textor. Ich brauchte eine Pause von diesen wichtigen Menschen." Dankbar setzte sie sich zu ihm, hielt aber den Blick gesenkt. Seit der Verlobung hatte er nicht mehr so viel mit ihr gesprochen. Nicht einmal nachdem sie das Feuer bemerkt hatte, war sie in seiner Gunst gestiegen. Er hatte sie eher noch abfälliger behandelt.

Zaghaft berührte er sie an der Hand und nahm sie in seine. „Es tut mir leid, dass es hier so unbequem für dich ist", sagte er nach einer Weile. „Acht nix." Mit der gesunden Hand griff sie nach seiner, die auf ihrer gelähmten rechten lag und streichelte sie sanft. „Offe … ukunt … bessa", mühte sie sich zu sagen. Einen Moment starrte sie Gavin verständnislos an, dann erhellte sich sein Gesicht und er wiederholte: „Du hoffst auf eine bessere Zukunft? Warum sollte sie nicht besser werden, Polyxena?" Sie zuckte mit den Schultern und sagte: „Eiß nich. Ann nich … ichtich … schprech … sam. Dumm und ässlich … kein utes schäft … fü dich." Abermals sprach er leise mit und versuchte so hinter den Sinn ihrer ungewohnt langen Ansprache zu kommen. Als er sie endlich verstand, konnte er nichts darauf erwidern, sie hatte recht. So nahm er nur ihre Hand etwas fester und blickte sie an. „Wir machen das Beste daraus. Es ist eine Zweckgemeinschaft." Sie seufzte. Für ihn war es das, für sie spielten auch Gefühle eine Rolle. Einen Moment blieb sie noch bei ihm sitzen, dann stand sie auf und sagte: „Ofia, Z…ait … Opfa." Gavin ließ sie los, ihm war nicht bewusst gewesen, ihre Hand noch zu halten und sagte rasch: „Ja, es wird Zeit. Das Tepidarium steht dir zur Verfügung. Wir sehen uns dann morgen zum Ritual." Er stand ebenfalls auf und machte eine knappe Verbeugung in ihre Richtung. Gerade in dem Moment trat Priamos ein und sagte: „Gavin, der Wein den du bestellt hast, ist vortrefflich. Aus der Küche duftet es schon herrlich und die Gäste treffen bereits ein. Wann willst du zu uns kommen? Ah, Polyxena, schön dich zu sehen."

„On-kel", sagte sie knapp und verbeugte sich vor ihm, dann noch einmal vor Gavin, der ab dem Zeitpunkt der Vertragsunterschrift ihr Familienoberhaupt sein würde und auch laut dem Gesetz nun tatsächlich erbberechtigt war.

Nach dem Bad, das sie allein bestritt, kam Sophia zu ihr ins Zimmer. „Herrin", fragte sie, „was kann ich für dich tun?" Polyxena war darauf vorbereitet und wies auf die Kleidungsstücke, die sie anziehen wollte. „Bi-tte helfen … dann … Ofa … Vesta … Laren."

„Gewiss Herrin. Alles nach dem alten Ritus, wenn ich dich richtig verstehe?"

„Nein … nich ganz." Es kam Sophia so vor als würde die Herrin noch etwas sagen wollen, doch dann konnte sie sich den Rest denken. Was hier fehlte waren eindeutig Familie und Freunde der Braut. ‚So eine Sauerei', dachte Sophia. „Herrin, wir werden im hinteren Hof ein Freudenfeuer für dich veranstalten. Wenn du angekleidet bist, dann rufe ich einige Leute zusammen und wir werden ein schönes Opferritual veranstalten. Außerdem wird es in der Küche nicht auffallen, wenn eine Kanne Wein und etwas Essen fehlen." Die alte Frau lachte vor sich hin, während sie Polyxena von ihren Plänen zur Plünderung der Speisekammer berichtete und sie dabei geschickt ankleidete und ihr die Haare flocht. Alles ging schnell und wurde so freundlich verrichtet, dass sich Polyxena mit einem Mal geborgen fühlte. „Dan-ke", sagte sie, als sie fertig war. „So, Herrin, du bist eine schöne Braut, ganz gleich was diese Deppen von Männer sagen. Es kommt auf die innere Schönheit an, alles andere vergeht, davon kann ich ein Lied singen. Und jetzt gebe ich Tullius Bescheid. Wenn du einen Moment hier warten willst, wir holen dich dann ab." Polyxena nickte, noch ganz überrollt von der Freundlichkeit der alten Sklavin.

Sie musste lange warten und fürchtete bereits, Sophia hätte sie verschaukelt, da kam sie zurück, verneigte sich und sagte: „Herrin, es ist so weit. Komm Tullius, du nimmst die Opfergaben." Damit winkte sie dem Gladiator, der die Kleidungsstücke ehrerbietig hochnahm und sie gingen los.

Hinter dem Haus hatte Rufus einen kleinen Scheiterhaufen errichtet. Ansgar, Orestes und Sextus hatten für Tische und Bänke gesorgt. Es sah nicht einmal so aus, wie es bei den ärmeren Familien gemacht wurde. Es wirkte improvisiert, fehlerhaft und ärmlich. Polyxena war dennoch gerührt, als ihr Tullius einen Kelch mit Wein überreichte und sie im Haus als Herrin willkommen hieß. „Sieh uns als deine Diener, Herrin, auch wenn es offiziell erst morgen so ist." Feierlich nahm sie den Kelch entgegen, dann trank sie daraus und sagte anschließend unbeholfen: „Ank euch. Jetz … Ofa … un … dann … feia." Sie stellte den Becher auf den Tisch und nahm dann das Gewand entgegen. Es waren eine weinrote Tunika und eine in Gold und orange gewirkte Palla, alles sehr schöne Teile und viel zu wertvoll, um verbrannt zu werden. „Herrin, du solltest diese edlen Teile nicht verbrennen", flüsterte Sophia. „Och … weg … was ön …"

„Nun, Herrin, das musst du wissen." Entschlossen trat Polyxena nun vor die Flammen und dachte ein Gebet: ‚O Vesta, o Laren … nehmt mein Opfer an und segnet diese Verbindung. Ich werde das Herdfeuer hüten, mehr kann ich ohnehin nicht tun.' Damit warf sie die Kleidung in die Flammen und sprach, diesmal laut: „Ves-ta … Lar-en … Eh-re … H-aus … Fam-Fam-i-lie … Salve." Dann nahm sie mehrere kleine Holzfibeln und verteilte sie an die anwesenden Sklaven. Anschließend tranken sie den Wein und aßen die Speisen im Schein des Feuers. Niemand sprach etwas, denn allen schien es unangebracht, diese beinahe stumme Frau in ihrer Stille zu stören oder zum Reden zu nötigen. So blickten sie starr auf die Becher, aßen und tranken rasch, damit sie wieder gehen konnten. Bei genauer Betrachtung war es ein trübes Beisammensein und sogar Trauerfeiern waren lustiger, dachte Polyxena seufzend, aber es war eine nette Geste und sie wusste sie zu würdigen. Wenigstens Sophia und die Gladiatoren bemühten sich um sie.

„Herrin?", begann Tullius dann doch zu reden. Als sie ihn fragend anblickte, fuhr er fort: „Mir ist aufgefallen, dass du keinen Schmuck trägst, auch keine Metallfibeln. Hat das einen Grund?" Eine Weile schaute sie ihn an, diesen großen Gladiator mit den milden Augen und den Händen, die wie Schaufeln waren und fest zupacken konnten. Jeder dieser

Männer war in der Lage einen Menschen, mit bloßen Händen zu töten, dieser Gedanke ging ihr nun durch den Sinn. „Met-ahl … k-ka-lt … ötet … Enschen schterb … da-für." Als er verstanden hatte, nickte er, danach bedankte er sich bei ihr für die Fibel und nun löste sich die Gemeinschaft auf. Polyxena ging als letzte in ihre Kammer. Sie musste durch das Atrium und schlich so leise es ging hinter den Säulen vorbei, denn sie wollte nicht gesehen werden. Kurz vor ihrer Tür bemerkte sie Gavin, der in ihre Richtung starrte. Rasch öffnete sie und verschwand im Inneren. Hastig atmend lehnte sie sich gegen die Tür und schloss die Augen. Erst als sie sich beruhigt hatte, ging sie zu Bett.

Die Cena des Hausherrn dauerte lange und es wurde viel getrunken und gelacht. Die Abwesenheit der Sklavin Sophia fiel nicht weiter auf, denn die Sklaven der Gäste halfen bei der Bedienung aus. Gavin bekam einige Zusagen für Sponsorengelder, sollte er sich im Frühjahr mit seiner Schule bei den Spielen bewähren. Das musste er so hinnehmen, denn die Leute kannten ihn nur als Kämpfer und nicht als Rector der Gladiatorenschule.

Eifrig sprachen sie dem Wein zu, Priamos mehr als ihm gut tat und er verabschiedete sich relativ früh vom Tisch. Ihm war übel, er hatte zu viel gegessen und getrunken. Ärgerlich war er außerdem, weil er Ganymed mit der Aufsicht über sein Haus in Arretium betraut hatte und er fehlte ihm nun. Octavian, sein Leibarzt, war für eine weite Reise selbst zu krank, und jetzt stand er ohne Arzt hier. Seufzend sank er in Gavins großes Bett. Bald schon würde er in das andere Zimmer übersiedeln müssen, seine Sachen waren schon dort untergebracht. Die Nähe Gavins würde ihm fehlen. Auch wenn er nachts unruhig war und oftmals um sich schlug, war das leichter zu ertragen als eine kalte, leere Bettstatt.

Die Gesellschaft hatte sich schon aufgelöst, nur noch Gavin lag bei Tisch und genehmigte sich einen letzten Becher Wein, als Alkmene zu ihm trat und ihm den Nacken zu massieren begann. „Lass gut sein", murmelte er schlaftrunken. „Herr, ich kann dir Entspannung verschaffen", flüsterte sie in sein Ohr, wobei ihre losen schulterlangen Haare sein Gesicht kitzelten. Er strich es beiseite und sagte: „Heute nicht, ich bin zu müde." Alkmene fühlte sich zurückgestoßen, noch nie hatte er sie abgewiesen, seit sie begonnen hatte, ihn zu verführen. Das war neu und musste überdacht werden. „Räumt hier auf und geht dann schlafen", ordnete er an, stand er auf und ging langsam in sein Zimmer. Bevor er die Tür öffnete, schaute er sich noch einmal um und seufzte. Mit einer bewussten Anstrengung wandte er den Blick von der anderen Seite, wo Polyxenas Zimmer lag, ab, erst dann öffnete er und ging leise, um Priamos nicht zu wecken, zu Bett.

Diese Nacht quälten ihn erneut Alpträume. Er suchte in einer finsteren Höhle nach einem Ausgang, sah auch ein Licht, das vor ihm tanzte und ihm den Weg wies, doch es war ein Irrlicht, das ihn immer weiter in die Dunkelheit führte und ihn dann mitten in einer Kaverne stehen ließ. Von Ferne hörte er eine Stimme, jemand rief etwas, es mochte eine Warnung sein, aber er konnte es nicht verstehen, weil alles verzerrt klang. Durch das Echo konnte er auch die Richtung, aus welcher der Ruf kam, nicht bestimmen. So lief er weiter dem Irrlicht nach, das ihn tiefer hinein in den Berg lockte und es schien sich darüber zu freuen, feuerte ihn an, schneller zu laufen. Er rannte so schnell ihn seine Beine trugen, rief dabei immer wieder: „Warte! Wer bist du? Lass mich nicht hier stehen!" Auf seine Rufe bekam er keine Antworten, außer er deutete die tiefere Dunkelheit und die Stille, die wie ein Donnerschlag in ihm nachhallte als solche. Er war kein ängstlicher Mensch, aber diese Höhle machte ihn nun immer unruhiger und er wusste, es lief etwas gänzlich falsch. Oder war die Richtung in die er sich bewegte falsch und die Gedanken richtig? Er wusste es nicht.

Als Gavin immer unruhiger wurde, stand Priamos auf und ging in sein eigenes Zimmer. Das war ihm zu viel. Gavin schien im Bett zu laufen und ließ sich nicht wecken. Alle Versuche waren fehlgeschlagen und mit Wasser wollte er es lieber nicht probieren, denn in einem durchnässten Bett zu schlafen war nicht so angenehm. In seinem Zimmer schlief er dann wider Erwarten rasch ein.

Polyxena war ebenfalls unruhig. Auch sie fühlte eine unbestimmbare Furcht in sich, die aber nicht sie selbst betraf. Wie in Panik suchte sie nach jemandem, der sie nicht verstehen konnte. Sie wollte ihn warnen, von einer Gefahr wegleiten. „Nei-n", rief sie und erwachte mit einem Ruck. Dann wusste sie einen Augenblick nicht, wo sie war. Erst langsam drang die Erkenntnis zu ihr durch, schlecht geträumt zu haben. ‚Was mag das wohl bedeuten?', dachte sie ängstlich. Da hörte sie aus dem Nebenzimmer Geräusche, also war Priamos in seinen Raum gegangen und Gavin war allein, was bedeutete, er hatte ebenfalls Alpträume, und zwar so heftig, dass es Priamos nicht mehr aushielt. Einer inneren Eingebung folgend stand sie auf und schlich hinaus. Wie ein Schatten huschte sie durch das leere Atrium, umrundete die Tische und gelangte schließlich in die Räume ihres zukünftigen Gatten. Sie ließ keine Skrupel aufkommen und ging sofort hinein. Durch das gemütliche Vorzimmer stahl sie sich und schließlich drang sie ins Schlafzimmer vor. Ihr bot sich ein unheimliches Bild und im ersten Moment wollte sie wieder gehen. Gavin lag stöhnend und als ob er laufen würde im Bett. Mit den Händen klammerte er sich an Luft und jammerte unverständlich dahin. Tief atmete sie durch und ging weiter, setzte sich aufs Bett und packte ihn fest an der Hand. „Alte … dich … nichts … gesch-ieht … sch …", versuchte sie ihn zu beruhigen. Als er sie abschütteln wollte, legte sie sich auf ihn, drückte ihn fest auf die Matratze und sagte leise seinen Namen.

Panisch warf er sie von sich, das ungewohnte Gewicht, das ihn erdrücken wollte und rannte davon. Immer weiter lief er in seinem Traum, bis er an einen tiefen Abgrund kam. Endlich hörte er die Rufe wieder und versuchte zu erwachen, doch er fiel in das Loch. Immer weiter fiel er, bis er endlich die Augen aufschlug und sich nicht auskannte.

Als er nicht wach werden wollte, hatte Polyxena zu drastischen Mitteln gegriffen. Sie hatte einen Krug mit Wasser, der neben dem Fenster stand geholt und über ihn gegossen. Japsend saß er nun im Bett und versuchte, sich an irgendetwas festzuhalten. Polyxena bot ihm ihre Hand und er fühlte sich als hätte er einen Anker gefunden, der ihm Sicherheit gab. „Danke", flüsterte er nach einer Weile, erst dann wurde er gewahr, dass nicht Priamos neben ihm saß, sondern er Polyxenas Hand umklammert hielt. Als ob er sich verbrannt hätte, ließ er los und sagte leichthin: „Puh, mich hat wohl eine Flutwelle getroffen, lass mich schnell umziehen und dann muss ich mir wohl eine anderes Nachtlager suchen." Doch die Angst, die der Traum in ihm ausgelöst hatte, war noch nicht verklungen und in einem Beben, in der Stimme zu hören. „Arte … ocknen … anziehn … dann … mein Zimmer", schlug sie vor. Gavin nickte, trocknete sich das Gesicht und die Haare, dann warf er sich eine frische Tunika über und ging zusammen mit Polyxena davon. „Noch einmal, Danke." Er schaute sie an und fragte sich, was sie bewogen hatte, zu ihm zu gehen und ihn aus seinem Alptraum zu wecken. „Du zitterst ja, Polyxena!", sagte er erstaunt als sie in ihrem Zimmer standen. Ohne zu überlegen, nahm er sie hoch und trug sie zum Bett, dort deckte er sie gut zu und legte sich dann neben sie. „Morgen sind wir ohnehin verheiratet, wir nehmen es nur einige Stunden vor", flüsterte er, als sie zu protestieren versuchte. Darüber musste er kichern, obwohl er noch die Angst im Nacken fühlte. „Du heiratest einen Hasenfuß", meinte er schließlich. „N-ein", entgegnete sie und klammerte sich mit der beweglichen Hand an ihn. „Rück ein Stückchen rüber, so falle ich gleich aus dem Bett", meinte er und schob sie ein wenig näher zur Wand.

Aus Angst vor einem weiteren Alptraum wollte er nicht mehr schlafen und so erzählte er von seinen Plänen für die Schule und wie er sich das Leben vorgestellt hatte. Auch Kassandra ließ er nicht aus, berichtete wie sehr er sie geliebt hatte. Polyxena staunte, er schien plötzlich ein anderer zu sein, nett und zugänglich, nicht mehr der über Leichen gehende Egoist der letzten Tage. Sie fragte sich, ob es an dem Traum liegen könnte und wie lange sich dieser Teil von ihm sehen ließ.

Als sie zur gleichen Zeit gähnten meinte er: „Wenigstens du solltest schlafen. Mist, ich sehe eben, dein Hochzeitskleid wird morgen ziemlich zerknittert sein. Warum hast du es nicht ausgezogen?"

„Müd", erklärte sie und gähnte ein weiteres Mal. „Dann versuchen wir beide jetzt zu schlafen, und zwar so lange es geht."

„Ohzeit!", sie klang erstaunt und erschrocken zugleich.

„Natürlich findet sie statt … aber sie werden nicht ohne uns anfangen. Schlaf jetzt Kas…äh, Polyxena."

Sie verschliefen tatsächlich.

Gavin wurde am Morgen im ganzen Haus gesucht. Alle liefen hektisch herum, ein Sklave war sogar in den Wald geschickt worden. Priamos suchte im Garten, in allen Räumen rief er nach ihm, fragte die Knaben und wurde immer blasser, bis er erschöpft auf eine Liege im Atrium sank und schwer atmend liegen blieb. Eben in diesem Moment trat der Haruspex ein und fragte sich, was dieser Wirbel darstellte, wo doch jetzt die Feier beginnen sollte. „Der Hausherr ist verschwunden", erklärte Priamos knapp. „Hat wohl kalte Füße bekommen, wie?", meinte der Wahrsager lapidar und entblößte eine unterbrochene Reihe gelber Zähne. „Keine Ahnung. Mach deine Wahrsagung, damit du nicht umsonst herausgekommen bist", befahl Priamos barsch.

Der Haruspex war schon fertig mit dem Orakel, er hatte nur Gutes verkündet, da trat Gavin lautstark gähnend und sich an den Genitalien kratzend ins Atrium. „Schön, dass du auch einmal auftauchst!", fauchte Priamos, war aber schlussendlich nur erleichtert, dass nichts passiert war. Gavin blinzelte verständnislos, dann meinte er: „Kann ein Mann in seinem Haus nicht schlafen wo er will und so lange er will? Ah, der Wahrsager ist auch schon hier. Guten Morgen, was spricht das Orakel? Und wie sieht es mit Frühstück aus? Wo sind denn alle?" Völlig perplex über die gute Laune von Gavin starrte Priamos nur, dann lachte er erleichtert und sagte schließlich wieder ernst geworden: „Sie suchen dich, verdammt. Du warst nicht in deinem Zimmer als ich dich wecken wollte. Wo warst du, zum Hades?"

„Ich hab anderswo weitergeschlafen. Aber jetzt muss ich mich erst einmal umkleiden, so kann ich schlecht unseren Gästen gegenübertreten. Jemand sollte Polyxena wecken, damit sie rechtzeitig fertig wird." Damit ging er leise summend in seine Räume. Er fand es nicht sonderbar, dass er sich freute, irgendwie schien es heute passend. Noch in gewisser Weise erfreut, kam ihm der eigenartige Alptraum zu Bewusstsein und er erschrak. Stumm machte er sich fertig, rasierte sich gründlich und kleidete sich nach Art der Noriker mit Breeches und Tunika, dazu weiche Sandalen, die bis unters Knie geschnürt wurden. „Mann, du siehst nicht aus wie ein Römer", murmelte er seinem Spiegelbild zu. „Myrdin, der Kelte." Priamos trat von hinten an ihn heran. Er war ganz Römer, gekleidet in wadenlanger hellblauer Tunika mit goldenen Einfassungen und einer dunkelblauen Toga, die ein goldfarbener Streifen zierte. „Du siehst gut aus, mein Freund", sagte Gavin.

„Auch du siehst gut aus, wenn auch fremd und exotisch. Das Grün der Tunika betont deine roten Haare wunderbar."

„Findest du es passend? Oder soll ich lieber nur Tunika und Toga tragen, damit alle wissen, dass ich römischer Bürger bin? Ach, heute weiß ich nicht was ich will." Hektisch lief er herum, kramte eine andere Tunika hervor und eine Toga. Dann zog er sich um und nun schaute ihn ein römischer Patrizier aus dem Spiegel heraus an. „Ja, so lasse ich es jetzt. Gehen wir. Ist der Altar im Übungshof aufgebaut? Sind alle Gäste und Zeugen zugegen?"

„Alles ist so, wie wir es besprochen haben und deine Gäste warten auf dich, und dass ich endlich mit der Braut auftauche und den Vertrag verlese", antwortete Priamos lachend.

Neben dem Altar wartete eine Ceres-Priesterin, sie würde im Namen aller Gottheiten die Zeremonie überwachen. Daneben harrte Gavin und kam sich sonderbar isoliert vor, so wie schon lange nicht mehr. Die Situation erinnerte ihn an eine andere, als er neben einem Altar gestanden war und selbst das Opfer hätte sein sollen. Dunkle Erinnerungen bohrten sich an die Oberfläche und brachten ihn zum Schwitzen. Nur mühsam konnte er sie unterdrücken und sich auf die Hochzeit konzentrieren. Es gelang erst, als es wirklich losging und er sich bewusst machte, hier nicht in Gefahr zu sein.

Polyxena wurde eben von Priamos an den Altar gebracht. Sie sah müde und irgendwie verloren aus in dem zerknitterten Kleid, als sie an Priamos Arm in den Hof humpelte.

Als sie vor Gavin stand, verlas Priamos den Vertrag, in dem sich Polyxena verpflichtete, sich dem Pater familias von Gavin zu unterwerfen und ihm als Gemahlin untertan zu sein, ihr Vermögen teilte sie zur Hälfte. Ein Teil blieb in ihrem Besitz, der andere fiel als Schenkung an Gavin.

Bevor der Priester mit der Anrufung beginnen konnte, rief Deciderius boshaft lachend: „Gavin, weißt du, was du da heiratest? Ich denke, die hat bei euch Feuer gelegt und es dann so aussehen lassen, als hätte sie alle gerettet. Und weißt du auch, wie und mit wem die ihre Nächte verbringt? " Laute Rufe schwollen an. „Ruhe!", versuchte Priamos die Leute zu beruhigen, doch einige meinten nun, sich äußern zu müssen, wie Lydia: „Na, Gavin, das musst du dir nicht gefallen lassen. Die würde ich nicht heiraten!" Oder jemand anders sagte: „Ich habe gehört, die treibt es mit den Gladiatoren. Gestern soll es hoch hergegangen sein bei euch im Garten." Und Deciderius schloss sich dem an: „Ja, gestern hat sie es mit den Gladiatoren getrieben, im Feuerschein und dann hat sie noch einen Mann in ihrem Zimmer empfangen. Ich hab es gesehen …" Polyxena sank in sich zusammen, senkte den Kopf und konnte nichts entgegnen, weil ihr Mund nicht gehorchen wollte und sie begann, an Gavin zu zweifeln, als er nichts sagte. Doch da spürte sie seine Hand, die nach ihrer griff, sie an seine Lippen führte und dann lachte er herzhaft bis ihm die Tränen kamen. „Priesterin, wenn ich meine Heiterkeit über meine verehrten Nachbarn überwunden habe, dann fahre fort mit deiner Anrufung. Aber vorher noch zur Richtigstellung: erstens fand gestern Abend eine Opferung im Garten statt und meine Gladiatoren fungierten stellvertretend als Familie für die Braut und zweitens …" Er unterbrach sich, wischte die Lachtränen fort und entfernte den Schleier vor Polyxenas Gesicht. „Zweitens, habe ich die Nacht mit meiner Braut verbracht. Ihr seid wahrlich um mein Wohl besorgt, aber sorgt euch nicht zu sehr, denn das könnte nach hinten losgehen." Abermals hob er Polyxenas Hand an seine Lippen und meinte zweideutig: „Wer mit Feuer spielt, liebste Lydia, sollte sich nicht wundern, wenn er sich verbrennt. Ich denke, du weißt was ich meine. Also, Priesterin …" Gavin gab ihr ein Zeichen und sie begann mit der Anrufung und Opferung an Tellus, der Erdgöttin, an Ceres, der Göttin der Ehe und der Fruchtbarkeit, an Picumnus und Pilumnus, Beschützer der Kinder und Schwangeren, sowie an Iuno, der Göttin der Geburt und der Ehe. Als die Opfergaben, die aus Getreidekörnern, Kuchen und einem Tier bestanden, feierlich an die Götter übergeben worden waren, verband die Gattin des Philippus Textor, als älteste anwesende Frau, die Hände der Brautleute mit einem Band und knüpfte einen Knoten. Damit Polyxena nicht sprechen musste, war der Ritus etwas abgewandelt worden und sie mussten den Spruch nicht sagen. Dafür sagte die alte Frau: „Sehet alle! So sind sie verbunden. Gavin Myrdin Alpinus Optimus und Polyxena Leandra! Möge diese Verbindung gesegnet sein. Ihr Götter wacht über diese beiden, schenkt ihnen Nachkommen, ein glückliches, langes und gesundes Leben. Salve!" Alle stimmten in den Salve-Ruf mit ein. Dann umrundeten Gavin und Polyxena langsam den Altar und gingen ins Haus zurück.

Gavin lud die Zeugen und die anderen Gäste an die Tafel und es wurde ein lustiges und langes Fest, das bis in den Abend hinein dauerte.

Musikanten und Tänzerinnen sorgten für Unterhaltung zwischen den Gängen und einige Schauspieler führten einen homerischen Dialog auf, der alle zum Lachen brachte. Selbst Polyxena konnte sich den beiden Akteuren nicht entziehen, die ihre Stimmen gekonnt dem Text anpassten. Sie lag vor Gavin und lächelte über die witzigen Wortgefechte, die Homer den Göttern angedichtet hatte. „Die sind gut", flüsterte er ihr zu. „Kommst du zurecht? Soll ich dir helfen?", fragte er besorgt, weil er bemerkte, dass sie auf der gesunden Seite lag. Dankbar lächelte sie ihm zu und er begann sie mit den Leckerbissen zu füttern. Für die Anwesenden sah es so aus, als würde er seine Gattin verwöhnen. Gavin bemerkte nicht, dass Alkmene das alles mit Argusaugen beobachtete. Sie hatte nicht damit gerechnet, der Herr würde die neue Herrin respektvoll behandeln, denn vorher hatte er es auch nie getan. Aber sie musste hier gute Miene machen, war lediglich die Sklavin, die sich eine bessere Position erhoffte, wenn sie dem Herrn gefällig war. Als alle mit Essen beschäftigt waren, lief sie rasch in ihr Quartier, das sie mit Sextus teilen durfte und fand ihn dort vor. „He, was machst du hier?", fragte er, doch sie lächelte nur und zog sich rasch um. Diese Tunika war etwas kürzer, ließ ihre schön geformten Waden frei, die sie noch durch die hochgezogenen Sandalenbänder betonte, danach legte sie ein Unterbrustband um und sie sah wahrlich königlich aus in ihrem Sklavenkleid. „Du siehst zum Anbeißen aus, Liebes. Denkst du, er wird sich heute von dir verführen lassen? Komm heute lieber zu mir, das ist gesünder, als sich in der Hochzeitsnacht einzumischen, danach wird er dir weiter aus der Hand fressen. Aber vergiss nicht, wo dein Herz weilt, Liebes." Er fasste sie um die Hüfte und drückte ihr einen Kuss auf den Rücken, weil sie sich schon wieder abwandte. Lachend rief sie zurück: „Wir werden sehen, Sextus, mein Lieber, was sich noch ergibt."

„Lass es gut sein. Die Herrin ist kein Ungeheuer." Doch sie hörte nicht.

Bevor der Bäcker den Hochzeitskuchen überbrachte, sagte Gavin in Lydias Richtung: „Meine liebe Lydia, ich hoffe doch, dass du bald ein neues Haus findest, denn ich denke nicht, du wirst mit mir als Nachbarn glücklich, wo ich doch deine Neigung zu gefährlichen, wenn nicht gar feurigen Spielen und nächtlichen Spaziergängen kenne. Unter Umständen, wäre ich gezwungen, gewissen Leuten von bestimmten Vorkommnissen zu berichten und das wäre doch peinlich, nicht wahr?" Alle waren plötzlich still geworden und Lydia wich die Farbe aus dem Gesicht. Sie zischte Deciderius etwas ins Ohr und lächelte dann gezwungen in Gavins Richtung. Noch bevor die Tänzerinnen ihren Schleiertanz beendet hatten, verließen Lydia und Deciderius das Fest. „Weit hast du es gebracht, Sklave und ein hässliches Weib gefunden. Ich hoffe, sie gebiert dir keine Kinder oder …", zischte sie in Gavins Richtung als sie an ihm vorbeiging.

„Lydia, sei still", unterbrach sie Deciderius und zog sie fort. „Was sollte das? Du kannst doch keine solchen Flüche aussprechen und schon gar nicht am Hochzeitstag!", schimpfte er. Dann spielte die Musik wieder etwas lauter und das Tor fiel mit einem lauten Schlag ins Schloss. Mit einem Mal herrschte gespenstische Ruhe, die der Bäcker mit einem lauten „Ta-ta! " unterbrach. Er hatte mithilfe der Köchin den großen Kuchen auf einen Wagen gewuchtet und dort noch verziert.

„Du lieber Himmel! Ihr Götter! Du hast dich selbst übertroffen!", rief Gavin aus und schlug die Hände über dem Kopf zusammen. Es war ein großer Kuchen mit Nüssen und Trockenfrüchten, verziert mit süßem Rahm und Honig. Die Wangen des Bäckers glühten vor Freude über das Lob des Bräutigams. Selbst Petulias Brust schien vor Stolz zu schwellen, obwohl sie lediglich bei den letzten Verzierungen geholfen hatte.

Das erste Stück schnitten Gavin und Polyxena noch mit zusammengebundenen Händen ab, danach übernahm Petulia die Aufteilung.

Nachdem die Brautleute das erste Stück Kuchen gegessen hatten, wurde das Band um ihre Handgelenke entfernt und Polyxena ins Schlafzimmer geleitet. Normalerweise übernahmen das Verwandte, so ging dem Zug voran die Frau von Philippus und ihr folgten alle anderen nach. In der Mitte versuchte sich Polyxena zu verstecken und die derben Scherze zu überhören. Vornehmlich wurde über ihr doch schon eher fortgeschrittenes Alter gelästert, auch über ihre Behinderung wurde hergezogen und sie fühlte sich gedemütigt. Doch die Leute dachten sich nichts dabei. Jemand, der diese Scherze nicht ertrug, der war bei der Landbevölkerung schnell unten durch.

Im Schlafzimmer halfen ihr die Frauen beim Ausziehen, wobei ihre Bemerkungen zunehmend taktloser wurden, aber es war niemand da, der die Damen bremsen konnte und Polyxena brachte vor lauter Scham kein Wort heraus. Endlich lag sie im Bett, die Decke bis zum Kinn hochgezogen und wartete mit vor Angst geweiteten Augen. „Wir gehen meine Damen, denn der Hausherr wird gleich erscheinen, damit er auch kommen kann", scheuchte die Bäckersfrau die Meute hinaus. „Ach, der will kommen? Na, ich bin ja neugierig, wann er erscheinen will und ob er überhaupt da seinen Mann stehen …"

„Pscht!" So wurde dahingeredet, während sie lachend das Schlafgemach verließen und eine völlig aufgelöste Braut zurückließen. Heftig gegen die Angst und die Tränen ankämpfend lag sie völlig verkrampft im Bett und war nicht fähig, sich zu bewegen.

Gavin trank noch mit den Männern während Polyxena ins Bett gebracht wurde. Alkmene bediente ihn und sie merkte, wie er sie wohlgefällig betrachtete. „Herr? Noch etwas Wein?", fragte sie flüsternd. „Lieber nicht, sonst werde ich heute meiner Gattin keine Freuden mehr schenken können", erwiderte er leise lachend. „Ach komm, trink noch mit uns!", forderte ihn ein Händler aus der Stadt auf. „Du wirst dir deine Braut doch nicht nüchtern antun wollen, oder doch?" Von mehreren Seiten wurde er nun genötigt und er trank einige Becher Wein relativ rasch hintereinander. „Hihi … nimm Alkmene mit ins Brautbett, dann hast du auch was fürs Auge", flüsterte Philippus. „Ich hätte sie behalten und selbst vögeln sollen. Nun viel Vergnügen, Gavin." Er schlug sich vor lauter Lachen auf die Schenkel und kniff dann einem anderen Sklaven in den Hintern. „He, komm her." Bald ging es im Atrium frivol zu und Alkmene nutzte die Trunkenheit ihres Herrn, indem sie sich vor ihn kniete und mit dem Kopf unter seiner Tunika verschwand. Doch so betrunken war er noch nicht, dass er nicht merkte, wie falsch hier etwas lief. „Oh, oh … ich sollte, nicht gerade jetzt", lallte er unter heftigem Gestöhn. Da rettete ihn Priamos, der auch nicht mehr ganz nüchtern war. „Ah, du bist klug, mein Freund, lässt dir von einer schönen Frau dein Schwert anblasen. So und nun, Alkmene, ist es genug … dein Herr hat heute noch eine andere Verpflichtung." Lachend schob er sie von Gavin weg und küsste sie auf den Mund. „Mhm, köstlich und nun verschwinde", murmelte er und gab ihr noch einen Klaps auf den Hintern, bevor er sich Gavin zuwandte. „So mein Lieber, nun hoch mit dir und ab zu deiner Gattin."

Unter viel Gelächter und so manchem derben Scherz wurde er ins Schlafzimmer geschoben. Da stand er nun, lehnte sich an die geschlossene Tür und merkte, wie die Erregung in sich zusammenfiel. Darüber musste er kichern und ihm fiel Philippus Bemerkung über Alkmene ein.

Polyxena schlief beinahe ein, so lange musste sie warten, dabei kam sie sich vor wie bestellt und nicht abgeholt. Es war entwürdigend und abermals fühlte sie sich klein werden. So gut sie sich nach den langen Feierlichkeiten auch gefühlt hatte, jetzt war es nicht mehr weit her damit. Immer wenn sie dachte, jetzt würde sie als vollwertig angesehen, kam eine andere herabwürdigende Situation auf sie zu, mit der sie nicht zurechtkam.

Als die Tür dann endlich aufging und Gavin kichernd das Zimmer betrat, hätte sie vor Erleichterung beinahe laut aufgeatmet. Gerade noch rechtzeitig konnte sie sich beherrschen, denn er lehnte mit geschlossenen Augen an der Tür und lachte. Er klang so zufrieden mit sich und der Welt, dass sie am liebsten geheult hätte. Dann schaute sie ihm zu, wie er sich weiter lachend auszog und ins Bett stieg. Aber statt sie zu umarmen, wie in der vergangenen Nacht, drehte er sich zur Seite.

„Ga-vin", flüsterte sie ängstlich.

„Hm? Was gibt es?", fragte er zurück. Dann schien ihm etwas einzufallen, denn er wandte sich nun doch ihr zu und gab ihr einen Kuss auf die Wange. Sie verstand seine Abweisung nicht. Noch einmal versuchte sie es, drehte sich zu ihm und streichelte ihm das Gesicht, den Hals und den Oberkörper. Doch als sie tiefer gehen wollte, hielt er sie zurück. „Nein", flüsterte er heiser. „Wa-rrum? ... Ässlich ... tu-ut mir Lei-d ... I-ich ... da-achte ... n-nicht ... daran." Sie drehte sich energisch herum und stand auf. Dabei übersah sie die Empore auf der das Bett stand und stürzte schwer. Weinend blieb sie liegen. Es dauerte eine Weile bis Gavin in seinem Rausch registrierte was passiert war. „Verdammter Mist", murmelte er, nahm sie hoch und legte sie wieder ins Bett. „D-ank-e", flüsterte sie schluchzend. „Hast du dir wehgetan?", fragte er noch und legte sich dann wieder auf die andere Seite. „Weiß ... nich-t. ... O Gav-in ... du-u ..." Sie konnte nicht mehr weiterreden. Die Angst von ihm abermals zurückgewiesen zu werden, war einfach zu groß. Deshalb sagte sie fest: „I-ich ... ässli ... nicht ... ge-nug ...." Das ernüchterte ihn ein wenig und er starrte sie im Dämmerlicht des Zimmers groß an.

18. Spes - Hoffnung

„Hör auf", murmelte er. „Eigentlich sollte ich mit dir für Nachkommen sorgen." Er klang wenig begeistert, gereizt fühlte er sich und zu betrunken, um sich zu beherrschen. Irgendwie schien sich jedes positive Gefühl in ihm zu wandeln, sich in einer Spirale abwärts zu bewegen. Doch darüber wollte er jetzt nicht nachdenken, er wollte überhaupt nicht denken. Polyxena ließ ihm jedoch keine Wahl und er wurde noch mürrischer.

Auf dem Beistelltisch hatte sie eine Tafel liegen, danach griff sie und schrieb auf, was sie von ihm wollte. Mit abgewandtem Gesicht gab sie es ihm. Ihre Wangen brannten vor Scham, diese Bitte erniedrigte sie, machte sie immer kleiner vor ihren eigenen Augen, bis sie jede Achtung vor sich selbst verlor. Aber sie wusste, sie hatte nur diese eine Möglichkeit und die durfte sie nicht ungenutzt verstreichen lassen. Vergangene Nacht hatte er sie so behandelt als würde er sie mögen, auch während des Ritus und der stundenlangen Feier danach, hatte sie sich von ihm angenommen gefühlt. Was er jetzt tat, war so als würde er sie mit Eiswasser übergießen oder sie über eine tiefe Klippe stoßen.

Eine Weile war es still. Dann meinte er mit mühsam beherrschter Stimme: „Hast du dir das gut überlegt? Du weißt, dass ich dich nicht begehre und es auch nie werde. Ich werde dir den Gefallen tun, aber jammere mir nachher nicht die Ohren voll, weil es nicht schön war."

„Es ... ist ... not-wen-dich .... Nicht ... für ... mich ...", antwortete sie wobei sie um jedes Wort und um Fassung rang. Sie ahnte und fürchtete, dass er es ihr nicht leicht machen würde. Aber er sprach nicht mehr weiter, sondern ließ seine Gedanken zu Alkmene und Priamos schweifen und sofort fühlte er seine Lust erneut wachsen, die beim Eintreten ins Schlafzimmer zusammengefallen war. Unvermittelt packte er ihre Hand und führte sie an sein Glied, drückte die Finger darum und ließ sie ihn massieren. Nach einer Weile, die sie stumm tat, was er wollte, ließ sie los, weil es ihr an Kraft fehlte. Da packte er sie erneut und fauchte: „Ich sagte nichts von aufhören." Gehorsam und mit zusammen gebissenen Zähnen machte sie weiter. Als sie abermals dachte, die Finger würden ihr abfallen, nahm er ihre Hand weg und legte sich auf sie. Ohne große Erklärung drang er in sie ein und verschloss ihren Mund mit einer Hand. „Still", zischte er. Sie sah ihn aus angstvoll geweiteten Augen an und ihr Gesichtsausdruck verriet nichts als Schmerz. Das wollte er, er wollte ihr jedes Gefühl für ihn nehmen, jeden Gedanken an eine Berührung wollte er ihr zuwider machen, damit er seine Ruhe vor ihr hatte und selbst nichts fühlen musste. „Keine Beschwerden", keuchte er und stieß hart zu. Als er endlich fertig war, blieb er noch einen Augenblick auf ihr liegen, ließ sein Sperma in sie laufen. Dann stemmte er sich hoch und sagte: „So, jetzt hast du was du wolltest." Damit ließ er sich zur Seite fallen und schloss jeden Gedanken an sie aus.

Polyxena schämte sich, doch nun war es zu spät. ‚Nicht so', dachte sie. ‚Nicht mit Gewalt. Warum tut er das? Ich hab ihm nichts getan. Er hätte auch ablehnen können. Warum hasst er mich?' Schluchzend lag sie auf der Seite und würgte Schmerz und Scham hinunter. Wenn sie sich zur Bewegung fähig gefühlte hätte, wäre sie aufgestanden und in ihr Zimmer gegangen. So aber blieb sie liegen und versuchte zu vergessen, dass er nur eine Armspanne entfernt von ihr lag. Kurze Zeit später merkte sie, wie er sich erhob, sich anzog und ging.

Im Atrium wurde scheinbar weitergefeiert und sie fürchtete, er würde entweder zu Priamos oder zu Alkmene gehen, vielleicht sogar zu beiden. Es wäre ihr gleichgültig, wenn er sie eben nicht wie Müll behandelt hätte. ‚Ich dachte, er mag mich. Das wird ein schwieriges Leben. Einsam und langweilig‘, dachte sie betrübt, dann rollte sie sich zusammen und weinte sich in den Schlaf.

Gavin vergnügte sich diesen Abend und die folgende Nacht mit niemandem. Er betrank sich vielmehr sinnlos und schlief auf einem Sofa im Atrium seinen Rausch aus. Gegen Morgen trugen ihn Brutus und Apion ins Schlafzimmer.

Nachdem die Gäste Gavin zu seiner Hochzeitsnacht begleitet hatten, löste sich die Gesellschaft relativ schnell auf. Es wurde noch etwas getrunken, aber jeder wollte nachhause, bevor es zu dunkel wurde, denn Gavin hatte nicht genug Gästezimmer, um so viele Leute zu beherbergen.

So kam es, dass er allein trank und nur noch von Apion bedient wurde, dem die üble Laune des Herrn langsam unheimlich wurde. Er hatte gedacht, die Hochzeitsnacht würde man bei seiner Frau verbringen und sich nicht volllaufen lassen.

„Ich will endlich Ruhe haben, Apion, verdammt. Ruhe und alles vergessen was gewesen ist", lallte er. Apion wusste, was er meinte und es schauderte ihn. „Herr, du solltest trotzdem jetzt ins Bett gehen", redete er ihm zu. „Zu Poly-Poly-Dings", stotterte Gavin und lachte. „O Mann … wie konnte ich sie nur heiraten? Ha! Was fange ich mit ihr an? Apion, sag mir, was soll ich mit ihr machen?" Dem Sklaven wurde es unbehaglich zumute. Diese Art der Offenheit mochte er nicht, er wollte das nicht wissen, es ging ihn nichts an. „Herr, du solltest schlafen und nicht denken, dazu ist morgen noch genug Zeit", versuchte er es erneut. „Ach, bring mir noch Wein", befahl Gavin, doch Apion schüttelte den Kopf. „Nein, Herr, du bekommst nichts mehr. Soll ich Herrn Priamos wecken, damit er dich zur Vernunft bringt?" Der hatte auch reichlich dem Wein zugesprochen, war aber sehr viel früher zu Bett gegangen, noch bevor Gavin wieder erschienen war. Nicht einmal Alkmene war mehr anwesend, sie ließ sich von Sextus trösten. Gavin brummte nur und blieb liegen. Noch während er sich eine Antwort auf diese Frechheit überlegte, schlief er ein und kam erst gegen Mittag des nächsten Tages in seinem Bett zu sich.

Seit der Hochzeitsnacht gingen sich die Eheleute aus dem Weg. Gavin kümmerte sich lieber um das Gladiatorengeschäft und war bei allen Trainingseinheiten anwesend. Jeden noch so kleinen Fehler kritisierte er und auch die Schüler Titus und Valerius Septius entgingen nicht dem Tadel des Herrn.

Die Wochen verstrichen, angefüllt mit Arbeit und wenig Freizeit. Gavin fand, es war keine gute Sache gewesen, Polyxena zu heiraten. Sie redete nichts, auch wenn sie klug war, brachte sie kaum ein Wort heraus. Er hatte sie von der Lehrtätigkeit abgezogen und stattdessen einen Lehrer gekauft.

Seine Lust befriedigte er an Alkmene oder lebte sie zusammen mit Priamos aus. Dennoch wurde er immer launischer. Nicht einmal Alkmene konnte ihn von seiner Übellaunigkeit befreien, Priamos versuchte es nicht einmal mehr. Meistens saß er im Büro und fragte sich, ob er nicht doch lieber nach Arretium zurückkehren sollte, Ganymed fehlte ihm mehr denn je. Dann dachte er an Gavin, wie er vor wenigen Wochen gewesen war und er sagte sich, dass etwas vorgefallen sein musste. Doch auch Polyxena konnte oder wollte ihm keine Antwort auf seine Fragen geben. Sie zog sich noch mehr in sich zurück, verließ kaum ihr Zimmer und wenn, dann nur verschleiert und ihre gelähmte Seite unter der verkehrt herum getragenen Palla verborgen.

Die Wintersonnenwende war bereits vorüber, das neue Jahr noch jung und das Leben im Haus Alpinus wurde schier unerträglich.

Doch erst als sich die Beschwerden häuften und selbst Alkmene zu Polyxena ging und ihr Leid klagte, raffte sie sich auf und bat Gavin um einen Gesprächstermin.

Sorgfältig kleidete sie sich und ließ sich dabei von Sophia helfen. „Herrin? Kann es sein, dass du …?", fragte die alte Frau und konnte sich ein Lächeln nicht verkneifen. Ein Kind würde vielleicht die Laune des Herrn bessern. „Weiß … nich … will … nich … so", antwortete Polyxena, die sehr wohl wusste, was mit ihr los war und wann das Kind zur Welt kommen würde. „Weiß es der Herr schon?", bohrte Sophia weiter und verstummte, als sie ein scharfer Blick der Herrin traf. Rasch schloss sie die Fibel, die den Mantel an der rechten Schulter festhielt. Sophia kontrollierte noch den Faltenwurf des Mantels und als es nichts mehr zu beanstanden gab, öffnete sie die Tür und hielt sie für die Herrin auf. „Dan-ke … Geh … etz." Sophia sagte lieber nichts mehr und entfernte sich rasch. Einem Zusammentreffen der beiden Eheleute wollte sie nicht beiwohnen. Ihr schwante Übles, wie auch den anderen Sklaven, die furchtsam in der Küche warteten. Niemand von ihnen hatte geglaubt, dass Polyxena den Mut zu einem Gespräch aufbringen würde. „Ich halte das nicht aus", flüsterte Tullius, stand auf und ging ins Atrium. Er wollte zur Stelle sein, sollte Gavin handgreiflich oder sonst wie grob werden, was er zwar nicht wirklich annahm, aber so genau konnte man beim Herrn nicht wissen.

Polyxena stand vor der Tür zu seinen Privaträumen, dort hatte sie um eine Zusammenkunft gebeten. Sie atmete einmal tief durch, dann trat sie ohne weiteres Zögern ein.

Gavin stand mit dem Rücken zur Tür. Er konnte sich denken, weswegen sie ihn sprechen wollte, aber der offizielle Charakter, dem sie ihrer Bitte gegeben hatte, irritierte ihn doch etwas. Die letzten Wochen waren sehr arbeitsreich gewesen, wobei er seine Gefühle immer mehr verbarg und als kaltherziger Herr erschien. Polyxena hatte er überhaupt nicht mehr beachtet und es fiel ihm immer einfacher, sie zu übersehen.

Als er sie nun eintreten hörte, drehte er sich um und sagte: „Was hast du auf dem Herzen?" Er bot ihr keinen Platz an und wirkte auch sonst weder freundlich noch aufgeschlossen. Polyxena seufzte innerlich und fand die Aufgabe schwer, deretwegen sie hier war. Es war eine unangenehme Pflicht, so wie die Hochzeitsnacht. Nun fühlte sie, wie ihre Wangen zu brennen begannen, als sie daran dachte. Die Scham über diesen lieblosen, brutalen Akt, den sie selbst gewünscht hatte, bohrte noch in ihr und würde sie wohl nie verlassen.

Sie nahm sich zusammen, schaute ihm fest ins Gesicht und begann dann langsam zu sprechen: „Bi-t-teh … Ga-vin … mein … Ga-tt-e …. Sklaven … unsi-ch-er … fürch-then … dich." Vorsichtig tat sie einen Schritt vor. Sie wusste nicht, ob er sie verstand, aber sie musste jetzt weitermachen, bevor er die Geduld mit ihr verlor und ging. „Gav-in … ich …", sie kam nicht weiter, denn er unterbrach sie tatsächlich. „Sprich deutlicher, ich kann dir nicht folgen oder schreib es auf. So hat das doch keinen Sinn." Schon wollte er an ihr vorbei und hinaus gehen, doch sie griff nach seinem Arm und hielt ihn fest. „Arte. … Ich … schreib." In weiser Voraussicht hatte sie einige Punkte auf einer Tafel vorgeschrieben, die überreichte sie ihm nun und wartete angespannt mit gesenktem Blick, während er las. Als er fertig war und sie nur anstarrte, tat sie etwas, was sie bislang nur Sklaven in ihres Vaters Haushalt hatte machen sehen, sie warf sich zu Boden. „He-rr … sei … mil-d", flehte sie abermals, heiser vor Angst und Scham über die eigene Erniedrigung. „Kassandra, äh, … Polyxena, steh auf. Du musst dich doch für die Sklaven nicht in den Staub werfen", sagte er überrascht, stand einfach starrend vor ihr und wusste nicht, warum sie sich so demütigte. Langsam drehte sie sich zur Seite und mühsam kam sie hoch, wobei sie einige Male gefährlich schwankte. Als sie stand schloss sie einen Moment die Augen und legte dann, in einer unbewusst schützenden Geste, die Hand auf den Bauch. Gavin war mit seinem Blick ihrem Tun gefolgt und nun starrte er abwechselnd auf ihren Bauch und ihr Gesicht. Es war unfassbar, was er dachte, dann schaute er sie genauer an und er musste zugeben, sie war dicker geworden, auch wenn sie das unter dem losen Peplos, das sie trug, gut verstecken konnte. „Wann?", fragte er nun, noch immer starr stehend und sie anstierend. „Iun-ii", antwortete sie unsicher. „Da werde ich nicht hier sein", murmelte er. Dann schüttelte er sich, blinzelte den Ärger weg und führte sie zu einer Bank. „Du solltest nicht stehen. Wie fühlst du dich?" Sie log ihm etwas vor, denn seit der Hochzeitsnacht fühlte sie sich schlecht. Einsamkeit prägte ihr Dasein und Langeweile, dazu kamen die morgendliche Übelkeit, die nicht weichen wollte und oft tagelang anhaltende Kopfschmerzen. Sie hatte nichts zu tun, keinerlei Ablenkung, konnte nur warten, bis das Kind zur Welt kam und dann hoffen, dass ihr diese Aufgabe nicht auch noch abgenommen wurde.

„Dann ist es in Ordnung", sagte Gavin, der dankbar auf ihre Unwahrheit einging. Er nahm ihr gegenüber Platz und schaute sie noch einmal genau an. Die feinen Linien um den Mund, die eingefallenen Wangen und die Schatten um die Augen registrierte er ebenso, wie die Blässe der Haut. „Du solltest mehr an die Luft gehen, Polyxena, dieses Herumsitzen im Haus tut dir nicht gut."

„Ja … Herr", antwortete sie pflichtschuldig. „Na schön, Kass äh Polyxena", konzentriert rieb er sich über die Stirn. „Dir scheint bei uns langweilig zu sein, aber die Knaben brauchen einen Mann als Lehrer und sonst kannst du dich ja nicht nützlich machen. Du kannst auf den Markt gehen oder auch nur so in die Stadt hinein, dein Onkel würde dich mit Sicherheit gern begleiten." Polyxena würgte die Kränkung hinunter, der Kloß saß jedes Mal fester und ließ sich immer schwerer schlucken. „Ge-wiss … Herr." Sie schloss die Augen und sammelte sich. In den vergangenen Wochen hatte sie sehr wenig geredet, deshalb war sie aus der Übung. „I … du … ünscht." Gavin stand auf und schaute sie noch einmal an. Er versuchte netter zu sein, hatte aber Angst vor den eigenen Gefühlen. Zu oft hatte er Kassandras Bild vor sich, die er einfach nicht vergessen konnte. Nie wieder hatte er sich vorgenommen, würde er jemanden lieben. Aber er nahm sich vor, Polyxena jeden Tag oder zumindest jeden zweiten, zu besuchen. Es ging nicht an, wo sie doch wider Erwarten seinen Erben trug, sie weiter zu ignorieren. „Nach einer Amme werden wir nicht suchen müssen, denn Alkmene ist ebenfalls schwanger, das trifft sich gut. Aber ich suche noch nach einer Sklavin, die sich um dich kümmert und für dich da ist, wenn ich nach dem Winter mit den Gladiatoren auf Reisen gehe." Das hatte sie gefürchtet und sie konnte es nicht ablehnen, denn es wäre ungebührlich gewesen, diese Freundlichkeit abzuweisen. Deshalb murmelte sie: „An-ke … Her-r."

„Du brauchst jemanden, Polyxena, der mit dir spazieren geht und sich um dich kümmert. Dann werden wir auch ein Zimmer für das Kind herrichten müssen. Aber das hat noch Zeit. Lydia verkauft die Villa. Willst du sie haben? Soll ich sie für dich kaufen? Es wäre für dich, denn ich werde nicht viel zuhause sein."

„Wi … du … illst … Herr", antwortete sie matt. Dort würde sie noch einsamer sein, aber sie wagte nicht, gegen seine Freundlichkeit zu reden. „Ick … dank … dir … Gav-in …. Bit-tä … fü … Skla-ven." Ungelenk stand sie auf und ging davon. Ob sie etwas erreicht hatte, ob er den Sklaven gegenüber milder und verständnisvoller sein würde, das wusste sie nicht. Aber er hatte mit ihr geredet, sie zumindest nicht wie einen Haufen Kehricht links liegengelassen.

Tullius hatte gerade noch so viel Verstand, sich hinter einer Säule zu verstecken, doch Polyxena hätte ihn nicht bemerkt, so konzentriert sah sie zu Boden. Dann lief er in die Küche zurück, wo heftig diskutiert wurde.

„Keine Ahnung, ich hab nichts gehört", sagte er als die anderen bei seinem Anblick verstummten und ihn fragend ansahen. „Nichts hat er gesagt. Sie wirkt nur sehr blass. Hoffen wir, dass er sich etwas beruhigt. Und jetzt Leute, bevor wir ihm wirklich Grund zur Klage geben, lasst uns weiterarbeiten. Petulia, schür das Feuer und koch ihm was Gutes, Alkmene, bei dir genügt es, wenn du hübsch aussiehst, Männer, in den Stall und aufs Feld, Gladiatoren – zu mir. Also … alle an die Arbeit, wir können am Abend weiterreden." Sextus gab ihm einen wilden Rempler und zischte: „Sag nie wieder so was Blödes über Alkmene. Sie arbeitet genauso wie alle anderen auch, außerdem ist sie schwanger und schont sich kein bisschen."

„Ja, tut mir leid. Sie sollte sich einen freien Tag erbitten und in den Tempel gehen. … Nimm das Gladius, Mann und lass uns üben, so können wir uns wenigstens abreagieren."

Kurze Zeit später drangen aus dem Übungshof laute Schreie und das Dröhnen der Gladii, wenn sie gegeneinander schlugen oder die Scuta trafen.

Polyxena ging in ihr Zimmer. Dort suchte sie einige Dinge heraus, tat sie in einen Beutel und kurz darauf verließ sie das Haus durch einen unbewachten Seitenausgang. Niemand sah sie weggehen. Nicht einmal Priamos, der müßig in einem Liegestuhl im Garten lag und die winterlichen Sonnenstrahlen genoss. Neben ihm saßen die Knaben, oder jungen Männer, wie er sie auch nannte, und übten sich in der Rhetorik. „Valerius, wenn du die Stimme etwas tiefer hältst, dann hat deine Argumentation mehr Gewicht. Weiberstimmen kommen bei Reden nicht so gut. Aber das Problem wird sich mit der Zeit von selbst lösen. Titus, lach nicht", kommentierte Priamos. „Du wirst in einem Jahr das gleiche Problem haben. Ihr werdet erwachsen und das gehört einfach dazu. Also, noch einmal von vorne. Warum brauchen wir die Urinsteuer? Valerius du bist dafür und Titus argumentiert jetzt dagegen. Ich bin neutral und ihr versucht beide, mich für eure Sache zu überzeugen. Titus beginnt." Er drehte eine Sanduhr und jetzt musste sich der Junge überlegen, wie er gegen eine Steuer reden sollte, von der er nicht viel mehr wusste als den Namen. Innerlich fluchte er darüber, weil er im Unterricht nicht besser aufgepasst hatte.

Es war schon hoch am Mittag als Polyxena endlich die Stadt erreichte. Erschöpft lehnte sie sich einen Moment an die Mauer, dann ging sie durch das Tor und die Straße zum Forum. Noch vom letzten Mal wusste sie, dass es am Marktplatz einen Brunnen gab. Dort wollte sie rasten bevor sie weiterging. Sie brauchte lange, denn immer wieder musste sie anhalten und sich orientieren. Zu Fuß war es nicht so einfach. Viele Leute waren unterwegs, es war laut und eben begann es zu regnen. Auf den Pflastersteinen kam ein Wagen ins Rutschen und noch ehe jemand reagieren konnte kippte er zur Seite und verlor seine Ladung. Diese begrub drei Menschen unter sich. Hektisch wurde versucht die Leute zu bergen, doch schon wurden die Schreie der Verschütteten leiser und dann war nichts mehr zu hören als das Tropfen des Regens und das Scharren der Füße der umstehenden Leute.
Polyxena wandte den Blick von den bleichen, vor Schmutz starrenden Füßen ab, die unter dem Ziegelhaufen vorschauten und eilte weiter so schnell sie konnte. Hier war jede Hilfe sinnlos.
An der nächsten Kreuzung standen sich Händler mit ihren Wagen gegenüber und stritten im Regen über die Vorfahrt. Sie umrundete die

Streithähne und schließlich gelangte sie zum Forum. Auch hier war es laut und geschäftig, aber alles schien in geordneten Bahnen zu laufen. Polyxena marschierte zuerst zum Brunnen, dort stellte sie sich zu den Frauen, die trotz des Regens ihrer Arbeit nachgingen. Die meisten balancierten Krüge auf den Köpfen, mit denen sie Trinkwasser in ihre Wohnungen transportierten oder auch an die Arbeitsplätze. Endlich kam sie an die Reihe und hielt einen Becher unter den Wasserhahn. Das kühle Nass belebte und erfrischte sie. Sie trank noch einen zweiten Becher bevor sie der nächsten Frau Platz machte.

Dann blickte sie sich um und sah den Jungen wieder, der den Holzschmuck verkaufte. Nach einigem Feilschen erstand sie ein schmales Armband. Dann kaufte sie ein Stück Honigkuchen und ging zum Tempel.

Alles war neu für sie und vorsichtig schritt sie auf der nassen Straße aus. Der Himmel hatte etwas aufgeklart, der Regen nachgelassen und schließlich ganz aufgehört. Polyxena zeigte sich eine Welt, die zur Hälfte in Sonnenlicht getaucht war und die andere lag in Dunkelheit.

Beim Tempel angekommen, setzte sie sich einen Moment auf eine Steinbank und schloss die Augen. Sie stellte sich die Landschaft rund um die Stadt vor, sah die zahlreichen Liburnen, die im Kriegshafen vor Anker lagen, die Garnisonen vor der Stadt, die vielen Landgüter, die das fruchtbare Tal des Flusses nutzten. Alles sah in ihren Gedanken winzig und unbedeutend aus, dabei war es für das römische Reich von immenser Wichtigkeit, gerade die Kriegsschiffe, die von hier aus in See stachen, Handelsschiffe eskortierten und allgemein für die Sicherheit am Meer sorgten. Sie blinzelte die aufsteigenden Tränen weg und stand auf. Entschlossen wandte sie sich um und ging in den Tempel. Ohne zu sprechen, schritt sie an den Dienern vorbei und ins Innere. Sie wollte ihre Ruhe haben, wenn sie mit den Göttern sprach.

Ungelenk setzte sie sich in einen Seitenbereich, nahm ihren Beutel ab und kramte eine Weile darin. Dann entnahm sie ihm den vor wenigen Minuten erstandenen Armschmuck, die Ohrgehänge und die Kette aus Holzperlen, dazu einen Honigkuchen und eine Palla gewebt aus ägyptischer Baumwolle. Alles nahm sie hoch und ging damit zum Altar. ‚Ihr Göttinnen! Iuno, du große Hüterin und Beschützerin der Frauen und der Ehe, Ceres, Göttin und Schutzherrin für alle werdenden Mütter, Tellus, Erdmutter und Beschützerin der Frauen, gewährt mir eine Bitte: lasst mein Kind unversehrt und gesund zur Welt kommen. Was mit mir passiert ist nicht wichtig, auch wenn ich wünschte, ich würde es etwas schöner haben. Ihr habt mir mein halbes Leben genommen, wartet mit dem Rest noch, bis das Kind da ist. Ich opfere euch meinen Schmuck, mein Mittagessen und einen Mantel, nehmt es bitte an ....' Alles legte sie säuberlich auf den Altar, dann drehte sie sich um und ging hinaus in den Sonnenschein, der ihr jetzt falsch vorkam, voll treuloser Versprechungen schien er zu sein. Es sah so aus als würde gleich erneut ein Wolkenbruch auf die Menschheit losgehen. Der Hafen und das Meer lagen im hellen Sonnenschein und beleuchteten die Häuser der Stadt, während das Landesinnere von einer dicken Wolkendecke in Dunkelheit getaucht wurde. Es kam ihr vor wie ein Spiegel ihres Lebens, die Zeit vor der Krankheit, bevor sie ein Gott mit seinem Schlag niederstreckte, war in Licht getaucht und danach war es finster.

„Herrin", redete sie einer der Tempeldiener an. Erschrocken schaute sie auf und in ein freundliches Gesicht. „Soll ich jemanden holen, der dich nachhause geleitet, denn es sieht so aus, als kämst du in den Regen?" Ihr Lächeln geriet schief, als sie auf diese Höflichkeit stockend erwiderte: „Ne-in ... dank ..." Doch sie gab dem Sklaven drei Asse für das nett gemeinte Angebot. Der Mann nahm das Geld sehr gerne an und bedachte sie mit seinen Segenswünschen. Von Herzen lächelnd und dankbar ging sie zurück zum Forum, die Straße weiter und dann durch das Tor über die Landbrücke auf die Ebene und die sanfte Anhöhe hinauf, wo die Schule bereits in Dunkelheit gehüllt lag. An der Villa musste sie ebenfalls vorbei, sie stand leer und still. Lydia war wohl tatsächlich schon ausgezogen. Die verriegelten Fenster schienen sie anklagend anzustarren, blind und dennoch sehend. Rasch eilte sie weiter und fühlte sich immer müder werden.

Stockdunkel war es und heftig prasselte der Regen auf sie nieder, als sie ihr Zuhause erreichte und es in hellem Aufruhr vorfand. Es schien jemand gesucht zu werden, dass sie diese Person sein könnte, kam ihr nicht in den Sinn, denn nach ihr war in den ganzen letzten Wochen nie gefragt worden. Ihr Beisein bei den Diners war auch nie erwünscht gewesen, so war sie jetzt verwundert, weil sie gefehlt hatte.

Gavin brüllte auch sogleich los, als sie tropfnass die Halle betrat. „Was sollte das, Polyxena? Willst du, dass wir hier alle vor Sorge umkommen?" Er packte sie am Arm und zog sie in ihre Kammer. Dort riss er ihr die durchweichte Kleidung vom Körper und begann sie trockenzureiben. „Stante pede, Sophia! Warmes Salzwasser für ein Fußbad! Zackig!" Noch während er brüllte, wickelte er Polyxena in eine warme Decke. „Du frierst. Was machst du nur für Verrücktheiten? Warum läufst du einfach weg?" Sie konnte nichts darauf sagen, denn ihre Zähne klapperten plötzlich heftig aufeinander und seine Sorge schnürte ihr die Kehle zu. Er drückte sie aufs Bett und stellte ihr die Füße in die Wanne mit warmem

Salzwasser, die Sophia gebracht hatte. Priamos schaute ebenfalls herein und vergewisserte sich, dass mit seiner Nichte alles in Ordnung war.

„Gavin, ich muss mit dir sprechen", flüsterte er, dabei strich er ihm vertraulich über die Schulter. „In Ordnung, Priamos, wenn Polyxena versorgt ist, komme ich zu dir."

„Ich warte im kleinen Lesezimmer auf dich, das ist intimer." Gavin lächelte, das stimmte, dort hielt er sich gerne auf.

Als Sophia mit einer Schale Suppe zurückkam und dann Polyxena beim Essen half, ging Gavin rasch davon. Er hatte sie nicht gefragt, wo sie gewesen war, einzig die Erleichterung über ihr Auftauchen durchströmte ihn und hinterließ ein warmes Gefühl der Dankbarkeit.

Priamos hielt den Zeitpunkt für gekommen. Er war es müde, Gast zu sein. Den unerwarteten Besuch der Nichte hatte er beenden können, nun hielt er es für gut, nachhause zu gehen. Ganymed fehlte ihm und die Behaglichkeit seiner Villa in Arretium. Die kleinen Streitigkeiten, um die er sich kümmerte und die er zu schlichten versuchte, die Gastmähler, zu denen er geladen wurde, das alles fehlte ihm nun doch mehr, als er anfangs gedacht hatte.

Als Gavin eintrat, drehte er sich um und lächelte. „Mein Freund", sagte er, wobei er ihn umarmte. „Es wird Zeit für mich, nachhause zu gehen. Ich bin zu alt für euch junge Leute." Völlig verblüfft starrte ihn Gavin an. Er schob den älteren Mann eine Armlänge von sich und schaute ihn an, sah die Erschöpfung in dessen Augen und er fühlte, wie einsam er hier sein musste, ohne die Freunde. „O, mein Lieber, es tut mir leid, wenn ich dich hier so selbstsüchtig festhalte. Du hast mir mein Erbe wiedergegeben und mein Leben dazu. Niemals werde ich das gutmachen können, Priamos."

„Gavin, Gavin, das hast du doch schon getan. Du hast mich von einer Last befreit, die ich nicht tragen wollte. Aber", hier brach er kurz ab und führte ihn ans Fenster. Zusammen starrten sie in die Dunkelheit. „Ich werde dich vermissen." Vertraulich legte er einen Arm um die Hüften des Freundes und tätschelte sie leicht. „Ja, Priamos, ich werde dich auch vermissen. Mit wem werde ich dann die Nächte verbringen?"

„Ha, du bist ein verheirateter Mann und hast eine hervorragende Sklavin, du weißt schon …"

„Ach, du weißt, wie ich das meine. Es wird hier langweilig ohne dich."

„Das kann schon sein, aber im Frühjahr ziehst du ohnehin fort und was wäre dann mit mir? Na, … du brauchst gar nicht zu antworten. Es ist besser so. Aber halte mir ein Zimmer bereit, für den Fall, dass ich doch noch eine Reise mache."

Gavin drehte sich um, lehnte sich an die Mauer und starrte in das Dämmerlicht des Zimmers, das nur durch eine kleine Öllampe erhellt wurde. Der Regen trommelte laut auf das Dach. „Wann wirst du abreisen?"

„O Gavin, das klingt so als würde ich schon weg sein. Das hängt vom Wetter ab, in ein paar Tagen, sobald ich alles geordnet habe. Deine Dinge laufen jetzt vortrefflich, du hast ausreichend Tiere im Stall und auch genug Sklaven. Willst du die Villa kaufen?"

„Priamos, du denkst zu schnell für mich! Komm mit, wir sprechen beim Essen darüber. Ich bin jetzt doch hungrig geworden."

Die Sklaven bemerkten eine Änderung im Wesen des Herrn. Er war nach dem Gespräch mit Polyxena tatsächlich umgänglicher. Tullius und die anderen Gladiatoren überlegten eben, ob sie sich bei ihr bedanken sollten, kamen dann aber zu dem Schluss, es besser unerwähnt zu lassen. „Mann, Sextus, du siehst ziemlich mitgenommen aus", sagte der Retiarius als er nach dem Tridens griff. Doch er bekam nur ein Brummen zur Antwort. „Was soll das heißen, Sextus? Willst du wieder in den Gemeinschaftsraum übersiedeln? Greif jetzt endlich an, Mann, bevor ich dir mit dem Netz eins überbrate." Sextus bekam keine Gelegenheit, zu antworten, denn das Netz segelte auf ihn zu. Ungelenk wich er aus und rannte dann laut schreiend Tullius entgegen. Krachend landete der Tridens auf dem Schild des Secutors und Sextus stach nach dem Arm der das Netz hielt. Doch Tullius drehte sich zur Seite, tänzelte zurück und holte erneut mit dem Rete aus, das sich im Gladius verfing. Er machte einen heftigen Ruck und entriss das Schwert der Hand des Secutors. Nun packte Sextus das Scutum mit beiden Händen und hielt es vor sich, verwendete es als Schild und Waffe gleichsam.

Gavin beobachtete die beiden und fällte einen Entschluss. Vor einem Tag war ein reicher Bürger mit der Bitte an ihn herangetreten, für die Bestattung seines Vaters einen Schaukampf zu organisieren. Die Bezahlung war sehr gut und es würde keiner seiner Gladiatoren den Tod finden, was für ihn noch wichtiger war, denn gute Gladiatoren kosteten viel Geld und Zeit. „Genug für heute!", rief er ihnen zu. Dann ließ er alle antreten und informierte sie über den bevorstehenden Begräbniskampf. „Ich wähle drei Paarungen und einen Ponton-Kampf. Das heißt, wir bauen heute Nachmittag hier die Brücke auf, damit ihr üben könnt. In zwei Tagen findet das Spektakel zu Ehren des verstorbenen Etruskers Severinus Julius, vor den Toren Ravennas statt." Lauter Jubel brandete auf, denn die Aussicht, endlich wieder einen echten Kampf, wenn auch nicht auf Leben und Tod, zu führen, ermunterte die Männer und stachelte sie an. „Der Beste unter euch, bekommt eine Belohnung. Also strengt euch an." Das war noch ein zusätzlicher Anreiz und sogleich begannen sie, den Platz zu säubern und alles für den Brückenkampf zu richten.

Priamos wollte noch vor dem Begräbnis des reichen Etruskers nachhause zurückkehren. Alles war bereit, und es war sein letzter Abend. „Heute habe ich die Villa gekauft", sagte Gavin. „Polyxena sollte standesgemäß untergebracht sein, auch wenn es ihr nicht recht ist, dort zu leben."

„Was gefällt ihr daran nicht? Das Haus ist schön und nicht zu groß. Es ist zwar kleiner als meine Villa und dennoch wirkt es größer."

„Ich verstehe sie auch nicht. Dort könnte sie die ganzen Frauensachen erledigen, was weiß denn ich, was sie so den ganzen Tag lang anstellt. Aber, Priamos, lass uns nicht mehr von den Weibern reden, die bringen nur Verdruss." Er schenkte sich von dem stark verdünnten Wein ein und prostete seinem Freund zu.

Stunden später murmelte Gavin schläfrig: „Ich werde dich vermissen und es tut mir leid, weil ich in den vergangenen Wochen so ungastlich zu dir war."

„Vergiss es, Freund. Ich bin in dieser Hinsicht nicht empfindlich. Du hast eben eine deutliche Vorliebe für diese hübsche kleine Sklavin entwickelt. Was ich durchaus verstehen kann, denn ich bin ein altes Nilpferd, das jetzt schlafen muss, sonst falle ich morgen vom Pferd."

Der Abschied am nächsten Morgen verlief wenig spektakulär. Priamos hatte die Nacht bei Gavin verbracht. Mehrheitlich hatten sie geredet und sich nur wenig der körperlichen Lust hingegeben. Gavin empfand es als eine schöne letzte Gelegenheit, um seinem Freund wieder nahe zu sein, ihm für die viele Hilfe danken zu können, ohne dass dieser Dank auf irgendeine Art und Weise gefordert wurde. Erst spät schliefen sie Arm in Arm ein, was nur selten vorgekommen war, denn es erschien ihnen zu weibisch.

Die Sklaven saßen bereits auf den Pferden, die Ausrüstung war auf zwei Packeseln festgezurrt. Einzig Ajax stand noch und hielt die Zügel des Wallachs seines Herrn. Alle freuten sich wieder auf Arretium und die Annehmlichkeiten des großen Hauses, aber gesagt hätte es keiner von ihnen.

Endlich trat Priamos aus dem Tor, an seiner Seite gingen Gavin und Polyxena. Gavin hatte ihm eine seiner keltischen Hosen zum Reiten geschenkt und einen warmen Mantel dazu. Nach dem Frühstück war er mit der Bemerkung zu ihm gekommen: „Zieh dich warm an, Priamos, es ist kalt, auch wenn heute die Sonne scheint. Hier, meine Hosen und ein Umhang, du wirst beides brauchen." Priamos wollte zuerst lachend ablehnen, hatte sich aber dann doch überreden lassen und nun stand er in der ungewohnten Kleidung vor dem Tor und versuchte, sich zu verabschieden. „Ähm, ich …. Halt die Ohren steif, Gavin und für morgen … kämpft gut und irgendwann kannst du mir schreiben. Also …", damit schwang er sich auf das Pferd und sagte noch: „Die Breeches sind gut, mein Freund, ich danke dir, du erleichterst einem alten Mann das Reiten."

„Komm gut heim, Priamos und vergiss nicht, dass ich …", vor den Männern wollte er nicht mehr weiterreden, aber er sah auch so, dass sein Freund verstanden hatte. „Grüße Claudius Lucius und Julia von mir und richte auch Primus Felix meine Verehrung aus." Darüber musste Priamos herzlich lachen und er hatte Mühe, sein Pferd unter Kontrolle zu bringen, das bei dem unerwarteten Heiterkeitsausbruch zu scheuen begonnen hatte. „Ich werde ihm haarklein berichten, wo sich sein Sohn aufhält und was das kleine Früchtchen hier im Schilde führt, das ganze natürlich garniert mit etwas Schweigen, dort wo es angebracht ist und Primus wird aus der Haut fahren. Also … alles Gute, mein Freund, auch für dich Polyxena." Nun wandte er endgültig das Pferd um und gemächlich trabte es Richtung Arretium. Jeder Schritt mehr brachte ihn näher an sein luxuriöses Zuhause und zu Ganymed.

Lange standen sie schweigend dicht beisammen am Tor und berührten sich nicht. Es war, als wären beide in einer eigenen Welt gefangen, aus der sie zwar heraus sehen, sie aber nicht verlassen konnten. Schließlich brach Polyxena das Schweigen mit einem Seufzer. Wie ein Donnerschlag hallte das leise Geräusch zwischen ihnen und brachte die Wirklichkeit zurück. Gavin drehte nun ebenfalls der Straße den Rücken und ging in das Dunkel erscheinende Haus. Wie er so hinter Polyxena herging, fiel ihm auf, um wie viel schwerfälliger sie in den letzten Wochen geworden war. Ihre Fußknöchel schienen angeschwollen zu sein und er hatte den Eindruck, wenn er sie besuchte, dass sie immer darum bemüht war, ihm nicht anmerken zu lassen, wie es ihr wirklich ging. Dann dachte er an Alkmene, die stets lachte und mühelos ihre Arbeit verrichtete, dabei sah man ihr die Schwangerschaft schon deutlich an. Sie schien immer schöner zu werden, während Polyxena beinahe unansehnlich wurde. Sie merkte das selbst und zog sich mehr und mehr zurück. Eigentlich hatte sie vorgehabt, noch einmal in die Stadt zu gehen und Tellus zu opfern, sich dann dagegen entschieden, zu müde fühlte sie sich an manchen Tagen und seit ihrem ersten Tempelbesuch, durfte sie das Haus nicht mehr allein verlassen. So blieb sie in ihrem Zimmer, das bald nicht mehr das ihrige sein würde oder spazierte im Garten. Manchmal las sie in einem Buch, aber die meisten kannte sie bereits, so war auch das langweilig.

Gavin unterdessen hatte viel Arbeit, mehr als ihm manchmal lieb war, auch wenn er das eintreffende Geld brauchte. Einerseits war er froh, wenn Polyxena in die Villa übersiedelte, weil er dann das Zimmer für einen weiteren Schüler verwenden konnte, der mit dem Beginn des neuen Monats hier eintreffen würde, andererseits wurde ihm manchmal die Verantwortung zu viel. Jetzt hatte er nicht einmal mehr Priamos, mit dem er diese Dinge besprechen konnte.

Entschlossen verbannte er alle privaten Gedanken in den Hintergrund und schickte sich an, für die naheliegende Zukunft zu arbeiten. An diesem Tag wartete Severinus Minor auf ihn, der Sohn des Verstorbenen. Sie wollten an der Begräbnisstelle einen geeigneten Kampfplatz ausstecken und die Position des Pontons festlegen. Anschließend stand ein Besuch des Vaters des neuen Schülers an und auch beim Tischler wollte er vorbeischauen und fragen, wann die neuen Möbel für die Villa fertig sein würden. Polyxena sollte endlich standesgemäß wohnen können und für das Kind suchte er noch immer nach einer Kinderfrau. Alkmene hatte er bereits angekündigt, dass sie die Amme für sein Kind sein würde und sie in der Zeit der Säugung in der Villa leben würde müssen. Er wusste nicht, ob sie diese Ehre auch als solche empfand. Tatsächlich war sie zu Anfang über diese Aussicht wütend gewesen, dann hatte sie lange mit Sextus darüber geredet und schließlich hatte er sie überzeugen können, wie gut es war, so eine wichtige und zugleich vertrauensvolle Position in der Familie des Herrn zu bekommen. „Sieh doch, Alkmene, Gavin ist noch immer scharf auf dich und du kannst dir das Leben hier leichter machen. Aber vergiss mich nicht, wenn du aufsteigst." Stürmisch umarmte sie ihn und küsste ihn heftig. „Dich liebe ich, Sextus, der andere ist der Herr, das hat damit nichts zu tun."

Zum Begräbnis des reichen Etruskers waren viele Leute gekommen, wozu auch der Schaukampf der Gladiatoren beigetragen hatte. Erst in der Dämmerung bei Fackellicht hatten sie den Ponton-Kampf gestartet, was sehr spannend zum Ansehen war und die Zuschauer zu wahren Begeisterungsstürmen hinreißen hatte lassen. Sie kämpften gut, Tullius mit dem Dreizack und den Steinen als Verteidiger und als Angreifer Sextus und Ullrik. Obwohl es keine Toten geben würde, war der Kampf brutal geführt worden. Ullrik wich den Wurfgeschossen gekonnt aus oder wehrte sie mit dem Schild ab, Sextus hatte etwas Pech, als ihn ein Stein, der vom

Scutum abprallte, an der Wade traf und ihm eine blutende Wunde riss. So konnte er nur noch hinkend kämpfen und er musste mehr und mehr Ullrik das Feld überlassen, der, als alle Steine des Retiarius aufgebraucht waren, laut schreiend den Ponton stürmte und Tullius von der Plattform stieß. Eine Weile rangen sie im Sand und schließlich konnte ihn Ullrik in einem Würgegriff festhalten und wurde als Sieger des Kampfes ausgerufen. Als besten Kämpfer dieses Spiels wählte Gavin schließlich Ullrik, der die wenigsten Treffer eingesteckt hatte. Zurück in der Schule bekam er vom Herrn einen Beutel mit Kupfermünzen überreicht. Polyxena schenkte ihm noch eine neue Tunika und auch Petulia, seine Gefährtin, bekam ein neues Kleidungsstück von ihr. Noch bevor sie sich ordentlich bedanken konnte, zog sich Polyxena zurück. Beide waren sehr erfreut über das Geschenk der Herrin, denn sie waren der Meinung gewesen, sie würde sich nicht besonders viel aus ihnen machen, weil sie nie redete oder auch mit der Köchin ihre Wünsche besprach.

„Ihr habt heute gut gekämpft, deshalb gibt es für alle morgen einen zusätzlichen freien Tag."

„Hoch lebe der Herr", rief Sextus und die anderen stimmten mit ein. „Danke, Herr. Ich möchte dich auch für Alkmene um einen freien Tag bitten, damit wir zum Tempel gehen und für eine gute Niederkunft bitten können", fragte er zaghaft lächelnd. Alkmene sah zauberhaft aus, sie wirkte nahezu strahlend.

„Natürlich, opfert Tellus oder Ceres. Nehmt euch von der Küche ein Brot oder Kuchen, wenn etwas da ist." Er wandte sich dann noch einmal an alle. „Leute, ich wünsche euch eine angenehme Ruhe. Petulia, bring mein Essen in das Zimmer der Herrin und nimm ihr auch eine Kleinigkeit mit." „Gewiss Herr, ich erledige das sofort."

Beinahe zögernd trat Gavin in Polyxenas Zimmer. In den nächsten Tagen würde sie in die Villa übersiedeln, da musste er sich etwas überlegen, besonders was die Küche anging. „Ich lasse mir auch ein Zimmer im Herrenhaus einrichten", sagte er zur Begrüßung. „Eut mich", antwortete sie. „Wie geht es dir, Polyxena? Und ich will jetzt die Wahrheit wissen. Wenn ich dich sehe und Alkmene, sei mir nicht böse, du siehst aus wie etwas, das die Katze nicht ins Haus bringen würde."

„I-ch … eiß, Gav-in." Müde schaute sie an sich hinab, die geschwollenen, geröteten Füße starrten unter dem Rocksaum hervor, unter dem sie sich nicht mehr verstecken ließen. „Morgen werde ich nach der Hebamme schicken. Du bist immer müde und die Sklaven haben mir berichtet, dass sie dich kaum noch zu Gesicht bekommen und du sollst angeblich auch nichts essen."

„Ka-an nich."

„Was kannst du nicht?"

„Essen. Mir is-st … nur … üb-el."

„Dann ist es umso wichtiger, wenn die Hebamme zu dir kommt. Es soll dir an nichts fehlen, Polyxena. Auch wenn ich dich nicht liebe, so heißt das nicht, dass ich dich vernachlässige. Du musst nur sagen, wenn du etwas brauchst." Polyxena wusste genau, was sie sich wünschte, aber das würde sie von ihm nicht bekommen. Dennoch sagte sie leise: „Lie-be, nu …." Als sie seinen entsetzten Gesichtsausdruck sah, brach sie ab und bereute, das Wort überhaupt gesagt zu haben. Aber sie bat ihn deswegen nicht um Entschuldigung, sie schaute ihn nur an und dann weg. Schweigend starrten sie aneinander vorbei bis Petulia mit dem Essen erschien. Hinter ihr ging strahlend Alkmene, die ein kleineres Tablett für Polyxena trug. „Ich danke euch", sagte Gavin, wobei er Alkmene freundlich anlächelte. Es gefiel ihm, wie sie sich anstrengte, hübsch zu sein und er fragte sich, ob das Kind das sie trug, wohl von ihm war. Diese Frage hatte sich auch Alkmene schon gestellt und nicht nur sie, auch die anderen Sklaven rätselten darüber. Doch am meisten quälten Polyxena diese Gedanken. Sie wollte nicht, dass diese hübsche Sklavin das Kind ihres Gatten gebar und gleichzeitig konnte sie nichts dagegen unternehmen. Manchmal hasste sie die junge Frau, dann schalt sie sich selbst, wegen einer Unfreien eifersüchtig zu sein. Selbst Sophia hatte ihr geraten, die Sklavin zu übersehen, was leichter gesagt als getan war.

Stumm würgte sie ihren Brei hinunter, seit Tagen aß sie nichts anderes als Weizengrießbrei oder klare Suppen, etwas anderes konnte sie nicht bei sich behalten. ‚Wenn er mich doch nur ein wenig mehr beachten, mich nur einmal richtig ansehen würde', dachte sie betrübt. Doch er schaute auch jetzt nicht zu ihr, aß stattdessen rasch, stand dann auf und sagte bereits an der Tür: „Polyxena, du solltest mehr essen und auch an die frische Luft gehen. Morgen haben die Sklaven frei, soll ich jemanden befehlen, dich bei einem Spaziergang zu begleiten?" Gavin versuchte mit allen Mitteln nett zu sein, ohne Gefühle für sie zu entwickeln. Freundlich zu bleiben, war nicht immer einfach, denn meistens bestritt er die Unterhaltung allein und es wurde ihm langweilig, sich die Antworten denken zu müssen, da war es weniger mühsam, wirklich allein zu sein.

‚Ich will hinaus, allein oder mit dir. Ich will, dass du mich kennen lernst und dich an mich lehnst, wie in der Nacht vor unserer Hochzeit. Ich will … verfluchte Götter', heftig waren ihre Gedanken und etwas davon musste in ihrem Gesicht zu bemerken gewesen sein, denn er ging zurück und setzte sich neben sie. Sehr ernst blickte er sie an. „Es tut mir wirklich sehr leid für dich, Polyxena, aber ich kann dir nicht mehr geben." Sie seufzte einmal laut auf, dann schaute sie ihn an und irgendwie schaffte sie es, ihre Stimme verständlich und neutral klingen zu lassen: „Du ... bi-st ... nicht ... an-ders ... all-s ... die ... andern. ... Be-ss-a, du ... ver-stöß-t ... mi-ch wenn ... das ... Kin-d ... da is-st."

„Das kannst du doch nicht von mir verlangen!", rief er empört aus. So schlimm fand er sie nun auch wieder nicht und sie trug sein Kind, was immerhin etwas war. „Wir haben einen Vertrag Polyxena und daran werde ich mich halten", fauchte er.

„Kei-n ... gut ... Ge-schä-ft, Gav-in." Nun klang sie erneut müde und abgeschlagen. Das Kind in ihrem Bauch trat bereits und werkte herum als würde es von den Unstimmigkeiten und der schlechten Verfassung seiner Mutter etwas mitbekommen und sich gegen sie wehren.

„Ob du ein gutes Geschäft bist, das lass meine Sorge sein. Morgen ziehst du in die Villa, dann sehen wir weiter. Ich schicke dir Sophia, damit sie dir ins Bett hilft." Kaum gesagt, war er schon bei der Tür draußen, wo er beinahe mit Alkmene zusammenstieß, die gelauscht hatte. „Steh hier nicht rum, hol lieber Sophia, damit sie der Herrin hilft", herrschte er sie an, doch dann nahm er mit einem Lächeln seinen Worten die Schärfe.

Wochen vergingen und in der Schule Alpinus ging es hoch her. Drei Knaben kurz vor dem Mannesalter lernten hier das Handwerk des Schwertkampfs und der Redekunst. Sie lebten beinahe mit den Gladiatoren zusammen und nahmen an den meisten Trainingseinheiten teil. Titus, der Schüler mit der längsten Erfahrung in der sonderbaren Schule war in dem halben Jahr zu einem tatkräftigen jungen Mann gereift, der sich allerhand zutraute und auch gegen die älteren Kollegen gewann.

Der Frühling zog ein und damit auch die Aussicht auf baldiges Kindergeschrei. Gavin war mit den Reisevorbereitungen beschäftigt, denn er wollte mit seinen Männern über die Alpen gehen. In Virunum würden wahrscheinlich wieder Kämpfe veranstaltet werden und nicht nur dort, auch weiter nördlich, bis Carnuntum hatte er vor, zu gehen, wenn es sein musste.

Polyxena lebte nun die meiste Zeit allein in der Villa, nur wenige Tage in der Woche schlief Gavin in seinem behaglichen Zimmer, lieber hielt er sich in der Schule auf. Für Polyxena hatte er eine Hebamme kontaktiert, die auch beinahe täglich vorbeikam. Aber etwas anderes als verschiedene Kräutertees und Aufenthalt im Freien konnte sie ihr nicht verordnen. Polyxena wusste, dass die Schwangerschaft nicht nach Plan verlief und machte sich Sorgen. Um endlich Gavin deswegen zu sprechen, marschierte sie zur Schule. Sie fand ihn im Bad mit Alkmene. So genau wollte sie nicht sehen, was Alkmene und er trieben, eigentlich wollte sie es gar nicht wissen. Im ersten Moment dachte sie, das Herz würde ihr stehenbleiben und sie rang fassungslos nach Atem als sie die beiden in einer innigen Umarmung sah, sich küssend und zärtlich streichelnd. Als sie bemerkte, wie er Alkmenes Bauch sanft streichelte und küsste, war es zu viel für sie und sie schwankte hinaus. Draußen lehnte sie sich schwer atmend an die Mauer und kämpfte gegen die Tränen, denn die Gladiatoren übten am Feld und sie wollte sich keine Blöße geben. Alle sollten denken, es wäre in Ordnung so. Deshalb wartete sie einige Minuten, dann zog sie die Palla über den Kopf und schlich entlang der Mauer zurück ins Atrium. Die Welt schien sich zu drehen, der Boden schien wie bei einem Erdbeben zu schwanken und sie hatte den Eindruck, als würden die Mauern auf sie einstürzen. An einer Säule hielt sie kurz inne und versuchte einen klaren Gedanken zu fassen und die heftig einsetzenden Schmerzen zu unterdrücken. ‚Nein', dachte sie verzweifelt. ‚Das ist jetzt nicht möglich. Das darf nicht sein.' Bewusst tief und langsam atmete sie, versuchte sich zu beruhigen. ‚Alles ist gut, Kindchen, alles ist gut, dir ist behaglich und es geschieht dir nichts.' Als sich die Welt nicht mehr bewegte, ging sie weiter. Immer schwerer stützte sie sich auf den Stock und kam sich wie eine alte Frau vor, die unversehens durch ein dummes Missgeschick schwanger geworden war. Bis zur Villa war es nicht weit, dennoch zog sich an diesem Tag die Strecke. ‚Er wird bald weggehen und nicht wissen, wann er wiederkommt. Warum kann er mir nicht gleichgültig sein?' Immer wieder fragte sie sich das und wusste gleichzeitig die Antwort darauf. Es war in jener Nacht vor der Hochzeit, als er sich an sie gelehnt und sie als vollwertigen Menschen gesehen und auch so behandelt hatte, seitdem fühlte sie sich mit ihm verbunden, mehr noch als vorher. Nun, vor der Haustür der Villa angekommen, merkte sie wie alle Hoffnung auf eine bessere Zukunft bröckelte, die Mauer ihrer kleinen Illusion zerfiel zu Staub. Dennoch wollte sie ihn und sich nicht der Lächerlichkeit preisgeben. Selbstdisziplin beherrschte sie wie keine Zweite, denn ohne diese hätte sie nie wieder gehen oder sprechen gelernt. Nur jetzt fühlte sie einen eisigen Griff an ihr Herz, der fest zupackte und es quetschte, nach den Lungen griff und ihr den Atem nahm.

Im Bett kam sie zu sich und schaute in verschwommen Gesichter. Sophia hatte sie am Treppenabsatz liegend gefunden als sie in die Schulküche um das Essen für die Herrin gehen wollte, denn sie hatten die Küche in der Villa noch nicht in Betrieb genommen. Umgehend hatte sie Alarm geschlagen und nach der Hebamme geschickt.

„Wa?", fragte sie und wusste, es stimmte etwas nicht, der Schmerz in ihrem Unterleib war beinahe unerträglich und sie hatte plötzlich unbeschreibliche Angst um das Ungeborene. Verzweifelt versuchte sie Gavins Hand zu fassen, doch sie griff lediglich in die Luft. Er stand am Fenster und starrte mit leerem Blick hinaus. ‚Wieder war ich nicht da als mich jemand gebraucht hat', machte er sich selbst Vorwürfe. ‚Ich hätte hier sein sollen, anstatt mich zu amüsieren. Keinen Tag war ich bislang für sie da, aber sie immer für mich. Was bin ich für ein Mann, dass ich meine Frau so ignoriere? Kassandra, was soll ich nur machen?' Doch er bekam keine Antworten. Alkmene war so süß gewesen, so willig und ihr schien die Schwangerschaft kein Bisschen auszumachen, im Gegenteil, es machte sie noch attraktiver. Seufzend wandte er sich um, da bemerkte er die Verzweiflung und den Schmerz seiner Gattin und er eilte zu ihr. Er setzte sich an ihr Bett und schickte dann alle anderen hinaus.

„Ki-nd?", fragte sie heiser.

„Die Hebamme sagt, damit du es behältst, musst du liegenbleiben. Was ist passiert, Poly?"

„Eiß ... nich", log sie, doch diesmal ahnte er die Wahrheit und er fühlte sich beschämt.

„Sie bedeutet mir nichts", flüsterte er, dabei ergriff er ihre Hände und drückte sie. Schreien wollte sie, toben, ihn fragen, warum er dann so liebevoll mit der Sklavin war, wo er für sie selbst nichts anderes als Verachtung übrig hatte. Aber sie brachte nur ein leises „Wah-rum?" heraus. Zum ersten Mal gestattete sie es sich, zu weinen, ihm ihre Angst und ihren Schmerz zu zeigen. Lange überlegte er, dann entschloss er sich, es könne nicht schaden, ihr etwas von sich zu erzählen, von den eigenen Gefühlen. So begann er: „Polyxena, was soll ich sagen? Es ist schwer für mich." Seufzend dachte er an das vergangene Jahr. Dann berichtete er abermals von Kassandra und den Gefühlen für sie, bis dorthin wo er vor den Sklaven von seinem Bruder gedemütigt worden war und er sich nicht dagegen gewehrt hatte. „Damals habe ich alle Gefühle verloren, glaube ich", schloss er endlich den langen Bericht. „Bitte, Poly, ich wollte nicht dich verletzen, sondern dich fernhalten. Nun ist das leider nach hinten losgegangen. Alle, die ich bis jetzt geliebt habe, habe ich auf irgendeine Art und Weise verletzt – meinen Bruder, meinen Vater, Kassandra, Marcus Atticus und auch deinen Onkel Priamos."

Fast war sie zu schwach dazu, aber sie hob den Arm und berührte ihn sacht an der Wange. „Ga-vin", flüsterte sie. Da griff er abermals nach ihrer Hand und führte sie an seine Lippen. Zart küsste er sie, dann jeden Finger und schließlich beugte er sich zu ihr nieder und küsste sie auf den Mund. Dann sagte er etwas, das sie nie erwartet und auch nicht gefordert hätte: „Ich werde nicht mit der Schule auf Wanderschaft gehen. Zuerst muss es dir wieder gut gehen, Poly."

„Alk-me-ne?"

„Wie meinst du? Ob ich sie liebe?" Auf ihr kopfschütteln hin, fragte er: „Meinst du, ob ich mich weiter mit ihr amüsieren werde? Ich weiß es nicht."

„Ei nich nett ... zu mir", bat sie ihn nach einer Weile. Sie hatte Angst, sich wieder zu öffnen, nur um dann erneut von seiner Ablehnung getroffen zu werden. Zu oft schon war ihr das in den vergangenen Jahren mit Menschen, die sie mochte, passiert.

„Ich bin nicht nett, Polyxena, ich versuche nur, dem Rat der Hebamme zu folgen." Dabei dachte er an Kassandra, die einmal etwas Ähnliches zu ihm gesagt hatte. Er fand sie vom Wesen her fast gleich und rasch verdrängte er den Gedanken, er wollte Polyxena nicht mögen, nicht jetzt, wo es nicht sicher war, ob sie und das Kind überleben würden.

Obwohl es ihn hart ankam, hatte er seinen Schlafplatz von der Schule in die Villa verlegt und Polyxenas Zimmer bezogen, zumindest für die Dauer ihrer erzwungenen Bettlägerigkeit. Täglich schaute die Hebamme vorbei, auch einen Arzt hatte Gavin um seine Meinung gebeten, doch der hatte dem Rat der Hebamme zugestimmt. So musste Polyxena weiter im Bett ausharren. Sie hatten es vor das Fenster gestellt, damit sie in den Garten blicken konnte. Gavin las ihr vor, massierte ihre Beine, half ihr beim Essen und Trinken und bei der Körperpflege.

Diese Hilflosigkeit empfand sie als demütigend. Schon einmal war sie so gefangen gewesen und damals hatte sie sich geschworen nie wieder auf Hilfe angewiesen zu sein. Alles selbst machen zu können, dafür hatte sie hart gearbeitet. Keiner wusste von den Tränen, die sie nachts vergossen hatte, weil ihr Körper schmerzte und sie trotzdem weiter geübt hatte, sich immer wieder in die Höhe gestemmt und gegangen war. Kaum konnte sie wieder gehen, hatte Vater sie in einen Karren gesetzt und zu Priamos verfrachtet. Oft dachte sie an diese entwürdigende Reise, besonders seit sie tatenlos liegen musste und nichts als die Aussicht aus dem Fenster Ablenkung bot. Tagelang war sie in dem Ochsenkarren gesessen, dann war sie auf ein Handelsschiff gebracht worden, wo sie im Frachtraum zwischen den Kisten und Amphoren harren musste, eingesperrt in Finsternis und Angst. In Brundisium waren sie an Land gegangen und dann weiter über die Via Appia nach Rom und von dort entlang der Via Cassia nach Arretium gereist. Noch heute wurde ihr übel, wenn sie an die Fahrt dachte. Immer eingesperrt in dem Ochsenkarren hatte sie wenig Luft und Licht erhalten. Die Leibwächter hatten lediglich die Anweisung, sie sicher bei Priamos Lucullus abzuliefern, dort würden sie den Rest der Bezahlung erhalten. Wie sie dort eintreffen sollte, war gleichgültig. Noch jetzt sah sie seinen Gesichtsausdruck, als sie ihm vorgeführt wurde und ihre Wangen brannten vor Scham darüber. Sie hatte gemerkt, dass er sie am liebsten postwendend zurückgeschickt hätte. Doch dann hatte er sie seufzend aufgenommen, ein Zimmer und einen Waschzuber richten lassen und war gegangen.

Sie zwang sich, nicht mehr daran zu denken, sondern lieber an die Freiheit, die sie auf dem Rücken des Pferdes genossen hatte, als er sie hierher gebracht hatte. Und nun lag sie abermals und durfte nicht aufstehen.

Auch für Gavin war diese Zeit nicht einfach. Er hatte sich für Spiele in der Nähe angemeldet und bei einem weiteren Begräbnis kämpften zwei seiner Männer gegen verurteilte Verbrecher. Es war ein unschönes Gemetzel, das nicht sonderlich zur Ehre gereichte, aber Geld in die Kasse brachte und die Stadt von unnötigen Kosten für die Unterbringung und Hinrichtung der Verbrecher befreite.

Oft dachte er daran, dass er sich eigentlich mit seinem Familienoberhaupt hatte aussprechen wollen, aber die Erfüllung dieses Wunsches blieb ihm noch versagt. Einerseits quälte er sich, seine Gefühle für Polyxena zu unterdrücken und andererseits war er ihr in den letzten Wochen näher denn je. Er lernte sie in einer Weise kennen, wie er es nie wollte. Am liebsten hätte er sie und alle Menschen von sich ferngehalten, sie aus seinem Leben ausgeschlossen, nur damit er nie wieder den Schmerz des Verlustes erfahren musste, den er bereits zu oft erlebt hatte.

Grübelnd saß er im Atrium und wartete auf den Sonnenaufgang. Nur wenig Schlaf gönnte er sich in diesen letzten Wochen, denn er wollte Polyxena nicht stören und seine Träume schreckten auch sie. So saß er oft bereits im Morgengrauen dösend im Atrium und wurde durch den Schlafmangel wieder reizbar.

Eines Morgens, er hatte kaum geschlafen, klopfte es an der Pforte. Gähnend öffnete Gavin und traute seinen Augen nicht.

19. Amnestia – Vergebung

„Komm herein Manius", sagte er schließlich heiser. Abgekämpft sah er aus, nur noch ein Sklave begleitete ihn. „Was ist passiert? Warte – zuerst essen und schlafen. Wenn du ausgeruht bist, können wir reden." Umgehend weckte er Sophia und befahl ihr, Feuer zu machen und die anderen Bediensteten zu informieren, dass ein Gast eingetroffen war und sie sich schleunigst an die Arbeit machen sollten.

„Komm mit", sagte Gavin und zerrte seinen wie versteinert wirkenden Bruder in einen schön geschnittenen Raum, den er für Polyxena als Lesezimmer gerichtet hatte. Dort drückte er ihn auf ein Sofa und lief dann abermals laut nach Sophia rufend ins Atrium. Da kam ihm Polyxena entgegen gestolpert. „Du sollst liegenbleiben!", herrschte er sie an, dann nahm er sie einfach hoch und trug sie ins Lesezimmer, weil es näher war. „Wa los?" fragte sie. „Mein Bruder ist hier und … und … und … ich … weiß nicht. Ich denke nicht, er wusste, dass wir hier wohnen." In der Bibliothek legte er sie auf eine der Liegen und stellte die beiden einander vor, dann lief er abermals hinaus, holte für seine Frau eine Decke und endlich traf Sophia ein. „Beeil dich, wir haben einen unerwarteten Gast und seinen Sklaven hier. Warme Speisen und Getränke … und ein Schlafzimmer, aber jetzt schnell, weck die anderen. Es soll von nebenan noch jemand kommen, wer ist mir egal. Stante pede, Sophia!" Schon rannte sie los und Gavin ging zurück.

„Die Sklaven richten dir ein Zimmer und ein warmes Frühstück, auch für deinen Diener. Doch sag, Manius, was ist dir zugestoßen?" Manius lag mit geschlossenen Augen da und war offensichtlich eingeschlafen. Deshalb deckte Gavin ihn mit einer zusätzlichen Decke zu und setzte sich zu Polyxena.

„Bru-da … demü-ti…?", wollte sie fragen, doch Gavin ließ sie nicht ausreden. „Ja, das ist er. Welches Geschick ihn hierher bringt, weiß ich nicht. Wenn er gegessen hat, muss er mir einiges erklären, auch wenn er nicht wollen wird, schließlich ist das mein Haus." Da kam Sophia hereingestolpert, ein gut gefülltes Tablett vor sich hertragend. Außer Atem war sie, die Wangen gerötet und sie wirkte aufgelöst. „Was ist nun schon wieder?", fragte Gavin gereizt. „Ähm, Herr, Alkmene kommt nieder", antwortete sie freudestrahlend, auch wenn das für sie mehr Arbeit bedeutete. Ein Kind war eine schöne Sache und würde vielleicht etwas mehr Licht ins Haus bringen. „Ich habe nach der Hebamme geschickt und auch Alkmene Tee gebracht, weil es ja auf dem Weg liegt. So, und dann bin ich gelaufen."

„Stell das Tablett auf den Tisch." Sophia tat wie ihr geheißen, dann erkannte sie den Mann, der den Herrn öffentlich erniedrigt hatte und ihr Blick wurde hart. Gavin bemerkte das und sagte rasch: „Er wird freundlich behandelt. Ich trage ihm nichts nach und von dir und den anderen erwarte ich dasselbe. Verstanden?" Zerknirscht blickte die alte Sklavin zu Boden und murmelte: „Ja, Herr."

„So ist es gut und nun mach das Gästezimmer fertig und dann erkundige dich nach Alkmene. Sag mir, wenn das Kind da ist." Dann wandte er sich dem Frühstück zu, trank ein wenig Most und gab auch Polyxena zu trinken. Anschließend brachte er sie wieder in ihr Zimmer zurück. „Ich erzähle dir ein anderes Mal von ihm. Vielleicht vor der Cena, wenn ich die Zeit dafür finde. Ruh dich aus. Ich muss in die Schule hoch, heute habe ich einige Termine." Sie griff nach seiner Hand und hielt sie einen Moment. „Ich ... wünsch ... ihr ... ein ges...und Kind und ...", sagte sie und ihr wurde vor Anstrengung ganz heiß. Immer schwerer fiel ihr das Sprechen in den letzten Tagen. Es war so als würde sich ihr Körper gegen die Sprache wehren. Die Lähmung im Gesicht war schlimmer geworden, nun ließ sich ihr linkes Augenlid kaum noch öffnen und sie mied jeden Spiegel oder glänzende Oberfläche. „Du bist großzügig. Ich werde es ihr ausrichten", erwiderte er, dann küsste er sie auf die Stirn und wollte gehen, doch da stürmte Sophia die Kammer und rief: „Herr, sie hat einen Jungen und du solltest ihn dir ansehen, Herr ... er hat ... er hat ... o Herr, wenn du ihn siehst, dann weißt du es. Komm schnell, Herr!" Richtig aufgeregt, fast aufgedreht war sie und wollte Gavin bereits an die Hand nehmen und hinauszerren. „Arte!", rief Polyxena dazwischen. „Gav ... gib ... ihr ... mein Schmu... mein ... Schm-u-ck."

„Das kannst du doch nicht machen, Polyxena!", wollte er sie empört von ihrem Vorhaben abbringen, aber sie zeigte auf die kleine Kassette, wo sie eine schöne Perlenkette verstaut hatte, das einzig wertvolle Stück, das sie hatte. „Gib ... sie ... ihr. Und ... die ... die ... rote Pall ... Pall... Palla. Für ... für das ... Kind erst ... päter ... bei ... bei .... Tu ... was ... ich ... will!" Mit einer enormen Kraftanstrengung war es ihr gelungen, den Befehl als solchen klingen zu lassen und Gavin gab nach. Er nahm die Sachen und verabschiedete sich. „Komm, Herr! Ach Herr, das Kindchen ist so hübsch ... Ich denke, Alkmene wird sich über deine Gaben freuen. Du bist mehr als großzügig." So plapperte sie dahin, während Gavin schon zur Tür hinaus gegangen war. „Herr! Herr! Jetzt wird es bei der Herrin auch bald so weit sein. Hoffentlich geht auch bei ihr alles gut. Dann hast du ..."

„Sophia! Sei still!", herrschte er sie an. Das Gerede ging ihm auf die Nerven. Er beschleunigte seine Schritte und lachend kam ihm Sextus entgegen. „Na, Herr, nun haben wir den ersten Nachwuchs in der Schule, wenn du ihn gesehen hast, dann …." In seiner Stimme schwangen sowohl Stolz als auch Unglaube und Eifersucht. Dann erblickte er die Geschenke, die Gavin mitbrachte und er verstummte. „Ich bin hier, um ihn mir anzusehen, Sextus." Gavin wollte sich nun nicht mehr aufhalten lassen und ging in das Quartier, das sich die beiden teilten.

Die Hebamme war noch beschäftigt und legte eben das Neugeborene an Alkmenes Brust. „Es freut mich, dass es dir so gut geht. Nun, dann lass mich jetzt das Kind sehen." Sorgsam, immer wieder einen ängstlichen Blick auf den Herrn werfend, wickelte sie das Neugeborene aus der Decke und überreichte es Gavin. Der betrachtete bewundernd den kleinen, feinen und doch so perfekten Körper. Alles schien genau dort zu sein wo es hingehörte. Ein stolzes Lächeln breitete sich auf seinem Gesicht aus, als er den Flaum roten Haares, das den Kopf des Knaben bedeckte, bemerkte. Zweifelsohne war es sein Sohn, den er da im Arm hielt. Aber noch gestattete er sich keine Freude darüber. So gab er das Kind an die Mutter zurück, was von ihr als gutes Zeichen gewertet wurde und sagte: „In neun Tagen werde ich ihm einen Namen geben. Bis dahin habe ich diese Dinge als Geschenk der Herrin für dich." Er gab ihr die Perlenkette, ein unbezahlbares Schmuckstück, und die Palla. Beides würde Alkmene gut stehen. „O Herr! Ich bin … was soll ich sagen? Ich bin beschämt über die Güte der Herrin." Fest drückte sie das Neugeborene an sich und atmete den Duft des Kindes ein. „Herr, ich danke dir", flüsterte sie, dann schaute sie Gavin ins Gesicht und lächelte. Als er sie so anschaute, war es, als würde die Sonne aufgehen und ein neues, noch unbekanntes Land bescheinen. Er fragte sich, woher er diese Gedankenbilder hatte, wenn er sie anschaute. Dennoch empfand er nicht mehr für sie als für jede andere Frau, die er bislang genossen hatte, abgesehen von Kassandra, die noch immer einen besonderen Platz in seinem Herzen einnahm.

„In neun Tagen bekommt er einen Namen, bis dahin bist du von deinen Pflichten entbunden. Ruh dich aus, Alkmene und befolge den Rat der Hebamme." Schnell verließ er den dunklen Raum. Er fühlte noch den leichten Druck des Kindskörpers in seinen Armen. Dann sah er Alkmene, die strahlend in ihrem Bett lag und trotz der Anstrengung und Mühsal der Geburt schöner aussah denn je. Dagegen wirkte Polyxena aufgedunsen und leer, leblos. Manchmal kam sie ihm wie ein Stein vor, der nutzlos in der Gegend lag. Dann schalt er sich selbst, weil er so über sie dachte.

Im Atrium standen die Sklaven beisammen und tuschelten. Sofort verstummten sie, als sie den Herrn bemerkten. „Bereitet alles vor, in neun Tagen findet hier ein Namensfest statt." Lauter Jubel brandete auf und die Sklaven ließen den Herrn hochleben. Dann ging er zurück in die Villa. Eigentlich wollte er sich nun seinem Bruder stellen, doch der schlief noch. So stellte er ihm eine Handglocke auf den Tisch und breitete eine weitere Decke über ihm aus. Sophia gab er Bescheid, im Haus nach dem Rechten zu sehen und einige von Alkmenes Arbeiten zu übernehmen. Danach ging er seinen eigenen Pflichten und Terminen nach. Er tat mehr als er eigentlich vorgehabt hatte, kontrollierte die Lernerfolge der Jungen, redete mit einem Vater und ging sogar auf die Felder. Aber überall lief alles nach Plan und die Dinge geschahen wie er sie angeordnet hatte. So setzte er sich abermals ins Büro, und schließlich musste er sich eingestehen, Polyxena jetzt nicht sehen zu wollen. Zu deutlich sah er ihr aufgedunsenes, noch schiefer wirkendes Gesicht vor sich, und einem Mund, dem sich kaum ein Wort und noch weniger ein Lächeln entlocken ließen. Er wusste, dass er ihr gegenüber ungerecht war, aber gegen diesen Vergleich mit Alkmene konnte er nichts machen. Die Bilder waren da und stellten sich selbst gegenüber.

Den Abend verbrachte er mit Manius, der kurz vor der Essenszeit wach geworden war und schon einmal das Haus besichtigt hatte.

Jetzt erfuhr er endlich, warum der Bruder den Weg über Ravenna genommen hatte, ihn schließlich nehmen musste. Er war von Straßenräubern verfolgt und ausgeraubt worden. Das wollte er nun der Garnison melden, damit die etwas gegen die Wegelagerer unternehmen konnten. „Morgen werde ich hingehen", sagte er. Danach lobte er das gute Essen und die ruhige Dienerschaft. „Es stimmt also, Gavin, und das alles gehört dir", bekannte er schließlich anerkennend.

„Ja, Manius, so ist es. Ich habe nicht gelogen."

„Aber an deiner Stelle, hätte ich eine Frau genommen, die etwas mehr hermacht. Die ist doch nicht mal was fürs Bett. Wahrscheinlich hat sie viel Geld und einen hohen Status." Die Wahrheit hinter den Worten seines Bruders ließ sich kaum verbergen, denn alle Welt wusste um Polyxenas Herkunft und ihren gehobenen sozialen Status als reiche griechische Patrizierin.

„Nun, Manius, über das Erste kann man sicher streiten und über das Zweite spricht man nicht." Er entblößte eine beinahe durchgehende Reihe weißer Zähne und sein Bruder musste einsehen, dass er nicht mehr erfahren würde. Dann wandte sich das Gespräch mehr den Geschäften und der Landwirtschaft zu. Die Wolle der väterlichen Schafe war ausgezeichnet und er war noch immer auf der Suche nach einem Handelspartner. Sein Schwager Marcellus hatte eine gute Hand was die Tiere anging und sie hatten in den letzten Jahren keine verloren. So berichtete Manius über das Geschehen zuhause, auch wenn alles schon mehr als ein Jahr zurücklag. Lange sprachen sie und bald waren sie bei noch weiter zurückliegenden Ereignissen und in ihrer Kindheit angelangt. Sie lachten über allerlei Unsinn den sie angestellt hatten und Gavin ließ noch eine Kanne Wein kommen. Bald diskutierten sie über Gavins Abenteuer in der nachbarlichen Villa und dem angeblichen Buchdiebstahl. „O Manius, ich hatte solche Angst vor den Konsequenzen, aber ich konnte es nicht lassen. Zu reizvoll war das Lesen, nachdem Vater es verboten hatte."

„Nun, du hast die Schläge auch mit einer gewissen Arroganz ertragen. So wie du eigentlich alles mit einer Gleichgültigkeit an dir vorbeilaufen lässt." Gavin lachte leise und es klang nicht fröhlich. Es war das Lachen eines Menschen, der nicht wegen etwas weinen wollte, das sich nicht mehr ändern ließ. „Ich zeig dem Leben lieber die Zähne, Manius. Aber niemals war ich herzlos, auch wenn es dir so scheint. Es ist mein Schutz, Bruder. Darf ich dich noch Bruder nennen, jetzt wo ich nicht mehr Tettius heiße?" Der Alkohol hatte seine Zunge gelöst und er redete offener als gewöhnlich. Aber auch Manius hatte mehr als sein Teil getrunken und so gestanden sich die Brüder schließlich die Ängste, die sie umeinander ausgestanden hatten und die gegenseitigen Eifersüchteleien. Dann schworen sie sich Freundschaft für den Rest des Lebens und Gavin solle ein Tettius bleiben. „Ich werde das mit Vater klären, solltest du selbst keine Möglichkeit haben, über die Alpen zu kommen, Gavin. Der alte Sturkopf." Manius lachte laut und lange bis ihm die Tränen kamen. „Ich glaube, der hat mich nur mit dem hirnrissigen Auftrag in den Süden geschickt, um dich zu suchen."

„Wir haben uns gefunden, Bruder, und ich bin froh darüber." Gavin konnte es kaum fassen als er seinen Bruder so reden hörte. Nie im Leben hätte er gedacht, er würde wieder ein Wort mit ihm wechseln und nun hatte er ihn hier in seinem Speisezimmer liegen und sie erzählten sich von den Ängsten der Kinderzeit. Der Tag, der so müde begonnen hatte, könnte nicht besser enden, dachte er. „Ich zeige dir dein Zimmer und morgen gehen wir zusammen zur Garnison und dann zeige ich dir Ravenna. Wir können in die Therme gehen oder auch ins Theater. Hier ist immer irgendetwas los. Außerdem werde ich dir einen befreundeten Weber vorstellen, den Vater eines meiner Schüler", schlug Gavin schließlich vor, als er seine Augen kaum mehr offen halten konnte.

Nachdem Manius gut untergebracht war, ging er in sein eigenes Schlafzimmer. Er wollte Polyxena nicht mehr stören, redete er sich ein, dabei wollte er in Ruhe nachdenken und ihr lauter, oftmals angestrengt klingender Atem war ihm da störend.

Polyxena starrte aus dem Fenster. Seit Stunden tat sie nichts anderes. Sie war durstig und die Handglocke, mit der sie sich sonst bemerkbar machen konnte, stand außerhalb ihrer Reichweite auf einem Tisch an der Tür. Einmal hatte sie versucht aufzustehen, aber heftige Schmerzen im Unterleib rieten ihr, besser im Bett zu bleiben. So lag sie nun Stunde um Stunde und starrte hinaus auf einen Ast, der vor dem Fenster hing. Sie stellte sich vor, ein Vogel zu sein, der dort saß und nicht fliegen konnte. Gefangen war er auf dem Ast, weder rufen noch fliegen war ihm möglich, schließlich würde er entkräftet vom Ast fallen und die Katze würde ihn fressen oder eher eine Ratte.

Seit einigen Stunden fühlte sie das Kind nicht mehr im Bauch. Keine Bewegung, kein Treten, nichts war zu spüren. Es war beängstigend ruhig und schmerzhaft in ihrem Unterleib. Ängstlich wollte sie sich bewegen und um Hilfe rufen. Doch nichts als ein heiseres Stöhnen war ihrem Mund zu entlocken. Polyxena fluchte innerlich, heulte und wollte schreien. Vor Schmerz und Angst warf sie Dinge aus dem Bett. Mit dem letzten Kissen traf sie eine Vase, die klirrend zu Boden ging und eine Menge Lärm machte. Doch auch das hörte niemand und sie harrte weiter aus.

Je dunkler es draußen wurde, desto panischer wurde sie. „Hil-f mirrr", flehte sie. „Irrr-gend-wer." Aber alle waren beschäftigt, denn nun musste Sophia auch Alkmenes Arbeit erledigen und so hatte sie weniger Zeit, sich um die Herrin zu kümmern und in dem Freudentaumel über das hübsche Neugeborene und die bevorstehende Feier hatte sie ganz darauf vergessen, dass der Herr nicht in der Villa weilte.

Polyxena wurde immer heftiger von Krämpfen geschüttelt, dann dachte sie, die Harnblase würde ihr platzen und sie gab endlich dem Drang nach. Weinend machte sie sich nass und das Elend nahm kein Ende, als sie fühlte, wie die Fruchtblase barst und ihren warmen, für das Ungeborene Leben spendenden Inhalt preisgab. ‚Nicht jetzt, nicht jetzt', flehte sie in Gedanken. ‚Ihr Götter, kennt ihr denn kein Erbarmen? Lasst mir wenigstens das Kind!' Schluchzend atmete sie gegen die Schmerzen, hielt sich krampfhaft am Bettgestell und zog sich hoch, damit sie sitzen konnte. Die Schmerzen saßen aber nicht nur im Unterleib, sie fraßen sich durch den Kopf, nahmen ihr die Sicht und den Rest der Sprache.

Die Nacht brach an und Polyxena wusste nicht was sie machen sollte, wie sie Hilfe erhalten konnte. Einige Male hatte sie zu rufen versucht, aber sie hatte keinen Laut hervorbringen können.

Endlich wurde ihr Denken wieder klar und sie musste erkennen, dass Gavin diese Nacht nicht hier sein würde. Aber irgendwie musste sie an Hilfe kommen, das schaffte sie nicht mehr allein. So versuchte sie aufzustehen, in dem Bewusstsein, nur um das eigene Überleben zu kämpfen, denn eine innere Gewissheit sagte ihr, das Kind sei tot. Laut stöhnend drehte sie sich herum, zog sich mit der linken Hand vorwärts und ließ sich dann aus dem Bett gleiten. Sie merkte, nicht stehen zu können und sie wusste, der Donnergott hatte ihr einen neuerlichen Schlag versetzt. Weinend zog sie sich über den Boden, immer die Finger der linken Hand in die Fugen der Bodenfliesen gekrallt. Vor der Tür blieb sie erschöpft liegen, sie kam nicht mehr hoch und hämmerte mit letzter Kraft gegen das Holz.

Endlich hörte sie jemanden vorbeigehen, aber die Schritte entfernten sich wieder. ,Nein! Habt ihr mich vergessen? Was ist los mit euch? Ich liege hier, helft mir doch!', riefen ihre Gedanken. Speichel tropfte von der Unterlippe und sie merkte, den Mund nicht mehr schließen zu können. Abermals nahm sie alle Kraft zusammen und trommelte gegen die Tür, endlich wurde sie aufgedrückt. Polyxena steckte die linke Hand durch den sich öffnenden Spalt und griff verzweifelt nach dem Bein, das sich ihrem Blick bot. ,Hilfe!', brüllten ihre Gedanken, während der Rest ihres Körpers in einem starren Krampf lag. „Herrin!", rief Apion, der mit dem Türdienst betraut war und das unheimliche Geräusch gehört hatte und ihm gefolgt war. „Herrin, du musst dich zur Seite drehen aber mich vorher auslassen." Er bückte sich und löste den hartnäckigen Griff um seinen Knöchel. Dann packte er sie am Handgelenk und versuchte, sie wegzuschieben. Aus dem Zimmer drang ihm ein unbarmherziger Gestank entgegen und als die Tür offen war, sah er auch warum. Sofort riss er ein Fenster auf und lief davon, um Sophia zu wecken.

„Hol sofort die Hebamme! Verdammt! War heute niemand bei der Herrin?", schnauzte er sie an. „Ich war beschäftigt, wo ich doch hier und in der Schule arbeiten muss", murrte sie schlaftrunken.

„Hör auf, dich herauszureden. Wenn die Herrin nun stirbt, was ist dann?"

„Ach, so arg wird's schon nicht sein", meinte Sophia gutmütig.

„Da wäre ich mir nicht so sicher." Damit ließ er die Frau stehen und lief zurück. Im Vorbeigehen weckte er Gavin, indem er gegen seine Tür klopfte und laut rief. Er wartete nicht, dass er verstanden wurde, sondern lief gleich weiter und überlegte, wo er die Herrin hinlegen konnte. Aber in seiner Panik fiel ihm nichts Besseres ein, als sie dort zu lassen wo sie war. Er deckte sie lediglich zu, legte ihr ein Kissen unter den Kopf und ging wieder zur Tür. Dort war die Luft frischer und er wartete auf Gavin, der kurze Zeit später erschien und sich noch den Schlaf aus den Augen rieb.

„Was ist hier für ein Aufruhr mitten in der Nacht?", fragte er ungehalten. „Die Herrin!", stammelte Apion, der nicht wusste, wie er etwas formulieren sollte, von dem er keine Ahnung hatte. „Was ist mit ihr?" Kaum hatte er die Frage gestellt, drängelte er sich auch schon ins Zimmer vor und wäre am liebsten zurückgewichen. „Verdammt noch eins!", brüllte er, dann rannte er hinein, riss auch die anderen beiden Fenster auf und fragte: „Warum hast du nicht geläutet?" Er schaute sich um und sah die Glocke weit weg vom Bett stehen. Seufzend packte er Polyxena und zog sie hoch. „Ich bring dich wieder zu Bett", sagte er. Wie er sie so hielt erkannte er, dass hier mehr im Argen lag, als er ursprünglich angenommen hatte. Das Bett war völlig durchnässt und das Laken blutig, ebenso ihre Kleidung. Polyxena selbst war leichenblass und die Fingernägel schimmerten blau. Die Finger der linken Hand bluteten während die rechte zu einer dunklen Masse angeschwollen war. „Sophia!", rief er, da kam sie bereits mit der Hebamme angelaufen. „Wie gut, dass ich noch bei Alkmene war", murmelte sie. „Aber hier wäre ich dringender gebraucht worden. Herrin, kannst du mich hören?" Polyxena schaute sie aus dem rechten Auge an und blinzelte müde. „Sehr gut. Nun sehen wir zu, was wir hier noch retten können." Dann befahl sie Sophia, das Bett neu zu machen, schickte die Männer hinaus, um heißes Wasser und jede Menge frische Tücher zu holen. Als das Bett sauber war, wusch sie Polyxena und zog ihr eine lose Tunika über. „Herrin, ich weiß nicht, ob du mich verstehst, aber ich fürchte, du wirst ein totes Kind zur Welt bringen. Es kann sein, dass du dabei selbst stirbst. Wenn du mich verstehst, dann blinzle einmal." Polyxena atmete tief durch, sie wusste das alles und blinzelte nur einmal. „So ist es gut Herrin. Hast du Wehen?" Wieder blinzelte sie einmal. „Das ist gut. Aber ich fürchte, ich werde etwas nachhelfen müssen, aber ich werde dir einen Tee machen, der deine Muskeln entspannt." Wieder blinzelte Polyxena. „Bevor wir anfangen, werde ich noch mit deinem Gatten reden und ihm die Lage schildern, Herrin." Die Hebamme, eine rotwangige Frau mittleren Alters, die schon viel Erfahrung auf ihrem Gebiet hatte, tätschelte Polyxenas Hand und ging hinaus. Im Atrium atmete sie einmal tief durch. Das was sie zu tun hatte, hatte sie noch nie machen müssen, aber davon erzählen hören. Unsicher lehnte sie sich an eine der Säulen, die im dorischen Stil gehalten waren, und dachte nach. Sie wusste nicht, was sie dem Herrn sagen sollte. Noch vor wenigen Stunden hatte sie eine andere Frau glücklich von einem gesunden Sohn entbunden und alle waren fröhlich. Nun spielte das Leben ein anderes Spiel, ein ungerechtes Drama. Der Tod folgte dem Leben auf dem Fuß, keines konnte ohne den anderen existieren. Myria wusste das alles und dennoch empfand sie es manchmal als unfair. Und andererseits war es oft auch eine Gnade, wenn ein Kind noch im Bauch der Mutter starb oder gleich nach der Geburt. ‚Nicht immer ist es gut, jemanden zu retten', dachte sie. Noch während sie das alles überlegte, sah sie Gavin auf sich zukommen. Er war angezogen und sah nicht mehr ganz so müde aus. „Myria, wird sie überleben? Was ist mit dem Kind?", fragte er sogleich. „Herr, ich weiß es nicht. Das Kind ist höchstwahrscheinlich tot, da mache ich mir keine großen Hoffnungen. Was die Herrin angeht, muss ich raten. Ich fürchte, der Schlag eines Gottes hat sie abermals getroffen und sie kann nicht mehr sprechen. Auch scheint sie ihre Beine nicht zu spüren. Wie ich das Kind so aus ihrem Bauch holen soll, das weiß ich nicht, Herr. Vielleicht wäre es besser, wenn du noch einen Arzt holst und bete zu den Göttern, damit sie ihr die nötige Kraft geben." Was sie sich noch dachte, sagte sie lieber nicht. „Darf ich zu ihr?", fragte er und kam sich plötzlich linkisch vor. Nie hätte er geglaubt, dass es Polyxena so schlecht gehen könnte. Viele Frauen bekamen Kinder und von keiner hatte er gehört, dass sie solche Schwierigkeiten gehabt hätte. „Kurz, Herr, aber wirklich nur ganz kurz, denn ich muss mich beeilen. Ich warte hier auf dich." Gavin nickte nur, dann ging er in ihr Gemach. Es stank noch immer, aber Sophia hatte eine Schale aufgestellt in der Weihrauch verbrannte, so wurde der Geruch zunehmend angenehmer. Entschlossen ging er an ihr Bett und musste sich zwingen, sie anzusehen, ihr ins Gesicht zu blicken, das seltsam verzerrt wirkte. Das linke Augenlid hing herab und bedeckte das Auge nur halb, der Mund war geöffnet und ein feiner Speichelfaden drang aus dem linken Mundwinkel. Er konnte ihr den Schmerz und die Hoffnungslosigkeit ansehen, denn die Tränen liefen ungehindert über ihre eingefallenen Wangen. Sie wollte sagen, dass es ihr Leid täte und er solle sie am besten töten, denn so wollte sie nicht leben, eingesperrt in einem toten Körper. Aber sie brachte nicht mehr als ein heiseres Krächzen zustande. Vor Zorn über ihre Hilflosigkeit ballte sie die linke Hand zur Faust und trommelte damit auf die Matratze. „Polyxena, das wird schon wieder, Myria hilft dir", versuchte er sie zu beruhigen. Das brachte sie erst recht in Rage. Sie wusste ganz genau was auf dem Spiel stand und wie es ablaufen würde. Hoffnung auf ein besseres Leben hatte sie nicht und hier hatte sie weder Familie noch Freunde, die ihr zur Seite stehen konnten. Mit Gavins Beistand rechnete sie nicht mehr. Er konnte ebenso wenig aus seinem Gefängnis, wie jeder andere auch. Das alles ging in ihrem Kopf herum als sie ihn mit dem gesunden Auge anstarrte und nur einmal blinzelte. Dann drückte sie seine Hand wollte sie an ihren Mund führen und sie küssen, doch er entwand sich und ging eilig hinaus: „Myria hat gesagt, ich soll nur kurz reinschauen." Er hasste sich für den Ekel den er einen Moment lang empfunden hatte. ‚Sie ist krank', hielt er sich vor, doch es half nichts, die Speichelfäden um den Mund machten sie noch unattraktiver für ihn und er schämte sich seiner Gefühle.

Myria nahm wieder ihren Platz ein und machte sich für eine unangenehme Arbeit bereit. Bereits seit mehreren Stunden lag Polyxena in den Wehen und sie fühlte sich müde. Unbändiger Durst quälte sie während sie sich weiter schindete und genau wusste, dass am Ende des Weges nur Verlust und Schmerz warteten. Endlich, die Nacht hatte sich dem Tag gebeugt, der Mittag war einem neuerlichen Abend gewichen und die Nacht brach klar und warm herein, da war es geschafft. „So Herrin, nun vergiftet das nicht mehr deinen Körper. Noch die Nachgeburt und dann kannst du dich ausruhen. Das hast du gut gemacht." Es dauerte weitere zwei Stunden bis auch das endlich geschafft war und sie gewaschen und frisch gekleidet in einem sauberen Bett lag. Als ihr Myria das Haar flechten wollte, machte Polyxena eine verneinende Geste, nahm den linken Arm hoch und machte ein Zeichen. „Du willst es abschneiden?" Polyxena blinzelte einmal. „A", brachte sie nach mehrmaligem Ansetzen schließlich heraus, Schweiß perlte auf ihrer Stirn und sie konnte den dauernden Tränenstrom nicht unterdrücken, der sich Bahn gebrochen hatte und nicht gestoppt werden konnte. „Wie du wünschst, Herrin." Myria nahm eine Schere und schnitt das hübsche Haar ab. Es war das einzig Makellose an ihr gewesen, nun war auch das weg und ihr war es recht so. „Was wird der Herr dazu sagen, wenn dein schönes Haar weg ist?" Doch der sagte nichts dazu, er war nicht auffindbar.

Gavin war am Morgen nach langem Zögern mit Manius zur Garnison gegangen. Danach hatten sie die Stadt und Philippus Textor besucht. Erst am späten Nachmittag waren sie zurück zur Villa gekommen. Weil noch keine Änderung eingetreten war, zeigte Gavin Manius die Schule und ließ die Gladiatoren zu Übungskämpfen antreten. Manius war begeistert von der Leistung der Männer und sagte: „Du solltest zu ehren der Geburt deines Sohnes einen Kampf veranstalten."

„Aber Polyxena … Oh." Eine Weile überlegte Gavin, dann sagte er: „Vielleicht hast du recht. Aber was wird es Polyxena antun? Weißt du,

Manius, ich mag sie, auch wenn es alle anderen sonderbar finden. Sie ist eine warmherzige und überaus großzügige Frau."

„Das mag schon sein, Gavin. Aber du solltest auch deinem Sohn einen schönen Start ins Leben schaffen, wenn er schon Bastard ist. Wirst du ihn anerkennen?"

„Ich denke schon." Ein Lächeln breitete sich über sein Gesicht aus. „Ja, das werde ich mit Sicherheit." Sie schauten den Gladiatoren noch lange beim Training zu und redeten über die drei Schüler und die begonnenen Verhandlungen mit Philippus dem Weber, dann gingen sie in die Villa zurück. Gavin erkundigte sich leise nach Polyxenas Befinden. Als sich keine Änderung zeigte, ließ er das Abendessen für seinen Bruder und sich auftragen. Die halbe Nacht verbrachte er wach und fragte sich, warum er sich so sorgte, wo ihn doch vor seiner Frau ekelte und am liebsten wäre er vor Scham darüber im Boden versunken.

Er hatte es sich versagt, bei Alkmene mehr als einmal vorbeizuschauen. Aber er wollte Alkmene zu verstehen geben, sich nicht um die Zukunft Sorgen zu müssen. So sagte er ihr am Nachmittag: „In wenigen Tagen findet die Namensgebung statt. Mach dir keine Gedanken, Alkmene. Für dich und Sextus ist hier immer ein Platz, ihr gehört zur Familie." Gavin nahm sie in den Arm, dann strich er ihr beruhigend über den Kopf und sah zu dem Säugling. „Hast du alles für ihn?"

„Ja, Herr. Alles was nötig ist, habe ich bekommen. Ich danke dir für deine Großzügigkeit und ich hoffe, dass es der Herrin bald wieder gut geht und sie dir ein gesundes Kind schenkt."

„Danke für deine Wünsche, Alkmene. Bete zu Tellus und Iuno."

„Herr, wenn ich dir irgendwie helfen kann …", begann sie und Gavin musste darüber lächeln. „Ich sage dir, wenn du mir helfen kannst. Doch noch kann ich mich gut beherrschen. Du solltest jetzt für dein Kind da sein." Dann war er gegangen und lange vor Polyxenas Tür gestanden und hatte sich dann doch nicht hineingewagt. Er fühlte sich zerrissen, zwischen sich widerstreitenden Gefühlen zermahlen und zertreten, zwischen Hammer und Amboss gefangen. Es gab keinen Weg, der ohne Schmerzen verlaufen würde. Irgendwann, das wusste er, musste er sich dem stellen. Aber er wollte nicht, nicht schon wieder, denn ständig sah er Kassandras von der Folter gezeichneten Körper vor sich, wie sie sich aufgegeben hatte und dann sah er sich selbst. ‚Bin ich noch immer der Andabates? Sollte ich etwas sehen, Minerva, das ich nicht erkennen kann?', fragte er sich, als er endlich zu Bett ging.

Erst mehrere Tage später ging er zu Polyxena. Solange hatte er gebraucht, um sich innerlich zu festigen, sich einzureden, dass der Tod des Kindes und ihre Krankheit nicht wichtig waren. Auch stand das Namensfest des Neugeborenen an und er wollte vorher mit ihr darüber sprechen.

Sie saß im Peristyl, die Augen geschlossen, die rechte Hand ruhte auf einem Kissen und die Beine lagen auf einem Fußschemel. Er erschrak als er sie sah: den Kopf beinahe kahlgeschoren, die Haut blass und die Adern schimmerten blau durch. Krank sah sie aus und trotzdem musste er nun mit ihr über das andere Kind reden. Wie viel lieber hätte er über ihr Kind gesprochen. Ein dicker Kloß saß plötzlich in seinem Hals als er daran dachte, wie dieses Kind entstanden war, mit wie viel Gleichgültigkeit. Erst als es zu spät gewesen war, hatte er erkannt, wie sehr er sie eigentlich als Mensch, als Freund schätzte. Nun war es vielleicht auch dafür zu spät.

Er verdrängte seine Schuldgefühle und nahm stumm neben ihr Platz. Eine Weile saß er so, dann ergriff er die Hand, die auf dem Kissen ruhte und hielt sie behutsam fest. Erst da schaute sie auf und blinzelte einmal. „Es tut mir so leid", sagte er, schon wollte er sie in den Arm nehmen, doch sie wehrte ab, was er erstaunt zur Kenntnis nahm. Ihr Blick schien ihm sonderbar leer, so als wäre alles Leben aus ihr genommen worden. Vielleicht empfand sie es so, überlegte er. Doch er musste mit ihr über die Segnung des Kindes reden, so schwer es auch sein würde, sie war die Hausherrin und es fiel in ihren Zuständigkeitsbereich, deshalb sagte er: „Polyxena, ich weiß, ungünstiger könnte der Zeitpunkt kaum sein, aber was ist mit Alkmenes Kind? Ich habe die Namensfeier für Morgen angekündigt. Wirst du es schaffen, dabei zu sein?" Fest schaute er ihr dabei ins Gesicht und als er sie einmal blinzeln sah, atmete er erleichtert auf. Er wollte bereits wieder gehen, da hielt sie ihn auf und drückte ihm eine Tafel in die Hand. Bereits vor drei Tagen hatte sie das aufgeschrieben und nun endlich war er gekommen. „Ich werde es lesen, Polyxena. Hast du alles, was du brauchst?", fragte er und im selben Moment hasste er sich für diese Frage, denn er erkannte, dass sie nie das haben würde, was sie brauchte, immer nur das, was jemand anders ihr zu geben bereit war, doch sie blinzelte abermals nur einmal. „Danke", sagte er deshalb und eilte davon, die Tafel unter dem Arm eingeklemmt. Erst in der Bibliothek setzte er sich und las.

„Lieber Gavin, es tut mir leid, dass ich dir kein Kind schenken konnte. Aber du hast einen Sohn, wie ich erfahren habe und er wird bald einen Namen bekommen müssen. Wenn du mir eine Bitte gestattest, ich weiß, es ist vermessen von mir und ich habe auch keinerlei Rechte, dann nenne ihn Aeneas. Deine Polyxena." Immer wieder las er diese kurze Epistel und er konnte es nicht fassen, wie beherrscht sie war. Er fragte sich, womit er ihre Güte verdient hatte und er nahm sich vor, ihr diesen Wunsch zu erfüllen.

„Aeneas Tettius", sagte er mit Tränen in den Augen als sein Bruder eintrat. „Was ist los, Gavin? Soll ich weiterziehen?", fragte er, denn es war ihm unangenehm, Gavin so sorgengebeugt zu sehen. „Nein, nein, Bruder, bleib nur. Ich bin froh, dich hier zu haben. Sag mir, was hältst du von dem Namen Aeneas?" Darüber dachte Manius eine Weile nach, dann meinte er: „Etwas hochtrabend, findest du nicht? Wie kommst du darauf?"

„Ach, nur so. Ich dachte, das wäre ein schöner Name für meinen Sohn."

„Das musst du wissen", bekannte schließlich Manius lachend. Er fand den Namen altmodisch und einfach zu hoch für Leute ihres Schlages. „Du hast unverschämtes Glück, Gavin."

„Wie meinst du das?" Er schaute auf, denn er fühlte sich im Moment nicht vom Glück begünstigt. Seiner Gattin ging es schlechter denn je, sein Kind war tot zur Welt gekommen und seine Schule war nicht ausgelastet. Er seufzte und vergrub den Kopf in den Händen. „Du hast ein Kind, Gavin, zweifelsfrei ist es von dir und morgen wirst du ihn anerkennen. Deine Gattin hat dir jede Menge Geld gebracht und du musst dir nicht unbedingt Sorgen um die Zukunft machen. Was willst du mehr?" Gavin wusste, sein Bruder hatte recht. Es gab nichts, woran es in seinem Leben fehlte und trotzdem wusste er, was er brauchen würde und sich seit langem versagte. Doch das würde Manius nicht verstehen, denn er hatte nie in der Art und Weise nach Liebe gehungert wie Gavin. So sagte er jetzt nur: „Du hast recht, ich bin unzufrieden."

Zur Namensfeier des Kindes hatte Gavin einige Bekannte geladen, darunter auch Lydia. Deciderius war von seinem Vater nach Arretium zurückbeordert worden und würde sich dort der Strafe des Paters familias stellen müssen, was Gavin nicht weiter kümmerte.

Im Atrium der Villa hatte er einen Empfangsbereich aufbauen und im Peristyl an einer Iuno-Statue einen kleinen Altar errichten lassen. Alles sah feierlich aus. Die Sklaven waren in ihrer Festtagskleidung, begrüßten die Gäste und boten ihnen Erfrischungen an.

Alkmene saß mit dem Säugling in einem kleinen Raum und wartete gespannt auf das Kommende. Innerlich zitterte sie, weil sie richtig annahm, Gavin würde ihren Sohn als seinen anerkennen, dann wäre er nicht vaterlos und er war sogar erbberechtigt. Ihr Sohn würde nicht als Sklave aufwachsen, das war ihr wichtig. Sie fühlte sich so glücklich wie noch nie zuvor im Leben. Etwas Besseres als Titus Sprachlosigkeit hätte ihr nicht passieren können, denn diese hatte sie hierhergebracht.

Ihre rechte Hand fühlte sich abgestorben an. Immer wieder rieb Polyxenia darüber, in der Hoffnung, etwas Leben hineinzubringen, aber sie lag nur taub und angeschwollen auf ihrem Schoß. Ihr ganzes Selbst fühlte sich leer an. Aber heute musste sie sich als Domina präsentieren, die Hausherrin, die über den Dingen steht. ‚Sie werden mich mitleidig anstarren und sich dann angeekelt abwenden, so wie es immer ist', dachte sie traurig. Da merkte sie, wie ihr abermals Speichel über das Kinn tropfte. Rasch nahm sie das Tuch, das sie nun ständig mit sich führte und wischte sich trocken. ‚Ich schäme mich so. Warum kann ich nicht tot sein?' Da kam Gavin herein. „Guten Tag, Polyxena. Wie ich sehe, hat dich Sophia bereits angezogen. Du siehst gut aus", sagte er fröhlich. ‚Lüg mich nicht an', dachte sie, ‚ich bin hässlich. Du schaust mich ja nicht einmal an, wenn du mit mir sprichst.' Entschlossen brachte sie ein Geräusch zustande und als er zu ihr blickte, gab sie ihm die Tafel, die sie häufig benutzte, um sich mitzuteilen. „Muss ich wirklich dabei sein?", las er und weiter, „Ich habe für deinen Sohn ein Geschenk, er soll nicht als Bastard aufwachsen."

„Du bist der großzügigste Mensch, den ich kenne", antwortete er. Spontan umarmte er sie und sie klammerte sich einen Moment mit der gesunden Hand an ihn. Die Berührung kam ihm sonderbar verzweifelt, vor. „Er wird Aeneas Leandros Tettius heißen", flüsterte er, „und er soll auch dir ein guter Sohn werden." Dann sank er auf die Knie und nahm ihre Hände in seine, sein Ekel über ihre Erscheinung war in ihrer Güte verschwunden. „Es ist schwer für dich, lieber hätte ich für dein Kind diese Feier gemacht." Mit der gesunden Hand strich sie ihm durch das frisch geschnittene Haar, ordnete ihm die Stirnfransen, dabei weinte sie still vor sich hin. Jetzt wo es für alles zu spät war, näherte er sich ihr wieder. „Bitte, vergib mir, Poly, vergib mir, dass ich dich so schlecht behandelt habe. Ich habe dich nicht verdient", bat er unter Tränen. Sie kam ihm mit einem Mal wie eine Göttin vor, die hier streng vor ihm saß und er fühlte, wie die Binde des Andabates von seinen Augen verschwand. Polyxena ließ ihn los, nahm die Tafel, löschte das Geschriebene und malte neue Worte in das Wachs. „Du solltest dir selbst vergeben, denn meine Vergebung hast du. Weißt du denn nicht, dass ich dich liebe?"

„Wie kannst du mich lieben, wo ich dich nur fortgestoßen habe? Und wie soll ich mir selbst vergeben, wo ich so viel Schuld auf mich geladen habe? Es war mein Fehler, dass Kassandra gestorben ist! Ich bin einfach nur … Ich bin der Hässliche, vor mir müsste man sich angeekelt abwenden." Er wollte aufstehen und fortgehen, doch sie packte ihn fest an der Hand und zog ihn zu sich. „Be", sagte sie und er setzte sich wieder. Abermals nahm sie die Tafel. Sie wusste, dass es ihm viel Geduld abverlangte, zu warten, bis sie fertig war. Aber es war wichtig und nur selten hatte sie Gelegenheit, sich wirklich mitzuteilen. „Lass die Vergangenheit hinter dir, Gavin, und vergib dir. Du bist jung und kräftig ..." Sie wollte noch mehr schreiben, doch da klopfte es und Gavin wurde in den Saal gebeten, denn die Gäste warteten bereits. „Wir kommen gleich", sagte er und Apion starrte die beiden erstaunt an, denn niemand hatte wirklich mit dem Erscheinen der Herrin gerechnet. Und warum der Herr so verheult aussah war auch nicht nachvollziehbar. Heute war ein Freudentag und es gab keinen Grund zum Traurig sein, schließlich war das tote Neugeborene auch nicht wirklich ein Mensch gewesen, dem man nachweinen musste.

Die Gäste standen im Peristyl beisammen und warteten. Sie verstanden die Verzögerung nicht, denn es war keine großartige Sache, ein Kind anzuerkennen. Aber Gavin wollte, dass alle wussten, woher das Kind stammte.

Endlich trat er in Erscheinung. Er hatte die Tränen getrocknet und trug nun voll Stolz und lächelnd Polyxena im Arm.

„Verehrte Freunde, liebe Gäste", sagte er. „Meine Gattin und ich begrüßen euch zu dieser kleinen Feier. Wir wollen dem Sohn von Alkmene einen Namen geben und ihn als Sohn des Hauses Tettius anerkennen. Alkmene bring ihn zu uns." Ob seiner feierlichen Stimme und dem ungewöhnlichen Gebaren, war die junge Mutter unsicher geworden. Sie fragte sich, was das zu bedeuten hatte und Angst nagte an ihr, man würde ihr das Kind wegnehmen. Nun setzte Gavin Polyxena auf eine Bank und nahm den Säugling entgegen. „Seht her, das ist mein Sohn, den ich hier vor euch allen anerkenne und sein Name lautet: Aeneas Leandros Tettius." Ein Murmeln ging durch die Gäste, denn niemand hatte mit einem griechischen Namen gerechnet und viele hielten ihn für das Kind einer Sklavin als zu hochtrabend. Doch Gavin war noch nicht fertig, denn er legte nun das Kind Polyxena in den Arm und sagte weiter: „Als Abstammung wird er führen: Gavin Alpinus Tettius und Polyxena Leandra, so soll es geschehen, denn ich bin der Pater familias von Rechtswegen. Alkmene, du kannst ihn wieder nehmen." Kreidebleich war sie geworden, als sie seine Worte begriffen hatte. Ihr Sohn sollte fortan der Sohn der Herrin sein und sie lediglich die Amme. Rasch nahm sie ihn hoch und drückte ihn fest an sich. „Du bist mein Kind", flüsterte sie ihm ins feuerrote Haar, „mein Sohn und nichts wird daran etwas ändern. Du hast nichts mit dieser hässlichen Gestalt gemein, mein Kleiner." So schnell es der Anstand zuließ, ging sie davon. Nur Polyxena starrte ihr nach, sie wusste, was von der jungen Frau abverlangt worden war. Aber hier ging es nur um einen formellen Akt, Aeneas würde weiterhin Alkmenes Kind bleiben, denn sie selbst konnte keinen Handgriff ohne fremde Hilfe machen.

„Du kannst noch mehr Kinder haben", sagte Sextus, als sie ihm von ihren Ängsten berichtete. „Sieh es so, dein Sohn wächst nicht als Bastard auf, ist voll erbberechtigt und alle Türen stehen ihm offen. Die Herrin ist gütig, wenn sie ihn annimmt." Das wusste Alkmene, aber sie wollte die Herrin nicht respektieren. Für sie war sie ein Niemand, hilflos wie ein Kleinkind. Jemand der keine Anordnungen erteilen konnte, hatte für sie nicht das Recht ein Herr zu sein. Selbst bei Titus hatte es geklappt und er hatte auch in seiner stummen Phase Befehle erteilt oder zumindest das getan, was sie von ihm verlangte oder ihm nahelegte, zu tun.

„Du hast recht, Sextus. Aber es ist hart. Gavin hätte mir wenigstens etwas sagen können. Mein Kind ist jetzt offiziell ...." Sofort brach sie ab, denn den Gedanken durfte sie nicht aussprechen.

„Dein Kind ist nicht das Kind eines Sklaven", sagte er hart. Dann nahm er sie in den Arm und fuhr milder fort: „Ich kann mir denken, dass es dich hart ankommt, Liebes. Aber sieh nur, wir beide wohnen nun in der Villa, weil Gavin so großzügig war und mich mitgehen ließ. Dein Kind hat ein schönes Zuhause und du wirst ihm eine liebevolle Mutter sein, ganz gleich wie er dich nennt."

„O Sextus, du hast ja recht. Trotzdem ... gerade Polyxena, sie ist so ... so anders als wir anderen. Ich ekle mich vor ihr." Da musste der Gladiator laut lachen. Dann schaute er seine Gefährtin ernst an: „Du bist schon eigenartig, Alkmene. Sie beschenkt dich und das Kind und du redest so von ihr."

„Meine Achtung kann sie sich so nicht erkaufen. Sie kann mich kaufen und mein Kind, aber nicht meine Gefühle." Darauf wusste Sextus auch nichts mehr zu sagen. Alkmene war verletzt, weil Gavin ihr nichts gesagt hatte, sie war der Meinung gewesen, sie würde ihn kontrollieren können, doch dem war offensichtlich nicht so. Er war immerzu Herr der Situation gewesen, auch wenn es oftmals nicht den Anschein erweckt hatte.

Lydia lächelte süffisant als sie Polyxena begrüßte, dann wandte sie sich mit einem eleganten Hüftschwung um und redete mit einigen Matronen aus der Stadt. Lauthals unterhielten sie sich über das letzte Theaterstück und wer wann wen besucht hatte. Eifrig schnatternd gingen sie durch das Peristyl und Lydia tat so, als würde das alles noch ihr gehören. Da kam Gavin auf die Schar zu und nahm beinahe zärtlich Lydia am Arm. „Meine Verehrtesten, ihr dürft euch doch nicht das Mahl entgehen lassen, das meine liebe Gattin richten ließ. Ungestärkt wird hier niemand von dannen ziehen." Lächelnd bemerkte er, wie Lydia nach Worten suchte, aber alles was sie sagen konnte, war: „Vielen Dank, Gavin, wir kommen natürlich sofort." Und die schnatternde Schar neugieriger Ehefrauen folgte ihm ins Atrium.

Endlich war auch dieser Tag vorbei. Polyxena hatte alle Bemerkungen der Gäste über sich ergehen lassen, die meisten hatten ohnehin nur einmal das Wort an sie gerichtet, dann waren sie wieder gegangen und hatten sich gesprächigere Menschen gesucht.

„So, das wäre auch geschafft", sagte Gavin, als er Polyxena schließlich wieder ins Bett brachte. Lachend erzählte er ihr, wie sich Lydia aufgeführt hatte, als er ihr die vielen Änderungen im Haus gezeigt hatte. „Meine Liebe, deine Bibliothek hat ihr ganz und gar nicht gefallen. Wenn sie der Anstand nicht zurückgehalten hätte, glaube ich, wäre sie mit Nägeln und Klauen auf dich losgegangen. Sie will nicht haben, dass andere Frauen ebenso klug sind, wie sie selbst, oder vielleicht sogar noch klüger. Und mit dir hat sie ohnehin ein großes Problem." Polyxena blinzelte einmal und rang sich ein schiefes Lächeln ab, das diesmal auch das rechte Auge erreichte. „Weißt du, ich habe dir in vielen Dingen Unrecht getan." Sanft nahm er sie in den Arm und hielt sie bis sie eingeschlafen war.

20. Ultima gladiatorum – Der letzte Kampf

Aeneas war bereits mehrere Monde alt, die Ernte im vollen Gange und Manius befand sich wieder auf dem Weg über die Alpen in die Heimat. Er würde im nächsten Frühjahr wieder herkommen und Phillipus wie vereinbart die Wolle liefern.

Der Herbst kündigte sich an, aber es war noch ein warmer Tag und die Sonne schien leuchtend von einem strahlendblauen Himmel. Langsam kehrte so etwas wie Normalität ins Haus ein, aber vom typischen Gesellschaftsleben waren sie weit entfernt.

Polyxena saß mit Alkmene und dem Jungen im Peristyl und genoss die warmen Sonnenstrahlen. Gerne hätte sie sich mit der jungen Frau unterhalten die ein Band bestickte. Neidvoll betrachtete Polyxena die zierlichen Hände, die gekonnt die Nadel durch den Stoff führten und mit den bunten Fäden ein schönes Muster erzeugten. Es war frustrierend, weil Alkmene immer so tat, als sähe sie die Tafel nicht, die Polyxena ihr geben wollte. Für beide war es schwierig, wobei sich Alkmene in der besseren Position befand, denn sie konnte jederzeit davonlaufen und reden wie es ihr gefiel, außerdem stand sie hoch in der Gunst des Hausherrn.

Aeneas lag auf einer Decke zu ihren Füßen und spielte mit einer Rassel. Lächelnd schaute sie ihm zu, dann bückte sie sich und wollte ihn berühren, nur leicht streicheln, doch Alkmene nahm ihn sofort hoch.

„Herrin, du musst achtgeben, damit du ihn nicht verletzt, du bist viel zu ungeschickt für so ein kleines Kind. Ich bringe ihn hinein und gebe ihm zu trinken. Brauchst du noch etwas?" Polyxena schüttelte den Kopf und starrte ihr enttäuscht und zornig nach. Es war jedes Mal dasselbe, immer wenn sie den Jungen berühren wollte, brachte seine Mutter ihn weg oder erfand irgendetwas und sie konnte sich nicht wehren. ‚Wenn sie doch nur begriffe, dass ich ihn ihr nicht wegnehmen werde', dachte Polyxena müde. Am liebsten hätte sie sich jetzt hingelegt. Das untätige Sitzen und Starren machte ebenso matt, wie ausdauernde Tätigkeit. Entschlossen, es diesmal allein zu schaffen, stellte sie beide Füße fest auf den Boden, ergriff den Stock, den Gavin ihr geschnitzt hatte und stemmte sich hoch. Dann begann der schwierige Teil. Den aufkommenden Schwindel atmete sie bewusst weg und befahl ihren Knien sich abwechselnd zu beugen und die Füße zu heben. Schritt für Schritt stolperte sie dahin, immer in der Gefahr zu stürzen und sich nicht mehr helfen zu können. Endlich im Atrium angekommen, ließ sie sich in einen Korbstuhl sinken, aus dem sie, wie sie wusste, allein nicht mehr hochkam. Dennoch beflügelte sie dieses Erfolgserlebnis, ohne Hilfe gegangen zu sein. Gerne hätte sie diesen Fortschritt mit jemandem geteilt, die Freude darüber laut hinausgeschrien. So schrieb sie eben auf die Tafel in großen Lettern: „ICH BIN ALLEIN GEGANGEN! VOM PERISTYL INS ATRIUM. ICH, POLY", als sie das las, kam sie sich plötzlich lächerlich vor. Eben wollte sie es wegwischen, da kam Gavin auf sie zu und sagte: „Was lässt dich so ernst dreinschauen?" Er nahm ihr die Tafel ab. „Das ist …. Bitte, übernimm dich nicht. Ich wollte dich fragen, ob du mit zur Schule hinüber kommst, die Gladiatoren haben für dich ein Trainingsgerät gebaut." Die Gladiatoren mochte sie, keiner machte sich über ihre Gebrechen lustig, auch wenn sie sie nicht verstanden und meistens schwiegen, wenn sie anwesend war. Bei der Aussicht, in den Übungsbereich der Männer zu gehen, hellte sich ihr Gesicht auf, denn die waren allemal leichter zu ertragen als Alkmenes ständig zur Schau getragene Überheblichkeit. „A", sagte sie, dann probierte sie ein Lächeln. „Ich wusste, dass es dich freuen würde. Aber jetzt musst du nicht gehen, ich trage dich." Mühelos hob er sie hoch.

Seit dem Gespräch am Tag der Namensgebung fühlte er sich anders, beinahe befreit und er konnte Polyxena wieder in die Augen sehen, ohne sich zu schämen. Als er mit ihr ins andere Gebäude ging, dachte er an Alkmene und dass er eigentlich vorgehabt hatte, heute mir ihr in die Therme zu gehen. Doch wie er jetzt seine Frau trug und ihr verschwitztes Gesicht sah, meinte er freundlich: „Heute nehme ich dich in die Therme mit, du hast diesen Luxus schon zu lange entbehren müssen. Die Kerle werden einfach warten, bis wir fertig sind." An bestimmten Trainingstagen stand es den Gladiatoren frei, das Bad zu benutzen, an anderen den restlichen Haussklaven und einmal alle acht Tage durften die Landarbeiter ins Badehaus, der Hausherr durfte natürlich zu jeder Zeit. Diese Einteilung wurde peinlich genau eingehalten und Brutus führte Buch darüber. So war im Haus Alpinus, wie er die Schule nannte, jeder sauber und es gab keine Flöhe oder Läuse, die Krankheiten übertragen konnten. Nur auf Polyxenas Wünsche hatte er diesbezüglich vergessen, aber sie wusch sich täglich in ihrem Zimmer und hatte sich auch nie deswegen geäußert.

„Da … dan … n…k." Das Wort stolperte aus ihrem Hirn, fand den Weg über die Stimmbänder und kullerte über die Lippen und kein Gesang hätte in dem Moment für Gavin oder sie selbst schöner sein können. „Du … du … du hast geredet! Poly! Das feiern wir!" Er setzte sie im Trainingsbereich auf den bereitgestellten Stuhl und rief laut nach Petulia. „Heute bereitest du der Herrin und mir ein Festmahl", befahl er gut gelaunt. Die Köchin wich erstaunt zur Seite. „Gibt es einen Grund zum Feiern, Herr?", fragte sie vorsichtig. „Natürlich! Und jetzt an die Arbeit, bevor ich dir Beine mache!" Dann wandte er sich den Männern zu und brüllte: „An die Arbeit! In drei Wochen ist das Weberfest und wir sind dabei. Außerdem kämpft Titus mit. Wo ist diese Lusche?" Titus hatte sich in den Wald geschlichen und die Zeit übersehen. Er wusste genau, wenn der Herr das Training leitete, dann gab es keine Gnade. Jetzt kam er angelaufen, viel zu spät und nicht ordnungsgemäß gekleidet. Sofort hagelte es Schimpfe. Doch diesmal war die Herrin dabei, so fiel die Standpauke nicht ganz so schlimm aus, wie befürchtet.

„Ich will kein Zuspätkommen mehr erleben, Titus! Alle anderen müssen deinetwegen warten. So und nun die Einteilung. Tullius, du beginnst mit dem jungen Tunichtgut. Das geschieht dir ganz recht, junger Mann. Die anderen in den gewohnten Paarungen. Und wenn ich der Herrin die Übungen gezeigt habe, wirst du mit mir trainieren, Titus." Dem Jungen wich die Farbe aus dem Gesicht, denn er wusste, der Lehrmeister gab keinen Millimeter Boden nach und würde ihm jeden Fehler gnadenlos spüren lassen. Rasch wandte sich Gavin um, damit ihn der Junge nicht lächeln sah. Dann bückte er sich zu Polyxena und flüsterte ihr ins Ohr: „Er soll ruhig Angst haben, das wird ihn Pünktlichkeit lehren. Ich werde ihm nichts tun." In normalem Tonfall meinte er dann: „So, Polyxena, jetzt werden wir dich wieder auf die Beine bringen. Das hier ist ein Ort der körperlichen Ertüchtigung. Ullrik und Rufus waren so nett und haben für dich dies hier gezimmert." Theatralisch wies er auf ein Gestell, das vor ihr aufgestellt war. Gavin setzte sich auf einen Hocker neben sie, dann zeigte er ihr, was sie wie machen sollte. „Das wiederholst du zehnmal, dann nimmst du diese Gewichte und trainierst damit den linken Arm, der muss stärker werden, wenn er den rechten ersetzen soll. Damit sich deine Finger nicht noch mehr verkrampfen, hat sich Tullius etwas überlegt." Hurtig griff er hinter sie und unter den Sessel. Mit einem gepolsterten Stück Holz kam er wieder hoch. Anschließend öffnete er die Finger ihrer rechten Hand und legte das Holz hinein. „Auch damit kannst du üben. Wir haben das in verschiedenen Gewichtseinheiten, du kannst das in der Hand halten und den Arm dabei anheben. So und jetzt, Polyxena – an die Arbeit! Jede Übung zehnmal und insgesamt dreimal, bis wir hier fertig sind."

Sie hatte ihn noch nie so professionell reden hören, so absolut sicher und überzeugt davon, das Richtige zu tun und zu verlangen. Gehorsam tat sie, was er ihr aufgetragen hatte. Er korrigierte ihre Haltung und schaute, dass sie gut und sicher stand. Die lange Tunika behinderte sie, deshalb ließ er sie innehalten und zog den Stoff des Kleides über den Gürtel hoch, bis der Saum an den Knien anlangte. „So geht es besser und nun mach weiter. Ich werde mich jetzt um den jungen Mann dort kümmern." Einen Moment starrte ihm Polyxena nach, dann machte sie ihre Übungen. Während sie sich abmühte und eine Muskelpartie nach der anderen stärkte, merkte sie, wie gut ihr die Anstrengung tat. Erst als sie das Gefühl hatte, nicht mehr zu können, keine einzige Kniebeuge mehr zu schaffen, setzte sie sich eine Weile, um auszuruhen, dabei beobachtete sie Gavin, der den jungen Titus durch das Übungsgelände hetzte.

Nach wie vor war Gavin ein guter Schwertkämpfer und Titus machte den ersten, im normalen Kampf entscheidenden, Fehler. Er unterschätzte den Gegner und landete, noch bevor er zu einem Hieb ausholen konnte, am Boden. Unbeholfen, damit er das Schild nicht verlor, stand er auf. Gavin warf nun sein Scutum zur Seite, damit er Titus gegenüber keinen Vorteil mehr hatte, denn der erkannte eben schmerzlich, gegen einen erfahrenen, wenn auch außer Training stehenden, Gladiator zu kämpfen, war kein Kinderspiel.

„So, Junge, nun greif an. Ich bin ungeschützt." Er stellte sich möglichst günstig und hielt die Arme zur Seite. Titus in seinem jugendlichen Übermut, verdrängte die anfängliche Unsicherheit und griff mit einem lauten Schrei an. Gavin musste nicht einmal eine abwehrende Bewegung machen, er trat zur Seite und ließ einen Fuß stehen, über den Titus fiel und erneut im Sand landete. „Siehst du, Titus, wenn du den Gegner unterschätzt oder im Übereifer angreifst, dann geht das nach hinten los." Er ging zu seinem Schüler und half ihm auf die Beine. „Ich habe nicht umsonst so viele Kämpfe gewonnen. Du musst nicht um dein Leben fechten, Titus, bei dir geht es nur um Können und Ehre und vielleicht noch um etwas Preisgeld, das Leben bleibt dir, ob du gewinnst oder verlierst. Die Gladiatoren hier", Gavin wies in die Runde, der sie umstehenden Männer, „diese Gladiatoren wissen ganz genau, wenn sie schlecht kämpfen, sind sie tot. Merk dir das Junge und nun steh auf und zeig mir wie du kämpfen kannst. Aber … nicht mit mir." Er wählte den Schüler Valerius als Gegner, nahm neben Polyxena Platz und bedeutete den Gladiatoren, ebenfalls zuzuschauen. „Beginnt", befahl er ruhig.

Titus starrte Valerius unsicher an. Beide waren ungefähr gleich groß und auch gleich stark. Sie umkreisten sich, hielten die Gladii halb erhoben und die Scuta schützend vor sich. Dann verlor Valerius die Geduld und eröffnete den Kampf. Titus hatte einen geringen Vorteil, weil er die größere Reichweite hatte und schon länger mit den Gladiatoren trainierte, doch Valerius wollte siegen. Krachend traf sein Gladius das Scutum von Titus und sie verhielten einen Moment, dann drehte sich Titus zur Seite und das Schwert glitt am Metall des Schildes ab. Eine Weile kämpften sie so und keiner konnte einen Vorteil erringen. Gavin konzentrierte sich auf die Jungen, beobachtete ihre Beinarbeit und wie sie die Waffen hielten. Mit beiden war er zufrieden. Sie hatten gut gelernt und was die Grundtechniken anging, die beherrschten sie, nur bei Titus mangelte es an Disziplin. Aber bei ihm stand auch nicht die Legion in Aussicht, wie bei Valerius, dessen Vater auf eine Offizierslaufbahn des dritten Sohnes beharrte. Der dritte Schüler war noch zu kurz dabei, um ihn an Schaukämpfen teilnehmen zu lassen, aber auch er machte sich gut und würde ebenfalls in die Legion eintreten, wenn sein Jahr hier um war.

Er ließ die beiden sich noch eine Weile schlagen, dann beendete er den Kampf. „Gut, Jungs. Die Prüfung ist beendet. Tullius, mach du jetzt weiter, erkläre ihnen den Umgang mit dem Speer und anderen Wurfgeschossen. Geht dazu in den Wald und vergewissert euch, dass niemand in der Nähe ist, den ihr verletzen könnt." Titus lief auf ihn zu und blieb dann schüchtern zu Boden blickend stehen. Die Hände ringend stammelte er: „Ähm, Gavin, danke. Danke, dass du mich von Vater weggebracht hast."

„Schon in Ordnung, du hast dich als gelehriger Schüler erwiesen. Nur Disziplin habe ich dir noch nicht einprügeln können." Er lachte, weil er ihn nur zweimal wirklich verprügelt hatte und beide Male war es während eines Kampfes gewesen.

Polyxena hatte ebenfalls interessiert zugeschaut und auch zugehört. In der rechten Hand hielt sie das Stück Holz, das Gavin ihr gegeben hatte. Es tat gut, die Finger nicht so in die Handfläche hineingepresst zu wissen, langsam wurde sie lockerer, die Spannung in den Muskeln ließ nach, sie konnte es fühlen und dann auch sehen. „Macht weiter, wir gehen ins Bad. Wenn wir fertig sind, steht es euch frei."

Das Tepidarium war bereits warm, das Wasser frisch und ebenfalls wohltemperiert. Gavin legte Polyxena auf eine der Ruheliegen und begann, sie zu entkleiden. Unsicher und ängstlich verharrte sie, während er ihr die Tunika auszog. Nachdem er sich auch entkleidet hatte, half er ihr, sich aufzusetzen und begann ihre Haut ganz sanft mit einem Schwamm abzureiben. Mit der linken Hand griff sie nach ihm und wollte ihn aufhalten, aber er sagte leise: „Lass mich, heute werde ich dich bedienen." Sie wusste nicht, was sie davon halten sollte, denn jedes Mal, wenn er bisher freundlich und zuvorkommend gewesen war, war er nachher umso brutaler und feindseliger erschienen. „Entspanne dich, Polyxena, es wird dir nichts geschehen. Schließ die Augen." Er drehte sie auf den Bauch und rieb mit sanftem Druck über ihren Rücken, das Gesäß und die Beine. Dann kitzelte er sie an den Fußsohlen, was ihr ein Lachen entlockte. „Soll ich aufhören?", fragte er scheinheilig und kitzelte sie weiter. „A, aufh", verlangte sie. Er gab nach und drehte sie wieder herum. Sorgsam ließ er den Schwamm wieder über ihre Haut gleiten. Polyxena schloss die Augen und genoss die Berührung. „Du bist schön, wenn du entspannt bist", flüsterte er. „Na", entgegnete sie und schüttelte verneinend den Kopf. „Doch, ich habe es nicht glauben wollen, aber du bist schön. Magst du untertauchen?" Auf ihr Nicken hin, hob er sie hoch und setzte sie ins warme Wasser des Sitzbeckens. Polyxena glaubte, nichts hatte ihr bislang so wohlgetan, wie das warme Wasser nach den sanften Berührungen. „Ich komme gleich, muss mich nur selbst noch waschen." Kaum gesagt, rieb er sich den Schweiß vom Körper und spülte sich dann gründlich ab bevor er ins Becken stieg. Auch er seufzte befreit als er sich neben ihr niederließ.

Eine lange Zeit saßen sie so nebeneinander, berührten sich kaum, hielten die Augen geschlossen und jeder versuchte für sich die Ruhe und Schönheit des Augenblicks festzuhalten, ihn zu verlängern.

Am liebsten hätte Polyxena mit ihm geredet, ihm ihre Ängste und Befürchtungen mitgeteilt und auch das, was sie freute und schön fand. Gerne würde sie nach seiner Hand greifen, doch eine innere Furcht hielt sie davon ab. So blieb sie einfach mit geschlossenen Augen sitzen und hoffte, der schöne Tag würde nicht zu schnell vorüber gehen. Jede Minute davon wollte sie auskosten und sah sie als Geschenk der Götter.

Nichts, so dachte Gavin, könnte jetzt noch etwas an dem bisschen Zufriedenheit und Glück ändern, das er sich geschaffen hatte. Er hatte seine persönlichen Ansprüche nach unten geschraubt und stellte nur noch an die Schule und seine Arbeit Forderungen. Sein Sohn gedieh und Alkmene schien sich mit der Situation arrangiert zu haben, schließlich war sie trotzdem die wichtigste Person im Leben des Kindes. Der Gedanke an seinen Sohn ließ ihn noch mehr lächeln. ‚Was kann sich ein Mann mehr wünschen?', dachte er und fühlte sich richtig gut. Versonnen griff er nach Polyxenas Hand, hob sie hoch und küsste ihre Fingerspitzen.

„Gav", sie brachte die Worte nicht hinaus, die sie sagen wollte. ‚Lass mich nicht fallen', dachte sie, dann öffnete sie die Augen und schaute ihn mit dem gesunden Auge an. Verschwommen war sein Bild, denn an manchen Tagen, konnte sie nichts klar erkennen. „Was ist Kassandra?" Manchmal, so wie jetzt, wenn er mit den Gedanken weit weg war, nannte er sie so und jedes Mal war seine Stimme dabei sanft. Es war wie ein Stich ins Herz, als er sie mit dem Namen der anderen Frau anredete. Er konnte sie nicht vergessen und Polyxena kam sich selbst vor wie eine Randfigur, wenn überhaupt als Person in seinem Leben. Rasch entzog sie ihm die Hand, da öffnete er die Augen und sagte: „Habe ich etwas Falsches gesagt?" Es schien ihr so, als sei er aus einem Traum erwacht und müsse sich erst mit der Realität anfreunden.

Der Augenblick war dahin, die Verbundenheit, die sie eine Weile zu spüren glaubte, war nichts als Einbildung gewesen. So sagte sie nun: „R." Ärgerlich über ihre Unfähigkeit zur Kommunikation ließ sie die Faust ins Wasser knallen, dass es spritzte. „Willst du hinaus? Ja, es wird Zeit, die Gladiatoren wollen auch noch baden und ich habe Alkmene gesagt …" Polyxena unterbrach ihn mit einer Handbewegung. Was er Alkmene gesagt hatte, interessierte sie nicht. Der wunderbare Moment, als er sie schön fand, war vorbei und sie fragte sich, ob das nur ein Wunschtraum gewesen war. Sie war sich nicht mehr sicher. Aber Gavin war immer noch sanft als er ihr beim Abtrocknen und Ankleiden half, nur war er jetzt sehr still, wirkte in sich gekehrt.

Eben half er ihr in die Untertunika, da wurde die Tür geöffnet und Alkmene kam herein. Strahlend sah sie aus, wie immer, das schulterlange Haar in zwei Zöpfe geflochten, die neben ihren Ohren baumelten und ihr ein lustiges, munteres Aussehen verliehen.

„Herr!", rief sie. „Herr, komm schnell, dein Sohn!" Alarmiert drehte er sich herum und fragte schroff: „Was ist mit ihm?"

„Nichts Schlimmes, Herr, er hat sich allein herumgedreht. Ich dachte, das wüsstest du gern und weil du uns so lange warten hast lassen, bin ich gekommen."

„Danke, Alkmene. Ich habe unsere Verabredung nicht vergessen und ich werde gleich da sein. Wo ist Aeneas jetzt?"

„In der Küche, Herr. Ich wollte mich nützlich machen. Da nahm ich ihn mit und half Petulia beim Zubereiten des Festmahls. Was feierst du heute, Herr?"

„Du bist sehr pflichtbewusst. Wir feiern heute einen Fortschritt deiner Herrin." Als würde Alkmene sie erst jetzt sehen, schaute sie in Polyxenas Richtung, diese stand der Musterung der Sklavin so gleichgültig es ging, gegenüber. „Danke, Herr. Nachdem ich Aeneas versorgt hatte, nahm ich ihn mit herüber, denn hier ist immer viel zu tun und ich half dann Petulia. Niemand in deinem Haushalt darf doch nutzlos sein, nicht wahr, Herr?" Es war eine kaum verhohlene Beleidigung und Polyxena erfasste sie sofort, aber sie konnte nichts darauf erwidern, hielt nur den Blick geradeaus und tat so, als beträfe sie das alles nicht. „Geh vor, Alkmene, wir kommen gleich nach", sagte er lediglich, er hatte keine Lust, sich in die Differenzen der beiden Frauen einzumischen. Seiner Auffassung nach, waren die Linien gezogen, Polyxena war die Herrin und Alkmene die Dienerin und so sollten sie sich auch benehmen. Wenn Polyxena nicht reagierte, war das ihre Sache, aber er würde sich erst einmischen, wenn es nicht mehr anders ging. Meistens verhielt sich Alkmene ohnehin vorbildlich.

Rasch warf er Polyxena die grüne Tunika über, wobei er fragte: „Warum hast du immer dieses alte Teil an, es steht dir nicht und ist schon ganz verschlissen? Auch könntest du dir die Haare wieder wachsen lassen. Wenn man dich neben Alkmene sieht, meint man, du seiest die Sklavin."

„Dan-ke", antwortete sie bissig, dann schrieb sie etwas auf die Tafel und ließ es ihn lesen. Wie immer kostete ihn die Warterei alle Geduld, die er aufbringen konnte. Kommunikation mit seiner Gattin war ein nervenaufreibendes Unterfangen und leider manchmal nötig, um Missverständnisse zu vermeiden.

„Wer hat dich beleidigt?", fragte er nun. Abermals schrieb sie etwas auf, woraufhin Gavin lachend erwiderte: „Meine Liebe, sie hat recht und ich auch – sieh dich nur an!" Damit hielt er ihr einen Spiegel vors Gesicht, den sie unwirsch zur Seite schob. Abermals schrieb sie etwas auf die Tafel. „Ich lese es später, ich muss mich noch anziehen. Geh schon mal vor, ich komme gleich nach." Damit wandte er sich um und begann damit, den Bart von seinem Gesicht zu schaben.

Polyxena warf die Tafel mit einer Wucht zu Boden, dass sie zu Bruch ging. Wie von Wespen gestochen, fuhr er herum und gab ihr eine schallende Ohrfeige. „Hier brauchst du dich nicht so aufzuführen! Es besteht kein Grund zur Eifersucht oder sonst etwas. Du kennst meine Gefühle dir gegenüber." Am liebsten hätte sie ihm nun die ganze Enttäuschung ins Gesicht geschleudert, ihren Zorn und ihre Hilflosigkeit, aber nichts davon tat sie. Sie drehte sich einfach um, griff den Stock und ging hinaus.

Gavin wusste nicht, was in sie gefahren war. Er war wirklich bemüht gewesen, doch diese Eifersüchteleien nervten ihn und waren unnötig. Sicher verbrachte er viel Zeit mit Alkmene und Aeneas, schließlich war er sein Sohn. Wenn Polyxena darauf verzichtete, war das ihre Sache. Sie würde keine Kinder mehr bekommen können, also war jede Mühe umsonst und er mied es, ihr Bett zu teilen, um ihr keine falschen Hoffnungen zu machen. Wütend auf sich selbst, weil er sie mit ins Bad genommen hatte, zog er sich an und stapfte in die Küche. Dort sah er die Küchensklaven, die um das Bettchen des Jungen standen und ihn bewunderten. „Nun geht mal zur Seite", sagte er und schon stoben sie weg. Zärtlich griff er hinein und nahm das Kind hoch. „So Aeneas und jetzt zeige ich dir die Schule und die Sklaven hier lassen wir weiterarbeiten. Wo ist deine Mutter, Kleiner?" Niemand antwortete auf die Frage, denn sie waren nicht sicher, wen er meinte. Aber er achtete nicht weiter auf die Sklaven und ging ins Atrium, von dort in den Übungshof und durch das ganze Gelände, währenddessen redete er. „Weißt du, Aeneas, du wirst leider mein einziges Kind bleiben. Ich fürchte nämlich, sollte deine Mutter wieder von mir schwanger werden, wird es meine Gattin nicht mehr anerkennen. Nun … aber das interessiert dich alles nicht, nicht wahr, mein Kleiner? Eine warme Brust und saubere Windeln, mehr willst du noch nicht. Na, dann bringe ich dich wieder zu deiner Mutter." Er hatte leise gesprochen und nicht darauf geachtet, ob jemand in der Nähe war, so war es ihm entgangen, dass Polyxena einen Teil seiner Worte gehört hatte. Sie betrachtete ihn, wie er mit dem Kind im Arm durch die Schule marschierte, mit ihm redete und in ihren Augen wurde er beinahe so schön wie einer der Helden aus den Büchern. Doch dann hörte sie ihn sprechen und das mühsam aufgebaute Gerüst innerer Stabilität bekam einen weiteren Riss, sie fühlte die Kluft zwischen ihnen tiefer werden.

Gavin empfand zu Aeneas eine tiefe Verbundenheit. Er nahm sich vor, dem Knaben ein guter Vater und ein Vorbild zu sein, ihn alles zu lehren, worauf es im Leben ankam, was er für wichtig hielt. Es sollte ihm an nichts fehlen – weder an materiellen Gütern noch an Liebe. Er wollte, dass sein Sohn anders aufwachsen sollte, nicht eingebettet in ein strenges, an ein Gefängnis erinnerndes Reglement. Aeneas sollte ein Mindestmaß an Entfaltung seiner Interessen und Fähigkeit erhalten. Das alles sagte er ihm, als er ihn durch die Schule trug. Dann hob er ihn hoch und ließ ihn durch die Luft sausen, ohne ihn loszulassen und der Kleine jauchzte.

Das spontane Festmahl Polyxena zu Ehren war der nachmittäglichen Vorkommnisse wegen schweigsam und dauerte nicht lange. Polyxena hatte nach dem Bad einen Brief an Gavin geschrieben und ihn sogleich ausgehändigt. Doch noch immer hatte er ihn nicht gelesen. Ihm fehlte einfach die Lust, sich mit ihren Problemen auseinanderzusetzen. Gegen ihre Gewohnheit hatte sie alles auf Papyrus geschrieben, denn die Tafel war kaputt und eine Neue hatte sie noch nicht organisieren können. So hatte sie auf das teure Papyrus zurückgegriffen, das sie nur für wichtige Briefe verwendete. Als sie ihm den Brief dann endlich gegeben hatte, hatte er ihn nur angestarrt und weggelegt. Nun lag er noch immer auf dem kleinen Tisch neben dem Fenster, ungeöffnet.

Die Cena geriet noch mühsamer, da Alkmene gebeten hatte, bei Tisch aufwarten zu dürfen. Sie fühlte, wieder die Oberhand gewinnen zu können und ihre Position im Haus noch etwas zu verbessern. Denn auch Sextus schien manchmal unzufrieden zu sein. Er fühlte sich hin- und hergerissen zwischen der Loyalität Gavin gegenüber, die er ihm in Arretium heimlich geschworen hatte und seiner Liebe zu Alkmene. Auch der Herrin gegenüber empfand er Respekt, einerseits weil es sich so gehörte und andererseits hatte sie sich ihn mit ihrer Hartnäckigkeit verdient.

Wie üblich saß Polyxena bei Tisch, denn aus liegender Position kam sie schwer hoch, essen ging dann gar nicht, und wartete darauf, ebenfalls bedient zu werden. Nur mühsam konnte sie ihren Zorn unterdrücken, als Alkmene immer wieder an ihr vorbeiging und den leeren Kelch übersah, den sie ihr hinhielt. Weil auch Gavin nicht auf diese Brüskierung reagierte, knallte sie den Zinnbecher auf den Tisch und stand auf. Zielsicher griff sie nach dem Krug und ließ sich damit nieder. Es war nicht das erste Mal, dass sie übersehen worden war und sie empfand es zunehmend als entwürdigend. Einerseits weil sie wie ein Diener saß und andererseits, sich nicht artikulieren konnte. Diese Tatsache machte ihr in letzter Zeit immer häufiger zu schaffen. ‚Wenn ich könnte, würde ich sie jetzt schlagen lassen, diese kleine Hure‘, dachte sie bitter während sie sich Wein eingoss. Im Verlauf des Mahls wurde sie immer zorniger. Gavin sah es mit wachsender Besorgnis, aber auf seine Fragen reagierte sie, indem sie wegsah. „Polyxena! Es reicht!“, rief er schließlich. Ebenfalls ärgerlich geworden, sprang er auf und griff nach der Karaffe. „Hör auf, dich zu betrinken, das steht dir nicht!“

„Sic?“, brüllte sie zurück. „M-m-m.“ Sie stand auf und torkelte zum Tisch, ergriff den Brief und drückte ihn Gavin vor die Brust. Dann stolperte sie mehr als sie ging aus dem Zimmer.

Gavin stand, so wie sie ihn verlassen hatte. Noch nie hatte er sie so ungehalten erlebt, immer war sie beherrscht gewesen. Der Brief war zu Boden gefallen, jetzt bückte er sich danach und betrachtete ihn abermals lange Zeit. Er fragte sich, was so wichtig war, dass sie derartig aus der Fassung geriet. „Ich brauche dich heute nicht mehr Alkmene, kümmere dich um Aeneas“, sagte er müde lächelnd. „Wie du wünschst, Herr. Gute Nacht.“ Rasch zog sie sich zurück, ebenso verwundert über die Reizbarkeit Polyxenas und sie fürchtete, den Bogen überspannt zu haben. Der erste Weg führte sie ins Kinderzimmer, dort löste sie die Tunika und gab Aeneas zu trinken. Während sie ihn stillte, schlief sie ein. Das Kind lag sicher in ihren Armen und saugte schmatzend. Stunden später erwachte sie mit dem angenehmen Gefühl, Aeneas noch mehr an sich gebunden zu haben, ihn nicht an diese Herrin verloren zu haben, die sie nicht mochte.

Minutenlang starrte Gavin nur, dann endlich öffnete er das Blatt und begann zu lesen. Er konnte nicht begreifen, was sie da geschrieben hatte. Dann setzte er sich und schenkte sich noch einmal Wein nach. Ein kräftiger Schluck Cervesia wäre ihm jetzt lieber gewesen. „Ich werde mich nicht mehr erniedrigen lassen. Sollte sich nichts ändern, werde ich Konsequenzen fordern. Ich bin es leid, als dumme Missgeburt angesehen zu werden. Wenn du mich nicht willst, dann trenne dich von mir. Erfinde einen Grund und schick mich zu meinem Vater zurück. Mein Geld kannst du in diesem Fall behalten (abzüglich der Reisekosten) als Entschädigung für meine Faulheit, wo ich doch nur träge herumsitze und die Leute mit meiner Anwesenheit störe. Ich werde dich nicht weiter belasten. Aeneas soll in der Obhut seiner Mutter bleiben, bis du etwas anderes anordnest. In deinem Haus habe ich kein Recht, etwas zu verlangen, aber ich kann dich bitten, mich in Gegenwart deiner Sklaven nicht zu demütigen. P.L.“ Immer wieder las er diese hingekritzelten Zeilen und versuchte dahinterzukommen, was sie meinte, was sie von ihm wollte. Es war schwierig, mit jemandem zusammen zu leben, der nicht reden konnte. Jede Unterhaltung dehnte sich, Gedanken verloren sich in der Wartezeit, bis sie mit Schreiben fertig war und dann war ihm zumeist die Lust auf Kommunikation vergangen oder er hatte vergessen worum es eigentlich ging. Sie war geistreich und klug, aber ihre Behinderung machte alles zunichte. Er wurde nur selten zu Gastmählern geladen, was er dem Umstand zuschob, mit Polyxena verheiratet zu sein. Meistens ging er ohnehin allein, denn bereits die Einladungen waren so gehalten, dass sie nur ihn betrafen. Bereits während der schweren Schwangerschaft hatte es für sie keine Einladungen mehr gegeben, sie hätte ohnehin nicht aufstehen dürfen. Aber auch Gavin war während dieser Zeit nur wenig ausgegangen, denn die Sorge um das ungeborene Kind und auch um Polyxena, sie mochte es glauben oder nicht, hielten ihn davon ab für längere Zeit das Haus zu verlassen.

Jetzt saß er allein im Speisezimmer, das Licht der Öllampe sandte flackernde Schatten an die reichverzierten Wände, und dachte an das vergangene Jahr. Es hatte sich so viel ereignet, sein ganzes Leben hatte sich gewandelt, völlig umgekrempelt. Wie so oft, dachte er an Kassandra, deren Schicksal sich tief in ihn gebohrt hatte und ihn nicht mehr losließ. Abermals sah er sich in der Arena stehen, das Gladius erhoben und um sein Leben kämpfen, dieses erbärmliche Dasein, das kein Ass wert gewesen war, als ihn der Vater vom Hof gejagt hatte und nun war er Herr über eine florierende Landwirtschaft und über einige Gladiatoren. Er war Leiter einer Schule und Grundbesitzer. ‚Kassandra, viel lieber würde ich darauf verzichten und mit dir sein‘, dachte er, vergrub den Kopf in den Händen und schluchzte laut auf. ‚Ich habe zu viel getrunken.‘ Leicht schwankend stand er auf, den Brief ließ er liegen und ging in die Schule hoch. Es war schon dunkel und die Tore geschlossen, doch Apion ließ ihn hinaus. „Gute Nacht“, murmelte er und dann noch: „Scheiß Weiber.“ Apion konnte nur noch den Kopf über den Herrn schütteln. Er wäre froh, wenn ihm die Frauen so die Tür einrennen würden, wie sie es bei Gavin taten, denn nicht nur Alkmene, sondern auch Lydia stand manchmal mit irgendeiner Nachricht vor der Tür oder sie musste dringend Gavin sprechen. Warum das so war, darüber wunderte er sich oft, denn Gavin sah mit seinem zernarbten Gesicht nicht wirklich gut aus, es war sein Auftreten, das Sicherheit vermittelte. Selbst die Herrin himmelte ihn an, obwohl er sie meistens übersah. Apion verstand die Herrschaften nicht und noch weniger die Frauen. So verschloss er sorgfältig das Tor und ging wieder in seine Nische.

Die Wochen bis zum Weberfest vergingen rasch. Gavin trainierte die Gladiatoren täglich und schließlich ließ er sich selbst als Teilnehmer benennen. „Myrdin ist zurück", flüsterte Tullius, als er das hörte. „Verdammt, er kann es nicht lassen."

Eine Woche vor dem Fest wurde das Training noch intensiviert. Gavin kämpfte als Andabates und ließ auch Titus mit einer Augenbinde antreten. „Junge, ich weiß, dass du das kannst", sagte er, als er ihm die Augen verbinden ließ. „Du trittst gegen mich an – ich bin ebenfalls blind, Titus, keine Sorge. Du wirst merken, was du plötzlich noch alles wahrnehmen kannst." Noch während er redete, wurde ihm ebenfalls die Sicht genommen und bald schon standen sich Lehrer und Schüler gegenüber, ohne sich zu sehen. Tullius machte den Disceptator und achtete darauf, dass sich keiner der beiden ernsthaft verletzen konnte. Gegen ihre Gewohnheit war auch Polyxena in die Schule gekommen und trainierte dort mit ihren kleinen Übungsgeräten. Die Kniebeugen gingen jetzt schon ohne das Hilfsmittel. Doch auch sie beendete das Training und schaute Gavin erstaunt an, als er sich und dem Jungen die Augen verbinden ließ.

Gavin fühlte sich an ein anderes Mal erinnert, als er die Augenbinde trug. Damals ging es um Leben und Tod und nicht nur um seines, auch das von Kassandra war bedroht gewesen. „Minerva", flüsterte er, dann ging es los und er musste sich immer wieder vergegenwärtigen, gegen einen Schüler zu kämpfen. Leise hörte er den Atem und die Schritte des jungen Mannes und sein Hieb ging in diese Richtung. Holz traf Holz und es krachte laut. Jemand stöhnte, dann sagte Tullius: „Sehr gut Herr, du hast ein gutes Gehör. Weiter." Sand knirschte, jemand entfernte sich. Gavin war wieder ganz bei sich. Erst jetzt merkte er, wie es ihm gefehlt hatte, dieses sich Fühlen, wie er es nur konnte, wenn er in der Arena stand. Er freute sich auf den Kampf, der in wenigen Tagen abgehalten wurde. Abermals fand er mittels Gehör sein Ziel und Titus konnte ihn nicht abwehren, weil er zu verängstigt war, doch dann hörte er endlich zu, denn der Lehrer redete ständig mit ihm: „Junge, setz deine Ohren ein, du hast zwei Stück davon und die sind nicht nur dazu da, dein Gehirn zu belüften. Du kannst hören, wo ich stehe, du kannst hören woher der Angriff kommt." Da hob er rechtzeitig das Scutum und Gavins Attacke prallte wirkungslos auf dem Schild ab. „Sehr gut", lobte er und griff erneut an, diesmal traf er den Jungen an einer verwundbaren Stelle und Tullius beendete den Kampf. „Aus! Wir haben einen Sieger. Herr, deine Art, mit den Ohren zu sehen, ist beängstigend." Dem stimmte auch Titus zu, der sich die Augenbinde abnahm und den Lehrer in stummer Bewunderung anschaute.

„Gut", sagte Gavin etwas später, als auch die anderen in ihren Waffengattungen gegeneinander gekämpft hatten. „In drei Tagen sind wir so weit und werden das Turnier gewinnen! Ihr dürft jetzt das Bad aufsuchen und für morgen steht euch ein freier Tag zur Verfügung. Ihr habt gut gearbeitet und werdet der Schule alle Ehre machen, auch die Jungen, die hier nur um der Ehre wegen antreten werden. Ich bin stolz auf euch. Wegtreten!" Rasch zogen sich die Gladiatoren zurück und brachten ihre Ausrüstung ordnungsgemäß unter bevor sie sich für das Bad fertig machten. Nur Tullius blieb noch zurück. Er war der älteste unter den Gladiatoren und auch der beste Kämpfer, den die Schule im Moment hatte. Auch war er für die Einhaltung des Trainings zuständig und er sah sich noch immer als Freund von Gavin, auch wenn er sich im vergangenen Jahr sehr zurückgehalten hatte.

„Herr", begann er als die anderen schon Richtung Waffenlager liefen und anschließend die Badesachen holten.

„Was ist, Tullius?"

„Darf ich dich kurz unter vier Augen sprechen?"

„Natürlich. Sprich. Es ist niemand da." Doch Tullius schaute zu Polyxena, die Gavin wieder einmal übersehen hatte und nun war er peinlich berührt, als ihn der Sklave dezent auf den Fehler hinwies. „Komm in mein Büro", sagte er deshalb rasch und er führte Tullius weg vom Kampfplatz.

„Verdammt, Gavin", begann er sofort, als sich die Tür hinter ihnen geschlossen hatte. „Du bist der beste Schwertkämpfer den ich kenne, aber das gibt dir nicht das Recht, deine Frau wie Müll zu behandeln. Ich schaue mir das jetzt lange genug an – Sklave hin oder her. Wir kennen uns schon, da warst du noch unter mir und deshalb wage ich jetzt diese Worte und es ist mir gleich, solltest du mich deswegen auspeitschen lassen, Gavin. Polyxena hat deine Behandlung nicht verdient. Sieh dich an! Du bist der Herr hier über Leben und Tod. Weißt du überhaupt, wie du dich aufführst? Ich beobachte dich schon mehrere Monde lang und ich muss sagen, es gereicht dir nicht gerade zur Ehre. Wenn du eine Favoritin hast, was dir zusteht, dann stell sie nicht über deine Gemahlin. Die Sklaven tuscheln bereits und nicht nur die hier im Haus, selbst in Ravenna redet man über uns. Herr, bei allem Respekt, den ich vor dir habe, denke auch an die, die von deiner Gnade abhängen." Er wollte sich bereits umwenden und sich zu den anderen ins Bad begeben, da hielt Gavin ihn zurück: „Warte, Tullius. Setz dich." Der Gladiator kam zum Tisch und nahm Gavin gegenüber Platz. Erwartungsvoll blickte er seinen Herrn und Freund an. „Es ist jetzt das zweite Mal, dass du mir so etwas in der Art sagst. Was sollte ich anderes sagen, als dass du recht hast? Doch seit wann kümmert dich irgendeine Frau? Warst du nicht immer der Meinung, die sind nur zum Vögeln da und gut ist?" Jetzt wurde Tullius unbehaglich zumute und ein betretenes Grinsen breitete sich in seinem Gesicht aus. „Nun, Gavin, Herr, einerseits stimmt es, das habe ich immer gesagt und es trifft voll auf die Frauen zu, die ich zu treffen pflege, du weißt, wo ich meine Freizeit verbringe. Aber ich denke nicht, dass das auf deine Gattin zutrifft. Wenn ich ihr beim Üben zusehen, würde ich ihr am liebsten ein Gladius in die Hand drücken, nur damit du sie ansiehst, aber ich denke, nicht einmal das würde etwas nützen. Oder siehst du ihre Bemühungen, willst es aber aus einem mir unbekannten Grund nicht zeigen?" Eigentlich wollte Gavin nicht darüber reden, doch nach einer Weile des Schweigens, brach es aus ihm heraus: „Ich will sie nicht sehen! Sie erinnert mich an Kassandra und es ist so mühsam mit ihr zu reden. Kannst du dir vorstellen, mit jemandem zu sprechen, der jede Antwort aufschreiben muss? Alles was in wenigen Augenblicken gesagt werden könnte, dauert bei ihr Stunden. Manchmal kann ich es einfach nicht ertragen, sie zu sehen! Ihre verdammte Behinderung, diese Sprachlosigkeit macht mich fertig. Wenn wir zusammen essen, was selten genug vorkommt, dann ist an eine Unterhaltung nicht zu denken. Weißt du, wie schwierig es ist, wenn man nur angeschwiegen wird? Ich kann mir schon denken, dass es für sie auch nicht einfach ist und ich habe sie mir auch nicht ausgesucht, es war eine Heirat aus einer Notwendigkeit heraus und sie weiß das. Niemals habe ich ihr etwas vorgemacht, Polyxena weiß über meine Gefühle Bescheid und ebenso Alkmene. Ich wünschte ... ach, verdammt, Tullius, es ist müßig sich etwas zu wünschen, das man nicht haben kann. So und nun muss ich noch ein wenig arbeiten. Ich danke dir für deine Offenheit. Du kannst gehen." Tullius stand auf, wusste aber nicht, ob er etwas erreicht hatte. „Gut, Herr, dann danke ich dir, dass du mich angehört hast."

„Ich bin kein Tyrann, ich werde dich und die anderen immer anhören, wenn es Probleme gibt."

„Ja, Herr, das weiß ich. Mit deiner Erlaubnis werde ich mich vor dem Bad noch um die Herrin kümmern."

„Wenn es dir nichts ausmacht, gerne. So, nun muss ich aber hier fertig machen."

Damit war Tullius endgültig entlassen und er ging in den Übungsbereich zurück. Dort war Polyxena noch immer mit ihrem Training beschäftigt. Die Muskeln schmerzten, doch es war eine Möglichkeit, mit dem Frust, dem Zorn umzugehen, ihn aus sich zu arbeiten. Die rechte Schulter schmerzte bereits, doch noch wollte sie nicht aufhören, denn eben hatte sie sich eingebildet, den Arm heben zu können. ‚Wenn das Sprechen auch so einfach zu erlernen wäre', dachte sie. Sie blickte über den leeren Platz und kam sich noch einsamer vor als in der Villa. ‚Wieder hat er mich einfach übersehen, obwohl ich neben ihm saß. Was habe ich ihm getan?' Zornig, weil es noch immer schmerzte, hob sie ein anderes Gewicht. Es war schwer, eigentlich zu schwer, um ordentlich zu üben, aber sie stemmte es in die Höhe und schrie ihren ganzen Frust hinaus, wähnte sie sich doch allein.

„Herrin, du solltest diese schweren Teile noch nicht verwenden", sagte Tullius. Sie erschrak über seine Anwesenheit und ließ beinahe die Hantel fallen. Gerade noch konnte sie den Schwung abfangen und das Gewicht landete im Sand, wo es noch ein Stück rollte, bevor es an Antrieb verlor und still liegenblieb. Polyxena hielt den Blick auf das Trainingsgerät, denn sie kam sich nun dumm vor, so geschrien zu haben. Doch Tullius sagte lediglich: „Herrin, ich würde dir gerne etwas anderes beibringen. Ich denke, das könnte dir besser helfen." Seine Stimme klang leise und respektvoll. Erstaunt schaute sie ihn an, dann nickte sie. „Wenn du es nicht magst, dann nicht, aber probier es aus, bevor du urteilst." Jetzt hätte sie ihn gerne mit Fragen bedrängt. Wie sollte sie etwas beurteilen, das sie nicht kannte? Doch er war schon zur Stelle und zog zwei Gladii hinter seinem Rücken hervor. Polyxena sog scharf die Luft ein. „Ja, Herrin, er wird auch staunen, da gehe ich jede Wette mit dir ein. Du hast die Kraft und die Ausdauer, um es zu lernen. Nimm das Schwert und wir fangen an." Unsicher griff sie zu und stand auf. Tullius stellte sich an ihre Seite und zeigte ihr, wie sie das Gladius halten musste. „Lehn dich etwas nach vor, damit du nicht sofort in Rückenlage kommst und fällst. Nun streck den Arm aus und stich zu. Stich! Schritt. Stich! Schritt! Stich! Jawohl, Herrin! Stich! Weiter!" So feuerte er sie an und gab die Befehle, während sie in ihren Gedanken den Zorn erstach. „Ah!", rief sie und ging weiter, ohne Stock und Hilfe, nur am Gladius hielt sie sich und so ging sie, bis sie am Übungspflock angekommen waren. „Und jetzt, Herrin, hau drauf! Stell dir vor, das da ist deine Behinderung – mach sie fertig!" Polyxena schaute Tullius einen Moment entgeistert an, dann holte sie aus und schrie laut während sie auf den Pflock einstach. „Zieh es heraus und noch einmal! Gib's ihm, Herrin! Stich! Und zurück den Arm! Noch einmal! Schrei es heraus, Herrin! Brüll drauflos, es schert mich nicht." Abermals stach sie auf die Figur ein und diesmal so fest, dass das Schwert im Strohwams steckenblieb und sie es nicht mehr herausbekam. „Herrin, ich bin beeindruckt." Kraftvoll zog er das Gladius heraus und gab es ihr zurück. Doch sie schüttelte den Kopf, denn da traten bereits die Gladiatoren aus dem Bad heraus und Ullrik rief gut gelaunt: „Tullius, mein Freund, was ist los? Verzichtest du heute?"

„Mit Bestimmtheit nicht! Sobald ich hier fertig bin, gehe ich ins Bad!"

„Na, dann beeil dich mal lieber, denn die Weiber wollen heute auch noch baden, hat mir zumindest Alkmene vorhin geflüstert", mischte sich Sextus ein. „Ich glaube, dann muss ich wirklich rasch machen." Tullius lachte herzlich, denn er wusste, er war schon spät und die Einhaltung des Badeplans wurde von Brutus genau überwacht. Nun wandte er sich noch einmal an Polyxena und fragte: „Herrin, kommst du allein zurecht? Ich muss das Training beenden, denn sonst darf ich nicht mehr ins Tepidarium und muss mich am Brunnen waschen."

„E", sagte sie und machte eine wegweisende Handbewegung. „D-da", sie schloss die Augen und versuchte es noch einmal, aber es kam kein Laut mehr aus ihrer Kehle. „Ich danke dir, Herrin. Wenn du es wünschst, können wir morgen weitermachen." Sie nickte, wusste aber nicht, ob sie zu einem weiteren Training in der Lage sein würde. Jetzt stand ihr erst einmal der Weg ins Haus bevor und sie war schon müde. ‚Ins warme Wasser legen, das würde mir jetzt auch gefallen', dachte sie und warf einen sehnsüchtigen Blick auf die kleine Therme. In der Villa gab es auch ein Bad, aber es war nur selten geheizt, weil alle in der Schule baden wollten. Polyxena verstand das, denn es war wesentlich gemütlicher und einfacher zu heizen als das Bad in der Villa.

Tullius brachte ihr noch den Stock, verbeugte sich knapp und lief davon, um sich frische Sachen zu holen. Dann stand sie allein da und seufzte einmal tief auf. ‚Es hat gut getan, glaube ich', dachte sie und musste kurz über die Gedanken, die sie während der Übung gehabt hatte, lächeln. Dann setzte sie den Stock fest auf und schritt langsam Richtung Atrium. Sie spürte die Beine kaum, so müde fühlte sie sich, aber sie zwang sich, zu gehen. Da sah sie Gavin, der an einer Säule lehnte und sie betrachtete. Er war Tullius gefolgt und hatte ihnen zugesehen, nicht ahnend, welche Kraft in seiner Frau steckte, oder wie viel Zorn. „Soll ich dir helfen?", fragte er und registrierte erstaunt, dass sie ihn links liegen ließ und weiterging. So drehte er sich um und ging neben ihr her. „Polyxena, warte." Doch sie humpelte weiter und zwang sich, sich nicht umzudrehen. „Poly! Ach, verdammt, dann eben nicht!", rief er als sie auf nichts reagierte sondern weiterging als wäre er nicht hier. So nahm er seinen Waschbeutel und ging ins Bad. Eigentlich hatte er vorgehabt, das Tepidarium in der Villa in Betrieb zu nehmen, aber allein machte das alles keinen Spaß. Tullius saß mit geschlossenen Augen im Becken und grinste wie eine Katze vor dem Sahnetopf. Er hatte genau bemerkt, wie Gavin dazugekommen war. Jetzt musste nur noch Polyxena mitspielen, dann würde es hier in wenigen Wochen eine Herrin im Haus geben und keinen weinerlichen

Putzlappen. ‚In einem hat er recht, sie ähnelt Kassandra', dachte er, streckte sich ausgiebig bevor er sich die haarigen Stellen am Körper kratzte. Da kam Gavin dazu. „O Herr, verzeih, ich gehe schon", murmelte er jetzt doch etwas verunsichert. „Bleib, Mann. Ich bin nur kurz hier zum Untertauchen."

„Ja, Herr, die Wei … äh … Frauen kommen dann an die Reihe. Ich sollte mich beeilen."

„Ich mich auch." Gavins Lächeln geriet etwas schief, als Tullius antwortete: „Du nicht, Herr, wenn dich die Weiber sehen, fallen sie ohnehin eine nach der anderen um und liegen dir zu Füßen. Die himmeln dich an, ebenso die Jungs." Eigentlich hatte er das nicht sagen wollen, doch nun war es zu spät und die Worte waren heraußen. Darüber dachte Gavin eine Zeitlang nach, dann murmelte er: „Ja, alle außer meiner Frau."

„Was mich auch nicht wundert, Gavin, Herr …." Er ließ den Satz unvollendet, stand auf und machte sich fertig für die abendlichen Stunden im Kreis der Kameraden. Für diesen Abend hatte er bestimmt, die Ausrüstung zu kontrollieren. „Ich mache mich dann an die Arbeit." Und er berichtete, was er für die Gladiatoren und die Schüler angeordnet hatte. Tullius, so fand Gavin, war ein guter Meister, ein umsichtiger Lehrer, der die Leute mit Ermunterung und Lob anspornte. „Du machst deine Sache gut, Tullius. Ich bin froh, dich hier zu haben. Du erleichterst mir Vieles."

„Ich danke dir für das Lob, Herr." Tullius begann sich gründlich zu rasieren, was er nur einmal alle acht Tage machte und Gavin so durchgehen ließ. „Was machst du morgen?" Tullius wandte sich dem Herrn zu und grinste mehrdeutig. „O ja, dann viel Vergnügen und pass auf, dass du dir von der Hure nichts holst, das du nicht haben willst."

„Ich geh ja immer zur gleichen und die sieht recht gesund und appetitlich aus, außerdem verlangt sie nur drei Asse und ist sich nicht zu schade, mit einem Gladiator zu bumsen, was ja nicht selbstverständlich ist."

„Das weiß ich, Tullius. Richte Renata meine besten Grüße aus, wenn du sie sehen solltest."

„Dir sind sie ohnehin immer scharenweise nachgelaufen, diese kleinen Gänse und wollten sich von dir füllen lassen. Aber das tun sie noch immer. Ich richte deine Grüße aus." Tullius lachte als er Gavins Gesichtsausdruck bemerkte. „Mann, jetzt tu nicht so, als würde dich diese Rede entsetzen. Vor gar nicht langer Zeit hast du nicht anders gesprochen, Herr." Vor Verlegenheit wurde Gavin rot und Tullius wandte sich wieder der Rasur zu. „Ja, ich freu mich auf Renata, die wird mir das Rohr mal wieder richtig durchblasen." Er genoss es, den Herrn so zu verunsichern. Als er merkte, wie unwohl sich Gavin zu fühlen begann, meinte er: „Ich hör schon auf, Herr. Aber eines weiß ich genau, die Weiber liegen dir zu Füßen … Myrdin." Er schlüpfte eben in die Tunika, da kam Alkmene ins Bad, ihr folgten lachend und redend Petulia, Sophia und noch drei weitere Sklavinnen, die im landwirtschaftlichen Betrieb arbeiteten. „O, wir sind aber nicht zu früh", fragte Petulia. „Wir haben zu lange gebraucht", meinte Gavin und kam sich seltsam entblößt vor, vor den sechs Frauen, die ihn mit kaum verhohlenem Interesse musterten. „Ähm, wartet noch einen Moment draußen", befahl er, wies aber Alkmene an, zu bleiben. „Hilf mir, damit es schneller geht", sagte er, als alle vor der Tür standen. „Ich habe ehrlich die Zeit übersehen. Wenn Aeneas schläft kommst du zu mir." Alkmene nickte und freudige Erwartung machte sich in ihr breit, es war schon einige Wochen her, dass er sie zu sich gebeten hatte.

Polyxena schaffte es auch am nächsten Tag, Gavin zu ignorieren, und zwar so gekonnt, dass der sich fragte, ob sie mit dem einen Augen ausreichend sehen konnte. Erst am frühen Nachmittag als sie ihre Übungen im Hof der Schule wieder aufgenommen hatte und Tullius ihr abermals das Gladius in die Hand drückte, stellte er sich genau vor sie und sagte: „Polyxena." Doch sie hob die Waffe und Gavin konnte gerade noch rechtzeitig zur Seite springen. „Verdammt noch einmal! Leg das Schwert weg! Tullius! Wie konntest du nur?" Der Gladiator grinste und sagte: „Herr, ich musste es tun. Nicht zustechen! Schritt! Verdammt, Herrin, Schritt! Links! Links, sagte ich, sonst fällst du noch über deine eigenen Zehen! Streng dich an! Stoß! Ducken, Stoß! Schritt! Jetzt einen zur Seite nach links! Hopp!" Polyxena gab ihr bestes, aber sie merkte auch, wie sich ein Sandalenband löste und sie blieb stehen. „Was soll das? Ich habe nicht gesagt, dass du dich ausruhen kannst!" Tullius brüllte mit ihr, als wäre sie ein neuer Gladiator und sie ließ es geschehen. Gavin stand nur noch verblüfft daneben und betrachtete seine Gattin. „Ähm, Tullius, ihr Sandalenband hat sich gelöst."

„Na und? Wer sich nicht vorher um die Ausrüstung kümmert, ist tot. Aber ich will mal nicht so sein und es schließen. Oder soll es der Herr machen?" Er schaute Polyxena ins Auge, dann zeigte sie auf ihn und ignorierte Gavin weiterhin. Tullius grinste und ging knapp vor ihr in die Hocke. Während er zu Boden sank, berührte er sie leicht an der Schulter und ließ seine Hand an ihrer Seite hinab gleiten. Polyxena schloss die Augen. Es war ein gutes Gefühl. „Herrin", flüsterte Tullius. Dann war er an ihren Fußknöcheln und löste die zuerst Sandalenbänder vollständig, ehe er sie neu band. „Ich bitte vielmals um Entschuldigung, Herrin, aber du hast wunderschöne Zehen", flüsterte er, ging mit dem Kopf zu Boden und küsste ihre Füße. Peinlich berührt stand sie da und wusste nicht, wie ihr geschah, da räusperte sich Gavin vernehmlich und Tullius wurde sich wieder bewusst wo er war. „Du hast sehr schöne Füße, Herrin."

„Hast du die Zehen meiner Gattin jetzt genug bewundert, Tullius? Dann macht weiter!", rief Gavin, der nicht wusste, warum er plötzlich einen kleinen Stich Eifersucht verspürte, dabei wollte er für Polyxena doch keine Gefühle entwickeln. Grinsend kam Tullius wieder hoch und flüsterte ihr ins Ohr: „Ich danke dir, Herrin." Dafür schenkte sie ihm ein Lächeln. Das Gladius steckte sie in den Sand, um Tullius zärtlich über die Wange zu streicheln. „Aber jetzt machen wir weiter, bevor dein Gatte, mein Herr, mit mir den Boden umpflügt." Polyxena nickte, nahm das Gladius wieder auf und mühte sich weiter vorwärts. Das Halten des Gleichgewichts war am schwersten, doch mit einem gewissen Rhythmus ging es ganz gut. Tullius ging neben ihr her, hielt ebenfalls ein Gladius in der Hand und machte die Bewegungen vor, während mittlerweile Gavin die Kommandos gab. Nach und nach kamen auch die anderen Gladiatoren dazu und bald schon standen sie in einer Reihe und trainierten, obwohl sie frei hatten. „Schritt! Stoß! Alle nach rechts! Scutum! Schritt! Vor, vor, links, vor, vor …" So marschierten sie im Hof in Formation, Gavin mit seinem Gladius einen Schritt neben ihnen. „Halt!", brüllte er schließlich. „Männer! Gut gemacht, morgen werden wir den Legionären heimleuchten, wir werden ihnen zeigen, wer die besseren Kämpfer sind!"

„Tia! Tia! Myrdin, Myrdin!", riefen die Gladiatoren, dann: „Wir stampfen diese Luschen in den Boden, wir werden ihnen den Ausgang zeigen! Wir sind die Besten!"

„So will ich das hören! Und jetzt kontrolliert die Ausrüstung, denn bereits im Morgengrauen werden wir uns auf den Weg machen, damit wir rechtzeitig auf der Ebene sind." Er wandte sich ab und befahl, bereits im Gehen begriffen: „Tullius, Polyxena, in mein Büro!" Scheinbar zornig schritt er voran, aber im Grunde genommen war er gut gelaunt und mehr als entspannt. Dazu hatte auch der Abend mit Alkmene beigetragen, die es immer wieder schaffte, ihn von seinen negativen Gedanken zu befreien und sich seiner manchmal kaum zu bändigenden Lust anzunehmen. Diesmal hatten sie fast die ganze Nacht durchgemacht, denn er war für sein Dafürhalten zu lange enthaltsam gewesen.

Jetzt im Büro stand ihm Tullius gegenüber und seine Gattin strahlte über das ganze Gesicht. Er fragte sich, was das zu bedeuten hatte. „Polyxena, du hast doch hoffentlich keine Dummheit mit Tullius angestellt?" Diese Frage war so absurd, dass sie ihn einen Moment völlig perplex anstarrte, dann lachte sie leise. Tullius antwortete für sie: „Wenn es dir so vorgekommen ist, dann war das meine Schuld, denn ich wollte dein Augenmerk auf deine Gattin lenken und wie mir scheint, ist mir das ausgezeichnet gelungen, wenn du denkst, dass wir ….." Rot geworden brach er ab. Unter seinesgleichen hatte er keine Probleme über Sex zu reden, aber mit der Herrin an seiner Seite war es etwas anderes. „Na, dann setzt euch. Apion, bring uns Wasser!" Als sie saßen fragte er: „Ich dachte, du wolltest heute in die Stadt gehen?"

„Na ja, Gavin, ich fürchte, mir ist das Geld für die Huren ausgegangen, es wäre für meine Bedürfnisse zu wenig gewesen und halbe Sachen liegen mir nicht. Ich spare es mir auf. Außerdem kam dann die Herrin zum Training und ich war etwas abgelenkt und nun haben wir zusammen exerziert. Denkst du, wir haben morgen eine reelle Chance gegen die Legionäre? Die werden wir wohl nicht im Einzelkampf besiegen können, das wird ein Kampf im Pulk. Verdammte Scheiße."

„So sehe ich das auch Tullius. Um die Seiten etwas auszugleichen, werde ich morgen mitkämpfen. Wir werden diese Memmen überraschen, indem wir sie mit der gleichen Disziplin angehen, die sie für sich beanspruchen."

„Du meinst, wir werden alle mit Gladius und Scutum kämpfen? Ich bin darin etwas ungeübt." Gavin lachte kurz auf, dann erklärte er sein Vorhaben. Polyxena saß wieder einmal vergessen daneben und hörte zu. Dann richtete Gavin doch auch an sie das Wort: „Polyxena, du kannst gehen. Aber ich möchte dich nie wieder so aufreizend wie eben unter den Gladiatoren sehen. Wenn du trainieren willst, dann sag es mir und wir machen uns Zeiten aus. Es geht nicht, dass wir das Training der Männer durcheinander bringen." Streng blickte er sie an und einen Moment wand sie sich unter diesem beinahe feindseligen Ausdruck in seinen Augen. Dann straffte sie sich innerlich und bemühte sich zu reden: „Wieh duh wünschhst, Herr." In demütiger Haltung, fast wie ein Sklave, neigte sie den Kopf und ging.

„Verdammt! Immer erwischt sie mich auf dem falschen Fuß!", jammerte Gavin, dem es gegen den Strich ging, wenn sie sich vor ihm in dieser Art benahm. „Egal. Wegen Morgen, Tullius. Diese verdammten Legionäre, warum die der Veranstalter jetzt dabei haben will, ist mir nicht ganz klar, wahrscheinlich hat er Angst um sein Ansehen, weiß Iupiter warum, ist auch nicht wichtig. Ich will dort gewinnen." Gavin stand auf und ging im Raum herum. „Ich will sie mit ihren eigenen Waffen schlagen, Tullius. Ihr werdet euch nach meinem Kommando richten. Du wirst es mir schwören und die Männer informieren. Es gibt auch kein Festmahl heute Abend, sondern erst morgen nach getaner Arbeit. Ich will keinen betrunkenen Gladiator sehen, verstanden!"

„Ja, Herr!" Tullius war unbewusst aufgestanden und hatte Haltung angenommen, wie er es bei den Legionären gesehen hatte, wenn die vor ihrem Vorgesetzten standen. „Kontrolliert noch einmal die Ausrüstung, alle Verschlüsse und Verbindungsteile. Ich will, dass es perfekt ist."

„Ja, Herr. Herr, darf ich dir noch etwas raten?"

„Worum geht es?"

„Herr, es … die Herrin. Rede mit ihr."

„Du magst sie, nicht wahr?"

„Ja, Herr, das tu ich."

„Nach den Spielen morgen werde ich mit ihr reden, falls ich dann noch Atem übrig habe. Und jetzt denk nicht mehr an die Frauenzimmer und geh deinen Pflichten nach."

„Ja, Herr." Tullius entspannte sich ein wenig und ging dann grinsend hinaus ins Atrium. Dort traf er die restlichen Gladiatoren und die Schüler. „Männer! Seid ihr Memmen oder Gladiatoren?", brüllte er. Die Antwort überraschte ihn nicht sonderlich, aber die Lautstärke dann doch. So fuhr er lachend fort: „Wem folgen wir morgen?"

„Myrdin!", kam es einstimmig zurück, selbst die Schüler kannten den Gladiatorennamen ihres Lehrmeisters und brüllten ebenso begeistert mit.

Gavin saß lächelnd im Büro. Mit dieser Einstellung sah er gute Chancen gegen die übermächtigen Legionäre zu gewinnen. „Auf jeden Fall werden wir mit aller uns zur Verfügung stehenden Kraft gegen diese Kerle angehen", sagte er sich. Als es draußen ruhiger wurde, stand er auf und ging in sein privates Gemach. Hier hatte er seine Ausrüstung und es war an der Zeit, alles gründlich zu überprüfen.

Am nächsten Morgen waren alle pünktlich zum Abmarsch bereit. Eine Sänfte wartete auf Polyxena, die sich zuerst geweigert hatte, mitzugehen, doch Gavin hatte dann einfach über sie bestimmt. „Du kommst mit, ob es dir gefällt oder nicht, schließlich hast du mich auf die Idee gebracht, wie wir den Legionären das Fürchten beibringen könnten. Ich will keine Widerrede hören! Und sieh zu, dass du ordentlich gekleidet bist. Ich schicke dir Sophia." So saß sie nun in der Sänfte und wurde in die Ebene gebracht.

Dieses Jahr waren die Weber an der Reihe, dem Flussgott zu opfern und zu danken, weil er sie einerseits vor seinen Fluten verschont und andererseits mit seinem fruchtbaren Schwemmland für eine gute Ernte gesorgt hatte. Auch dankten sie sämtlichen anderen Göttern und Naturgeistern für ihre Fürsorge und die Gaben, die sie erhalten hatten. Jedes Jahr richtete eine andere Zunft oder Gemeinschaft ein Dankesfest aus. Bereits seit einigen Jahren waren die Gladiatoren nicht mehr geladen gewesen, weil sich einfach zu wenige Männer fanden, die gegen sie antreten wollten. Doch dieses Jahr hatte man in den Miles gregarii, den Legionären, gute Gegner gefunden, und zwar solche, die einen spannenden Kampf liefern konnten. Philippus Textor hatte den Centurio überzeugt, hier anzutreten. Beiden Seiten würde eine Teilnahme zum Vorteil gereichen, Philippus Name wurde auch in der Garnison besser bekannt, denn Kleidung war immer von Nöten und die Legionäre bekamen etwas zusätzliches Training und konnten bei Philippus günstiger einkaufen.

Polyxena hasste es, mit der Sänfte von einem Ort zum anderen gebracht zu werden, ihr wurde regelmäßig von dem Geschaukel schlecht und sie verstand nicht, warum die meisten Leute ihres Standes diese Art der Fortbewegung so genossen. Aber Gavin hatte darauf bestanden, dass sie ihrem sozialen Status gemäß zum Festplatz kam. Die Gladiatoren und er waren bereits am frühen Morgen losgezogen. Gavin hatte auf einer beinahe militärischen Marschordnung bestanden. Auf einem Maultier transportierten sie die Ausrüstung, so konnten sie ungehindert gehen.

Noch vor dem Mittag kamen sie an und wurden von den Honoratioren, den Veranstaltern herzlich begrüßt. Das Kontingent aus der Garnison war bereits anwesend. Sie hatten ein kleines Lager aufgeschlagen und nun musterten die Legionäre die Gladiatoren abschätzend. Es wurden einige dumme Kommentare gemacht, aber Gavin befahl, diese Feindseligkeiten zu überhören. „Männer! Diesen Luschen werden wir schon noch das Fürchten lehren." Lachend ging er an den Soldaten vorüber, wobei er wie beiläufig in ihre Richtung spuckte, aber keiner der Gladiatoren machte eine abfällige Bewegung oder Bemerkung. Dann waren sie an dem Platz, der für sie bereitet war. Gavin befahl den Sklaven, den Maulesel abzuladen und die Gladiatoren mussten erneut ihre Rüstung kontrollieren und dann anlegen. Denn auch wenn sie gegen Legionäre kämpfen würden, war für sie nur die normale Gladiatorenkleidung vorgesehen. „Passt ja auf, dass ihr die Scuta gut platziert und die Schutzkleidung ordentlich festmacht", warnte Gavin. „Ich muss jetzt erst einmal zu Textor und über den Ablauf reden. Weiß Iupiter, was die geplant haben. So fies wie der Optio gegrinst hat, dieses kleine Arschloch, kann es für uns nichts Gutes heißen. Bereitet euch vor. Ihr kämpft nicht allein!"

„Ja Herr!", riefen die Gladiatoren im Chor und dann: „Myrdin! Myrdin kämpft mit uns! Tia!" Immer lauter riefen sie und die Legionäre schauten etwas verunsichert in ihre Richtung. Tullius und Sextus trommelten auf die Schilde und erneut hob sich das Jubelgeschrei der Kameraden in den Himmel. Ebenfalls lachend ging Gavin zu Philippus, der vor einem Zelt saß und sich über die hohe Beteiligung und Besucherzahl freute.

Die Gladiatoren waren noch mit der Kontrolle der Ausrüstung beschäftigt, da kam Gavin wutschnaubend zurück. Zornig riss er sich die Toga herunter und auch die Tunika. Nackt stand er vor den Männern und begann sich in Myrdin zu verwandeln. So zornig hatten sie ihn nur selten erlebt. „Was ist los, Herr?", wagte Tullius endlich zu fragen. „Diese Hunde! Diese gemeinen, hinterhältigen …!" Einige Flüche trafen noch die erstaunten Gladiatoren, dann hatte er den Gürtel um den Lendenschurz festgemacht und aus Gavin war Myrdin geworden. Eisig war sein Blick als er die Männer einwies. „Diese Kerle wollen die Schlacht von Alesia nachstellen. Ihr wisst, was das bedeutet. Ihr wisst, dass wir die Gallier sind – o ich freue mich so darauf, als Vercingetorix unterzugehen. Und wie Vercingetorix untergehen wird. Ha!" Seine Stimme troff vor Sarkasmus, doch dann breitete sich sein allseits gefürchtetes Grinsen im Gesicht aus, als er fortfuhr: „Aber denen werden wir gehörig in die Suppe spucken, Freunde." Er lachte grimmig und fuhr sich durch das kurzgeschnittene Haar. „Tia! Myrdin!", brüllten die Männer, die ebenfalls nicht sehr erfreut waren. Denn normalerweise verhießen solche Aufstellungen die Vernichtung der Germanen oder gegen wen auch immer die Legion antrat. „Dann räumen wir jetzt die Scuta zur Seite und überlegen uns, wie wir gegen diese verdammte Übermacht vorgehen wollen. Wir werden uns von denen nicht verprügeln lassen. Alesia! Pah! Wo zum Hades ist Alesia?" Gavin scharte die Männer um sich und besprach seinen Plan.

Etwas später wurden alle Teilnehmer auf den großen Platz gerufen und es gab eine feierliche Anrufung des Flussgottes Volturnus und anschließend wurde Merkur angerufen, ganz zum Schluss noch Hercules, damit sein Segen die provisorische Arena traf.

Polyxena hatte sich nicht direkt zur Zuschauertribüne bringen lassen, sondern zuerst zum Lager der Gladiatoren.

„Herrin", sagte Gavin respektvoll als sie aus der Sänfte stieg und die Gladiatoren schlossen sich ihm an. Dann überreichte ihm Polyxena eine Tafel, denn sie wollte den Männern noch ihren persönlichen Segen geben. Während er las, breitete sich auf seinem Gesicht ein breites Lächeln aus, dann umarmte er sie spontan. „Ich lese es ihnen vor", flüsterte er. Dann stellte er sich neben sie und las: „Gladiatoren! Tullius, Sextus, Ullrik, Rufus, Orestes und Ansgar, mein geliebter Gatte Gavin Tettius als Gladiator

Myrdin! Macht diese Vestalinnen nieder! Schickt die Legionäre nachhause!" Er senkte die Stimme und meinte lachend: „Polyxena, wie kommst du nur auf diese Sprüche?" Er hob die Stimme erneut und brüllte den Rest, sodass die Soldaten abermals zu ihnen starrten: „Meine Gattin schreibt noch: Meine Gladiatoren! Mein Gatte! Rammt diesen Memmen das Gladius dorthin wo die Sonne nicht scheint!" Abermals senkte er die Stimme und fragte: „Polyxena, ist das wirklich dein Ernst? Nach dem Kampf müssen wir über deine Rede sprechen. Wie kommst du nur auf solche Gedanken?" Sie nickte und verschränkte die Arme vor der Brust. Also fuhr Gavin fort: „Männer – ihr seid heute Schauspieler, liefert diesen Luschen, diesen römischen Hunden einen Kampf, den sie nicht vergessen werden! Bei Teutates! Und ändert die Geschichte! Führt das Gladius im Namen eurer Herrin Polyxena zum Sieg! Sieg! Sieg!" Die Männer nahmen den Ruf auf und verwirrten die Legionäre: „Polyxena! Polyxena wir bringen dir den Sieg!"

Laut rufend marschierten sie auf den Kampfplatz und nahmen ihre Plätze in der Mitte ein. Sie sollten die belagerte Stadt Alesia symbolisieren. Sieben Gladiatoren gegen dreißig Legionäre. Gavins Augen wurden zu schmalen Schlitzen als er die Chancen ausrechnete, dann grinste er.

„In Ordnung. Ihr hört auf mein Kommando, keine Alleingänge", befahl Gavin flüsternd. Dann nahmen die Legionäre Aufstellung. Das Publikum tobte und sie riefen laut: „Caesar! Sieg in Alesia! Haut die germanischen Hunde nieder!" Gavin hörte grübelnd zu, noch nie war er von den Zuschauern niedergemacht worden. Doch er befahl sich, nicht daran zu denken und diese Schreie zu ignorieren.

Auf zwei Seiten nahmen die Legionäre Position ein. Dann gab der Schiedsrichter das Feld frei und dieses außergewöhnliche Spiel, das in der Hauptstadt nur zu gerne für Massaker unter den Gladiatoren herhalten musste, begann.

Der Optio pfiff laut und gab den Befehl zum Vorrücken. Die Schilde bildeten eine undurchdringliche Mauer und die Pili stachen bedrohlich dazwischen hervor. Gavin bedeutete Ullrik, Tullius und Rufus zu warten und drehte sich mit Sextus, Ansgar und Orestes der ersten Partie entgegen. „Langsam. Passt auf die Speere auf, die werden sie gleich werfen", flüsterte er und da kamen sie auch schon. Gekonnt wichen sie den Geschossen aus, doch da flogen schon die nächsten. Rufus bekam einen Treffer an den Kopf und taumelte, blieb aber auf den Füßen. „Vorwärts!", rief Gavin und lief nun mit den drei Männern den Angreifern entgegen. „Lasst euch nicht provozieren!" Gavin ging dem Optio entgegen und entblößte seine Zähne in einem Lächeln, das dem Legionär nicht geheuer war. Die Soldaten dachten, hier hätten sie leichtes Spiel, aber schon jetzt als sie den vier Männern gegenüberstanden wussten sie, dass es so einfach nicht werden würde. Ein weiterer Pfiff ertönte und die anderen gingen los. „Tullius! Marsch!", befahl Gavin, der das Geschehen aus den Augenwinkeln heraus beobachtete, doch dann hatte er keine Zeit mehr, sich zu sehr um die Kameraden zu kümmern. Er brüllte lediglich einen Angriffsbefehl und dann trat er dem Optio entgegen. Der stach mit dem Gladius nach dem ungeschützten Bauch des Gladiators, dann versuchte er ihn mit dem Schild von sich zu drängen. Doch Gavin warf sich mit einem Aufschrei gegen das Scutum und drückte ihn gegen die nachfolgenden Männer, die in üblicher Formation dicht an dicht standen. Entschlossen etwas gegen die Übermacht auszurichten, hob er das Schwert, das schwerer als gewöhnlich in seiner Hand lag und knallte dem Hintermann den Knauf ins Gesicht. Der sank blutend zu Boden und der Optio fluchte lautstark. Eben den Augenblick nutzte der Offizier und rammte Gavin das Scutum gegen die Schulter. Er stolperte rücklings, konnte sich noch fangen und nun trat er gegen das Schild des Mannes, dass es krachte. Mit einem lauten Aufschrei ließ der den Schutz fallen und sah kurz auf das Handgelenk, das aussah, als wäre es gebrochen. Sextus und die anderen wehrten sich auch und nahmen die Legionäre in die Mangel. Trotz der heftigen Gegenwehr wurden sie zurückgedrängt. Die Soldaten waren in der Überzahl und besser gedrillt und sie hatten durch die eigenen Ausfälle Blut geleckt. Sie bildeten eine undurchdringliche Schildmauer und marschierten auf die Gladiatoren zu. Der Befehlshaber auf der anderen Seite pfiff ebenfalls und nun wurden sie in die Zange genommen. Tullius und die zwei anderen wichen zurück, ebenso Gavin. In der Mitte trafen sie sich. „Das war wohl nichts, Myrdin", schnaubte Tullius, der aus der Nase blutete. „Sieht so aus – nun, dann eben auf Gladiatorenart. Jeder nimmt sich den vor, der ihm am nächsten ist. Ringt sie nieder!" Schwer ging sein Atem und er dachte schon, seinen letzten Kampf würde er schmachvoll verlieren. Da hörte er eine Stimme: „Gav! Gav!" und eine andere, die rief: „Herr macht sie nieder! Sextus, Liebster, brich ihnen die Knochen!" Sextus lachte als er seine Geliebte hörte und auch Gavin freute sich, dass sich Polyxena überwunden hatte und unter den Zuschauern weilte.

Die Gladiatoren hörten die Rufe und schon brüllte Tullius: „Für die Herrin Polyxena!" Und mit einem lauten Ruf, das Gladius von sich gestreckt lief er auf die Legionäre zu. „Idiot!", brülle ihm Gavin hinterher, aber das brachte nichts mehr. Nun ging es ins Handgemenge. Etwa drei Legionäre kamen auf einen Gladiator und noch einmal zehn warteten am Rand auf ihren Einsatz. Dann waren sie umzingelt, die Legionäre hatten die Reihe geschlossen und gingen nun langsam vorwärts, bis die Gladia-toren Rücken an Rücken standen und die Gladii vor sich hielten. ‚Mir langt's', dachte Gavin zornig. Er blutete aus der Nase, aus dem Mund und am Oberarm hatte er ebenfalls einige Blessuren. Die anderen sahen nicht besser aus. Doch noch immer war das Grinsen nicht aus seinem Gesicht verschwunden, das verunsicherte den Optio, der mit gebrochener Hand weitergekämpft hatte. Ihm stand der Schweiß auf der Stirn und die Schmerzen waren ihm anzusehen, auch der Zorn darüber, weil es so lange dauerte, diese sieben Sklaven in den Sand zu werfen.

„He Optio, du feiger Hund", höhnte Gavin, spuckte Blut und grinste wieder, was eine neue Zahnlücke preisgab. „Nimm den Helm ab, du win-selnder Straßenköter, und kämpfe wie ein Mann."

„Du bist doch nur ein Sklave, Abschaum, dich trete ich in den Boden, zertrete dich wie einen Wurm." Gavin gab ein Zeichen und für einen Mo-ment hielten die Kampfhandlungen innen. Er blies sich über die Fingernä-gel, steckte das Gladius mit der Spitze in den Sand und ging zum Optio, der vorsichtig einen Schritt zurücktrat. „He, keine Angst. Weißt du, mir gehören diese Gladiatoren. Schau dort nach links, auf die Tribüne, dort sitzt meine Gattin, die Frau in Grün und Blau. Eben winkt sie mir zu." Er hob die Hand zum Gruß. „Kämpfen wir jetzt wie Ehrenmänner oder willst du winseln wie ein Hund?"

„Deine Arroganz werde ich dir schon noch aus dem Gesicht prügeln." Kaum gesagt, hatte der die Pfeife im Mund und gab das Signal vorzurück-en. Gavin hatte gerade noch genug Zeit, das Holzgladius zu nehmen und nun ging er mit Gebrüll auf den bereits verletzten Optio los. Abermals trat er ihn und diesmal musste er aufgeben. Einem anderen rammte er den Ell-bogen ins ungeschützte Gesicht und immer mehr wurden sie selbst in die Enge getrieben. Ullrik lag bereits bewusstlos am Boden und blutete stark aus der Nase, ein kleiner Blutstrom trat auch aus einem Ohr. Aber jetzt konnte sich Gavin nicht um ihn kümmern. Erst als auch Ansgar, Rufus und Sextus am Boden lagen und Tullius seine Waffe verlor, gab er auf. Zornig knallte er das Schwert in den Sand, dass die Körner spritzten, wischte sich über das blutige Gesicht und rief: „Wir ergeben uns. Alesia ist gefallen, wir erkennen die Größe Gaius Julius Caesars an." Die Holzwaffen wurden ihnen abgenommen und nun kam der Optio mit schmerzverzerrtem Gesicht auf Gavin zu. „Na, wer winselt jetzt?", fragte er eisig. „Ich bin es nicht", antwortete Gavin ebenso kalt und starrte den Legionär aus seinen blauen Augen an. Bevor er es sich versah, knallte ihm der Optio den Helm mitten auf die Nase und als er am Boden lag trat er ihm noch ins Gesicht und dann in den Unterleib. „Es reicht", rief ein anderer Legionär. Zwei packten den Tobenden und zerrten ihn von Gavin weg, der nun doch jammernd am Boden lag. „Du winselnder Hund! Sklavenabschaum!", rief er ihm nach als sie ihn wegbrachten. „Er ist der Herr. Ihm gehört die Gladiatorenschule! Du hast einen Freien nach Beendigung des Kampfes getreten. Das wird Folgen haben, Josephus."

Es dauerte, bis sich Gavin von der ersten Schmerzwelle erholt hatte, dann rollte er auf den Rücken und grinste in den Himmel. „Dieser verdammte Hund", sagte er. „Wie geht es euch?"

Er bekam keine Antwort, die Legionäre umstanden sie noch immer im Kreis. Stöhnend richtete sich Gavin auf und würgte, als er in die Senkrechte kam. Sterne schienen auf ihn niederzustürzen und er fühlte ein irres Lachen in sich. Mit Mühe beherrschte er sich und fragte: „Was jetzt? Wo ist der Disceptator?" Der hatte mit dem Optio noch diskutiert und ihn endlich zur Einsicht gebracht. Nun kam er auf die Kämpfer zu und sagte: „Die Schlacht ist zu Ende. Erwartungsgemäß haben Caesars Truppen gesiegt. Vercingetorix hat sich ergeben und wird nun vor Caesar das Haupt neigen."

„Ich will zuerst, dass meine Männer versorgt werden", verlangte Gavin stur. Das Lachen wollte sich immer weiter ausbreiten und seine Mundwinkel zuckten verdächtig. ‚Was hat er vor?', dachte Tullius, der ihn genau beobachtete. Aber Gavin hatte nichts vor, er wollte sich nur hinlegen und diese Sterne aus seinem Kopf vertreiben. „Ich lasse sie in euren Lagerbereich bringen, Herr", sagte der Schiedsrichter schließlich. Danach folgte ihm Gavin und das Schauspiel ging weiter. Einen Moment ruhte er sich aus. Jetzt musste er dem Optio noch einmal gegenübertreten.

In der Arena wurde nun eine Art Thron aufgebaut, darauf nahm der arrogante Optio Platz, dann wurde Gavin als Vercingetorix vorgeführt. „Seine roten Haare passen hervorragend", murmelte einer der Legionäre, die ein Spalier bildeten. Schließlich stand er vor dem Optio, der nun einen roten Umhang und einen Lorbeerkranz trug. Theatralisch ging Gavin in die Knie und neigte den Kopf, dann musste er sich übergeben und er spie dem Mann direkt vor die Füße, fiel vornüber und blieb liegen. Der Schlag ins Gesicht war schlimmer gewesen als sie gedacht hatten.

Unter den Zuschauern schrie Polyxena laut auf und drängelte nach vor. So rasch sie konnte eilte sie in die Arena, dicht gefolgt von Alkmene, die die Niederlage nicht glauben wollte. Auch die unverletzten Gladiatoren drängten in die Nähe des Herrn, wurden aber von den Wachen aufgehalten. Ein Tumult musste verhindert werden.

„Gavin!", rief Polyxena laut und vernehmlich, schob die Legionäre zur Seite und kniete sich neben ihn. Ohne auf das Blut, das Erbrochene und den Sand zu achten, drehte sie ihn zur Seite, öffnete mit der gesunden Hand seinen Mund und befreite den Rachen von den Resten aus Erbrochenem und Blut. „Tull…!", rief sie erneut und schon stand der Gladiator neben ihr. „Hif … ihm", befahl sie. Dann stand sie auf und trat auf den Optio zu. Er rechnete nicht mit einem tätlichen Angriff, deshalb reagierte er auch nicht, als sie ihm eine Ohrfeige verpasste, dann am Halstuch packte und vom Stuhl zog. Der rechtschaffene Zorn ließ sie nicht überlegen, was sie alles nicht mehr konnte, sondern sie zischte: „Wenn du mein Gat…ten tötet hast, dann du Ärger. Schlllag nich nötig." Dabei funkelte sie abwechselnd den Soldaten und den Schiedsrichter an, der nicht reagiert hatte und ihrer Meinung nach eine Mitschuld trug. Dann schob sie ihn zurück und ließ ruckartig los. Mit einer herrischen Handbewegung wies sie die Gladiatoren an, Gavin hochzuheben, drängte die Legionäre zur Seite und hakte sich bei Tullius ein, der auf sie gewartet hatte. Gavin wurde in den kleinen Lagerbereich gebracht, wo sich die leicht verletzten Gladiatoren bereits erholten. Nur Ullrik war noch bewusstlos und jetzt lag auch Gavin dort. „Arzt!", verlangte sie vom Veranstalter. Anschließend schickte sie Alkmene und die weniger schwer verletzten Gladiatoren in die Schule zurück. Sie sollten einen Wagen holen, damit der Herr und Ullrik abtransportiert werden konnten. Nur Tullius blieb noch, ebenso Brutus und Apion, die mit der Sänfte warteten. Auch Sextus und die anderen wären geblieben, wenn Polyxenas Befehl nicht eindeutig gewesen wäre. Diesmal war auch Alkmene beeindruckt, wie rasch die Herrin die Fäden in die Hand genommen hatte.

Sie stand vor dem Sonnenschutz und sah ihnen nach, wie sie mit hängenden Köpfen den Weg zur Schule eilten. Sie würden lange wegbleiben, denn der Weg allein dauerte über eine Stunde, dann noch den Ochsen vor den Wagen spannen und wieder eine Stunde oder länger zurück. „Es wird dunkel werden bis sie zurück sind, Herrin." Tullius seufzte. Er hatte eben nach Ullrik und Gavin gesehen und keiner der beiden gefiel ihm sonderlich. Bei Ullrik zeigte sich keine Veränderung. Nur der Blutfluss aus dem Ohr hatte aufgehört. Gavin hatten sie zur Seite gedreht, denn jedes Mal, wenn er am Rücken lag, wurden seine Lippen blau und er schien zu ersticken. Für beide, Herr und Sklave, hatte Polyxena Decken organisiert, so mussten sie nicht auf dem kalt werdenden Boden liegen.

Philippus Textor, der Schiedsrichter und einige Legionäre schauten in das Behelfszelt, doch Polyxena jagte sie davon. „Weg ier! Sollt er sterbn … dann … wird … jem…d bezahln." Es gelang ihr nicht ganz, die Worte richtig zu sagen, denn einige Buchstaben verschluckte sie beim Reden, aber es blieb unmissverständlich was sie meinte und Tullius stand breitbeinig als Leibwächter hinter ihr, das verlieh ihr insgesamt ein imposanteres Auftreten.

Bis auf Philippus zogen sich alle zurück. „Es tut mir ehrlich leid, dass die Sache so eskaliert ist. Niemand hat damit gerechnet, Polyxena." Doch sie wischte seine Rede mit einer Handbewegung weg und drehte sich um. Dann bedeutete sie Tullius, ihr zu folgen. Neben Gavin ging sie in die Hocke und kontrollierte seine Atmung. Daneben lag Ullrik. Er atmete immer flacher und manchmal schien er nach Luft zu schnappen. „Das ist nicht gut, Herrin", murmelte Tullius, der um das Leben des Freundes fürchtete. Polyxena wandte sich erneut an Philippus, der trotz ihrer abweisenden Haltung, unter das Zeltdach gekrochen war. „Wenn einr strbt, dann teur für dich." Sie sprach so leise und in ihrer Stimme schwang kaum verhohlener Hass mit, Hass auf die Sensationsgier der Leute, die lieber tote Männer im Sand sahen als Männer, die die Felder bestellten und die Familien versorgten. „Aus ier, Ffi-l-pus", zischte sie, dann spürte sie, wie ihr die Tränen kamen. Sie wandte sich rasch um und verbarg das Gesicht hinter der Palla. Dass Philippus sie weinen sah, wollte sie am allerwenigsten. Tullius begleitete den Webermeister vor den Unterstand und bedankte sich für den Besuch. „Herr, ich danke dir im Namen meines Herrn für deinen Besuch. Ich hoffe, der Arzt kommt bald und auch der Wagen für den Herrn, damit wir ihn nachhause bringen können."

„Ja, Gladiator, das hoffe ich auch. Eigentlich hätte ich mich heute darauf gefreut, Titus kämpfen zu sehen, aber jetzt bin ich froh, dass Gavin ihn nicht mitmachen ließ."

„Mein Herr hat sehr viel Weitblick bewiesen mit dieser Entscheidung, auch wenn Titus deswegen nicht erfreut war, Herr. Er hätte dir gerne gezeigt, wie gut er gelernt hat. Mein Herr hat geplant, ihn bei den Saturnalien antreten zu lassen, bevor er die Schule verlassen kann, solltest du es wünschen. Aber das musst du mit meinem Herrn abmachen, ich habe nicht so viel Einblick."

„Natürlich, natürlich, Gladiator. Sobald er wieder auf den Beinen ist, werde ich ihn besuchen. Warum hat er selbst gekämpft?" Eigentlich rechnete er nicht mit einer Antwort, die Frage war rhetorisch und er wollte bereits gehen, da sagte Tullius leise: „Weil er uns nicht allein gegen diese Übermacht antreten lassen wollte. Der Herr ist ein Herr der auf seine Leute achtet, kein Tyrann oder Despot. Bevor einer der Sklaven hungern muss, verzichtet er auf sein Essen, so ist unser Herr. Ich hoffe, er überlebt, denn sollte er sterben, wird das die Herrin vollends brechen und wir werden ein Zuhause verlieren." Damit verbeugte er sich, schaute wieder auf und dem erstaunten Philippus ins Gesicht. „Jetzt verstehe ich, warum Titus so gerne in der Schule ist. An seinen freien Tagen hat er mir manchmal etwas erzählt, das ich für übertrieben hielt." Nachdenklich drehte er sich schließlich um und ging zu seiner Sänfte.

Die Dämmerung brach herein und der Platz leerte sich. Von einem Wagen oder einem Heiler war noch immer nichts zu bemerken. Tullius begann sich zu sorgen.

Bevor es völlig dunkel wurde, schickte Polyxena die restlichen Sklaven, um dem Wagen entgegen zu gehen. „Herrin, sollen wir dich nicht nachhause bringen?", fragte Brutus, doch Polyxena wies ihn zurecht und er verstummte. Tullius schüttelte auf einen Blick des Sklaven hin den Kopf und bedeutete ihm so, lieber den Mund zu halten.

Es war schon stockdunkel, da kamen die Sklaven mit Fackeln und einem Wagen auf den Festplatz gerumpelt.

„Was hat da so lange gedauert!", donnerte Tullius, der ihnen ungeduldig entgegen gelaufen war.

21. Spes, amor, fides – Hoffnung, Liebe, Vertrauen

„Es ging eben nicht schneller, weil wir auch noch Verpflegung mitgenommen haben", entgegnete Petulia ungeduldig. Sie wollte so rasch es ging nach Ullrik sehen, um den sie sich große Sorgen machte. Tullius schickte sie ins Zelt und kurz darauf hörte er lautes Klagegeschrei. Alle liefen umgehend dem Schrei entgegen. Polyxena hielt Petulia fest, die im Trauerschmerz nach einem Messer greifen wollte, denn Ullrik war seinen schweren Verletzungen erlegen.

„Nein!", rief die Sklavin immer wieder. „Ihr Götter! Wie konntet ihr nur? Warum, Herr?!" Dann sank sie schluchzend zu Boden und krallte sich an Polyxenas Füßen fest. Die winkte Tullius herbei und gab ihm flüsternd einige Befehle, dabei musste sie selbst die Tränen schlucken. „Richt Lagr, wir beibn. Essen für alle. Dann komm wied." Schnell lief Tullius hinaus und ließ die Befehle ausführen. Als er zurückkam, fand Herrin und Sklavin in einer tröstenden Umarmung neben der Leiche sitzen. Da wischte sich Petulia um die Augen und flüsterte: „Herrin! Was ist mit dem Herrn? Ist er …?", sie wagte nicht, weiterzusprechen aus Angst, durch ein falsches Wort konnte das Unfassbare eintreten, doch Polyxena schüttelte verneinend den Kopf und Petulia fühlte sich etwas getröstet.

Am nächsten Morgen waren alle müde, denn geschlafen hatte keiner, dennoch galt es, viel zu erledigen und zu bedenken. Polyxena hatte keine Zeit, sich über ihre eigenen Schwächen zu sorgen, sondern sah nur die führerlosen Sklaven, die ängstlich beisammen saßen und warteten. Eigentlich wollte sie auch nicht mehr tun: in einer Ecke sitzen und weinen oder Gavins Hand halten. Doch so stand sie nun vor den Dienern, gab Anweisungen und versuchte, über ihre Sprachstörung hinwegzusehen.

Kurz darauf wurde die Leiche von Ullrik in ein Stück Stoff gewickelt und hinten in den Wagen gelegt, Petulia hatte gesehen, dass eine Münze auf seiner Zunge lag und sich herzlich bei Polyxena dafür bedankt. „Er wird als Mensch in die Unterwelt eingehen, ich danke dir Herrin, diese Güte werde ich dir nie vergessen." Dann kniete sie hin und küsste die Füße der Herrin. Polyxena war davon peinlich berührt, zu oft hatte sie das bei ihrem Vater gesehen und er hatte manchmal zugetreten, einfach aus einer Laune heraus. „Eh auf, Petula. Nach-haus."

Gavin war auf eine Decke gelegt und ebenfalls vorsichtig in den Wagen gebracht worden. Dann hatte Brutus gemeint, die Herrin solle in die Sänfte steigen, doch sie hatte entgegnet, dort lieber die Dinge zu befördern, die das Maultier nicht mehr tragen konnte. Sie würde im Karren mitfahren und sich um Gavin kümmern. Damit gaben sich die Sklaven zufrieden und sie packten weiter.

„Herrin, du musst etwas essen. Ich sah dich vorhin nur einen Becher Wasser trinken", sagte Tullius, der mit einem Stück Honigkuchen zu ihr trat. „Setz dich, Herrin, und iss. Auf eine oder zwei Minuten kommt es nicht an. Wenn du schwach wirst, dann gibt es keine Führung mehr. Du hast gesehen, wie verwirrt sie sind, wenn keiner sagt, wo es langgeht." Er drückte sie auf ein Bündel Decken und gab ihr dann den Kuchen in die Hand. Als sie nur saß und schaute, setzte er sich neben sie, nahm ihr den Kuchen weg und steckte ihr kleine Stücke davon in den Mund. Sie fühlte sich plötzlich leer und kraftlos. Beinahe mutlos, wenn sie an den toten Gladiator dachte und an Gavin, dem das gleiche Schicksal drohte.

Trauer und Ohnmacht versuchte sie, mit den Kuchenstücken hinunterzuwürgen, doch sie schnürten ihr immer wieder die Kehle zu und es kostete sie erhebliche Anstrengung, nicht hemmungslos zu weinen. Als sie fast das gesamte Stück Küchen gegessen hatte, stand sie auf. Tullius führte sie zum Wagen und half ihr beim Einsteigen. Dann reichte er ihr noch eine Decke hinein, damit sie bequemer sitzen konnte und ging zur Spitze des Zugs. Rumpelnd setzte sich der Wagen in Bewegung.

Gavin fühlte sich, als würde er durch klebrigen Honig waten, der gleichzeitig auf ihn herabtröpfelte als er vor dem Optio kniete und Vercingetorix mimte. Etwas begann in seinen Ohren zu summen, wurde lauter und verdrängte das unbändige Verlangen zu lachen. Angst breitete sich aus und dann war die Dunkelheit um ihn, schloss ihn ein und er fühlte nichts außer Furcht und Kälte, bewegungslose Eiseskälte, wie auf den Gletschern, die er aus der Heimat kannte. Wie lange er in diesem Zustand war, wusste er nicht, denn Zeit gab es nicht. Doch er hörte manchmal einen Ruf, ganz leise nur, schien jemand seinen Namen zu nennen. Am Anfang wusste er nicht, dass er gemeint war, doch dann fühlte es sich an, als würde mit jedem Mal, wenn gerufen wurde, die Kälte weniger.

Langsam kam die Stimme näher. Er erinnerte sich an sie. Auch in einem Traum hatte sie ihn gerufen. Wie ein Ertrinkender an ein Seil, klammerte er sich an den Worten fest, richtete sich danach und schlug schließlich die Augen auf.

Orientierungslos blickte er um sich und stellte bestürzt fest, allein zu sein. Doch dann vernahm er das Öffnen und Schließen einer Tür, das Rascheln eines Stoffes und sich nähernde Schritte. Er schloss die Augen.

Nur einen Moment war sie ins Atrium gegangen, um Apion Anweisungen zu geben, auch Alkmene hatte sie befohlen, Aeneas wieder in Gavins Kammer zu bringen, wie häufiger in den letzten Tagen, damit er seinen Sohn fühlen konnte. Anfangs hatte sich Alkmene dagegen gewehrt, doch Polyxena konnte sich durchsetzen und so wurden jetzt von allen Sklaven ihre Befehle bedenkenlos ausgeführt.

Sie hatte sein Erwachen nicht bemerkt, doch als sie nun an sein Bett trat, stutzte sie. Eine Hand lag nicht mehr so, wie sie ihn verlassen hatte. Behutsam griff sie danach und drückte sie leicht, da entfuhr ihr ein Freudenschrei als er den Druck erwiderte. Weinend sank sie neben dem Bett zu Boden und legte den Kopf auf das Laken, so verharrte sie und wiederholte immerzu: „Froh, so froh." Und Tränen der Erleichterung überströmten ihr Gesicht.

Im Atrium war der Schrei gehört worden und Alkmene stürmte herein, ebenso Apion und Sophia, die wie angewurzelt stehen blieben, als sie die Szene betrachteten.

Polyxena lag halb im Bett, die Hand hatte sie in seiner und streichelte mit einem Finger immer wieder darüber. Auf ihrem Kopf ruhte seine Hand, die sich weiß ausnahm auf ihren schwarzen Haaren. „Was bin ich froh!", rief Sophia schließlich. „Ich laufe gleich und sage es den anderen. Herrin, dürfen wir das heute feiern?" Vorsichtig war sie nähergetreten und berührte Polyxena leicht an der Schulter. Diese hob kurz den Kopf und nickte, was Sophia endlich ein Lächeln entlockte. „Dann wird Petulia heute ein Festmahl zubereiten, Herrin. Das wird sie etwas ablenken."

„Alle hier essn", lud sie die Sklaven ein. Sie wollte nicht allein sein. „Ich werde Brutus schicken, damit er alles herrichtet", sagte Apion und lief gleich los.

Diese gute Nachricht verbreitete sich rasch unter den anderen Sklaven. Auch für die Landarbeiter wurde ein Festmahl gerichtet und Polyxena gewährte allen einen zusätzlichen freien Tag, den sie zum Tempelbesuch nutzen konnten. Gavin war immer sehr freigiebig mit Tempeltagen, besonders wenn es um Dankgebete oder Segenswünsche ging. Er selbst war weniger religiös, aber er gestand jedem seinen Glauben zu.

Polyxena hatte Alkmene und das Kind bei Gavin gelassen und befohlen, das Tepidarium zu heizen. Sie wollte sich für das Festmahl schön machen. „Nach mir, Bad all die wolln", sagte sie zu Brutus als er sie abholte. „Ich danke dir Herrin. Umgehend werde ich einen Plan aufstellen, damit es sich auch zeitlich ausgeht."

Sophia war bereits in der Therme und hatte alles hergerichtet. Das Bad in der Villa war viel größer als in der Schule. Bunte Fliesenmosaike an den Wänden zeigten Szenen aus dem Meer: Delphine, Wale, Fische dazwischen Neptun mit dem goldenen Tridens, der ernst in die Sonne starrte. In kleinen Wandnischen standen Statuen verschiedener Götter und in Regalen lagen fein säuberlich gestapelt saubere Trockentücher, und Duftöle in kleinen Amphoren standen auf anderen Brettern. Am Boden der größten Nische befand sich ein Kohlebecken in dem ein heißes Feuer loderte. Im gesamten Raum duftete es nach Pinien und Weihrauch. „Ich dachte, ich muss heute etwas Besonderes verbrennen, Herrin", meinte Sophia in um Verzeihung bittendem Tonfall. Polyxena nickte nur bestätigend, bald darauf saß sie im warmen Wasser und betrachtete die aufgemalten Sterne an der blau bemalten Decke.

Sophia hatte ihr das kurze schwarze Haar gewaschen und in kleine Löckchen gelegt, damit sie herrschaftlicher aussah, doch die Tunika war auf Polyxenas Wunsch einfach gehalten. Sie mochte keinen Zierrat. „Herrin, du solltest dich mehr schmücken", tadelte die alte Frau, doch das entlockte Polyxena nur ein Schnauben. „Ich sage nichts mehr. Nur noch das … ich bin froh …." Da legte Polyxena ihre Hand auf den Unterarm der Sklavin und schüttelte verneinend den Kopf. „Nein, sag nich." Sophia gab nach und schwieg, während sie der Herrin beim Ankleiden half.

Alkmene war erstaunt, wie gut Polyxena mit Aeneas zurechtkam. Zuerst wollte sie es nicht zulassen, dass der Junge Brei bekam. Aber sie sah, dass es ihm nicht schadete. Polyxena hatte es ausprobiert, als er bei Gavin im Bett saß, mit der Decke und allerhand anderen Dingen spielte, die sie ihm in die Hand gedrückt hatte, und gierig nach der Suppenschüssel patschte. Erstaunt hatte der Junge die Augen aufgerissen und geschmatzt als sie ihn davon probieren ließ. Dann hatte Polyxena abwechselnd Gavin Flüssigkeit in den Mund geträufelt und Aeneas gefüttert. Der Junge war begeistert davon, anschließend war er selig neben seinem Vater eingeschlafen.

Während sie jetzt so ihren geliebten Herrn und ihr Kind betrachtete, fühlte sie sich schlecht, weil sie die Herrin oft in Gedanken kleingemacht hatte. ‚Das wird sich ändern. Ich denke, sie ist doch fähiger als ich glaubte', dachte sie. In den letzten Tagen hatte sie auch in der Küche helfen müssen, denn Petulia war in ihrer Trauer kaum fähig, der Arbeit nachzukommen. So ergab es sich fast von selbst, dass Aeneas von Polyxena betreut wurde.

Gavin meinte zu träumen, als er jemanden an seiner Seite fühlte, die bekannte Stimme hörte die ihm warnend zurief, sich zu beeilen. Warum er sich sputen sollte, verstand er nicht, lediglich dass die Stimme immer drängender wurde, vernahm er. Dann merkte er, wie etwas Nasses seinen Körper berührte und sanft darüber glitt. Er öffnete die Augen und erkannte, geträumt zu haben. Aber irgendwie war alles dunkel um ihn herum. Die Welt schien sich noch zu drehen. Er hatte Kopfschmerzen und er fühlte die Zunge am Gaumen kleben. Blinzelnd versuchte er Konturen zu erkennen und langsam löste sich der graue Nebel um ihn auf und er erkannte Gestalten, Umrisse, dann Farben und schließlich Polyxena. Sie ging im Raum herum, platzierte Dinge neu und schaute immer wieder zu ihm. Als sie ihn blinzeln sah, stellte sie die Vase ab und kam zu ihm. „Gav! Gavi! O …!", rief sie. „Endlich." Er versuchte die Lippen zu befeuchten, aber die Zunge war zu trocken und er gab einen sonderbaren Laut von sich. Polyxena erkannte, was ihm fehlte und holte einen Becher mit Wasser. Vorsichtig schob sie ihm ein zweites Kissen unter den Kopf, dann hielt sie ihm den Becher an die Lippen. Tief seufzte er auf, als er ausgetrunken hatte. „Danke", flüsterte er. „Was ist passiert?" Die Antwort bekam er von Tullius, der eben mit den anderen Sklaven das Zimmer betrat. Alle waren frisch gewaschen, rasiert und festlich gekleidet. „Hilf mir auf, Tullius", verlangte er schließlich. Doch Polyxena bedeutete ihm, liegen zu bleiben. Tief atmete sie ein, schloss die Augen, dann sagte sie langsam, aber fast fehlerfrei: „Beib liegen, morgen aufstehen. Ich helfe dir beim Ess-n." Erstaunt blickte er sie an und konnte nicht glauben, ihre Stimme gehört zu haben. Das war in den letzten Monaten fast nie der Fall gewesen. Er beobachtete, wie sicher sie sich zwischen den Tischen und Stühlen bewegte und ihm die Vorspeise auf eine Platte richtete. Dann schaute er sich weiter um. Er staunte noch mehr, weil wirklich alle Sklaven bei ihm waren, auch seinen Sohn erkannte er in einem Sesselchen sitzend. „Was ist hier los, Polyxena?", fragte er unsicher, denn er dachte, noch zu träumen. Er verstand nichts mehr. „Wir feiern, Herr", antwortete Alkmene. „Es war der Wunsch der Herrin, dass wir alle hier sein sollen, wenn du wach wirst." Gavin schaute noch verwirrter. Alkmene redete so, als würde sie plötzlich Polyxena akzeptieren und schätzen. „Tullius, was ist beim Weberfest passiert?", fragte er, aber der Gladiator sagte, als er Polyxenas Blick bemerkte: „Ich erzähle es dir, wenn es dir besser geht. Jetzt, mit Verlaub, Herr, lass uns essen, bevor es kalt wird und Petulia sich umsonst die Mühe gemacht hat."

„Dann … ja." Er versuchte ein Lächeln, das ihm misslang und ließ sich von Polyxena helfen. Sie richtete sein Essen und dann half ihm Tullius, beim Aufzusetzen. „Danke, Leute, aber betüttelt mich nicht."

„Still!", herrschte ihn Polyxena an. „Hier, dein Sohn." Noch bevor er reagieren konnte, stand Alkmene mit Aeneas vor ihm und setzte den Kleinen zu ihm ins Bett. „Herrin? Gibst du ihm zu essen?", fragte sie und begab sich irgendwie erleichtert an ihren Platz. Es war doch einfacher, die Aufsicht über das Kind zu teilen, denn ab und zu, ohne den Kleinen zu sein, hatte auch seine Vorteile. So konnte sie jetzt gemütlich bei den anderen sitzen und musste sich nicht mit dem Essen beeilen, weil Aeneas etwas brauchte. Sie waren dazu übergegangen, ihm einmal am Tag eine Breimahlzeit, zumeist in Ziegenmilch eingekochte Hirse, zu geben und ihm schien es zu schmecke.

Am nächsten Tag wurde Gavin endlich erlaubt, aufzustehen. Tullius hatte ihm beim Frühstück alles berichtet und der Ärger in ihm, schien kein Ende nehmen zu wollen. Doch dann sah er in das vergnügte Gesicht seines Gladiators und er wunderte sich deswegen.

„Herr, das ganze Unglück hat etwas Gutes gehabt, wenn es dir noch nicht aufgefallen ist. Wir haben eine Herrin bekommen." Er senkte die Stimme zu einem Flüstern herab und fuhr fort: „Dein trauriger Putzlappen hat sich zu einer durchaus fähigen und resoluten Hausherrin entwickelt, die selbst den Steinmetz in die Schranken wies." Nun fragte Gavin nach dem Steinbearbeiter, denn er wusste nicht, etwas in Auftrag gegeben zu haben. Da erklärte ihm Tullius, Polyxena habe die zwei Urnen gefunden und endlich Schreine bestellt, damit sie zur letzten Ruhe gebracht werden konnten. „Herr, sie hat auch Ullrik verbrennen lassen und das war der Grund des Krachs. Der Steinmetz wollte nicht das eingravieren, was sie bestellt hat, da hat sie sich hingestellt und einfach gesagt: ‚In Ordnung, wenn du nicht willst, dann eben nicht. Ich weiß, du bist nicht der Einzige hier in der Gegend, zur Not lasse ich einen aus Hellas kommen.‘ Sie war so ruhig dabei, Herr, einige Buchstaben hat sie zwar nicht gesagt, aber es war deutlich zu hören, was sie meinte. O, er hat dann schnell eingelenkt, denn der Auftrag für drei Schreine ist auch keine Kleinigkeit." Es stimmte, das würde nicht billig werden, noch dazu, wo sie vorhatte, etwas hineinmeißeln zu lassen. Gavin schüttelte den Kopf. Er hätte nicht gedacht, dass Polyxena das Geld so hinauswerfen würde. Doch dann sagte er, noch bevor er aufstand: „Geh und hol sie her."

„Ähm, Herr, sie ist beschäftigt. Sie hat deinen Sohn und beaufsichtigt die Wäscheri…." Er kam nicht weiter, denn Gavin unterbrach ihn und schrie: „Ich will sie jetzt hier haben, Mann, und nicht erst wenn es ihr passt! Stante pede, Tullius!"

„Reg dich nicht so auf, Herr. Ich gehe schon." Schnell lief Tullius durch die Villa in den hinteren Bereich, der nur durch einen schmalen, überdachten Gang vom Haupthaus getrennt war. Dort befand sich die Waschküche und er hörte die Frauen bereits schrubben. „Herrin!", rief er, denn er wollte dort nicht so ohne weiteres eindringen, irgendwie kam ihm diese Zone sehr weiblich vor, wie etwas, das nicht zu ihm gehörte, aber für ihn wichtig war, wie ein Besuch bei Renata. Plötzlich musste er grinsen und er senkte verlegen den Blick als Polyxena in den kleinen Vorraum trat.

„Der Herr wünscht, dich zu sehen, Herrin." Tullius wandte den Blick ab, denn sie hatte die Tunika bis zu den Knien hochgeschoben und sie sah so aus, als hätte sie selbst mit Hand angelegt. Immer wieder ließ er den Blick zu ihren eleganten Füßen wandern und bewunderte still ihre perfekten Zehen. Füße waren seine stille Leidenschaft. Um schöne Füße zu sehen, würde er viel erdulden. Aber bei der Herrin durfte er sich manchmal satt sehen, nur diesmal nicht, denn sie hatte keine Zeit. Sehr sanft legte sie ihm die Hand auf den Unterarm und wies ihn mit einem Handzeichen an, Aeneas hinterher zu tragen. Kriechen wollte sie ihn jetzt nicht lassen, das würde zu lange dauern.

Gavin saß am Tisch und dachte an ihre eigenmächtige Bestellung. Einerseits war er froh, endlich für Kassandra und Marcus eine Grabstatt zu bekommen, doch dann ärgerte er sich darüber, sie nicht selbst ausgesucht und den Spruch erdacht zu haben. Eben goss er sich aus dem Krug Milch in einen Becher und rührte dann etwas Honig dazu, als Polyxena mit Tullius und Aeneas im Schlepptau eintrat. Sie stützte sich auf den Stock, schritt aber wesentlich schneller aus und sah viel munterer aus als sogar vor ihrer Hochzeit. Aeneas krallte sich in Tullius Tunika und wollte nicht mehr loslassen, sondern lachte übermütig. „Na, na, kleiner Herr, so geht das nicht", sagte Tullius geduldig und versuchte, sich von dem Kind zu befreien. Da ging Polyxena hin, schaute ihn einmal an wobei sie sagte: „Aeni, auslass. Tata wartet." Da ließ der Kleine schnell los und suchte seinen Vater. Er wusste sehr genau, wer der Vater und wer von den Frauen seine wirkliche Mutter war. Zu Alkmene sagte er deshalb immer Ma. Für Polyxena hatte er noch kein Wort gefunden. Aber er erkannte sie. Nur die Leute verwirrten ihn, wenn sie von seiner Mutter sprachen und nicht Ma meinten. Doch Tata war klar und kaum hatte er den Boden berührt, robbte er auch schon los. So mühte er sich zu Gavin und dessen Laune hob sich beim Anblick des eifrigen Kindes. „Aeneas, Sohn, was bist du schnell unterwegs. Im Nu wirst du laufen können und wir werden in den Wald gehen – nur wir beide", sagte er und er hatte ganz vergessen, dass er auf Polyxena wütend war. „Oder sollen wir deine Mutter mitnehmen?" Der Bub hob die Ärmchen, als er bei Gavin angelangt war und der nahm ihn sofort hoch. „Ma", sagte Aeneas und lächelte. „Jawohl Ma, nehmen wir mit." Er ließ Aeneas auf seinen Knien sitzen und wandte sich nun ernsthaft an Polyxena, aber vorher schickte er noch Tullius hinaus.

„Warum hast du das gemacht?", fragte er ohne Erklärung. Verwirrt blickte sie ihn an. „Was ab ick mach?" Vor Schreck hatte sie wieder Schwierigkeiten mit dem Sprechen.

„Die Schreine für meine Frau und meinen Freund und warum hast du einen für einen Sklaven machen lassen?" Polyxena schluckte, insgeheim hatte sie mit Vorwürfen gerechnet, aber noch nicht jetzt. Nervös rieb sie sich über den rechten Arm, in dem noch immer kein Leben war und dachte nach. Dann als die erwartungsvolle Stille drückend wurde, sagte sie: „Gavin … ick … wollte …. Es, es ist mein Geld." Noch während sie redete ging sie zu seinem Schreibtisch und brachte ihm eine Tafel. „Da", sagte sie knapp wie früher, denn die Bezeichnung Kassandras als seine Frau hatte sie schwer getroffen. Zögernd begann er zu lesen. Es waren die Inschriften und nun schämte er sich, für seine harten Worte und noch härteren Gedanken.

„Für meine Gladiatoren, die hier in Frieden ruhen dürfen", las er, dann weiter, „Ullrik, ein tapferer Held, der fern seiner Heimat hier ein zuhause gefunden hat und mir Ehre und Ruhm erkämpfte. Im Andenken." Als nächstes standen einige Zeilen über Marcus zu lesen: „Meinem Herrn, väterlichen Freund und Lehrer, Marcus Atticus. Niemals soll dein Lebenswerk in Vergessenheit geraten. Ich danke dir." Gavin blickte hoch und hatte Tränen in den Augen, da zeigte sie auf den letzten Abschnitt und er wollte es nicht lesen, doch dann senkte er den Blick und fand die Worte: „Mein Leben ist mit dir gegangen, geliebte Gefährtin Kassandra. Nie werde ich einen Menschen so lieben wie dich. In immerwährender Liebe dein Gavin." Geistesabwesend setzte er Aeneas auf den Boden und legte die Tafel weg. Ungläubig rieb er sich über die Augen und schaute dann Polyxena an, die ruhig dastand und keinen Mucks machte, so als hätte sie Angst vor seiner Reaktion. „O Polyxena, Poly, wie kamst du nur auf die Idee?" Da fiel ihm noch etwas anderes ein, weswegen er mit ihr reden sollte und nun bat er sie, sich zu ihm zu setzen oder zu legen. „Aber vorher, bist du so nett und nimmst eine Decke mit, mir ist kalt geworden."

Als sie dann beisammen saßen, das Kind zu ihren Füßen und sich leise unterhielten, hätte sich für einen Außenstehenden das Bild einer heilen Familie gezeigt. Doch davon waren sie weit entfernt. So etwas würden sie nicht werden, zu tief waren die Verletzungen die jeder von ihnen im Lauf des Lebens erhalten hatte. Aber sie hofften auf etwas Beständigkeit, Normalität und auf ein geringes Maß an Zufriedenheit. Auch darüber redeten sie, dann sagte Gavin, er hatte es schon öfter gesagt und immer wieder verdrängt: „Du bist gut zu mir, Polyxena, aber du kennst meine Gefühle." Schäbig kam er sich nicht gerade vor, nur untreu. Und er wusste nicht, wem gegenüber: sich selbst, Kassandra, Polyxena oder gar Alkmene.

Ganz leicht berührte sie ihn an der Hand, es war kaum mehr als ein Hauch, aber er hatte den Eindruck, als hätte sie ihn verbrannt und er zog sie fort. Polyxena seufzte, sie wusste, er tat ihr nicht bewusst weh, aber es änderte nichts an der Tatsache. „Ja, Gav…in, ich kenn dein Gefühl und du meins. Tut mir leid."

„Was soll nun werden?"

„Nix, Gavin. Du bist der Dominus hier, dein Wort is Gesetz."

„Mir scheint, auch deines wird gerne angenommen." Sie machte eine wegwerfende Handbewegung und meinte: „Das ist nur, weil du krank warst. Jetzt", sie schloss die Augen und bewegte die Lippen bevor sie das Wort sagte: „Jetzt ändert sich die Lage. Schüla brauchen dich, Sklaven und Gladiatorii auch."

„O Polyxena, wenn ich nur fähig wäre, dir etwas zurückzugeben." Er schien ernsthaft darüber nachzudenken, denn er sagte: „Warum willst du keinen Schmuck? Ich hätte dir eine schöne Halskette oder eine neue Gewandschließe kaufen können?" Traurig lächelnd tätschelte sie seine Hand und stand auf. „Nein, Gavin. Das ist nichts für mich. Ich brauch das nich. Schenk Alkmene …" Nun blickte sie Aeneas an und ihr Lächeln wurde weniger gequält. „Ich mag ihn. Du hast einen guten Sohn." Schon wollte sie sich vollends umwenden, da griff er nach ihrer Hand: „Hast du vergessen, dass er auch deiner ist?" Nun war ihr Lächeln wieder nur eine Maske und Gavin fragte sich, was für Gedanken hinter dieser strengen Stirn vor sich gingen. „O Lieber, ich weiß das. Aeni spürt, wer seine Mutter ist. Ickch bin es nich. Er wird es immer wissen. Lass ihn … Ich glaube, irgendwann bin ich … nich mehr böh-se deswegen."

„Es grämt dich wohl mehr als du zugeben würdest." Gavin hatte nicht vorgehabt, sich näher mit ihr zu beschäftigen, doch nun konnte sie reden und er begann sich doch, für sie zu interessieren. „Ja, es tut weh." Sie atmete einmal tief und führte dann weiter aus, wobei sich Gavin des Eindrucks nicht erwehren konnte, einer einstudierten Rede zu lauschen: „Ich werd dein Haus führen und alles in Ordnung halten, dein Sohn erziehen und … nich mehr."

„Polyxena, ich weiß nicht, was ich sagen soll. Liebst du mich so sehr, dass du lieber als erste Sklavin im Haus dienst, als zu deinem Onkel zurückzukehren?"

„Frag nich, du kennst die Antwort. Ich muss wieder arbeiten. Aeni, komm." Sie streckte die linke Hand aus und der Knabe robbte darauf zu. Als er einen Finger erwischte, zog er sich hoch und Polyxena nahm ihn auf den Arm. „Junger Herr, wir gehn …."

Lange Zeit starrte Gavin auf die Stelle an der sie gestanden hatte, dann schüttelte er den Kopf und schalt sich einen Idioten. „Ich hätte sie bitten sollen, mir hinaus zu helfen", flüsterte er. Dann stand er doch auf und wankte ins Atrium. Nirgends traf er Leute. Einzig Petulia und die Wäscherinnen waren zuhause geblieben, alle anderen nutzten den schönen Tag, denn sie hatten frei bekommen und waren in die Stadt gegangen. „Apion?", rief er fragend, bekam aber auch von ihm keine Antwort. „Verdammt! Was ist denn das für ein saumäßiger Haushalt? Wo seid ihr alle?" Da sah er Polyxena mit hochroten Wangen ins vordere Atrium eilen. „Halt! Wo sind alle?", fragte er sie sogleich. „Stadt. Haben frei, hast du vagessen?" Er hatte es vergessen, doch jetzt meinte er unwirsch: „Nein, hab ich nicht. Aber dass gleich alle frei haben müssen, halte ich für übertrieben. So etwas darf es nicht mehr geben."

„Gewiss, Herr. Jetzt ich brauch Hil…." Sie schloss die Augen und bewegte die Lippen bevor sie das Wort wiederholte: „Hilfe."

„Wobei kann ich dir helfen?"

„Omm, komm." Wann immer es ging, korrigierte sie sich selbst, denn endlich ging es auch mit dem Sprechen besser voran und sie wurde verstanden, zumindest meistens. Verdutzt folgte ihr Gavin in die Waschküche. Dort wuchs seine Verwirrung noch mehr, denn es waren lediglich zwei Frauen da und Aeneas, der mit einer Bürste spielte und über die Geräusche lachte, die er verursachte. In einer Ecke dampfte es aus einem Kessel über einem kräftigen Feuer. Es roch nach Seifenkraut und Schweiß. Die Gesichter der Frauen waren von der Hitze gerötete. Sie lachten und sangen während sie im Kessel rührten oder die Stoffe bürsteten.

„Was ist jetzt, Polyxena?", fragte er ärgerlich. Er mochte es nicht, im Unklaren zu sein und auch nicht über seine Gefühle nachzudenken.

Entschlossen hielt sie die nassen Kleidungsstücke hoch und meinte lediglich: „Halten und drehen." Ohne lange nachzudenken, packte er zu und bald schon wrang er mit ihr die Tuniken, Laken und was auch immer sie ihm in die Hand drückte, aus. Danach zogen sie die Kleidungsstücke wieder in Form und legten sie zum Trocknen in die Sonne. Sie arbeiteten bis die Mittagsstunde bereits überschritten war. Als sie schließlich zusammen unter einem Baum saßen und die Mahlzeit genossen, die Petulia ihnen gebracht hatte, war seine schlechte Laune verflogen. Die Frauen saßen lachend an eine Mauer gelehnt, tranken Most und aßen Brot. Sie waren guter Laune, denn sie hatten viel geschafft. Die meiste Wäsche war gewaschen.

Nach dem Essen beendete Gavin die Arbeit. Er fühlte sich müde und jetzt tat ihm alles weh, besonders der Kopf. Das sagte er auch Polyxena, die schuldbewusst zu Boden sah. Sie hatte es genossen, mit ihm gemeinsam etwas zu machen, nun war es vorbei. Aeneas musste auch in sein Bettchen gebracht werden, denn er war schon sehr müde und quengelte die ganze Zeit über. „Gehen wir", sagte sie, stand auf und nahm den Kleinen hoch. „Meli, macht allein weiter", befahl sie, dann winkte sie Gavin, ihr zu folgen. „Herr, es war uns eine Freude", sagte Meli, eine der Wäscherinnen. Er erwiderte nichts darauf.

„Ich weiß nicht, ob ich deine Eigenmächtigkeiten dulden soll. Du meinst es gut, untergräbst aber meine Autorität", sagte er, als sie einen Moment im Atrium haltmachten. Aeneas zappelte auf ihrem Arm, deshalb ließ sie ihn hinunter. Sofort machte sich der Junge auf Erkundung. Es kam selten genug vor, dass er unbeobachtet seinem Entdeckerdrang nachgeben durfte.

Polyxena hielt den Blick gesenkt, sie hatte gehofft, er würde ihre Bemühungen anerkennen und sie als nützliches Mitglied in seinem Haushalt akzeptieren. Noch immer fühlte sie sich als notwendiges Übel, das er in Kauf nehmen musste, um sein Erbe zu sichern. „Wenn du es wünsch … wünscht … wünschst, bleibe ich in Zukunft in meiner Kamm … Kammer", antwortete sie und legte so viel Gleichgültigkeit in ihre Stimme, wie sie schaffte. „Nein, nein! So habe ich das nicht gemeint, Polyxena. Ach, … ich weiß auch nicht, wie ich das gemeint habe. Wo ist Aeneas?" Suchend blickte er sich um, da sah er ihn hinter eine Säule robben. „Er ist schnell", meinte er lächelnd, ging zu ihm und nahm ihn hoch. „Ja, Herr, dein Sohn ist ein Sprinter", bestätigte sie leise und fragte sich, wann der Schmerz über den Verlust des eigenen Kindes und die Sehnsucht danach endlich verschwinden würden. Es fühlte sich jedes Mal an, als bohrte sich ihr ein Schwert ins Herz. Heftig blinzelnd wehrte sie sich gegen die Trauer und schaute bemüht freundlich zuerst das Kind und dann den Mann an. Der Junge konnte nichts für seine Herkunft, er war ein liebes Kind und sie mochte ihn. Mit jedem Tag, sah er Gavin ähnlicher. Aber Polyxena sah auch die Ähnlichkeit zu Alkmene, besonders die Augen glichen seiner Mutter.

„Ich bin nicht dein Herr, Polyxena", sagte er leise und hob den Jungen hoch. Dann ließ er ihn durch die Luft sausen, dass dieser lachte und gluckste. Diese Laute brachten die Erwachsenen ebenfalls zum Lachen, die Fröhlichkeit dieses Kindes wirkte ansteckend. Doch nun wurde Aeneas übermütig. Fest fasste er Gavin ins Haar und zog daran bevor er ihn in die Nase zwickte, bis Gavin streng sagte: „Schluss jetzt!" Als er nicht losließ, entfernte Gavin die kleine Hand aus seinem Gesicht und setzte den Jungen zu Boden, der enttäuscht erneut zu quengeln begann. Vaters Gesicht war zu interessant gewesen.

„Polyxena, lass uns beim Abendessen weiterreden. Die Arbeit hat mich erschöpft." Er sah tatsächlich müde und abgespannt aus, denn es war der erste Tag, den er auf den Beinen war und er hatte einige Stunden bei den Wäscherinnen gearbeitet. „Natürlich, Gavin. Soll ich dir helfen?" Sie schämte sich, weil sie ihn so schwer beschäftigt hatte, aber er hatte sich auch nicht beklagt, sondern während der Arbeit Witze gerissen und den Wäscherinnen Komplimente gemacht. Jetzt beteten sie ihn an, als wäre er einer der kleineren Hausgötter. Insgeheim fühlte sie einen leichten Anflug von Eifersucht, den sie zu verdrängen versuchte, denn ihr machte er nie den Hof.

Als er verneinte, nahm sie Aeneas und brachte ihn ins Kinderzimmer. Sie hoffte, Alkmene würde bald von ihrem Ausflug zurückkommen, das Geschrei des Jungen hielt sie bald nicht mehr aus. Denn so sehr sie ihn mochte, fühlte sie doch keine tiefere Verbindung zu ihm.

Lange brüllte er seinen Unmut darüber hinaus, ins Bett gelegt worden zu sein. Um sich selbst zu beruhigen, ging sie ins Atrium. Dort marschierte sie zwischen den Säulen und überlegte, warum wohl die Götterstatuen in den Nischen standen, denn sie waren schön und hätten genauso gut in die Mitte des Platzes gepasst. Doch dort herrschte Leere. ‚Ich werde Gavin bitten, entweder einen Brunnen machen zu lassen oder die Statuen dorthin zu stellen. Worüber will er nur mit mir reden? Wir haben doch alles besprochen. Er wird mich nie wirklich mögen. Ich kann froh sein, wenn er mich respektiert‘, überlegte sie und hörte dabei auf das leiser werdende Kinderweinen. Endlich war es still, was sie erleichtert seufzen ließ. Einen Moment wartete sie noch, dann erst ging sie zurück, deckte ihn zu und streichelte ihm sanft übers Gesicht. „Ja, Klein, jeder mag dich, wie dein Vater. Du bist ihm sehr ähnlich. So, jetzt muss ich aber …“, sie redete nicht fertig, denn plötzlich merkte sie, wie jemand den Raum betrat. Es waren Alkmene und Sextus. Sie standen Hand in Hand in der Tür und betrachteten Polyxena, die sich wie ertappt fühlte. „Herrin“, sagte Sextus freundlich. „Ich danke dir für diesen freien Tag, nun werden wir uns wieder unseren Pflichten widmen.“ Alkmene rannte sofort zu ihrem Kind und schaute, ob alles in Ordnung war. Dann sagte sie lächelnd: „Er ist wunderschön, nicht wahr? Und ich danke dir, Herrin, dass du dich seiner annimmst.“ Tief verneigte sie sich, dann fuhr sie fort: „Ich werde in die Küche gehen und Petulia helfen, Herrin.“

„Mach das“, antwortete sie und verließ schnell das Kinderzimmer. Nachdenklich ging sie in ihre Kammer und legte sich eine Weile hin. Viele Nächte war sie ständig an Gavins Seite gewesen und hatte gewacht. Nun fühlte sie sich leer, weil er sie anscheinend doch nicht brauchte.

Kurz vor dem Abendessen stand sie auf und ging zu ihm. Er stand am Fenster, die Schultern hingen herunter, seine ganze Haltung zeigte Müdigkeit. In den letzten Stunden hatte er viel nachgedacht, über sich, Polyxena und über alle Beziehungen die er gehabt hatte oder sich einbildete, gehabt zu haben. Bislang war die zu Polyxena die stabilste und er gefährdete sie immerzu durch seine Hartnäckigkeit, der Wahrheit nicht ins Gesicht sehen zu wollen.

Er schaute sie nicht an, starrte weiter ins Peristyl und machte gelegentlich „Hm“. Auch Polyxena schwieg. Sie stellte sich neben ihn und starrte ebenfalls hinaus. „Ja“, sagte sie, es war wie die Antwort auf eine unausgesprochene Frage. „Ja“, murmelte nun auch er. Dann wandte er sich ihr zu und ganz langsam und ungewollt breitete sich ein Lächeln auf seinem Gesicht aus. „Ja“, wiederholte er lauter. Dann lachte er und es klang befreit, so als wäre er endlich zu einem Entschluss gekommen.

Verblüfft schaute ihn Polyxena an und ihre Verwirrung wuchs noch, als er ihre Hände nahm und ihr fest ins Gesicht schaute. „Ja, Polyxena. Ich würde dich wegschicken, wenn ich dich nicht lieben würde." Ungläubig erwiderte sie seinen Blick und brachte kein Wort heraus. „Ja, Polyxena, ich liebe dich."

„Du ... du ... hast vielleicht eine Art ... das ... zu zeigen", antwortete sie tonlos, dann zog er sie zu sich heran und verschloss ihren Mund mit einem sanften Kuss.

Epilogus – Schlusswort

Judäa war endlich befriedet, die Feldzüge von Titus waren erfolgreich gewesen und Kaiser Vespasian herrschte uneingeschränkt. Sein Sohn hatte sich als hervorragender Taktiker und Feldherr erwiesen, der Staatshaushalt sanierte sich dank der Steuern und der rigorosen Sparmaßnahmen fast von selbst und eine neue Religion machte sich auf den Weg.

Polyxena brauchte lange, bis sie seiner Liebe völlig vertrauen konnte, doch dann fanden die beiden endlich ein gemeinsames Glück und sie bauten die Gladiatorenschule zu einer Wissenseinrichtung aus. Immer wieder nahmen sie junge Burschen auf, die zuhause Probleme bereiteten und hier durch den streng reglementierten Tagesablauf und das harte Training zu nützlichen Familienmitgliedern wurden. Doch Zeit ihres Lebens hatten beide Probleme damit, sich in der Gesellschaft, in der sie lebten, einzufügen. Gavin kämpfte täglich seinen eigenen stummen Kampf gegen die Dämonen der Vergangenheit, die ihn immer wieder heimsuchten, meistens dann, wenn er nicht mit ihnen rechnete. Dann suchte er Alkmenes Umarmung, denn nichts anderes schien ihn dann von den üblen Träumen befreien zu können. Doch er war seinem Sohn ein guter, wenn auch strenger Vater und Lehrmeister. Aeneas wuchs zu einem gutaussehenden jungen Mann heran, der es verstand, die Leute seiner Umgebung, um den kleinen Finger zu wickeln. Bis auf Polyxena, die sich schließlich mit ihrer Forderung durchsetzte, den jungen Mann zu seiner Verwandtschaft in den Norden zu schicken. So kam es, dass er an einem Frühlingstag mit seinem Cousin Paulus über die Alpen zog. Der Abschied fiel ihm schwer, denn er wollte sich nicht von seiner Mutter Alkmene trennen, die er über alles liebte. Aber er musste sich dem Vater fügen, der Polyxenas Wünsche stets respektierte und ihr oftmals nachgab. Das ärgerte den jungen Mann.

„Aeneas, mein Sohn, du wirst sehen, im Haus meines Bruders, wird es dir an nichts fehlen und die keltischen Mädchen sind eine Augenweide.

Lass es dir gut ergehen, Aeneas. Merkur sei mit dir." Das waren Gavins Abschiedsworte gewesen. Aeneas hatte etwas über den neuen Glauben gemurmelt, der sich von Syria her auszubreiten begann und die Juden in Aufruhr zu versetzen schien. „Lass uns jetzt nicht über Religion streiten, Sohn, das kannst du mit Paulus noch genug, wenn ihr auf einem Pass festsitzt, dann ist der rechte Zeitpunkt für ein Gebet." Aeneas hatte darüber gelacht und diese Worte hatten ihn begleitet. Auch für ihn war die Religion zwar ein ständiger Begleiter aber nichts, das man zum Überleben brauchte, höchstens als Anker oder Richtschnur für Zeiten der Not, etwas, an das man sich halten konnte.

Je älter Gavin wurde, desto öfter dachte er an die Zeit in Arretium und er fragte sich, was aus Julia und Claudius Lucius geworden sein mochte. Julia war seine wildeste Gespielin gewesen und war es nie müde geworden, ihn zu befriedigen. Wenn er an sie dachte, sah er sie mit gelöstem Haar nackt auf dem Sofa ausgebreitet und ihn einladend anlächeln. An Claudius banden ihn weniger angenehme Erinnerungen, ebenso wenig an Horatio Maximus Clemens, der nach dem Tod von Marcus keine Spiele mehr veranstaltet hatte. Lieber hätte er in Zukunft auf sein Amt verzichtet, aber er wurde noch einige Jahre als Leiter der Stadtwache und Quinquennale bestätigt. Die Bürger mochten und schätzten ihn als gerechten Mann, der einer Sache auf den Grund ging und auch den einflussreichen Leuten auf die Finger klopfte, wenn auch nicht ganz so streng wie den Plebejern. Julia und Claudius hatten die Fabriken schließlich verkauft und sich aufs Land zurückgezogen.

Manchmal dachte Gavin an Fortunata, Cornelia, die falsche Schlange. Angeblich war sie bei der Überfahrt nach Antiochia verschollen, doch Gavin nahm an, sie hatte den Namen geändert und sich ein neues Leben aufgebaut. Fortunata traute er alles zu. Wenn er an sie dachte, sah er sich gegen Sextus als Andabates kämpfen, fühlte die Schmerzen und wollte sich nur noch in eine Ecke rollen und vor Scham darüber vergehen. Dann sah er den Gladiator in seinem letzten Kampf, das Gladius hoch erhoben, hatte er Alkmene gegrüßt und dann gegen einen jungen Thraex gekämpft, bis er aufgeben musste. Gavin hatte vorher schon gesehen, dass er Atembeschwerden hatte und ihm angeboten, ihn freizulassen. Doch Sextus hatte erwidert: „Lass nur, alter Freund und Herr. Jetzt kann ich endlich meine Schuld begleichen und mich davon freimachen. Ich fühle es, es wird mein letzter Kampf." Gavin sah ihn streiten als wäre er ein Berserker, aber der Lungendämon hatte ihm schlussendlich den Sieg genommen und er war einfach umgefallen.

Gavin und Polyxena hatten ehrlich um ihn getrauert und seine Inschrift in der Stele besagte: „Ein treuer Freund und Gladiator ist hier von uns gegangen. Wir werden sein Andenken ehren. G u. P deine Herren." Auch Jitzchak war schon lange tot, er war bei Holzarbeiten von einem Baum erschlagen worden und nichts konnte ihn mehr retten. Alle dachten, wie traurig es war, seine jüdischen Lieder nicht mehr zu hören. Danach war es eine Weile viel stiller in den Sklavenquartieren geworden. Für jeden der Sklaven hatten sie eine Inschrift fertigen lassen. Viele der Nachbarn hielten das für lächerlich, doch sie sahen Freunde in ihren Dienern, die wenigstens im Tod das Recht auf ein besseres Leben haben sollten. So standen bald auf der Stele weitere Namen: Sophia, Brutus, Petulia, Orestes, Meli ....

Ab und zu dachte Gavin voll Wehmut an Priamos. Vor Jahren schon hatte ihnen Ganymed einen Besuch abgestattet und die traurige Botschaft über das Ableben des Freundes gebracht. Ganymed und Gavin hatten den Besitz zu gleichen Teilen geerbt. Polyxena bekam die zahlreichen Schriften, die ihr Onkel gehortet hatte. Sie hatte mit den Büchern viel Freude und dieses letzte Geschenk des Onkels wusste sie sehr zu würdigen. „Nie wird er vergessen werden, weder von seinem geliebten Gavin noch von der ungeliebten Nichte. Aber ich werde immer in Dankbarkeit an ihn denken, denn er brachte mich zu dir, mein Gatte."

Wenn Gavin an die erste Begegnung mit Polyxena dachte, sah er sie, wie sie auf dem Pferd saß und ihm zeigte, wie man mit nur einer gefühlten Seite galoppiert. Das hatte ihn schwer beeindruckt, auch ihre Furchtlosigkeit als sie die Pferde des Onkels und das Gebäude vor den Flammen rettete. Doch den meisten Mut hatte sie in der Hochzeitsnacht bewiesen. Dafür schämte er sich auch nach zwanzig Jahren noch, wenn auch die Erinnerung daran verblasste und viele zärtliche Stunden das Erlebnis für Polyxena nicht mehr dramatisch erscheinen ließen.

Gavin stand am Fenster, Polyxena saß daneben auf einer gepolsterten Bank, sie war fast blind und die rechte Körperhälfte schon stark verkrümmt, sodass sie wie ein alter Olivenbaum wirkte. Aber sie war gut gelaunt, als ihr Gavin von der Einladung Lydias erzählte. „Was die alte Schachtel gibt noch Gastmähler?", fragte sie. „Natürlich", antwortete Gavin. „Deciderius will sich das nicht nehmen lassen, schließlich ist es seit mehr als zehn Jahren sein Haus." Der junge Deciderius Felix hatte sich nur durch eine Heirat mit Lydia aus dem Schlamassel ziehen können, in den er sich durch seine Gier selbst geritten hatte. Sein Vater Primus Felix Victor hatte auf einer Heirat der beiden bestanden und schließlich hatten väterliche Autorität und die Aussicht auf eine Teilauszahlung des Erbes den jungen Mann dazu bewogen, nach Ravenna zurückzukehren.

Jedes Mal, wenn Gavin ihn sah, musste er an Kassandra denken und wenn er an ihrem Schrein stand, war er Polyxena für die liebevolle Inschrift dankbar. Er selbst hätte es nicht besser formulieren können. Für sich und Polyxena hatte er schon ein Häuschen in Auftrag gegeben, dort sollte schlicht und einfach stehen: „Ich liebe dich."

Gavin setzte sich zu ihr, nahm ihre Hand in seine und berichtete weiter von der Einladung, in der sie nicht erwähnt worden war. „Ich gehe nicht hin, niemand kann mich zwingen, dich zuhause zu lassen und Lydia will ohnehin nur angeben, weil sie angeblich noch so jung aussieht."

„Theodora berichtete, es sei alles nur Schminke und ohne das Zeug sei sie unansehnlich, hässlicher noch als ich." Sie lachte kurz, da nahm Gavin ihren Kopf sanft zwischen seine Hände und schaute ihr in das kaum noch sehende rechte Auge, das linke war vor Jahren völlig erblindet und sagte: „Meine Geliebte, für mich bist du schön – eine wunderschöne Distel." Da hob sie die Hand und tat so als würde sie ihn schelten, während sie lachend erwiderte: „Ich liebe dich auch, du Schelm, und nun sieh zu, dass du Land gewinnst, Gavin Tettius! Du solltest fertig sein, wenn dein neuer Schüler kommt."

„Ach, langsam könnte das Aeneas übernehmen. Er hat tüchtig gelernt bei Manius. Es war eine gute Entscheidung, wenn sie mir auch schwer gefallen ist."

„Ja, Aeneas ist dir wahrhaftig ein guter und liebevoller Sohn. Er wird die Verantwortung übernehmen, wenn du sie ihm gibst. Ich denke, du solltest ihm vertrauen." Sie mochte Aeneas und er erinnerte sie in vielem an Gavin, doch Aeneas bewahrte stets Abstand zu seiner juristischen Mutter, wie er sie oft halb im Scherz nannte. Was sie nie richtig verwinden konnte, war der Tod des eigenen Kindes, das sonst noch keiner als Mensch angesehen hatte, für sie aber seit dem Zeitpunkt der Zeugung ein realer Bestandteil in ihrem Leben gewesen war. Niemals verging der Schmerz dieses Verlustes und niemand konnte ihn verstehen oder mindern. Manchmal trat er in den Hintergrund und schlief und dann kam die Erinnerung zurück und schlug mächtig zu. Dieses tot geborene Kind war nicht begraben worden, sondern wie zu der Zeit üblich, auf dem Misthaufen gelandet.

Erst nach Polyxenas Tod übergab Gavin das Geschäft vollständig an Aeneas. Er zog sich in sein Zimmer zurück, das er nur noch zu den Abendmahlzeiten verließ. Bald darauf starb auch er.

„Amo te", steht auf dem Grabstein geschrieben.

„Ich liebe dich. Über die Zeiten hinweg werden wir uns wiederfinden. Gavin Tettius Alpinus, der einst Myrdin, der Gladiator war."

Ihre Zufriedenheit ist unser Ziel!

Liebe Leser, liebe Leserinnen,

hat Ihnen unser Buch gefallen? Haben Sie Anmerkungen für uns? Kritik? Bitte zögern Sie nicht, uns zu schreiben. Wir werden jede Nachricht persönlich lesen und beantworten.

Schreiben Sie uns: info@ek2-publishing.com

Wussten Sie schon, dass Sie uns dabei unterstützen können, deutsche Militärliteratur sichtbarer zu machen? Bitte nehmen Sie sich einen Moment Zeit und bewerten Sie dieses Buch online. Viele positive Rezensionen führen dazu, dass das Buch mehr Menschen angezeigt wird.

Sie können somit mit wenigen Minuten Zeitaufwand unserem kleinen Familienunternehmen einen großen Gefallen tun. Vielen Dank für Ihre Unterstützung!

Entdecken Sie weitere spannende Bücher von EK-2 Militär!

Die Schweiz im frühen 15. Jahrhundert ... Folgen Sie dem jungen Krieger Prato aus dem Land Uri, der im Ringen der Eidgenossen und Mailänder um Macht und Besitzungen seine ganz eigenen Pläne verfolgt ...

Die Schweiz im Jahre 1474. Eiserne Rüstungen und Schwerter blitzen im Sonnenlicht, der Pulverdampf der Steinbüchsen liegt in der Luft ... Lassen Sie sich auf die Schlachtfelder der Burgunderkriege katapultieren, wenn der tapfere Söldner Matthias um Ehre, Freiheit und die Liebe seines Lebens kämpft!

Band 2 schließt den packenden Zyklus "Die Burgunderkriege" über den Unabhängigkeitskampf der Schweizer Gebiete im Spätmittelalter ab. Lesen Sie jetzt das grandiose Finale!

Tauchen Sie in einen historischen Kurz-Roman über den Züricher Söldner Matthias ein, der in der Schweiz im Spätmittelalter an der Seite des berüchtigten Hauptmanns Hans Waldmann in die Schlacht zieht.

Verpassen Sie keine Neuerscheinung!

Tragen Sie sich in den Newsletter von *EK-2 Militär* ein, um über aktuelle Angebote und Neuerscheinungen informiert zu werden und an exklusiven Leser-Aktionen teilzunehmen.

Link zum Newsletter:
https://ek2-publishing.aweb.page

Über unsere Homepage:
www.ek2-publishing.com
Klick auf *Newsletter*

Oder via Google -> EK-2 Verlag

Als besonderes Dankeschön erhalten Sie **kostenlos** das E-Book »Die Weltenkrieg Saga« von Tom Zola.

Deutsche Panzertechnik trifft außerirdischen Zorn in diesem fesselnden Action-Spektakel!

Impressum

Eine Veröffentlichung der EK2-Publishing GmbH
Friedensstraße 12, 47228 Duisburg
Handelsregisternummer: HRB 30321
Geschäftsführerin: Monika Münstermann

E-Mail: info@ek2-publishing.com
Website: www.ek2-publishing.com

Cover/Umschlag: Mario Heyer
Autorin: Herta Krondorfer
Lektorat: Heiko Piller
Buchsatz: Heiko Piller

1. Ausgabe November 2024

Druckhinweis:

Libri Plureos GmbH

Friedensallee 273

22763 Hamburg